NICOLAS APELT

Die Einwilligung als Ausdruck der grundrechtlich fundierten Selbstbestimmung im Datenschutz- und Wettbewerbsrecht

Internetrecht und Digitale Gesellschaft

Herausgegeben von
Dirk Heckmann

Band 90

Die Einwilligung als Ausdruck der grundrechtlich fundierten Selbstbestimmung im Datenschutz- und Wettbewerbsrecht

Von

Nicolas Apelt

Duncker & Humblot · Berlin

Der Fachbereich Rechtswissenschaft der Universität Konstanz hat diese Arbeit im Jahr 2025 als Dissertation angenommen.

Bibliografische Information der Deutschen Nationalbibliothek

Die Deutsche Nationalbibliothek verzeichnet diese Publikation in der Deutschen Nationalbibliografie; detaillierte bibliografische Daten sind im Internet über http://dnb.d-nb.de abrufbar.

Satz: TextFormA(r)t, Daniela Weiland, Göttingen
Druck: Beltz Grafische Betriebe GmbH, Bad Langensalza

ISSN 2363-5479
ISBN 978-3-428-19752-1 (Print)
ISBN 978-3-428-59752-9 (E-Book)

Gedruckt auf alterungsbeständigem (säurefreiem) Papier
entsprechend ISO 9706 ♾

Verlagsanschrift: Duncker & Humblot GmbH, Carl-Heinrich-Becker-Weg 9,
12165 Berlin, Germany | E-Mail: info@duncker-humblot.de
Internet: https://www.duncker-humblot.de

Vorwort

Diese Arbeit wurde vom Fachbereich Rechtswissenschaft der Universität Konstanz im Sommer 2025 als Dissertation angenommen. Grundsätzlich sind die Gesetzgebung, Rechtsprechung und Literatur auf dem Stand von August 2024. Für das Thema besonders relevante Urteile des EuGH und des BGH wurden noch bis zum Stand Dezember 2025 eingearbeitet.

Zunächst bedanke ich mich bei meinem Doktorvater Prof. Dr. Jochen Glöckner, LL.M. bei dem ich bereits im Studium als Hilfskraft das wissenschaftliche Arbeiten und damit das für diese Arbeit, aber auch darüber hinaus, nötige juristische Handwerkszeug gelernt habe. Wie bereits während Studium und Referendariat stand er mir auch während der Erstellung und Veröffentlichung dieser Arbeit mit Rat und Tat zur Seite. Ebenfalls bedanken möchte ich mich bei Herrn Prof. Dr. David Kuch für die zügige Erstellung des Zweitgutachtens und die hilfreichen Tipps für die Veröffentlichung. Zudem danke ich Prof. Dr. Michael Stürner für die angenehme Leitung der mündlichen Prüfung.

Für die Möglichkeit diese Arbeit berufsbegleitend fertigzustellen, danke ich Dr. Joseph Fesenmair und dem Team bei Bird & Bird in München, die mir immer den Rücken freigehalten haben, wenn es nötig war. Ich möchte mich außerdem bei Dr. Axel Funk, Dr. Michael Kraus, Dr. Thomas Lennarz und Dr. Peter Wende, LL.M. und dem jeweiligen Team bei CMS Hasche Sigle in Stuttgart bedanken. Während meiner Tätigkeit dort habe ich mit der Erstellung dieser Arbeit begonnen.

Ferner danke ich Prof. Dr. Dirk Heckmann, dem Herausgeber der Schriftenreihe „Internetrecht und Digitale Gesellschaft“, für die Aufnahme in diese Reihe.

Marion Winter danke ich sehr für die professionelle und zügige Korrektur des Manuskripts.

Für wertvolle fachliche Tipps zur Erstellung dieser Arbeit bedanke ich mich bei Dr. Christian Schepers, Dr. David Hirzel und Dr. Jonathan Hechler, LL.M. Ich möchte mich auch bei all meinen Freunden und Kollegen für das Interesse an und den Austausch über diese Arbeit sowie die Aktivitäten darüber hinaus bedanken.

Zudem danke ich der Bayerischen Staatsbibliothek für die gute Infrastruktur, das Stabi-Café und das umfangreiche juristische Buchangebot. Auch danke ich den aktuell Verantwortlichen des VfB Stuttgart dafür, den Verein in den letzten Jahren stabilisiert zu haben, sodass ich mir während der Finalisierung der Arbeit weniger Sorgen um den VfB machen musste.

Besonders herzlich bedanke ich mich bei meiner Familie, insbesondere bei meinen Eltern, meinen Geschwistern, meiner Oma sowie auch meinen bereits verstorbenen Großeltern für ihre immerwährende Unterstützung und ihren jederzeitigen Rat, nicht nur bei der Erstellung dieser Arbeit, sondern bereits mein gesamtes Leben lang.

Schließlich gilt mein besonderer Dank von ganzem Herzen meiner Ehefrau Nina, die immer für mich da ist. Danke für die tägliche Unterstützung, den Zuspruch in Momenten des Zweifelns sowie die vielen schönen und ausgleichenden Erlebnisse in unserer gemeinsamen Zeit.

München, im Januar 2026 *Nicolas Apelt*

Inhaltsverzeichnis

A. Einführung

Das Internet und die damit verbundene Nutzung vernetzter elektronischer Geräte, Dienste und Anwendungen werfen neben technischen und gesellschaftlichen Fragen unweigerlich weiterhin auch rechtliche Fragestellungen auf. Dabei gewinnen insbesondere gesetzliche Regelungen über den Datenschutz im Zuge einer andauernden und breiten öffentlichen Diskussion zunehmend an Bedeutung. Die damit verbundenen Probleme stellen den Gesetzgeber vor immer neue Herausforderungen. Zum einen geht es dabei um den rechtlichen Schutz personenbezogener Daten. Zum anderen sollen Daten verarbeitet und für weiterführende Zwecke genutzt werden können. Bei alledem muss die Selbstbestimmung und der Schutz des Einzelnen gewahrt bleiben. Daraus ergeben sich zahlreiche rechtliche Schwierigkeiten, die eine gesetzliche Regelung dieser Vorgänge notwendig machen. Verstöße gegen diese Regelungen, insbesondere durch große, marktmächtige Unternehmen, werfen in diesem Kontext auch wettbewerbsrechtliche Fragen auf.[1]

In der Praxis kommt dabei einem Rechtsinstrument eine große Bedeutung zu: Der Einwilligung. Diese ist seit langem bedeutsam, um der Selbstbestimmung Ausdruck zu verleihen. Allerdings offenbaren sich in der von der Computer- und Internet-Technologie geprägten Gegenwart neue praxisrelevante Fragen, die das Datenschutz- und das Wettbewerbsrecht betreffen.

I. Praxisrelevante Verflechtungen der Einwilligung im Datenschutz- und Wettbewerbsrecht

Es gibt bereits einige Ausarbeitungen zur Einwilligung und zur datenschutzrechtlichen Einwilligung im Konkreten,[2] bei denen jedoch meist auf einen wettbewerbsrechtlichen Bezug verzichtet worden ist. Einige Fragen in diesem Kontext waren auch schon Gegenstand von Rechtsstreitigkeiten,[3] wobei dennoch zentrale

---

[1] Unter den Begriff „Wettbewerbsrecht" fallen im Rahmen dieser Arbeit das Lauterkeitsrecht und das Kartellrecht, sofern nicht explizit differenziert wird. Zur geschichtlichen Einordnung vgl. *Glöckner*, Kartellrecht, Rn. 3. Vertiefend zur Stellung des Wettbewerbsrechts im Gesamtsystem etwa Harte-Bavendamm/Henning-Bodewig/*Ahrens*, Einl G Rn. 970 ff.

[2] Vgl. nur *Ohly*, Einwilligung; *Rogosch*, Einwilligung; *Radlanski*, Einwilligung; *Funke*, Einwilligung; *Bunnenberg*, Privates Datenschutzrecht.

[3] EuGH, Urteil vom 25.11.2021 – C-102/20, GRUR 2022, 87 ff.; EuGH, Urteil vom 04.07.2023 – C-252/21, BGH, Urteil vom 13.01.2022 – I ZR 25/19, GRUR 2022, 995 ff.; BGH, Beschluss vom 30.01.2020 – I ZR 25/19, GRUR 2020, 420 ff.; Vorinstanz OLG Nürnberg, Urteil vom 15.01.2019 – 3 U 724/18, GRUR-RR 2019, 170 ff.

Fragen im Hinblick auf die Einwilligung als Ausdruck der Selbstbestimmung im Datenschutz- und Wettbewerbsrecht offengeblieben sind. Diese Arbeit soll zur Beantwortung dieser nachfolgend dargestellten Fragen einen Beitrag leisten.

1. Inbox-Marketing

In einer dieser Rechtsstreitigkeiten ging es um das sog. Inbox-Marketing. Dabei handelt es sich um Werbung mittels einer Werbeeinblendung in E-Mail-Postfächern. Die Werbung wird dabei so dargestellt, dass im privaten Postfach des Nutzers des E-Mail-Dienstes in dem Bereich, in dem die eingegangenen E-Mails aufgelistet werden, auch die Werbung in ähnlicher Form wie eine eingegangene E-Mail angezeigt wird.[4] Der Kunde hatte dabei keine Wahlmöglichkeit zwischen einer kostenlosen Nutzung des E-Mail-Dienstes, bei dem in solche Werbeeinblendungen eingewilligt wird, und einer datensparsamen Alternative ohne Werbung (die dann ggf. kostenpflichtig ist). Der E-Mail-Dienst konnte mithin nur mit dieser Werbung oder überhaupt nicht genutzt werden.[5] Der EuGH hat nach ausführlicher Begründung angenommen, dass hier eine Einwilligung des Nutzers für den konkreten Fall und in voller Kenntnis der Sachlage nötig sei.[6] Wann eine solche Einwilligung für den konkreten Fall und in voller Kenntnis der Sachlage vorliegt, hat der EuGH nicht weiter konkretisiert und diese Beurteilung dem BGH überlassen. Der BGH hat sich damit jedoch auch nicht abschließend beschäftigen müssen, da „eine wirksame Einwilligung des Nutzers weder substanziiert behauptet noch nachgewiesen worden sei“[7].

Es ist damit offen geblieben, inwieweit das sog. „Koppelungsverbot“ aus Art. 7 Abs. 4 der Verordnung (EU) 2016/679 vom 27. April 2016 zum Schutz natürlicher Personen bei der Verarbeitung personenbezogener Daten, zum freien Datenverkehr

---

[4] Vgl. BGH, Urteil vom 13.01.2022 – I ZR 25/19, GRUR 2022, 995. Beschreibung der Werbeeinblendung durch das OLG Nürnberg: „Die streitgegenständliche Werbeanzeige ist – anders als die ‚normalen‘ E-Mails im Postfach – grau unterlegt und mit dem Hinweis ‚Anzeige‘ versehen, die durch die daneben enthaltene Einblendung ‚x‘ weggeklickt werden kann. Sie enthält keine Datumsanzeige, keinen Absender und keine Optionen zur Bearbeitung, wie zum Beispiel die Archivierung, oder zur Beantwortung oder Weiterleitung. Auch wird sie nicht in die Anzahl der ungelesenen E-Mails des jeweiligen Kunden eingerechnet“, OLG Nürnberg, Urteil vom 15.01.2019 – 3 U 724/18, GRUR-RR 2019, 170, 174 Rn. 65.

[5] BGH, Urteil vom 13.01.2022 – I ZR 25/19, GRUR 2022, 995, 998, Rn. 40.

[6] EuGH, Urteil vom 25.11.2021 – C-102/20, GRUR 2022, 87, 90 Rn. 63. Das OLG Nürnberg hat das Vorliegen von „*elektronischer* Post“ in diesem Sinne insbesondere mit der Begründung verneint, dass die Werbeeinblendung aufgrund des Erscheinungsbildes nicht mit einer E-Mail vergleichbar ist, da die Werbeeinblendung durch ein „x“ weggeklickt werden konnte und zudem weder ein Datum noch ein Absender ersichtlich waren, OLG Nürnberg, Urteil vom 15.01.2019 – 3 U 724/18, GRUR-RR 2019, 170, 175 Rn. 73 ff. Ob die Einwilligung im konkreten Fall diese Voraussetzungen erfüllt, hatte der BGH als vorlegendes Gericht zu klären, EuGH, Urteil vom 25.11.2021 – C-102/20, GRUR 2022, 87, 90 Rn. 59.

[7] BGH, Urteil vom 13.01.2022 – I ZR 25/19, GRUR 2022, 995, 998, Rn. 40.

und zur Aufhebung der Richtlinie 95/46/EG (nachfolgend „DSGVO") bei kostenlosen Angeboten ohne Wahlmöglichkeit gilt (bei denen die Daten die Gegenleistung darstellen können[8]), welche Auswirkungen dies auf die Freiwilligkeit der Einwilligung hat und wie eine Einwilligung an die Nutzung gekoppelt werden darf.[9]

2. Wirksamkeit der Datenverarbeitung eines sozialen Netzwerks für ein „personalisiertes Erlebnis"

Ein weiterer Sachverhalt, der das Verhältnis des Wettbewerbsrechts zum Datenschutzrecht und insbesondere zur datenschutzrechtlichen Einwilligung in den Fokus rückt, beschäftigte das Bundeskartellamt, das OLG Düsseldorf, den BGH und den EuGH.[10] Dabei ging es um die Zulässigkeit der Kombination der Nutzerdaten von Facebook mit den „Nutzer- und Gerätedaten, die Facebook bei der Nutzung anderer konzerneigener Dienste bzw. der Nutzung von Webseiten und Apps dritter Anbieter sammelt".[11] Die Nutzung von Facebook erforderte dabei die Zustimmung zu den Facebook-Nutzungsbedingungen, welche diese Datenverarbeitung regeln und legitimieren sollen. Dabei ist fraglich, ob die Nutzer von Facebook dadurch wirksam in die Verarbeitung ihrer persönlichen Daten eingewilligt haben oder ob ein anderer datenschutzrechtlicher Erlaubnistatbestand vorlag. Sollte das nicht der Fall sein, könnte dieser Datenschutzverstoß im Rahmen von § 19 GWB kartellrechtliche Relevanz erlangen. Der BGH nahm einen Missbrauch gem. § 19 Abs. 1 GWB an, stützte sich dabei allerdings auf eine „aufgedrängte Leistungserweiterung" und entzog sich so weitestgehend der Diskussion um den DSGVO-Verstoß.[12] Die Ausführungen des BGH machen dennoch deutlich, dass das Datenschutzrecht und dessen Wertungen im Kartellrecht, insbesondere bei § 19 GWB, grundsätzlich Beachtung finden müssen.[13] Dies ist berechtigt, da beide Rechtsgebiete den Schutz privater Grundrechtspositionen bezwecken und das Datenschutzrecht gerade durch Art. 7 Abs. 4 DSGVO Situationen mit bestehendem Machtungleichgewicht (etwa sog. „*take it or leave it*-Konstellationen") bei der Freiwilligkeit der Einwilligung berücksichtigt und marktmächtige Unternehmen adressiert.[14] Ob aus der Entschei-

---

[8] Vgl. nur *Hacker*, ZfPW 2019, 148 ff.

[9] So auch Spittka in Anmerkung zu EuGH, Urteil vom 25.11.2021 – C-102/20, GRUR 2022, 87, 93.

[10] BKartA Beschluss vom 06.02.2019 – B6–22/16, BeckRS 2019, 4895; OLG Düsseldorf Beschluss vom 26.08.2019 – Kart 1/19, BeckRS 2019, 18837; BGH, Beschluss vom 23.06.2020 – KVR 69/19, GRUR 2020, 1318 ff.; OLG Düsseldorf, Vorlagebeschluss vom 24.03.2021 – Kart 2/19, EuZW 2021, 680 ff.; EuGH, Urteil vom 04.07.2023 – C-252/21, GRUR 2023, 1131 ff.

[11] BKartA, Fallbericht vom 15.02.2019 – Bk-22/16, S. 1, NZKart 2019, 178, 179.

[12] BeckOKInfoMedienR/*Paal*, Art. 102 AEUV Rn. 80c; *Podszun*, GRUR 2020, 1268, 1270; *Bechthold*, NZKart 2021, 3, 4.

[13] BGH, Beschluss vom 23.06.2020 – KVR 69/19, GRUR-RS 2020, 20737.

[14] Bunte/*Nothdurft*, § 19 GWB Rn. 213; *Buchner*, WRP 2019, 1243, 1245. Dennoch ist das Verhältnis „von Datenschutzrecht zu Kartellrecht weiter auszutarieren", BeckOKInfoMedienR/*Paal*, Art. 102 AEUV Rn. 80e.

dung gefolgert werden kann, dass ein reiner Datenschutzverstoß ebenfalls zur Anwendung von § 19 Abs. 1 GWB führt, ist umstritten und bedarf der Klärung.[15] Eine Entscheidung in der Hauptsache steht noch aus.[16]

Allerdings hat der EuGH nach Vorlage des OLG Düsseldorf vermeintlich geklärt, dass eine Einwilligung gegenüber solch marktmächtigen Unternehmen nicht per se ausgeschlossen ist.[17] Dies erfolgte jedoch ohne nähere Begründung. Unter Einbeziehung der grundrechtlichen Wertungen soll in dieser Arbeit geklärt werden, ob die Entscheidung des EuGH zutreffend ist.

3. Weitere marktbezogene Auswirkungen von Datenschutzverstößen

In weiteren Verfahren blieben Fragen zu den marktbezogenen Auswirkungen von Datenschutzverstößen, insbesondere bei möglicherweise fehlerhaften oder fehlenden Einwilligungen, offen. Dies betrifft insbesondere die Frage, ob Verstöße gegen die DSGVO auch über das UWG verfolgt werden können. Entscheidend ist dabei, ob die Art. 77–84 DSGVO abschließende Regelungen darstellen und ob die Vorschriften der DSGVO überhaupt Marktverhaltensregelungen i. S. d. § 3a UWG darstellen.

In einem ersten Verfahren ging es in diesem Zusammenhang um ein sog. „App-Zentrum" bei Facebook. Dort werden den Nutzern kostenlose Spiele von Drittanbietern zugänglich gemacht.[18] Ruft der Nutzer dort Spiele von Drittanbietern auf, erscheint der Hinweis, dass die Nutzung des Spiels es dem Drittanbieter ermöglicht, eine Reihe von personenbezogenen Daten zu erheben.[19] Mit der Nutzung stimmt der Nutzer den Allgemeinen Geschäftsbedingungen der Anwendung und

---

[15] Dazu unter F. IV. 2. Die Ausführungen gelten im Wesentlichen auch für Art. 102 AEUV, da § 19 GWB an Art. 102 AEUV angelehnt ist und es materiell zu einem Gleichlauf der Wertungen kommt, vgl. etwa Bunte/*Nothdurft*, § 19 GWB Rn. 46; Loewenheim/Meessen/Riesenkampff/Kersting/Meyer-Lindemann/*Loewenheim*, § 19 GWB Rn. 4; *Glöckner*, Kartellrecht, Rn. 652. Art. 102 AEUV wird daher im Rahmen dieser Arbeit nicht gesondert betrachtet. Eine Betrachtung nach Europäischem Recht nehmen Weck/Reinhold vor, *Weck/Reinhold*, WuW 2021, 70 ff. Diese Fragestellung ist zudem für andere nationale Kartellrechtsordnungen relevant, vgl. *Schmidt-Samek*, EuR 2022, 586, 587. Schmidt-Samek betrachtet insbesondere das österreichische Kartellrecht.

[16] Es folgte eine für diese Arbeit nicht relevante verfahrensrechtliche Auseinandersetzung über die aufschiebende Wirkung eines weiteren Antrags auf aufschiebende Wirkung beim OLG Düsseldorf durch Facebook, siehe unter OLG Düsseldorf, Beschluss vom OLG Düsseldorf, 30.11.2020 – Kart 13/20 (V), NZKart 2021, 59 f.; BGH, Beschluss vom 15.12.2020 – KVZ 90/20, NZKart 2021, 115 ff.; BGH, Beschluss vom 08.03.2021 – KVR 96/20, NZKart 2021, 305 f. Eine Übersicht findet sich etwa bei *Thiede*, EuZW 2021, 680, 688 f.

[17] EuGH, Urteil vom 04.07.2023 – C-252/21, GRUR 2023, 1131, 1143 Rn. 154.

[18] EuGH, Urteil vom 28.04.2022 – C-319/20, GRUR 2022, 920 f.

[19] EuGH, Urteil vom 28.04.2022 – C-319/20, GRUR 2022, 920, 921.

der Datenschutzpolitik des Drittanbieters zu. Insbesondere soll der Nutzer so in die Veröffentlichung von Statusmeldungen, Fotos und weiterer Informationen durch den Drittanbieter im Namen des Nutzers einwilligen.[20] Dagegen wandte sich der Bundesverband der Verbraucherzentralen und Verbraucherverbände – Verbraucherzentrale Bundesverband e. V. (Deutschland) (nachfolgend „Verbraucherzentrale"), der eine qualifizierte Einrichtung i. S. v. § 4 UKlaG ist.[21] Der BGH hat dem EuGH diesbezüglich zwar die Frage vorgelegt, ob insbesondere die Art. 80 Abs. 1 und 2 DSGVO sowie Art. 84 Abs. 1 DSGVO nationalen Regelungen entgegenstehen, die Mitbewerbern und nach dem nationalen Recht berechtigten Verbänden, Einrichtungen und Kammern die Befugnis einräumen, wegen Verstößen gegen die DSGVO Klage vor den Zivilgerichten unter dem Gesichtspunkt des Verbots der Vornahme unlauterer Geschäftspraktiken, des Verstoßes gegen ein Verbraucherschutzgesetz oder des Verbots der Verwendung unwirksamer AGB zu erheben.[22] Da mit der Verbraucherzentrale ein Verband als qualifizierte Einrichtung i. S. v. § 4 UKlaG geklagt hatte, konnte der EuGH die Frage nach der Klagebefugnis eines Mitbewerbers offenlassen.[23]

Allerdings hatte der BGH in einem anderen Fall die Gelegenheit die Frage nach der Klagebefugnis der Mitbewerber dem EuGH erneut vorzulegen. Hier beanstandete der Kläger den Vertrieb apothekenpflichtiger Medikamente über die Verkaufsplattform Amazon als unlauter unter dem Gesichtspunkt des Rechtsbruchs wegen Verstoß gegen gesetzliche Anforderungen an die Einholung einer datenschutzrechtlichen Einwilligung des Kunden.[24] In dieser Konstellation musste der EuGH diese Frage nun beantworten.[25] In dieser Arbeit wurde dies bereits vorab untersucht.

Der EuGH hat mittlerweile entschieden, dass die Bestimmungen der Art. 77 ff. DSGVO nationalen Regelungen, die Mitbewerbern einräumt, wegen Verstößen gegen die DSGVO gegen den Verletzer im Wege einer Klage unter dem Gesichtspunkt des Verbots der Vornahme unlauterer Geschäftspraktiken vorzugehen, nicht entgegenstehen.[26] Die Entscheidung des EuGH wird an den geeigneten Stellen unter Einbeziehung der grundrechtlichen Wertungen eingeordnet.

---

[20] EuGH, Urteil vom 28.04.2022 – C-319/20, GRUR 2022, 920, 921.

[21] Die Verbraucherzentrale bemängelt diesen „Hinweis" da dieser die gesetzlichen Anforderungen an die Einholung einer wirksamen datenschutzrechtlichen Einwilligung des Nutzers nicht einhielten und eine unangemessene benachteiligende Allgemeine Geschäftsbedingung darstelle. Ausführlich dazu unter E. III.

[22] BGH, Beschluss vom 28.05.2020 – I ZR 186/17, GRUR 2020, 896.

[23] EuGH, Urteil vom 28.04.2022 – C-319/20, GRUR 2022, 920, 921 f., Rn. 49 f.

[24] BGH, Beschluss vom 12.01.2023 – I ZR 223/19, GRUR 2023, 264.

[25] Das Verfahren war beim EuGH anhängig als Rechtssache C-21/23.

[26] EuGH, Urteil vom 04.10.2024 – C-21/23, GRUR 2024, 1721, 1726 Rn. 73.

II. Gang der Darstellung

Wie gezeigt, sind die Voraussetzungen und Wirkungen der Einwilligung im Kontext des Datenschutz- und Wettbewerbsrechts nicht eindeutig geklärt. Da die Einwilligung u. a. Ausdruck der grundrechtlich geschützten personalen Selbstbestimmung, der freien Entfaltung der Persönlichkeit und des Rechts auf informationelle Selbstbestimmung des Einwilligenden ist, wird zur Untersuchung der noch offenen Fragen zunächst der grundrechtliche Rahmen der Einwilligung in den Fokus gerückt. Dieser Ansatz verspricht wichtige Erkenntnisse im Hinblick auf die grundsätzlichen Voraussetzungen und Wirkungen der Einwilligung als Ausdruck der Selbstbestimmung. Diese sind auch bei einer Einwilligung in anderen Rechtsgebieten zu beachten. Im weiteren Verlauf der Arbeit soll überprüft werden, ob dieser grundrechtliche Rahmen im Datenschutzrecht und im Wettbewerbsrecht eingehalten wird. Anhand dieser Erkenntnisse sollen die oben dargestellten offenen Fragen beantwortet werden.

1. Grundrechtliche Grundlagen der Einwilligung

Zunächst werden aus dem GG, der GrCh und der EMRK grundrechtliche Prinzipien, Voraussetzungen und Eigenschaften der Einwilligung erarbeitet, welche die Konstruktion eines Grundgerüsts für die Einwilligung erlauben. Dabei soll dargestellt werden, inwiefern die Einwilligung grundrechtlich Ausdruck der Selbstbestimmung ist und grundrechtlich Wirksamkeitsvoraussetzungen für eine Einwilligung auch zwischen Privaten vorgegeben werden können. Es sollen insbesondere Parallelen zum Grundrechtsverzicht dargestellt werden. Damit soll gezeigt werden, inwieweit sich aus diesem öffentlich-rechtlichen Begriff Erkenntnisse für die Voraussetzungen und die Wirkung der Einwilligung unter Privaten gewinnen lassen können, welche Grundrechte einer Einwilligung unter Privaten zugrunde liegen und auch dann beachtet werden müssen.

2. Die Einwilligung als Ausdruck der Selbstbestimmung im Datenschutzrecht

Anschließend wird untersucht, ob das grundrechtliche Gerüst der Einwilligung bei der derzeitigen gesetzlichen Umsetzung der datenschutzrechtlichen Einwilligung, ihrer Voraussetzungen und Wirkung beachtet worden ist. Dazu werden zunächst die Zwecke und Ziele des Datenschutzrechts dargestellt und sodann herausgearbeitet, welche Interessen im Datenschutzrechtrecht neben der Selbstbestimmung zu berücksichtigen sind. Dabei werden die konkreten Wirksamkeitsvoraussetzungen und die Wirkungen der datenschutzrechtlichen Einwilligung anhand der zuvor generell gewonnenen Erkenntnisse dargestellt und hinterfragt. So sind die einzelnen Wirksamkeitsvoraussetzungen der Einwilligung, wie die Freiwilligkeit, das Koppelungsverbot und die Informiertheit, zwar in Art. 7 DSGVO konkretisiert,[27] die Einzelheiten sind wie oben dargestellt gleichwohl teilweise ungeklärt. Es kommt dabei stets auf eine Einzelfallabwägung an,[28] wozu die in dieser Arbeit entwickelten Grundsätze eine Hilfestellung bieten sollen. Ferner soll unter Heranziehung der grundrechtlichen Wertungen untersucht werden, ob es zutreffend ist, dass die wohl überwiegende Ansicht in Rechtsprechung und Lehre die datenschutzrechtliche Einwilligung als Rechtfertigungsgrund ansieht.

3. Die Einwilligung als Ausdruck der Selbstbestimmung im Wettbewerbsrecht

Sodann wird untersucht, ob die entwickelten Grundsätze zur Einwilligung im Wettbewerbsrecht ausreichend Niederschlag gefunden haben. Dazu werden zunächst die Zwecke und Ziele der wesentlichen Kodifikationen des europäischen und deutschen Wettbewerbsrechts dargestellt.[29]

So ist die Einwilligung bei der Beurteilung, ob eine unzumutbare Belästigung gem. § 7 Abs. 1 UWG vorliegt, in den Fällen des § 7 Abs. 2 Nr. 2 und Nr. 3 UWG entscheidend. Der Einwilligungsbegriff richtet sich dabei nach Art. 13 Abs. 1, Abs. 2, S. 2 lit. f) der Richtlinie 2002/58/EG vom 12. Juli 2002 über die Verarbeitung personenbezogener Daten und den Schutz der Privatsphäre in der elektronischen Kommunikation (nachfolgend „DSRL-EK")[30], worin auf die Datenschutz-RL verwiesen wird. Somit geht die Einwilligung im Wettbewerbsrecht grundsätzlich auf datenschutzrechtliche Bestimmungen zurück. Die datenschutzrechtliche Einwilligung und die diesbezüglichen Erkenntnisse könnten so auch in das Wettbewerbsrecht ausstrahlen. Es ist zu untersuchen, ob sich durch die DSGVO daran etwas geändert hat.

4. Verflechtungen zwischen Datenschutz- und Wettbewerbsrecht und Lösungsvorschlag zu den offenen Fragen

Schließlich sollen die bereits erwähnten praxisrelevanten Verflechtungen der Einwilligung ausführlich dargestellt und die offenen Fragen konkret herausgearbeitet und beantwortet werden. Besonderes Augenmerk liegt dabei darauf, wie – unter

---

[27] Gola/Heckmann/*Schulz*, Art. 7 DSGVO Rn. 1; Ehmann/Selmayr/*Heckmann/Paschke*, Art. 7 DSGVO Rn. 1 ff.

[28] Simitis/Hornung/Spiecker gen. Döhmann/*Klement*, Art. 7 DSGVO Rn. 48; Spindler/Schuster/*Spindler/Dalby*, Art. 7 DSGVO Rn. 14; Sydow/Marsch/*Ingold*, Art. 7 DSGVO Rn. 28.

[29] Dies betrifft auf nationaler Ebene überwiegend das UWG und das GWB. Auf europäischer Ebene sind die Regelungen des Art. 101 ff. AEUV die zentralen Normen, vgl. *Glöckner*, Kartellrecht, Rn. 37 ff.

[30] Die DSRL-EK wird oft auch als ePrivacy-RL bezeichnet.

Berücksichtigung der möglichen Sanktionen des Lauterkeits- und Kartellrechts – die datenschutzrechtliche und die wettbewerbsrechtliche Einwilligung basierend auf dem erörterten grundrechtlichen Rahmen anzuwenden, auszulegen und zu verstehen ist. Es wird untersucht, ob die aus dem grundrechtlichen Rahmen gewonnenen Erkenntnisse auch dem Wettbewerbsrecht gerecht werden, wenn die Wirksamkeitsvoraussetzungen der Einwilligung gem. § 7 Abs. 2 Nr. 2 und 3 UWG denen der datenschutzrechtlichen Einwilligung entsprechen. Ferner wird erörtert, ob und wenn ja, wie es unter Berücksichtigung von Art. 7 Abs. 4 DSGVO datenschutz- und lauterkeitsrechtlich möglich ist, eine Einwilligung als Gegenleistung für Dienstleistungen zu verlangen und dabei die Freiheit und Selbstbestimmung der einzelnen Person zu gewährleisten.[31]

Abschließend werden die Ergebnisse in 14 Thesen zusammengefasst.

[31] Kein zentrales Thema dieser Arbeit soll die Rechtsnatur der Einwilligung im Privatrecht sein. Dies ist nicht erforderlich, da auch bei Annahme, es handle sich bei der Einwilligung nicht um ein Rechtsgeschäft, zumindest die Regeln über Rechtsgeschäfte analog anzuwenden wären, vgl. BGH, Urteil vom 05.12.1958 – VI ZR 266/57, NJW 1959, 811; *Koziol*, MedR 2019, 105, 106; *Klose/Straub*, MedR 2019, 714; *Ohly*, Einwilligung, S. 5 und S. 205 f.; FS Jakobs/*Ohly*, Einwilligung und „Einheit der Rechtsordnung", S. 464; *Ohly*, GRUR 2012, 983, 985.

B. Grundrechtliche Grundlagen der Einwilligung

Zunächst werden die grundrechtlichen Grundlagen der Einwilligung dargestellt, bevor anschließend auf die konkreten Formen der Einwilligung in Datenschutz- und Wettbewerbsrecht eingegangen wird.[1] Dabei werden die grundlegenden Voraussetzungen einer Einwilligung herausgearbeitet und noch nicht die konkreten Anforderungen an eine Einwilligung in einem speziellen Rechtsgebiet beleuchtet. Dies soll dazu dienen, die Begrifflichkeiten für die kommenden Kapitel und die Bedeutung der Einwilligung als Ausdruck der Selbstbestimmung und der Persönlichkeit in anderen Rechtsgebiet zugrunde legen und die dort normierten Gegebenheiten anhand dieses einheitlichen Verständnisses messen zu können. Ziel ist es, ein widerspruchsfreies und kohärentes Bild der Einwilligung im Datenschutzrecht und im Wettbewerbsrecht darzustellen, das die grundrechtlichen Leitlinien berücksichtigt.

I. Der Begriff der Einwilligung

Es gibt keine Legaldefinition der Einwilligung, die im gesamten nationalen oder europäischen Rechtssystem und in jedem Rechtsgebiet einheitlich gilt. Es sollen daher zunächst die grundrechtlichen Gemeinsamkeiten, die jeder Einwilligung auch im rechtlichen Sinne immanent sind, herausgearbeitet werden.[2]

1. Auslegung der Einwilligung

Als grundrechtlich geprägter Begriff müssen sich die Voraussetzungen und Grundsätze einer Einwilligung grundlegend durch Heranziehung des GG, der GrCh und der EMRK erschließen lassen.[3] Dies strahlt dann auf alle Rechtsgebiete aus.[4]

---

[1] Grundlegend dazu bereits *Ohly*, Einwilligung.

[2] So auch *Radlanski*, Einwilligung, S. 10.

[3] Ehmann/Selmayr/*Heckmann/Paschke*, Art. 7 DSGVO Rn. 22; *Ohly*, Einwilligung, S. 465; kritisch: *Geiger*, NVwZ 1989, 35, 36.

[4] Näher zur Wirkung der Grundrechte zwischen Privaten vgl. B. I. 3. b) aa).

a) Auslegung anhand des Grundgesetzes

Dieser Grundgedanke wurde für das Grundgesetz vom BVerfG bereits in der wegweisenden *Lüth*-Entscheidung festgehalten:

> „Dieses Wertsystem, das seinen Mittelpunkt in der innerhalb der sozialen Gemeinschaft sich frei entfaltenden menschlichen Persönlichkeit und ihrer Würde findet, muß als verfassungsrechtliche Grundentscheidung für alle Bereiche des Rechts gelten; Gesetzgebung, Verwaltung und Rechtsprechung empfangen von ihm Richtlinien und Impulse. So beeinflußt es selbstverständlich auch das bürgerliche Recht; keine bürgerlich-rechtliche Vorschrift darf in Widerspruch zu ihm stehen, jede muß in seinem Geiste ausgelegt werden. [...]
>
> Ein Streit zwischen Privaten über Rechte und Pflichten aus solchen grundrechtlich beeinflußten Verhaltensnormen des bürgerlichen Rechts bleibt materiell und prozessual ein bürgerlicher Rechtsstreit. Ausgelegt und angewendet wird bürgerliches Recht, wenn auch seine Auslegung dem öffentlichen Recht, der Verfassung, zu folgen hat."[5]

Das BVerfG hat dies in ständiger Rechtsprechung bestätigt. So führt es etwa aus, dass „die in den Grundrechten der Verfassung zum Ausdruck kommende objektive Wertordnung [...] auch auf das Privatrecht ein[wirke]".[6] Aufgabe des BVerfG sei es, „die Beachtung dieser Einwirkung sicherzustellen, den Einfluss der als Abwehrrechte des Bürgers im Verhältnis zum Staat angelegten Grundrechte in ihrer freiheitssichernden Zielsetzung als Wertentscheidung auch im Privatrecht zu gewährleisten".[7] Das Grundgesetz sei kein wertneutraler Ort, da es objektive Grundentscheidungen getroffen habe, die für alle Bereiche des Rechts gelten, so dass keine bürgerrechtliche Vorschrift im Widerspruch zu den Prinzipien stehen dürfe, die in den Grundrechten zum Ausdruck kommen.[8] In der Literatur wird diese Ansicht überwiegend geteilt und etwa ausgeführt, dass sich in gesetzlich nicht ausgeformten Bereichen die Rechtsprechung in besonderem Maße von den Wertungen des Grundgesetzes leiten lasse.[9]

---

[5] BVerfG, Urteil vom 15.01.1958 – 1 BvR 400/51, GRUR 1958, 254, 255.

[6] BVerfG, Beschluss vom 25.07.1979 – 2 BvR 878/74, NJW 1979, 1925, 1929.

[7] BVerfG, Beschluss vom 25.07.1979 – 2 BvR 878/74, NJW 1979, 1925, 1929.

[8] BVerfG, Beschluss vom 07.02.1990 – 1 BvR 26/84, NJW 1990, 1469, 1470.

[9] MüKoBGB/*Schubert*, § 242 BGB Rn. 134; BeckOKBGB/*Sutschet*, § 242 BGB Rn. 22; Jauernig/*Mansel*, § 242 BGB Rn. 3; *Ohly*, Einwilligung, S. 84; *Bumke*, Grundrechtsvorbehalt, S. 80.

b) Auslegung anhand GrCh und EMRK

Eine Europäische Verfassung oder ein Europäisches Grundgesetz als solches sollen sie nicht darstellen,[10] wenngleich der EuGH und große Teile der Literatur das Primärrecht als Dokumente mit Verfassungsqualität ansehen.[11] Auf unionsrechtlicher Ebene ist daher das Primärrecht, insbesondere bestehend aus EUV, AEUV und der Grundrechtecharta, grundlegend.[12] Das Europäische Primärrecht ist seit jeher in der Normenhierarchie mit dem Grundgesetz vergleichbar, denn es genießt Vorrang vor dem Sekundärrecht und ist zugleich Maßstab für die Rechtmäßigkeit des Sekundärrechts.[13] Bereits vor Inkrafttreten der durch den Vertrag von Lissabon geltenden Fassung sprach der EuGH von „grundlegenden Rechtssätze(n) der Gemeinschaft"[14] oder von „allgemeinen Bestimmungen von verfassungsmäßiger Bedeutung"[15] die auch auf Unionsebene gelten.[16] Seit Inkrafttreten der durch den Vertrag von Lissabon geltenden Fassung existiert nun auch auf Unionsebene ausdrücklich ein geschriebener Grundrechtskatalog.[17] Die Grundrechtecharta ist seit diesem Zeitpunkt gem. Art. 6 Abs. 1 EUV verbindliches Recht der Union und steht mit AEUV und EUV auf derselben Stufe der unionsrechtlichen Normenhierarchie.[18] Die EMRK hingegen ist mangels Beitritt der Union zur EMRK kein Rechtsinstrument, das förmlich in die Unionsrechtsordnung übernommen wurde.[19] Die EMRK und die in ihr anerkannten Grundrechte werden jedoch gem. Art. 6 Abs. 3 EUV als allgemeine Grundsätze Teil des Unionsrechts.[20] Daher kann auch

---

[10] Schwarze/Becker/Hatje/Schoo/*Schwarze/Wunderlich*, Art. 1 AEUV Rn. 2; Streinz/*Streinz*, Art. 7 AEUV Rn. 1. Für eine Qualifikation der europäischen Verträge als Verfassung ist Calliess, Calliess/Ruffert/*Calliess*, Art. 1 EUV Rn. 58 ff.

[11] EuGH, Urteil vom 23.04.1986 – Rs. 294/83, Slg. 1986, 1339, 1365 Rn. 23; Calliess/Ruffert/*Ruffert*, Art. 1 AEUV Rn. 9; Calliess/Ruffert/*Calliess*, Art. 1 EUV Rn. 66; Grabitz/Hilf/Nettesheim/*Nettesheim*, Art. 1 AEUV Rn. 44. Vertiefend Grabitz/Hilf/Nettesheim/*Nettesheim*, Art. 1 AEUV Rn. 44 ff.; Calliess/Ruffert/*Calliess*, Art. 1 EUV Rn. 58 ff.

[12] Calliess/Ruffert/*Ruffert*, Art. 1 AEUV Rn. 8 f.; Schwarze/Becker/Hatje/Schoo/*Schwarze/Wunderlich*, Art. 1 AEUV Rn. 2; Streinz/*Streinz*, Art. 7 AEUV Rn. 11.

[13] Calliess/Ruffert/*Ruffert*, Art. 288 AEUV Rn. 9 f.; *Nettesheim*, EuR 2006, 737, 746.

[14] EuGH, Urteil vom 21.06.1974 – Rs. 2/74, Slg. 1974, 631, Rn. 24 ff.

[15] EuGH, Urteil vom 09.08.1994 – C-327/91, Slg. 1994, I-3641, Rn. 28.

[16] *Nettesheim*, EuR 2006, 737, 744.

[17] Grabitz/Hilf/Nettesheim/*Schorkopf*, Art. 6 EUV Rn. 50; Roßnagel/*Johannes*, § 2 Rn. 66. Auch wenn bereits im Maastrichter Vertrag die demokratischen Grundsätze und die Grundrechte im EUV als gemeinsame Bestimmungen verankert waren, vgl. Art. F EUV i. d. F. vom 29.07.1992, Amtsblatt Nr. C 191; Grabitz/Hilf/Nettesheim/*Schorkopf*, Art. 6 EUV Rn. 2; *Potacs*, EuR 2016, 164, 165.

[18] Grabitz/Hilf/Nettesheim/*Schorkopf*, Art. 6 EUV Rn. 9; Roßnagel/*Johannes*, § 2 Rn. 41.

[19] Roßnagel/*Johannes*, § 2 Rn. 42; Oppermann/Classen/Nettesheim/*Classen/Nettesheim*, § 17 Rn. 38; Heselhaus/Nowak/*Szczekalla*, § 3 Rn. 22. Die Verhandlungen zu einem Beitritt der EU zur EMRK, mit der Folge, dass die EMRK sodann verbindlich wird gem. Art. 6 Abs. 2 EUV, sind 2020 allerdings wieder aufgenommen worden, https://search.coe.int/directorate_of_communications/Pages/result_details.aspx?ObjectId=09000016809fbd51 (zuletzt besucht am 11.08.2024).

[20] Roßnagel/*Johannes*, § 2 Rn. 42; Oppermann/Classen/Nettesheim/*Classen/Nettesheim*, § 17 Rn. 38; *Grabenwarter/Pabel*, § 4 Rn. 11; Heselhaus/Nowak/*Szczekalla*, § 3 Rn. 22.

die EMRK für die Beurteilung des Begriffs der Einwilligung herangezogen werden. Die Einwilligung muss sich auf unionsrechtlicher Ebene somit insbesondere aus GrCh, EMRK und den allgemeinen Grundsätzen des Unionsrechts grundlegend auslegen lassen.[21]

c) Auslegungsmethoden

Im nationalen Recht erfolgt die Auslegung meist anhand der „klassischen" Auslegungstheorie, begründet von Savigny, nach Wortlaut, Systematik, Historie und dem Sinn und Zweck.[22] Ausgelegt wird dabei stets eine konkrete Norm.[23] Es ist allerdings keine bestimmte Auslegungsmethode von der Verfassung oder einem anderen verbindlichen Rechtssatz vorgeschrieben.[24] Auch der EuGH wendet grundsätzlich die gleichen Auslegungsmethoden wie die mitgliedstaatlichen Gerichte an.[25] Dies umfasst die Auslegung nach dem Wortlaut, der Systematik, der Historie und dem Sinn und Zweck.[26] Ferner sind unionsrechtliche Vorschriften aufgrund des Grundsatzes der einheitlichen Anwendung in der gesamten Union autonom und einheitlich nach seinem spezifisch unionsrechtlichen Sinn auszulegen.[27]

Es bestehen daher seit jeher Diskussionen um die juristischen Auslegungsmethoden und es wird stets nach weiterführenden Interpretationsmethoden gesucht.[28] So

---

[21] Die Wichtigkeit der Auslegung anhand des Primärrechts und den Grundsätzen des Unionsrechts zeigt sich auch im Hinblick auf die Auslegung des Sekundärrechts. Das Sekundärrecht muss, nach dem vom EuGH in ständiger Rechtsprechung formulierten Gebot der primärrechtskonformen Auslegung anhand des Primärrechts ausgelegt werden. Das Primärrecht umfasst dabei auch die allgemeinen Rechtsgrundsätze der Union, vgl. Calliess/Ruffert/*Ruffert*, Art. 288 AEUV Rn. 10.

[22] *Zippelius*, Methodenlehre, S. 35 f.; ErfKo/*Schmidt*, GG vor Art. 1 Rn. 70; *Muthorst*, Grundlagen, § 7 Rn. 7.

[23] *Zippelius*, Methodenlehre, S. 35; *Larenz/Canaris*, Methodenlehre, S. 133 ff.; *Muthorst*, Grundlagen, § 7 Rn. 3; Hähnchen/*Martens*, Methodenlehre, S. 38.

[24] BVerfG, Beschluss Vom 07.04.1997 – 1 BvL 11/96, NJW 1997, 2230; Hähnchen/*Leenen*, Methodenlehre, S. 72; *Rüthers/Fischer/Birk*, Rechtstheorie und Juristische Methodenlehre Rn. 702 und Rn. 704.

[25] *Möllers*, Methodenlehre, § 4 Rn. 27; Calliess/Ruffert/*Wegener*, Art. 19 EUV Rn. 28 ff.; Grabitz/Hilf/Nettesheim/*Mayer*, Art. 19 EUV Rn. 53; Moos/Schefzig/Arning/*Moos/Schefzig*, Kapitel 1, III. Rn. 24; kritisch *Rüthers/Fischer/Birk*, Rechtstheorie und Juristische Methodenlehre, Rn. 820a ff.

[26] *Muthorst*, Grundlagen, § 7 Rn. 35; *Rüthers/Fischer/Birk*, Rechtstheorie und Juristische Methodenlehre, Rn. 702. *Hofmann/Johannes*, ZD 2017, 221; *Müller-Graff*, EuR 2014, 3, 8.

[27] *Möllers*, Methodenlehre, § 2 Rn. 70 ff.; Grabitz/Hilf/Nettesheim/*Mayer*, Art. 19 EUV Rn. 53; *Muthorst*, Grundlagen, § 7 Rn. 43; *Hofmann/Johannes*, ZD 2017, 221; Hähnchen/*Leenen*, Methodenlehre, S. 66; Moos/Schefzig/Arning/*Moos/Schefzig*, Kapitel 1, III. Rn. 23.

[28] ErfKo/*Schmidt*, GG vor Art. 1 Rn. 70; *Engisch*, Juristisches Denken, S. 160 ff.; *Herzberg*, NJW 1990, 2525 ff.; siehe hierzu insbesondere das Erste und Zweite Bielefelder Kolloquium zur Methodenlehre zwischen Handwerk und Wissenschaft der Jahre 2017 und 2019. Die Diskussionsbeiträge wurden veröffentlicht und von Susanne Hähnchen herausgegeben.

geht Martens etwa nur von zwei Säulen der Auslegungsmethoden aus, da er die Auslegung anhand des Wortlauts, der Systematik und der Geschichte zusammenfasst, da sie nur dazu dienten, „den Kontext der jeweiligen Rechtsquelle zu strukturieren".[29] Vor diesem Hintergrund bereitet die strikte Auslegung des Begriffs Einwilligung nach dem klassischen Schema vor allem im Rahmen des Grundgesetzes auf den ersten Blick Probleme, u. a. weil der zu prüfende Begriff an keiner Norm festgemacht werden kann.[30] Es ist mithin fraglich, ob ohne Zugrundelegung einer konkreten Norm der Begriff „Auslegung" der Richtige ist.

Die juristische Methodenlehre basiert auf der Annahme, dass sich Aussagen über bestimmte einzelne Fälle methodisch aus den Rechtsquellen entwickeln lassen.[31] Wie bereits ausgeführt, ist die Einwilligung Ausübung grundrechtlicher Prinzipien, wie etwa der freien Entfaltung der Persönlichkeit, die auch im Grundgesetz normiert ist. Es lassen sich demzufolge Aussagen zur Einwilligung aus Rechtsquellen entwickeln. Zudem ist auf die verfassungskonforme Auslegung bei der Gesetzesauslegung hinzuweisen, die gemeinhin als Grenze der Auslegung und als Mittel zur Ermittlung des Verhältnisses der Auslegungskriterien zueinander betrachtet wird.[32] Dies wird klassischerweise zur Auflösung von Wertungswidersprüchen oder als Entscheidungskriterium bei mehreren möglichen Auslegungsergebnissen angewandt.[33]

Zudem ist die Methodenlehre nicht unveränderbar, sondern stets im Wandel, was am prägnantesten die richtlinienkonforme Auslegung zeigt.[34] Es wird vertreten, die Frage der richtigen Auslegungsmethode hänge von der jeweiligen konkreten Aufgabe ab, die der Auslegung gestellt wird.[35] So wird der ehemalige Präsident des Bundesverfassungsgerichts mit den Worten: „Ach wissen Sie, bei uns hat jeder Fall seine eigene Methode" zitiert.[36]

Vor diesem Hintergrund ist es daher vertretbar, aus den Grundrechten abstrakte Leitlinien für die Einwilligung zu bestimmen, selbst wenn keine konkrete Norm

---

[29] Hähnchen/*Martens*, Methodenlehre, S. 38.

[30] Unionsrechtlich wird die Einwilligung zumindest in Art. 3 Abs. 2 GrCh und Art. 8 Abs. 2 GrCh genannt, dabei jedoch auch nicht legal definiert.

[31] Hähnchen/*Martens*, Methodenlehre, S. 38.

[32] *Larenz/Canaris*, Methodenlehre, S. 165; *Muthorst*, Grundlagen, § 7 Rn. 22.

[33] *Zippelius*, Methodenlehre, S. 33; *Muthorst*, Grundlagen, § 7 Rn. 22. Leitsätze des BVerfG dazu: „Eine Norm ist nur dann für verfassungswidrig zu erklären, wenn keine nach den anerkannten Auslegungsgrundsätzen zulässige und mit der Verfassung vereinbare Auslegung möglich ist. Lassen der Wortlaut, die Entstehungsgeschichte, der Gesamtzusammenhang der einschlägigen Regelung und deren Sinn und Zweck mehrere Deutungen zu, von denen eine zu einem verfassungsmäßigen Ergebnis führt, so ist diese geboten (vgl. BVerfGE 88, 145 [166] = NJW 1993, 2861; BVerfGE 119, 247 [274] = NVwZ 2007, 1396)" – BVerfG, Beschluss vom 31.10.2016 – 1 BvR 871/13, 1 BvR 1833/13, NVwZ 2017, 617, 619 f.

[34] *Herresthal*, JuS 2014, 289, 291; Hähnchen/*Leenen*, Methodenlehre, S. 72.

[35] *Engisch*, Juristisches Denken, S. 167.

[36] *Rüthers/Fischer/Birk*, Rechtstheorie und Juristische Methodenlehre, Rn. 704.

besteht. Die Verfassung und die darin verankerten Wertelemente strahlen in alle Rechtsgebiete hinein, so dass hieraus durchaus – mit gewissen Grenzen[37] – allgemeingültige Regelungen und Feststellungen getroffen werden können.[38] Bereits 1981 stellte Amelung fest, dass die Zulässigkeit einer Einwilligung in ein Grundrechtsgut nur durch eine Auslegung der grundrechtlichen Normen, die an Wort und Sinn orientiert ist, beantwortet werden kann.[39] Dies steht wie aufgezeigt auch nicht im Widerspruch zur juristischen Methodenlehre, denn es kann und muss nicht immer der einen richtigen Auslegungsmethode gefolgt werden: denn ob es diese gibt und welche das ist, ist sehr umstritten.[40] Die Beantwortung dieser Frage soll nicht Gegenstand dieser Arbeit sein. Sie muss es auch nicht, denn in der vorliegenden Arbeit wird nicht die Anwendungsmethode frei gewählt, sondern die klassischen juristischen Auslegungsmethoden werden sogar auf einen Fall übertragen, in dem es an einer Norm mangelt.[41]

Zur Erarbeitung des Grundgerüsts des Begriffs der Einwilligung aus den Grundrechten werden die klassischen Auslegungsmethoden herangezogen und entsprechend angewandt. Sie sollen bei entsprechender Anwendung dazu dienen, den Begriff der Einwilligung und dessen Rechtsinstitut zu auszufüllen und mithin das gesuchte Rechtsinstitut konstruieren.

Es werden somit zunächst Rückschlüsse aus dem reinen Wortlaut des Begriffs der Einwilligung gezogen. Im Anschluss wird dargestellt, wie die Einwilligung systematisch in den Grundrechten und dem Unionsrecht verankert ist. Die Historie wird dabei stets mitbetrachtet, um – wie auch von Martens vertreten – den Kontext der Rechtsquelle zu strukturieren.[42]

Der Sinn und Zweck der Einwilligung werden nicht gesondert im Anschluss ermittelt. Die Auslegung nach dem Sinn und Zweck wird zwar als eine der wichtigsten Argumentationsfiguren bezeichnet.[43] Demgegenüber wird jedoch vertreten, die Ermittlung des Sinns und Zwecks einer Vorschrift sei das Ziel der Auslegung und

---

[37] Bspw. der Wortlaut einer Norm, vgl. MüKoBGB/*Säcker*, Einl. BGB Rn. 144; *Larenz/Canaris*, Methodenlehre, S. 161; *Geserich*, DStR-Beih. 2011, 59; oder der Wille des Gesetzgebers, vgl. *Höpfner*, RdA 2018, 321, 330f.

[38] MüKoBGB/*Säcker*, Einl. BGB Rn. 143; *Schroeder*, Gemeinschaftsrechtssystem, S. 61f.; *Drexl*, Selbstbestimmung, S. 218; Hähnchen/*Leenen*, Methodenlehre, S. 77.

[39] *Amelung*, Einwilligung, S. 25.

[40] Erneut sei etwa auf das Erste und Zweite Bielefelder Kolloquium zur Methodenlehre zwischen Handwerk und Wissenschaft der Jahre 2017 und 2019 oder *Rüther/Fischer/Birk*, Rn. 696ff. verwiesen.

[41] Dies steht mithin auch nicht im Widerspruch zu *Rüthers/Fischer/Birk*, Rechtstheorie und Juristische Methodenlehre, Rn. 704, die ausführen, das deutsche Recht überlasse die Wahl der Anwendungsmethoden nicht dem freien Ermessen der Anwender.

[42] Hähnchen/*Martens*, Methodenlehre, S. 38.

[43] *Möllers*, Methodenlehre, § 5 Rn. 1.

könne daher kein Auslegungsmittel sein.[44] Sie habe eine Sonderstellung und sei ein Argument zweiter Stufe, da für die Begründung des Ergebnisses auf die anderen drei Auslegungsmethoden zurückgegriffen werden müsste.[45] Gerade in dem vorliegenden Fall, bei dem die Einwilligung grundlegend erschlossen werden soll, geht es darum, anhand von Wortlaut und Systematik der grundrechtlichen Garantien, die der Einwilligung zu Grunde liegen, Sinn und Zweck der Einwilligung zu ergründen und anschließend zu überprüfen, ob dies einfachgesetzlich zutreffend festgehalten wurde. Eine Betrachtung und Ergründung des Sinns und Zwecks der Einwilligung erfolgt nachfolgend immanent bei der Auslegung der Grundrechte anhand der Auslegungsmethoden nach dem Wortlaut, der Systematik und der Historie. Denn die Verfassung selbst ist es, „die die Beachtung bestimmter Werte und Sinnbezüge zur Pflicht macht".[46] In dem Sinne ist auch Leenen beizupflichten, wenn er ausführt, dass die Verfassung das „letzte Wort" habe und die aus der Verfassung zu gewinnenden Rechtssätze Methodenrecht seien.[47]

2. Der Wortlaut der Einwilligung

Zunächst wird somit der abstrakte Wortlaut einer „Einwilligung" näher betrachtet. Die Auslegung anhand des Wortlauts[48] orientiert sich am allgemeinen Sprachgebrauch, aber auch an der üblichen Rechtssprache.[49] Daran soll auch die vorliegende Herangehensweise angeknüpft werden.

a) National

Zunächst soll es um den allgemeinen deutschen Sprachgebrauch gehen. Dem deutschen Wortlaut des Begriffs *Einwilligung* ist der *Wille* immanent, woraus zu schließen ist, dass der Einwilligende einen Willen gebildet haben muss. Hieraus lässt sich folgern, dass in Situationen, in denen die einzelne Person keinen Willen bilden kann, eine Einwilligung nicht denkbar ist. Im Übrigen gibt es jedoch viele Faktoren, welche die einzelne Person (möglicherweise nur unterbewusst) beeinflussen, sie aber nicht daran hindern, einen Willen zu bilden. Aus dem reinen Wortlaut und dem darin enthaltenen Begriff *Wille* können daraus noch keine

---

[44] *Rüthers/Fischer/Birk*, Rechtstheorie und Juristische Methodenlehre, Rn. 730a; *Herzberg*, NJW 1990, 2525 ff.; *Herzberg*, JuS 2005, 1, 3 f.; *Putze/Putzke*, JuS 2012, 500, 503.

[45] Hähnchen/*Martens*, Methodenlehre, S. 39.

[46] *Larenz/Canaris*, Methodenlehre, S. 182.

[47] Hähnchen/*Leenen*, Methodenlehre, S. 79.

[48] Auch „logisch-grammatische Interpretation" (vgl. MüKoBGB/*Säcker*, Einl. BGB Rn. 139) oder „grammatikalische Auslegung" (vgl. Creifelds/*Groh*, „Auslegung") genannt.

[49] MüKoBGB/*Säcker*, Einl. BGB Rn. 139 f.; MüKoStGB/*Schmitz*, § 1 Rn. 89; MüKoHGB/*Ebke*, § 319b Rn. 15; Creifelds/*Groh*, „Auslegung".

weiteren konkreten Voraussetzungen festgehalten werden. Allerdings ist aus dem deutschen Wortlaut zu folgern, dass durch die Einwilligung Zustimmung zu etwas ausgedrückt werden soll.[50] Zusammengefasst lässt sich also sagen, dass als Einwilligung die Äußerung eines zustimmenden, erlaubenden Willens verstanden wird.[51]

b) Unionsrechtlich

Bei der Auslegung europäischer Normen fällt die Wortlautauslegung bei mittlerweile 24 verschiedenen Sprachfassungen gem. Art. 55 Abs. 1 EUV oft schwer.[52] Dies spiegelt sich dann auch in der Frage nach dem allgemeinen Sprachgebrauch wider, denn dieser ist in jeder Sprache anders. Ferner ist jeder Begriff autonom nach seinem unionsrechtlichen Sinngehalt auszulegen.[53] Der Vergleich verschiedensprachiger Fassungen von Rechtsvorschriften kann dennoch hilfreich sein für die Auslegung.

Art. 8 Abs. 2 GrCh nennt die Einwilligung, ohne sie näher zu bestimmen und zu erläutern.[54] So lässt sich auch im Englischen, Französischen und Spanischen bereits aus dem Wortlaut eine hilfreiche Erkenntnis bezüglich des Begriffs der Einwilligung gewinnen. Im Englischen lautet der gängige rechtliche Begriff für die Einwilligung „*consent*“[55], im Französischen „*consentement*“[56] und im Spanischen „*consentimiento*“[57]. All dies lässt sich auf das lateinische Verb „*consentire*“ zurückführen, das übersetzt u. a. „einwilligen“ bedeutet. Das darin enthaltene lateinische Verb „*sentire*“ bedeutet so viel wie „fühlen, wahrnehmen, merken“ oder aber auch

---

[50] *Ohly*, Einwilligung, S. 3; https://www.duden.de/rechtschreibung/einwilligen (zuletzt besucht am 11.08.2024); https://www.dwds.de/wb/einwilligen (zuletzt besucht am 11.08.2024).

[51] So auch *Geiger*, NVwZ 1989, 35, 36; *Radlanski*, Einwilligung, S. 10. Eine Unterscheidung zwischen einer vorherigen oder einer nachträglichen Einwilligung, wie sie im BGB gemacht wird, lässt sich dem Wortlaut nicht entnehmen, ebenso *Geiger*, NVwZ 1989, 35, 36. Zum BGB: dort wird die Einwilligung als „vorherige Zustimmung“ legaldefiniert, vgl. § 183 BGB. Diese Legaldefinition für das BGB enthält eine zeitliche Komponente, indem festgelegt wird, dass die Zustimmung vor dem Akt, zu dem zugestimmt wird, erfolgen muss. Diese Terminologie wird jedoch im BGB nicht immer eingehalten, so dass die „Genehmigung“ (= nachträgliche Zustimmung, vgl. § 184 BGB) mehrmals auch die vorherige Zustimmung (= Einwilligung, vgl. § 183 BGB) erfasst, wie etwa in §§ 1643, 1809 ff. BGB, vgl. MüKoBGB/*Bayreuther*, vor § 182 BGB Rn. 2; Schulze/*Dörner*, Vorbemerkung zu §§ 182–185 BGB Rn. 2.

[52] Grabitz/Hilf/Nettesheim/*Mayer*, Art. 19 EUV Rn. 53.

[53] Grabitz/Hilf/Nettesheim/*Mayer*, Art. 19 EUV Rn. 53.

[54] FraKo/*Wolff*, Art. 8 GrCh Rn. 23.

[55] Vgl. Art. 8 Abs. 2 der englischen Fassung der GrCh.

[56] Vgl. Art. 8 Abs. 2 der französischen Fassung der GrCh.

[57] Vgl. Art. 8 Abs. 2 der spanischen Fassung der GrCh; wenn man dies wörtlich übersetzt, bedeutet dies so viel wie „mit Gefühl“, „mit Bedauern“ oder auch „mit Gefühlssinn“ (vgl. https://dict.leo.org/spanisch-deutsch/sentimiento und https://dict.leo.org/spanisch-deutsch/con; jeweils zuletzt besucht am 11.08.2024). Auch hier wird zumindest deutlich, dass es eine bewusste Entscheidung sein muss.

„sich äußern, abstimmen“.[58] Die Vorsilbe *„con“* lässt sich sowohl im Lateinischen als auch im Spanischen als „mit, zusammen, gemeinsam“ verstehen. Auch wenn der Wille im Lateinischen wohl eher mit *„voluntas“* zu übersetzen ist[59], und dieser Wortstamm mit *„consentire“* nur wenig gemein hat, lässt sich somit auch aus dem Verb *„consentire“* ableiten, dass es sich um eine bewusste Handlung handelt. Denn nur dann kann diese Handlung auch mit *Gefühl* oder insbesondere mit *Wahrnehmung* erledigt werden.

c) Fazit

Zusammengefasst lässt sich also sagen, dass vom deutschen Wortlaut her eine Einwilligung die Äußerung eines zustimmenden, erlaubenden Willens darstellt.[60] Aus dem Unionsrecht folgt, dass der Wortlaut in verschiedenen Sprachen nahelegt, dass der Einwilligende sich seiner Handlung bewusst ist, sie also wahrnimmt oder fühlt.

3. Systematische Verankerung der Einwilligung im Grundgesetz

Dies leitet zur systematischen Verankerung der Einwilligung über. Die systematische Auslegung hat zum Ziel, den Zusammenhang einer bestimmten Norm oder auch nur eines ihrer Merkmale innerhalb eines Normgefüges unter Berücksichtigung ihrer Stellung und Funktion im Gesamtgefüge des Rechtsaktes zu klären.[61] Die Auslegung anhand der Systematik und die Auslegung anhand von Sinn und Zweck sind sachlich sehr stark miteinander verknüpft.[62] In dieser Arbeit wird, auch aufgrund der lediglich entsprechenden Anwendung der Auslegungsmethoden, überwiegend mit der objektiven Theorie ausgelegt.[63] Hierfür spricht, dass die Auslegungsergebnisse wandelbarer und an das aktuelle Zeitgeschehen anpassungsfähiger sind.[64] Mithin ergeben sich gegenwartsnahe und zeitgemäße Interpretation der Gesetze und Rechtsbegriffe.[65] Ziel der objektiven Theorie ist, ein Ergebnis zu finden, das die Übersicht und die Transparenz erleichtert und lo-

---

[58] https://de.langenscheidt.com/deutsch-latein/search?term=sentire&q_cat=%2Fdeutsch-latein%2F (zuletzt besucht am 11.08.2024).

[59] https://de.langenscheidt.com/deutsch-latein/wille (zuletzt besucht am 11.08.2024).

[60] So auch *Geiger*, NVwZ 1989, 35, 36; *Radlanski*, Einwilligung, S. 10.

[61] Creifelds/*Groh*, „Auslegung“; MüKoStGB/*Schmitz*, § 1 StGB Rn. 89; MüKoHGB/*Ebke*, § 319b HGB Rn. 15.

[62] *Larenz/Canaris*, Methodenlehre, S. 149.

[63] Eine ausführliche Darstellung der Diskussionen um die subjektive und die objektive Auslegungsmethode unterbleibt an dieser Stelle. Dies würde den Rahmen der Arbeit sprengen.

[64] *Engisch*, Juristisches Denken, S. 163 f.

[65] *Engisch*, Juristisches Denken, S. 164.

gische Brüche so weit wie möglich vermeidet, um trotz neuer Normen die Einheit der Rechtsordnung zu wahren.[66] Die Auslegung nach dem Telos dient der Ermittlung des objektiven Zwecks.[67]

Die Einwilligung ist nicht legal definiert, so dass es keinen konkreten Regelungszusammenhang gibt, der für eine rein systematische Auslegung herangezogen werden könnte.[68] Es lassen sich dennoch grundlegende systematische und teleologische Äußerungen zum Begriff der Einwilligung anhand der Grundrechte treffen. Versteht man die Einwilligung als eine „Erklärung, mit der der Einwilligende kundtut, daß [sic] er eine Beeinträchtigung seines Rechtsgutes durch einen anderen hinnehmen wird"[69] werden Parallelen zum Grundrechtsverzicht ersichtlich.

Beim Grundrechtsverzicht geht es um die Frage, welche Wirkung und Funktion der Verzicht auf ein einem Grundrecht innewohnendes Abwehrrecht hat.[70] Mit der Darstellung der Wirkung und der Funktion des Grundrechtsverzichts soll überprüft werden, inwieweit Erkenntnisse aus diesem öffentlich-rechtlichen Begriff für die Einwilligung zwischen Privaten gewonnen werden können.

a) *Der Grundrechtsverzicht*

Es besteht zum Grundrechtsverzicht bis heute kein einheitliches Begriffsverständnis in Rechtsprechung und Literatur.[71] Mit dieser Arbeit soll kein erneuter Anlauf gestartet werden, eine Definition des Grundrechtsverzichts zu finden. Den Ansätzen in Rechtsprechung und Literatur sind jedoch bereits einige Punkte gemein, die im weiteren Verlauf der Arbeit für den grundrechtlichen Rahmen der Einwilligung relevant werden.

aa) Begriffsverständnis in der Rechtsprechung

In der Rechtsprechung findet sich bisher keine Legaldefinition oder sonstige grundlegenden Ausführungen zu einem Grundrechtsverzicht.[72] Es gibt vereinzelte öffentlich-rechtliche, aber auch zivilrechtliche Entscheidungen, die zwar von einem

---

66 *Muthorst*, Grundlagen, § 7 Rn. 13; *Engisch*, Juristisches Denken, S. 163.

67 *Schäfers*, JuS 2015, 875, 878.

68 Dass eine solche möglich ist, siehe ausführlich unter B. I. 1.

69 *Amelung*, Einwilligung, S. 13. Siehe dazu auch bereits die Wortlautauslegung, die ergeben hat, dass die Einwilligung den Ausdruck eines zustimmenden, erlaubenden Willens darstellt, der sich der Einwilligende seiner Handlung bewusst ist, vgl. B. I. 2. c).

70 *Amelung*, Einwilligung, S. 14.

71 Merten/Papier/*Merten*, Band III, § 78 Rn. 2; *Ahammer*, Grundrechtsverzicht, S. 41; *Spieß*, Grundrechtsverzicht, S. 29 ff.; *Malacrida*, Grundrechtsverzicht, S. 7.

72 Sachs/*Sachs*, Vorb. Abschnitt I, Rn. 53; *Ahammer*, Grundrechtsverzicht, S. 41.

Grundrechtsverzicht sprechen, diesen Begriff jedoch nicht umfassend ausfüllen.[73] Immerhin hat das Bundesverwaltungsgericht 2003 festgehalten, dass ein Grundrechtsverzicht freiwillig erfolgen muss.[74]

bb) Begriffsverständnis in der Literatur

In der Literatur bestehen seit mehr als hundert Jahren Diskussionen um den Begriff des Verzichts im öffentlichen Recht.[75] Dabei ging es zunächst um den Thronverzicht und anschließend um den Verzicht auf subjektive Rechte, was zu Zeiten der Weimarer Reichsverfassung auch mit erstmaligen Auseinandersetzungen um den Verzicht auf Grundrechte einherging.[76] Mittlerweile finden sich in der Literatur auch kürzere Abhandlungen zum Grundrechtsverzicht. Dabei wird meist auf die Unschärfe des Begriffs des Grundrechtsverzichts verwiesen und der Grundrechtsverzicht von der Nichtausübung von Grundrechten abgegrenzt.[77] Ferner werden Einwilligungen explizit in Abgrenzungen zum Ausübungsverzicht als Form des Grundrechtsverzichts gesehen.[78] Als Voraussetzungen für den Grundrechtsverzicht werden dabei die Einsichtsfähigkeit, also mithin die Kenntnis von der Tragweite der eigenen Entscheidung, und die Freiwilligkeit, welche insbesondere bei Täuschung, Drohung und Zwang fehlen, genannt.[79]

cc) Stellungnahme

Den Auseinandersetzungen mit dem Begriff des Grundrechtsverzichts in den letzten 45 Jahren sind einige Wesensmerkmale des Grundrechtsverzichts gemein. Formell muss ein Grundrechtsverzicht freiwillig erfolgen und eine formfreie empfangsbedürftige Willenserklärung darstellen.[80]

---

[73] Etwa BVerfG, Beschluss vom 22.02.2011 – 1 BvR 409/09, NJW-RR 2011, 1043, 1045 Rn. 43; VG Köln, Urteil vom 17.02.2021 – 9 K 8525/18, BeckRS 2020, 6478 Rn. 20; OLG Zweibrücken, Urteil vom 27.06.2013 – 6 U 33/12, NJOZ 2014, 1264, 1265.

[74] BVerwG, Urteil vom 22.10.2003 – 6 C 23/02, NJW 2004, 1191 ff.

[75] *Ahammer*, Grundrechtsverzicht, S. 44; *Spieß*, Grundrechtsverzicht, S. 12 ff.; *Schwabe*, Grundrechtsdogmatik, S. 92 ff.; *Hillgruber*, Schutz des Menschen vor sich selbst, S. 134 ff.

[76] *Ahammer*, Grundrechtsverzicht, S. 47 f.; *Spieß*, Grundrechtsverzicht, S. 30. Eine vertiefte historische Auseinandersetzung mit dem Verzicht im öffentlichen Recht und dem Grundrechtsverzicht findet sich bspw. bei *Ahammer*, Grundrechtsverzicht, S. 44 ff. und *Spieß*, Grundrechtsverzicht, S. 12 ff.

[77] Sachs/*Sachs*, Vorb. zu Abschnitt I, Rn. 54 f.; Dreier/*Sauer*, Band I Vorb., Rn. 153 f.; Merten/Papier/*Merten*, Band III, § 73 Rn. 1 ff.; ErfKo/*Schmidt*, GG vor Art. 1 Rn. 59 f.

[78] Sachs/*Sachs*, Vorb. zu Abschnitt I, Rn. 54 f.

[79] Sachs/*Sachs*, Vorb. zu Abschnitt I, Rn. 54 f.; Merten/Papier/*Merten*, Band III, § 73 Rn. 16 ff.; *Epping*; Grundrechte, Rn. 112.

[80] *Robbers*, JuS 1985, 925, 926; *Malacrida*, Grundrechtsverzicht, S. 207; *Epping/Lenz/Leydecker*, Grundrechte, Rn. 112.; *Ahammer*, Grundrechtsverzicht, S. 87.

Auch materiell lässt sich für den Grundrechtsverzicht Grundlegendes festhalten. Es herrscht dahingehend Einigkeit, dass der Grundrechtsverzicht keinen Totalverzicht im Sinne eines Untergangs des Grundrechts darstellt.[81] Ein dauerhafter, vollständiger Totalverzicht auf den Schutz eines oder mehrerer Grundrechte ist praktisch schon kaum vorstellbar und wohl unwirksam, so dass dies unter dem Begriff Grundrechtsverzicht nicht zu verstehen ist.[82] Vielmehr vollzieht die jeweilige Person mit dem Grundrechtsverzicht eine individuelle Disposition über das jeweilige Grundrecht für diesen konkreten Fall in dem in der Erklärung bestimmten Umfang. Er ist mithin Ausprägung des Selbstbestimmungsrechts der Person gem. Art. 2 Abs. 1 GG i. V. m. 2 Abs. 1 GG.[83] Die formellen Voraussetzungen, insbesondere die Freiwilligkeit, muss dabei gewahrt sein. Dies betrifft etwa Fälle, in denen der Grundrechtsträger aufgrund einer Zwangslage keine tatsächliche Wahlfreiheit hat oder wenn er die Tragweite seines Grundrechtsverzichts nicht zu überblicken vermag.[84] In solchen Fällen ist der Grundrechtsverzicht nichtig oder anfechtbar.[85]

Die Kombination der Voraussetzungen, insbesondere der Freiwilligkeit und der damit verbundenen Ausübung der Selbstbestimmung, macht deutlich, dass ein Grundrechtsverzicht nicht als Verzicht im üblichen Sinne zu verstehen ist, sondern als Dispositionsakt über Grundrechtspositionen im Wesentlichen eine Ausübung von Grundrechten darstellt.[86] Auch wenn durch diese Ausübung auf den ersten Blick ein Grundrecht beschränkt werde, kann diese Beschränkung zugleich einen Vorteil bzw. eine freiheitliche Ausübung darstellen. Solange die Grundrechtsverzichtserklärung den formellen und materiellen Anforderungen gerecht wird, unterfällt dieser Akt dem Selbstbestimmungsrecht der einzelnen Person und es liegt an ihr, selbstbestimmt zu entscheiden. Dabei müssen eventuell betroffene Allgemeininteressen berücksichtigt werden, die sodann die Grenzen des Verzichts darstellen. Dies muss hier zunächst jedoch nicht näher erörtert werden, da sich dadurch nichts am Charakter des Grundrechtsverzichts ändert.

---

[81] Vgl. etwa *Ahammer*, Grundrechtsverzicht, S. 74; *Spieß*, Grundrechtsverzicht, S. 224; Dürig/Herzog/Scholz/*Di Fabio*, Art. 2 Abs. 1 GG Rn. 229.

[82] *Fischinger*, JuS 2007, 808; ErfKo/*Schmidt*, GG vor Art. 1 Rn. 59; *Ohly*, Einwilligung, S. 89; *Grabenwarter/Pabel*, § 18 Rn. 37; *Ahammer*, Grundrechtsverzicht, S. 233; im Ergebnis sah dies wohl auch Amelung so, vgl. *Amelung*, Einwilligung, S. 116 f.

[83] *Ahammer*, Grundrechtsverzicht, S. 233; *Robbers*, JuS 1985, 925, 927; *Spieß*, Grundrechtsverzicht, S. 225.

[84] Dürig/Herzog/Scholz/*Di Fabio*, Art. 2 Abs. 1 GG Rn. 229; *Hillgruber*, Schutz des Menschen vor sich selbst, S. 115.

[85] *Malacrida*, Grundrechtsverzicht, S. 34.

[86] So auch Merten/Papier/*Merten*, Band III, § 73 Rn. 35; *Spieß*, Grundrechtsverzicht, S. 51; *Malacrida*, Grundrechtsverzicht, S. 34; *Robbers*, JuS 1985, 925, 927; *Geiger*, NVwZ 1989, 35, 37; *Epping/Lenz/Leydecker*, Grundrechte, Rn. 111 ff.; a. A. *Amelung*, Einwilligung, S. 19 f. und S. 26 ff.

b) Bedeutung der Erkenntnisse aus dem Grundrechtsverzicht für die Einwilligung zwischen Privaten

Aus diesen Ausführungen zum Grundrechtsverzicht lassen sich systematisch wichtige Grundlagen und Erkenntnisse für die Einwilligung zwischen Privaten gewinnen. Wie ausgeführt, geht es beim Grundrechtsverzicht um die Disponibilität von Grundrechten, was sich als Ausübung anderer Grundrechte festhalten lässt. Die Einwilligung zwischen Privaten kann dabei nicht ohne Weiteres mit dem Grundrechtsverzicht, wie er soeben dargestellt wurde, gleichgesetzt werden. Die Diskussionen um den Grundrechtsverzicht im öffentlichen Recht setzen sich hauptsächlich mit der Verzichtserklärung gegenüber dem Staat oder anderen Trägern öffentlicher Gewalt auseinander.[87] Aus dem Wortlaut der Einwilligung ließ sich allerdings bereits folgern, dass der Rechtsakt die Zustimmung zu etwas mit dem Willen des Einwilligenden ausdrückt.[88] Sofern dadurch eine vermeintliche Einschränkung ausgedrückt werden soll (etwa in Form der Zustimmung zu einer Verletzung des Körpers durch ein Tattoo oder zu einer Beeinträchtigung durch die Zustimmung zum Erhalt von Werbemails), geht es auch bei der Einwilligung um eine mit dem Willen des Einwilligenden getroffene Disponibilität über eine Sache oder ein Recht. Auch die Einwilligung könnte mithin im Kern eine Ausübung von Grundrechten darstellen und mithin könnten die Voraussetzungen des Grundrechtsverzichts auf die Einwilligung zwischen Privaten übertragbar sein. Die für den Grundrechtsverzicht erarbeiteten Grundsätze sollen daher nachfolgend auf eine Übertragung auf die Einwilligung gegenüber Privaten überprüft werden. Dabei wird auch zu klären sein, ob an die Einwilligung zwischen Privaten strengere oder weniger strenge Anforderungen zu stellen sind als beim Grundrechtsverzicht, der gegenüber staatlichen Stellen erfolgt.

Dazu ist zunächst darzustellen, wie die Grundrechte im Verhältnis zwischen Privaten überhaupt wirken. Sodann ist aufzuzeigen, welche Grundrechte bei einer Einwilligung ausgeübt werden, inwieweit das jeweilige Grundrecht die Befugnis zur selbstbestimmten Einwilligung enthält, welchen Schranken eine solche Ausübung unterliegt und welche Anforderungen daraus für die Voraussetzungen einer Einwilligung folgen.

aa) Wirkung von Grundrechten im Verhältnis zwischen Privaten

Über allem steht die Frage, inwieweit Grundrechte im Verhältnis zwischen Privaten überhaupt Wirkung entfalten können.

Grundrechte binden gem. Art. 1 Abs. 3 GG zunächst die Gesetzgebung, die vollziehende Gewalt und Rechtsprechung als unmittelbar geltendes Rechten. Sie

[87] *Ahammer*, Grundrechtsverzicht, S. 7; *Spieß*, Grundrechtsverzicht, S. 50 f.
[88] Vgl. B. I. 2.

sind daher in erster Linie Abwehrrechte gegen den Staat und sollen die Freiheitssphäre der Person vor Eingriffen der öffentlichen Gewalt sichern.[89] Grundsätzlich verpflichten die Grundrechte Private untereinander daher nicht unmittelbar.[90] Im Wege der mittelbaren Drittwirkung können die Grundrechte jedoch auch auf das Verhältnis zwischen Privaten erstreckt werden und so sind die grundrechtlichen Wertungen auch unter Privaten zu würdigen.[91] Es wird teilweise auch vertreten, dass Grundrechte zwischen Privaten gelten können und eine unmittelbare grundrechtliche Anspruch-Pflichten-Relation begründen.[92]

Es soll im Rahmen dieser Arbeit keine Entscheidung über die Frage der unmittelbaren Drittwirkung erfolgen. Die Diskussionen hierzu sind vielfältig und um dieses Thema soll und muss es in dieser Arbeit nicht gehen.[93] Es muss vielmehr überprüft werden, ob der privatrechtliche Gesetzgeber und die Zivilgerichte bei Bestimmung von Voraussetzungen und Grenzen der Einwilligung zwischen Privaten ihre grundrechtliche Bindung und die grundrechtliche Relevanz der Einwilligung ordnungsgemäß erkannt und umgesetzt haben.[94] Dies spiegelt sich dann im Verhältnis zwischen Privaten wider, denn soweit diese Normen die grundrechtlichen Wertungen ausdrücken, sind auch die Privaten über diese Regeln und Wertungen verpflichtet.[95] Canaris spricht insoweit von einer „unmittelbaren Geltung der Grundrechte gemäß Art. 1 Abs. 3 GG für die Normen des Privatrechts und für deren Anwendung und Fortbildung“.[96] Setzt sich der Staat schützend für etwas ein, beschränkt er damit oftmals Grundrechte eines anderen.[97] Gründe für den Staat, hier normsetzend tätig

---

[89] BVerfG, Urteil vom 15.01.1958 – 1 BvR 400/51, GRUR 1958, 254, 255; Dürig/Herzog/Scholz/*Di Fabio*, Art. 2 Abs. 2 Nr. 2 GG Rn. 18; *Kutscha/Thomé*, Grundrechtsschutz im Internet, S. 43; *Ohly*, Einwilligung, S. 86; *Ahammer*, Grundrechtsverzicht, S. 158; *Alexy*, Theorie der Grundrechte, S. 473.

[90] BVerfG, Beschluss vom 06.11.2019 – 1 BvR 16/13, NJW 2020, 300, 305 Rn. 76; *Neuner*, NJW 2020, 1851, 1852.

[91] BVerfG, Beschluss vom 06.11.2019 – 1 BvR 16/13, NJW 2020, 300, 307; BGH, Beschluss vom 23.06.2020 – KVR 69/19, GRUR 2020, 1318, 1328 Rn. 105; *Alexy*, Theorie der Grundrechte, S. 489 f.; *Hirzel*, Macht und Methode, S. 28. *Roßnagel/Schnabel*, NJW 2008, 3534, 3535 f.; grds. kritisch zur mittelbaren Drittwirkung *Neuner*, NJW 2020, 1851 ff.

[92] *Kulick*, Horizontalwirkung im Vergleich, S. 437.

[93] In diese Richtung hinsichtlich der Generalklausel des § 242 BGB BeckOKBGB/*Sutschet*, § 242 BGB Rn. 22; MüKoBGB/*Schubert*, § 242 BGB Rn. 134 f. Vgl. zu den Diskussionen etwa MüKoBGB/*Säcker*, Einl. BGB Rn. 62 ff.; Dürig/Herzog/Scholz/*Herdegen*, Art. 1 Abs. 3 GG Rn. 64 ff.; *Drexl*, Selbstbestimmung, S. 229 ff.; *Knebel*, Drittwirkung, S. 1 ff.; *Alexy*, Theorie der Grundrechte, S. 473 ff.; *Poscher*, Grundrechte als Abwehrrechte, S. 233 ff.; *Ruffert*, JuS 2020, 1 ff.; *Roßnagel/Schnabel*, NJW 2008, 3534, 3535 f.; *Kulick*, Horizontalwirkung im Vergleich; *Canaris*, Grundrechte und Privatrecht.

[94] Ebenso *Ohly*, Einwilligung, S. 83 ff.; *Bumke*, Grundrechtsvorbehalt, S. 79 ff.; *Drexl*, Selbstbestimmung, S. 230 ff.

[95] *Bumke*, Grundrechtsvorbehalt, S. 80.

[96] *Canaris*, Grundrechte und Privatrecht, S. 94.

[97] *Ahammer*, Grundrechtsverzicht, S. 184; *Bumke*, Grundrechtsvorbehalt, S. 79 ff.

zu werden, sind die ihm obliegenden Schutzpflichten, die aus den Grundrechten erwachsen.[98]

Das BVerfG führte bereits früh aus, dass die „in den Grundrechten der Verfassung zum Ausdruck kommende objektive Wertordnung“ auch auf das Privatrecht einwirke.[99] Auch der BGH führte dahingehend ohne explizite Nennung der Drittwirkung bereits mehrfach aus, dass die grundrechtliche Gewährleistung auf die privatrechtliche Rechtsbeziehung Ausstrahlungswirkung entfaltet und bei der Auslegung der zivilrechtlichen Generalklauseln, zu denen etwa auch § 19 GWB gerechnet werden kann,[100] heranzuziehen sei.[101] Der BGH integriert dadurch die Grundwertungen der Rechtsordnung, ohne die Konstitutionalisierung des Privatrechts weiter anzuheizen.[102] So können Grundrechte, verstanden als kollektiv-institutionelle Zielsetzung, zur Richtschnur für die Auslegung privatrechtlicher Normen werden.[103]

Vor diesem Hintergrund wird nachfolgend dargestellt, welche Grundrechte bei einer Einwilligung zwischen Privaten überhaupt ausgeübt werden können, welche Anforderungen und Voraussetzungen für eine solche Einwilligung daraus erwachsen und inwiefern sich aus den Grundrechten eine Schutzpflicht des Staates ergibt, die zu berechtigten Einschränkungen führen kann.[104]

bb) Die Einwilligung als Grundrechtsausübung?

Einführend soll näher dargestellt werden, welche Grundrechte bei der Einwilligung unter Privaten grundsätzlich überhaupt ausgeübt werden könnten. Eine Zustimmung fällt zunächst, wie jedes menschliche Verhalten, in den Schutzbereich der allgemeinen Handlungsfreiheit aus Art. 2 Abs. 1 GG, sofern das Handeln nicht verfassungsmäßig verboten ist. Des Weiteren wird durch den Willensbildungsprozess die freie Entfaltung der Persönlichkeit und die Selbstbestimmung grundrechtlich durch das allgemeine Persönlichkeitsrecht in Art. 2 Abs. 1 GG i. V. m.

---

[98] In diese Richtung bereits *Hermes*, Grundrecht auf Schutz von Leben und Gesundheit, S. 112 und S. 282. Zur Schutzpflicht mehr unter B. I. 3. c) aa) (3) (c).

[99] BVerfG, Beschluss vom 25.07.1979 – 2 BvR 878/74, NJW 1979, 1925, 1929.

[100] BGH, Urteil vom 07.06.2016 – KZR 6/15, NJW 2016, 2266, 2271 Rn. 57; BGH, Beschluss vom 23.06.2020 – KVR 69/19, GRUR 2020, 1318, 1328 Rn. 105. Dies steht im Einklang mit der Rechtsprechung des BVerfG, vgl. nur BVerfG, Beschluss vom 19.10.1993 – 1 BvR 567/89 u. a., NJW 1994, 36 ff.

[101] *Dreier*, Dimensionen der Grundrechte, S. 43; *Hermes*, Grundrecht auf Schutz von Leben und Gesundheit, S. 112.

[102] *Lepsius*, WuW 2020, 566, 588.

[103] *Dreier*, Dimensionen der Grundrechte, S. 43; *Bunnenberg*, Privates Datenschutzrecht, S. 141.

[104] Vgl. zu alledem ausführlich unter B. I. 3.

Art. 1 Abs. 2 GG geschützt.[105] Darüber besteht weitgehend Einigkeit.[106] Darüber hinaus muss die Menschenwürde, deren Kern die Autonomie und Selbstbestimmung des Menschen ist, dargestellt werden.[107] Schließlich ist das Recht auf informationelle Selbstbestimmung gem. Art. 2 Abs. 1 GG i. V. m. Art. 1 Abs. 1 GG zu betrachten. Es wird ferner aufgezeigt, dass der Menschenwürdekern auf weitere Grundrechte ausstrahlt und auch diesen innewohnt.

cc) Grenzen der Grundrechtsausübung

Bereits zum Grundrechtsverzicht wurde ausgeführt, dass nicht über alle Grundrechte in beliebigem Umfang verfügt werden kann. Dies ist insbesondere dann nicht möglich, wenn zugleich öffentliche Interessen bzw. gesamtgesellschaftliche Ziele verfolgt werden und diese überwiegen könnten.[108] Ein Grundrechtsverzicht darf angelehnt an Art. 19 Abs. 3 GG außerdem nicht den Wesenskern des Grundrechts aushöhlen.[109] Dabei handelt es sich um Extremfälle, für deren Erfassung der Wesenskern jedes Grundrechts gesondert bestimmt und geprüft werden muss.[110] Aufgrund des Grundsatzes der Selbstbestimmung wird im Übrigen eine generelle Dispositionsbefugnis des Grundrechtsberechtigten über sein Recht angenommen.[111] Ausgenommen davon sind jedoch Rechte, die in erster Linie dem Allgemeininteresse dienen, wie etwa das Recht der geheimen Wahl aus Art. 38 Abs. 1 GG oder Art. 6 Abs. 1 GG als Institutsgarantie.[112]

Es ergeben sich aus dem Grundgesetz mithin Schranken für den Grundrechtsverzicht. Wo die Schranken und der Wesenskern im Konkreten liegen, muss nun an dieser Stelle geklärt werden, um dies für die Übertragbarkeit auf die Einwilligung zwischen Privaten berücksichtigen zu können und auch dort etwaige Schranken darzustellen.

Vor diesem Hintergrund wird nachfolgend auch dargestellt, in welchem Umfang die Grundrechte, die im Speziellen durch die Einwilligung zwischen Privaten ausgeübt werden, disponibel sein können, welchen Schrankenvorbehalten sie ggf. unterliegen und inwiefern sie bei einer Einwilligung zwischen Privaten zu beachten sind; insbesondere, wenn dabei die einwilligende Person ggf. vor sich selbst geschützt werden muss.

---

[105] Zum Willensbildungsprozess bereits unter B. I. 2.

[106] ErfKo/*Schmidt*, GG vor Art. 1 Rn. 60; Spickhoff/*Spickhoff*, Einleitung Rn. 19 und Rn. 41a; *Ohly*, Einwilligung, S. 91; MAH-UrhR/*Amelung/Sorge*, § 14 Rn. 26; *Geiger*, NVwZ 1989, 35, 36.

[107] *Hufen*, JuS 2010, 1, 3 f.

[108] ErfKo/*Schmidt*, GG vor Art. 1 Rn. 61; Sachs/*Sachs*, Vorb. zu Abschnitt I Rn. 57; *Robbers*, JuS 1985, 925, 927 f.

[109] ErfKo/*Schmidt*, GG vor Art. 1 Rn. 63; *Ohly*, Einwilligung, S. 103.

[110] ErfKo/*Schmidt*, GG vor Art. 1 Rn. 63; *Robbers*, JuS 1985, 925, 929 f.

[111] Sachs/*Sachs*, Vorb. zu Abschnitt I, Rn. 57; Merten/Papier/*Merten*, Band III, § 73 Rn. 35.

[112] Merten/Papier/*Merten*, Band III, § 73 Rn. 37; Dreier/*Sauer*, Band I, Vorb. Rn. 154.

c) *Die einzelnen Grundrechte*

aa) Die Menschenwürde, Art. 1 Abs. 1 GG

(1) Menschenwürde als Grundrecht?

Es gibt bis heute Stimmen, die der Menschenwürdegarantie aus Art. 1 Abs. 1 GG den Grundrechtscharakter absprechen.[113] Begründet wird dies überwiegend mit dem Wortlaut des Art. 1 Abs. 1 GG, denn dort heißt es, „die nachfolgenden Grundrechte", was impliziere, dass der Katalog der Grundrechte erst anschließend beginne.[114] Dem treten das BVerfG in ständiger Rechtsprechung und die überwiegende Ansicht in der Lehre zu Recht entgegen.[115] Dies lässt sich mit der Stellung des Art. 1 Abs. 1 GG begründen, denn die Menschenwürdegarantie steht an der Spitze des Abschnittes „Die Grundrechte", wodurch es ausdrücklich zu den Grundrechten gezählt wird.[116] Durch die Stellung wird zudem die besondere Wichtigkeit der Menschenwürde als oberstem Wert und tragendem Verfassungsprinzip deutlich.[117] Dies wird auch durch die Regelung des Art. 79 Abs. 3 GG deutlich. Die Menschenwürdegarantie des Art. 1 Abs. 1 GG wird daher im Folgenden als Grundrecht angesehen.[118]

(2) Schutzbereich der Menschenwürde

Der sachliche Schutzbereich der Menschenwürdegarantie ist schwer zu fassen.[119] Das BVerfG formulierte kürzlich erneut, die Garantie der Menschenwürde umfasse insbesondere die Wahrung personaler Individualität, Identität und Integrität sowie die elementare Rechtsgleichheit.[120] Diese Formulierung lässt viel Spielraum für Interpretation. Basierend darauf lassen sich unter dem sachlichen Schutzbereich der Menschenwürde viele Fallgruppen zusammenfassen. Darunter fallen der Schutz des Eigenwerts jedes Menschen, der Schutz der Intimität, der Schutz des Kern-

---

[113] Vgl. jeweils mit weiteren Nachweisen Dürig/Herzog/Scholz/*Herdegen*, Art. 1 Abs. 1 GG Rn. 29; *Hufen*, JuS 2010, 1 f.; *Linke*, JuS 2016, 888.

[114] Dürig/Herzog/Scholz/*Herdegen*, Art. 1 Abs. 1 GG Rn. 29; *Hufen*, JuS 2010, 1 f.; *Linke*, JuS 2016, 888.

[115] BVerfG, Beschluss vom 19.10.1982 – 1 BvL 34/80, 1 BvL 55/80, NJW 1983, 559, 560; Epping/Hillgruber/*Hillgruber*, Art. 1 Abs. 1 GG Rn. 1.1; Dürig/Herzog/Scholz/*Herdegen*, Art. 1 Abs. 1 GG Rn. 29; Jarass/Pieroth/*Jarass*, Art. 1 GG Rn. 3; *Quecke*, Menschenwürde, S. 58; *Hufen*, JuS 2010, 1, 2; *Linke*, JuS 2016, 888.

[116] Dürig/Herzog/Scholz/*Herdegen*, Art. 1 Abs. 1 GG Rn. 29; *Linke*, JuS 2016, 888.

[117] BVerfG, Urteil vom 16.01.1957 – 1 BvR 235 56, NJW 1957, 297, 298; BVerfG, Urteil vom 17.01.2017, 2 BvB 1/13, NJW 2017, 611, 619 Rn. 538; Epping/Hillgruber/*Hillgruber*, Art. 1 GG Rn. 1.

[118] Vertiefend *Suchomel*, Menschenwürde, S. 59 ff.

[119] *Hufen*, JuS 2010, 1, 2; *Linke*, JuS 2016, 888, 889.

[120] BVerfG, Urteil vom 17.01.2017 – 2 BvB 1/13, NJW 2017, 611, 619 Rn. 538.

bereichs der menschlichen Selbstbestimmung, der Schutz der Sozialbezogenheit sowie der Schutz des Existenzminimums als materieller Basis menschlichen Daseins.[121] Es wäre nicht zielführend, an dieser Stelle alle Fallgruppen detailliert zu erläutern. Im Hinblick auf die Einwilligung zwischen Privaten ist entscheidend, dass ein gewichtiger Teil des Schutzbereichs auf die Selbstbestimmung fällt.

Das BVerfG orientiert sich hinsichtlich des Schutzbereiches in ständiger Rechtsprechung an der sog. „Objektformel", die an Kants ethische Maxime und seine Zweckformel des kategorischen Imperativs angelehnt ist.[122] Die Objektformel besagt, dass Art. 1 Abs. 1 GG es verbiete, den Menschen zum bloßen Objekt des Staates oder Privater zu machen.[123] Die „Objektformel" ist, wie das BVerfG selbst erkannt hat, „in ihrer Leistungskraft begrenzt"[124], allerdings immer dann hilfreich, wenn „die Subjektqualität des Menschen und der daraus folgende Achtungsanspruch grundsätzlich infrage gestellt werden".[125] Alldem liege das Verständnis zugrunde, dass eine Person in Freiheit über sich selbst bestimmen und ihr Schicksal eigenverantwortlich gestalten kann, wenngleich sie auch sozial gebunden ist.[126] So wird auch in der Literatur angeführt, die Menschenwürde habe einen individualschützenden Charakter, der auf Selbstbestimmung angelegt sei.[127]

Ferner erfolgt eine wichtige Unterteilung des Schutzbereiches hinsichtlich der Achtungs- und der Schutzpflicht der Menschenwürde.[128] Die Achtungspflicht beschreibt dabei, dass dem Staat Handlungen verboten sind, welche die betroffene Person in ihrer Menschenwürde verletzen.[129] Die Schutzpflicht betrifft hingegen insbesondere das Verhältnis von Privaten und verpflichtet den Staat mithin, Beeinträchtigungen der Menschenwürde durch Privatpersonen zu verhindern.[130]

---

[121] *Hufen*, JuS 2010, 1, 2.

[122] VGH München, Beschluss vom 21.02.2003 – 4 CS 03.462, NJW 2003, 1618, 1620; *Gutmann/Quante*, Menschenwürde, S. 7. Die Objektformel und ihre Bekanntheit geht maßgeblich zurück auf Günter Dürig, vgl. *Dürig*, JR 1952, 259 ff., Dürig/Herzog/Scholz/*Herdegen*, Art. 1 Abs. 1 GG Rn. 36.

[123] BVerfG, Beschluss vom 16.07.1969 – 1 BvL 19/63, NJW 1969, 1707; BVerfG, Urteil vom 21.06.1977 – BvL 14/76, NJW 1977,1525, 1526; BVerfG, Urteil vom 17.01.2017 – 2 BvB 1/13, NJW 2017, 611, 619 Rn. 539; *Linke*, JuS 2016, 888, 891; *Gutmann/Quante*, Menschenwürde, S. 7 f.

[124] BVerfG, Urteil vom 17.01.2017 – 2 BvB 1/13, NJW 2017, 611, 619 Rn. 540.

[125] BVerfG, Urteil vom 17.01.2017 – 2 BvB 1/13, NJW 2017, 611, 619 Rn. 540.

[126] BVerfG, Urteil vom 17.01.2017 – 2 BvB 1/13, NJW 2017, 611, 619 f. Rn. 538, 540; BVerfG, Beschluss vom 11.10.1978 – 1 BvR 16/72, NJW 1979, 595.

[127] *Suchomel*, Menschenwürde, S. 48 m. w. N.

[128] Jarass/Pieroth/*Jarass*, Art. 1 GG Rn. 11 ff.; Dürig/Herzog/Scholz/*Herdegen*, Art. 1 Abs. 1 GG Rn. 75 ff.

[129] Jarass/Pieroth/*Jarass*, Art. 1 GG Rn. 11; *Suchomel*, Menschenwürde, S. 73 f.; *Ahammer*, Grundrechtsverzicht, S. 152.

[130] Jarass/Pieroth/*Jarass*, Art. 1 GG Rn. 14; *Suchomel*, Menschenwürde, S. 74 ff.; *Ahammer*, Grundrechtsverzicht, S. 152 f.

(3) Schranken der Menschenwürde

Der Wortlaut des Art. 1 Abs. 1 S. 1 GG ist vermeintlich eindeutig und besagt, dass die Menschenwürde unantastbar ist. Die wohl herrschende Meinung schließt daraus, dass gegenüber dem Staat auf die Menschenwürde nicht verzichtet werden könne.[131] Dies gelte selbst bei einer freiwilligen Handlung, durch welche die Menschenwürde verletzt werde und auch unmittelbar zwischen Privaten.[132] Diese Meinung ist jedoch bezüglich des Verzichts unter Privaten nicht unumstritten und es lohnt sich eine Auseinandersetzung mit den Argumenten.[133]

(a) „Unantastbarkeit" der Menschenwürde gegenüber dem Staat[134]

Der Grundrechtsverzicht erfolgt gegenüber dem Staat, so dass zunächst die Einschränkungen der Menschenwürde gegenüber dem Staat betrachtet werden sollen. Dies betrifft überwiegend die Achtungspflicht des Art. 1 Abs. 1 S. 2 GG. Aufgrund dieser umfassenden Achtungspflicht erscheint es nahezu unumstritten, dass die einzelne Person dem Staat gegenüber aufgrund des Achtungsanspruchs nicht auf ihre Würde verzichten kann.[135]

Hieraus würde für die Einwilligung zwischen Privaten folgen, dass eine die Menschenwürde beeinträchtigende Einwilligung zwischen Privaten nicht möglich sei. Diese Folgerung lässt allerdings die explizit normierte Schutzpflicht des Art. 1 Abs. 2 GG außer Acht, da die selbstbestimmte Einwilligung Ausdruck und Ausübung der Menschenwürde ist und somit ebenfalls zu schützen ist. Es ist mithin entscheidend, ob und wenn überhaupt in welchem Umfang die Menschenwürde disponibel ist, um hier etwaige Schranken für die Einwilligung zwischen Privaten herauszuarbeiten.[136] Auch bei einem Verzicht unter Privaten stellt sich die Frage,

[131] BVerfG, Urteil vom 21.06.1977 – 1 BvL 14/76, NJW 1977, 1525, 1526; BVerwG, Urteil vom 15.12.1981 – 1 C 232/79, NJW 1982, 664, 665; BVerwG, Beschluss vom 24.10.2001 – 6 C 3/01, NVwZ 2002, 598, 603; *Ohly*, Einwilligung, S. 103; ErfKo/*Schmidt*, GG vor Art. 1 Rn. 63; *Amelung*, Einwilligung, S. 24; Dürig/Herzog/Scholz/*Herdegen*, Art. 1 Abs. 1 GG Rn. 73 f.; *Quecke*, Menschenwürde, S. 27 f.

[132] BVerfG, Urteil vom 21.06.1977 – 1 BvL 14/76, NJW 1977, 1525, 1526; BVerwG, Urteil vom 15.12.1981 – 1 C 232/79, NJW 1982, 664, 665; BVerwG, Urteil vom 30.01.1990, 1 C 26/87, NVwZ 1990, 668, 669; BVerwG, Beschluss vom 24.10.2001 – 6 C 3/01, NVwZ 2002, 598, 603.

[133] Eine ausführliche Ausarbeitung im Rahmen einer Dissertation erfolgte bspw. bei *Suchomel*, Menschenwürde und bei *Quecke*, Menschenwürde.

[134] Dieses Thema ist umstritten und Teil einer breiten Diskussion. Im Rahmen dieser Arbeit sollen lediglich die für die Einwilligung relevanten Aspekte hervorgehoben werde. Weiterführend zum Thema der Antastbarkeit der Menschenwürde etwa: *Suchomel*, Menschenwürde; *Quecke*, Menschenwürde.

[135] *Ahammer*, Grundrechtsverzicht, S. 152; *Quecke*, Menschenwürde, S. 28; *Suchomel*, Menschenwürde, S. 245; *Epping/Lenz/Leydecker*, Grundrechte, Rn. 111.

[136] Manche sehen in der Lehre des Grundrechtsverzicht auch die generelle Lehre über die Disponibilität von Grundrechten, *Suchomel*, Menschenwürde, S. 137.

ob bzw. ab wann die Schutzpflicht des Staates aus Art. 1 Abs. 2 GG greift und der Staat dieser Pflicht nachkommen muss, um die einzelne Person im Privatrechtsverhältnis zu schützen.[137] Für die Einwilligung zwischen Privaten soll dies nun erörtert werden.

(b) Auseinandersetzung mit der „Unantastbarkeit" der Menschenwürde unter Privaten

Gerade zur Unantastbarkeit der Menschenwürde unter Privaten gibt es viele Diskussionen. So wird angeführt, die Autonomie sei gerade die Essenz der Menschenwürde und deshalb könne bei freiwilligem Verzicht auf die Menschenwürde kein Eingriff vorliegen.[138] Dabei wird oftmals Kant zitiert, der etwa ausführte, die Autonomie sei also „der Grund der Würde der menschlichen und jeder vernünftigen Natur".[139]

Eine freiwillig erteilte Einwilligung ist als Ausdruck der eigenen Individualität und Selbstbestimmung demzufolge eine Ausübung der Menschenwürde, welche die auf der Einwilligung basierende objektive Einschränkung der Menschenwürde rechtmäßig erscheinen lässt.[140] Daher ist es bereits grundrechtlich geboten, die Autonomie der einzelnen Person zu respektieren und nur in Extremfällen die Dispositionsbefugnis über sie aufzugeben.[141] Als Beispiel für einen solchen Extremfall

---

[137] So ähnlich *Suchomel*, Menschenwürde, S. 148 ff. Ausführlich auch *Ahammer*, Grundrechtsverzicht, S. 195.

[138] *Ohly*, Einwilligung, S. 104 f., S. 466; *Suchomel*, Menschenwürde, S. 244 ff.; *Hufen*, JuS 2010, 1, 10.

[139] *Kant*, AA IV S. 436 Rn. 6. Auch hieran gibt es berechtigte Kritik. Nach dieser Aussage könnte man annehmen, dass Menschen, die etwa irreversibel in einem Koma liegen, also keine autonomen Entscheidungen mehr treffen können, keine Menschenwürde besäßen, vgl. etwa *Gutmann/Quante*, Menschenwürde, S. 4. Gutmann/Quante fassen dies als Exkludierende Effekte, Paternalistische Effekte und Antipluralistische Effekte zusammen. Dazu ausführlich *Gutmann/Quante*, Menschenwürde, S. 4 ff. In dieser Arbeit soll mit dem Verweis auf Kant keine philosophische oder allgemeingültige Definition des Begriffs der Menschenwürde vorgenommen werden. So führt auch das BVerfG trotz des mehrmaligen Verweises auf Kant an, dass jeder Menschenwürde besitze, „ohne Rücksicht auf seine Eigenschaften, seine Leistungen und seinen sozialen Status. Sie ist auch dem eigen, der aufgrund seines körperlichen oder geistigen Zustands nicht sinnhaft handeln kann", vgl. BVerfG, Beschluss vom 20.10.1992 – 1 BvR 698/89, NJW 1993, 1457, 1459. Es soll jedoch die Bedeutung der Autonomie innerhalb der Menschenwürde als ein Aspekt von mehreren aufgezeigt werden und diesem auch im Recht den entsprechenden Wert zukommen. Ebenso mit einer interdisziplinären Betrachtung zur Autonomie etwa *Gutmann*, Freiwilligkeit, S. 5 ff.

[140] Spindler/Schuster/*Erdemir*, § 4 JMStV Rn. 49. Diese Einwilligung wirke nach seiner Ansicht dann tatbestandsauschließend. Zur generellen Wirkung der Einwilligung vergleiche ausführlich B. III. im Datenschutzrecht C. II. 1. und im Wettbewerbsrecht F. V. 1.

[141] Merten/Papier/*Merten*, Band III, § 73 Rn. 36; *Ohly*, Einwilligung, S. 104; *Hoffmann/Luch/Schulz/Borchers*, Grundrechte, S. 26.

könne der Selbstverkauf in die Sklaverei oder ein einvernehmliches Schlachtritual angeführt werden, da es sich dort um einen dauerhaften und unumkehrbaren Verzicht der Person auf ihre Autonomie handle und die Gegenleistung gerade die Ausschaltung des Willen sei.[142] Auch dann könnte bei sehr extremer Sichtweise dafür plädiert werden, dass auch dies, sofern die Entscheidung freiwillig und fehlerfrei erfolgt, Ausdruck der Selbstbestimmung und mithin der Würde sei. Voraussetzung ist jedoch der Bestand der Würde, und genau diese würde mit einem Totalverzicht verloren gehen.[143] Dies ist auch mit dem Autonomiekern der Menschenwürde vereinbar, denn es würde der Selbstbestimmung widersprechen, sich unverzichtbar zum Objekt eines anderen zu machen, da dies ausschließt, jemals wieder ohne Zutun eines anderen selbstbestimmt handeln zu können. Entscheidend ist erneut, dass ein Grundrecht, und damit auch die Menschenwürde, nicht nochmals verliehen werden kann und ein dauerhafter unumkehrbarer Verzicht nicht möglich sein soll.[144] So nehmen auch Kritiker der Unantastbarkeit der Menschenwürde an, dass es Extremfälle gibt, bei denen trotz Selbstbestimmungskern auf die Menschenwürde nicht verzichtet werden kann.

(aa) Rechtsprechung des BVerwG

Vor diesem Hintergrund ist insbesondere die Rechtsprechung des BVerwG heranzuziehen. Zunächst ist eine Auseinandersetzung mit dem ersten Peep-Show-Urteil des BVerwG hilfreich.[145] Dabei müssen zwei Fragen auseinandergehalten werden. Zunächst muss geklärt werden, ob durch die Teilnahme an einer Peep-Show überhaupt der Schutzbereich der Menschenwürde verletzt wird. Diese Frage unterliegt sich stets wandelnden Kriterien, die sich daran orientieren, was in der Gesellschaft akzeptiert ist und was eher verachtet wird.[146] Dies hat das BVerwG auch für den Begriff der guten Sitten festgehalten und ausgeführt, mit ihm verweise das Gesetz auf die dem geschichtlichen Wandel unterworfenen sozialethischen Wertvorstellungen, die in der Rechtsgemeinschaft als maßgebliche Ordnungsvoraussetzungen anerkannt seien.[147] Die Menschenwürde gehöre dabei zu den Konstitutionsprinzipien des Grundgesetzes und ihre Verletzung könne zu Sittenwidrigkeit, etwa von Veranstaltungen i. S. d. § 33a GewO, führen.[148]

Der zur Bewertung zu berücksichtigende soziale Wert- und Achtungsanspruch der Menschenwürde besteht aus einem gewissen Kern an Grundvorstellungen, die

---

[142] *Ohly*, Einwilligung, S. 104; *Hufen*, JuS 2010, 1, 10.
[143] Ähnlich *Suchomel*, Menschenwürde, S. 137.
[144] So auch *Ahammer*, Grundrechtsverzicht, S. 150 ff.
[145] BVerwG, Urteil vom 15.12.1981 – 1 C 232/79, NJW 1982, 664 ff.
[146] So auch *Hassemer*, ZRP 2005, 101 ff.
[147] BVerwG, Urteil vom 15.12.1981 – 1 C 232/79, NJW 1982, 664.
[148] BVerwG, Urteil vom 15.12.1981 – 1 C 232/79, NJW 1982, 664.

unverzichtbar sind. Je nach Ausgestaltung der Peep-Show und je nach der aktuell herrschenden gesellschaftlichen Lage und Stimmung, könnte man zu der Ansicht kommen, der soziale Wert- und Achtungsanspruch und mithin die Menschenwürde sei verletzt. So formulierte das BVerwG damals:

> „*Diese Umstände bewirken in ihrer Gesamtheit*, dass die zur Schau gestellte Frau durch den Veranstalter wie eine der sexuellen Stimulierung dienende Sache zur entgeltlichen Betrachtung dargeboten und jedem der in den Einzelkabinen befindlichen, der Frau nicht sichtbaren Zuschauer *als bloßes Anregungsobjekt zur Befriedigung sexueller Interessen angeboten wird*."[149]

Bei dieser Ausgestaltung sei nach Ansicht des BVerwG die Menschenwürde verletzt.[150] Der Schutzbereich sei somit eröffnet und es liege eine Verletzung der Menschenwürdegarantie vor. Diese Entscheidung stieß bei Literatur und Rechtsprechung überwiegend auf Ablehnung.[151] Entgegen der Ansicht des Bundesverwaltungsgerichts[152] sei die Teilnahme an der Peep-Show nicht als Verstoß gegen die Menschenwürde, sondern sogar als von Art. 2 Abs. 1 GG geschützt anzusehen.[153] Es wird diesbezüglich vertreten, durch die freiwillige Teilnahme liege überhaupt kein Eingriff in den Schutzbereich vor.[154] Das BVerwG hat seine Ansicht jedoch auch in der zweiten und dritten Peep-Show-Entscheidung nicht aufgegeben.[155] Es lässt sich nur spekulieren, ob dies heutzutage vom BVerwG anders entschieden worden wäre. Selbst nach Einführung des Prostitutionsgesetzes im Jahre 2001 ist es weiterhin in Literatur und Rechtsprechung umstritten, ob Prostitution sittenwidrig ist.[156] Zu Zeiten der Peep-Show-Entscheidungen wurde Prostitution zwar als sittenwidrig angesehen, jedoch von den Behörden geduldet.[157] Somit lässt sich aus dem Prostitutionsgesetz nur bedingt eine Prognose fällen.

---

[149] BVerwG, Urteil vom 15.12.1981 – 1 C 232/79, NJW 1982, 664 f. Hervorhebungen diesseits.

[150] BVerwG, Urteil vom 15.12.1981 – 1 C 232/79, NJW 1982, 664, 665.

[151] Merten/Papier/*Merten*, Band III, § 73 Rn. 40; *Suchomel*, Menschenwürde, S. 23 ff.; *von Olshausen*, NJW 1982, 2221 ff.; *Höfling*, NJW 1983, 1582 ff.; *Kirchberg*, NVwZ 1983, 141 ff.; Zustimmend jedoch etwa *Gern*, NJW 1983, 1585 ff.

[152] BVerwG, Urteil vom 15.12.1981 – 1 C 232/79, NJW 1982, 664, 665 und BVerwG, Urteil vom 30.01.1990, 1 C 26/87, NVwZ 1990, 668, 669.

[153] *Ohly*, Einwilligung, S. 105; *Hermes*, Grundrecht auf Schutz von Leben und Gesundheit, S. 231 Fn. 225; *Hillgruber*, Schutz des Menschen vor sich selbst, S. 110; *Hufen*, JuS 2010, 1, 10.

[154] *Hufen*, JuS 2010, 1, 10.

[155] BVerwG, Urteil vom 30.01.1990 – 1 C 26/87, NJW 1990, 668, 669; BVerwG, Beschluss vom 23.08.1995 – 1 B 46/95, NJW 1996, 1423 ff.

[156] MüKoBGB/*Armbruster*, § 1 ProstG Rn. 12; BeckOKBGB/*Wendtland*, § 1 ProstG Rn. 1. In der damaligen Fassung des § 180a StGB war die „gewerbsmäßige Förderung der Prostitution" strafbewehrt, vgl. *Suchomel*, Menschenwürde, S. 25.

[157] *Suchomel*, Menschenwürde, S. 49.

(bb) Bewertung der Rechtsprechung im Hinblick auf die Einwilligung

Die Sittenwidrigkeit von Peep-Shows oder Prostitution ist jedoch nicht das im Fokus liegende Thema dieser Arbeit. Entscheidend ist vielmehr, wie es sich auswirkt, dass die Teilnahme freiwillig erfolgte. Es erscheint vorstellbar, dass die Folge von selbstbestimmten Einwilligungen für andere Personen als Einschränkung der Menschenwürde anzusehen ist. Dies muss jedoch nicht für die konkrete einwilligende Person der Fall sein, denn für sie könnte dies vielmehr die selbstbestimmte Ausübung ihrer Menschenwürde sein. Dies gilt jedenfalls so lange, wie die Selbstbestimmung als Teil des Kerns der Menschenwürde anerkannt wird.

Angenommen, die Teilnahme an der Peep-Show verstoße objektiv gegen den sozialen Wert- und Achtungsanspruch der Teilnehmenden, ist fraglich, ob sich durch die Freiwilligkeit der Teilnahme daran etwas ändert. Bei einer freiwilligen Teilnahme, die ohne Willensmängel oder sonstiger Einflussnahme erfolgte, beruht die Entscheidung zunächst auf der Selbstbestimmung der teilnehmenden Person. Das BVerwG hat sich im Zuge der Entscheidung auch mit der Freiwilligkeit auseinandergesetzt und ausgeführt, die Würde des Menschen sei „ein objektiver, unverfügbarer Wert [...], auf dessen Beachtung der Einzelne nicht wirksam verzichten kann."[158]

Das BVerwG belässt es dabei nicht bei der oben zitierten Aussage, sondern führt ferner aus, dass es dabei nicht die Frage beantworte, „ob und inwieweit der in seiner Menschenwürde geschützte einzelne [sic] seinen individuellen privaten Lebensbereich nach seinem Belieben – insbesondere nach seinen Anschauungen darüber, was die Würde seiner Person ausmacht – ohne staatliche Einwirkung gestalten kann."[159] Trotz der eigentlich klaren Wortwahl, dass die einzelne Person nicht wirksam auf die Menschenwürde verzichten kann, führt das BVerwG somit auch aus, dass eine Verletzung der Menschenwürde durch Einwilligung ausgeschlossen werden könne. Dies sei dann der Fall, „wenn die Verletzung der Menschenwürde gerade und nur durch das Fehlen der Einwilligung des Betroffenen in die in Rede stehende Handlung oder Unterlassung begründet wird."[160]

Was hierunter genauer zu verstehen ist, führt das BVerwG nicht aus. Dies widerspricht der vom BVerwG kurz zuvor ausgeführten Auffassung, dass die Menschenwürde unverfügbar ist.[161] Das BVerwG verweist im Anschluss darauf, dass die Menschenwürde aufgrund der vom objektiven Wert der Menschenwürde abweichenden subjektiven Auffassung des Gewerbetreibenden in dem Fall der Peep-Show unabhängig von der Einwilligung der einzelnen Person geschützt werden müsse.[162] Der Staat könne daher solche sozialrelevanten gewerblichen öffentlichen

[158] BVerwG, Urteil vom 15.12.1981 – 1 C 232/79, NJW 1982, 664, 665.
[159] BVerwG, Urteil vom 15.12.1981 – 1 C 232/79, NJW 1982, 664, 665.
[160] BVerwG, Urteil vom 15.12.1981 – 1 C 232/79, NJW 1982, 664, 665.
[161] Ebenso etwa *Suchomel*, Menschenwürde, S. 119.
[162] BVerwG, Urteil vom 15.12.1981 – 1 C 232/79, NJW 1982, 664, 665.

Veranstaltungen, welche die zur Schau gestellten Personen objektiv in ihrer Menschenwürde verletzen, nicht ermöglichen.[163] Aus den Peep-Show-Urteilen lässt sich somit nichts Eindeutiges zum Aspekt der Freiwilligkeit und zur Unabdingbarkeit der Menschenwürde ableiten.

Es folgten weitere Entscheidungen verschiedener Gerichte, die sich mit ähnlichen Fragen auseinanderzusetzen hatten. In den Entscheidungen zum *Zwergenweitwurf*,[164] zum *Laserdrome*,[165] zu *Körperwelten*,[166] etc. haben sich in der Rechtsprechung verschiedene Kriterien herauskristallisiert, wann eine Verletzung der Menschenwürde und eine etwaige Einwilligung vorliegen könne.[167] Ein Verstoß gegen die Würde des Menschen sei demzufolge ein Verstoß gegen die Wertordnung des Grundgesetzes und dies sei objektiv zu bestimmen, so dass die Einwilligung der einzelnen Person in die Würdeverletzung unbeachtlich sei.[168]

Die Menschenwürde ist also nach Ansicht der Rechtsprechung selbst für die einzelne Person, die in eine (objektive) Beeinträchtigung ihrer Würde einwilligt, unantastbar. Die Gerichte begründen dies meist mit der Schutzpflicht des Staates und schränken dadurch die Disponibilität des Grundrechts ein.[169] Es ist dabei jedoch zu bedenken, dass die Menschenwürdegarantie bei Ihrer Entstehung primär darauf ausgelegt war, die einzelne Person vor würdeverletzenden Einschränkungen durch staatliche Maßnahmen wie etwa Folter und Sklaverei zu schützen.[170] Der Schutzpflichtcharakter ist erst in den letzten Jahrzehnten in den Fokus gerückt und könnte im Hinblick auf die Macht großer Konzerne und mithin die eventuell größer werdende Gefahr der einzelnen Person weiter an Bedeutung gewinnen. Die Herausforderung besteht somit darin, zu klären, wann die einzelne Person aufgrund einer Schutzpflicht zu schützen ist und ob dies dazu führt, dass die Freiwilligkeit der Entscheidung tatsächlich unbeachtlich ist.[171] Dazu muss zunächst kurz der Begriff und das System der Schutzpflichten skizziert werden.

---

[163] BVerwG, Urteil vom 15.12.1981 – 1 C 232/79, NJW 1982, 664, 665.

[164] Etwa VG Neustadt, Beschluss vom 21.05.1991 – 7 L 1271/92, NVwZ 1993, 98 ff.

[165] Etwa BVerwG, Beschluss vom 24.10.2001 – 6 C 3/01, NVwZ 2002, 598 ff.

[166] Etwa VGH München, Beschluss vom 21.02.2003 – 4 CS 03.462, JuS 2003, 1135 ff.

[167] Auf eine Darstellung aller Entscheidungen wird verzichtet. Ausführlich zu den Entscheidungen vgl. bei *Suchomel*, Menschenwürde, S. 20 ff.

[168] *Suchomel*, Menschenwürde, S. 46 f.

[169] Vgl. etwa VG Neustadt, Beschluss vom 21.05.1991 – 7 L 1271/92, NVwZ 1993, 98, 99 mit Verweis auf BVerwG, Urteil vom 15.12.1981 – 1 C 232/79, NJW 1982, 664: „aufgrund einer verfassungsrechtlichen Schutzpflicht ist der Staat in einem solchen Fall gehalten, die mit der Rechtsanwendung gegebenen Möglichkeiten zur Abwehr eines derartigen Angriffs auszuschöpfen".

[170] *Suchomel*, Menschenwürde, S. 56; *Hoffmann/Luch/Schulz/Borchers*, Grundrechte, S. 26.

[171] So wie gezeigt die ständige Rechtsprechung, etwa BVerwG, Urteil vom 15.12.1981 – 1 C 232/79, NJW 1982, 664, 665; BVerwG, Beschluss vom 24.10.2001 – 6 C 3/01, NVwZ 2002, 598, 603.

(c) System der Schutzpflichten des Staates

Schutzpflichten des Staates sind, neben vereinzelt ausdrücklich verankerten Schutzpflichten wie Art. 1 Abs. 1 S. 2 GG, eine dogmatische Innovation der Rechtsprechung des BVerfG, welche die Verpflichtung des Staates begründen, sich schützend und fördernd vor die grundrechtlichen Schutzgegenstände zu stellen.[172] Dies geht auf den Gedanken zurück, dass die Gefährdungen der individuellen Freiheiten und der grundrechtlichen Gewährleistungen vermehrt auch von Privaten ausgehen und nicht ausschließlich vom Staat.[173] Die Grundrechte wirken somit nicht nur als Abwehrrechte gegen den Staat, sondern ihre freie Ausübung unter Privaten ist durch den Staat zu gewährleisten.[174] Es muss der einzelnen Person dabei jedoch weitestgehend die Möglichkeit belassen werden, ihren eigenen Weg zu finden, sprich autonom und selbstbestimmt zu handeln – dies jedoch in vom Staat geschützten Bahnen.[175] Dabei soll die vom BVerfG in der *Lüth*-Entscheidung erwähnte objektive Wertordnung des Grundgesetzes aufrechterhalten bleiben, die ihren Mittelpunkt in der sich frei entfaltenden menschlichen Persönlichkeit und ihrer Würde findet.[176] Die Rechtsfolge einer Schutzpflicht ist die Verpflichtung des Staates, den privaten Eingriff bzw. Übergriff in das grundrechtlich geschützte Rechtsgut eines Dritten abzuwehren bzw. einem solchen vorzubeugen.[177] Dabei belässt die Schutzpflicht dem Staat und seinen politischen Organen, insbesondere dem Gesetzgeber, ein Ermessen, wie diese materielle Schutzpflicht zu erfüllen ist.[178] Nach der Rechtsprechung des BVerfG hat der Gesetzgeber dabei einen sehr weiten Gestaltungsspielraum, denn anders als die Grundrechte in ihrer Funktion als subjektives Abwehrrechte sind die sich aus dem objektiven Gehalt der Grundrechte ergebenden staatlichen Schutzpflichten grundsätzlich unbestimmt.[179]

Ein rechtswidriger Übergriff liege beim Schutz von Leben und Gesundheit etwa vor, wenn er gegen den Willen des Grundrechtsträgers erfolge und keiner Rechtfertigung zugänglich sei.[180] Ferner könne nur ein solches Verhalten als Übergriff

---

172 *Quecke*, Menschenwürde, S. 63; *Bumke*, Grundrechtsvorbehalt, S. 76; *Suchomel*, Menschenwürde, S. 71 ff.; *Knebel*, Drittwirkung, S. 56.

173 *Stinner*, Schutzpflichten, S. 54.

174 *Drexl*, Selbstbestimmung, S. 235; *Ahammer*, Grundrechtsverzicht, S. 183 f.

175 *Gutmann*, Freiwilligkeit, S 11.

176 BVerfG, Urteil vom 15.01.1958 – 1 BvR 400/51, GRUR 1958, 254, 255. Einen ausführlichen Überblick über die Begründung der Schutzpflichten findet man etwa bei *Suchomel*, Menschenwürde, S. 69 ff.; *Stinner*, Schutzpflichten, S. 48 ff.; *Quecke*, Menschenwürde, S. 59 ff.

177 *Hermes*, Grundrecht auf Schutz von Leben und Gesundheit, S. 226 f.; *Dreier*, Dimensionen der Grundrechte, S. 47; Merten/Papier/*Calliess*, Handbuch Grundrechte – Band II, § 44 Rn. 25; Isensee/Kirchhof/*Stern*, Handbuch Staatsrecht – Band IX, § 185 Rn. 86; *Stinner*, Schutzpflichten, S. 60; *Ahammer*, Grundrechtsverzicht, S. 187 ff.

178 Merten/Papier/*Calliess*, Handbuch Grundrechte – Band II, § 44 Rn. 26; Isensee/Kirchhof/*Stern*, Handbuch Staatsrecht – Band IX, § 185 Rn. 89.

179 BVerfG, Urteil vom 15.02.2006 – 1 BvR 357/05, NJW 2006, 751, 760.

180 *Stinner*, Schutzpflichten, S. 61 f.; *Ahammer*, Grundrechtsverzicht, S. 188; vertiefend und grundlegend *Hermes*, Grundrecht auf Schutz von Leben und Gesundheit.

gewertet werden, das nicht von der Verfassung akzeptiert und gebilligt sei.[181] So könne auch eine Selbstschädigung nicht als Übergriff zu werten sein.[182] Es muss mithin stets eine gewisse Erheblichkeitsschwelle erreicht werden, da die Eigenverantwortlichkeit der eigenen Person auch im Rahmen der Schutzpflichten hingenommen werden muss.[183] Vor diesem Hintergrund ist fraglich, ob bei freiwilligem und selbstbestimmtem Handeln überhaupt eine Verletzung der Menschenwürde in Betracht kommt.[184] Diese Ausführungen zeigen bereits, dass die Schutzpflichten immer situationsbedingt betrachtet werden müssen.[185] Dabei ist zu prüfen, ob, und wenn ja, welche Schutzpflichten bei einem Verzicht auf die Menschenwürde am Beispiel der Peep-Show in Betracht kommen würden.

(d) Freiwilliger Verzicht bei der Menschenwürde

Die obigen Ausführungen zeichnen ein auf den ersten Blick klares Bild: Die Schutzpflichten greifen dann, wenn gegen den Willen der Person in Grundrechte eingegriffen wird. Der Wille und die Freiwilligkeit sollten somit beachtlich sein. Nun wird im ersten Peep-Show Urteil die Unbeachtlichkeit der Freiwilligkeit in Bezug auf die Menschenwürde damit begründet, dass aufgrund des gewerberechtlichen Erlaubnisvorbehaltes die Art und Weise der Ausübung der beabsichtigten Veranstaltung auch der unmittelbaren Mitverantwortung des Staates unterstehe, dessen Behörden nach Art. 1 Abs. 1 S. 2 GG nach näherer Maßgabe der Gesetze zum Schutze der Menschenwürde verpflichtet seien.[186] Nach der Rechtsprechung des Bundesverfassungsgerichts ist die Schutzpflicht des Staates umso ernster zu nehmen, je höherrangiger das in Frage stehende Rechtsgut ist.[187] Der Rang des Schutzgutes „Menschenwürde" ist der höchste, und eine Schutzpflicht ist in Bezug auf die Menschenwürde ausdrücklich in Art. 1 Abs. 1 S. 2 GG verankert. Es ist somit berechtigterweise anzunehmen, dass die staatliche Schutzpflicht bei der Menschenwürde umfassend ist und sehr ernst genommen werden muss. Wie ausgeführt, ist eine freiwillige Einwilligung in eine Beeinträchtigung der Menschenwürde ebenfalls Ausdruck der Selbstbestimmung und damit Ausübung verschiedener Grundrechte, insbesondere auch der Menschenwürde selbst. Beschränkungen dieser Einwilligung wirken sich somit als Beschränkungen dieser Grundrechte und

---

[181] *Stinner*, Schutzpflichten, S. 62.

[182] *Hermes*, Grundrecht auf Schutz von Leben und Gesundheit, S. 228 f.; so etwa *Stinner*, Schutzpflichten, S. 64. Leider äußert sie sich nicht im Hinblick auf die Ausübung der Menschenwürde durch die Einwilligung, vgl. *Stinner*, Schutzpflichten, S. 66 f.

[183] *Ahammer*, Grundrechtsverzicht, S. 186.

[184] So auch *Suchomel*, Menschenwürde, S. 117 ff.

[185] So etwa auch *Quecke*, Menschenwürde, S. 92.

[186] BVerwG, Urteil vom 15.12.1981 – 1 C 232/79, NJW 1982, 664, 665.

[187] BVerfG, Urteil vom 25.02.1975 – 1 BvF 1 – 6/74, NJW 1975, 573, 575; *Suchomel*, Menschenwürde, S. 70.

mithin als Freiheitsbeschränkungen aus.[188] Dass die Ausübung der Menschenwürde durch die Einwilligung ebenfalls zu garantieren und zu schützen ist, wird in der Rechtsprechung hingegen nicht erwähnt.

Gerade im Fall der Einwilligung, in dem sich Ausübung und Einschränkung der Menschenwürde bezüglich einer Person vereinigen, ist dies kompliziert, da die „schützende" Handlung des Staates zugleich ein Eingriff in die Autonomie derselben Person ist.[189] Es stellt sich somit die Frage des Schutzes der Würde gegen sich selbst. Zudem könnte in solchen Fällen eine Schutzpflicht des Staates vor Eingriffen, denen eine nur scheinbar selbstbestimmte Einwilligung vorangeht, relevant werden.[190] Bei Beachtlichkeit der Einwilligung würde die staatliche Schutzpflicht jedoch überhaupt nicht in Betracht kommen, da die einzelne Person die freie Dispositionsmacht über ihre eigene Würde als Mensch hätte.[191] Die Menschenwürde wird durch eine selbstbestimmte Einwilligung überhaupt nicht angetastet, sondern ausgeübt. Der Grundsatz, dass die Menschenwürde unantastbar ist, wird somit auch gewahrt. Entscheidendes Kriterium ist dabei wieder die Freiwilligkeit, deren Vorliegen in jedem Fall konkret zu prüfen ist. Eine vertiefte Diskussion um die verschiedenen Arten von Schutzpflicht kann daher an dieser Stelle vorerst dahingestellt bleiben, denn es ist zunächst zu klären, ob die Einwilligung tatsächlich unbeachtlich ist.

Dabei treffen zwei Dimensionen aufeinander: Die subjektive Dimension des Einwilligenden und die objektive Dimension der Wertordnung der Grundrechte. Suchomel hat die Unterscheidung unter Nennung konkreter Beispiele auf den Punkt gebracht, in dem er ausführt:

> „Die Schwelle der Verletzung findet aber durch die individuelle Eröffnung des betroffenen Menschen ihre bestimmungsgemäße Grenze. So hält es kaum jemand für würdekritisch, wenn ein Mensch Einblicke in seine Wohnung per Internetkamera ermöglich und damit seine Intimsphäre inklusive Sexualleben preisgibt. Für ähnlich sensible Bereiche anderer Grundrechte ist es anerkannt, dass der Grundrechtsinhaber die Verletzung seines Grundrechts mitbestimmen kann. Beispiele sind der in eine Durchsuchung einwilligende Wohnungsinhaber, [...], das Einverständnis mit der Weitergabe persönlicher Daten und die Billigung einer Veröffentlichung privater Fotografien. Würde die Objektformel der Rechtsprechung auch unter Privaten hingegen konsequent angewendet, müsste der Staat auch zum Schutz des einzelnen Menschen eingreifen, wenn er sich in den eigenen vier Wänden im Rahmen außergewöhnlicher Sexualpraktiken wie ein Tier behandeln ließe. Dass der einzelne Mensch in diesem intimen Bereich seines Lebens die Freiheit hat, selbst zu definieren, was seiner Würde entspricht, wird auch von mehreren Befürwortern der ersten Entscheidung des Bundesverwaltungsgerichts zur Peep-Show nicht in Frage gestellt."[192]

[188] *Ohly*, Einwilligung, S. 83.
[189] *Ahammer*, Grundrechtsverzicht, S. 190; *Robbers*, JuS 1985, 925, 929.
[190] *Ohly*, Einwilligung, S. 87.
[191] Ebenso *Suchomel*, Menschenwürde, S. 118.
[192] *Suchomel*, Menschenwürde, S. 153 f.

Für die subjektive Dimension lässt sich hieraus in Bezug auf die Peep-Show festhalten, dass die Teilnehmerinnen durch ihre freiwillige Teilnahme an der Peep-Show definieren, was ihrer Würde entspricht. Dies gilt es als Ausübung der Menschenwürde zu respektieren.

Aus der objektiven Dimension der Wertordnung der Grundrechte folgt bei Beachtlichkeit der Einwilligung eher eine Grenze für die subjektive Dimension als die eigentliche Wertung der Maßnahme. Wie bereits erwähnt, sollen dabei Extremfälle erfasst werden, die einem Totalverzicht nahekommen. Diese Grenze wäre dann erreicht, wenn sich aus der Einwilligung ein Totalverzicht auf die Menschenwürde ergibt.[193] Die Teilnahme an der Peep-Show erfolgt üblicherweise im Rahmen eines Arbeitsverhältnisses. Die teilnehmende Person hat die Möglichkeit zu kündigen und so die – je nach Ansicht – objektiv entwürdigende Teilnahme an der Peep-Show selbstbestimmt zu beenden. Es handelt sich mithin nicht um einen Totalverzicht.

In dieser Hinsicht ist somit den Kritikern der Peep-Show Entscheidung zuzustimmen, dass die freiwillige Entscheidung, an einer Peep-Show teilzunehmen, keinen Eingriff in die Menschenwürde darstellt, wenn die Selbstbestimmung als wesentlicher inhaltlicher Teil der Menschenwürde ernst genommen wird.[194] Dies gilt ebenso für die anderen zitierten Entscheidungen. Die Betroffenen fühlen sich offensichtlich nicht in ihrer Würde verletzt, wenn sie freiwillig handeln, so dass sich die Frage stellt, wie man sich eine Würdeverletzung vorstellen soll, die von den Betroffenen gar nicht als solche wahrgenommen wird.[195] Es muss der einzelnen Person verbleiben zu entscheiden, welches Verhalten für sie „unwürdig" ist.[196] Solange sie voll verantwortungsfähig ist, darf ihr kein Grundrechtsschutz wider Willen aufgedrängt werden.[197] Es sollte keinen moralischen staatlichen Paternalismus geben.[198]

(e) Zwischenergebnis

Als Ausdruck der Selbstbestimmung kann die einzelne Person gegenüber einem anderen Privaten über ihre Menschenwürde verfügen, sofern es sich dabei nicht um einen Totalverzicht handelt. Diese Verfügung ist allerdings nur wirksam, wenn sie freiwillig und ohne sonstige Willensmängel zustande kommt. Dem steht die Unantastbarkeit der Menschenwürde nicht entgegen, da der Kern der Menschenwürde auch die Selbstbestimmung ist.[199]

---

[193] Siehe bereits oben.

[194] Etwa *Quecke*, Menschenwürde, S. 73; *Möller*, Paternalismus, S. 203 f.; *Ohly*, Einwilligung, S. 105; *Suchomel*, Menschenwürde, S. 244 f.

[195] *Möller*, Paternalismus, S. 118.

[196] *Möller*, Paternalismus, S. 119.

[197] Ob dies in der konkreten Situation gegeben ist, muss in der Praxis bei der Rechtsanwendung insbesondere vom Staat sichergestellt werden. Dazu sogleich etwa unter B. I. 3. c) aa) (4).

[198] *Möller*, Paternalismus, S. 203 f.

[199] Vgl. dazu bereits oben B. I. 3. c) aa) (2).

(4) Bedeutung für die Einwilligung zwischen Privaten

Für die Einwilligung zwischen Privaten ist an dieser Stelle hervorzuheben, dass die Selbstbestimmung des Menschen im obersten Verfassungsprinzip verankert ist. Es lässt sich festhalten, dass die Selbstbestimmung und Autonomie des Menschen Ausdruck seiner durch Art. 1 Abs. 1 GG geschützten Würde ist.[200] Durch eine Einwilligung wird mithin die Grundrechtsgarantie der Menschenwürde ausgeübt. Dies gilt auch dann, wenn andere Grundrechte ebenfalls ausgeübt werden.[201] Hierbei besteht auch die Besonderheit, dass die Menschenwürde auch zwischen Privaten unmittelbar Wirkung entfaltet.[202] Ferner umfasst die Selbstbestimmung im Sinne der Menschenwürde die verschiedenen Facetten, welche die jeweilige Fallgruppe im Konkreten schützt.

Art. 1 Abs. 1 S. 2 GG verpflichtet den Staat auch zum Schutz der Menschenwürde sowie deren Achtung, worunter ebenso die Achtung der selbstbestimmten Entscheidung zu verstehen ist. Da die Menschenwürde zumindest nach dem Wortlaut des Art. 1 Abs. 1 S. 1 GG unantastbar ist, ist bei Einschränkungen der Einwilligung zwischen Privaten stets die selbstbestimmte Entscheidung der einzelnen Person als Ausdruck ihrer Menschenwürde angemessen zu respektieren. Entscheidend ist erneut das Kriterium der Freiwilligkeit. Eine Verletzung der Menschenwürde scheidet bei selbstbestimmter und freiwilliger Entscheidung somit in den meisten Fällen aus. Die Grenze ist allerdings erreicht, wenn der Mensch zum Objekt des Staates oder eines Dritten wird, oder es sich um einen Totalverzicht handelt. Der Gesetzgeber ist im Hinblick auf das Privatrecht verpflichtet, eine geeignete Vertragsrechtsordnung zu schaffen,[203] so dass etwa ein Verbraucherschutzrecht als Teil des Privatrechts, welches anstelle des Verbrauchers umfassend über seine Bedürfnisse und den Umfang seines Konsums bestimmt, mit der grundsätzlichen Autonomie des Menschen unvereinbar ist.[204]

bb) Die Allgemeine Handlungsfreiheit, Art. 2 Abs. 1 GG

Die allgemeine Handlungsfreiheit gewährleistet umfassende Verhaltensfreiheit, denn sie schützt jedes menschliche Verhalten, das nicht in verfassungsmäßiger Weise verboten ist.[205] Der Schutzbereich wird in ständiger Rechtsprechung weit

---

[200] Ebenso *Suchomel*, Menschenwürde, S. 19. Auch Hillgruber kommt zu diesem Ergebnis, verankert dies jedoch in Art. 1 Abs. 1 GG, *Hillgruber*; Schutz des Menschen vor sich selbst, S. 114 ff. und S. 175.

[201] Jarass/Pieroth/*Jarass*, Art. 1 GG Rn. 5.

[202] BVerwG, Beschluss vom 24.10.2001 – 6 C 3/01, NVwZ 2002, 598, 602; BVerwG, Urteil vom 15.12.1981 – 1 C 232/79, NJW 1982, 664.

[203] *Bumke*, Grundrechtsgestaltung, S. 74.

[204] *Drexl*, Selbstbestimmung, S. 254.

[205] ErfKo/*Schmidt*, Art. 2 Abs. 1 GG Rn. 1; Epping/Hillgruber/*Lang*, Art. 2 GG Rn. 6 ff.; Sachs/*Rixen*, Art. 2 GG Rn. 52 f.

ausgelegt.[206] Die allgemeine Handlungsfreiheit wird damit zu einer umfassenden subjektiv-rechtlichen Freiheitsgarantie, die als Auffanggrundrecht einen lückenlosen Grundrechtsschutz sichert.[207]

Die allgemeine Handlungsfreiheit ist daher meist subsidiär zu anderen Grundrechten. Dies gilt jedoch nicht, wenn durch die allgemeine Handlungsfreiheit ein weiterer, zusätzlicher Gesichtspunkt hervorgehoben wird, der nicht schon vom Schutzzweck des an sich spezielleren Grundrechts abgedeckt ist.[208] Mit der Freiheit im wirtschaftlichen Verkehr (auch Vertragsfreiheit genannt) und der Privatautonomie enthält der Schutzbereich der allgemeinen Handlungsfreiheit zwei solche zusätzlichen Gesichtspunkte mit für die Einwilligung wichtigen eigenständigen Regelungsinhalten.[209] Die Privatautonomie ist jedoch dann subsidiär zu spezielleren Grundrechten, wenn das Recht zur freien Gestaltung von Verträgen bereits von diesen Grundrechten gewährleistet wird.[210]

(1) Die Privatautonomie und die Vertragsfreiheit

Das Zivilrecht beruht insbesondere auf der Privatautonomie, die als zivilrechtliche Ausprägung der allgemeinen Handlungsfreiheit verstanden wird.[211] Die Privatautonomie bezeichnet das Prinzip der Selbstgestaltung der Rechtsverhältnisse durch die jeweilige Person nach ihrem Willen.[212] Sie soll mithin die „Selbstbestimmung des Einzelnen im Rechtsleben" gewährleisten.[213] Die Menschen sollen aufgrund ihrer Freiheit und Gleichheit ohne staatliche Einmischung oder Bevormundung oder gar Zwang untereinander ihre gegenläufigen Interessen aus ihrer Sicht angemessen ausgleichen können.[214] Der Staat hat dabei die getroffenen Regelungen

---

[206] ErfKo/*Schmidt*, Art. 2 Abs. 1 GG Rn. 1; Epping/Hillgruber/*Lang*, Art. 2 GG Rn. 6.

[207] Dürig/Herzog/Scholz/*Di Fabio*, Art. 2 Abs. 1 GG Rn. 12; Epping/Hillgruber/*Lang*, Art. 2 GG Rn. 8.

[208] Dürig/Herzog/Scholz/*Di Fabio*, Art. 2 Abs. 1 GG Rn. 24 f.

[209] ErfKo/*Schmidt*, Art. 2 Abs. 1 GG Rn. 2; Dürig/Herzog/Scholz/*Di Fabio*, Art. 2 Abs. 1 GG Rn. 101 ff.; *Ohly*, Einwilligung, S. 96. In der Weimarer Reichsverfassung war die Vertragsfreiheit im Wirtschaftsverkehr noch nach Art. 152 I WRV garantiert. Es besteht jedoch Einigkeit darüber, dass die fehlende Erwähnung nicht mit einer Streichung einherging, vgl. dazu *Mager*, Einrichtungsgarantien, S. 224 ff. oder *Flume*, Rechtsgeschäft, S. 19 f.

[210] Dürig/Herzog/Scholz/*Di Fabio*, Art. 2 Abs. 1 GG Rn. 103; *Mager*, Einrichtungsgarantien, S. 224.

[211] *Ohly*, Einwilligung, S. 91; Dürig/Herzog/Scholz/*Di Fabio*, Art. 2 Abs. 1 GG Rn. 101.

[212] *Flume*, Rechtsgeschäft, S. 1.

[213] BVerfG, Beschluss vom 07.02.1990 – 1 BvR 26/84, NJW 1990, 1469, 1470; BVerfG, Beschluss vom 19.10.1993 – 1 BvR 567/89, NJW 1994, 36, 38; Dürig/Herzog/Scholz/*Di Fabio*, Art. 2 Abs. 1 GG Rn. 101; *Mager*, Einrichtungsgarantien, S. 226.

[214] BVerfG, Beschluss vom 07.02.1990 – 1 BvR 26/84, NJW 1990, 1469, 1470; Dürig/Herzog/Scholz/*Di Fabio*, Art. 2 Abs. 1 GG Rn. 101.

grundsätzlich zu respektieren.[215] So kann eine vertragliche Bindung auch grundsätzlich den wirksamen Verzicht auf grundrechtliche Positionen umfassen.[216] Die Vertragsfreiheit ist dabei Teil der Privatautonomie und ihr Ausdruck.[217] Mit der Vertragsfreiheit ist die Freiheit des Abschlusses oder Nichtabschlusses sowie die Gestaltung privatrechtlicher Verträge geschützt.[218] Im Unterschied zum Öffentlichen Recht stehen sich die Parteien im Grundsatz als gleichrangige Rechtssubjekte gegenüber.[219] Es wird basierend auf der Lehre von Walter Schmidt-Rimpler[220] angenommen, dass ein Vertrag dann gerecht oder richtig ist, wenn er bei freier Selbstbestimmung der Parteien geschlossen wurde.[221] Dieses Verständnis wird als formales Verständnis der Privatautonomie bezeichnet, dem ein materielles Verständnis der Privatautonomie entgegengesetzt wird. Diese materielle Sichtweise bezieht konkret-reale Kriterien in die Beurteilung der Privatautonomie mit ein und sieht ein Handeln nur dann als privatautonom an, wenn tatsächlich ein Gleichgewicht zwischen den Rechtssubjekten besteht.[222] Eine vertiefte Diskussion der Begriffe soll an dieser Stelle nicht erfolgen.[223] Unabhängig von dieser Differenzierung ergibt sich aus der Gewährleistung der Privatautonomie, dass grundsätzlich jeder selbst bestimmen dürfen sollte, wie er seine Interessen angemessen mit Dritten in Ausgleich bringt und dabei die Bedingungen der Selbstbestimmung des oder der Einzelnen tatsächlich gegeben sind.[224]

---

[215] BVerfG, Beschluss vom 07.02.1990 – 1 BvR 26/84, NJW 1990, 1469, 1470; BVerfG, Beschluss vom 19.10.1993 – 1 BvR 567/89, NJW 1994, 36, 38; BVerfG, Beschluss vom 07.09.2010 – 1 BvR 2160/09, 1 BvR 851/10, NJW 2011, 1339, 1340 Rn. 34; BGH, Urteil vom 07.06.2016 – KZR 6/15, NJW 2016, 2266, 2771 Rn. 54; Dürig/Herzog/Scholz/*Di Fabio*, Art. 2 Abs. 1 GG Rn. 101.

[216] *Robbers*, JuS 1985, 925, 926.

[217] BGH, Urteil vom 19.01.1989 – IX ZR 124/88, NJW 1989, 830, 831; *Flume*, Rechtsgeschäft, S. 12; *Mager*, Einrichtungsgarantien, S. 226; *Rüping*, Mündiger Bürger, S. 36 ff.

[218] Dürig/Herzog/Scholz/*Di Fabio*, Art. 2 Abs. 1 GG Rn. 101; *Engeler*, ZD 2018, 55, 56.

[219] BVerfG, Beschluss vom 19.10.1993 – 1 BvR 567/89, NJW 1994, 36, 38; *Ahammer*, Grundrechtsverzicht, S. 53.

[220] *Schmidt-Rimpler*, AcP 147 (1941), 133, 156 ff. Dies ist insbesondere deshalb bemerkenswert, da Schmidt-Rimpler damit den in dieser Zeit nationalsozialistisch geprägten Tendenzen zur Auflösung der Vertragsfreiheit entgegentrat (*Rüthers*, Unbegrenzte Auslegung, S. 366 f.), obwohl die Abhandlung auf einen Forschungsauftrag des Präsidenten der Akademie für Deutsches Recht zurückging (*Schmidt-Rimpler*, AcP 147 (1941), 133 Fn. 1; *Rüthers*, Unbegrenzte Auslegung, S. 369).

[221] BVerfG, Urteil vom 06.02.2001 – 1 BvR 12/92, NJW 2001, 957, 958; BVerfG, Beschluss vom 07.09.2010 – 1 BvR 2160/09, 1 BvR 851/10, NJW 2011, 1339, 1340 Rn. 34; *Bergmann*, Austauschvertrag, S. 4; *Bumke*, Grundrechtsgestaltung, S. 66; *Mager*, Einrichtungsgarantien, S. 230; a. A. *Rüping*, Mündiger Bürger, S. 32 ff., dies als Utopie bezeichnend.

[222] *Rüping*, Mündiger Bürger, S. 33.

[223] Vertiefend etwa bei *Drexl*, Selbstbestimmung, S. 264 ff. und *Rüping*, Mündiger Bürger, S. 28 ff.

[224] So das BVerfG in ständiger Rechtsprechung, vgl. BVerfG, Beschluss vom 27.07.2005 – 1 BvR 2501/04, NJW 2006, 596, 598; BVerfG, Urteil vom 06.02.2001 – 1 BvR 12/92, NJW 2001, 957, 958; BVerfG, Urteil vom 26.07.2005 – 1 BvR 782/94 u. 1 BvR 957/96, NJW 2005, 2363, 2365; BVerfG, Beschluss vom 07.09.2010 – 1 BvR 2160/09, 1 BvR 851/10, NJW 2011, 1339, 1340 Rn. 34.

(2) Schranken der Allgemeinen Handlungsfreiheit

Bereits der Wortlaut von Art. 2 Abs. 1 GG zeigt, dass die Allgemeine Handlungsfreiheit begrenzt ist, da sie gem. Art. 2 Abs. 1 GG nur im Rahmen der verfassungsmäßigen Ordnung besteht.[225] Einschränkungen der Privatautonomie sind daher meist aus Gründen des Allgemeininteresses und des Gemeinwohls zulässig.[226] Zu den Einzelheiten, wann diese Grenze konkret überschritten ist, lässt sich aus Art. 2 Abs. 1 GG nichts ableiten, insbesondere weil mit der verfassungsmäßigen Ordnung jede formell und materiell verfassungsmäßig zustande gekommene Rechtsnorm gemeint ist.[227]

Eingriffe des Staates in die Allgemeine Handlungsfreiheit sind somit einfacher zu rechtfertigen als Eingriffe in die Menschenwürde. Zudem ist anzunehmen, dass die Einwilligungen in Beschränkungen der Allgemeinen Handlungsfreiheit möglich sein sollten, sofern es sich nicht um einen Totalverzicht handelt.[228] Wie gesehen folgt dies bereits daraus, dass die Einwilligung gerade Ausdruck und Ausübung der Allgemeinen Handlungsfreiheit ist. Diesbezüglich gelten somit die Ausführungen zur Menschenwürde auch an dieser Stelle.

(a) Schutzpflichten als Schranken der Einwilligung als Ausübung der Allgemeinen Handlungsfreiheit

Eine solche Schranke könnte insbesondere vorliegen, wenn durch die Einwilligung vermeintlich auf Rechte verzichtet werde und der Staat aufgrund einer Schutzpflicht Vorkehrungen treffen sollte, um die einwilligende Person vor sich selbst zu schützen.[229]

Für die Menschenwürde wurde angenommen, eine Schutzpflicht greife nicht, da die Menschenwürde durch eine selbstbestimmte Entscheidung in den meisten Fällen nicht angetastet werde, wenn die einzelne Person dies für sich selbst als würdig ansieht. Wie die Menschenwürde hat auch die allgemeine Handlungsfreiheit eine sehr persönliche Dimension, denn jeder soll selbstbestimmt entscheiden können, wie er sich verhält. Der Schutzbereich der Handlungsfreiheit ist dabei unbestimmt und definiert sich über verschiedene Fallgruppen. Je persönlicher die Handlung,

---

[225] BVerfG, Beschluss vom 07.02.1990 – 1 BvR 26/84, NJW 1990, 1469, 1470; BVerfG, Beschluss vom 19.10.1993 – 1 BvR 567/89, NJW 1994, 36, 38; Dürig/Herzog/Scholz/*Di Fabio*, Art. 2 Abs. 1 GG Rn. 104; *Bergmann*, Austauschvertrag, S. 5.

[226] Dürig/Herzog/Scholz/*Di Fabio*, Art. 2 Abs. 1 GG Rn. 104. So soll etwa in Art. 9 Abs. 3 S. 2 GG das Allgemeininteresse und Art. 6 Abs. 3 GG, das Kind schützen.

[227] BVerfG, Beschluss vom 05.08.2020 – 2 BvR 1985/19, 2 BvR 1986/19, NJW 2020, 2953, 2954; ErfKo/*Schmidt*, Art. 2 GG Rn. 13; Epping/Hillgruber/*Lang*, Art. 2 GG Rn. 52; Jarass/Pieroth/*Jarass*, Art. 2 GG Rn. 13; *Drexl*, Selbstbestimmung, S. 260.

[228] Ähnliche etwa *Ahammer*, Grundrechtsverzicht, S. 99.

[229] Vgl. bereits unter B. I. 3. c) aa) (3) (c). Vertiefend zur Frage grundrechtlicher Schutzpflichten im Vertragsrecht etwa *Krings*, Grundrechtliche Schutzpflichten.

desto höher ist die selbstbestimmte Entscheidung wegen ihrer Nähe zur Menschenwürde zu gewichten und desto weniger kommt eine Schutzpflicht des Staates in Betracht. Es kommt somit auf den Schwerpunkt bzw. die Gewichtung der Ausübung hinsichtlich der verschiedenen Bereiche an.

Dies wird insbesondere bei näherer Betrachtung der durch Art. 2 Abs. 1 GG geschützten Privatautonomie und Vertragsfreiheit deutlich. Durch diese Gewährleistung enthält das Grundrecht auf Allgemeine Handlungsfreiheit einen Auftrag an den Gesetzgeber, der Selbstbestimmung der einzelnen Person im Rechtsleben einen angemessenen Betätigungsraum zu eröffnen und somit „die Pflicht des Gesetzgebers, rechtsgeschäftliche Gestaltungsmittel zur Verfügung zu stellen, die als rechtsverbindlich zu behandeln sind und auch im Streitfall durchsetzbare Rechtspositionen begründen".[230] Es ist somit die Pflicht des Staates, die grundrechtlich verankerten, aber nicht definierten Begriffe der Vertragsfreiheit und der Privatautonomie einfachgesetzlich auszuarbeiten und zu gewährleisten. Es kann nicht das gesamte Privatrecht in einer Verfassung stehen. Die widerstreitenden Interessen und Grundrechte der Vertragsparteien müssen in Einklang gebracht werden, denn die Privatrechtsordnung kann nicht nur auf Selbstbestimmung beruhen. Wie dieser Auftrag dogmatisch einzuordnen ist, wird nachfolgend dargelegt.

(b) Gewährleistung der Privatautonomie: Schutzpflicht, Einrichtungsgarantie oder Grundrechtsgestaltung?

Es erscheint vor dem Hintergrund der bereits getroffenen Feststellung, dass es sich bei dem von manchen als Grundrechtsverzicht bezeichneten Rechtsakt um eine Grundrechtsausübung handelt, fernliegend, eine Schutzpflicht des Staates bei vermeintlichen Beeinträchtigungen der Vertragsfreiheit zu fordern.[231] Sofern die Handlung auf einer selbstbestimmten Entscheidung der Parteien beruht, ist diese Entscheidung zu respektieren. Dabei sind verschiedene Fallgruppen zu betrachten.

(aa) Schutzpflicht bei vermeintlich ungleichen Vertragspartnern

Eine viel diskutierte Konstellation ist der Fall der Inhaltskontrolle von Verträgen bei vermeintlich ungleichen Vertragspartnern. Das BVerfG beruft sich dabei zugunsten des schwächeren Partners auf einen Schutz aufgrund der Gewährleistung der Privatautonomie.[232] Das BVerfG nimmt dies etwa dann an, wenn eine typisier-

---

[230] BVerfG, Beschluss vom 19.10.1993 – 1 BvR 567/89, NJW 1994, 36, 38; Jarass/Pieroth/*Pieroth*, Art. 2 GG Rn. 22 ff.

[231] Zustimmend Isensee/Kirchhof/*Isensee*, Handbuch Staatsrecht – Band VII, § 150 Rn. 119.

[232] BVerfG, Urteil vom 26.07.2005 – 1 BvR 782/94 u. 1 BvR 957/96, NJW 2005, 2363 ff.; BVerfG, Urteil vom 06.02.2001 – 1 BvR 12/92, NJW 2001, 957 ff.; Isensee/Kirchhof/*Isensee*, Handbuch Staatsrecht – Band VII, § 150 Rn. 100. Isensee verweist u. a. auf: BVerfG, Beschluss vom

bare Fallgestaltung der strukturellen Unterlegenheit eines Vertragspartners vorliegt und die Folgen des Vertragsschlusses für diesen unterlegene Vertragspartner ungewöhnlich belastend sind.[233] Selbiges gelte, wenn „einer der Vertragsteile ein so starkes Übergewicht [hat], daß er vertragliche Regelungen faktisch einseitig setzen kann", denn dies bewirke für den anderen Vertragsteil Fremdbestimmung.[234] Das BVerfG bekennt sich in den Entscheidungen auch zur Privatautonomie und führt an, ein Verstoß gegen die Privatautonomie liege dabei nur vor, wenn das Problem der Vertragsdisparität gar nicht gesehen oder die Lösung mit untauglichen Mitteln versucht worden sei.[235] In vier Fällen hat das BVerfG die Verträge jedoch aus dem Grunde der fehlenden Vertragsdisparität als nichtig angesehen.[236]

Isensee kritisiert diese Schranke und vertritt die Ansicht, das Kriterium der „strukturellen" Unterlegenheit sei belanglos.[237] Es fehlten die Maßstäbe, wann eine strukturelle oder individuelle Unterlegenheit typisierbar festgestellt werden kann.[238] Das BVerfG selbst halte die typisierende Betrachtung nicht durch und prüfe anhand einer individualisierenden Betrachtungsweise, bei der die Zugehörigkeit zu einer Gruppe, der in der Regel ein höherer Schutzbedarf zugesprochen wird, lediglich als Indiz gewertet werde.[239] Der sog. Schutz vor sich selbst sei in diesem Fall mithin keine Schutzpflicht im klassischen Sinne, sondern ein Thema des sozialen Staatsziels.[240]

Für Ohly ist der Schutz vor sich selbst nur in Extremfällen zulässig, worunter er den irreversiblen Verlust eines Rechts infolge der Einwilligung oder den Verlust der essentiellen Lebensgrundlage sieht.[241] Dies begründet er insbesondere mit dem Schwerpunkt der Einwilligungslehre, der auf der Sicherung einer autonomen Ent-

---

19.10.1993 – 1 BvR 567/89, NJW 1994, 36, 38 f. Typischer Anwendungsfall ist etwa auch das Arbeitsrecht, vgl. vertiefend *Bähr*, Fremdpersonaleinsatz im Rahmen agiler Projektarbeit, S. 70.

[233] BVerfG, Beschluss vom 19.10.1993 – 1 BvR 567/89 u. a., NJW 1994, 36, 38.

[234] BVerfG, Beschluss vom 07.02.1990 – 1 BvR 26/84, NJW 1990, 1469, 1470.

[235] BVerfG, Beschluss vom 19.10.1993 – 1 BvR 567/89 u. a., NJW 1994, 36, 39; BVerfG, Beschluss vom 07.02.1990 – 1 BvR 26/84, NJW 1990, 1469, 1470; Isensee/Kirchhof/*Isensee*, Handbuch Staatsrecht – Band VII, § 150 Rn. 115; *Jakl*, Handlungshoheit, S. 14 f.

[236] BVerfG, Beschluss vom 07.02.1990 – 1 BvR 26/84, NJW 1990, 1469 ff.; BVerfG, Beschluss vom 19.10.1993 – 1 BvR 567/89 u. a., NJW 1994, 36 ff.; BVerfG, Urteil vom 06.02.2001 – 1 BvR 12/92, NJW 2001, 957 ff.; Zusammenfassend: *Jakl*, Handlungshoheit, S. 15.

[237] Isensee/Kirchhof/*Isensee*, Handbuch Staatsrecht – Band VII, § 150 Rn. 116. Zusammenfassen auch *Jakl*, Handlungshoheit, S. 13 ff., allerdings ohne eindeutig Stellung zu beziehen.

[238] Isensee/Kirchhof/*Isensee*, Handbuch Staatsrecht – Band VII, § 150 Rn. 116. So auch *Jakl*, Handlungshoheit, S. 18. Der Gesetzgeber löst diese Schwierigkeit, indem er etwa den Arbeitnehmer oder den Verbrauchern einem generellen sozialen Schutzbedarf unterstellt und für alle die gleichen Schutzvorkehrungen anordnet, Isensee/Kirchhof/*Isensee*, Handbuch Staatsrecht – Band VII, § 150 Rn. 116.

[239] Isensee/Kirchhof/*Isensee*, Handbuch Staatsrecht – Band VII, § 150 Rn. 116.

[240] Isensee/Kirchhof/*Isensee*, Handbuch Staatsrecht – Band VII, § 150 Rn. 100. So auch *Hermes*, Grundrecht auf Schutz von Leben und Gesundheit, S. 230; *Buchner*, Informationelle Selbstbestimmung, S. 117 f.; *Hillgruber*, Schutz des Menschen vor sich selbst, S. 110.

[241] *Ohly*, Einwilligung, S. 475.

scheidung liegt.[242] Es ist jedoch unklar, was genau unter dem Verlust der essentiellen Lebensgrundlage zu verstehen ist. Es gibt durchaus Fälle, in denen Menschen sich dazu entscheiden, all ihr Hab und Gut aufzugeben und ein anderes Leben zu führen.[243] Sofern diese Entscheidung selbstbestimmt erfolgt, ist nicht ersichtlich, weshalb dies nicht wirksam sein sollte.[244]

Zu diesem Schluss kommt auch Ahammer, allerdings mit einer anderen Begründung. Sie führt aus, der oder die Einzelne könne aufgrund der Privatautonomie Dritten einen Eingriff in die Grundrechte gestatten, da mangels unmittelbarer Drittwirkung Private untereinander nicht verpflichtet seien.[245] Wenn Private tatsächlich freiwillig agieren, solle nur dann eine staatliche Schutzpflicht greifen, wenn sie (ausnahmsweise) nicht in der Lage sein sollten, eigenverantwortliche Entscheidungen zu treffen, etwa in Fällen, in denen durch Drohung oder Defekt die Willensbildung gestört ist.[246]

(bb) Stellungnahme

Vor diesem Hintergrund wird deutlich, dass es sich nicht um eine Schutzpflicht handelt. Es entspricht nicht der typischen Dreierkonstellation im Falle einer Schutzpflicht, bei der es um das Verhältnis zwischen Staat, Störer und Opfer geht, denn beide Privaten üben ihre grundrechtliche Privatautonomie aus.[247] Auch die Begründung Ahammers kann nicht überzeugen, denn wenn die Willensbildung durch Drohung oder Defekt gestört ist, kann schon nicht wirksam eingewilligt oder verzichtet werden. Eine Schutzpflicht ist bei wirksamer Grundrechtsausübung abzulehnen.[248]

Der Staat muss vielmehr dafür Sorge tragen, dass die Bedingungen freier Selbstbestimmung auch tatsächlich gegeben sind.[249] Dies wird als eine sog. Einrichtungsgarantie bezeichnet.[250]

---

[242] *Ohly*, Einwilligung, S. 413.

[243] https://www.spiegel.de/geschichte/aussteiger-juergen-wagner-alias-oeff-oeff-waldmensch-seit-25-jahren-a-1124986.html (zuletzt besucht am 11.08.2024).

[244] Selbstverständlich müssen alle Wirksamkeitsvoraussetzungen, wie etwa die Einsichtsfähigkeit, gegeben sein.

[245] *Ahammer*, Grundrechtsverzicht, S. 234. Eine Schutzpflicht käme dann nur ausnahmsweise in Betracht.

[246] *Ahammer*, Grundrechtsverzicht, S. 234.

[247] Isensee/Kirchhof/*Isensee*, Handbuch Staatsrecht – Band VII, § 150 Rn. 120.

[248] Ebenso *Krings*, Grundrechtliche Schutzpflichten, S. 343. Ähnlich *Gellermann*, Grundrechte in einfachgesetzlichem Gewand, S. 147.

[249] BVerfG, Beschluss vom 07.02.1990 – 1 BvR 26/84, NJW 1990, 1469, 1470; Jarass/Pieroth/*Jarass*, Art. 2 GG Rn. 22.

[250] Vertiefend zur Einrichtungsgarantie etwa *Mager*, Einrichtungsgarantie; *Mainzer*, Einrichtungsgarantie; Isensee/Kirchhof/*Stern*, Handbuch Staatsrecht – Band IX, § 185 Rn. 72 ff.; Merten/Papier/*Kloepfer*, Handbuch Grundrechte – Band II, § 43 Rn. 1 ff.; Isensee/Kirchhof/*Isensee*, Handbuch Staatsrecht – Band VII, § 150 Rn. 81 ff.

(cc) Vorliegen einer Einrichtungsgarantie

Eine Einrichtungsgarantie ist ein von der Verfassung in gesteigertem Maße abgesichertes Gebilde, das als Eigenwert auch künftig fortbestehen soll und sowohl von rechtlichen als auch gesellschaftlichen Einflüssen durchdrungen ist.[251] Die Einrichtungsgarantie will im Gegensatz zu einer Schutzpflicht nicht die Rechte des oder der Einzelnen begrenzen, sondern die Ausübung der Rechte schützen und nimmt dafür die Staatsgewalt, primär den Gesetzgeber, in die Pflicht.[252] Sie benennt dabei die letzte Grenzlinie für die Umgestaltung eines Instituts und verbietet die Umgestaltung einer verfassungsrechtlich garantierten Rechtseinrichtung.[253] Aus der Einrichtungsgarantie erwächst daher auch eine Einrichtungspflicht. Diese gebietet Rechtseinrichtungen bereitzustellen, sie auszugestalten und zu erhalten, wenn eine Einrichtungsgarantie vorliegt oder die Existenz einer Grundrechtsposition ansonsten nicht möglich wäre.[254]

Ob die Privatautonomie tatsächlich eine solche Einrichtungsgarantie darstellt und demzufolge eine Einrichtungspflicht hervorruft, ist umstritten.[255] Dabei wird die Ansicht vertreten, privatautonome Rechtsgestaltungen wären ohne die Ausgestaltung privater Rechtsmacht nicht möglich.[256] Die Grundrechte sind jedoch bereits durch das Grundgesetz existent und grundrechtlich vorgegeben.[257] Die einfachgesetzlichen Regelungen müssen diese Grundrechte verwirklichen und achten und werden nicht erst durch sich selbst geschaffen.[258] Es geht also darum, durch einfachgesetzliche Ausgestaltung die grundrechtlichen Gewährleistungen in die Praxis umzusetzen und die aus dem Grundgesetz erwachsenen Recht durchsetzbar zu machen.[259] Ein „Vertrag“ besteht nicht nur, weil er so im BGB benannt ist und dort geregelt ist. Es sind auch atypische Verträge denkbar, die es so nicht im BGB gibt. Die Regelungen des BGB könnten sich die Individuen auch selbst auf-

---

251 Merten/Papier/*Kloepfer*, Handbuch Grundrechte – Band II, § 43 Rn. 28; *Gellermann*, Grundrechte in einfachgesetzlichem Gewand, S. 148; Mainzer führt aus, eine Einrichtungsgarantie sei eine Verfassungsnorm, die etwas gewährleisten soll, das selbst maßgeblich durch Rechtsnormen des einfachen Rechts konstituiert werde, vgl. *Mainzer*, Einrichtungsgarantie, S. 231. Dem ist nicht vollumfänglich zuzustimmen, denn der Gehalt der Garantie wird bereits durch die Verfassung gewährleistet. Ähnlich auch Isensee/Kirchhof/*Isensee*, Handbuch Staatsrecht – Band VII, § 150 Rn. 85.

252 Isensee/Kirchhof/*Stern*, Handbuch Staatsrecht – Band IX, § 185 Rn. 74; Isensee/Kirchhof/*Isensee*, Handbuch Staatsrecht – Band VII, § 150 Rn. 184. Kritisch *Bumke*, Grundrechtsvorbehalt, S. 68.

253 *Bumke*, Grundrechtsvorbehalt, S. 68 und S. 97; vertiefend zu den Einrichtungsgarantien etwa *Mainzer*, Einrichtungsgarantie und *Mager*, Einrichtungsgarantien.

254 *Bumke*, Grundrechtsvorbehalt, S. 94.

255 Vertiefend etwa *Gellermann*, Grundrechte in einfachgesetzlichem Gewand, S. 131 ff.

256 *Bumke*, Grundrechtsvorbehalt, S. 95; *Gellermann*, Grundrechte in einfachgesetzlichem Gewand, S. 137.

257 Isensee/Kirchhof/*Hillgruber*, Handbuch Staatsrecht – Band IX, § 200 Rn. 73.

258 Kritisch hier auch Isensee/Kirchhof/*Hillgruber*, Handbuch Staatsrecht – Band IX, § 200 Rn. 64 f. Ähnlich auch Isensee/Kirchhof/*Isensee*, Handbuch Staatsrecht – Band XII, § 150 Rn. 85 ff.

259 Isensee/Kirchhof/*Hillgruber*, Handbuch Staatsrecht – Band IX, § 200 Rn. 73 f.

erlegen und in einem privatautonomen Rechtsgeschäft festhalten, ohne dass es der Privatrechtsordnung bedarf.[260] Die Privatrechtsordnung vereinfacht dies lediglich und führt es in praktikablere Bahnen.[261]

Für Isensee ist die Privatautonomie aufgrund ihres objektiv-rechtlichen Gehalts daher seit der Weimarer Verfassungsära eine Einrichtungsgarantie.[262] Auch Gellermann sieht die Privatautonomie als Institutsgarantie, insbesondere, weil sie – wie auch die Ehe und das Eigentum – eine vom einfachen Recht geformte Freiheit oder Rechtsposition schützt.[263] Für Stern handelt es sich bei der Privatautonomie zwar nicht um eine Einrichtungsgarantie, er schreibt ihr dennoch objektiv-rechtliche Gehalte zu, aus denen ähnliche Wirkungen abgeleitet werden können.[264]

Die Ansichten sind sich also einig, dass die Privatautonomie einen objektivrechtlichen Gehalt hat, der den Gesetzgeber zur Ausgestaltung verpflichtet. Die Ausgestaltung soll die rechtlichen Bedingungen schaffen, damit der Träger das Grundrecht ausüben kann.[265] Die Ausgestaltung ist dabei nicht streng alternativ zu einer Begrenzung der Grundrechte zu sehen.[266] Diese Ausgestaltungsfunktion ist dennoch mit den Schutzpflichten verwandt und insbesondere bei rechts- und normgeprägten Grundrechten relevant.[267] Isensee unterscheidet dabei zwischen einer Ausgestaltungsnorm und einer Schranke folgendermaßen: Wenn eine Ausgestaltungsnorm hinweggedacht wird, leidet die Ausübbarkeit der Vertragsfreiheit; wenn eine Schrankennorm hinweggedacht wird, erweitert sich der rechtliche Freiraum der Vertragsparteien.[268]

(dd) Zwischenergebnis

Aus alldem folgt, dass es keine Schranke im Sinne eines Schutzes vor sich selbst gibt. Die grundrechtlich gewährleistete Privatautonomie verpflichtet den Gesetzgeber jedoch dazu, die Privatrechtsordnung so auszugestalten, dass die einzelne

---

[260] Ähnlich Isensee/Kirchhof/*Hillgruber*, Handbuch Staatsrecht – Band IX, § 200 Rn. 73.

[261] A.A. *Bumke*, Grundrechtsvorbehalt, S. 95; *Gellermann*, Grundrechte in einfachgesetzlichem Gewand, S. 137.

[262] Isensee/Kirchhof/*Isensee*, Handbuch Staatsrecht – Band VII, § 150 Rn. 84. Er verwendet den Begriff Institutsgarantie, die jedoch synonym verwendet werden.

[263] *Gellermann*, Grundrechte in einfachgesetzlichem Gewand, S. 149.

[264] Isensee/Kirchhof/*Stern*, Handbuch Staatsrecht – Band IX, § 185 Rn. 77.

[265] Isensee/Kirchhof/*Isensee*, Handbuch Staatsrecht – Band VII, § 150 Rn. 81; Isensee/Kirchhof/*Hillgruber*, Handbuch Staatsrecht – Band IX, § 200 Rn. 73.

[266] *Bumke*, Grundrechtsvorbehalt, S. 105; Isensee/Kirchhof/*Isensee*, Handbuch Staatsrecht – Band VII, § 150 Rn. 81. A. A. jedoch *Bumke*, Grundrechtsgestaltung, S. 46, wo er ausführt, eine Begrenzung von Grundrechten liege hingegen (ggü. Grundrechtsgestaltungen) vor, wenn unterlassungsgebietende Grundrechtswirkungen wie das Abwehrrecht oder die Einrichtungsgarantie berührt werden.

[267] Merten/Papier/*Jarass*, Handbuch Grundrechte – Band II, § 38 Rn. 56; Jarass/Pieroth/*Jarass*, Vorb. vor Art. 1 Rn. 8 und Rn. 13; *Bumke*, Grundrechtsgestaltung, S. 46.

[268] Isensee/Kirchhof/*Isensee*, Handbuch Staatsrecht – Band VII, § 150 Rn. 81.

Person ihre Entscheidungen tatsächlich frei und selbstbestimmt treffen kann. Wird die Entscheidung frei und selbstbestimmt getroffen, gibt es keine Schutzpflicht des Staates, diese Entscheidung abzuändern. Wenn die Entscheidung nicht frei und selbstbestimmt getroffen wurde, liegt schon keine Einwilligung vor und es handelt sich unproblematisch um einen Eingriff in die Grundrechte des oder der vermeintlich Einwilligenden. Eine Schutzpflicht ist auch dann nicht angezeigt.

(c) Auswirkung auf die Einwilligung als Ausübung der Privatautonomie

Diese Unterscheidung bedeutet für den konkreten Fall, dass der Staat aufgrund der Einrichtungspflicht verpflichtet ist, dafür zu sorgen, dass die einzelne Person ihr Grundrecht ausreichend ausüben kann. Darunter fällt auch eine selbstbestimmte Einschränkung. Bei Vorliegen einer Schutzpflicht könnte die einzelne Person tatsächlich zu ihrem Schutz trotz selbstbestimmter Handlung nicht einwilligen und der Staat müsste Regelungen schaffen, die eine Selbstschädigung verhindern. Wie gezeigt, sprechen die besseren Argumente gegen die Annahme einer Schutzpflicht. Durch die Gestaltung der Privatrechtsordnung muss die selbstbestimmte Ausübung der Privatautonomie gewährleistet sein, so dass es keiner weiteren Schutzpflicht bedarf.

Der Staat muss die Einwilligung mithin so ausgestalten, dass die Autonomie der einzelnen Person angemessen berücksichtigt wird. Er ist somit verpflichtet, durch die Gestaltung der Privatrechtsordnung dafür Sorge zu tragen, dass die grundrechtlich verbürgten Freiheiten, wie etwa die Privatautonomie, von allen Grundrechtsträgern ausgeübt werden können und die Freiheiten aller gesichert sind, ohne dass diese Gestaltung im Widerspruch zur Grundentscheidung der Rechtsordnung für die Privatautonomie steht.[269] Der Schutz geht somit in mehrere Richtungen und hat verschiedene Ausprägungen. Diese müssen in Einklang gebracht werden.[270] Dies bedeutet zugleich, dass jede grundsätzliche Einschränkung der Einwilligungsmöglichkeit den autonomen Menschen zunächst unzulässig bevormundet und deshalb überprüft werden muss, ob es sich je nach Kontext der erfolgten Einwilligung bspw. um eine Art „überzogenen Verbraucherschutz" handelt.[271]

Dies ist im Grundsatz vom BVerfG anerkannt. Es führte aus, dass die Rechtsordnung nicht für alle Situationen Vorsorge treffen kann.[272] Dies spricht ebenfalls dafür, dass eine Einzelfallbetrachtung geboten erscheint. Dies gilt auch für den Fall, dass einer der Vertragsteile ein derart starkes Übergewicht hat, dass er den

---

[269] *Drexl*, Selbstbestimmung, S. 262; *Bydlinski*, Privatautonomie, S. 56. So etwa auch für die Rundfunkfreiheit, *Schepers*, Das öffentlich-rechtliche Programm und seine Finanzierung, S. 28 f.

[270] Vgl. ausführlich zu den Schutzpflichten des Staates unter B. I. 3. c) aa) (3) (c).

[271] *Drexl*, Selbstbestimmung, S. 256 f.

[272] BVerfG, Beschluss vom 07.02.1990 – 1 BvR 26/84, NJW 1990, 1469, 1470.

Vertragsinhalt faktisch einseitig bestimmen kann und dies somit für den anderen Vertragsteil eine Fremdbestimmung bewirke.[273] Selbst dann müsse aus Gründen der Rechtssicherheit nicht jede Störung des Verhandlungsgleichgewichts nachträglich in Frage gestellt oder korrigiert werden.[274] Die Annahme einer Einrichtungsgarantie steht auch dahingehend im Einklang mit dem BVerfG, da es ohne es beim Namen zu nennen ebenfalls annimmt, es handle sich bei der Privatautonomie um eine Einrichtungsgarantie, da es weiter ausführt, es sei Sache des einfachen Rechts, wie mit einer gestörten Vertragsparität zu verfahren sei und zu welchem Ergebnis dies führe, wobei die Verfassung einen weiten Spielraum belasse.[275] Dabei darf das Recht die Entscheidungsmotive der einzelnen Person nicht vorherbestimmen und der Gesetzgeber muss sich aufgrund der Achtung der Selbstbestimmung mit der Reglementierung zurückhalten.[276] Ein Schutz vor sich selbst bei Ausübung der Selbstbestimmung besteht im Hinblick auf die Privatautonomie trotz allem auch bei einem Totalverzicht auf das Recht. Dies deckt sich mit der Institutsgarantie, denn diese soll den Eigenwert der Privatautonomie sichern und bei einem Totalverzicht wäre dieser Eigenwert unumkehrbar verloren.

Die Ausgestaltung der Regelungen über die Einwilligung zwischen Privaten als Ausübung der Privatautonomie ist somit eine Einrichtungspflicht, die der Staat erfüllen muss.[277] Der Staat muss die Einwilligung so ausgestalten, dass die einzelne Person selbstbestimmt entscheiden kann und somit ihre Privatautonomie ausleben kann.

(3) Bedeutung für die Einwilligung zwischen Privaten

Die Einwilligung zwischen Privaten ist eine Möglichkeit, seine Interessen auszudrücken und mit Dritten in Ausgleich zu bringen. Sie ist mithin ein bedeutsamer Akt der Privatautonomie.[278] Durch sie erklärt die einzelne Person willentlich ihre Zustimmung zu etwas und ggf. ob die „Gegenleistung" für ihren Interessen-

---

[273] BVerfG, Beschluss vom 07.02.1990 – 1 BvR 26/84, NJW 1990, 1469, 1470; BVerfG, Beschluss vom 19.10.1993 – 1 BvR 567/89, NJW 1994, 36, 38; BVerfG, Urteil vom 06.02.2001 – 1 BvR 12/92, NJW 2001, 957, 958; *Poscher*, Grundrechte als Abwehrrechte, S. 366.

[274] BVerfG, Beschluss vom 07.02.1990 – 1 BvR 26/84, NJW 1990, 1469, 1470.

[275] BVerfG, Beschluss vom 07.02.1990 – 1 BvR 26/84, NJW 1990, 1469, 1470. Diese Folgerung trifft etwa auch *Mager*, Einrichtungsgarantien, S. 231.

[276] *Drexl*, Selbstbestimmung, S. 232; *Mager*, Einrichtungsgarantien, S. 231.

[277] Im Ergebnis wohl ebenso: BVerfG, Beschluss vom 19.10.1993 – 1 BvR 567/89 u. a., NJW 1994, 36, 38; *Bumke*, Grundrechtsgestaltung, S. 41; *Mager*, Einrichtungsgarantien, S. 230 f.

[278] So auch Ohly, selbst wenn er ausführt, „dass die Einwilligung eine Dispositionsbefugnis voraussetzt, die über die allgemeine Vertragsfreiheit hinausgeht", vgl. *Ohly*, Einwilligung, S. 92. Dies zeigt lediglich, dass die allgemeine Vertragsfreiheit, also die Privatautonomie, nach seiner Erkenntnis nicht die einzige Befugnis ist, die der Einwilligung zugrunde liegt. Dies wird auch deutlich, wenn Ohly abschließend ausführt, dass die Einwilligung „funktional privatautonome Rechtsgestaltung" sei, vgl. *Ohly*, Einwilligung, S. 469.

ausgleich ausreichend ist.[279] Dabei muss jedoch die verfassungsmäßige Ordnung gewahrt sein und es muss sich tatsächlich um eine selbstbestimmte Entscheidung handeln.[280] Wie soeben aufgezeigt, ergeben sich aus der verfassungsrechtlichen Gewährleistung der Privatautonomie keine konkreten Aussagen über den Inhalt der Privatrechtsordnung, außer dass es eine Privatrechtsordnung geben soll.[281]

Ferner gibt es auch in Bezug auf die Allgemeine Handlungsfreiheit keine Schutzpflicht des Staates, die einzelne Person vor einer selbstbestimmten Entscheidung zu schützen. Stattdessen ergibt sich hieraus die Verpflichtung des Staates, die Privatrechtsordnung, mithin auch die Regelungen der Einwilligung zwischen Privaten, so auszugestalten, dass die einzelne Person ihre Entscheidung selbstbestimmt treffen kann. Ob diese mit Nachteilen verbunden ist, ist dabei nicht entscheidend, und ein Schutz davor wird dem Staat durch die Einrichtungspflicht nicht auferlegt.

Dabei kann angenommen werden, dass autonom geschlossene Verträge aufgrund der Autonomie grundsätzlich gerecht sind.[282] Verträge, die auf der Autonomie beruhen, sind nicht bloß formal gerecht, sondern Ausdruck eines eigenständigen Grundwerts, nämlich der Autonomie.[283] Nicht Gerechtigkeit, sondern autonome Selbstgestaltung ist das Ziel.[284] Bydlinski formuliert diesbezüglich sehr treffend, es treffe nicht zu, „daß alle Geschäfte auf einen gerechten Ausgleich (im Sinne wirtschaftlicher Äquivalenz) angelegt sind: sonst wären schon Schenkungen unzulässig".[285] Das Autonomieprinzip gebiete es, die Spannungslage zwischen vertragsrechtlicher Ordnungsvorstellung und individueller Geltungsabsicht möglichst lange zu seinen Gunsten aufzulösen.[286]

Die Aufgabe des Staates besteht also darin, Situationen zu erkennen und zu regeln, in denen Selbstbestimmung trotz Privatautonomie nicht gewährleistet sei und mithin das Prinzip der Selbstverantwortung nicht gelten solle.[287] So führt auch das BVerfG aus, dass der Verfassung sich nicht unmittelbar entnehmen lasse, wann die Vertragsfreiheit durch zwingendes Gesetzesrecht begrenzt oder ergänzt werden muss.[288] Dass die privatrechtlichen Vorschriften dem Grundsatz der Privatauto-

---

[279] Ähnlich BVerfG, Beschluss vom 27.07.2005 – 1 BvR 2501/04 – NJW 2006, 596, 598; BVerfG, Beschluss vom 07.02.1990 – 1 BvR 26/84, NJW 1990, 1469, 1470.

[280] Ob daraus etwa Schutzpflichten des Staates erwachsen, die Selbstbestimmung zu wahren und mithin ggf. auch für die Einwilligung zwischen Privaten gewisse Grenzen zu setzen, wird sogleich erörtert, in diesem Sinne BVerfG, Beschluss vom 25.07.1979 – 2 BvR 878/74, NJW 1979, 1925, 1929f.

[281] Ähnlich: *Flume*, Rechtsgeschäft, S. 18.

[282] *Bergmann*, Austauschvertrag, S. 4; *Bumke*, Grundrechtsgestaltung, S. 66; *Mager*, Einrichtungsgarantien, S. 230.

[283] *Bumke*, Grundrechtsgestaltung, S. 67.

[284] *Bumke*, Grundrechtsgestaltung, S. 67; *Krings*, Grundrechtliche Schutzpflichten, S. 374.

[285] *Bydlinski*, Privatautonomie, S. 225.

[286] *Bumke*, Grundrechtsgestaltung, S. 73.

[287] *Drexl*, Selbstbestimmung, S. 295.

[288] BVerfG, Beschluss vom 07.02.1990 – 1 BvR 26/84, NJW 1990, 1469, 1470.

nomie nicht widersprechen dürfen, hat auch das BVerfG festgehalten, wenn es ausführt, dass keine bürgerrechtlichen Vorschriften in Widerspruch zu den Prinzipien der Grundrechte stehen dürfen, was insbesondere für diejenigen Vorschriften des Privatrechts gelte, die zwingendes Recht enthalten und damit der Privatautonomie Schranken setzen.[289]

Für die Einwilligung zwischen Privaten besteht die Aufgabe des Staates darin, für eine informierte und selbstbestimmte Entscheidung zu sorgen.[290] Ob ihm dies gelungen ist, wird im weiteren Verlauf der Arbeit vertieft behandelt. An dieser Stelle ist jedoch festzuhalten. dass sich aus den Schranken der Allgemeinen Handlungsfreiheit keine grundsätzliche Einschränkung der Einwilligungsbefugnis der einzelnen Person aufgrund einer Schutzpflicht des Staates im Sinne eines Schutzes vor sich selbst ergibt, solange die Selbstbestimmung der Entscheidung gewahrt ist.

cc) Das Allgemeine Persönlichkeitsrecht, Art. 2 Abs. 1 i. V. m. Art. 1 Abs. 1 GG

Das Allgemeine Persönlichkeitsrecht ist seinem Inhalt nach nicht abschließend festgelegt und ist daher eine Art Generalklausel, die sich durch eine gewisse Unbestimmtheit auszeichnet.[291] Es bleibt somit offen für neue Entwicklungen und neue Ausprägungen und wird auch vom BGH als „Muttergrundrecht" oder „Quellrecht" bezeichnet.[292] Wie bereits die Verankerung des grundrechtlichen Allgemeinen Persönlichkeitsrecht in Art. 2 Abs. 1 GG i. V. m. Art. 1 Abs. 1 S. 1 GG zeigt, ist die Grundlage die Grundfreiheit des Menschen zur freien Entfaltung seiner Persönlichkeit aus Art. 2 Abs. 1 GG unter besonderer Beachtung und Perspektive der Menschenwürde aus Art. 1 Abs. 1 GG.[293]

Die gewisse Unbestimmtheit spiegelt sich auch in den verschiedenen Bezeichnungen für die Teilbereiche des Schutzbereiches wider. Es gestaltet sich schwierig, eine genaue Definition des allgemeinen Persönlichkeitsrechts zu finden.[294] Bereits die Bezeichnung „Allgemeines Persönlichkeitsrecht" zeigt jedoch, dass die Persönlichkeit das zentrale Element des Schutzgehaltes ist. Es sollte somit zunächst

---

[289] BVerfG, Beschluss vom 07.02.1990 – 1 BvR 26/84, NJW 1990, 1469, 1470.

[290] Ähnlich *Krings*, Grundrechtliche Schutzpflichten, S. 343.

[291] BGH, Urteil vom 02.04.1957 – VI ZR 9/56, NJW 1957, 1146, 1147; *Quist*, Persönlichkeitsrechte, S. 22.

[292] BGH, Urteil vom 02.04.1957 – VI ZR 9/56, NJW 1957, 1146, 1147; BVerfG, Beschluss vom 03.06.1980 – 1 BvR 185/77, NJW 1980, 2070; Taeger/Pohle/*Polenz*, Teil 13, 130 Verfassungsrechtliche Grundlagen des Datenschutzes, Rn. 1a; Götting/Schertz/Seitz/*Götting*, § 1 Rn. 28; *Martini*, JA 2009, 839, 840.

[293] Dürig/Herzog/Scholz/*Di Fabio*, Art. 2 Abs. 1 GG Rn. 147; Epping/Hillgruber/*Lang*, Art. 2 GG Rn. 79.

[294] Ebenso etwa *Quist*, Persönlichkeitsrecht, S. 21.

der Begriff der Persönlichkeit in den Fokus genommen werden, um sich so dem Schutzbereich zu nähern.

(1) Der Begriff „Persönlichkeit"

Im Grundgesetz wird der Begriff der Persönlichkeit nicht definiert. Art. 2 Abs. 1 GG nennt zwar die freie Entfaltung der Persönlichkeit, führt allerdings nicht weiter aus, was unter der zu entfaltenden Persönlichkeit zu verstehen ist.[295] So wird unter dem grundrechtlichen Schutzgut der Persönlichkeit „des Menschen autonome Bestimmung der Lebensgestaltung, und zwar in der geerbten und gewachsenen Identität der Person und ihrer hieraus abzuleitenden Individualität" verstanden.[296] Beuthien und Jöns nehmen an, die menschliche Persönlichkeit sei grundlegend durch das seelische Empfinden und die humane Selbstachtung gekennzeichnet.[297] Beuthien hat gemeinsam mit Schmölz den Begriff der Persönlichkeit disziplinübergreifend untersucht.[298] Sie sind dabei zu dem generellen Schluss gekommen, Persönlichkeit sei als „das mit Seele, Bewusstsein der eigenen Identität, Vernunft, freiem Willen sowie individuellen geistigen musischen Anlagen ausgestattete Steuerungssystem des Menschen zur Bewältigung seiner Umweltbeziehungen" zu verstehen.[299] Daraus schließen sie u. a., dass der Mensch seine Handlungen willentlich steuern kann.[300] Sie haben basierend darauf ihre Definition der Persönlichkeit im Sinne des Verfassungsrechts und auch im Sinne des Bürgerlichen Rechts wie folgt umschrieben:

> „Persönlichkeit im Sinne des Bürgerlichen Rechts ist daher ebenso wie im Verfassungsrecht das jeweils unverwechselbar mit Empfindsamkeit, Bewußtsein, Vernunft, freiem Willen sowie geistigen und musischen Anlagen ausgestattete humanbiologische Steuerungssystem der Person, dessen individuelle Einzigartigkeit die Würde des Menschen ausmacht."[301]

Für die rechtliche Dimension des Begriffs der Persönlichkeit lässt sich daraus ableiten, dass die Persönlichkeit etwas Einzigartiges ist, das rechtlich geschützt werden muss. Bei diesem Schutz stehen somit die Wahrung und Entfaltung menschlicher Individualität in Bezug zur Umwelt, also dem Staat und den Privaten, im Mittelpunkt.[302] Die Persönlichkeit ist schwer greifbar und zeigt sich vielmehr durch Handlungen und Entscheidungen der einzelnen Person, die auf ihrem Emp-

---

[295] *Beuthien*, NJW 2003, 1220, 1221.

[296] Dürig/Herzog/Scholz/*Di Fabio*, Art. 2 Abs. 1 GG Rn. 147; *Badura*, Staatsrecht, C – Die Grundrechte, Rn. 34.

[297] *Beuthien*, NJW 2003, 1220, 1221; *Jöns*, Daten als Handelsware, S. 69.

[298] *Beuthien/Schmölz*, Persönlichkeitsgüterrechte, S. 7 ff.

[299] *Beuthien/Schmölz*, Persönlichkeitsgüterrechte, S. 8; *Jöns*, Daten als Handelsware, S. 69.

[300] *Beuthien/Schmölz*, Persönlichkeitsgüterrechte, S. 8.

[301] *Beuthien/Schmölz*, Persönlichkeitsgüterrechte, S. 11.

[302] Jöns teilt dies in eine biologische und eine philosophische Komponente auf, erläutert dies aber nicht weiter, vgl. *Jöns*, Daten als Handelsware, S. 69 f. Insgesamt lässt die Ausarbeitung von Jöns eine abschließende Definition oder Umschreibung des Begriffs der Persönlichkeit vermissen.

finden, ihrem Bewusstsein, ihrer Vernunft und ihrem freien Willen beruhen. Eine genauere Definition ist im Hinblick auf die Entwicklungsoffenheit des Schutzbereiches des Allgemeinen Persönlichkeitsrechts nur schwer möglich, allerdings auch nicht angezeigt.[303]

(2) Schutzbereich des Allgemeinen Persönlichkeitsrechts

Basierend auf diesen Merkmalen des Begriffs der Persönlichkeit wird der Schutzbereich des Allgemeinen Persönlichkeitsrechts von manchen in den Schutz der Privatsphäre, das Recht der Selbstdarstellung und den Ehrschutz unterteilt.[304] Viele führen jedoch treffender aus, dass es die engere persönliche Lebenssphäre, die Selbstbestimmung und die Grundbedingungen der Persönlichkeitsentfaltung schütze.[305] In nochmals anderen Worten dient das Allgemeine Persönlichkeitsrecht dem Schutz der Werte und Würde der Person, die in freier Selbstbestimmung als Glied einer freien Gesellschaft wirkt.[306] Der Grundgedanke all dieser Fallgruppen ist die Selbstbestimmung.[307] Das BVerfG formulierte den Gedanken der Selbstbestimmung wie folgt:

> „Der einzelne [sic] soll – ohne Beschränkung auf seine Privatsphäre – grundsätzlich selbst entscheiden können, wie er sich Dritten oder der Öffentlichkeit gegenüber darstellen will, ob und inwieweit von Dritten über seine Persönlichkeit verfügt werden kann; dazu gehört im besonderen [sic] auch die Entscheidung, ob und wie er mit einer eigenen Äußerung hervortreten will."[308]

Neben der Selbstbestimmung wird dem Allgemeinen Persönlichkeitsrecht auch das Recht auf Selbstbewahrung und das Recht auf Selbstdarstellung zugeschrieben.[309] Das Recht auf Selbstbewahrung lässt sich umschreiben als Recht auf Abschirmung und Rückzug, umgangssprachlich und dem angelsächsischen Rechtskreis entlehnt, auch als Recht, allein gelassen zu werden („*right to be let alone*").[310] Das Recht auf Selbstdarstellung dient dem Schutz vor verfälschender, entstellender

---

[303] Vgl. dazu auch BVerfG, Beschluss vom 03.06.1980 – 1 BvR 185/77, NJW 1980, 2070; Dürig/Herzog/Scholz/*Di Fabio*, Art. 2 Abs. 1 GG Rn. 147; *Quist*, Persönlichkeitsrechte, S. 22.

[304] ErfKo/*Schmidt*, Art. 2 GG Rn. 34.

[305] BeckOKInfoMedienR/*Gersdorf*, Art. 2 GG Rn. 3. Andere nennen die Schutzbereiche den Schutz der Privatsphäre, das Recht der Selbstdarstellung und den Ehrschutz, vgl. ErfKo/*Schmidt*, Art. 2 GG Rn. 34.

[306] BVerfG, Urteil vom 15.12.1983 – 1 BvR 209/83 u. a., NJW 1984, 419, 421.

[307] BVerfG, Beschluss vom 03.06.1980 – 1 BvR 185/77, NJW 1980, 2070, 2071; OLG Frankfurt, Urteil vom 01.06.1991 – 1 U 80/94, NJW 1996, 934; *Stinner*, Staatliche Schutzpflichten, S. 77.

[308] BVerfG, Beschluss vom 03.06.1980 – 1 BvR 185/77, NJW 1980, 2070, 2071.

[309] Epping/Hillgruber/*Lang*, Art. 2 GG Rn. 96 ff.; BeckOKInfoMedienR/*Gersdorf*, Art. 2 GG Rn. 4; Spindler/Schuster/*Mann*, § 823 BGB Rn. 4; *Martini*, JA 2009, 839, 840.

[310] *Warren/Brandeis*, Harvard Law Review, Vol. IV December 15, 1890 No. 5; BeckOKInfoMedienR/*Gersdorf*, Art. 2 GG Rn. 5; *Jipp*, Vorverhalten, S. 31; *Martini*, JA 2009, 839, 840; *Jarass*, NJW 1989, 857, 858; *Fikentscher/Möllers*, NJW 1998, 1337, 1339.

und unerbetenere Darstellung durch Dritte und enthält mithin das Recht am eigenen Bild und das Recht am eigenen Wort.[311]

Die Formulierung, dass diese beiden Rechte neben der Selbstbestimmung bestehen und nicht der Selbstbestimmung unterfallen, ist sehr unglücklich und wird auch nicht durch das BVerfG gestützt.[312] So führt das BVerfG in der von Gersdorf zitierten Stelle aus:

> „Dieser Anspruch ist zwar selbst nicht unmittelbar verfassungsrechtlich gewährleistet. Jedoch dient er dem Schutz der Selbstbestimmung des Einzelnen über die Darstellung der eigenen Person, die von der verfassungsrechtlichen Gewährleistung des allgemeinen Persönlichkeitsrechts in Art. 2 Abs. 1 in Verbindung mit Art. 1 Abs. 1 GG umfaßt [sic] wird […]. Der Einzelne soll selbst darüber befinden dürfen, wie er sich gegenüber Dritten oder der Öffentlichkeit darstellen will, was seinen sozialen Geltungsanspruch ausmachen soll und ob oder inwieweit Dritte über seine Persönlichkeit verfügen können, indem sie diese zum Gegenstand öffentlicher Erörterung machen."[313]

Hieraus ergibt sich, dass die Selbstbestimmung das zentrale Element des Allgemeinen Persönlichkeitsrechts ist und nicht bloß eine Fallgruppe unter mehreren. Vielmehr sind die genannten anderen Rechte Fallgruppen der Selbstbestimmung. Wie bereits zitiert, führte das BVerfG selbst aus, der Gedanke, der dem Allgemeinen Persönlichkeitsrecht zugrunde liege, sei die Selbstbestimmung.[314] Alle anderen Fallgruppen sind nur Verfeinerungen der Selbstbestimmung, die sich im Laufe der Zeit ergeben haben und durch die Rechtsprechung entwickelt wurden. Dabei ist Stinner zuzustimmen, wenn sie ausführt, das Persönlichkeitsrecht beinhalte „das Selbstbestimmungsrecht als unverzichtbaren Teil für die Bildung sozialer Identität".[315] Auch Götting bezeichnet die Selbstbestimmung richtigerweise als „übergeordneten dogmatischen Ansatzpunkt" der verschiedenen Ausprägungen des Allgemeinen Persönlichkeitsrechts.[316]

(3) Die Sphärentheorie als Konturierung des Schutzbereichs?

Anhand der Sphärentheorie wird versucht, unterschiedlich intensiv geschützte Lebensbereiche voneinander abzugrenzen.[317] Es wird dabei zwischen der Intimsphäre,[318]

---

311 BeckOKInfoMedienR/*Gersdorf*, Art. 2 GG Rn. 8; *Martini*, JA 2009, 839, 840.

312 Dies wird jedoch bspw. bei BeckOKInfoMedienR/*Gersdorf*, Art. 2 GG Rn. 8 so dargestellt.

313 BVerfG, Beschluss vom 08.02.1983 – 1 BvL 20/81, GRUR 1983, 316, 318, Hervorhebung durch den Verfasser.

314 BVerfG, Beschluss vom 03.06.1980 – 1 BvR 185/77, NJW 1980, 2070, 2071.

315 *Stinner*, Staatliche Schutzpflichten, S. 77.

316 Götting/Schertz/Seitz/*Götting*, § 1 Rn. 16.

317 *Dietrich*, Das abgestufte Schutzkonzept, S. 139; *Alexy*, Theorie der Grundrechte, S. 333 f.

318 Die Intimsphäre, als Kernbereich privater Lebensgestaltung, umfasst die innerste Gedanken- und Gefühlswelt und ist unantastbar, vgl. Erman/*Klass*, Anhang zu § 12 – Das allgemeine Persönlichkeitsrecht, Rn. 18; Dürig/Herzog/Scholz/*Di Fabio*, Art. 2 Abs. 1 GG Rn. 158; BeckOKInfoMedienR/*Herrmann*, § 23 KUG Rn. 31; *Hechler*, Offenlegungsansprüche, S. 115; *Quist*, Persönlichkeitsrechte, S. 22; *Jipp*, Vorverhalten, S. 41 f.

der Privatsphäre[319] und der Sozialsphäre[320] unterschieden.[321] Dabei spiegeln die unterschiedlichen Sphären Gegenstände dieser Bereiche wider, die dann der Persönlichkeit zugeordnet werden, so dass der Schutzgegenstand weiterhin die Persönlichkeit an sich ist.[322] Die Unterscheidung in diese Sphären soll es ermöglichen, Eingriffe auf ihre Rechtmäßigkeit hin – je nach Bedeutung der Sphäre und der deshalb abzuwägenden Interessen – zu beurteilen.[323]

Es bestehen bis heute keine klaren Grenzen zwischen den Sphären, was zu Überschneidungen zwischen den jeweils angrenzenden Sphären führt.[324] Es ist auch fraglich, wer diese Grenzen festlegen soll. So könnte die einzelne Person entscheiden, was ihrer Intimsphäre unterfällt und was nicht. Diese Ansicht trägt der Selbstbestimmung als Kernfunktion des Allgemeinen Persönlichkeitsrecht größtmöglich Rechnung. Es könnte jedoch zu Rechtsunsicherheit führen, wenn die Entscheidung, was in welchem Maße privat ist, aufgrund der Individualität jedes einzelnen Menschen unterschiedlich bewertet wird.[325] Es wird daher etwa vertreten, die Bewertung, welche Sphäre vorliegt, dürfe nicht subjektiv individuell getroffen werden, sondern ex ante von der Rechtsprechung anhand von objektiven Kriterien.[326] Eine einzelne Person könne nicht durch ihr Verhalten, das typischerweise nicht öffentlich zur Schau gestellt werden würde, einen Ort in ihre Privat- oder Intimsphäre umdefinieren und so von einem erweiterten Grundrechtsschutz profitieren.[327] An dieser Stelle offenbart sich bereits eine der zentralen Fragen dieser

---

[319] Die Privatsphäre unterscheidet sich von der Intimsphäre durch ihren Sozialbezug, der allerdings nur den sozialen Bezug zur Familie und sonstigen Orten und sozialen Beziehungen beinhaltet, bei denen sich die einzelne Person frei von öffentlicher Beobachtung wähnt und ihre Individualität mithin unter Ausschluss der Öffentlichkeit entfalten kann, vgl. Dürig/Herzog/Scholz/*Di Fabio*, Art. 2 Abs. 1 GG Rn. 159; BVerfG, Urteil vom 15.12.1999 – 1 BvR 653/96, NJW 2000, 1021, 1022f.; ErfKo/*Schmidt*, Art. 2 GG Rn. 35; *Jipp*, Vorverhalten, S. 49.

[320] Die Sozialsphäre umfasst das Wirken und die Eigenart der Person im öffentlichen, beruflichen und wirtschaftlichen Bereich, mithin Bereiche die von der Umwelt ohnehin nicht abgeschirmt werden können, vgl. Erman/*Klass*, Anhang zu § 12 – Das allgemeine Persönlichkeitsrecht, Rn. 127; Dürig/Herzog/Scholz/*Di Fabio*, Art. 2 Abs. 1 GG Rn. 160; *Quist*, Persönlichkeitsrechte, S. 22.

[321] *Beuthien/Schmölz*, Persönlichkeitsgüterrechte, S. 15; *Quist*, Persönlichkeitsrechte, S. 22. Teilweise wird noch feiner untergliedert, vgl. etwa Erman/*Klass*, Anhang zu § 12 – Das allgemeine Persönlichkeitsrecht, Rn. 17ff. Aufgrund der ohnehin bestehenden Überschneidungen erscheint dies jedoch wenig sinnvoll.

[322] *Beuthien/Schmölz*, Persönlichkeitsgüterrechte, S. 15.

[323] Erman/*Klass*, Anhang zu § 12 – Das allgemeine Persönlichkeitsrecht, Rn. 17 und Rn. 23; Dürig/Herzog/Scholz/*Di Fabio*, Art. 2 Abs. 1 GG Rn. 157ff.

[324] Erman/*Klass*, Anhang zu § 12 – Das allgemeine Persönlichkeitsrecht, Rn. 17; *Dietrich*, das abgestufte Schutzkonzept, S. 140. Die Sphärentheorie wird auch vielfach abgelehnt und als überholt angesehen, vgl. etwa Götting/Schertz/Seitz/*Götting*, § 1 Rn. 5f.

[325] Dies sieht man vereinfacht bereits daran, dass es in dem sozialen Netzwerk Instagram die Möglichkeit gibt, die Beiträge auf seinem Profil für alle sichtbar, also öffentlich, zu lassen oder sie nur seinen Followern zu zeigen. Hier wird bereits deutlich, dass nicht jeder in gleichem Maße bereit ist, Bilder von sich preiszugeben.

[326] Götting/Schertz/Seitz/*Götting*, § 1 Rn. 5.

[327] Götting/Schertz/Seitz/*Götting*, § 1 Rn. 5.

Arbeit. So könnte eine Einwilligung in die Veröffentlichung eines Verhaltens, das nach objektiven Kriterien der Intimsphäre zuzuordnen wäre,[328] die Intimsphäre verletzen, dabei allerdings gerechtfertigt sein. Durch die Einwilligung könnte die Person jedoch auch kundgetan haben, dass es für sie kein Verhalten ist, das nach den objektiven Kriterien der Intimsphäre zuzuordnen wäre. Dies würde dazu führen, dass etwa bereits keine Verletzung vorliegt.

Es ist hierbei zu differenzieren. Objektive Kriterien sind nötig, um Eingriffe einordnen zu können, sofern es keine Willensäußerung der betroffenen Person gibt. In diesem Sinne ist der zweiten Ansicht zuzustimmen. Sofern es jedoch eine Willensäußerung in Form der Einwilligung der betroffenen Person gibt, ist diese aufgrund der Wichtigkeit der Selbstbestimmung zu berücksichtigen. Diese Einwilligung beschreibt und definiert den Umfang der Privatheit der Handlung und definiert somit bereits den Schutzbereich, sofern sie wirksam erteilt wurde. Als Sphäre wird diese Handlung dadurch am ehesten der Sozialsphäre zuzuordnen sein. Das Argument, die Bestimmung durch den Betroffenen könne zu Rechtsunsicherheit führen, greift im Hinblick auf die Einwilligung nicht. Hier wird durch die Einwilligung der Schutzbereich verkürzt und nicht – wie oben beschrieben – für den Rechtsverkehr untragbar erweitert. Ein Verhalten, das nach den objektiven Kriterien zur Intimsphäre zählt, das jemand allerdings öffentlich zur Schau trägt, führt nicht dazu, dass der Betroffene einen erweiterten Grundrechtsschutz genießt, sondern einen geringeren, da er dieses Verhalten öffentlich macht und mithin die Intimität der Handlung aufhebt.

Es wird somit deutlich, dass es keine klaren Grenzen des Schutzbereichs gibt und so der Einzelfall und eine Interessenabwägung elementar sind. Ferner kann hervorgehoben werden, dass die Selbstbestimmung einen erheblichen Einfluss auf den Schutzbereich des Allgemeinen Persönlichkeitsrechts hat.

(4) Das zivilrechtliche Allgemeine Persönlichkeitsrecht

Die Definition des Schutzbereichs durch die einwilligende Person ist insbesondere in privatrechtlichen Beziehungen interessant. Dabei ist hervorzuheben, dass das grundrechtliche Allgemeine Persönlichkeitsrecht mit dem zivilrechtlichen Allgemeinen Persönlichkeitsrecht nicht identisch ist.[329] Das Reichsgericht hatte in ständiger Rechtsprechung ein *umfassendes Persönlichkeitsrecht* abgelehnt,[330] doch unter Geltung des Grundgesetzes, insbesondere der Art. 1 und 2 GG, hat zunächst

---

[328] Etwa ein Tagebucheintrag oder ein Nacktbild.

[329] BVerfG, Beschluss vom 22.08.2006 – 1 BvR 1168/04, NJW 2006, 3409, 3410; Epping/Hillgruber/*Lang*, Art. 2 GG Rn. 70; Erman/*Klass*, Anhang zu § 12 – Das allgemeine Persönlichkeitsrecht, Rn. 4; *Jarass*, NJW 1989, 957, 858; *Quist*, Persönlichkeitsrechte, S. 22.

[330] RG, Urteil vom 08.06.1912 – I 382/11, RGZ 397, 398; BGH, Urteil vom 25.05.1954 – I ZR 211/53, NJW 1954, 1404 m. w. N.

der BGH das allgemeine Persönlichkeitsrecht als „sonstiges Recht" im Sinne des § 823 Abs. 1 BGB anerkannt und dabei darauf verwiesen, es sei ein verfassungsmäßig gewährleistetes Grundrecht.[331] Das BVerfG hat nachfolgend in ständiger Rechtsprechung ebenfalls anerkannt, dass dem einzelnen Bürger aus dem Grundgesetz ein unantastbarer Bereich privater Lebensgestaltung gewährt wird und sich dies insbesondere aus Art. 2 Abs. 1 GG i. V. m. Art. 1 Abs. 1 GG ergibt.[332]

Der größte Unterschied besteht darin, dass das zivilrechtliche Allgemeine Persönlichkeitsrecht für die Beziehungen zwischen Privaten bedeutsam ist und das grundrechtliche Allgemeine Persönlichkeitsrecht zunächst auf das Verhältnis zwischen Staat und Bürger gemünzt ist.[333] Wie bereits ausgeführt, strahlen die Grundrechte und ihre Werte stets auch ins Zivilrecht aus, so dass der Begriff der Persönlichkeit zivilrechtlich im Lichte der Verfassung auszulegen ist.[334] Die Reichweite des Schutzes der beiden Arten des Persönlichkeitsrechtes ist auch deshalb häufig ähnlich oder sogar identisch.[335] Unterschiede ergeben sich größtenteils nur für das postmortale Persönlichkeitsrecht.[336]

Für die Ausführungen zur Ausübung des Allgemeinen Persönlichkeitsrechts durch die Einwilligung zwischen Privaten verbieten sich hier ausführliche Abgrenzungen, da eine Einwilligung typischerweise von Lebenden abgegeben wird und dies an dieser Stelle im Fokus steht.[337]

(5) Schranken des allgemeinen Persönlichkeitsrechts

Das Allgemeine Persönlichkeitsrecht ist aufgrund der Verbindung zur Menschenwürde aus Art. 1 Abs. 1 GG schwerer einzuschränken als die Allgemeine Handlungsfreiheit.[338] Die Menschenwürde fungiert dabei als Leitlinie.[339] Es wurde jedoch bereits für die Allgemeine Handlungsfreiheit und auch die Menschenwürde festgestellt, dass eine selbstbestimmte Einwilligung grundsätzlich als Einschrän-

---

331 BGH, Urteil vom 25.05.1954 – I ZR 211/53, NJW 1954, 1404, 1405; Epping/Hillgruber/*Lang*, Art. 2 GG Rn. 71; *Beuthien/Schmölz*, Persönlichkeitsgüterrechte, S. 9 f.

332 BVerfG, Beschluss vom 31.01.1973 – 2 BvR 454/71, NJW 1973, 891, 892; BVerfG, Urteil vom 16.01.1957 – 1 BvR 253 56, NJW 1957, 297; BVerfG, Urteil vom 10.05.1957 – 1 BvR 550/52, NJW 1957, 865, 867; BVerfG, Beschluss vom 15.01.1970 – 1 BvR 13/68, NJW 1970, 555 u. v. m.

333 *Jarass*, NJW 1989, 857, 858.

334 *Beuthien/Schmölz*, Persönlichkeitsgüterrechte, S. 10.

335 Erman/*Klass*, Anhang zu § 12 – Das allgemeine Persönlichkeitsrecht, Rn. 10; *Jarass*, NJW 1989, 857, 858; *Helle*, AfP 2010, 531, 532. A. A. Götting/Schertz/Seitz/*Götting*, § 3 Rn. 6.

336 BVerfG, Beschluss vom 22.08.2006 – 1 BvR 1168/04, NJW 2006, 3409; *Helle*, AfP 2010, 531, 532.

337 Zur Abgrenzung etwa *Jarass*, NJW 1989, 857, 858.

338 *Möller*, Paternalismus, S. 55; *Ahammer*, Grundrechtsverzicht, S. 99; Götting/Schertz/Seitz/*Ladeur*, § 8 Rn. 72.

339 Götting/Schertz/Seitz/*Ladeur*, § 7 Rn. 3 m. w. N.; *Möller*, Paternalismus, S. 53.

kung des Grundrechts möglich ist und einen Grundrechtseingriff ausschließt.[340] Für das allgemeine Persönlichkeitsrecht, das Elemente beider Grundrechte vereint, kann somit nichts anderes gelten. Es ist mithin weitestgehend disponibel.[341] Es muss jedoch sichergestellt sein, dass die Einwilligung tatsächlich selbstbestimmt ist. Insoweit kann auf die Ausführungen zur Menschenwürde und zur allgemeinen Handlungsfreiheit verwiesen werden.

Hinsichtlich etwaiger Schutzpflichten kann ebenfalls auf die obigen Ausführungen verwiesen werden: Als Ausdruck der Selbstbestimmung kann die einzelne Person gegenüber einem anderen Privaten ihre Persönlichkeitsrechte einschränken, sofern es sich nicht um einen Totalverzicht handelt. Auch hier gilt, dass diese Verfügung nur wirksam ist, wenn sie freiwillig und ohne sonstige Willensmängel zustande gekommen ist.

(6) Bedeutung für die Einwilligung zwischen Privaten

Es wurde aufgezeigt, dass die Selbstbestimmung der einzelnen Person der Kern des Allgemeinen Persönlichkeitsrechts ist. Die Einwilligung ist Ausdruck dieser Selbstbestimmung. Eine Einwilligung gibt Rückschlüsse auf die Persönlichkeit, gerade da die Persönlichkeit ansonsten schwer greifbar ist und sich durch Handlungen und Entscheidungen der einzelnen Person zeigt. Bei der Entscheidungsfindung werden persönliche und damit verschiedene Einflüsse und Ausgestaltungsmöglichkeiten des Lebens gewichtet, die auf dem Empfinden, dem Bewusstsein, der Vernunft und dem freien Willen beruhen. Hierdurch generiert sich ein bestimmtes Bild der Persönlichkeit der einzelnen Person für die Umwelt. Dieses Bild wird von ihrem Inneren bestimmt, über dieses Bild möchte sie selbstbestimmt entscheiden und dadurch ihr Persönlichkeitsrecht ausüben.[342] Für die rechtliche Einordnung der Einwilligung bedeutet dies, dass im Zentrum stehen und gewährleistet sein muss, dass die Rechtsfolge und das Zustandekommen der Einwilligung Ausdruck der Selbstbestimmung ist und der Mensch somit selbstbestimmt entscheiden kann. Es zeigt sich somit, dass auch die Einwilligung zwischen Privaten insbesondere dem freien Willen der einzelnen Person unterliegen muss und dies grundrechtlich verankert ist.

Aus der Sphärentheorie lässt sich ableiten, dass es angebracht sein könnte, auch für die Einwilligung zwischen Privaten Sphären aufzubauen, je nach Intensität der Grundrechtsausübung und der damit verbundenen Einschränkungen. Dies wird im Hinblick auf mögliche Einschränkungen der Einwilligungsmöglichkeiten berücksichtigt. Je stärker die Einwilligung die Selbstbestimmung repräsentiert, umso schwerer sollten Einschränkungen der Einwilligung möglich sein.

---

340 Jarass/Pieroth/*Jarass*, Art. 2 GG Rn. 61; *Ahammer*, Grundrechtsverzicht, S. 99.

341 *Ahammer*, Grundrechtsverzicht, S. 99 f.

342 Ebenso *Beuthien/Schmölz*, Persönlichkeitsgüterrechte, S. 12.

Vor diesem Hintergrund ist zu konstatieren, dass die einzelne Person im Privatrecht mit der Einwilligung ihr Allgemeines Persönlichkeitsrecht aus Art. 2 Abs. 1 i.V.m. Art. 1 GG ausübt. Die Einwilligung als Ausdruck der Selbstbestimmung gewinnt durch die systematische Stellung des Allgemeinen Persönlichkeitsrechts im Grundgesetz an Wert. Der Persönlichkeitsschutz steht an der Spitze der Wertordnung des Grundgesetzes und schützt mithin das selbstbestimmte Individuum, „das im Hinblick auf seine soziale Einbindung und sein selbstverantwortetes soziales Wirken ein Persönlichkeitsrecht hat, das als einen wesentlichen Kern das für die eigene Individualität Bildung sozialer Identität unverzichtbare Selbstbestimmungsrecht über die Darstellung der eigenen Individualität hat".[343] Je nachdem, wie stark die Einwilligung den engsten Persönlichkeitskern tangiert, stellt sie eine Ausübung der Allgemeinen Handlungsfreiheit oder des Allgemeinen Persönlichkeitsrechts dar. Für die Einwilligung zwischen Privaten bedeutet dies, dass diese grundsätzlich beachtlich ist und eine Grundrechtsbeeinträchtigung, etwa im Rahmen einer vertraglichen Regelung, ausschließt.[344]

dd) Das Recht auf informationelle Selbstbestimmung

Die bisherigen Erkenntnisse haben gezeigt, dass die Einwilligung Ausdruck der Selbstbestimmung ist. Es liegt daher bereits vom Wortlaut her nahe, dass die Einwilligung auch Ausübung des Rechts auf informationelle Selbstbestimmung sein könnte.

(1) Schutzbereich des Rechts auf informationelle Selbstbestimmung

Es wurde vom Bundesverfassungsgericht im sog. Volkszählungsurteil[345] aus dem soeben dargestellten Allgemeinen Persönlichkeitsrecht gem. Art. 2 Abs. 1 GG i.V.m. Art. 1 Abs. 1 GG heraus entwickelt, um dessen Schutzgehalt auch unter den Bedingungen moderner Informationstechnologien zu gewährleisten.[346] Das BVerfG führt dazu aus:

> „Individuelle Selbstbestimmung setzt aber – auch unter den Bedingungen moderner Informationsverarbeitungstechnologien – voraus, daß dem einzelnen [sic] Entscheidungsfreiheit über vorzunehmende oder zu unterlassende Handlungen einschließlich der Möglichkeit gegeben ist, sich auch entsprechend dieser Entscheidung tatsächlich zu verhalten. Wer nicht mit hinreichender Sicherheit überschauen kann, welche ihn betreffende Informationen in bestimmten Bereichen seiner sozialen Umwelt bekannt sind, und wer das Wissen möglicher

---

[343] Götting/Schertz/Seitz/*Götting*, § 1 Rn. 19.
[344] Jarass/Pieroth/*Jarass*, Art. 2 GG Rn. 64a.
[345] BVerfG, Urteil vom 15.12.1983 – 1 BvR 209/83 u. a., NJW 1984, 419 ff.
[346] BVerfG, Urteil vom 15.12.1983 – 1 BvR 209/83 u. a., NJW 1984, 419 ff.; Spindler/Schmitz/*Schmitz*, Abschnitt 4 Vorbemerkung, Rn. 46.

Kommunikationspartner nicht einigermaßen abzuschätzen vermag, kann in seiner Freiheit wesentlich gehemmt werden, *aus eigener Selbstbestimmung zu planen oder zu entscheiden*. […]

Hieraus folgt: Freie Entfaltung der Persönlichkeit setzt unter den modernen Bedingungen der Datenverarbeitung den Schutz des einzelnen [sic] gegen unbegrenzte Erhebung, Speicherung, Verwendung und Weitergabe seiner persönlichen Daten voraus. Dieser Schutz ist daher von dem Grundrecht des Art. 2 I i.V. mit [sic] Art. 1 I GG umfaßt. *Das Grundrecht gewährleistet insoweit die Befugnis des einzelnen [sic], grundsätzlich selbst über die Preisgabe und Verwendung seiner persönlichen Daten zu bestimmen.*“[347]

Das Recht auf informationelle Selbstbestimmung ist zunächst ein Abwehrrecht. Es gewährt der einzelnen Person Schutz gegen die unbegrenzte Erhebung, Speicherung, Verwendung und Weitergabe ihrer persönlichen Daten.[348] Ferner formuliert das BVerfG in ständiger Rechtsprechung, dass es die Befugnis verleiht, grundsätzlich selbst über Preisgabe und Verwendung ihrer persönlichen Daten zu bestimmen,[349] also „selbst zu entscheiden, wann und innerhalb welcher Grenzen persönliche Lebenssachverhalte offenbart werden“.[350] Hieraus folgt eine Verfügungsmacht der einzelnen Person über ihre persönlichen Daten.[351] Dies erweitert den grundrechtlichen Schutz von Vertragsfreiheit und Privatheit, indem es diesen schon auf der Stufe der Persönlichkeitsgefährdung beginnen lässt.[352]

Der Gewährleistung der einzelnen Person grundsätzlich selbst über die Preisgabe und Verwendung ihrer persönlichen Daten zur Persönlichkeitsentfaltung zu bestimmen, umfasst dabei die Befugnis, der Preisgabe und Verwendung ihrer persönlichen Daten zuzustimmen und so selbstbestimmt in den gesellschaftlichen

---

[347] BVerfG, Urteil vom 15.12.1983 – 1 BvR 209/83 u. a, NJW 1984, 419, 422, Hervorhebung durch den Verfasser.

[348] BVerfG, Urteil vom 15.12.1983 – 1 BvR 209/83 u. a, NJW 1984, 419, 422; *Geiger*, NVwZ 1989, 35, 36.

[349] BVerfG, Urteil vom 15.12.1983 – 1 BvR 209/83 u. a, NJW 1984, 419, 422; ErfKo/*Schmidt*, Art. 2 GG Rn. 41; Huber/Voßkuhle/*Eichberger*, Art. 2 Rn. 281; *Geiger*, NVwZ 2989, 35, 36.

[350] BVerfG, Urteil vom 15.12.1983 – 1 BvR 209/83 u. a, NJW 1984, 419, 421. Dies wiederholt das BVerfG in ständiger Rechtsprechung, zuletzt etwa BVerfG, Beschluss vom 06.11.2019 – 1 BvR 16/13, NJW 2020, 300 Rn. 86. Vgl. auch Huber/Voßkuhle/*Eichberger*, Art. 2 Rn. 283 m. w. N.

[351] Dürig/Herzog/Scholz/*Di Fabio*, Art. 2 Abs. 1 Rn. 175; Huber/Voßkuhle/*Eichberger*, Art. 2 Rn. 283; Jarass/Pieroth/*Jarass*, Art. 2 Rn. 46. Für Eichberger ist es dabei notwendige Bedingung und nicht Schutzziel des Grundrechts, vgl. Huber/Voßkuhle/*Eichberger*, Art. 2 Rn. 283. Der Wortlaut der zahlreichen Urteile des BVerfG legt eine Auslegung als Schutzziel nahe, vgl. nur BVerfG, Urteil vom 15.12.1983 – 1 BvR 209/83 u. a., NJW 1984, 419, 421; BVerfG, Beschluss vom 06.11.2019 – 1 BvR 16/13, NJW 2020, 300 Rn. 86. Letztendlich ist entscheidend, dass der oder die Einzelne diese Verfügungsmacht über die Daten zugeschrieben bekommt, was auch Eichberger im Hinblick auf einen effizienten Schutz und für die Bestimmung von Eingriffen in den Schutzbereich so festhält, vgl. Huber/Voßkuhle/*Eichberger*, Art. 2 Rn. 283.

[352] BVerfG, Urteil vom 27.02.2008 – 1 BvR 370/07, 1 BvR 595/07, NJW 2008, 822, 824 Rn. 198. Vgl. zur Vertragsfreiheit bereits B. I. 3. c) bb).

Diskurs eintreten zu können.[353] Diese Zustimmung kann mittels Einwilligung erfolgen. Durch Auslegung des vom BVerfG beschriebenen Schutzbereiches wird deutlich, dass die Selbstbestimmung des Menschen der Hauptzweck der Grundrechtsgewährleistung sein soll und nicht die Abschirmung seiner Privatsphäre.[354] Dieser Selbstbestimmung ist die Einwilligung immanent, denn da kann über die Preisgabe und Verwendung der Daten bestimmt werden. Sinn und Zweck machen somit deutlich, dass es sich bei einer Einwilligung in die Verarbeitung von Daten um eine Ausübung des Grundrechts handelt.

(2) Schranken des Rechts auf informationelle Selbstbestimmung

Da das Recht auf informationelle Selbstbestimmung aus dem Allgemeinen Persönlichkeitsrecht entwickelt wurde, gelten die Ausführungen unter B. I. 3. c) cc) (5) zunächst entsprechend.

Zusätzlich soll jedoch hervorgehoben werden, dass das BVerfG im Volkszählungsurteil grundlegende Äußerungen zu den Anforderungen an eine Beschränkung des Grundrechts auf informationelle Selbstbestimmung vorgenommen hat. Die Beschränkung bedarf „einer (verfassungsmäßigen) gesetzlichen Grundlage, aus der sich die Voraussetzungen und Umfang der Beschränkung klar und für den Bürger erkennbar ergeben und die damit dem rechtsstaatlichen Gebot der Normenklarheit entspricht".[355] Ferner muss der Verwendungszweck „bereichsspezifisch und präzise bestimmt und [...] für diesen Zweck geeignet und erforderlich" sein.[356] Dies bedeutet, dass bei einer Einschränkung des Rechts auf informationelle Selbstbestimmung durch den Staat diese Kriterien erfüllt sein sollten.

Diese Kriterien sind auf Beziehungen zwischen Privaten übertragbar. So muss für den Einwilligenden klar erkennbar sein, in was er einwilligt, was dadurch gewährleistet sein soll, dass der Umfang der Einwilligung präzise bestimmt ist. Dies entspricht bereits den oben festgehaltenen Erkenntnissen. Die einzelne Person muss freiwillig entscheiden können, und es darf sich nicht um einen Totalverzicht handeln. Letzteres wird insbesondere durch die bereichsspezifische und präzise Bestimmung herausgehoben.

---

353 Ebenso *Geiger*, NVwZ 1989, 35, 36; Simitis/Hornung/Spiecker gen. Döhmann/*Klement*, Art. 7 DSGVO Rn. 19. In diesem Sinne auch Huber/Voßkuhle/*Eichberger*, Art. 2 Rn. 283, wenn er ausführt, dass die „Verfügungsmacht über seine persönlichen Informationen und Daten [...] letztlich auch eine Art ‚Marker' für den Eingriff in den Schutzbereich" ist.

354 *Kutscha/Thomé*, Grundrechtsschutz im Internet, S. 28; Simitis/Hornung/Spiecker gen. Döhmann/*Klement*, Art. 7 DSGVO Rn. 19 f.

355 BVerfG, Urteil vom 15.12.1983 – 1 BvR 209/83 u. a., NJW 1984, 419, 422; *Kutscha/Thomé*, Grundrechtsschutz im Internet, S. 34.

356 BVerfG, Urteil vom 15.12.1983 – 1 BvR 209/83 u. a., NJW 1984, 419, 422; *Kutscha/Thomé*, Grundrechtsschutz im Internet, S. 34.

ee) Weitere Grundrechte

Es kommen noch weitere Grundrechte in Betracht, die durch eine Einwilligung ausgeübt werden können. So ist die Disposition über Vermögensgegenstände, bspw. durch eine Einwilligung in die Zerstörung einer Sache, zumindest auch Ausübung des Grundrechts aus Art. 14 GG[357] oder auch die Entscheidung als Lehrer keinen Religionsunterricht ausüben zu wollen Ausübung seiner Weltanschauungsfreiheit und seines Rechts aus Art. 7 Abs. 3 S. 3 GG. Ein anderes Beispiel ist das Recht auf Leben und körperliche Unversehrtheit in Art. 2 Abs. 2 S. 1 GG bei der Einwilligung in eine Verletzung des Körpers, etwa bei einem Tattoo. Der wesentliche Unterschied zwischen den bisher genannten „persönlichkeitsgestützten" Grundrechten, bei denen der Schutzbereich maßgeblich durch die Selbstbestimmung erst definiert wird, und den anderen Grundrechten besteht darin, dass etwa die körperliche Unversehrtheit oder die Substanzverletzung bei einer Eigentumsverletzung sichtbar sind und der Körper tatsächlich verletzt bzw. das Objekt tatsächlich in der Substanz beeinträchtigt ist. Es wird daher überwiegend angenommen, dass bei Einwilligung in diese tatsächlich bestehen Substanzverletzung ein Eingriff in den Schutzbereich vorliegt. Daher sind diese Grundrechte, denen eine bestimmte Substanz als Rechtsgut zugrunde liegt, von den persönlichkeitsgestützten Grundrechten abzugrenzen. So wird bei diesen Grundrechte angenommen, eine Einwilligung basiere dann (auch) auf dem jeweils einschlägigen Grundrecht.[358] Es wird sogar vertreten, es bedürfe keiner Bemühung des Selbstbestimmungsrechts aus Art. 2 Abs. 1 GG.[359] Dem kann allerdings entgegengehalten werden, dass die Willensbildung zur Entscheidung auch bei anderen Grundrechten stets eine persönliche Entscheidung ist und die persönlichkeitsgestützten Grundrechte dieser zugrunde liegen und mithin ebenfalls ausgeübt werden.[360] So hat etwa das Bundesverfassungsgericht das Selbstbestimmungsrecht des Patienten bei einer Einwilligung in einen ärztlichen Heileingriff auf Art. 2 Abs. 1 GG und Art. 2 Abs. 2 S. 1 GG gestützt und nicht nur auf Art. 2 Abs. 2 S. 1 GG.[361] Letztendlich kann die genaue Verortung jedoch dahingestellt bleiben, denn entweder werden die Grundrechte gemeinsam ausgeübt oder

---

[357] *Ohly*, Einwilligung, S. 93. Ohly unterscheidet so beispielsweise zwischen der Selbstbestimmung über Vermögen und der Selbstbestimmung über persönliche Angelegenheiten, *Ohly*, Einwilligung, S. 91 ff.

[358] Isensee/Kirchhof/*Bethge*, Handbuch Staatsrecht – Band IX, § 203 Rn. 110.

[359] *Ohly*, Einwilligung, S. 93.

[360] Jarass nimmt sogar an, dass beim Schutz des selbstbestimmten Sterbens dem allgemeinen Persönlichkeitsrecht der Vorrang zukommt, vgl. Jarass/Pieroth/*Jarass*, Art. 2 GG Rn. 97. Ob das Recht auf Leben auch ein Recht zu Sterben beinhaltet, wird im Rahmen der GrCh diskutiert, da dies dort eine explizite Konkretisierung der Menschenwürde in Art. 2 GrCh darstellt, vgl. B. I. 4. b) aa) (1) (a).

[361] BVerfG, Beschluss vom 25.07.1979 – 2 BvR 878/74, NJW 1979, 1925, 1929 f. Die Richter Hirsch, Niebler und Steinberger haben bei dieser Entscheidung eine abweichende Meinung vertreten, dabei dennoch das Selbstbestimmungsrecht des Patienten auf Art. 2 Abs. 1 GG und Art. 2 Abs. 2 S. 1 GG gestützt.

es wohnt diesen Grundrechten ebenfalls inne.[362] Da diese weiteren Grundrechte für die Einwilligung im Datenschutzrecht und im Wettbewerbsrecht nur eine untergeordnete Rolle spielen, wird auf diese nicht vertieft eingegangen.

Für die Einwilligung zwischen Privaten ist an dieser Stelle zunächst entscheidend, dass es sich in beiden Fallgruppen um die Ausübung von Grundrechten handelt, sofern das Grundrecht disponibel ist.[363] Die jeweiligen Grundrechte sind mithin nicht gegeneinander abzuwägen, sondern auch etwa Art. 14 GG wird dadurch ausgeübt.

d) Wirkung dieser Grundrechtsausübung

Es wird zunächst der bereits oben betrachtete Grundrechtsverzicht herangezogen und dann untersucht, was daraus für eine Einwilligung folgt.

aa) Bereits kein Eingriff oder Rechtfertigung?

Teile der Literatur ordnen den Grundrechtsverzicht im Rahmen der Rechtfertigung ein.[364] Zur Begründung führen sie etwa an, der moderne Eingriffsbegriff setze kein Handeln gegen den Willen des oder der Einzelnen voraus, sondern ein Handeln ohne einen Willen des oder der Einzelnen sei bereits ausreichend.[365] Es lasse sich somit vom Fehlen eines Zwangs nicht unmittelbar auf das Fehlen eines Eingriffs schließen.[366] Zudem werde dem oder der Einzelnen die Möglichkeit einer gerichtlichen Überprüfung des Sachverhalts versagt, wenn aufgrund des Grundrechtsverzichts kein Eingriff vorliege und daher das Rechtsschutzbedürfnis fehle.[367] Die gerichtliche Überprüfung der Merkmale des Verzichts müsste vor dem Hintergrund des Art. 19 Abs. 4 GG möglich sein.[368] Diese Annahme wird unabhängig vom klassischen oder modernen Eingriffsbegriff zudem damit begründet, dass ein Eingriff in den Schutzbereich eines Grundrechts tatsächlicher Natur sei und die Einwilligung daran in rein tatsächlicher Hinsicht nichts ändere.[369] Die Rechtfertigung eines Eingriffs müsse rechtlich beantwortet werden, was auch für die Wirkung des Grundrechtsverzichts gelte.[370]

---

[362] Ebenso *Ohly*, Einwilligung S. 96. Auch Art. 16 Abs. 1 S. 2 GG möchte in diesem Sinne die Selbstbestimmung des oder der Einzelnen miteinbeziehen.
[363] Ebenso *Ohly*, Einwilligung, S. 93 und S. 96.
[364] *Ahammer*, Grundrechtsverzicht, S. 119; *Fischinger*, JuS 2007, 808, 813.
[365] *Ahammer*, Grundrechtsverzicht, S. 118.
[366] *Ahammer*, Grundrechtsverzicht, S. 118.
[367] *Ahammer*, Grundrechtsverzicht, S. 118.
[368] *Ahammer*, Grundrechtsverzicht, S. 119.
[369] *Fischinger*, JuS 2007, 808, 813; *Ahammer*, Grundrechtsverzicht, S. 119.
[370] *Ahammer*, Grundrechtsverzicht, S. 119.

Demgegenüber wird in der Literatur vielfach vertreten, dass es bei einem wirksamen Grundrechtsverzicht durch Einwilligung bereits an einem Eingriff fehle und sich die Frage nach der Rechtfertigung dann nicht mehr stellt.[371] Begründet wird dies etwa damit, dass der Schutzbereich des Grundrechts nicht berührt sei, da die Einwilligung die Ausübung des jeweiligen Grundrechts ist.[372] Dies wird selbst bei solchen Grundrechten angenommen, die nicht maßgeblich durch die Selbstbestimmung geprägt werden, sondern auch durch das substantielle Rechtsgut wie das Recht auf die körperliche Unversehrtheit.[373]

Die Rechtsprechung nimmt wohl auch an, dass eine wirksame Einwilligung den Eingriff ausschließt. So geht das BVerfG bei wirksamer Einwilligung ebenfalls von einer eingriffsausschließenden Wirkung aus.[374] Das BVerwG nahm an, dass es etwa an einem Eingriff in Art. 28 Abs. 2 GG fehle, wenn eine Gemeinde freiwillig Selbstverwaltungsaufgaben im Rahmen einer Verwaltungsvereinbarung auf eine Verwaltungsgemeinschaft zur Erfüllung im eigenen Namen überträgt, mithin auf ihr Recht aus Art. 28 Abs. 2 GG freiwillig verzichtet.[375]

bb) Stellungnahme zu den Ansichten

Die Einordnung auf der Ebene der Rechtfertigung vermag nur teilweise zu überzeugen. Wie dargelegt, ist der wirksame Grundrechtsverzicht die Ausübung des zugrunde liegenden Grundrechts und insbesondere des darin innewohnenden

---

[371] *Schwabe*, Grundrechtsdogmatik, S. 127; Merten/Papier/*Peine*, § 57 Rn. 40; Huber/Voßkuhle/*Eichberger*, Art. 2 Rn. 283; *Lübbe-Wolff*, Eingriffsabwehrrechte, S. 59; ErfKo/*Schmidt*, Art. 2 GG Rn. 51; *Geiger*, NVwZ 1989, 35, 37 f.; *Epping/Lenz/Leydecker*, Grundrechte, Rn. 111; *Kunzendorf*, Gelenkter Wille, S. 278; *Klement*, JZ 2017, 161, 169. Ebenso *Wolter*, RdA 2002, 218, 222 und wohl auch das BVerwG, Urteil vom 06.07.1973 – IV C 22/72, NJW 1973, 1895. Amelung führt aus, eine wirklich autonome Einwilligung des Grundrechtsträgers schließe begrifflich das Vorliegen eines „Eingriffs" aus, auch wenn sie das Grundrechtsgut „beeinträchtigt", vgl. *Amelung*, Einwilligung, S. 65 f. Er schließt daraus, dass die Einwilligung als Legitimationsgrundlage der Grundrechtsverletzung fungiert. Dennoch bezeichnet er die Einwilligung als einen Rechtfertigungsgrund, indem er ausführt, „daß die Einwilligung unter den allgemeinen Rechtfertigungsgrünen eine Sonderstellung einnimmt", vgl. *Amelung*, Einwilligung, S. 118.

[372] *Geiger*, NVwZ 1989, 35, 37 f.; *Epping/Lenz/Leydecker*, Grundrechte, Rn. 111; *Hillgruber*, Schutz des Menschen vor sich selbst, S. 135 ff., 176.

[373] Jarass/Pieroth/*Jarass*, Art. 2 GG Rn. 107; Dürig/Herzog/Scholz/*Di Fabio*, Art. 2 Abs. 2 Nr. 1 Rn. 69. Es wird im Hinblick auf das Staat-Bürger-Verhältnis ferner ausgeführt, die freie Willensentscheidung des Grundrechtsträgers über sein disponibles Rechtsgut unterbreche den Zurechnungszusammenhang zur Staatsgewalt und es bedürfe daher keiner Rechtfertigung, Merten/Papier/*Peine*, § 57 Rn. 40; Sachs/*Sachs*, Vorb. Abschnitt 1 Rn. 93. Ebenfalls vom Grundrechtseingriff abgrenzend, da die Einwilligung mit Willen des Grundrechtsträgers stattfinde, Isensee/Kirchhof/*Bethge*, Handbuch Staatsrecht – Band IX, § 203 Rn. 93.

[374] BVerfG, Beschluss vom 25.10.2011 – 2 BvR 979/10, NStZ-RR 2012, 60, 61; BVerfG, Beschluss vom 23.03.2011 – 2 BvR 882/09, NJW 2011, 2113, 2114.

[375] BVerwG, Beschluss vom 17.01.2007 – 9 B 21/06, NVwZ 2007, 584.

Selbstbestimmungsrechts. Durch den Grundrechtsverzicht erklärt der Verzichtende, dass diese Handlung für ihn keine Beeinträchtigung darstellt. Außer in den Fällen, in denen dem Grundrecht eine konkret geschützte Substanz zugrunde liegt,[376] definiert er damit seinen persönlichen selbstbestimmten Schutzbereich. Die Handlung des Staates oder eines Dritten, die aufgrund einer freiwilligen Ausübung eines Grundrechts erfolgt und erlaubt wird, kann keine Beeinträchtigung darstellen, selbst wenn die gleiche Handlung unter Zwang eine Beeinträchtigung darstellen würde.[377] Die dieser Ansicht entgegengebrachten Argumente können nicht überzeugen.

Entgegen der Ansicht Ahammers hängt die gerichtliche Überprüfungsmöglichkeit eines Grundrechtsverzichts nicht davon ab, welche Rechtsnatur man ihm zuschreibt. Die Voraussetzungen der Einwilligung können auch an anderer Stelle geprüft werden, so dass keine Verletzung des Art. 19 Abs. 4 GG vorliegt. Selbst das BayObLG hat in dem von Ahammer zitierten Beschluss geprüft, ob der Verzicht rechtswirksam zustande gekommen ist.[378] In anderen Fällen haben sowohl der VGH Mannheim als auch das FG Münster die Wirksamkeit der Einwilligung, und dabei insbesondere die Freiwilligkeit, geprüft, obwohl sie jeweils der Ansicht waren, es fehle bereits an einem Eingriff, wenn eine Einwilligung, also ein Grundrechtsverzicht, vorliege.[379]

Die Beurteilung, wann der Schutzbereich berührt ist und wann ein Eingriff vorliegt, ist keine tatsächliche, sondern ebenfalls eine rechtliche. Gerade im Hinblick auf die Grundrechte, denen die Ausübung eines Selbstbestimmungsrechts immanent ist, zeigt sich, dass der Schutzbereich keine rein tatsächliche Tatsache ohne rechtlichen Bezug ist. Insbesondere dann, wenn der Schutzbereich, etwa im Rahmen der Menschenwürde, durch die Einwilligung mitbestimmt wird, ist die Einwilligung wiederum keine tatsächliche, sondern eine rechtliche Frage, u. a., weil geprüft werden muss, ob die Einwilligung wirksam zustande gekommen ist.

Schließlich ist auch das Argument im Hinblick auf den modernen Eingriffsbegriff nicht überzeugend. Nach diesem ist ein Eingriff jedes staatliche Handeln, das dem Einzelnen ein Verhalten, das in den Schutzbereich fällt, ganz oder teilweise unmöglich macht oder erschwert.[380] Es mag zutreffend sein, dass eine Handlung gegen den Willen des Einzelnen für die Annahme eines Eingriffs nicht erforderlich ist und das Fehlen von Zwang nicht unmittelbar auf das Fehlen eines Eingriffs schließen lässt. Das schlichte Fehlen von Zwang kann allerdings nicht mit einer Einwilligung gleichgesetzt werden. Aus dem Erfordernis, dass ein Eingriff gegen oder ohne den Willen des Einzelnen vorliegen muss, kann für eine Handlung mit

---

[376] Wie etwa eine Sache oder der Körper, die als Substanz den Schutzbereich mitbestimmt.

[377] So auch deutlich *Hillgruber*, Schutz des Menschen vor sich selbst, S. 115 f.; 175.

[378] BayObLG, Beschluss vom 26.10.2004 – 3 Z BR 160/04, BeckRS 2004, 12582.

[379] VGH Mannheim, Beschluss vom 03.08.2011 – I S 1391/11, NVwZ-RR 2011, 815, 817; FG Münster, Urteil vom 11.07.2018, 9 K 2384/17, BeckRS 2018, 24587 Rn. 38 ff.

[380] Merten/Papier/*Peine*, § 57 Rn. 31; *Epping/Lenz/Leydecker*, Grundrechte Rn. 39.

Willen des Einzelnen kein Schluss gezogen werden, da dies andere Sachverhalte sind. Selbst Ahammer führt aus, dass der Grundrechtseingriff „grundsätzlich ohne einen Willen des Bürgers" erfolge.[381] Wenn der Bürger durch den wirksamen Grundrechtsverzicht einen Willen geäußert hat, lässt sich dies darunter nicht subsumieren, denn dann erfolgt die Handlung nicht „ohne einen Willen" des Bürgers, sondern sogar mit Willen des Bürgers. Selbst nach den Ausführungen Ahammers liegt somit bei einem Grundrechtsverzicht kein Eingriff vor.

Abweichendes könnte nur für solche Rechte gelten, deren Schutzbereich nicht hauptsächlich durch die Selbstbestimmung definiert werden. Das betrifft etwa das Recht auf körperliche Unversehrtheit. Ein ärztlicher Heileingriff oder auch ein Tattoo gehe mit einer tatsächlichen Substanzverletzung des Körpers einher und diese Substanzverletzung des Körpers bleibe auch durch eine Einwilligung nicht aus. Hier wird daher vertrete, dass dies eine rechtfertigende Wirkung haben könnte, wobei selbst dann eine tatbestandsausschließende Wirkung angenommen wird.[382] Es erscheint daher aufgrund der gezeigten Wichtigkeit der Selbstbestimmung von einer Ausübung und mithin Ausgestaltung des Schutzbereiches auszugehen.

e) Ergebnis

Die systematische Auslegung des Grundgesetzes hat ergeben, dass die Einwilligung eine Grundrechtsausübung ist. Sie ist insbesondere eine Ausübung der Grundrechte, die im Kern die Selbstbestimmung schützen. Die Selbstbestimmung der einzelnen Person wird insbesondere durch die Menschenwürde, die Allgemeine Handlungsfreiheit, das Allgemeine Persönlichkeitsrecht und das Recht auf informationelle Selbstbestimmung grundrechtlich geschützt. Hinsichtlich diverser speziellerer Rechtsbereiche lässt sich je nach Schutzgut ein spezielleres Grundrecht finden, indem die jeweilige Selbstbestimmung über dieses Grundrecht zu verankern ist und sodann eine Ausübung dieses Grundrechts darstellt.[383] Unabhängig davon, auf welches Grundrecht man sich beruft, wurde dargelegt, dass die Einwilligung zwischen Privaten eine Ausübung dieser Grundrechte und keinen Verzicht auf sie darstellt. Dennoch wurde aufgezeigt, dass mit dem sog. Grundrechtsverzicht, der ebenfalls trotz dieser Bezeichnung eine Ausübung von Grundrechten ist, ein ähnliches Rechtskonstrukt vorhanden ist, dessen Prinzipien in dem

[381] *Ahammer*, Grundrechtsverzicht, S. 118.

[382] Jarass/Pieroth/*Jarass*, Art. 2 GG Rn. 107; Dürig/Herzog/Scholz/*Di Fabio*, Art. 2 Abs. 2 Nr. 1 Rn. 69. A. A. Hömig/Wolff GG/*Michael Antoni*, 13. Aufl. 2022, GG Art. 2 Rn. 12; BeckOK GG/*Lang*, 57. Ed. 15.1.2024, GG Art. 2 Rn. 192.

[383] Ebenso Isensee/Kirchhof/*Bethge*, Handbuch Staatsrecht – Band VII, § 203 Rn. 110; für die Einwilligung im Datenschutzrecht als Ausübung des Rechts auf informationelle Selbstbestimmung bejahend etwa: *Scheurer*, Einwilligung, S. 34 f.; *Radlanski*, Einwilligung, S. 71; *Hermstrüwer*, Einwilligung, S. 5; *Knappertsbusch*, Die datenschutzrechtliche Einwilligung im Beschäftigungsverhältnis, S. 34 f.

aufgezeigten Umfang für eine Einwilligung zwischen Privaten fruchtbar gemacht werden könne.

Als Voraussetzung der wirksamen Grundrechtsausübung ist den genannten Grundrechten das Kriterium der Freiwilligkeit gemein. Für die Einwilligung zwischen Privaten bedeutet dies, dass sie nur dann eine wirksame Ausübung dieser Grundrechte ist, wenn die Freiwilligkeit gewahrt ist. Wenn durch sie auf Rechtspositionen verzichtet wird, stellt sich dies nur dann als Ausdruck der Selbstbestimmung dar, wenn diese auch wirklich selbstbestimmt erfolgte. Nur dann hat sich die einzelne Person tatsächlich frei Gedanken gemacht und ihre Interessen und Empfindungen in die Entscheidung einfließen lassen, so dass sich ihre Persönlichkeit im Sinne der ausgeübten Grundrechte auch in der Einwilligung samt Rechtsfolgen zeigt. Auch hinsichtlich des Kriteriums der Freiwilligkeit ist die Einwilligung mithin mit dem Grundrechtsverzicht vergleichbar. Welche Anforderungen an die Freiwilligkeit gestellt werden müssen, wird im Rahmen dieser Arbeit noch aufzuzeigen sein.[384]

Es kann also festgehalten werden, dass der Selbstbestimmung dahingehend keine Schranken gesetzt sind, dass die einzelne Person *per se* vor sich selbst geschützt werden muss. Ein Verzicht ist bis an die Grenze zum Totalverzicht möglich. Grenzen sind jedoch da zu sehen, wo Dritte oder die Allgemeinheit durch eine Einschränkung tangiert werden. Der Wesenskern der genannten Grundrechte ist auch die Selbstbestimmung, so dass die Einwilligung eben genau den Wesenskern des Grundrechts ausübt. Es verbleibt daher kein Raum für eine Schutzpflicht. Kunzendorf hält richtigerweise fest, dass sich die Selbstbestimmungsfreiheit der einzelnen Person unter dem Grundgesetz als Leitidee darstellt.[385]

Ohly fasst dies treffend wie folgt zusammen:

> „Als Fazit lässt sich festhalten, daß aus verfassungsrechtlicher Sicht der rechtliche Schutz einer Person vor den Folgen ihres eigenen Handelns nur dann unbedenklich ist, wenn dieses Handeln nicht auf einer autonomen Entscheidung beruht oder wenn hieran zumindest ernsthafte Zweifel bestehen. Erlaubt hingegen eine mündige Person freiwillig und in Kenntnis der Folgen einen Eingriff in ihre Rechtssphäre, so kann diese Erlaubnis nur im Extremfall eines irreversiblen Verlustes der Freiheit oder wesentlicher Grundlage ihrer Ausübung der Respekt versagt werden."[386]

Dem ist – wie gezeigt – vollumfänglich zuzustimmen.

---

[384] Vgl. dazu B. II. 1. b).
[385] *Kunzendorf*, Gelenkter Wille, S. 276.
[386] *Ohly*, Einwilligung, S. 107.

4. Systematische Verankerung in der GrCh und der EMRK

Nachdem die systematische und teleologische Verankerung der Einwilligung im Grundgesetz beleuchtet wurde, wird nun das unionsrechtliche Pendant dazu beleuchtet: Die GrCh und die EMRK.[387] Im Vergleich zum nationalen Recht stellt sich die Situation bei der Grundrechtecharta anders dar, da die Einwilligung anders als im Grundgesetz in Art. 3 Abs. 2 lit. a) und Art. 8 Abs. 2 GrCh ausdrücklich als Rechtsinstrument genannt wird.[388] Da die systematische Auslegung zum Ziel hat, den Zusammenhang einer bestimmten Norm oder auch nur eines ihrer Merkmale innerhalb eines Normgefüges unter Berücksichtigung ihrer Stellung und Funktion im Gesamtgefüge des Rechtsaktes zu klären, soll vorliegend zunächst anhand dieser Normen geprüft werden, was diese über das Selbstbestimmungsrecht des Grundrechtsträgers und über die Disponibilität des konkreten Grundrechts aussagt. Anschließend werden weitere Normen der GrCh, die eine Einwilligung nicht explizit nennen, auf ein Selbstbestimmungsrecht untersucht. Dabei ist aufzuzeigen, ob die Ausführungen nur für die konkret genannten Normen gelten, oder ob sie auf den gesamten Grundrechtskatalog der GrCh übertragbar sind.

Die EMRK, deren Regelungen als anerkannte unionsrechtliche Grundsätze gem. Art. 6 Abs. 3 AEUV zu werten sind,[389] enthält demgegenüber keine Regelungen oder Hinweise auf eine Einwilligung. Es können jedoch auch ohne konkrete Nennung in den Normen der EMRK Aussagen zu einem Selbstbestimmungsrecht und damit über die Disponibilität von Grundrechten bzw. Menschenrechten entwickelt werden.

Es wurde festgehalten, dass die Wertungen, die der Grundrechtslehre zugrunde liegen, auch auf das Privatrecht angewandt werden müssen.[390] Dies ist nicht nur für die Grundrechte des Grundgesetzes, sondern auch der Grundrechtecharta an-

---

[387] Einführend zum Begriff des Europäischen Primärrechts vgl. bereits B. I. 1. Nicht betrachtet werden hier die AEUV und die EUV. Die Gründungsverträge enthielten keine Hinweise auf Grundrechte (Calliess/Ruffert/Kingreen, Art. 6 EUV Rn. 1). Auch nach Inkrafttreten des Vertrages von Lissabon gibt es neben der Verankerung der GrCh über Art. 6 Abs. 1 EUV und der EMRK über Art. 6 Abs. 3 EUV nicht viele speziellere Grundrechtsgewährleistungen in den Verträgen (so gelte etwas Art. 8 GrCh für das Datenschutzrecht und nicht Art. 16 AEUV, vgl. *Specht/Mantz/Bretthauer*, § 2 Rn. 37). Die Selbstbestimmung des Individuums hat zwar in den Verträgen insbesondere durch die Anerkennung und Wertschätzung der Vertragsfreiheit und der Privatautonomie ein bedeutendes Gewicht. Man könnte daraus folgern, dass ein Verhalten, das in der Privatautonomie und der Vertragsfreiheit wurzelt, nicht durch Grundfreiheiten beschränkt werden könne und dieses Verhalten im übertragenen Sinne einen Verzicht auf die Grundfreiheiten darstellt. Für die Einwilligung zwischen Privaten lässt sich hieraus systematisch jedoch auch nur ableiten, dass es sich dabei um eine Ausübung der Rechte des Individuums handeln könne. Da es maßgeblich auf die Ausübung von Grundechten geht, ist für die vorliegende Arbeit ist eine vertiefte Betrachtung jedoch nicht angezeigt.

[388] Wie bereits ausgeführt, ist die Grundrechtecharta gem. Art. 6 Abs. 1 EUV verbindliches Recht der Union, vgl. dazu bereits oben B. I. 1. b).

[389] Vgl. bereits oben unter B. I. 1. b).

[390] Vgl. dazu oben B. I. 3. b) aa).

erkannt.[391] So formulierte das BVerfG: „Wie die Grundrechte des Grundgesetzes gewährleisten demnach auch die Grundrechte der Charta nicht nur Schutz im Staat-Bürger-Verhältnis, sondern auch in privatrechtlichen Streitigkeiten".[392] Eine Bindung Privater an die Grundfreiheiten wurde lediglich im Fall von mächtigen Wirtschafts-, Gewerkschafts- oder Sportverbänden vom EuGH entwickelt.[393] Die EMRK verpflichtet Private grundsätzlich nicht unmittelbar.[394] Die Wirkung der EMRK kann sich zwischen Privaten dennoch über Gesetze entfalten.[395] Sie ist mithin auch bei Rechtsstreitigkeiten zwischen Privaten zu beachten.[396] Dies ist mit den Feststellungen zur Grundrechtslehre vergleichbar. Die EMRK ist daher ebenfalls zu beleuchten.

a) Explizite Einwilligung in der Grundrechtecharta

In der Grundrechtecharta wird die Einwilligung explizit in Art. 3 GrCh und Art. 8 GrCh erwähnt. Es stellt sich dabei zunächst die Frage, ob eine solch explizit festgeschriebenen Möglichkeit der Einwilligung ebenfalls als Grundrechtsausübung eines Selbstbestimmungsrechts zu werten ist.

aa) Die Einwilligung gem. Art. 3 Abs. 2 lit. a) GrCh

Mit Art. 3 GrCh wird das Recht auf körperliche und geistige Unversehrtheit unionsrechtlich verankert. In Art. 3 Abs. 2 lit. a) GrCh ist geregelt, dass im Rahmen der Medizin und der Biologie die freie Einwilligung des Betroffenen zu beachten ist. Dabei zeigt bereits der Wortlaut, dass die vorherige Aufklärung des Betroffenen Voraussetzung für die Wirksamkeit der Einwilligung ist und die Einwilligung nur dann frei ist. Diese Aufklärung muss derart umfangreich sein, dass der Betroffene in voller Kenntnis der Sachlage handeln kann.[397] Ob die Einwilligungsmöglich-

---

391 BVerfG, Beschluss vom 06.11.2019 – 1 BvR 276/17, NJW 2020, 314, 322; EuGH, Urteil vom 29.01.2008 – C-275/06, NJW 2008, 743, 746; EuGH, Urteil vom 16.07.2015 – C-580/13, NJW 2015, 747, 748; *Ruffert*, JuS 2020, 1, 2; *Jarass*, ZEuP 2017, 310, 332.

392 BVerfG, Beschluss vom 06.11.2019 – 1 BvR 276/17, NJW 2020, 314, 322.

393 *Ruffert*, JuS 2020, 1, 5.

394 Grabenwarter/Pabel/*Grabenwarter/Pabel*, § 17 Rn. 6; Karpenstein/Mayer/*Johann*, Art. 1 EMRK Rn. 9; *Jarass*, ZEuP 2017, 310, 331.

395 BAG, Urteil vom 08.09.2011 – 2 AZR 543/10, NJW 2012, 1099, 1100 Rn. 18; LG Berlin, Urteil vom 30.11.2004 – 65 S 229/04, BeckRS 2005, 3131 Rn. 38; Grabenwarter/Pabel/*Grabenwarter/Pabel*, § 19 Rn. 8; Karpenstein/Mayer/*Johann*, Art. 1 EMRK Rn. 9.

396 BVerfG, Beschluss vom 14.10.2004 – 2 BvR 1481/04, NJW 2004, 3407, 3410; BAG, Urteil vom 08.09.2011 – 2 AZR 543/10, NJW 2012, 1099, 1100 Rn. 18; LG Berlin, Urteil vom 30.11.2004 – 65 S 229/04, BeckRS 2005, 3131 Rn. 38. So auch im Strafrecht, vgl. BGH, Urteil vom 18.06.2019 – VI ZR 80/18, NJW 2020, 45, 50 Rn. 41.

397 EuGH, Urteil vom 09.10.2001 – Rs. C-377/98, EuZW 2001, 691, 696; Jarass/*Jarass*, Art. 3 GrCh Rn. 9; Meyer/Hölscheidt/*Borowsky*, Art. 3 GrCh Rn. 44.

keit nur im Fall des Art. 3 Abs. 2 lit. a) GrCh und nicht in den übrigen Fällen des Art. 3 Abs. 2 GrCh besteht, ist umstritten.[398]

Aus der Klausel „entsprechend den gesetzlich festgelegten Einzelheiten“ in Art. 3 Abs. 2 lit. a) GrCh folgt weiter, dass die näheren Details der Einwilligung durch den zuständigen unionalen oder nationalen Gesetzgeber zu regeln sind.[399] Es ergeben sich somit aus Art. 3 GrCh keine weiteren expliziten Voraussetzungen. Aus Art. 3 Abs. 2 lit. a) GrCh kann mithin geschlossen werden, dass die Einwilligung im Hinblick auf das Recht auf körperliche und geistige Unversehrtheit Freiwilligkeit und die volle Kenntnis der Sachlage durch den Betroffenen voraussetzt und dies durch den Gesetzgeber nicht unterschritten werden darf.

Die Einwilligung im Sinne des Art. 3 Abs. 2 lit. a) GrCh wird als zentraler Aspekt der Selbstbestimmung im Rahmen des Rechts auf körperliche und geistige Unversehrtheit verstanden.[400] Durch die Einwilligung vergrößert sich die Selbstbestimmung der einzelnen Person und sie verleiht ihr mehr Handlungsmöglichkeiten. Ein Gebrauchmachen von der Einwilligung ist vor diesem Hintergrund keine Einschränkung des Rechts auf körperliche und geistige Unversehrtheit, sondern Ausübung des diesem Grundrecht innewohnenden Selbstbestimmungsrechts. Folglich kann davon ausgegangen werden, dass die Einwilligung auch bei eindeutiger Verankerung in der Norm eine Grundrechtsausübung darstellt.[401] Dies kommt mithin den oben festgehaltenen Kriterien eines Grundrechtsverzichts gleich.[402]

bb) Die Einwilligung gem. Art. 8 GrCh

Der Schutzbereich des Art. 8 GrCh umfasst den Schutz personenbezogener Daten. Personenbezogene Daten sind alle Informationen über eine bestimmte oder bestimmbare natürliche Person.[403] Art. 8 Abs. 2 S. 1 GrCh enthält eine Einwilligungsbefugnis im Hinblick auf die Verarbeitung personenbezogener Daten. Eine genauere Definition der Einwilligung oder Anforderungen an die Einwilligung

---

[398] Siehe unter B. I. 4. b) aa) (1) (b). Dagegen Jarass/*Jarass*, Art. 3 GrCh Rn. 9; Meyer/Hölscheidt/*Borowsky*, Art. 3 GrCh Rn. 44.

[399] Schwarze/Becker/Hatje/Schoo/*Voet Van Vormizeele*, Art. 3 GrCh Rn. 7; *Schwarzburg*, Menschenwürde, S. 104; Calliess/Ruffert/*Calliess*, Art. 3 GrCh Rn. 13.

[400] Schwarze/Becker/Hatje/Schoo/*Voet Van Vormizeele*, Art. 3 GrCh Rn. 6f.; Meyer/Hölscheidt/*Borowsky*, Art. 3 GrCh Rn. 44; Heselhaus/Nowak/*Breuer*, § 15 Rn. 14.

[401] Ebenso Jarass/*Jarass*, Art. 52 GrCh Rn. 18; *Voigt*, Einwilligung, S. 282f.; Calliess/Ruffert/*Calliess*, Art. 3 GrCh Rn. 13. Die Rechtsnatur der Einwilligung und die damit zusammenhängende Frage der Abgrenzung zur Art. 52 GrCh wird unter B. III. 4. d) erörtert.

[402] Calliess/Ruffert/*Calliess*, Art. 3 GrCh Rn. 13.

[403] EuGH, Urteil vom 09.11.2010 – C-92/09, EuZW, 2010, 939, Rn. 52; Jarass/*Jarass*, Art. 8 GrCh Rn. 6; Kühling/Buchner/*Kühling/Raab*, Einführung Rn. 27; Roßnagel/*Johannes*, § 2 Rn. 63; Simitis/Hornung/Spiecker gen. Döhmann/*Schiedermair*, Einleitung Rn. 167.

fehlen dabei jedoch.[404] Es wird dennoch angenommen, es seien Freiwilligkeit, die ausreichende Information sowie die Kenntnis der Sachlage des Betroffenen vor Erteilung der Einwilligung erforderlich.[405] Ferner sollte sie ohne Zwang erfolgt sein.[406] Diese Annahme wird von den zitierten Autoren nicht weiter erläutert. Es ist mithin zu klären, wie dies zu begründen ist.

Naheliegend ist zunächst, dass die teilweise ausdrücklich formulierten Voraussetzungen des Art. 3 Abs. 2 lit. a) GrCh auch auf die Einwilligung gem. Art. 8 GrCh übertragen worden sind. Dies betrifft die vorherige Aufklärung und mithin die volle Kenntnis der Sachlage. Hierfür spricht, dass die Einwilligung in die Verarbeitung personenbezogener Daten der zentrale Akt der Selbstbestimmung für die Ausübung dieses Grundrechts ist.[407] Die Wahrnehmung und Ausübung der Selbstbestimmung erfordert die Kenntnis der Folgen, wie auch bei Art. 3 Abs. 2 lit. a) GrCh, um korrekt ausgeübt werden zu können. Ansonsten erfolgt die einwilligende Handlung nicht selbstbestimmt, da es ohne vorherige Aufklärung und Kenntnis der Sachlage nicht möglich ist, zu wissen, was mit der Einwilligung bestimmt wird. Gegen eine Übertragung kann auch nicht angeführt werden, dass umstritten sei, ob die Einwilligung aus Art. 3 Abs. 2 lit. a) GrCh zumindest in anderen Fällen des Art. 3 Abs. 2 GrCh zur Zulässigkeit der Eingriffe führen soll.[408] Es geht an dieser Stelle nicht darum, ob eine Einwilligung zur Zulässigkeit der Handlung führen soll, sondern nur, unter welchen Voraussetzungen. Dass eine Einwilligung möglich ist, wurde in Art. 8 Abs. 2 S. 1 GrCh festgehalten. Es ist ferner kein systematischer Anhaltspunkt ersichtlich, der dagegenspricht oder eine andere Auslegung nahelegt, als die gleichen Voraussetzungen für eine wirksame Einwilligung in Art. 3 GrCh und Art. 8 GrCh anzunehmen.[409]

Dass die Einwilligung ohne Zwang erfolgen soll, ist bereits eine Folge der Wortlautauslegung. Wenn eine Handlung mit Zwang geschehen muss, dann geschieht sie gegen den Willen und nicht mit dem Willen des Handelnden. Der Wille als Voraussetzung für die Einwilligung wurde bereits oben erörtert.[410] Dies wird auch von Art. 8 GrCh als Voraussetzung für die Einwilligung untermauert.

Klement folgert aus Art. 8 Abs. 2 GrCh gar ein Grundrecht auf Einwilligung.[411] Hierdurch werde grundrechtlich sichergestellt, dass die Einführung einer restrikti-

---

[404] So auch Specht/Mantz/*Bretthauer*, § 2 Rn. 19.

[405] Jarass/*Jarass*, Art. 8 GrCh Rn. 10; Meyer/Hölscheidt/*Bernsdorff*, Art. 8 GrCh Rn. 28; Schwarze/Becker/Hatje/Schoo/*Knecht*, Art. 8 GrCh Rn. 7; Specht/Mantz/*Bretthauer*, § 2 Rn. 19.

[406] Schwarze/Becker/Hatje/Schoo/*Knecht*, Art. 8 GrCh Rn. 7.

[407] Ebenso *Voigt*, Einwilligung, S. 289 und S. 282 f.

[408] Jarass/*Jarass*, Art. 3 GrCh Rn. 9; Meyer/Hölscheidt/*Borowsky*, Art. 3 GrCh Rn. 44. Jarass geht ferner davon aus, dass es bei einer wirksamen Einwilligung an einem Eingriff fehle und überträgt diese dogmatische Einordnung auch auf andere Bereiche als die Biologie und die Medizin aus Art. 3 Abs. 2 lit. a) GrCh, Jarass/*Jarass*, Art. 3 GrCh Rn. 9.

[409] Im Ergebnis so auch Jarass/*Jarass*, Art. 3 GrCh Rn. 9.

[410] Vgl. B. I. 2.

[411] Simitis/Hornung/Spiecker gen. Döhmann/*Klement*, Art. 7 DSGVO Rn. 20.

veren Fassung des einfachgesetzlichen Einwilligungsbegriffs oder des einfachgesetzlichen Erlaubnistatbestandes der Einwilligung einen Grundrechtseingriff darstelle und somit einer Rechtfertigung bedürfe.[412] Klement meint damit wohl jedoch ein Grundrecht auf Einwilligung in die Verarbeitung personenbezogener Daten und nicht ein Grundrecht auf Einwilligung in jedes Grundrecht.

Aus Art. 8 Abs. 2 S. 1 GrCh folgen somit keine anderen Voraussetzungen und Anforderungen an eine Einwilligung. Die bisher getroffenen Feststellungen werden untermauert. Auch wenn die Einwilligung ausdrücklich normiert ist, ergibt sich kein anderer Schluss im Hinblick auf die Ausübung des Grundrechts. Im Gegenteil, gerade die Normierung in Art. 8 GrCh verdeutlicht, dass die Einwilligung Ausübung des Grundrechts und mithin Bestandteil des Garantiegehalts des Art. 8 GrCh ist.[413] So ergibt die Erwähnung der Einwilligung auch dahingehend Sinn, dass sich die GrCh im Übrigen für Einschränkungen der Grundrechte einer horizontalen Schrankenklausel gem. Art. 52 Abs. 1 GrCh bediene.[414] Auch an dieser Stelle stellt die Einwilligung die Ausübung des Selbstbestimmungsrechts über personenbezogene Daten dar und ist mithin Grundrechtsausübung.[415] Wie dies dogmatisch einzuordnen ist, ist noch nicht abschließend geklärt[416] und wird im Hinblick auf die Wirkung der Einwilligung noch zu erörtern sein.[417]

cc) Stellungnahme

Hieraus ergeben sich zunächst zwei mögliche allgemeingültige Voraussetzungen für eine wirksame Einwilligung im Unionsrecht: Die Freiwilligkeit und ausreichende Information bzw. Kenntnis der Sachlage des Betroffenen vor Erteilung der Einwilligung. Auch bei ausdrücklicher Normierung der Einwilligungsmöglichkeit ändert sich nichts daran, dass es sich bei dieser Art des „Grundrechtsverzichts“ um die Ausübung des Grundrechts im Sinne der im Grundrecht enthaltenen Selbstbestimmung und Selbstentfaltung handelt. Es wird somit auch unionsrechtlich deutlich, dass die Einwilligung Ausdruck der Selbstbestimmung ist und mithin

---

[412] Simitis/Hornung/Spiecker gen. Döhmann/*Klement*, Art. 7 DSGVO Rn. 20.

[413] Heselhaus/Nowak/*Breuer*, § 25 Rn. 33; Simitis/Hornung/Spiecker gen. Döhmann/*Klement*, Art. 7 DSGVO Rn. 19.

[414] Heselhaus/Nowak/*Breuer*, § 25 Rn. 33. Breuer führt weiter aus, dass sich der EuGH dieser Problematik bislang nicht gewidmet habe und die Einschränkung des Art. 8 GrCh teilweise auf Art. 52 Abs. 1 GrCh allein stützt oder Art. 8 Abs. 2 GrCh und Art. 52 Abs. 1 GrCh nebeneinander anwendet, vgl. Heselhaus/Nowak/*Breuer*, § 25 Rn. 33 m. w. N.

[415] Ebenso: Wolff/Brink/*Stemmer*, Art. 7 DSGVO Rn. 29; Taeger/Gabel/*Taeger*, Art. 7 DSGVO Rn. 1; Sydow/Marsch/*Ingold*, Art. 7 DSGVO Rn. 10f.; Jarass/*Jarass*, Art. 8 GrCh Rn. 10; Simitis/Hornung/Spiecker gen. Döhmann/*Klement*, Art. 7 DSGVO Rn. 19; *Voigt*, Einwilligung, S. 282f.

[416] Specht/Mantz/*Bretthauer*, § 2 Rn. 18 und 59; Heselhaus/Nowak/*Breuer*, § 25 Rn. 33.

[417] Siehe dazu unter B. III.

einen sehr persönlichen und persönlichkeitsrechtlichen Einschlag hat.[418] Ob sich dieser Einschlag auch an anderen Grundrechten der Charta festmachen lässt, in denen die Einwilligung nicht explizit genannt wird, wird nachfolgend beleuchtet.

b) Verkörpertes Selbstbestimmungsrecht in der GrCh im Übrigen

Vor diesem Hintergrund ist zu klären, wie es sich bei Anwendung der Grundrechtecharta verhält, wenn die Möglichkeit einer Einwilligung oder einer Beschränkung des Rechts nicht explizit in der Norm genannt ist. Im nationalen Recht wurde hierzu herausgearbeitet, dass sich aus dem in den Grundrechten verankerten Selbstbestimmungsrecht ergibt, dass eine Einwilligung grundrechtlich gewährleistet ist.[419] Es ist zu prüfen, ob sich aus der jeweiligen Entsprechung des nationalen Grundrechts in der Grundrechtecharta ein solches Selbstbestimmungsrecht unionsrechtlich verankern lässt und ob dieses durch eine Einwilligung, durch die eine Einschränkung erfolgt, ebenfalls jeweils ausgeübt wird.[420]

aa) Die Menschenwürde in der Grundrechtecharta

Die Menschenwürde ist in der Grundrechtecharta als Überschrift für Titel I. gewählt, der die Art. 1 bis 5 GrCh umfasst. Art. 1 GrCh regelt, ähnlich wie Art. 1 GG, dass die Menschenwürde unantastbar ist und sie zu achten und zu schützen sei. Die folgenden Artikel des ersten Titels schützen im Kern ebenfalls die Würde des Menschen und sind grundsätzlich lex specialis zu Art. 1 GrCh, so dass Art. 1 GrCh vielfach nicht eigenständig zum Tragen kommt.[421] Die Würde des Menschen ist als oberster Wert der Union zu verstehen und für die Auslegung sämtlicher weiterer Grundsätze und Grundrechte zu beachten und nicht nur derer des Titel I.[422]

---

[418] Ähnlich auch Schwarzburg, die darauf verweist, dass der von der Charta vorgegebene Rahmen zwar recht undeutlich sei, jedoch feststehe, dass der Grundgedanke der Einwilligung u. a. die Sicherung der durch Art. 1 GrCh gesicherte Selbstbestimmung sei, *Schwarzburg*, Menschenwürde, S. 104 f.

[419] Vgl. dazu oben unter B. I. 3. b) bb).

[420] Frenz nimmt an, dass Art. 8 GrCh bereits zeige, dass die Möglichkeit des Verzichts auf Grundrechte auch der Grundrechtecharta nicht fremd ist, vgl. *Frenz*, Handbuch Europarecht – Band 4, Rn. 389.

[421] Heselhaus/Nowak/*Rixen*, § 13 Rn. 12; Jarass/*Jarass*, Art. 1 GrCh Rn. 4 f.; Schwarze/Becker/Hatje/Schoo/*Voet van Vormizeele*, Art. 1 GrCh Rn. 5; Meyer/Hölscheidt/*Borowsky*, Art. 1 GrCh Rn. 37.

[422] Jarass/*Jarass*, Art. 1 GrCh Rn. 4 f.; Schwarze/Becker/Hatje/Schoo/*Voet van Vormizeele*, Art. 1 GrCh Rn. 4; Meyer/Hölscheidt/*Borowsky*, Art. 1 GrCh Rn. 28. Die Menschenwürde war bereits vor der Inkorporation der Grundrechtecharta als „allgemeiner Grundsatz des Gemeinschaftsrechts" anerkannt, vgl. EuGH, Urteil vom 09.10.2011 – C-377/98, EuZW 2001, 691, 695.

Die Menschenwürdegarantie der GrCh findet aufgrund ihrer absoluten Wirkung in Privatrechtsbeziehungen Beachtung.[423]

Dies ist insbesondere für die Wesensgehaltsgarantie des Art. 52 Abs. 1 S. 1 GrCh relevant, so dass die Würde eines Menschen bei Einschränkungen eines Rechts nicht angetastet werden darf.[424] Diese Wertung deckt sich mit den Zielen der Grundrechtecharta, wenn man die Präambel heranzieht. Dort heißt es: „Sie [die Union] stellt die Person in den Mittelpunkt ihres Handelns, indem sie die Unionsbürgerschaft und einen Raum der Freiheit, der Sicherheit und des Rechts begründet".[425] Hieraus wird das Individuum in den Mittelpunkt des Unionshandelns gerückt und seinem Schutz und Interesse Vorrang vor dem Integrationszweck eingeräumt werden.[426] Infolgedessen seien die Schutzbereiche bestimmter Grundrechte nicht mehr allein aus der Perspektive des Binnenmarktes zu beurteilen.

Wenn somit auch im Unionsrecht die Selbstbestimmung als Teil der Menschenwürde angesehen wird, gilt dies auch im Hinblick auf Einschränkungen der Menschenwürde. Dies ist relevant für die Einwilligung, denn wenn sie Ausdruck der Selbstbestimmung und mithin der Menschenwürde ist, darf sie nur bedingt eingeschränkt werden. Der sachliche Schutzbereich der Würde des Menschen ist allerdings weder in den Konventen noch im Laufe der Zeit inhaltlich bestimmt worden, so dass eine exakte unionsrechtliche Begriffsbestimmung fehlt.[427] Auch der EuGH hat es bislang vermieden, die Menschenwürde inhaltlich abstrakt-generell zu definieren.[428] Frenz nimmt immerhin an, der EuGH habe deutlich gemacht, dass der Mensch einschließlich seiner Teile nicht zum bloßen Objekt herabgewürdigt und damit verfügbar und veräußerlich gemacht werden dürfe.[429] Diese Objektformel sei die Konkretisierung und Entfaltung der Menschenwürde durch die Judikatur.[430] In den von Frenz zitierten Entscheidungen[431]lässt sich das Wort „Objekt" hingegen nicht finden. Der EuGH führt lediglich aus, der menschliche Körper müsse unverfügbar und unveräußerlich bleiben, um die Menschenwürde zu wahren.[432] Im

---

[423] *Knebel*, Drittwirkung, S. 92.

[424] Schwarze/Becker/Hatje/Schoo/*Voet van Vormizeele*, Art. 1 GrCh Rn. 4; Meyer/Hölscheidt/*Borowsky*, Art. 1 GrCh Rn. 33.

[425] Präambel der Grundrechtecharta, Absatz 2, Satz 2.

[426] Meyer/Hölscheidt/*Bernsdorff*, Art. 8 Rn. 21. Infolgedessen seien die Schutzbereiche bestimmter Grundrechte nicht mehr allein aus der Perspektive des Binnenmarktes zu beurteilen.

[427] Schwarze/Becker/Hatje/Schoo/*Voet van Vormizeele*, Art. 1 GrCh Rn. 6; Meyer/Hölscheidt/*Borowsky*, Art. 1 GrCh Rn. 39; Schlussanträge der Generalanwältin *Stix-Hackl*, Rs. C-36/02, Omega, Slg. 2004, S. I-9609, Rn. 87.

[428] EuGH, Urteil vom 14.10.2004 – C 36/02, NVwZ 2004, 1471, 1472 f.; EuGH, Urteil vom 09.10.2001 – C-377/98, EuZW 2001, 691 ff.; EuGH, Urteil vom 18.10.2011 – C-34/10, EuZW 2011, 908 ff.; Meyer/Hölscheidt/*Borowsky*, Art. 1 GrCh Rn. 39; Schwarze/Becker/Hatje/Schoo/*Voet van Vormizeele*, Art. 1 GrCh Rn. 6.

[429] FraKo/*Frenz*, Art. 1 GrCh Rn. 29.

[430] FraKo/*Frenz*, Art. 1 GrCh Rn. 29.

[431] EuGH, Urteil vom 09.10.2001 – C-377/98, EuZW 2001, 691 ff.; EuGH, Urteil vom 18.10.2011 – C-34/10, EuZW 2011, 908 ff.

[432] EuGH, Urteil vom 09.10.2001 – C-377/98, EuZW 2001, 691, 696.

jüngeren Urteil lässt sich eine Umschreibung des Inhalts der Menschenwürde nicht finden.[433] Es lässt sich mithin aus diesen beiden Entscheidungen des EuGH keine ausreichende Konkretisierung der Menschenwürde durch die Judikatur ableiten.

Auf europäischer Ebene finden sich allerdings in den Schlussanträgen der Generalanwältin Stix-Hackl zur Rechtssache *Omega* Hinweise darauf, dass die Selbstbestimmung ein wesentlicher Bestandteil der Menschenwürde ist. So führt sie aus, die Menschenwürde begreife den Menschen im europäischen Kulturkreis als zur Selbsttätigkeit und zur Selbstbestimmung begabtes Wesen.[434] Die Fähigkeit zur eigenen, freien Willensbildung mache ihn zum Subjekt und deshalb dürfe er nicht zum Objekt herabgewürdigt werden.[435] Der Würdebegriff sei daher stark von Selbstbestimmung und Freiheit des Menschen geprägt und der Menschenwürde sei mithin ein Selbstbestimmungsrecht inhärent.[436] Dies spricht zumindest im Hinblick auf das Selbstbestimmungsrecht für eine Vergleichbarkeit mit dem nationalen Verständnis der Menschenwürde.[437] Zu einer vergleichbaren Schlussfolgerung kommt auch Schwarzburg, wenn sie ausführt, dass die Sicherung eigenverantwortlicher Entscheidungen über das Leben in vielen europäischen Staaten als Kern des Schutzgehalts der rechtlichen Menschenwürdenorm anerkannt wird und es eine Pflicht zur Achtung freiheitlicher Selbstbestimmung gebe.[438] Leider hat der EuGH hierzu in seinem Urteil in dieser Rechtssache nichts explizit ausgeführt.[439]

Jarass definiert die Menschenwürde stark verkürzt als den sozialen Wert- und Achtungsanspruch, der dem Mensch wegen seines Menschseins zukomme.[440] Er bezieht sich dabei auf Borowsky, der in der zitierten Fundstelle Ausführungen zum sozialen Wert- und Achtungsanspruch und der Menschenwürde macht.[441] Wie aus dem Vor- und Nachstehenden bei Borowsky ersichtlich wird, handelt es sich dabei allerdings nicht um eine konkrete inhaltliche Konkretisierung der Menschenwürde.[442] Die Definition Jarass' lässt sich mithin nicht belegen.

---

[433] EuGH, Urteil vom 18.10.2011 – C-34/10, EuZW 2011, 908 ff. Ebenso *Groh*, EuZW 2011, 908, 911.

[434] Schlussanträge der Generalanwältin *Stix-Hackl*, Rs. C-36/02, Omega, Slg. 2004, S. I-9609, Rn. 78.

[435] Schlussanträge der Generalanwältin *Stix-Hackl*, Rs. C-36/02, Omega, Slg. 2004, S. I-9609, Rn. 78.

[436] Schlussanträge der Generalanwältin *Stix-Hackl*, Rs. C-36/02, Omega, Slg. 2004, S. I-9609, Rn. 79.

[437] Generalanwältin Stix-Hackl geht im Übrigen davon aus, dass der Gewährungsinhalt der Menschenwürdegarantie des deutschen Grundgesetzes aufgrund des ausfüllungsbedürftigen Charakters des Begriffs der Menschenwürde nicht mit demjenigen der Garantie der Menschenwürde, wie sie vom Gemeinschaftsrecht anerkannt wird, gleichzusetzen sei, vgl. Schlussanträge der Generalanwältin *Stix-Hackl*, Rs. C-36/02, Omega, Slg. 2004, S. I-9609, Rn. 92.

[438] *Schwarzburg*, Menschenwürde, S. 91 m. w. N. und S. 430.

[439] EuGH, Urteil vom 14.10.2004 – C 36/02, NVwZ 2004, 1471, 1472 f.; Grabenwarter/*Breuer*, § 8 Rn. 89.

[440] Jarass/*Jarass*, Art. 1 GrCh Rn. 6.

[441] Meyer/Hölscheidt/*Borowsky*, Art. 1 GrCh Rn. 40.

[442] Vgl. nur Meyer/Hölscheidt/*Borowsky*, Art. 1 GrCh Rn. 39 und Rn. 60.

Vielfach wird zudem angenommen, eine positive Begriffsbestimmung der Menschenwürde sei aufgrund ihrer Einzigartigkeit und Wichtigkeit überhaupt nicht möglich.[443] Teilweise wird zunächst das nationale Verständnis auf das Unionsrecht übertragen, so dass der Inhalt der Menschenwürde bspw. anhand der Objektformel negativ zu bestimmen sei, dies jedoch im gleichen Absatz wieder als unzureichend bezeichnet wird.[444] Schwarzburg stellt ferner fest, es gebe keinen Ansatz, der den Schutzgehalt der Menschenwürde auf befriedigende Weise in für die Rechtsanwendung praktikabler Form bestimmen kann.[445]

Die Menschenwürde wird unionsrechtlich somit anhand von Einzelfällen und Fallgruppen bestimmt, wobei den Konkretisierungen der Art. 2 bis 5 GrCh eine wichtige Bedeutung zukommt.[446] Allerdings handelt es sich bei den Konkretisierungen im Wesentlichen um Fälle, in denen es um eine Substanzverletzung geht, so dass diese für eine Einwilligung im Datenschutzrecht und Wettbewerbsrecht nicht im Fokus stehen.[447] Es würde zudem den Umfang dieser Arbeit sprengen, eine Definition der Menschenwürde auf unionsrechtlicher Ebene zu finden.[448] Daher wird nur kurz skizziert, inwiefern in den Einzelfällen der Art. 2 bis 5 GrCh die Menschenwürde auch einen Selbstbestimmungskern in der GrCh enthält und welche Voraussetzungen sich daraus ggf. auch für eine Einwilligung in anderen Fällen herleiten lassen.

(1) Selbstbestimmung in Art. 2 bis 5 GrCh

Die Art. 2 bis Art. 5 GrCh müssen differenziert betrachtet werden, da sie unterschiedliche Schutzrichtungen haben.

(a) Art. 2 GrCh

Art. 2 Abs. 1 GrCh normiert das Recht auf Leben. Im Hinblick auf die Selbstbestimmung stellt sich insbesondere die Frage, ob der Wunsch zu Sterben ebenfalls Teil des Schutzgutes ist. Dies ist dann der Fall, wenn das Recht auf Leben auch die Entscheidung einschließt, wann man auf sein Leben verzichten will. Art. 2 Abs. 2 GrCh stellt dabei zunächst klar, dass das Leben nicht vom Staat oder

---

443 Meyer/Hölscheidt/*Borowsky*, Art. 1 GrCh Rn. 39.

444 Schwarze/Becker/Hatje/Schoo/*Voet van Vormizeele*, Art. 1 GrCh Rn. 6; von der Groeben/Schwarze/Hatje/*Ausgberg*, Art. 1 GrCh Rn. 4.

445 *Schwarzburg*, Menschenwürde, S. 90.

446 Meyer/Hölscheidt/*Borowsky*, Art. 1 GrCh Rn. 39 ff.; Schwarze/Becker/Hatje/Schoo/*Voet van Vormizeele*, Art. 1 GrCh Rn. 6; Heselhaus/Nowak/*Rixen*, § 13 Rn. 12 ff.; von der Groeben/Schwarze/Hatje/*Ausgberg*, Art. 1 GrCh Rn. 4; *Schwarzburg*; Menschenwürde, S. 90 ff.

447 Vgl. dazu bereits B. I. 3. c) ee).

448 Umfassend zur Menschenwürde im Recht der Europäischen Union etwa *Schwarzburg*, Menschenwürde.

einem privaten Dritten beendet werden darf. Ob dies jedoch mit Einwilligung des Betroffenen geschehen darf, etwa durch aktive oder passive Sterbehilfe, ist seit langer Zeit Gegenstand heftiger Diskussionen in der Europäischen Union.[449]

Nach Ansicht des EGMR[450] und großen Teilen der Literatur gewährt Art. 2 EMRK, und damit auch Art. 2 GrCh, kein Recht auf Suizid oder aktive Sterbehilfe, denn dem Recht auf Selbstbestimmung in Art. 2 EMRK könne nicht entnommen werden, dass eine Person das Recht habe, den Tod an Stelle des Lebens zu wählen.[451] Eine andere Auslegung des Art. 2 EMRK verdrehe den Wortlaut derart, dass er ein „diametral entgegengesetzte[s] Recht“[452] enthalte.[453]

Die Ansicht des EGMR und des ihm folgenden Teils der Literatur vermag nicht zu überzeugen. Es ist aus dem Wortlaut nicht ersichtlich, weshalb bei Art. 2 GrCh keine negative Freiheit bestehen soll, dies jedoch bei anderen Grundrechten der Charta der Fall sein soll, obwohl der Wortlaut nahezu identisch ist.[454] Ferner ist das Leben an sich etwas Höchstpersönliches, worüber durch die Bedeutung der Menschenwürde und der dadurch geschützten Selbstbestimmung der oder die Einzelne grundsätzlich selbst entscheiden können dürfen sollte.[455] Selbstverständlich muss hierbei berücksichtigt werden, dass es in diesen Fällen nicht zu Missbrauch kommt und keine übereilten Entscheidungen getroffen werden, die im Fall der Beendigung

---

449 Dazu umfassend etwa *Schwarzburg*, Menschenwürde, S. 110ff.

450 Diese ist nach Art. 52 Abs. 3 S. 1 GrCh für die Auslegung und Anwendung der GrCh bei inhaltlicher Identität der Rechte ebenfalls maßgeblich, vgl. Meyer/Hölscheidt/*Borowsky*, Art. 2 GrCh Rn. 33.

451 EGMR, Urteil vom 29.04.2002 – 2346/02, NJW 2002, 2851, 2852. Von der Groeben/Schwarze/Hatje/*Augsberg*, Art. 2 GrCh Rn. 4; Schwarze/Becker/Hatje/Schoo/*Voet van Vormizeele*, Art. 2 GrCh Rn. 5; Jarass/*Jarass*, Art. 2 GrCh Rn. 5; Meyer/Hölscheidt/*Borowsky*, Art. 2 GrCh Rn. 32; FraKo/*Frenz*, Art. 2 GrCh Rn. 17; *Gatterer*, Schutz der Menschenrechte und der Würde der Todkranken und Sterbenden, Rn. 54. Der EGMR ging allerdings davon aus, dass durch das Verbot der Sterbehilfe ein Eingriff in das Recht auf Achtung des Privatlebens gem. Art. 8 Abs. 1 EMRK vorliegen könnte. Diesen Eingriff sah der EGMR jedoch gem. Art. 8 Abs. 2 EMRK als gerechtfertigt an, vgl. dazu EGMR, Urteil vom 29.04.2002 – 2346/02, NJW 2002, 2851, 2854f.; Grabenwarter/*Breuer*, § 8 Rn. 82. Der EGMR äußerte sich in der Rechtssache Haas erneut zum „Recht einer Person zu entscheiden, wie und zu welchem Zeitpunkt ihr Leben beendet sein soll“ und stellte fest, dass dies „Teil des Rechts auf Achtung des Privatlebens i. S. von Art. 8 EMRK [ist], vorausgesetzt, sie kann ihren Willen frei bilden und entsprechend handeln“, vgl. EGMR, Urteil vom 20.01.2011 – 31322/07, NJW 2011, 3773ff.

452 EGMR, Urteil vom 29.04.2002 – 2346/02, NJW 2002, 2851, 2852.

453 Dabei unterscheidet der EGMR im Hinblick auf Art. 11 EMRK, bei dem er die negative Vereinigungsfreiheit angenommen hat, zwischen Freiheiten und Rechten; mit der Folge, dass nur bei Freiheiten eine negative Ausübungsfreiheit bestehen könne, vgl. EGMR, Urteil vom 29.04.2002 – 2346/02, NJW 2002, 2851, 2852; Grabenwarter/*Breuer*, § 8 Rn. 77f.

454 So auch Heselhaus/Nowak/*Rixen*, § 14 Rn. 10.

455 Stern/Sachs/*Höfling/Kempny*, Art. 2 GrCh Rn. 48. So ja auch bei der körperlichen Unversehrtheit, vgl. Heselhaus/Nowak/*Rixen*, § 14 Rn. 10. Zudem wird etwa die Unterscheidung zwischen Freiheiten und Rechten in der GrCh abgelehnt, da aus dem Menschenwürdekern ein Autonomiegedanke folge, der nicht nur für Handlungsrechte bzw. Freiheiten greife und es sich ferner um ein Grundrecht zu leben und nicht um eine Grundpflicht handle, vgl. Grabenwarter/*Breuer*, § 8 Rn. 78.

des Lebens sogar unumkehrbar sind. Dies zu verhindern ist Aufgabe des Gesetzgebers und der Gerichte.

Die besseren Gründe sprechen daher für ein Selbstbestimmungsrecht aus Art. 2 GrCh, das auch das Recht zur Beendigung des Lebens enthält. Dabei ist grundrechtlich zu beachten, dass die Voraussetzung für eine wirksame Selbstbestimmung die Selbstbestimmungsfähigkeit ist.[456] Es kann festgehalten werden, dass auch nach Art. 2 GrCh die Menschenwürde ein Selbstbestimmungsrecht umfasst und dass diesem eine herausgehobene Bedeutung zukommt.[457]

(b) Art. 3 GrCh

Die Einwilligung gem. Art. 3 Abs. 2 lit. a) GrCh gilt dem Wortlaut zufolge zunächst insbesondere im Rahmen der Medizin und der Biologie. Es stellt sich die Frage, ob eine Einwilligung auch für andere Bereiche, die Art. 3 Abs. 1 GrCh tangieren, möglich ist, oder ob die explizite Normierung in Abs. 2 bedeute, dass in den übrigen Fällen einer Beeinträchtigung der körperlichen und geistigen Unversehrtheit keine Einwilligung möglich sein soll.

(aa) Art. 3 Abs. 2 lit. b)

Das Verbot des Art. 3 Abs. 2 lit. b) GrCh ist nicht so eindeutig, wie es der Wortlaut nahelegt. So wird vertreten, dass es bei Art. 3 Abs. 2 lit. b) GrCh trotz der ausdrücklichen Normierung des Verbots eugenischer Praktiken Ausnahmen gebe, sofern eine gewisse Relevanzschwelle nicht überschritten wird.[458] Dafür lassen sich auch die Konventsberatungen heranziehen, in denen ausgeführt wurde, dass sich dieses Verbot nur auf Fälle beziehen soll, bei denen der Mensch ohne seine Zustimmung genutzt oder ausgenutzt werde.[459] Die freiwillige und private Eugenik sei mithin nicht vom Verbot erfasst.[460]

---

[456] Die stellt auch der EGMR fest, allerdings unter dem Aspekt des Art. 8 EMRK, vgl. EGMR, Urteil vom 20.01.2011 – 31322/07, NJW 2011, 3773 ff.

[457] Ebenso *Schwarzburg*, Menschenwürde, S. 119 f.

[458] Meyer/Hölscheidt/*Borowsky*, Art. 3 GrCh Rn. 45; FraKo/*Heselhaus*, Art. 3 GrCh Rn. 23; Calliess/Ruffert/*Calliess*, Art. 3 GrCh Rn. 14. Darunter falle auch, dass ein freiwilliges staatliches Eugenik-Programm – etwa wie auf Zypern zur Verhinderung der weiteren Ausbreitung einer vererbten Blutkrankheit – nicht erfasst sei, da es am Element des Zwangs fehle, vgl. Meyer/Hölscheidt/*Borowsky*, Art. 3 GrCh Rn. 45. A. A. *Frenz*, Handbuch Europarecht – Band 4, Rn. 1147. Etwas vage äußert sich Augsberg, der lediglich ausführt, dass der aufgeklärten Einwilligung „insbesondere" bei Heilbehandlungen erhebliche Bedeutung zukomme, vgl. Von der Groeben/Schwarze/Hatje/*Augsberg*, Art. 3 GrCh Rn. 8. Dies impliziert, dass es darüberhinausgehende Fälle gibt, bei denen die Einwilligung Relevanz hat.

[459] Calliess/Ruffert/*Calliess*, Art. 3 GrCh Rn. 14.

[460] Calliess/Ruffert/*Calliess*, Art. 3 GrCh Rn. 14; Meyer/Hölscheidt/*Borowsky*, Art. 3 GrCh Rn. 45; FraKo/*Heselhaus*, Art. 3 GrCh Rn. 23. Vereinzelt wird innerhalb dieser Ansicht aus-

Das Verbot umfasst mithin richtigerweise nur Situationen und Maßnahmen, bei denen die selbstbestimmte Einwilligung bereits nicht möglich ist, da die angestrebte Maßnahme aufgrund von Zwang erfolgt. Die Freiheit der Einwilligung als eines der wesentlichen Elemente des Art. 3 Abs. 2 lit. a) GrCh fehlt in diesen Fällen ohnehin bereits. Eine Einwilligung in Maßnahmen, die ohne Zwang erfolgen, wie etwa das freiwillige Eugenik-Programm, ist möglich. Das Selbstbestimmungsrecht der einzelnen Person wird mithin trotz des ausdrücklichen Verbots gewahrt und als Kern der Menschenwürde auch in diesem Punkt anerkannt.

(bb) Art. 3 Abs. 2 lit. c) GrCh

Auch das ausdrückliche Verbot, den menschlichen Körper und Teile davon als zur Erzielung von Gewinn zu nutzen, unterliegt Ausnahmen und einer Relevanzschwelle.[461] So ist der kommerzielle Organhandel strikt verboten, da der menschliche Körper nicht zu Ware und Handelsobjekt degradiert werden darf und ein solcher Verkauf meist nur in absoluten Notsituationen erfolgt, in welcher eine freie und selbstbestimmte Entscheidung denklogisch nicht möglich ist.[462] Der Erhalt eines gewissen Aufwendungsersatzes bei der zulässigen freiwilligen Organspende soll jedoch ebenso möglich sein wie der Verkauf von sog. abstoßendem Gewebe wie Haaren und Fingernägeln.[463] Dafür spricht auch, dass die freiwillige Organspende überwiegend sozial geprägt ist und eine vernünftige, da für andere lebensrettende, Maßnahme darstellt.

Trotz des auf den ersten Blick eindeutigen Verbots in Art. 3 Abs. 2 lit. c) GrCh wird das Selbstbestimmungsrecht des Menschen über seinen Körper gewahrt. Dieses ist im Einzelfall nach der konkreten Situation zu bewerten.[464] Dabei muss die

---

geführt, die Verbote seien speziellere Regelungen zu Art. 3 Abs. 2 lit. a) GrCh, so dass der einzelnen Person keine Dispositionsbefugnis darüber zukomme, FraKo/*Heselhaus*, Art. 3 GrCh Rn. 26. Dies klingt zunächst widersprüchlich, lässt sich jedoch systematisch so erklären, dass sich die ausdrücklichen Verbote nur auf hoheitliche Maßnahmen und auf Zwangsmaßnahmen beziehen. Bei diesen Maßnahmen ist eine selbstbestimmte Entscheidung aufgrund der Art der Maßnahme bereits denklogisch ausgeschlossen, so dass es keine Einwilligung geben kann.

[461] FraKo/*Heselhaus*, Art. 3 GrCh Rn. 24; Meyer/Hölscheidt/*Borowsky*, Art. 3 GrCh Rn. 46; a. A. Calliess/Ruffert/*Calliess*, Art. 3 GrCh Rn. 15. Calliess stellt in Frage, ob er hier tatsächlich eine Tatbestandsausnahme entgegen dem Wortlaut vorliegen kann.

[462] Meyer/Hölscheidt/*Borowsky*, Art. 3 GrCh Rn. 46. Ähnlich *Schwarzburg*, Menschenwürde, S. 174.

[463] FraKo/*Heselhaus*, Art. 3 GrCh; Meyer/Hölscheidt/*Borowsky*, Art. 3 GrCh Rn. 46; *Schwarzburg*, Menschenwürde, S. 184 f. Der Aufwendungsersatz darf nur bestimmte Nachteile, die im Zusammenhang mit der Spende entstehen, ausgleichen, nicht aber Vorteile gewähren, vgl. *Schwarzburg*, Menschenwürde, S. 185.

[464] Dabei ist etwa die Relevanz des jeweiligen Körperteils und seine Funktion für den Organismus (vgl. *Schwarzburg*, Menschenwürde, S. 187) oder bei Haaren und Fingernägeln die Tatsache, dass diese von Zeit zu Zeit ohnehin abgetrennt werden (vgl. FraKo/*Heselhaus*, Art. 3 GrCh Rn. 24) zu beachten.

Abgrenzung erneut anhand der Frage erfolgen, inwieweit das Selbstbestimmungsrecht der einzelnen Person überhaupt ausgeübt werden konnte und inwieweit sie sich damit zu einer Ware macht. Somit wird auch in diesem Fall das Selbstbestimmungsrecht als Kern der Menschenwürde respektiert und anerkannt.

(cc) Art. 3 Abs. 2 lit. d) GrCh

Das Verbot reproduktiven Klonens in Art. 3 Abs. 2 lit. d) GrCh untersagt die Vervielfältigung von Genen, Zellen oder individuellen Lebewesen zur Schaffung identischer Personen.[465] Das Verbot reproduktiven Klonens ist nicht als Beschränkung der Selbstbestimmung zu sehen, denn reproduktives Klonen ist bereits keine Ausübung von Selbstbestimmung. Durch das reproduktive Klonen wird künstlich ein neuer identischer Mensch erschaffen. Dies übersteigt die Bestimmung über seine eigene Person und tangiert nicht nur die eigenen Belange. Es wird dadurch eine neue Person mit eigener Menschenwürde geschaffen und nicht die eigene Menschenwürde verwirklicht. Diesem Verbot lässt sich mithin keine Aussage im Hinblick auf das Selbstbestimmungsrecht im Rahmen der Menschenwürde entnehmen.

(dd) Einwilligung übertragbar auf Art. 3 Abs. 1 GrCh?

Schließlich stellt sich die Frage, ob die Einwilligung im Rahmen der Biologie und der Medizin des Art. 3 Abs. 2 lit. a) GrCh auch auf den Schutzbereich des Art. 3 Abs. 1 GrCh übertragen werden kann.

In der Literatur wird ausgeführt, das Schutzgut der Unversehrtheit sei dann beeinträchtigt, wenn die Beeinträchtigung nicht vom wirksam erklärten Willen der betroffenen Person legitimiert sei.[466] Dies bedeutet im Umkehrschluss, eine Beeinträchtigung hänge immer vom Willen der einzelnen Person ab, und zwar bereits auf der Ebene des Schutzbereichs.[467] Dies könne auch Entscheidungen gegen die eigene Unversehrtheit umfassen.[468] Teilweise wird jedoch ausgeführt, es gebe Schutzpflichten des Staates zum Schutz der einzelnen Person bei Selbstmanipulation oder

---

[465] FraKo/*Heselhaus*, Art. 3 GrCh Rn. 25; Meyer/Hölscheidt/*Borowsky*, Art. 3 GrCh Rn. 47; Calliess/Ruffert/*Calliess*, Art. 3 GrCh Rn. 16. Ob das sog. therapeutische Klonen oder das Klonen zu Forschungszwecken erlaubt sind, lässt die Charta offen, was neben dem eindeutigen Wortlaut auch die Erläuterungen klarstellen, vgl. FraKo/*Heselhaus*, Art. 3 GrCh Rn. 25; Meyer/Hölscheidt/*Borowsky*, Art. 3 GrCh Rn. 47; Calliess/Ruffert/*Calliess*, Art. 3 GrCh Rn. 16.

[466] Meyer/Hölscheidt/*Borowsky*, Art. 3 GrCh Rn. 38; von der Groeben/Schwarze/Hatje/*Augsberg*, Art. 3 GrCh Rn. 8.

[467] So verstanden wirkt die Einwilligung tatbestandsausschließend in diesem Fall. Dies ist, wie bereits mehrfach angeführt, umstritten. Ausführlich dazu im Hinblick auf das Datenschutzrecht C. II. 1. und zum Wettbewerbsrecht F. V. 1.

[468] Jarass/*Jarass*, Art. 3 GrCh Rn. 5; Stern/Sachs/*Höfling/Kempny*, Art. 3 GrCh Rn. 9; Heselhaus/Nowak/*Rixen*, § 15 Rn. 14.

Selbstenhancement.[469] Entscheidend sei dafür allerdings die Bewertung der Einwilligung aus Art. 3 Abs. 2 lit. a) GrCh.[470] Es wird somit nach dieser Ansicht davon ausgegangen, die Einwilligung gelte nicht nur für die Biologie und die Medizin.[471]

Die Selbstbestimmung ist also auch unter dem Aspekt des Art. 3 Abs. 1 GrCh ein wichtiger Teil der Menschenwürde. Die Regelungen des Art. 3 Abs. 2 GrCh schließen daher nicht aus, dass eine Einwilligung auch bei Art. 3 Abs. 1 GrCh möglich ist und auch in der Literatur wird im Grunde angenommen, dass keine Beeinträchtigung vorliegt, wenn eine Einwilligung wirksam ausgesprochen wurde. Vielmehr handelt es sich auch dann um die Ausübung des Grundrechts.[472] Voraussetzung dafür ist die Selbstbestimmungsfähigkeit.[473]

(ee) Ergebnis

Es kann mithin festgehalten werden, dass eine Einwilligung gem. Art. 3 Abs. 1 und Abs. 2 GrCh möglich ist. Die ausdrückliche Normierung in Art. 3 Abs. 2 lit. a) GrCh schließt eine Einwilligungsmöglichkeit in den anderen Fällen des Art. 3 GrCh nicht aus. Die Selbstbestimmung wird durch diese Konkretisierung hervorgehoben und es wird ihr in besonderem Maße Rechnung getragen. Die Einwilligung muss allerdings stets auf das Vorliegen ihrer Voraussetzungen geprüft werden. So muss insbesondere gewährleistet sein, dass sie nicht aus einer selbstbestimmungsausschließenden Notsituation heraus erteilt wird, um dem Selbstbestimmungsrecht gerecht zu werden. Pauschale Verbote sind dennoch – wie gezeigt – selbst bei Veräußerungen von Körperteilen aufgrund der Wichtigkeit der Selbstbestimmung schwierig. Einschränkungen der Selbstbestimmung sollten daher stets situationsabhängig sein.

(c) Art. 4 GrCh

Es gibt keine Legaldefinition von Folter in der GrCh, so dass auf die Definition des Art. 1 Abs. 1 des Übereinkommens gegen Folter und andere grausame, unmenschliche und erniedrigende Behandlung oder Strafe vom 10. Dezember 1984 (nachfolgend „UN-Antifolterkonvention“) zurückgegriffen werden kann.[474] Die

---

[469] Meyer/Hölscheidt/*Borowsky*, Art. 3 GrCh Rn. 37.

[470] Meyer/Hölscheidt/*Borowsky*, Art. 3 GrCh Rn. 38.

[471] So wie es auch darüber hinaus in der Literatur vertreten wird, vgl. Stern/Sachs/*Höfling/Kempny*, Art. 3 GrCh Rn. 9; Heselhaus/Nowak/*Rixen*, § 15 Rn. 14.

[472] So gehört für Rixen etwa das Stechen eines Piercings zum Schutzbereich des Art. 3 Abs. 1 GrCh, vgl. Heselhaus/Nowak/*Rixen*, § 15 Rn. 14.

[473] Vgl. etwa Heselhaus/Nowak/*Rixen*, § 15 Rn. 14.

[474] FraKo/*Thiele*, Art. 4 GrCh Rn. 11; Jarass/*Jarass*, Art. 4 GrCh Rn. 6; Meyer/Hölscheidt/*Borowsky*, Art. 4 GrCh Rn. 15.

Definition[475] zeigt, dass eine Einwilligung in Folter nicht möglich ist, denn gerade die dort genannten Beispiele verdeutlichen, dass der Wille des Betroffenen den Handlungen entgegenstehen muss. Ist dies nicht der Fall, fällt die Handlung nicht unter den Begriff der Folter. Willigt etwa jemand ein, sich große körperliche oder seelische Schmerzen zufügen zu lassen, kann denklogisch keiner der geforderten Zwecke der Folter vorliegen. Dies ist folglich eine Frage der Einwilligung in einen Eingriff in Art. 3 Abs. 1 GrCh.[476] Das Folterverbot ist im Hinblick auf ein Selbstbestimmungsrecht daher unergiebig.

Die übrigen Fälle der unmenschlichen oder erniedrigenden Strafe oder Behandlung des Art. 4 GrCh sollen Verletzungen der Menschenwürde erfassen, die nicht die Schwelle der Folter erreicht haben.[477] Maßgeblich für die Beurteilung, ob eine solche unmenschliche oder erniedrigende Behandlung vorliegt, ist die Perspektive des Betroffenen.[478] Dies erinnert an die obigen Ausführungen, dass der oder die Betroffene selbst entscheidet, ob dieses Verhalten unwürdig ist. Eine Einwilligung gestaltet somit – ähnlich wie bei der Menschenwürde – den Schutzbereich mit. Weitergehende Erkenntnisse, insbesondere zu konkreten Voraussetzungen, lassen sich aus Art. 4 GrCh nicht entnehmen.

(d) Art. 5 GrCh

Ähnlich wie beim Folterverbot deutet der Wortlaut des Art. 5 GrCh darauf hin, dass bei jeder dieser Handlungen Zwang vorliegen muss. Dies bedeutet, dass Aussagen über ein Selbstbestimmungsrecht anhand Art. 5 GrCh nicht getroffen werden könnten. Zwang schließt eine Selbstbestimmung *per se* aus, so dass die Regelungen in Art. 5 GrCh keinen Inhalt in der Hinsicht haben können, dass ein Selbstbestimmungsrecht konkretisiert wird.

---

[475] Art. 1 Abs. 1 UN-Antifolterkonvention: „Im Sinne dieses Übereinkommens bezeichnet der Ausdruck ‚Folter‘ jede Handlung, durch die einer Person vorsätzlich große körperliche oder seelische Schmerzen oder Leiden zugefügt werden, zum Beispiel um von ihr oder einem Dritten eine Aussage oder ein Geständnis zu erlangen, um sie für eine tatsächlich oder mutmaßlich von ihr oder einem Dritten begangene Tat zu bestrafen oder um sie oder einen Dritten einzuschüchtern oder zu nötigen, oder aus einem anderen, auf irgendeiner Art von Diskriminierung beruhenden Grund, wenn diese Schmerzen oder Leiden von einem Angehörigen des öffentlichen Dienstes oder einer anderen in amtlicher Eigenschaft handelnden Person, auf deren Veranlassung oder mit deren ausdrücklichem oder stillschweigendem Einverständnis verursacht werden. Der Ausdruck umfasst nicht Schmerzen oder Leiden, die sich lediglich aus gesetzlich zulässigen Sanktionen ergeben, dazu gehören oder damit verbunden sind.“

[476] Eine weitergehende Erörterung mit der Sache ist an dieser Stelle nicht nötig, da es lediglich um die Selbstbestimmung im Rahmen der Menschenwürde geht und diese hier nicht im Fokus steht.

[477] Jarass/*Jarass*, Art. 4 GrCh Rn. 8; Meyer/Hölscheidt/*Borowsky*, Art. 4 GrCh Rn. 16.

[478] Meyer/Hölscheidt/*Borowsky*, Art. 4 GrCh Rn. 16.

(e) Ergebnis

Die Selbstbestimmung ist in Art. 2 bis Art. 5 GrCh selbst bei solchen Grundrechten, bei denen trotz Einwilligung eine Substanzverletzung vorliegt, verankert. Dies führt dazu, dass pauschale Einschränkungen der Selbstbestimmung in der GrCh auf Ausnahmesituationen beschränkt sind und selbstbestimmte Entscheidungen zu respektieren sind.

(2) Unantastbarkeit der Menschenwürde

Wie im nationalen Recht ist die Menschenwürde auch unionsrechtlich als „unantastbar" normiert, vgl. Art. 1 S. 1 GrCh. Dies bedeutet, dass grundsätzlich kein Raum für Interessenabwägungen verbleibt, die Menschenwürde keinen Einschränkungen unterliegt und die Schrankenklausel in Art. 51 Abs. 1 GrCh nicht anwendbar ist.[479]

Erneut stellt sich die Frage, wie eine selbstbestimmte Einschränkung der Menschenwürde zu behandeln ist, die zugleich eine Ausübung der Menschenwürdegarantie darstellt.[480] Eine Versagung dieser Möglichkeit aufgrund der „Unantastbarkeit" der Menschenwürde würde zugleich eine Einschränkung der Ausübung der Menschenwürdegarantie darstellen und die Menschenwürde „antasten". Dies wird in der Literatur auf Unionsebene bislang nicht umfassend diskutiert. So wird ohne nähere Begründung angenommen, auf die Menschenwürde könne niemals verzichtet werden,[481] und die „Unantastbarkeit" der Menschenwürde gewähre ein Abwehrrecht gegenüber der Hoheitsgewalt und Eingriffen privater oder dritter Seite.[482] Gleichwohl obliege dem Staat eine Schutzpflicht, um Übergriffe Privater zu verhindern und angemessen zu sanktionieren.[483]

Es wird mithin diesbezüglich die Frage gestellt, ob mit paternalistischer Tendenz gegenüber Dritten die Würde des Menschen gegen seine Autonomie ausgespielt werde oder ob die Unantastbarkeit der Menschenwürde auch gegen ihren Träger geltend gemacht werden muss.[484] Breuer stellt dabei zunächst klar, dass es sich hierbei für ihn nicht um einen Verzicht handelt, da dieser nur gegenüber dem Anspruchsverpflichteten, also dem Staat, zu erklären sei und nicht zwischen

---

[479] Schlussanträge der Generalanwältin *Stix-Hackl*, Rs. C-36/02 – *Omega*, Slg. 2004, S. I-9609, Rn. 93; Schwarze/Becker/Hatje/Schoo/*Voet van Vormizeele*, Art. 1 GrCh Rn. 7; Meyer/Hölscheidt/*Borowsky*, Art. 1 GrCh Rn. 39; Heselhaus/Nowak/*Rixen*, § 13 Rn. 22; FraKo/*Frenz*, Art. 1 GrCh Rn. 58; von der Groeben/Schwarze/Hatje/*Augsberg*, Art. 1 GrCh Rn. 12; *Schwarzburg*, Menschenwürde, S. 433.

[480] Vgl. oben unter B. I. 3. c) aa) (3).

[481] Ehlers/*Ehlers*, Grundrechte und Grundfreiheiten, § 14 Rn. 98.

[482] Meyer/Hölscheidt/*Borowsky*, Art. 1 GrCh Rn. 42.

[483] Meyer/Hölscheidt/*Borowsky*, Art. 1 GrCh Rn. 43.

[484] Meyer/Hölscheidt/*Borowsky*, Art. 1 GrCh Rn. 43.

Privaten.[485] Unter Privaten gehe es vielmehr um die Frage, ob dem Betroffenen gegen seinen Willen vom Staat ein Schutz aufgezwungen werden darf.[486] Hierzu gibt es bereits verschiedene Ansatzpunkte des EuGH und des EGMR, die nachfolgend darzustellen sind. Eine Betrachtung der Rechtsprechung des EGMR zu Art. 3 EMRK führe hierbei nicht zu einer anderen Einschätzung, denn der Parteiautonomie sei Vorrang einzuräumen.[487]

(a) Rechtsprechung des EGMR

Der EGMR stellte in der Rechtssache Petty ausdrücklich fest, dass „die Fähigkeit, sein Leben so zu leben, wie man selbst bestimmt hat, auch die Möglichkeit einschließen kann, Dinge zu tun, die für die Person körperlich oder seelisch schädlich oder gefährlich sind".[488] Jedes noch so banale Verhalten sei Ausdruck der in der Menschenwürde wurzelnden Idee individueller Freiheit.[489] Dem stimmt auch Schwarzburg zu, indem sie ausführt: „Die freiwillige, selbstbestimmte Entscheidung, objekthafte Rollen einzunehmen oder die eigene Intimsphäre preiszugeben, ist Ausdruck einer Handlung als ‚Subjekt' und verhindert, dass die einzelne Person zum ‚bloßen' Objekt in der Hand Dritter wird."[490] Dem ist nur teilweise zuzustimmen. Eine freiwillige und selbstbestimmte Entscheidung, durch welche die einzelne Person unumkehrbar zum Objekt eines Dritten wird, wie etwa die Sklaverei, stellt zwar in dem Moment die Ausübung des der Menschenwürde innewohnenden Selbstbestimmungsrechts dar und ist mithin eine Handlung als Subjekt. Dadurch wird der Person jedoch die Möglichkeit zu späteren freiwilligen und selbstbestimmten Entscheidungen in dieser Hinsicht genommen. Somit kann sie keine Handlung als Subjekt mehr vornehmen und macht sich durch diese Handlung zum Objekt. Es sollte somit eine Einschränkung für solche Fälle vorgenommen werden.

(b) Rechtsprechung des EuGH

Eine weitere wegweisende Entscheidung zur Menschenwürde auf unionsrechtlicher Ebene ist die *Omega* Entscheidung des EuGH.[491] Diese Entscheidung ist jedoch hinsichtlich der Frage der Unantastbarkeit der Menschenwürde unergiebig, da der EuGH sich darin lediglich zum Schutz der Gesellschaft äußert und nicht

---

[485] Grabenwarter/*Breuer*, § 8 Rn. 75.
[486] Grabenwarter/*Breuer*, § 8 Rn. 75.
[487] Grabenwarter/*Breuer*, § 8 Rn. 83.
[488] EGMR, Urteil vom 29.04.2002 – 2346/02, NJW 2002, 2851, 2853 f.
[489] Grabenwarter/*Gärditz*, § 6 Rn. 34.
[490] *Schwarzburg*, Menschenwürde, S. 431.
[491] EuGH, Urteil vom 14.10.2004 – C-36/02, NVwZ 2004, 1471 ff.

zur Frage nach dem Schutz der einzelnen Person vor sich selbst oder zu einer Antastbarkeit der Menschenwürde.[492]

Nach Ansicht von Breuer ist die EuGH-Rechtsprechung zur Prostitution[493] für die Frage der Unantastbarkeit der Menschenwürde ergiebiger. Diese richtet sich gegen ein paternalistisch geprägtes Menschenwürdeverständnis, auch wenn sich darin keine ausdrückliche Auseinandersetzung mit der Würdeproblematik findet.[494] Der EuGH führt in der Rechtssache *Jany* zwar zunächst aus, dass es nicht Sache des Gerichtshofs sei, die Beurteilung der Gesetzgeber der Mitgliedstaaten durch eine eigene Beurteilung zu ersetzten, wann eine angeblich unsittliche Tätigkeit rechtmäßig ausgeübt werde.[495] Allerdings sei die Prostitution eine selbstständig ausgeübte Erwerbstätigkeit, sofern sie nicht im Rahmen eines Unterordnungsverhältnisses, in eigener Verantwortung und gegen ein Entgelt, das vollständig und unmittelbar an den oder die Dienstleistende ausgezahlt wird, ausgeübt wird.[496] Es wird damit zum Ausdruck gebracht, dass die eigenverantwortliche Entscheidung auch in Bereichen, die im Hinblick auf die Menschenwürde sensibel sind, nach Ansicht des EuGH entscheidend ist. Dies deckt sich mit dem bereits für das nationale Recht festgehaltenen Verständnis der Menschenwürde. Eine Prostituierte verfügt bei freiwilliger Ausübung nicht über ihre Menschenwürde, sondern definiert sie selbst und empfindet diese Ausübung als ihrer Würde entsprechend. Es ist mithin das Ergebnis ihrer Selbstwahrnehmung und als Ausprägung des Autonomiegedankens der Menschenwürde hinzunehmen und anzuerkennen.[497]

(c) Stellungnahme

Die Berücksichtigung der Autonomie führt somit dazu, dass der Schutzgehalt der Menschenwürde durch die einzelne Person mitbestimmt wird. Dieser Schutzgehalt ist sodann unantastbar. Die Menschenwürde ist folglich im individuell beeinflussten Rahmen unantastbar.

Das Verbot einer Handlung, die auf einer solchen Ausübung der Menschenwürde basiert, muss vor diesem Hintergrund restriktiv erfolgen. Wenn eine Einwilligung die Ausübung der Menschenwürde darstellt und den Schutzgehalt mit definiert, dürfte eine Einwilligung aufgrund der Unantastbarkeit der Menschenwürde nicht verboten werden. Wie bereits mehrfach ausgeführt liegt eine Grenze dann vor,

---

[492] EuGH, Urteil vom 14.10.2004 – C-36/02, NVwZ 2004, 1471 ff.; *Grabenwarter/Breuer*, § 7 Rn. 89; *Schwarzburg*, Menschenwürde, S. 370.
[493] EuGH, Urteil vom 20.11.2001 – C-268/99, EuR 2003, 458 ff.
[494] Grabenwarter/*Breuer*, § 8 Rn. 89.
[495] EuGH, Urteil vom 20.11.2001 – C-268/99, EuR 2003, 458, 469.
[496] EuGH, Urteil vom 20.11.2001 – C-268/99, EuR 2003, 458, 471 f.
[497] Grabenwarter/*Breuer*, § 8 Rn. 89.

wenn die Menschenwürde unwiderruflich aufgegeben wird und es sich mithin um einen Totalverzicht handelt. Aus Sicht der Menschenwürde obliegt die Einwilligung ansonsten keinen Einschränkungen zum Schutz vor sich selbst. Voraussetzung ist stets, dass die Entscheidung tatsächlich selbstbestimmt erfolgt.

(3) Zwischenergebnis

Aus den vorangehenden Darstellungen wird deutlich, dass die Selbstbestimmung für die Menschenwürde auch in der Grundrechtecharta eine überragende Bedeutung einnimmt und eine selbstbestimmte Entscheidung die Ausübung der von der Grundrechtecharta geschützten Menschenwürde ist. Eine Einwilligung in eine für die Menschenwürde sensible Handlung widerspricht nicht der normierten Unantastbarkeit der Menschenwürde, denn dadurch wird der individuelle Schutzgehalt der Menschenwürde überhaupt erst gestaltet. Eine Einschränkung der Einwilligungsmöglichkeit kann somit nur restriktiv erfolgen, um die Menschenwürde nicht anzutasten.

bb) Allgemeine Handlungsfreiheit

Ein eigens normiertes Grundrecht auf Allgemeine Handlungsfreiheit gibt es in der Grundrechtecharta nicht.[498] Aspekte der Allgemeinen Handlungsfreiheit gem. Art. 2 Abs. 1 GG werden jedoch auch in der Grundrechtecharta geschützt. So schützt Art. 16 GrCh etwa die wirtschaftliche Betätigungsfreiheit in all ihren Ausprägungen und umfasst somit auch die Vertragsfreiheit und die Privatautonomie.[499] Durch die Gewährleistung von Freiheit und der damit geschützten Selbstbestimmung in dieser Hinsicht, ist für Art. 16 GrCh anerkannt, dass bei freiwilliger Einwilligung in Kenntnis der Sachlage ein Eingriff ausscheidet.[500] Eine Einwilligung ist in dieser Hinsicht auch bei Art. 16 GrCh eine Grundrechtsausübung und die Feststellungen für Art. 2 Abs. 1 GG sind auf die Grundrechtecharta übertragbar.[501]

---

[498] Meyer/Hölscheidt/*Bernsdorff*, Art. 7 GrCh Rn. 11; Calliess/Ruffert/*Kingreen*, Art. 7 GrCh Rn. 3; Heselhaus/Nowak/*Rixen*, § 13 Rn. 12; Schwarze/Becker/Hatje/Schoo/*Voet van Vormizeele*, Art. 1 GrCh Rn. 5; Meyer/Hölscheidt/*Borowsky*, Art. 1 GrCh Rn. 38; *Voigt*, Einwilligung, S. 259; LG Erfurt, Urteil vom 19.11.2020 – 8 O 559/20, BeckRS 2020, 53313 Rn. 41.

[499] EuGH, Urteil vom 18.07.2013 – C-426/11, EuZW 2013, 747, 748 Rn. 31 f.; Erläuterungen zur Charta der Grundrechte, Amtsblatt der Europäischen Union, C 303/17, S. 7; Calliess/Ruffert/*Ruffert*, Art. 16 GrCh Rn. 1 f.; Jarass/*Jarass*, Art. 16 GrCh Rn. 8 ff.; a. A. Heselhaus/Nowak/*Haratsch*, § 22 Rn. 13.

[500] Jarass/*Jarass*, Art. 16 GrCh Rn. 18; Franzen/Gallner/Oetker/*Schubert*, Art. 16 GrCh Rn. 12.

[501] Vgl. dazu bereits unter B. I. 3. c) aa) (3).

Art. 6 GrCh schützt nicht die umfassende Freiheit zur Entfaltung der Persönlichkeit, sondern lediglich die körperliche Bewegungsfreiheit und damit vor allem die Freiheit von Verhaftung und Haft.[502] Auch bei Einwilligung in solch eine hoheitliche Maßnahme ist festzuhalten, dass diese Einwilligung Freiwilligkeit voraussetzt.[503]

cc) Allgemeines Persönlichkeitsrecht

Ein explizit normiertes Allgemeines Persönlichkeitsrecht gibt es in der Grundrechtecharta nicht. Auch der EuGH hat ein solches im Sinne der deutschen Verfassungsdogmatik noch nicht anerkannt.[504] Aspekte eines Allgemeines Persönlichkeitsrechts, wie es das Grundgesetz kennt, ergeben sich allerdings aus Art. 7 und Art. 8 GrCh.[505]

Art. 7 GrCh schützt u. a. die personale Selbstbestimmung.[506] Darunter werden Handlungen des Privatlebens und die Verfügung über die eigene Person verstanden, wobei die Tätigkeiten dabei eine gewisse Nähe zu personaler Erfüllung und Autonomie aufweisen müssen.[507] Dies entspricht im Kern dem auch vom BVerfG anerkannten Recht auf informationelle Selbstbestimmung.[508]

Art. 7 GrCh ist von seiner ausschließlichen Funktion her ein Abwehrrecht gegen den Staat.[509] Ein Eingriff liegt nur vor, wenn er gegen den Willen des Berechtigten erfolgt.[510] Es gibt keine Legaldefinition des Privat- oder Familienlebens. Es wird teilweise so verstanden, dass die Privatsphäre alle Bereiche umfasst, die andere nicht betreffen.[511] Welche Bereiche andere nicht betreffen, liege in der Hand des Berechtigten und werde erst durch seinen Willen definiert. Auch hier wird der Schutz-

---

502 Grabenwarter/*Klement*, § 9 Rn. 1.

503 Grabenwarter/*Klement*, § 9 Rn. 47.

504 *Jipp*, Vorverhalten, S. 25.

505 Ähnlich etwa Jarass/*Jarass*, Art. 7 GrCh Rn. 3; *Voigt*, Einwilligung, S. 285 f. Zu Art. 8 GrCh siehe bereits unter B. I. 4. a) bb).

506 Jarass/*Jarass*, Art. 7 GrCh Rn. 14 f.; Calliess/Ruffert/*Kingreen*, Art. 7 GrCh Rn. 4; Roßnagel/*Johannes*, § 2 Rn. 61; *Höpfner/Daum*, RdA 2019, 270, 279. Vgl. auch EGMR, Urteil vom 03.11.2011 – 57813/00, NJW 2012, 207, 208 Rn. 80 und EGMR, Urteil vom 29.04.2020 – 2436/02 NJW 2020, 2851, 2853 Rn. 61. Der Rechtsprechung des EGMR kommt gem. Art. 52 Abs. 3 S. 1 GrCh auch bei der Auslegung der Grundrechtecharta eine hohe Bedeutung zu, vgl. Jarass/*Jarass*, Art. 52 GrCh Rn. 65; Meyer/Hölscheidt/*Schwerdtfeger*, Art. 52 GrCh Rn. 60 ff.

507 Calliess/Ruffert/*Kingreen*, Art. 7 GrCh Rn. 4; Roßnagel/*Johannes*, § 2 Rn. 61.

508 Meyer/Hölscheidt/*Bernsdorff*, Art. 8 GrCh Rn. 13; *Roßnagel*, ZD 2020, 296, 297. Zum Recht auf informationelle Selbstbestimmung gem. Art. 2 Abs. 1 i. V. m. Art. 1 GG mehr unter C. I. 1. b) ee).

509 Meyer/Hölscheidt/*Bernsdorff*, Art. 7 GrCh Rn. 18; von der Groeben/Schwarze/Hatje/*Ausgberg*, Art. 7 GrCh Rn. 11.

510 Meyer/Hölscheidt/*Bernsdorff*, Art. 7 GrCh Rn. 18. Calliess/Ruffert/*Kingreen*, Art. 7 GrCh Rn. 13 spricht insofern von „ohne Einwilligung". So auch Jarass/*Jarass*, Art. 7 GrCh Rn. 27.

511 Meyer/Hölscheidt/*Bernsdorff*, Art. 7 GrCh Rn. 15.

bereich des Art. 7 GrCh durch den Grundrechtsberechtigten also mitbestimmt. Für die Einwilligung bedeutet dies, dass die Einwilligung in eine bestimmte Handlung, die ggf. von einem Dritten als Eingriff zu werten wäre, den Schutzgegenstand des Grundrechts bestimmt, so dass es an einer Grundrechtsbeeinträchtigung fehlt.[512] Eine solche Einwilligung ist ebenfalls eine Grundrechtsausübung und Ausdruck der personalen Selbstbestimmung. Um Ausdruck der personalen Selbstbestimmung sein zu können, muss sie freiwillig und deutlich erfolgen.[513]

Erneut stellt sich die Frage nach dem Schutz vor sich selbst in dieser Konstellation. Da es ein rein persönliches Abwehrgrundrecht ist, sind Grenzen des Schutzes im Hinblick auf das Privatleben, das Familienleben, die Wohnung und die Kommunikation durch Einschränkung der Einwilligungsmöglichkeit nicht geboten. Lediglich Dritte dürfen nicht in ihren Grundrechten eingeschränkt werden. Dies ist für den Bereich der Achtung der Wohnung etwa denkbar, wenn mehrere Personen in dieser Wohnung wohnen. Deren Rechte aus Art. 7 GrCh müssen gewahrt sein, getreu dem Grundsatz, dass die Freiheit der einzelnen Person aufhöre, wo die Freiheit eines Dritten tangiert werde.[514] Auch wenn Art. 7 GrCh primär ein Abwehrrecht gegen den Staat ist, kann im Wege der grundrechtskonformen Auslegung privatrechtlicher Vorschriften eine Verpflichtung von Privatpersonen in Betracht kommen,[515] so dass der Regelungsgehalt auch für die Einwilligung zwischen Privaten bedeutsam ist. Art. 7 GrCh normiert – wie gezeigt – ein weitreichendes Selbstbestimmungsrecht. Es untermauert die bisherigen Erkenntnisse, dass die Einwilligung eine Grundrechtsausübung darstellt.[516]

dd) Stellungnahme

Eine Einwilligung ist auch in der Grundrechtecharta Ausdruck der Selbstbestimmung. Diese Selbstbestimmung ist – wie gezeigt – in der Grundrechtecharta an mehreren Stellen verankert und macht deutlich, dass die Einwilligung auch nach der Grundrechtecharta eine Ausübung des jeweiligen Grundrechts ist. Dies gilt sowohl für den Fall, dass die Einwilligung explizit genannt ist, als auch ohne Normierung. Die Anforderungen an eine Einwilligung sind in beiden Fällen die gleichen: die Freiwilligkeit und ausreichende Information bzw. Kenntnis der Sachlage des Betroffenen vor Erteilung der Einwilligung. Diese Voraussetzungen der

---

[512] Im Ergebnis ebenso Jarass/*Jarass*, Art. 52 GrCh Rn. 18; FraKo/*Pache*, Art. 52 GrCh Rn. 16; Ehlers/*Ehlers*, Grundrechte und Grundfreiheiten, § 14 Rn. 98.

[513] Jarass/*Jarass*, Art. 7 GrCh Rn. 27; Ehlers/*Ehlers*, Grundrechte und Grundfreiheiten, § 14 Rn. 98.

[514] Dieser Ausspruch kann etwa Art. 4 der „Déclaration des Droits de l'Homme et du Citoyen" von 26.08.1789 (Erklärung der Menschen- und Bürgerrechte) entnommen werden.

[515] Von der Groeben/Schwarze/Hatje/*Augsberg*, Art. 7 GrCh Rn. 11; Jarass/*Jarass*, Art. 7 GrCh Rn. 8.

[516] Ebenso *Voigt*, Einwilligung, S. 287.

normierten Einwilligungen in Art. 3 Abs. 2 lit. a) GrCh und Art. 8 GrCh können mithin auf die anderen Fälle übertragen werden.

c) Verzicht in der EMRK

Wie bereits erwähnt, enthält die EMRK im Gegensatz zur GrCh keine expliziten Regelungen oder Hinweise auf eine Einwilligung. Doch auch hierbei soll untersucht werden, inwieweit in der EMRK die Selbstbestimmung gewährleistet ist und welche Erkenntnisse daraus für eine Einwilligung gezogen werden können. Es bietet sich erneut an, zunächst die Grundrechte, die im nationalen Recht einer Einwilligung zugrunde liegen, auf ein Pendant in der EMRK zu untersuchen. Dabei wird häufig auf die Grundrechtecharta zu verweisen sein, da sich die Regelungen oftmals ähneln und die Rechtsprechung des EuGH der des EGMR zur EMRK eng folgt.[517]

aa) Menschenwürde

Die Menschenwürde wird – anders als im Grundgesetz oder in der Grundrechtecharta – nicht wörtlich geschützt und kommt auch in der Präambel nicht vor. Der EGMR hat die Achtung der Menschenwürde und der menschlichen Freiheit jedoch mehrfach als Kern der Konvention bezeichnet.[518] Die Menschenwürde liege der EMRK dabei insgesamt zugrunde, also allen ihren Garantien von Menschenrechten und Grundfreiheiten.[519] Es sei daher schwierig konkrete Menschenrechte aus der Achtung der Menschenwürde abzuleiten.[520] Allerdings könne die Objektformel auch unter Geltung der EMRK herangezogen werden.[521]

Dem ist beizupflichten. Die Menschenwürde wird von der EMRK umfassend geschützt und anerkannt. Aspekte der Menschenwürde lassen sich in jeder Norm der EMRK finden. Im Hinblick auf die systematische Verankerung lässt sich die Menschenwürde als solche an keiner Norm festmachen. Allerdings sind insbesondere Art. 2 bis 4 EMRK den Artikeln des Titels I der Grundrechtecharta zur Menschenwürde sehr ähnlich.[522]

---

[517] Grabitz/Hilf/Nettesheim/*Röben*, Art. 67 AEUV Rn. 77.

[518] EGMR, Urteil vom 29.04.2002 – 2346/02, NJW 2002, 2851, 2854; EGMR, Urteil vom 11.07.2002 – 28957/95, NJW-RR 2004, 289, 293.

[519] Meyer-Ladewig/Nettesheim/von Raumer/*Meyer-Ladewig/Nettesheim*, Art. 8 EMRK Rn. 8; *Meyer-Ladewig*, NJW 2004, 981, 983; Calliess/Ruffert/*Calliess*, Art. 1 GrCh Rn. 31.

[520] *Meyer-Ladewig*, NJW 2004, 981, 983.

[521] *Frenz*, UPR 2020, 1, 5.

[522] Vgl. oben ausführlich unter B. I. 4. b) aa) (1).

Hinsichtlich des Rechts auf Leben aus Art. 2 EMRK wurde bereits bei der Erörterung zu Art. 2 GrCh die Ansicht des EGMR herangezogen und festgehalten, dass die Ansicht des EGMR und großer Teile der Literatur abzulehnen sind. Es wurde entgegen der Ansicht des EGMR festgehalten, dass auch unionsrechtlich die Menschenwürde ein Selbstbestimmungsrecht umfasst und dass diesem eine herausgehobene Bedeutung zukommt.[523] Dass solche Entscheidungen tatsächlich frei und ohne äußeren Druck zustande kommen müssen, um das Selbstbestimmungsrecht wirksam ausüben zu können, lässt sich somit nach der hier vertretenen Ansicht auch auf Art. 2 EMRK stützen. Die Feststellungen zum Verbot der Folter und unmenschlicher oder erniedrigender Strafe oder Behandlung aus Art. 4 GrCh lassen sich ebenfalls auf Art. 3 EMRK übertragen. Hier ist sogar der Wortlaut identisch. Hinsichtlich einer Einwilligung lässt sich aus dieser Vorschrift mithin nichts Ergänzendes gewinnen. Art. 4 EMRK und Art. 5 GRCH sind nur in Teilen identisch, dennoch lassen sich die erörterten Feststellungen zu Art. 5 GrCh auch auf Art. 4 EMRK übertragen. Die Konkretisierung des Art. 4 Abs. 3 EMRK, was zur Zwangs- oder Pflichtarbeit zählt, enthält kein Verzichtselement, das auf einer neuen Erkenntnis hin zu untersuchen ist. Mithin enthält auch Art. 4 EMRK weder eine Beschränkung noch eine Konkretisierung der Selbstbestimmung des oder der Einzelnen.

Wie gezeigt, lässt sich aus diesen Normen keine weitere Erkenntnis für die Voraussetzungen der Einwilligung gewinnen, als dass die bisherigen Voraussetzungen auch auf die EMRK gestützt werden können.

bb) Allgemeine Handlungsfreiheit

Wie die Menschenwürde ist auch die Allgemeine Handlungsfreiheit nicht explizit in der EMRK normiert. Die EMRK enthält zwar in Art. 5 Abs. 1 EMRK ein Recht auf Freiheit und Sicherheit. Schutzgut ist dabei allerdings die körperliche Bewegungsfreiheit und nicht die Allgemeine Handlungsfreiheit.[524] Die Allgemeine Handlungsfreiheit findet sich als Gedanke der Freiheit wie der Menschenwürde in der gesamten EMRK als wichtige Gewährleistung wieder. Systematisch sind für die Einwilligung hier jedoch keine Erkenntnisse zu gewinnen.

---

523 Vgl. unter B. I. 4. b) aa) (1).

524 *Grabenwarter/Pabel*, § 21 Rn. 3; MüKoStPO/*Gaede*, Art. 5 EMRK Rn. 1; Meyer-Ladewig/Nettesheim/von Raumer/*Meyer-Ladewig/Harrendorf/König*, Art. 5 EMRK Rn. 8; *Peters/Altwicker*, § 18 Rn. 3.

cc) Allgemeines Persönlichkeitsrecht

Dem deutschen Verständnis des Allgemeinen Persönlichkeitsrechts am nächsten kommt Art. 8 EMRK, denn dadurch wird u. a. die Autonomie des Menschen und ein Recht auf Entwicklung der Persönlichkeit geschützt.[525] Dies beinhaltet insbesondere das Recht auf informationelle Selbstbestimmung, wodurch die Autonomie der einzelnen Person in unterschiedlichen sozialen Zusammenhängen in der Informationsgesellschaft geschützt wird.[526]

Teil des Rechts auf Achtung des Privatlebens in Art. 8 EMRK ist ebenfalls das Recht einer Person zu entscheiden, wie und zu welchem Zeitpunkt sie ihr Leben beenden möchte.[527] Voraussetzung dafür ist, dass die Person ihren Willen frei bilden und entsprechend handeln kann.[528] Hervorgehoben wird dies durch eine Schutzpflicht des Staates aus Art. 2 EMRK. Der EGMR führt aus, dass Art. 2 EMRK die Behörden verpflichte, eine Person an einer Selbsttötung zu hindern, sofern die Entscheidung dazu nicht frei und in Kenntnis aller Umstände erfolgte. Dies bedeutet im Umkehrschluss, dass eine Person durch die Entscheidung zur Selbsttötung ihr Recht aus Art. 8 EMRK ausübt.[529] Erneut wird als Voraussetzung angeführt, die Entscheidung müsse frei und in Kenntnis aller Umstände erfolgen. Dies bestätigt die bisher festgehaltenen Voraussetzungen der Freiwilligkeit und Informiertheit für eine Einwilligung.

Der EGMR hat sich im Hinblick auf Art. 8 EMRK auch explizit zu einer Einwilligung geäußert und dabei ausgeführt, dass der Begriff Privatleben des Art. 8 EMRK „auch persönliche Informationen, von denen der Betroffene berechtigterweise erwarten kann, dass sie nicht ohne seine Einwilligung veröffentlich werden" umfasse.[530] Der EGMR führt damit aus, dass eine Einwilligung möglich sei und bestätigt seine Rechtsprechung zur Einwilligung in Art. 8 EMRK, die er bereits zwei Jahre zuvor so entschieden hat.[531] Ausführungen zu den Voraussetzungen einer wirksamen Einwilligung finden sich in der Entscheidung allerdings nicht. Jarass

[525] EGMR, Urteil vom 29.04.2002 – 2346/02, NJW 2002, 2851, 2853; EGMR, Urteil vom 11.07.2002 – 28957/95, NJW-RR 2004, 289, 293; EGMR, Urteil vom 24.06.2004 – 59320/00, NJW 2004, 2647, 2650; EGMR, Urteil vom 20.01.2011 – 31322/07, NJW 2011, 3773, 3774; Meyer-Ladewig/Nettesheim/von Raumer/*Meyer-Ladewig/Nettesheim*, Art. 8 EMRK Rn. 7; Grote/Dörr/Marauhn/*Böhringer/Marauhn*, Kap. 16 Rn. 33 ff.; *Voigt*, Einwilligung, S. 265; Erman/*Klass*, Anh. § 12 Rn. 35.

[526] *Grabenwarter/Pabel*, § 22 Rn. 11.

[527] EGMR, Urteil vom 20.01.2011 – 31322/07, NJW 2011, 3773, 3774; Grote/Dörr/Marauhn/*Böhringer/Marauhn*, Kap. 16 Rn. 37.

[528] EGMR, Urteil vom 20.01.2011 – 31322/07, NJW 2011, 3773, 3774.

[529] Zu Art. 2 EMRK siehe bereits B. I. 4. c) aa).

[530] EGMR, Urteil vom 07.02.2012 – 39954/08, GRUR 2012, 741, 743, Rn. 83; Erman/*Klass*, Anh. zu Art. 12 EMRK Rn. 35.

[531] EGMR, Urteil vom 06.04.2010 – 25576/04, BeckRS 2012, 18735 Rn. 75.

führt ebenfalls aus, dass ein Verzicht auf Art. 8 EMRK möglich ist und dies eine Grundrechtsausübung darstellt.[532]

Es wird durch die aufgezeigten Ausführungen deutlich, dass die Gestaltung des Privatlebens auch die Einschränkung von Rechten beinhaltet und dabei dennoch eine Ausübung des Menschenrechts darstellt. Dies gilt selbst beim Verzicht auf das eigene Leben, so dass angenommen werden kann, dass dies bei jedem „Verzicht" der Fall ist, denn ein größerer Verzicht als auf das eigene Leben ist nicht denkbar. Voraussetzung für eine solche Ausübung ist, dass sie freiwillig und in Kenntnis der Umstände erfolgt. Dies bestätigt die bislang festgehaltenen Erkenntnisse.

dd) Weitere Menschenrechte

Abschließend werden noch weitere Menschenrechte untersucht, die ein Recht auf Selbstbestimmung enthalten, die allerdings bisher kein nationales Pendant in dieser Arbeit haben. Dazu zählt vor allem das Recht auf ein faires Verfahren aus Art. 6 Abs. 1 S. 1 EMRK.

Ein Verzicht auf dieses Recht ist nach ständiger Rechtsprechung möglich, er muss jedoch freiwillig und informiert erfolgen.[533] Dies soll bedeuten, dass der Verzichtende die Folgen seines Verhaltens angemessen vorhersehen konnte.[534] In anderen Worten: Der Verzicht darf nicht in einem Zustand von Willensmängeln erfolgt sein, worunter auch staatlicher Zwang fällt.[535] Ziel sei, „Freiwilligkeit im Sinne einer überlegten Entscheidung" auszudrücken.[536]

So wird ausgeführt, der Inhaber eines (Menschen-)Rechts könne „grundsätzlich über seine Rechte auch verfügen, indem er von seiner Ausübung Abstand nimmt".[537] Diese Ausführung legt nahe, dass ein Verzicht auf Rechte aus Art. 6 EMRK keine Ausübung dieser Rechte wäre, sondern ein Verzicht auf die Ausübung. Gaede führt ein paar Abschnitte weiter allerdings aus, dass die auf den Verzicht gerichtete Willenskundgabe eine freie Willenserklärung sein müsse und als belastende Rechtsausübung zugerechnet werde.[538] Dies zieht den zunächst gezogenen Schluss in Zweifel und geht bei einem Verzicht von einer „belastenden Rechtsausübung" aus. Allerdings fehlt es an dieser Stelle an einer Differenzierung, welches Recht ausgeübt wird. Er führt später aus, dass die Zurückweisung eines Verzichts als verhältnismäßige Einschränkung der Rechte des Angeklagten gemäß Art. 6 EMRK

---

[532] Jarass/*Jarass*, Art. 52 GrCh Rn. 18.

[533] Meyer-Ladewig/Nettesheim/von Raumer/*Meyer-Ladewig/Harrendorf/König*, Art. 6 EMRK Rn. 95; MüKoStPO/*Gaede*, Art. 6 EMRK Rn. 77.

[534] Meyer-Ladewig/Nettesheim/von Raumer/*Meyer-Ladewig/Harrendorf/König*, Art. 6 EMRK Rn. 95.

[535] MüKoStPO/*Gaede*, Art. 6 EMRK Rn. 85 f.

[536] MüKoStPO/*Gaede*, Art. 6 EMRK Rn. 86.

[537] MüKoStPO/*Gaede*, Art. 6 EMRK Rn. 77.

[538] MüKoStPO/*Gaede*, Art. 6 EMRK Rn. 84.

legitimiert werden müsste.[539] Es liegt somit nahe, dass dies die Ausübung eines des Art. 6 EMRK innewohnenden Selbstbestimmungsrechts sein soll.

Grabenwarter/Pabel führen generell zu einem Grundrechtsverzicht in der EMRK aus.[540] Eine ausdrückliche Differenzierung zwischen einem Verzicht in der EMRK und einem Verzicht auf Grundrechte des Grundgesetzes lässt sich dabei nicht erkennen, insbesondere, da sie sich zunächst auf das BVerfG und Auseinandersetzungen mit dem Grundrechtsverzicht ohne konkreten Bezug zur EMRK beziehen. Nach Grabenwarter/Pabel hat hierbei somit keine Unterscheidung zu erfolgen. Dies spricht auch dafür, dass der Verzicht in der EMRK ebenfalls Ausübung eines (Menschen-)Rechts ist. Entscheidend ist für sie, dass der Verzicht auf die Rechtsposition freiwillig erfolgt, ohne die Freiwilligkeit zu konkretisieren.[541]

In der Literatur zum Verzicht in der EMRK wird noch vielfach festgehalten, dass der Verzicht nur für Rechte oder den Umfang eines Rechts möglich sein soll, die nicht fremde Interessen oder Rechte schützen und mit dem Verzicht somit nicht über öffentliche Interessen oder Rechte Dritter verfügt wird.[542] Dies soll jedoch einer Abwägung zugänglich sein, so dass das Verzichtsinteresse der Person mit dem Allgemeininteresse an der Einhaltung der Grundrechtsgarantie abzuwägen sei.[543] Für die Selbstbestimmung bedeutet dies keine Einschränkung, denn bereits aus dem Wortlaut der Selbstbestimmung wird ersichtlich, dass man über sich selbst bestimmen können soll und nicht über Rechte Anderer. Folglich ist dies kongruent zu den bisherigen Feststellungen.

Es kann somit auch insbesondere anhand von Art. 6 EMRK festgehalten werden, dass der Verzicht in der EMRK die Ausübung eines Menschenrechts ist. Dies entspricht der Rechtsprechung des EGMR und wird auch in der Literatur so vertreten. Als Voraussetzung wird auch bei Art. 6 EMRK genannt, dass der Verzicht freiwillig erfolgen muss, ohne dass eine konkrete Definition der Freiwilligkeit vorgenommen wird.

ee) Stellungnahme

Die Untersuchung des Verzichts in der EMRK zeigt, dass er auch in der EMRK die Ausübung des jeweiligen Menschenrechts oder eines Selbstbestimmungsrechts darstellt. Voraussetzung für eine wirksame Ausübung ist, dass sie freiwillig und in Kenntnis der Sachlage erfolgt. Eine nähere Definition, wann dies erfüllt ist, lässt sich der EMRK jedoch nicht entnehmen.

---

539 MüKoStPO/*Gaede*, Art. 6 EMRK Rn. 89.

540 *Grabenwarter/Pabel*, § 18 Rn. 37 ff.

541 *Grabenwarter/Pabel*, § 18 Rn. 38.

542 *Grabenwarter/Pabel*, § 18 Rn. 38; Jarass/*Jarass*, Art. 52 GrCh Rn. 18.

543 *Grabenwarter/Pabel*, § 18 Rn. 38.

Im Ergebnis kann man die punktuellen rechtlichen Überlegungen zum Grundrechtsverzicht in Europa durch die Maßstäbe des deutschen Rechts ergänzen, sofern sich nicht aus dem Europäischen Recht etwas anderes ergibt.[544] Entscheidend ist damit für eine wirksame Ausübung des Grundrechtsverzichts auf Ebene der EMRK, dass er freiwillig erfolgt und damit auf eigene Interessen verzichtet wird und nicht auf Rechte Dritter oder der Allgemeinheit.[545]

Für die Einwilligung lässt sich festhalten, dass diese auch Ausdruck der Menschenrechte der EMRK ist. Dies gilt es bei einfachgesetzlichen Regelungen und deren Auslegung zu berücksichtigen.

d) Wirkung dieser Grundrechtsausübung in GrCh und EMRK

Auf unionsrechtlicher Ebene ist die Wirkung dieser Grundrechtsausübung ebenfalls umstritten.

aa) Grundrechtecharta

In Art. 8 Abs. 2 GrCh wird die Einwilligung formal auf eine Stufe mit den gesetzlich geregelten Verarbeitungsgrundlagen gestellt.[546] Umstritten ist jedoch, ob dies die Einwilligung, wie die gesetzlich geregelten Verarbeitungsgrundlagen, zu einem Rechtfertigungsgrund macht oder bereits den Grundrechtseingriff entfallen lässt.[547]

So wird ausgeführt, es sei offen, ob die Einwilligung bereits den Eingriff ausschließe oder als besondere Rechtfertigung einzuordnen sei.[548] Aufgrund der Datenschutz-RL sei wohl bereits ein Eingriff ausgeschlossen.[549] Die Grundrechtecharta steht mit AEUV und EUV allerdings auf einer Stufe,[550] so dass die Auslegung anhand einer Richtlinie nicht zielführend sein kann. Dies widerspricht dem normhierarchischen Grundsatz, dass Primärrecht nicht durch das Sekundärrecht ausgelegt werden darf.[551] Dies lässt sich ferner mit Art. 52 Abs. 2. GrCh stützen. Bezugs-

---

[544] *Ahammer*, Grundrechtsverzicht, S. 231; Dörr/Grote/Marauhn/*Marauhn/Mengeler*, Kap. 7 Rn. 68.

[545] Dörr/Grote/Marauhn/*Marauhn/Mengeler*, Kap. 7 Rn. 68.

[546] Wolff/Brink/*Stemmer*, Art. 7 DSGVO Rn. 26; *Ahammer*, Grundrechtsverzicht, S. 228.

[547] Wolff/Brink/*Stemmer*, Art. 7 DSGVO Rn. 26; Jarass/*Jarass*, Art. 8 GrCh Rn. 10; Calliess/Ruffert/*Kingreen*, Art. 8 GrCh Rn. 13 f.; *Ahammer*, Grundrechtsverzicht, S. 228; *Voigt*, Einwilligung, S. 280 f.

[548] Schwarze/Becker/Hatje/Schoo/*Knecht*, Art. 8 GrCh Rn. 7.

[549] Schwarze/Becker/Hatje/Schoo/*Knecht*, Art. 8 GrCh Rn. 7.

[550] Vgl. oben unter B. I. 1.

[551] Dauses/Ludwig/*Pieper*, B. I. Rechtsquellen, Rn. 24. Kritisch zu diesem Grundsatz etwa *Nettesheim*, EuR 2006, 737, 753 ff.

punkte sind gem. Art. 52 Abs. 2 GrCh nur die „Verträge“, womit gemäß der Legaldefinition in Art. 18 GrCh nur AEUV und EUV gemeint sind, und mithin nicht das Sekundärrecht.[552] Aus der Datenschutz-RL lässt sich somit nichts für den Begriff der Einwilligung in Art. 8 GrCh ableiten.

Teile der Literatur nehmen auf unionsrechtlicher Ebene eine rechtfertigende Wirkung der Einwilligung an.[553] Ahammer zieht konsequenterweise auch auf unionsrechtlicher Ebene zur Begründung die Systematik und den Wortlaut heran.[554] Die Einwilligung werde durch die Regelung in Art. 8 Abs. 2 GrCh auf eine Ebene mit einem Gesetz gestellt, das rechtfertigende Wirkung entfalte.[555] Eine gesonderte gesetzliche Grundlage nach Art. 52 GrCh sei für eine Einschränkung der Rechte aus der GrCh nicht erforderlich, denn die GrCh stelle diese Grundlage bereits dar.[556] Ebenso sprechen die Gründe der Rechtsstaatlichkeit für eine Einordnung auf Rechtfertigungsebene.

Etwas unklar äußert sich Roßnagel. Er führt zwar aus, jede Verarbeitung personenbezogener Daten durch Dritte sei ein Eingriff in die von Art. 7 und 8 GrCh geschützten Grundrechte.[557] Gleichzeitig stellt er jedoch fest, dass die Selbstbestimmung über den Zugriff Dritter auf die Privatsphäre und über den Umgang Dritter mit personenbezogenen Daten der betroffenen Person geschützt sei und jede Datenverarbeitung, die diese Selbstbestimmung ignoriere, in die genannten Grundrechte eingreife.[558] Sofern eine Datenverarbeitung aufgrund einer wirksamen Einwilligung vorliegt, kann jedoch nicht von einem Ignorieren der Selbstbestimmung des Betroffenen gesprochen werden, sondern vielmehr von deren Verwirklichung. Konsequenterweise dürfte auch Roßnagel dann nicht von einem Eingriff ausgehen.

Demgegenüber nehmen weite Teile in der Literatur an, durch einen Grundrechtsverzicht werde das Vorliegen eines Eingriffs ausgeschlossen.[559] Teilweise wird dies mit der fehlenden Verhältnismäßigkeitsprüfung begründet.[560] Zudem sei diese Deutung von erheblicher Bedeutung, da sonst der Gesetzesvorbehalt des Art. 52

---

552 Meyer/Hölscheidt/*Schwerdtfeger*, Art. 52 GrCh Rn. 46; Jarass/*Jarass*, Art. 52 GrCh Rn. 49 und 52.

553 *Ahammer*, Grundrechtsverzicht, S. 228; Grabitz/Hilf/Nettesheim/*Sobotta*, Art. 16 AEUV Rn. 8; Schantz/Wolff/*Wolff*, Rn. 45.

554 *Ahammer*, Grundrechtsverzicht, S. 228.

555 *Ahammer*, Grundrechtsverzicht, S. 228.

556 *Ahammer*, Grundrechtsverzicht, S. 228.

557 *Roßnagel*, NJW 2019, 1, 2.

558 *Roßnagel*, NJW 2019, 1, 2.

559 Jarass/*Jarass*, Art. 8 GrCh Rn. 10; Calliess/Ruffert/*Kingreen*, Art. 8 GrCh Rn. 14; Heselhaus/Nowak/*Breuer*, § 25 Rn. 33; Simitis/Hornung/Spiecker gen. Döhmann/*Klement*, Art. 7 DSGVO Rn. 18; Wolff/Brink/*Stemmer*, Art. 7 DSGVO Rn. 28; Grabenwarter/*Klement*, § 9 Rn. 47; FraKo/*Pache*, Art. 52 GrCh Rn. 16; *Funke*, Einwilligung, S. 33; *Voigt*, Einwilligung, S. 280 f.; *Scheurer*, Einwilligung, S. 92 f.; *Knappertsbusch*, Die datenschutzrechtliche Einwilligung im Beschäftigungsverhältnis, S. 82 f. und für Art. 7 GrCh auf S. 86.

560 Jarass/*Jarass*, Art. 8 GrCh Rn. 10.

Abs. 2 S. 1 GrCh eingehalten werden müsse.[561] Eine weitergehende Begründung fehlt bei Breuer, der wohl auch davon ausgeht, dass bei wirksamer Einwilligung bereits der Eingriff ausgeschlossen ist, da er ausführt, die Einwilligung sei „nicht als Einschränkungsmöglichkeit, sondern als Bestandteil des Garantiegehalts des Grundrechts" zu interpretieren.[562] Andere stützen ihre Annahme auf den Wortlaut des Art. 8 Abs. 2 GrCh, wonach der Wortlaut von Art. 8 Abs. 2 Hs. 2 GrCh[563] impliziere, dass bei einer Einwilligung keine gesetzliche Eingriffsermächtigung für die Datenverarbeitung erforderlich und mithin auch Art. 52 Abs. 1 GrCh nicht anwendbar sei.[564] Schließlich wird sich darauf berufen, dass ein Eingriff begrifflich einen entgegenstehenden Willen des Betroffenen erfordere, der bei dessen Einverständnis gerade nicht vorliege.[565]

Es wird ferner angeführt, ein Eingriff in das der Grundrechtecharta zugrunde liegende Autonomieprinzip sei zu bejahen, wenn einer einvernehmlichen Regelung unter Privaten, z. B. einer rechtfertigenden Einwilligung, bei der hoheitlichen Setzung von Rechtsfolgen die Anerkennung versagt werde.[566] Dabei wird zwar von einer rechtfertigenden Einwilligung gesprochen, macht dabei jedoch zugleich deutlich gemacht, dass die rechtfertigende Einwilligung eine das Autonomieprinzip verwirklichende Handlung ist, die dem Schutzbereich unterfällt. Dies spricht für eine Klassifizierung als Eingriffsausschluss.

Es finden sich zudem Ausführungen zu konkreten Normen. So wirke die freie Einwilligung gem. Art. 3 Abs. 2 lit. a) GrCh tatbestandsausschließend, da die Einwilligung Ausdruck der Selbstbestimmung über den eigenen Körper bzw. den eigenen Geist ist.[567] Im Hinblick auf die Rechte aus Art. 6 GrCh wird ausgeführt, dass eine Einwilligung in eine hoheitliche Maßnahme, welche die Eingriffsschwelle grundsätzlich überschreiten würde, aufgrund der Einwilligung einen Grundrechtseingriff ausschließe.[568]

Die Rechtsprechung äußerte sich hierzu bislang nur am Rande. Der EuGH wertete zumindest die Inkaufnahme von Nachteilen durch eine gegenseitige freiwillige Vereinbarung nicht als Eingriff.[569] Dies ist mit der dargestellten Lage bei einem Grundrechtsverzicht durch Einwilligung vergleichbar und stützt somit die letztgenannte Ansicht, wenn dies sogar bei der Inkaufnahme von Nachteilen nicht als Eingriff gewertet wird.

---

561 Jarass/*Jarass*, Art. 52 GrCh Rn. 18.

562 Heselhaus/Nowak/*Breuer*, § 25 Rn. 33.

563 „oder auf einer sonstigen gesetzlich geregelten legitimen Grundlage".

564 Calliess/Ruffert/*Kingreen*, Art. 8 GrCh Rn. 14.

565 FraKo/*Pache*, Art. 52 GrCh Rn. 16; *Amelung*, Einwilligung, S. 65. Ebenso Merten/Papier/*Merten*, Band III, § 73 Rn. 13.

566 Grabenwarter/*Gärditz*, § 6 Rn. 57.

567 *Frenz*, Handbuch Europarecht – Band 4, Rn. 1140.

568 Grabenwarter/*Klement*, § 9 Rn. 47.

569 EuGH, Urteil vom 17.12.1970 – Rs. 11/70, Slg. 1970, 1138, Rn. 18–20; Grabenwarter/*Gärditz*, § 6 Rn. 57.

bb) Stellungnahme

Eine Einwilligung schließt auch in der Grundrechtecharta einen Eingriff aus.

Zunächst ist zwar Ahammer zuzustimmen, wenn sie ausführt, dass Art. 3 Abs. 2 lit. a) GrCh und Art. 8 Abs. 2 GrCh die gesetzliche Grundlage für eine Einwilligung darstellen und es aus diesem Grund keine gesonderte gesetzliche Grundlage im Sinne des Art. 52 GrCh bräuchte.[570] Dies spricht jedoch nicht gegen eine Einordnung als eingriffsausschließend, sondern legitimiert lediglich grundsätzlich auch die andere Ansicht. Im Übrigen verweist Ahammer lediglich auf ihre Argumente zum Grundrechtsverzicht im nationalen Recht, die an obiger Stelle widerlegt wurden.[571]

Die Argumente der hier bevorzugten Ansicht überzeugen. Dabei muss nicht darauf eingegangen werden, bei welchen Grundrechten eine Einwilligung überhaupt möglich ist, denn die Frage nach der Wirkung stellt sich nur dort, wo sie möglich ist. Entscheidend ist, dass der Grundrechtsverzicht durch wirksame Einwilligung die Ausübung des jeweiligen Grundrechts ist.[572] Es verwirklicht das diesem Grundrecht innewohnende Selbstbestimmungsrecht und ist somit Teil des Garantiegehalts. Ein Eingriff ist dabei denklogisch ausgeschlossen, wenn der oder die Einzelne dadurch gerade seine Persönlichkeit verwirklicht und so festlegt, welches Verhalten ihn beeinträchtigt und welches er durch die Einwilligung als nicht beeinträchtigend bestimmt. Diese Ansicht wird auch von der Präambel der Grundrechtecharta gestützt, wodurch das Individuum in den Mittelpunkt des Unionshandelns rückt und somit dem Schutz und Interesse des Individuums Vorrang eingeräumt werden könnte.

Abweichendes kann auch hier nur für solche Rechte gelten, deren Schutzbereich nicht hauptsächlich durch die Selbstbestimmung definiert werden, wobei dann vertretbar erscheint, dass dies eine rechtfertigende Wirkung haben könnte, wobei selbst dann eine tatbestandsausschließende Wirkung angenommen wird.[573] Im Hinblick auf das Datenschutzrecht und das Wettbewerbsrecht kann die Frage auch hier offenbleiben

cc) EMRK

Für einen Rechtsverzicht auf ein Menschenrecht aus der EMRK müsste konsequenterweise das Gleiche gelten. Es wurde festgestellt, dass der Verzicht auf ein Menschenrecht durch Einwilligung ebenfalls Ausübung des Menschenrechts ist.[574] Dies wird ohne weitere Begründung vom FG Münster bestätigt, indem es

[570] *Ahammer*, Grundrechtsverzicht, S. 228.
[571] *Ahammer*, Grundrechtsverzicht, S. 227 f. Vgl. dazu B. I. 3. a) cc).
[572] Ggf. i. V. m. dem Selbstbestimmungsrecht und der Menschenwürde.
[573] Vgl. bereits oben ausführlich, etwa unter B. I. 3. d).
[574] Vgl. dazu B. I. 4. c) ee).

ausführt, dass es auch im Hinblick auf die EMRK bei Vorliegen eines wirksamen Rechtsverzichts durch Einwilligung an einem Eingriff fehle.[575] In der Literatur findet sich dazu nichts Konkretes. So wird etwa ausgeführt, das öffentliche Interesse gegenüber Privaten überwiege und der Verzicht nicht die Wirkung habe, den Eingriff zu „legitimieren".[576] Es spricht durch die Wortwahl zwar viel dafür, dass nicht von einer Rechtfertigung ausgegangen wird, da dies sonst so hätte formuliert werden können. Dies bleibt jedoch lediglich zu vermuten. Es kann somit festgehalten werden, dass für die EMRK die Ausführungen zur Grundrechtecharta entsprechend geltend und der Menschenrechtsverzicht durch Einwilligung einen Eingriff ausschließt.

dd) Zusammenfassung

Auch in GrCh und EMRK ist die Einwilligung Ausübung der jeweiligen Rechte und des den Rechten an vielen Stellen explizit und ansonsten generell zugrunde liegenden Selbstbestimmungsrechts, was mithin den Schutzbereich definiert und nicht einschränkt. Bei den Rechten, bei denen der Schutzbereich maßgeblich durch den Willen definiert wird, wirkt eine Einwilligung mithin ebenfalls tatbestandsausschließend und nicht erst rechtfertigend. Lediglich bei solchen Rechten, bei denen der Schutzbereich nicht maßgeblich vom Willen abhängt und eine Substanzverletzung auch bei Vorliegen einer Einwilligung nicht auszuschließen ist, kann die Einwilligung rechtfertigend wirken. Die Begründung ähnelt dabei den Ausführungen zum nationalen Recht.[577] Auch wenn der Eingriffsbegriff (bzw. Beeinträchtigungsbegriff) auf nationaler und unionsrechtlicher Ebene nicht pauschal gleichgesetzt werden sollte,[578] ist doch die Funktion des Begriffs[579] die gleiche[580], so dass die Begründung übertragen werden kann.

e) Zusammenfassung

Die Selbstbestimmung ist auch in der GrCh und der EMRK verankert und ein wichtiges Prinzip in allen unionsrechtlichen Rechtsquellen. Ein Verzicht auf Grund- oder Menschenrechte kann auf dieses Selbstbestimmungsrecht gestützt werden. Die Feststellung, dass es sich um die Ausübung eines Rechts handelt,

---

575 FG Münster, Urteil vom 11.07.2018 – 9 K 2384/17, EFG 2018, 1847.

576 *Grabenwarter/Pabel*, § 18 Rn. 38.

577 Vgl. dazu B.I.3.d).

578 *Frenz*, Handbuch Europarecht – Band 1, Rn. 470.

579 Es sollen damit alle rechtfertigungsbedürftigen Maßnahmen zusammengefasst werden, so dass nicht rechtfertigungsbedürftige Maßnahmen davon abgegrenzt werden, weil sie nicht unter die Begriffsmerkmale fallen, vgl. Grote/Dörr/Marauhn/*Marauhn/Mengeler*, Kap. 7 Rn. 12; *Ipsen*, Grundrechte, § 3 Rn. 138.

580 Grote/Dörr/Marauhn/*Marauhn/Mengeler*, Kap. 7 Rn. 12.

bestätigt sich unionsrechtlich. Im Hinblick auf die EMRK ist der Schutz und das Verständnis der Selbstbestimmung in der GrCh übertragbar. Die EMRK liefert diesbezüglich keine neuen Erkenntnisse, stützt jedoch die Wertungen und Annahmen der GrCh. Insbesondere hinsichtlich Art. 6 EMRK und Art. 8 EMRK macht auch die Rechtsprechung des EGMR deutlich, dass eine Einschränkung dieser Rechte möglich ist, sofern sie freiwillig und unter Kenntnis der Umstände erfolgt.

Aus den normierten Einwilligungsmöglichkeiten in der Grundrechtecharta ergeben sich zunächst zwei Voraussetzungen für eine wirksame Einwilligung im Unionsrecht. Dabei handelt es sich um die Freiwilligkeit und die ausreichende Information bzw. Kenntnis der Sachlage des Betroffenen vor Erteilung der Einwilligung.

Die Selbstbestimmung als Teil der Menschenwürde ist auch in den übrigen Artikeln der Grundrechtecharta allgegenwärtig. Insbesondere aus der Analyse der Art. 2 bis 5 der GrCh verfestigten sich die bislang festgehaltenen Voraussetzungen. Ein Grundrechtsverzicht ist auch ohne festgeschriebene Möglichkeit der Einwilligung eine Ausübung des Selbstbestimmungsrechts, solange diese Entscheidung frei und ohne äußeren Druck zustande kommt. Selbst die Verbote in Art. 3 Abs. 2 GrCh respektieren das Selbstbestimmungsrecht und definieren vielmehr solche Fälle, in denen eine Selbstbestimmung typischerweise ausgeschlossen ist oder überhaupt nicht vorliegt.

Die Menschenwürde ist auch unionsrechtlich unantastbar. Eine selbstbestimmte Einwilligung ist als Ausübung der Menschenwürde mithin ebenfalls „unantastbar", da sie den Schutzbereich der Menschenwürde mitbestimmt. Sie ist nur dann einzuschränken, wenn sie eine zukünftige Selbstbestimmung unmöglich macht, etwa wenn man sich durch eine im Moment der Entscheidung selbstbestimmte Handlung um die Möglichkeit der Selbstbestimmung in der Zukunft bringt und so zukünftig zum Objekt wird. Als Beispiel wurde die freiwillige Versklavung angeführt. Hier muss das Individuum geschützt werden. Gestützt wird dieses Verständnis von Art. 7 GrCh.

Schließlich kann festgehalten werden, dass die deutsche Dogmatik zum Grundrechtsverzicht auf den Grundrechtsverzicht im Unionsrecht übertragbar ist.[581] Dies betrifft etwa den Fall, dass kein Totalverzicht vorgenommen werden darf, was unionsrechtlich mit der ebenfalls herausragenden Bedeutung der Menschenwürde im Unionsrecht zu erklären ist.

---

[581] Ebenso *Grabenwarter/Pabel*, § 18 Rn. 37 f.; *Ahammer*, Grundrechtsverzicht, S. 230.

5. Historischer Bezug der Einwilligung zwischen Privaten zur Selbstbestimmung

Die historische Auslegung sucht den wahren Willen des Gesetzgebers oder die historische Funktion einer Norm unter Betrachtung ihrer Entstehungsgeschichte.[582] Da es keine konkrete Norm der Einwilligung im nationalen Verfassungsrecht gibt und die historische Auslegung auf europäischer Ebene weniger Bedeutung hat[583] als im nationalen Recht, soll an dieser Stelle kurz anhand ausgewählter und nicht vollumfänglicher Darstellungen skizziert werden, wie die Einwilligung historisch mit der Selbstbestimmung verknüpft wurde, bevor das Grundgesetz in Kraft getreten ist. Die Aspekte der geschichtlichen Entwicklung in Rechtsprechung, Literatur und Gesetzgebung im Zusammenhang mit den Grundrechten wurde bereits bei den dargestellten Grundrechten mitbehandelt.[584]

Die historischen Wurzeln der Einwilligung zwischen Privaten reichen bis ins Römische Recht.[585] Damals war die eigene Freiheit disponibel, denn es soll sogar möglich gewesen sein, sich selbst als Sklave zu veräußern oder auch als Sohn in den eigenen Verkauf in sklavenähnliche Stellung einzuwilligen.[586] Detailuntersuchungen zur Einwilligung im Römischen Recht haben ergeben, dass sie damals nicht näher dogmatisch erfasst wurde.[587]

Im Zivilrecht gab es im 19. Jahrhundert zunächst wenig bis keine Diskussion um die Einwilligung.[588] Erst in der zweiten Hälfte des 19. Jahrhunderts entstanden

---

[582] Moos/Schefzig/Arning/*Moos/Schefzig*, Kapitel 1, III. Rn. 33; Dauses/Ludwigs/*Pieper*, B. I. Rechtsquellen Rn. 46.

[583] Calliess/Ruffert/*Wegener*, Art. 19 EUV Rn. 29; Moos/Schefzig/Arning/*Moos/Schefzig*, Kapitel 1, III. Rn. 34; Dauses/Ludwigs/*Pieper*, B. I. Rechtsquellen Rn. 46. Ein gewichtiger Grund hierfür ist, dass der Wille des Rates, der Kommission und der Mitgliedstaaten oftmals schwer zu ermitteln ist, da viele Erklärungen nicht veröffentlicht werden und vertraulich zu behandeln sind, vgl. Calliess/Ruffert/*Wegener*, Art. 19 EUV Rn. 29; Dauses/Ludwigs/*Pieper*, B. I. Rechtsquellen Rn. 47. Die Bedeutung scheint jedoch mittlerweile etwas zuzunehmen, vgl. dazu etwa *Möllers*, Methodenlehre, § 4 Rn. 27 und Rn. 173 ff.

[584] Entwicklungen der Rechtsprechung und in der Literatur zur Einwilligung zwischen Privaten werden an der entsprechenden Stelle dargestellt. Die historische Entwicklung der privatrechtlichen Einwilligung wird etwa vertieft behandelt bei *Ohly*, Einwilligung, S. 25 ff. und *Kohte*, AcP 185, 105 ff.

[585] *Ohly*, Einwilligung, S. 25 ff.

[586] *Ohly*, Einwilligung, S. 26. Diese Ansicht hielt sich bis in die Neuzeit, vgl. etwa *Ohly*, Einwilligung, S. 29.

[587] *Kohte*, AcP 185, 105, 109.

[588] Anders im Strafrecht. Dort gab es bereits im 19. Jahrhundert Diskussionen um die rechtfertigende Wirkung der Einwilligung, vgl. *Ohly*, Einwilligung, S. 30. Es wurden dabei im Wesentlichen drei Ansichten vertreten: Die erste Gruppe sprach dem Einzelnen die Möglichkeit ab, durch seinen Willen öffentliche Verbote aufzuheben, da der Wille des Opfers nur dort erheblich sei, wo ein Handeln gegen den Willen des Opfers Voraussetzung des Unrechts sei, vgl. *Ohly*, Einwilligung, S. 30. Für eine rechtfertigende Einwilligung bliebe daher keine Anwendungsmöglichkeit. Die zweite Gruppe vertrat die Linie, dass dem Strafrecht primäre die Aufgabe zukomme, subjektive Rechte zu schützen, so dass eine Einwilligung außer bei Straftaten gegen

im Zivilrecht erste Kodifikationen, die eine Einwilligung thematisierten.[589] Hervorzuheben ist Art. 59 des Entwurfes eines Bürgerlichen Gesetzbuches für das Königreich Bayern von 1861/1864.[590] Darin wurden mit der „Freiheit, Überlegtheit und Ernstlichkeit" drei subjektive Voraussetzungen für eine Einwilligung genannt. In den Motiven zum Entwurf eines Bürgerlichen Gesetzbuches für das Königreich Bayern finden sich auf S. 75 Beispiele für Fälle, in denen eine Einwilligung „nichts wirke". Dort werden die „getrübte Besonnenheit", der „Leichtsinn" und die „Überraschung" genannt.[591] Zudem muss der Einwilligende über „Seinige" frei verfügen können. Dies ist wohl mit einer Art Einwilligungsbefugnis gleichzusetzen. Zudem sei die Einwilligung eine „einseitige Handlung" und daher nicht wirksam, wenn sie die Rechte Dritter beeinträchtige.[592] In den Motiven zum Entwurf des BGB für das Königreich Bayern wird ferner die Aussage getroffen, die Einwilligung des „Beschädigten" hebe bei allen Arten von Beschädigungen die Zurechnung auf. Explizit wird darauf hingewiesen, dass „körperliche Verletzungen nicht ausgenommen sind".[593]

Bei den Beratungen zum BGB wurde ein § 706[594] im Laufe der Beratungen gestrichen, da die Einwilligung nicht gesondert normiert werden müsse, denn es sei selbstverständlich, dass die Einwilligung des Verletzten den Schadensersatzanspruch ausschließe, wenn sie die betreffende Handlung rechtfertige.[595] Zitelmann führte demgegenüber Anfang des 20. Jahrhunderts aus, eine Einwilligung könne nur wirksam sein, wenn man sie aus einem positivrechtlichen Grundsatz ableite.[596] Er bezog sich dabei darauf, dass „im Privatrecht die Person innerhalb gewisser Schranken die Macht hat, ihre Rechtsverhältnisse selbst zu gestalten".[597]

öffentliche Interessen stets dazu führe, dass das Strafbedürfnis entfalle, vgl. *Ohly*, Einwilligung, S. 30. Die dritte und herrschende Auffassung, die sich schließlich auch durchsetzen sollte, unterschied zwischen verfügbaren oder unverfügbaren Rechtsgütern, vgl. *Ohly*, Einwilligung, S. 30.

589 Vgl. ausführlich *Ohly*, Einwilligung, S. 31 f. und *Kohte*, AcP 185, 105, 109.

590 Dieser lautet: „Die Einwilligung des Beschädigten hebt die Ersatzpflicht nur dann auf, wenn an der vollkommenen Freiheit, Überlegtheit und Ernstlichkeit der Einwilligung nach allen Umständen nicht gezweifelt werden kann und der Einwilligende fähig ist, über das Seinige frei zu verfügen", Art. 59 Theil II, Hauptstück 1, Buch I des Entwurfes eines Bürgerlichen Gesetzbuches für das Königreich Bayern von 1861/1864. Die Einwilligung ist jedenfalls im eingeschränkten Sinne auszulegen und hebt die Ansprüche, welche in der Folge der Beschädigung dritten Personen zustehen, nicht auf.

591 Ohly schließt hieraus, dass die Einwilligung Geschäftsfähigkeit voraussetze, *Ohly*, Einwilligung, S. 32.

592 Motive zum Entwurf eines Bürgerlichen Gesetzbuches für das Königreich Bayern, S. 75.

593 Motive zum Entwurf eines Bürgerlichen Gesetzbuches für das Königreich Bayern, S. 75.

594 „Hat der Beschädigte in die beschädigende Handlung eingewilligt, so steht ihm ein Anspruch auf Schadensersatz nicht zu".

595 Siehe dazu ausführlich *Ohly*, Einwilligung, S. 33 f. Dem Gegenüber vertrat etwa Linckelmann die Auffassung, die Einwilligung richte sich nicht auf einen rechtlichen Erfolg und sei daher rein tatsächlicher Natur, vgl. ausführlich *Ohly*, Einwilligung S. 36.

596 *Zitelmann*, AcP 99, 1, 48.

597 *Zitelmann*, AcP 99, 1, 48.

Das Selbstbestimmungsrecht zeige sich in Gestalt der Privatautonomie und der Vertragsfreiheit.[598]

Auch in der Literatur wurde bereits Anfang des 20. Jahrhunderts vertreten, dass die rechtliche Wirkung der Einwilligung darin bestehe, dem Empfänger eine Position rechtlichen Dürfens einzuräumen.[599] Im Hinblick auf das Selbstbestimmungsrecht soll dieses gegenüber dem Verkehrsinteresse an Rechtssicherheit überwiegen, so dass im Fall von Willensmängeln eine automatische Unwirksamkeit der Einwilligung angenommen werde.[600] Diese Folgerung befindet sich – wie gezeigt – in vollem Einklang mit den getroffenen systematischen Feststellungen zur Einwilligung in den Grundrechten.

Diese Feststellungen bekräftigen, dass sich bereits vor der Kodifizierung der Grundrechte zeigte, dass die Einwilligung eine persönliche Entscheidung ist. Dies wurde besonders dadurch deutlich, dass die Einwilligung frei, überlegt und ernstlich erfolgen musste. Vor allem die Freiheit und Überlegtheit der Entscheidung zeigen, dass es sich um die Ausübung eines Selbstbestimmungsrechts handelt. Die Beispiele für die Nichtigkeit der Einwilligung spiegeln dies ebenfalls wider, denn in diesen Zuständen kann man nicht selbstbestimmt entscheiden.

Dieser kurze Überblick über die Historie der Einwilligung zwischen Privaten zeigt, dass die durch die Einwilligung ausgeübten Grundrechte, die oben dargestellt wurden, im Laufe der letzten Jahrhunderte stets mit der Einwilligung verknüpft wurden. Trotz diverser Auseinandersetzungen zu der Rechtsnatur der Einwilligung und bestimmter Voraussetzungen einer wirksamen Einwilligung waren sich der weit überwiegende Teil der Rechtsprechung und der Literatur einig, dass die Einwilligung Ausübung des jeweiligen Grundrechts ist.

6. Ergebnis zum Begriff der Einwilligung

Zu Beginn dieses Abschnitts wurde die Frage aufgeworfen, was unter einer Einwilligung zu verstehen sei. Für die vorliegende Arbeit wurde durch das Vorstehende ein Verständnis entwickelt, das sich aus den Grundrechten ergibt und wie folgt zusammengefasst wird.

Eine Einwilligung ist ein Rechtsinstitut, mit dem der oder die Einzelne sein grundrechtlich in verschiedenen Artikeln geschütztes Selbstbestimmungsrecht ausübt. Die Einwilligung ist also Grundrechtsausübung. Dies geht so weit, dass die

---

598 Zitelmann vertrat ferner die Ansicht, die Einwilligung sei ein Rechtsgeschäft und müsse deshalb „inhaltlich und in allen sonstigen Beziehungen sämtlichen Erfordernissen, die das Gesetz für Rechtsgeschäfte aufstellt, entsprechen“, *Zitelmann*, AcP 99, 1, 48. Diese sog. Rechtsgeschäftstheorie wurde in der Literatur schnell herrschende Meinung, *Ohly*, Einwilligung, S. 37.

599 *Rosener*, Einwilligung, S. 113.

600 *Kohte*, AcP 185, 105 ff.; *Rosener*, Einwilligung, S. 154 f.

Einwilligung als Ausdruck der Selbstbestimmung den Umfang des Grundrechts bei einigen Grundrechten mitbestimmt und in jedem Grundrecht in gewissem Maße innewohnt. Sie hat damit einen stark persönlichkeitsrechtlichen Einschlag.

Zur wirksamen Ausübung ist es erforderlich, dass die Einwilligung tatsächlich selbstbestimmt erfolgt. Nur dann ist sie auch tatsächlich Ausdruck der Selbstbestimmung. Um dies zu garantieren, ergaben sich durch die Auslegung verschiedene Voraussetzungen, die erfüllt sein müssen. Dabei handelt es sich um die Freiwilligkeit, die Informiertheit bzw. Kenntnis der Sachlage des Betroffenen sowie die inhaltliche Beschränkung, dass es sich dabei nicht um einen Totalverzicht auf das jeweilige Recht handeln darf oder Dritte oder die Allgemeinheit durch die Einschränkung unverhältnismäßig tangiert werden. Liegen diese Voraussetzungen vor, gibt es keine durch die Grundrechte vorgeschriebene Schutzpflicht, die den oder die Einzelne vor etwaigen Nachteilen schützen muss. Vor diesem Hintergrund muss der Staat dafür Sorge tragen, dass der oder die Einzelne sein Selbstbestimmungsrecht stets zulässig ausüben kann, darf ihn oder sie jedoch nicht bevormunden und muss die Allgemeinheit und Dritte hinreichend schützen. Der Staat muss die Rechtslage folglich derart ausgestalten, dass der oder die Einzelne bei Erteilung der Einwilligung freiwillig und informiert handelt und die Grenzen des Totalverzichts eingehalten werden.

II. Übertragung auf die Einwilligung zwischen Privaten

Die bisherigen Ausführungen haben gezeigt, dass die Einwilligung grundsätzlich eine Ausübung der Grundrechte darstellt. Da Grundrechte, wie aufgezeigt, als kollektiv-institutionelle Zielsetzung zu verstehen sind und damit als Richtschnur für die Auslegung privatrechtlicher Normen herangezogen werden müssen, lassen sich aus den bisherigen Ausführungen somit Voraussetzungen ableiten, die auch eine Einwilligung zwischen Privaten erfüllen muss, um wirksam zu sein und die Selbstbestimmung im Zivilrecht umzusetzen. Jede Voraussetzung muss das grundrechtlich verankerte Selbstbestimmungsrecht verkörpern und die notwendigen Grenzen darstellen. Die bislang grundrechtlich festgehaltenen Voraussetzungen sollen an dieser Stelle für eine Einwilligung zwischen Privaten „übersetzt“ werden. Die nachfolgenden Voraussetzungen stellen dabei einen Mindeststandard dar, der einerseits gewährleistet und andererseits eingehalten werden muss.

Es ist dabei sinnvoll, die Voraussetzungen in formelle und materielle Voraussetzungen aufzuteilen. Formelle Voraussetzungen sind solche, die für das wirksame Zustandekommen der Einwilligung notwendig sind. Materielle Voraussetzungen richten sich an den Inhalt und den Umfang der Einwilligung.

1. Formelle Voraussetzungen

Unter formellen Voraussetzungen einer Einwilligung werden Anforderungen an das Zustandekommen der Einwilligung verstanden. Darunter fällt die Einwilligungsfähigkeit, die (formelle) Freiwilligkeit sowie die Informiertheit, verstanden als ausreichende Kenntnis der Sachlage. Eine Form wird von den Grundrechten allgemein nicht vorgeschrieben.

a) Einwilligungsfähigkeit

Dies umfasst die Fähigkeit, seine Selbstbestimmung wirksam auszuüben. Entscheidend ist auch hier zunächst, was sich aus den Grundrechten ergibt.

aa) Grundrechte

Es geht dabei hinsichtlich der Grundrechte um die Frage, wann der oder die Einzelne die Fähigkeit besitzt seine Berechtigung auch selbst wahrzunehmen bzw. auszuüben.[601] Dies ist grundsätzlich nicht in den Grundrechten normiert.[602] Eine Sonderrolle nimmt dabei das (grundrechtsähnliche) Wahlrecht aus Art. 38 II GG ein. Dieses normiert eine bestimmte Altersgrenze, so dass es dem oder der Einzelnen begrifflich erst ab diesem Alter zusteht.[603]

Auch hinsichtlich der übrigen Grundrechte wird eine Altersgrenze diskutiert. Typischerweise stellt sich diese Frage im Hinblick auf Minderjährige und wird oft unter dem Begriff der Grundrechtsmündigkeit diskutiert.[604] Die zentrale Frage ist, ob es überhaupt einer Altersgrenze bedarf und wenn ja, welches Alter das richtige ist und ob dies generell oder je Einzelfall zu bestimmen ist.

(1) Notwendigkeit der Grundrechtsmündigkeit

Es wird zunächst vertreten, dass Minderjährige viele Grundrechte erst ausüben können, wenn sie „grundrechtsmündig“ seien.[605] Eine starre Altersgrenze gebe es für diese Grundrechtsmündigkeit allerdings nicht.[606] Diese richte sich stets nach

---

601 *Sachs*, Staatsrecht – Band III/1, S. 1064; *Ipsen*, Grundrechte, Rn. 80.

602 Vgl. auch *Stern*, Staatsrecht – Band III/1, S. 1068.

603 Dreier/*Sauer*, Vorb. Rn. 128; Merten/Papier/*Huber*, Band II, § 49 Rn. 15; Merten/Papier/*Merten*, Band III, § 56 Rn. 94.

604 Dieser Begriff ist nur einer von vielen. Die Begrifflichkeiten werden häufig vermengt. Dazu sogleich mehr.

605 Merten/Papier/*Huber*, Band II, § 49 Rn. 16 ff.; Merten/Papier/*Merten*, Band III, § 56 Rn. 94.

606 Merten/Papier/*Huber*, Band II, § 49 Rn. 18; Merten/Papier/*Merten*, Band III, § 56 Rn. 94.

dem Maß an körperlicher und geistiger Reife, dem Verantwortungsbewusstsein und der Reflexionsfähigkeit des Minderjährigen, was allerdings nicht subjektiv, sondern generalisierend für die jeweilige Altersstufe im Hinblick auf das auszuübende Grundrecht zu beurteilen sei.[607] Ob der personale Schutzbereich des Minderjährigen eingeschränkt wird, wird innerhalb der Ansicht unterschiedlich betrachtet. Huber ist der Ansicht, der personale Schutzbereich werde eingeschränkt.[608] Merten vertritt die Auffassung, der Minderjährige bleibe auch bei fehlender Grundrechtsmündigkeit Grundrechtsträger, so dass der personale Schutzbereich nicht eingeschränkt werde, sondern lediglich die Fähigkeit, Grundrechte selbstständig und in eigener Verantwortung auszuüben, begrenzt werde.[609]

(2) Ablehnung der Grundrechtsmündigkeit

Dem steht die Auffassung gegenüber, dass im Verhältnis zum Staat jeder Träger eines Grundrechts gleich welchen Alters berechtigt ist, seine Grundrechte auszuüben.[610] Dass Minderjährige, ebenso wie Erwachsene, dazu nicht immer in der Lage sein könnten, sei eine andere Fragestellung und entbindet sie nicht von der Grundrechtsträgerschaft.[611] Der Begriff Grundrechtsmündigkeit habe im Grundgesetz zudem keine Basis und sei auch vom BVerfG als Begriff nie erwähnt worden.[612] Altersgrenzen oder andere standardisierte Anforderungen seien Grundrechtseinschränkungen, die im Rahmen der Grundrechtsbegrenzungen legitimiert werden müssen.[613]

Sachs weist weiter darauf hin, dass es bei Grundrechten, die natürliche Verhaltensfreiheiten, die Selbstbestimmung oder auch das aktive Wahlrecht schützen, darauf ankomme, dass der oder die Einzelne faktisch in der Lage sein muss, diese Grundrechte auch selbstverantwortlich wahrzunehmen.[614] Dies richte sich nach der Einsichtsfähigkeit.[615] Sofern es sich bei der Einwilligung um ein Rechtsgeschäft handle, sei Geschäftsfähigkeit nötig.[616]

---

[607] Merten/Papier/*Huber*, Band II, § 49 Rn. 18; Merten/Papier/*Merten*, Band III, § 56 Rn. 94.

[608] Merten/Papier/*Huber*, Band II, § 49 Rn. 17.

[609] Merten/Papier/*Huber*, Band II, § 49 Rn. 14; Merten/Papier/*Merten*, Band III, § 56 Rn. 94.

[610] Jarass/Pieroth/*Jarass*, Art. 19 GG Rn. 16. Anders wohl jedoch vom BGH, vgl. etwa BGH, Urteil vom 02.07.1974 – VI ZR 121/73, NJW 1974, 1947, 1949. Eine Suche bei einschlägigen Rechtsprechungsrechercheportalen zeigte ebenfalls, dass das BVerfG den Begriff „Grundrechtsmündigkeit“ bislang nicht verwendete.

[611] Jarass/Pieroth/*Jarass*, Art. 19 GG Rn. 16; *Ipsen*, Grundrechte, Rn. 80; Isensee/Kirchhof/*Stern*, Handbuch Staatsrecht – Band IX, § 185 Rn. 120.

[612] Jarass/Pieroth/*Jarass*, Art. 19 GG Rn. 16; Sachs/*Sachs*, Vor Art. 1 GG Rn. 75.

[613] Jarass/Pieroth/*Jarass*, Art. 19 GG Rn. 16; Sachs/*Sachs*, Vor Art. 1 GG Rn. 75.

[614] Sachs/*Sachs*, Vor Art. 1 GG Rn. 75.

[615] Sachs/*Sachs*, Vor Art. 1 GG Rn. 56.

[616] Sachs/*Sachs*, Vor Art. 1 GG Rn. 56.

Auch Stern lehnt den Begriff der Grundrechtsmündigkeit ab.[617] Er spricht in Abgrenzung der reinen Grundrechtsberechtigung von einer besonderen Grundrechtswahrnehmungs- oder Grundrechtsausübungsfähigkeit.[618] Die Ausübung der Grundrechte knüpft für ihn natürlicherweise an eine gewisse Einsichtsfähigkeit und Handlungsfähigkeit an.[619] Sein Lösungsansatz besteht aus einem Zusammenspiel der allgemeinen Geschäftsfähigkeitsregeln und aus den Grundrechten gewonnen Regeln für die Grundrechtsausübungsfreiheit.[620] So sollen die allgemeinen Geschäftsfähigkeitsregelungen des Privatrechts dann für die Grundrechtsausübung maßgeblich sein, wenn der grundrechtliche Schutzbereich primär darauf gerichtet ist, rechtsgeschäftliches Handeln verfassungsrechtlich abzusichern.[621] Hinsichtlich natürlichen Handelns gelten diese Schranken des einfachen Rechts nicht und es ist auf die konkreten geistig-physischen Fähigkeiten abzustellen.[622]

(3) Uneindeutige Rechtsprechung

Auch in der Rechtsprechung wird diese Problematik thematisiert. So hat der BGH bereits im Jahr 1974 darauf hingewiesen, dass es eine Wertsteigerung des allgemeinen Persönlichkeitsrechts gebe.[623] Aus Rücksicht auf die Persönlichkeit des oder der Minderjährigen, sei ihm oder ihr bereits vor Eintritt der Volljährigkeit ein eigener Verantwortungsbereich einzuräumen.[624] Ab wann und in welchem Umfang dies der Fall sein soll, richte sich nach dem individuellen Reifegrad des oder der Jugendlichen und in welchem Ausmaß die in Frage stehende Maßnahme die Persönlichkeitsrechte berührt.[625] Ähnlich führte der BGH bereits im Jahre 1958 im Hinblick auf die Einwilligung in einen ärztlichen Heileingriff eines Minderjährigen, der mit einem Alter von 20 Jahren kurz vor der damaligen Volljährigkeit mit 21 stand, aus, dass diese wirksam sei, wenn er nach seiner geistigen und sittlichen Reife die Bedeutung und Tragweite des Eingriffs und seiner Gestattung zu ermessen vermöge.[626] Das BVerfG bezog bislang nicht explizit Stellung zu dieser Thematik.[627] Es nahm jedoch etwa an, dass ein etwa dreijähriges Kind Verfassungs-

[617] *Stern*, Staatsrecht – Band III/1, S. 1065 m. w. N. In der Neuauflage, die vollständig neu verfasst wurde, führt dazu Berger nicht mehr kritisch aus, sondern spricht von Grundrechtsmündigkeit und orientiert sich dabei nach den Kriterien der Reife und Einsichtsfähigkeit, vgl. Stern/Sodan/Möstl/*Berger*, § 72 Rn. 31.

[618] *Stern*, Staatsrecht – Band III/1, S. 1066.

[619] *Stern*, Staatsrecht – Band III/1, S. 1066.

[620] *Stern*, Staatsrecht – Band III/1, S. 1068.

[621] *Stern*, Staatsrecht – Band III/1, S. 1069. Das betrifft für ihn die Grundrechte der Art. 2 Abs. 1, 6 Abs. 1, 9, 11, 12 Abs. 1 und 14 Abs. 1 GG.

[622] *Stern*, Staatsrecht – Band III/1, S. 1069. Das betrifft für ihn die Grundrechte der Art. 2 Abs. 1, 4, 5, 8, 10, 16 und 17 GG.

[623] BGH, Urteil vom 02.07.1974 – VI ZR 121/73, NJW 1974, 1947, 1950.

[624] BGH, Urteil vom 02.07.1974 – VI ZR 121/73, NJW 1974, 1947, 1950.

[625] BGH, Urteil vom 02.07.1974 – VI ZR 121/73, NJW 1974, 1947, 1950.

[626] BGH, Urteil vom 05.12.1958 – VI ZR 266/57, NJW 1959, 811.

[627] Vgl. bereits oben Fn. 610.

beschwerde einlegen und sich dabei auf seine Grundrechte berufen könne.[628] Auch wenn die Problematik einer „Grundrechtsmündigkeit" dabei nicht aufgeworfen wurde, lässt dies den Schluss zu, dass es sie für das BVerfG nicht gibt.[629]

(4) Stellungnahme

Diese Ansichten bedürfen einer Bewertung und Einordnung. Es kann zunächst dahinstehen, ob der Begriff „Grundrechtsmündigkeit" richtig ist. Letztendlich werden die Begriffe „Grundrechtsmündigkeit", „Grundrechtsausübungsfähigkeit", „Grundrechtsreife", „Grundrechtswahrnehmungsfähigkeit" etc. oft vermischt und nicht eindeutig abgegrenzt.[630] Bethge weist damit zu Recht daraufhin, dass der Begriff „Grundrechtsmündigkeit" nicht zum gesicherten Bestand der Grundrechtsdogmatik gehört.[631] Unabhängig von den Begrifflichkeiten ist die entscheidende Frage, ob sich aus den Grundrechten eine Grenze für die Fähigkeit zur Ausübung der Grundrechte ergibt. Einigkeit besteht zunächst dahingehend, dass lediglich im Wahlrecht eine starre Altersgrenze normiert wurde und diese zu beachten ist. Eine ansonsten generell wirkende Altersgrenze wird nicht mehr vertreten. Im Wesentlichen besteht auch Einigkeit darüber, dass das entscheidende Kriterium für die Beurteilung, ob der Einzelne das Grundrecht wirksam ausüben kann, die Einsichtsfähigkeit ist. Darunter verstehen die einzelnen Vertreter das gleiche Kriterium, auch wenn es marginal unterschiedlich bezeichnet wird.[632] Der wesentliche Unterschied zwischen den Ansichten besteht mithin hinsichtlich der Frage, ob es eine generelle objektive Altersgrenze anhand der Einsichtsfähigkeit gibt, die für jedes Grundrecht einzeln zu bestimmen ist oder ob dies jeweils konkret für jeden Einzelfall zu bestimmen ist.

Die besseren Gründe sprechen dafür den konkreten Einzelfall und damit die subjektive Einsichtsfähigkeit zu berücksichtigen. Eine Altersgrenze ist in dieser Hinsicht anhand der verschiedenen Entwicklungsstadien zu starr. Es ist schwierig, abstrakt zu bestimmen, ab wann der Einzelne in der Lage ist, seine Grundrechte wirksam auszuüben. Dies gilt nicht nur für eine etwaige Altersgrenze für junge Menschen, sondern auch für alte Menschen, die ggf. nicht mehr die notwendige

---

628 BVerfG, Beschluss vom 31.03.2010 – 1 BvR 2910/09, NJW 2010, 2336, 2337.

629 BVerfG, Beschluss vom 31.03.2010 – 1 BvR 2910/09, NJW 2010, 2336 ff.; *Hufen*, JuS 2011, 375, 376.

630 Vgl. nur Merten/Papier/*Huber*, Band II, § 49 Rn. 16; *Sachs*, Staatsrecht – Band III/1, S. 1066; Isensee/Kirchhof/*Rüfner*, Handbuch Staatsrecht – Band IX, § 196 Rn. 11.

631 Schmidt-Bleibtreu/Klein/Bethge/*Bethge*, § 90 BVerfGG Rn. 171.

632 Etwa „körperliche und geistige Reife, Verantwortungsbewusstsein und Reflexionsfähigkeit" bei Merten/Papier/*Huber*, Band II, § 49 Rn. 18; „Entscheidungsreife (Verstandesreife)" bei Merten/Papier/*Merten*, Band III, § 56, Rn. 94; „bestimmte geistig-physische Eigenschaften" bei *Stern*, Staatsrecht – Band III/1, S. 1066; „Reife und Einsichtsfähigkeit" bei Stern/Sodan/Möstl/*Berger*, § 72 Rn. 31; „Verstandesfähigkeit, Selbstständigkeit und Grundrechtsreife" bei Schmidt-Bleibtreu/Klein/Bethge/*Bethge*, § 90 BVerfGG Rn. 171.

Einsichtsfähigkeit besitzen. Eine starre Altersgrenze kann hier sowohl nach oben als auch nach unten ungerechtfertigt diskriminierend wirken, indem sie dem oder der Einzelnen zu früh Möglichkeiten der persönlichen Entfaltung nimmt. Diese Ansicht wird ferner dadurch gestützt, dass sich für eine Altersgrenze keine Grenze im Wortlaut des Grundgesetzes findet und der Grundrechtsschutz möglichst umfassend gewährleistet sein soll. Die entscheidenden Kriterien sind mithin, dass der oder die Einzelne über die nötigen „geistig-physischen Eigenschaften"[633] verfügt. Eine Übertragung der Geschäftsfähigkeit sollte nicht vorgenommen werden, denn dies ist lediglich einfachgesetzlich festgehalten und es verbietet sich daher die uneingeschränkte Übernahme des Begriffs.

Auch das BVerfG sieht eine „Einwilligungsfähigkeit" als Voraussetzung für eine Einwilligung.[634] Hinsichtlich des Begriffs hat es auf den BGH verwiesen, so dass davon auszugehen ist, dass die dort getroffenen Feststellungen zur Einwilligungsfähigkeit übernommen werden können. Demzufolge liege Einwilligungsfähigkeit vor, wenn der oder die Einzelne nach seiner bzw. ihrer „geistigen und sittlichen Reife die Bedeutung und Tragweite des Eingriffs und seiner Gestattung zu ermessen vermag".[635] Das BVerfG geht mithin ebenfalls von einer subjektiven Einschätzung der Einwilligungsfähigkeit im Einzelfall aus.

bb) GrCh und EMRK

In der Grundrechtecharta wird für natürliche Personen angenommen, dass alle natürlichen Personen unabhängig von ihrem Alter grundrechtsberechtigt sind, sofern nicht bereits die Norm an sich eine Spezialisierung vorgibt, wie etwa bei den Rechten von Arbeitnehmern in Art. 27 ff. GrCh.[636] Zudem gibt es mit Art. 24 GrCh ein explizites Grundrecht, das sich nur an Kinder richtet und Kinder als eigenständige Grundrechtsträger anerkennt, wobei es gleichzeitig als Höchstgrenze fungiert.[637]

In der EMRK sind ebenfalls „alle Personen" grundrechtsberechtigt, unabhängig von ihrem Alter und ihren Fähigkeiten.[638] Eine Ausnahme aufgrund des Alters gibt

---

[633] *Stern*, Staatsrecht – Band III/1, S. 1066. Dieser Begriff fasst die übrigen gewählten Begriffe gut zusammen.

[634] BVerfG, Beschluss vom 23.03.2011 – 2 BvR 882/09, NJW 2011, 2113, 2114.

[635] BGH, Urteil vom 05.12.1958 – VI ZR 266/57, NJW 1958, 811.

[636] Calliess/Ruffert/*Kingreen*, Art. 52 GrCh Rn. 52; Stern/Sachs/*Ladenburger/Vondung*, Art. 51 GrCh Rn. 2; Meyer/Hölscheidt/*Schwerdtfeger*, Art. 51 GrCh Rn. 60; Heselhaus/Nowak/*Nowak*, § 9 Rn. 4. Explizit bezüglich der Freizügigkeit und dem Aufenthaltsrecht: EuGH, Urteil des Gerichtshofs 19.10.2004 – Rs. C-200/02, EUR 2005, 658, 662.

[637] Meyer/Hölscheidt/*Hölscheidt*, Art. 24 GrCh Rn. 18; Calliess/Ruffert/*Kingreen*, Art. 24 GrCh Rn. 1 und Art. 52 GrCh Rn. 52.

[638] *Grabenwarter/Pabel*, § 17 Rn. 2 f.; Dörr/Grote/Marauhn/*Röben*, Kap. 5 Rn. 14 ff.; BeckOKInfoMedienR/*Gersdorf*, Art. 8 EMRK Rn. 10 f.; *Jarass/Kment*, § 4 Rn. 29.

es lediglich in Art. 12 EMRK mit der Einschränkung auf das heiratsfähige Alter.[639] Zur Grundrechtsmündigkeit wird ausgeführt, sie beschreibe „die Fähigkeit, Handlungen vorzunehmen, die grundrechtlich geschützt sind".[640] Erforderlich ist dafür ebenfalls eine sog. natürliche Einsichtsfähigkeit.[641] Die Einsichtsfähigkeit ist dabei grundsätzlich nicht an eine starre Altersgrenze geknüpft, sondern bemisst sich nach dem konkreten Einzelfall.[642]

Aus GrCh und EMRK ergibt sich mithin keine Einschränkung der Grundrechtsberechtigung aufgrund von starren Altersgrenzen. Auch im Hinblick auf die sog. Grundrechtsmündigkeit gibt es diese nicht. Relevant ist ebenfalls die sog. natürliche Einsichtsfähigkeit.

cc) Ergebnis für die Einwilligung zwischen Privaten

Für die Einwilligung zwischen Privaten wird mithin keine starre Altersgrenze aus den Grundrechten, der GrCh und der EMRK vorgegeben, die bereits in der Zulässigkeit zu berücksichtigen wäre.[643] Die Einwilligungsfähigkeit wird stattdessen im Einzelfall anhand der geistig-physischen Eigenschaften des oder der Einzelnen zu prüfen sein. Entscheidend ist dabei die Fähigkeit, Umfang und Tragweite der Einwilligung grundsätzlich erfassen zu können, was auch als individuelle Einsichtsfähigkeit bezeichnet werden kann.[644] Kriterien dafür sind etwa die körperliche und geistige Reife, Verantwortungsbewusstsein und Reflexionsfähigkeit.[645]

---

639 *Grabenwarter/Pabel*, § 17 Rn. 3.

640 Dörr/Grote/Marauhn/*Röben*, Kap. 5 Rn. 18.

641 Dörr/Grote/Marauhn/*Röben*, Kap. 5 Rn. 18; *Frenz*, Handbuch Europarecht – Band 4, Rn. 358 f.; *Jarass/Kment*, § 4 Rn. 30.

642 *Frenz*, Handbuch Europarecht – Band 4, Rn. 359. Außer beim Wahlrecht, wo dies etwa aufgrund der Praktikabilität vorzugswürdig erscheint, *Frenz*, Handbuch Europarecht – Band 4, Rn. 359.

643 Dies bedeutet nicht, dass es keine Altersgrenzen für bestimmte Handlungen geben darf. Einschränkungen aufgrund des Alters etwa beim Alkoholkonsum und -verkauf gem. § 9 JuSchG, beim Tabakkonsum und -verkauf gem. § 10 JuSchG oder dem Minderjährigenschutz anhand der §§ 104 ff. BGB sind dennoch mit dem Grundgesetz vereinbar und stehen dem obigen Schluss nicht entgegen. Man könnte argumentieren, dass die körperliche Unversehrtheit durch Tabak- und Alkoholkonsum selbstbestimmt geschädigt wird. Dies könnte ggf. auch von der Selbstbestimmung gedeckt sein. Hier stehen aber möglicherweise Allgemeininteressen entgegen, etwa, dass dies zu Gewalttaten führen kann, die Gesundheit geschädigt wird und so die Allgemeinheit unter den Kosten und Folgen leidet. Dies Beschränkung des Alters ergibt sich jedoch mithin nicht aus dem Grundgesetz direkt, sondern erst auf der Ebene der Schranke, der die Einwilligung gerecht werden muss. Ebenso verhält es sich mit dem Schutz der §§ 104 ff. BGB, welche die Minderjährigen und Geschäftsunfähigen vor sich selbst schützen, für Rechtssicherheit sorgen, dem Schutz und Interesse des Geschäftsgegners dienen und eine Erziehungsfunktion haben, vgl. zu allem etwa MüKoBGB/*Spickhoff*, § 104 BGB Rn. 2 ff.

644 *Bunnenberg*, Privates Datenschutzrecht, S. 40; *Buchner*, Informationelle Selbstbestimmung, S. 250.

645 Merten/Papier/*Huber*, Band II, § 49 Rn. 18. Vgl. die anderen Begriffe, oben Fn. 632.

b) Freiwilligkeit

Ferner ergibt sich aus der nationalen und unionsrechtlichen Grundrechtslehre, dass die Einwilligung freiwillig erfolgen muss.[646] Auch wenn sich daraus keine Legaldefinition der Freiwilligkeit ergibt,[647] kann dennoch ein Grundgerüst aufgezeigt werden, das bei der Beurteilung der Freiwilligkeit stets zu beachten ist. Da die Freiwilligkeit ein sehr abstrakter Begriff ist, ist dieses Grundgerüst zunächst negativ zu bestimmen.

Dabei kann auf Gutmann verwiesen werden, der sich ausführlich der Freiwilligkeit als Rechtsbegriff gewidmet und Ausschlussmöglichkeiten als sog. freiwilligkeitseinschränkende Faktoren benannt hat.[648] Das ist zum einen ein Irrtum. Zum anderen der Zwang im weiteren Sinne, den er in verschiedene Untergruppen aufteilt. Es gebe den innerlichen Zwang („Fähigkeit zu wollen") sowie den äußerlichen Zwang, den er wiederum aufteilt in *vis absoluta* (nicht willensvermittelt) und *vis compulsiva* (willensvermittelt).[649] Die *vis compulsiva* unterteilt er nochmals in Zwang im engeren Sinne als personale Quelle und nicht personal zurechenbare Umstände als Quelle („Natur").[650] Angebote mit Zwangswirkung gebe es für ihn nicht, so dass Angebote im Rahmen von Interaktionen der Bürger untereinander Freiheitsgrundrechte nicht beeinträchtigen.[651] Er kommt schließlich zu dem Schluss, es gebe keine wertungsfreie, deskriptive Definition von Freiwilligkeit, die für rechtliche Fragen von Interesse wäre, da Zwang und Freiwilligkeit wertende Begriffe seien.[652]

Amelung nähert sich dem Begriff der Freiwilligkeit vom Zweck her, so dass er über seine Aufgabe definiert werden muss.[653] Die Suche nach einem allgemeingültigen Begriff der Freiwilligkeit nach soziologischen oder psychologischen Termini lehnt er ab.[654] Er verweist daher zu Definitionszwecken auf einzelne Fallgruppen.[655]

Das BVerfG hat die Freiwilligkeit bislang ebenfalls nicht definiert. Es führte vereinzelt zu verschiedenen Aspekten der Freiwilligkeit aus, etwa dass eine freiwillige Einwilligung nur dann vorliegen könne, wenn der oder die Einzelne auch ein Wahlrecht habe.[656] Ferner fehle es an Freiwilligkeit, wenn physische oder psychi-

---

646 A.A. *Fries*, Verzicht auf Grundrechte, S. 10f.

647 Viel mehr wird etwa in Art. 3 Abs. 2 lit. b) GrCh auf die gesetzlich festgelegten Einzelheiten verwiesen.

648 *Gutmann*, Freiwilligkeit, S. 30.

649 *Gutmann*, Freiwilligkeit, S. 30.

650 *Gutmann*, Freiwilligkeit, S. 30.

651 *Gutmann*, Freiwilligkeit, S. 203f. und S. 246.

652 *Gutmann*, Freiwilligkeit, S. 204.

653 *Amelung*, Einwilligung, S. 83.

654 *Amelung*, Einwilligung, S. 83.

655 Ausführlich dazu *Amelung*, Einwilligung, S. 84ff.

656 BVerfG, Beschluss vom 18.08.1981 – 2 BvR 166/81, NJW 1982, 375. Das BVerfG führt darin aus: „Diese Freiheit hat der von empfindlicher Freiheitsstrafe bedrohte Angeklagte tatsächlich nicht, dem sich die Untersuchung durch den ‚Lügendetektor' als eine günstige Gelegenheit darstellen muß, die er nicht ausschlagen darf." Anderer Ansicht ist wohl der BGH, der eine

sche Gewalt, etwa durch Drohung mit einem empfindlichen Übel, vorliege.[657] In weiteren Entscheidungen präzisierte es die Voraussetzungen der Freiwilligkeit dahingehend, dass die Entscheidung frei von unzulässigem Druck erfolgen müsse.[658]

Der BGH führt ferner aus, es liege neben den Fällen der physischen und psychischen Gewalt keine Freiwilligkeit vor, wenn der Verzichtende getäuscht werde oder er sich der Tragweite und Bedeutung seiner Erklärung nicht bewusst sei bzw. wenn es an der bewussten Abgabe einer entsprechenden Willenserklärung fehle.[659] Im Falle einer vertraglichen Vereinbarung liege aufgrund der Freiheitsausübung und des freien und eigenverantwortlichen Handelns vom Grundsatz her die erforderliche Freiwilligkeit vor.[660]

Krings versuchte sich an einer Definition der Fremdbestimmung im Verhältnis zwischen Verbraucher und Unternehmen und nahm an, diese liege etwa vor, wenn auf die Entschließungsfreiheit bei Vertragsschluss unzulässig eingewirkt wurde.[661] Damit greift er insbesondere die unzulässige Einwirkung auf die Entschließungsfreiheit auf. Krings bezieht sich damit auf seine vorherigen Ausführungen und nennt Täuschung, Drohung, Überrumpelung und Knebelung.[662] Wann dies im Einzelfall vorliegt, sei für ihn ebenfalls eine im konkreten Fall zu entscheidende Tatfrage.[663]

Wie Gutman und Amelung richtig feststellten, ist eine deskriptive Definition von Freiwilligkeit nicht wertungsfrei möglich. Auch Krings ist so zu verstehen, wenn er ausführt, es sei immer der Einzelfall zu betrachten.

Eine Definition für das gesamte Privatrecht zu finden oder alle in Frage kommenden Fallgruppen darzustellen, ist für diese Arbeit nicht notwendig.[664] Aufgrund der betrachteten Grundrechtslehre[665] kann allerdings festgehalten werden, dass das

---

freiwillige Beweiserhebung mittels Lügendetektors nicht als Eingriff in die Grundrechte des oder der Einwilligenden wertet, wenngleich er den Lügendetektor zudem als ungeeignetes Beweismittel wertet, vgl. BGH, Urteil vom 17.12.1998 – 1 StR 156–98, NJW 1999, 657 ff.

[657] BVerfG, Beschluss vom 18.08.1981 – 2 BvR 166/81, NJW 1982, 375. So auch der BGH in BGH, Urteil vom 07.06.2016 – KZR 6/15, NJW 2016, 2266, 2271 Rn. 54.

[658] BVerfG, Beschluss vom 25.10.2011 – 2 BvR 979/10, NStZ-RR 2012, 60, 61; BVerfG, Beschluss vom 23.03.2011 – 2 BvR 882/09, NJW 2011, 2113, 2114.

[659] BGH, Urteil vom 07.06.2016 – KZR 6/15, NJW 2016, 2266, 2271 Rn. 54.

[660] BGH, Urteil vom 07.06.2016 – KZR 6/15, NJW 2016, 2266, 2271 Rn. 54.

[661] *Krings*, Grundrechtliche Schutzansprüche, S. 375. Weiter liege Fremdbestimmung vor, wenn der Verbraucher über ein grundrechtliches Schutzgut außerhalb der Privatautonomie nicht verfügen wollte und die diesbezüglichen negativen Auswirkungen objektiv unvorhersehbar waren oder wenn der Unternehmer bei der Vertragsdurchführung deliktisch bzw. deliktsähnlich handelte, *Krings*, Grundrechtliche Schutzansprüche, S. 375.

[662] *Krings*, Grundrechtliche Schutzansprüche, S. 346.

[663] *Krings*, Grundrechtliche Schutzansprüche, S. 346.

[664] Siehe vertiefend *Gutmann*, Freiwilligkeit; *Bender*, Freiwilligkeit bei unentgeltlichen Leistungen im Internet und *Ahammer*, Grundrechtsverzicht, S. 104 ff. Die einzelnen Fallgruppen, die insbesondere im Datenschutzrecht und Wettbewerbsrecht einer näheren Untersuchung bedürfen, werden an entsprechender Stelle im Einzelfall betrachtet.

[665] So ist der Zwang etwa in Art. 5 Abs. 2 GrCh genannt.

Merkmal der Freiwilligkeit erfüllt sein muss und die Freiwilligkeit ausgeschlossen ist, wenn die Handlung aufgrund Täuschung, Drohung, unmittelbarer Gewalt oder Zwang erfolgt.[666] Im Übrigen muss eine Wahlfreiheit vorliegen.[667] Dies muss anhand der Umstände der Einwilligung im jeweiligen Einzelfall geprüft werden, wobei – wie gezeigt – viele Aspekte eine Rolle spielen, um festzustellen, ob es eine Wahlmöglichkeit des oder der Einwilligenden gab.[668] Die für diese Arbeit relevanten Fallgruppen sollen bei der einfachgesetzlichen Überprüfung näher beleuchtet werden.[669]

c) Informiertheit

Eine weitere formelle Voraussetzung ist die sog. Informiertheit. Diese wird oftmals nicht explizit von der Freiwilligkeit abgegrenzt.[670] Unter dem Begriff der Informiertheit wird verstanden, dass der oder die Einzelne Kenntnis der Sachlage habe und dadurch die Reichweite und die Folgen der Erklärung verstanden werden.[671] Daran sind strenge Anforderungen zu stellen. Nur wenn der oder die Betroffene über die entscheidungsrelevanten Tatsachen informiert wurde, ist eine tatsächlich selbstbestimmte Entscheidung und effektive Ausübung der Selbstbestimmung überhaupt möglich.[672] Welche Informationen dazu gehören, ist nur schwer abstrakt zu bestimmen. Damit einher geht die Frage nach einer ggf. bestehenden Aufklärungspflicht.[673] Die Notwendigkeit der Aufklärungs- und Informationstiefe unterscheidet sich je nach konkretem Rechtsgut und der Verzichtshandlung. Sie soll

---

[666] Sachs/*Sachs*, Vor Art. 1 Rn. 56; ErfKo/*Schmidt*, GG vor Art. 1 Rn. 62; Merten/Papier/*Merten*, Handbuch Grundrechte – Band III, § 73 Rn. 21; *Buchner*, Informationelle Selbstbestimmung, S. 240.

[667] So auch *Hillgruber*, Schutz des Menschen vor sich selbst, S. 115.

[668] Ahammer nimmt als entscheidendes Kriterium an, dass die Entscheidung nicht fremdbestimmt ist, vgl. *Ahammer*, Grundrechtsverzicht, S. 105. Dies ist richtig, hilft jedoch hinsichtlich des Einzelfalls nur bedingt weiter, da es das schlichte Gegenteil der Selbstbestimmung und der Freiwilligkeit ist. Es ist ihr ebenfalls dahingehend zu widersprechen, dass eine Beeinflussung durch Meinungen Dritter bereits zu einer Fremdbestimmung führt. Dieses Verständnis ist zu weit, denn nahezu jede Entscheidung basiert auf dem Zusammentragen verschiedener Meinungen und Einflüsse, mit deren Hilfe man zu „seiner" selbstbestimmten Entscheidung kommt.

[669] Dazu zählen etwa das starke Übergewicht einer Partei, Koppelung der Einwilligung an die Vertragsdurchführung bzw. die Gegenleistung, drohende Nachteile bei Versagung der Einwilligung. Krings ordnete die Fallgruppen nach Vertragsgegenstand und Vorhersehbarkeit, Deliktsähnlichkeit und den Ungleichgewichtslagen, *Krings*, Grundrechtliche Schutzansprüche, S. 343 ff.

[670] Vgl. etwa Merten/Papier/*Merten*, Handbuch Grundrechte – Band III, § 73 Rn. 21.

[671] Merten/Papier/*Merten*, Handbuch Grundrechte – Band III, § 73 Rn. 21; *Buchner*, Informationelle Selbstbestimmung, S. 240; ErfKo/*Schmidt*, GG vor Art. 1 Rn. 62; *Knebel*, Drittwirkung, S. 86; *Radlanski*, Einwilligung, S. 16.

[672] *Buchner*, Informationelle Selbstbestimmung, S. 240; *Knebel*, Drittwirkung, S. 86 f.

[673] Vgl. etwa für die Einwilligung in Heileingriff *Ohly*, Einwilligung, S. 372 ff. und genereller *Amelung*, Einwilligung, S. 100 ff.

auch dazu dienen, Waffengleichheit zwischen den Parteien herzustellen, damit Ungleichgewichtslagen bewältigt werden können.[674] Die konkreten Anforderungen werden in den jeweiligen Einzelfällen näher beleuchtet. Entscheidend ist an dieser Stelle, dass der oder die Einzelne in dem Umfang informiert und aufgeklärt sein muss, dass es sich bei der Einwilligung um die Ausübung der Selbstbestimmung handelt.

2. Materielle Voraussetzungen

Unter materiellen Voraussetzungen einer Einwilligung werden die inhaltlichen Voraussetzungen und insbesondere die Schranken verstanden. Es muss ein auszuübendes Selbstbestimmungsrecht vorhanden sein, das innerhalb der aufgezeigten Schranken ausgeübt wird. Dies wurde unter B. I. ausführlich behandelt und soll hier nur noch kurz dargestellt werden.

a) Auszuübendes Selbstbestimmungsrecht und Dispositionsbefugnis

Es muss ein Grundrecht ausgeübt werden, über das der oder die Einwilligende dispositionsbefugt ist.[675] Es muss sich mithin um ein auszuübendes Selbstbestimmungsrecht handeln.

aa) Auszuübendes Selbstbestimmungsrecht

Die Untersuchung ergab, dass die meisten Grundrechte disponibel sind und ein entsprechendes Selbstbestimmungsrecht enthalten. Dieses Recht ergibt sich entweder aus dem Grundrecht selbst oder subsidiär aus dem Grundrecht in Verbindung mit dem Allgemeinen Persönlichkeitsrecht oder der Allgemeinen Handlungsfreiheit.[676] Ausnahmen ergeben sich – wie aufgezeigt – jedoch bei höchstpersönlichen Rechten sowie bei Grundpflichten, wo die Verzichtsfeindlichkeit immanent ist und nicht erst als Schranke zu thematisieren ist.[677] Die objektiven Grenzen der Ausübung ergeben sich im Übrigen als Schranke.[678]

---

[674] Ähnlich *Manthey*, Datenschutzrechtliches Transparenzgebot, S. 399 f.

[675] Die Dispositionsbefugnis könnte auch als eine formelle Voraussetzung behandelt werden. Sie soll zur besseren Übersichtlichkeit hier angeführt werden.

[676] Ähnlich Isensee/Kirchhof/*Bethge*, Handbuch Staatsrecht – Band VII, § 203 Rn. 110.

[677] Etwa Isensee/Kirchhof/*Bethge*, Handbuch Staatsrecht – Band VII, § 203 Rn. 115 ff.

[678] Dazu nachfolgend mehr unter B. II. 2. b).

bb) Dispositionsbefugnis

Die Dispositionsbefugnis ergibt sich zunächst aus der Grundrechtsträgerschaft, so dass der Grundrechtsträger über seine eigenen Grundrechte dispositionsbefugt ist, da die Grundrechtswahrnehmung Sache des Grundrechtsträgers selbst ist.[679] Dies gilt für juristische und natürliche Personen gleichermaßen.[680]

b) Schranken der Ausübung

Aus den obigen Ausführungen ergaben sich die folgenden Schranken für eine Einwilligung zwischen Privaten.[681]

aa) Totalverzicht

Zunächst kann nicht in einen Totalverzicht seiner Grundrechte eingewilligt werden. Dabei geht es stets um das komplette Recht an sich und nicht nur um Teilaspekte eines Rechts. So ist die Einwilligung, die den Verlust von Eigentum an einer Sache zur Folge hat, grundsätzlich möglich, allerdings nicht die Einwilligung mit der Folge, nie mehr Eigentum erwerben zu können.

bb) Rechte Dritter oder Allgemeininteresse

Ferner liegt eine Schranke vor, wenn durch die Einwilligung auf Rechte Dritter oder der Allgemeinheit verzichtet wird und die Abwägung ergibt, dass diese überwiegen.[682] Einige Rechte, wie etwa die Meinungsfreiheit aus Art. 5 Abs. 1 GG schützen zudem auch die Allgemeininteressen aufgrund der Wichtigkeit für die demokratische Willensbildung.[683]

---

679 Merten/Papier/*Merten*, Handbuch Grundrechte – Band III, § 73 Rn. 17; Isensee/Kirchhof/*Bethge*, Handbuch Staatsrecht – Band VII, § 203 Rn. 10; *Ohly*, Einwilligung, S. 393; *Ahammer*, Grundrechtsverzicht, S. 58.

680 Vgl. nur Isensee/Kirchhof/*Bethge*, Handbuch Staatsrecht – Band VII, § 203, Rn. 12.

681 Insbesondere unter B. I. 3. und B. I. 4.

682 Ebenso *Ahammer*, Grundrechtsverzicht, S. 103; *Fischinger*, JuS 2007, 808, 811.

683 Ebenso *Ahammer*, Grundrechtsverzicht, S. 103.

cc) Vertragsdisparität

Ein starkes Übergewicht einer Vertragspartei löst nach der hier vertretenen Ansicht keine strikte Schutzpflicht des Staates aus.[684] Entscheidend ist, dass die Bedingungen freier Selbstbestimmung tatsächlich gegeben sind. Aus dem Grundgesetz ergeben sich keine greifbaren Anhaltspunkte, wann dies bei einer etwaigen Vertragsdisparität der Fall ist. Dies muss somit individuell im Einzelfall betrachtet werden. Es kann festgehalten werden, dass dies umso kritischer hinterfragt werden muss, je näher der Eingriff am Wesenskern des jeweiligen Grundrechts ist. Aufgrund der festgestellten enormen Bedeutung der Selbstbestimmung im Grundgesetz kann die Abwägung jedoch nur in Extremfällen zu einer Schranke aufgrund der Vertragsdisparität führen. Dies gilt insbesondere, da mit den Voraussetzungen der Freiwilligkeit, der Informiertheit und der Schranke des Totalverzichts bereits ein gewisser Schutz vor sich selbst in der Einwilligungslehre implementiert ist.

III. Bedeutung für die Wirkung der Einwilligung zwischen Privaten

Schließlich soll betrachtet werden, welche Wirkung der Einwilligung aus ihrer grundrechtlichen Herleitung folgt. Dies betrifft die Frage, ob es bei Vorliegen einer wirksamen Einwilligung bereits an einer Beeinträchtigung des Rechtsguts fehlt oder ob sie eine bestehende Beeinträchtigung des Rechtsguts rechtfertigt.

Vor diesem Hintergrund soll nun untersucht werden, welche Folgerungen sich aus dieser Wirkung im Hinblick für die Einwilligung zwischen Privaten ergeben. Diese Frage kann unabhängig von der Rechtsnatur und eventuellen Abwandlungen beantwortet werden, denn entscheidend ist zunächst, welche Wirkung eine die Grundrechte ausübende Einwilligung zwischen Privaten generell hat.[685] Viele privatrechtliche Handlungen sind – unabhängig von ihrer konkreten Rechtsform und -natur – Ausübung der Privatautonomie und eines vielen Grundrechten innewohnenden Selbstbestimmungsrechts, das an das Persönlichkeitsrecht anknüpft.[686]

---

[684] Vgl. unter B. I. 3. c) aa) (3) (c).

[685] In der Literatur wird zudem oftmals zwischen verschiedenen Arten und Formen der Einwilligung im Privatrecht unterschieden und die Frage aufgeworfen, ob es „die" Einwilligung überhaupt gebe. Auch diese Frage soll an dieser Stelle nicht betrachtet werden, da es um generelle Schlüsse für alle eventuell möglichen Arten der Einwilligung gehen soll. Grundlegend zu den verschiedenen Arten etwa *Ohly*, Einwilligung, S. 143 ff. Dies aufgreifend etwa *Funke*, Einwilligung, S. 38 ff.

[686] Dies gilt selbst für die Aufgabe des Eigentums, das privatautonomes Handeln darstellt, vgl. BeckOGK/*Schermaier*, § 959 BGB Rn. 2. Entscheidend ist die selbstbestimmte Entscheidung und nicht das damit verfolgte Interesse des oder der Einzelnen.

Eine Einwilligung ist ein solcher privatrechtlicher Akt.[687] Sie gestaltet damit Beziehungen unter Privaten, und selbst wenn sie Nachteile mit sich bringt, ist sie Ausübung der Privatautonomie und des jeweiligen zugrunde liegenden Selbstbestimmungsrechts. Eine wirksame Einwilligung, die nicht zugleich ein Selbstbestimmungsrecht ausübt – quasi eine Art „objektive" Einwilligung, die keine persönliche Entscheidung darstellt – ist nicht denkbar. Jede Entscheidung zur wirksamen Einwilligung ist eine persönliche Entscheidung, die der Selbstbestimmung des oder der Einzelnen unterfällt. Die Einwilligung stellt damit auch im Privatrechtsverhältnis die Ausübung dieser Grundrechte dar und ist Ausdruck des Willens des oder der Einwilligenden.

Nimmt man die Feststellungen zur Einwilligung hinsichtlich der Grundrechte ernst, ist festzuhalten, dass die Einwilligung auch zwischen Privaten im Regelfall tatbestandsausschließend wirkt und nicht einen bloßen Rechtfertigungsgrund darstellt.[688] Sie ist Ausübung des Selbstbestimmungsrechts, das sich auch privatrechtlich manifestiert und somit „grundrechtsrelevant" ist.[689] So schließt sie die Beeinträchtigung des zugrunde liegenden Grundrechts aus[690] und lässt den Tatbestand der jeweiligen Haftungsnorm entfallen.[691] Dies ist auf das Zivilrecht zu übertragen, wie man auch bereits den Ausführungen des BGH in einem Urteil vom 02.04.1957 in Sachen VI ZR 9/56 im übertragenen Sinne entnehmen kann:

> „Das bürgerliche Recht muß dem übergeordneten Verfassungsrecht weichen und gilt, soweit das GG Bestimmungen anderen Inhalts getroffen hat, nur mit den hieraus sich ergebenden Wandlungen."[692]

Diese Aussagen beziehen sich zwar nicht direkt auf die rechtfertigende oder tatbestandsausschließende Wirkung. Sie legen jedoch nahe, dass die sich aus dem Grundgesetz ergebenden Wirkungen („Wandlungen") im Zweifel auch im Privatrecht fortgelten.

---

[687] *Jakl*, Handlungshoheit, S. 13; *Koziol*, MedR 2019, 105, 106; *Klose/Straub*, MedR 2019, 714; *Kohte*, AcP 185 (1985), 105, 110; Ohly spricht von „funktional privatautonomer Rechtsgestaltung", vgl. *Ohly*, Einwilligung, S. 469.

[688] Ebenso *Ohly*, Einwilligung, S. 468; *Ohly*, GRUR 2012, 983, 984 f.; *Jarass*, ZEuP 2017, 310, 329 f. Für Resch geht eine Einwilligung, die er als Rechtsgeschäft i. S. eines Verpflichtungsgeschäfts versteht, in ihrer Rechtsgestaltung regelmäßig über einen bloßen Rechtfertigungsgrund hinaus, da mit der Einwilligung meist mehr einher geht, als dass nur die Rechtsgüterbeeinträchtigung rechtmäßig sein soll, *Resch*, Einwilligung, S. 160 und S. 225. Eine Einwilligung ist für ihn daher nur dann ein bloßer Rechtfertigungsgrund, wenn sich der Vertragszweck in der Vermeidung von Schadensersatzansprüchen erschöpft oder vorrangig darauf ausgerichtet ist, *Resch*, Einwilligung, S. 160. Helle widmet sich hauptsächlich § 22 KUG, sieht § 22 KUG jedoch als „besondere Erscheinungsform" des Allgemeinen Persönlichkeitsrechts, so dass man wohl verallgemeinernd sagen kann, dass er die Einwilligung nicht nur für § 22 KUG als tatbestandsausschließend ansieht, vgl. *Helle*, AfP 1985, 93, 95.

[689] *Jarass*, ZEuP 2017, 310, 329 f.

[690] *Jarass*, ZEuP 2017, 310, 329 f.

[691] *Ohly*, Einwilligung, S. 468. Ohly spricht dort von der „Ausübung des subjektiven Rechts".

[692] BGH, Urteil vom 02.04.1957 – VI ZR 9/56, NJW 1957, 1146, 1147.

Dennoch finden sich in Literatur und Rechtsprechung Ausführungen, die der Einwilligung zwischen Privaten eine rechtfertigende Wirkung zusprechen, insbesondere im Deliktsrecht.[693] Die Diskussionen sind in den Fällen nachvollziehbar, in denen durch die Einwilligung zwischen Privaten eine Substanzverletzung gerechtfertigt werden soll, etwa beim ärztlichen Heileingriff.[694] Bei solchen Einwilligungen, denen im Zivilrecht maßgeblich der selbstbestimmte und -gestaltende Wille zugrunde liegt, ist dies jedoch wie aufgezeigt nicht nachvollziehbar. Bei solchen Rechten wird deutlich, dass auch die Rechtsgutsverletzung gem. § 823 BGB den Einbruch in den Freiheitsbereich darstellt[695] und mithin nicht eine mögliche Substanzverletzung. Dies wird auch im Deliktsrecht deutlich, wo etwas Einschränkungen der (Bewegungs-)Freiheit nur verletzt werden, wenn sie gegen den Willen des Betroffenen geschehen.[696] Auch wenn aufgrund der oben getroffenen Feststellungen zur Verankerung des Selbstbestimmungsrechts im gesamten Privatrecht zwischen einer Einwilligung in Substanzverletzungen und Einwilligungen in Rechtsgutsverletzungen solche Rechtsgüter, deren Schutz maßgeblich durch die Selbstbestimmung definiert wird, zu unterscheiden ist, kann in dieser Arbeit dahingestellt bleiben.[697] Für die Einwilligungen im Datenschutzrecht und Wettbewerbsrecht sind die persönlichkeitsgestützten Grundrechte relevant, so dass diesbezüglich eine rechtfertigende Wirkung gelten sollte.

Dieser auf den Grundrechten basierenden Einschätzung steht auch nicht die strafrechtliche Einwilligungslehre entgegen. Auch im Strafrecht ist die Selbstbe-

---

[693] So führt Neuner aus, die Einwilligung im Deliktsrecht habe eine rechtfertigende Wirkung, obwohl er anerkennt, dass Einwilligungen verfassungsrechtlich eine Form der Grundrechtsausübung und keinen Grundrechtsverzicht darstellen, vgl. *Neuner*, JuS 2021, 617 f. Er beruft sich dabei insbesondere auf Beispiele der Einwilligung in tierärztliche Behandlungen und dass dabei die körperliche Sphäre des Tieres trotz Einwilligung des Eigentümers und dessen freier Entfaltung verletzt werde, *Neuner*, JuS 2021, 617, 619. Dies vermag nicht zu überzeugen, denn dabei geht es gerade nicht um die Selbstbestimmung, sondern um die Bestimmung über den Körper eines Tieres, so dass dieser Vergleich nicht passend ist, da dort für ein anderes Lebewesen eingewilligt wird, das gem. Art. 20a GG auch verfassungsrechtlich geschützt ist. Aicher spricht der Einwilligung im Deliktsrecht ebenfalls rechtfertigende Wirkung zu und bezieht sich dabei insbesondere auf die BT-Drs. 17/10488, S. 23 Abs. 3 und behaupte, der Gesetzgeber bezog so Position, vgl. *Aicher*, Zivilrechtliche Rechtfertigungsgründe, S. 83. Dort heißt es jedoch wörtlich: „Zum anderen ist die Einwilligung aber auch im Rahmen des Rechtsgüterschutzes des Deliktsrechts, nämlich für die Frage der Rechtswidrigkeit des Eingriffs bzw. seiner Rechtfertigung von Bedeutung“, BT-Drs. 17/10488, S. 23 Abs. 3. Durch die Verwendung des Worts „beziehungsweise“ hat der Gesetzgeber gerade nicht eindeutig ausgedrückt, ob es um die Rechtfertigung eines Eingriffs geht oder die Rechtswidrigkeit des Eingriffs bereits ausgeschlossen ist. Hieraus folgt mithin kein Erkenntnisgewinn für diese Frage. Vertiefend *Neuner*, JuS 2021, 617 ff.; *Aicher*, Zivilrechtliche Rechtfertigungsgründe, S. 83 ff.; *Knappertsbusch*, Die datenschutzrechtliche Einwilligung im Beschäftigungsverhältnis, S. 109 ff.

[694] Kritisch auch dazu *Ohly*, Einwilligung, S. 468; *Fezer*, Teilhabe und Verantwortung, S. 533 f.

[695] *Fezer*, Teilhabe und Verantwortung, S. 533, 557. Fezer nimmt dies an dieser Stelle sogar für Körperverletzungen und Eigentumsverletzungen an.

[696] BeckOK BGB/*Förster*, 70. Ed. 1.5.2024, BGB § 823 Rn. 118.

[697] Vgl. dazu ausführlich und bejahend *Ohly*, Einwilligung, S. 197 ff.

stimmung der Ausgangspunkt der Überlegungen.[698] Dabei wird meist zwischen einem tatbestandsauschließenden Einverständnis und einer rechtfertigenden Einwilligung unterschieden, so dass man die angestrebte Einheit der Rechtsordnung in Zweifel ziehen könnte.[699] Ein tatbestandsausschließendes Einverständnis wird zumindest immer dann angenommen, wenn die strafrechtlich relevante Handlung darauf beruht, dass sie gegen oder ohne den Willen des Betroffenen vorgenommen wird.[700] Bei der rechtfertigenden Einwilligung sei es meist eine besonders gravierende Rechtsgutseinbuße, wo das Rechtsgut selbst Anknüpfungspunkt für eine staatliche Schutzpflicht sei.[701] Dies ist jedoch seit jeher umstritten, da generell der Wille des Inhabers über das Rechtsgut zur Verfügung stehe.[702] Dies entspreche der neueren Rechtsanwendungspraxis, da etwa bei der Sterbehilfe mittelbar eine Disposition über das Leben zugelassen werde und dabei das Unterlassen lebensverlängernder Behandlungsmaßnahmen schon als nicht tatbestandsmäßig behandelt werde.[703] So ist auch die Verfassungsmäßigkeit der Strafbarkeit der Tötung auf Verlangen gem. § 216 StGB seit der Entscheidung des BVerfG Gegenstand einer Vielzahl von Diskussionen.[704] Die Rechtsentwicklung ist hier schon lange in Bewegung.[705] So führte Ohly bereits 2002 aus, dass die Beurteilung des ärztlichen Heileingriffs als tatbestandsmäßige Körperverletzung seit langem heftiger Kritik ausgesetzt sei.[706] Somit kann der getroffenen Schlussfolgerung nicht entgegengehalten werden, dass dies im Strafrecht anders sei bzw. die Einheit der Rechtsordnung gefährdet sei. Auch im Strafrecht ist die Einordnung als tatbestandsausschließende Einwilligung denkbar.[707] Die angestrebte Einheit der Rechtsordnung, verstanden als Widerspruchsfreiheit der Rechtsordnung[708], ist so gewährleistet.[709] Eine weiter-

---

[698] FS Jakobs/*Ohly*, Einwilligung und „Einheit der Rechtsordnung", S. 453.

[699] Schönke/Schröder/*Sternberg-Lieben*, Vorb. § 32 StGB Rn. 30; *Ohly*, Einwilligung, S. 466.

[700] Schönke/Schröder/*Sternberg-Lieben*, Vorb. § 32 StGB Rn. 31; MüKoStGB/*Erb*, § 32 StGB Rn. 50.

[701] BeckOKStGB/*Eschelbach*, § 228 StGB Rn. 8.

[702] *Rosener*, Einwilligung, S. 4 ff.; BeckOKStGB/*Eschelbach*, § 228 StGB Rn. 9.

[703] BVerfG, Urteil vom 26.02.2020 – 2 BvR 2347/15 u. a., NJW 2020, 905, 906 ff.; BeckOKStGB/*Eschelbach*, § 228 StGB Rn. 9.

[704] BGH, Beschluss vom 28.06.2022 – 6 StR 68/21, NJW 2022, 3021, 3023 Rn. 23; Spickhoff/*Knauer/Brose*, § 216 StGB Rn. 3 ff.; Lackner/Kühl/Heger/*Heger*, § 216 Rn. 1; BeckOKStGB/Eschelbach, § 216 StGB Rn. 2.

[705] BeckOKStGB/*Eschelbach*, § 228 StGB Rn. 9; FS Jakobs/*Ohly*, Einwilligung und Einheit der Rechtsordnung, S. 458; *Ohly*, Einwilligung, S. 190; *Fezer*, Teilhabe und Verantwortung S. 535.

[706] *Ohly*, Einwilligung, S. 190.

[707] Darauf soll in dieser Arbeit jedoch nicht ausführlich eingegangen werden. Der Einordnung im Strafrecht liegen noch viele andere Erwägungen zugrunde.

[708] Etwa FS Jakobs/*Ohly*, Einwilligung und „Einheit der Rechtsordnung", S. 456 und *Kohte*, AcP 185 (1985), 105, 157.

[709] Wie bereits genannt, gibt es keine Legaldefinition der Einwilligung, die in der gesamten nationalen und europäischen Rechtsordnung gilt. Dies gilt mithin auch für Unterscheidung in die verschiedenen Rechtsgebiete des Öffentlichen Rechts, des Zivilrechts und des Strafrechts. Ob es eine „Einheit der Rechtsordnung" in Bezug auf das Institut der Einwilligung gibt, ist umstritten. „Einheit der Rechtsordnung" bedeutet dabei, dass „die Rechtswidrigkeit jeder Handlung

gehende Betrachtung der strafrechtlichen Einwilligungslehre kann an dieser Stelle unterbleiben. Vor diesem Hintergrund wird nachfolgend untersucht, ob dies auch für die Einwilligung im Datenschutz – und Wettbewerbsrecht zutreffend ist.[710]

---

in sämtlichen Rechtsgebieten einheitlich zu erfolgen hat", *Ohly*, Einwilligung, S. 117. Vertiefend vergleiche *Ohly*, Einwilligung, S. 108 ff. und auch FS Jakobs/*Ohly*, Einwilligung und Einheit der Rechtsordnung, S. 451 ff. Vertiefend zur strafrechtlichen Einwilligung etwa *Liao*, Grundlage der Einwilligung im Strafrecht, S. 31 ff. Kritisch zum Begriff der „Einheit der Rechtsordnung" etwa *Aicher*, Zivilrechtliche Rechtfertigungsgründe, S. 36 f.

[710] Vgl. dazu C. II. 1. und F. V. 1. Diese Frage stellt sich im gesamten Zivilrecht, so auch bei Einwilligungen in Rechtsgutsverletzungen, die etwa bei Schadensersatzansprüchen relevant werden oder im Urhebergesetz. Eine Überprüfung aller möglichen Einwilligungen im Privatrecht würde den Rahmen dieser Arbeit sprengen. Konsequenterweise sollte die Einwilligung dort jedoch auch tatbestandsausschließend wirken.

C. Die Einwilligung als Ausdruck der Selbstbestimmung im Datenschutzrecht

Es stellt sich nun die Frage, ob die datenschutzrechtliche Einwilligung als Ausdruck der Selbstbestimmung den gestellten Anforderungen gerecht wird.

Um dies angemessen beurteilen zu können, wird der Rechtsrahmen und insbesondere die Voraussetzungen der datenschutzrechtlichen Einwilligung gem. Art. 6 Abs. 1 lit. a) DSGVO dargestellt. Dabei soll geprüft werden, ob in jeglicher Hinsicht die Ausübung der Selbstbestimmung gewahrt ist.[1] Zur besseren Einordnung und Beurteilung werden dabei zunächst die Zwecke und Ziele des Datenschutzrechts dargestellt. Hierfür werden völkerrechtliche, europarechtliche und nationale Regelungen herangezogen.

Im Anschluss daran werden ausgewählte Einzelprobleme dargestellt.[2] Dabei soll zunächst Art. 7 Abs. 4 DSGVO kritisch hinterfragt werden. Im Anschluss daran soll überprüft werden, ob das Datenschutzrecht tatsächlich einem sog. Verbotsprinzip folgt und ob die Einwilligung im Datenschutzrecht ebenfalls widerspruchsfrei tatbestandssausschließend wirkt und welche praktischen Auswirkungen dies hat.

I. Rechtsrahmen der Einwilligung im Datenschutzrecht

Zunächst muss der Rechtsrahmen und damit der Zweck des internationalen und nationalen Datenschutzrechts dargestellt werden.

1. Zweck des Datenschutzrechts

Um die Einwilligung im Datenschutzrecht und ihre Voraussetzungen zu verstehen, ist es nötig, den Zweck des Datenschutzrechts vor Augen zu haben. Dem Datenschutzrecht liegt dabei eine Vielzahl völkerrechtlicher, europarechtlicher und nationaler Vorschriften zugrunde. Es ist elementar, die rechtlichen Grundlage des nachfolgend zu erörternden Begriffs der Einwilligung im Datenschutzrecht zu kennen.

---

[1] Es gibt bereits viele Dissertationen zum Begriff der Einwilligung im Datenschutzrecht. Dieser Teil soll daher nur einen Überblick verschaffen und nachfolgend ausgewählte Einzelprobleme betrachten.

[2] Vgl. dazu C.II.

a) Völkerrechtliche Vorschriften

Es gibt zahlreiche völkerrechtliche Bestrebungen, ein Mindestmaß für den Datenschutz zu bestimmen. Relevant sind vor allem die Europäische Menschenrechtskonvention, das Übereinkommen zum Schutz des Menschen bei der automatisierten Verarbeitung von Daten (nachfolgend „Datenschutz-Konvention"), die Richtlinien über Datenschutz und grenzüberschreitende Ströme personenbezogener Daten (nachfolgend „OECD-Richtlinien") der Organisation für Wirtschaftliche Zusammenarbeit und Entwicklung (OECD) und die Richtlinien zur Verarbeitung personenbezogener Daten in automatisierten Dateien (nachfolgend „UN-Richtlinien") der Vereinten Nationen (UN).

aa) EMRK

Art. 8 EMRK normiert das Recht auf Achtung des Privat- und Familienlebens und umfasst dabei den Schutz der Privatsphäre.[3] Diese Vorschrift existiert bereits seit Inkrafttreten der EMRK am 04. November 1950 in dieser Fassung. Im Wandel der Zeit ist mittlerweile anerkannt, dass das Privatleben durch die Erhebung, Speicherung und Verwendung von Daten des Einzelnen erheblich beeinträchtigt werden kann, wodurch der Schutz von persönlichen Daten zu einem wichtigen Teilbereich des Schutzes des Art. 8 EMRK geworden ist.[4] Ein Teil des Privatlebens und damit der Privatsphäre ist ferner die individuelle Kommunikation.[5] Zur freien Entfaltung der Persönlichkeit kommuniziert jede einzelne Person in unterschiedlichen sozialen Zusammenhängen und auf unterschiedliche Weisen. Dabei werden Daten erhoben, gespeichert oder verwendet. So sind die vorgenannten Bereiche des Datenschutzes und der individuellen Kommunikation eng miteinander verbunden. Auch daher wird dies in der EMRK als Recht auf informationelle Selbstbestimmung geschützt und als eigenständiges grundrechtliches Schutzgut verstanden.[6] Das Recht auf informationelle Selbstbestimmung spielt im Datenschutzrecht gerade für die Einwilligung eine zentrale Rolle.[7] Die EMRK jedoch enthält weder eine Regelung noch einen Hinweis auf ein Einwilligungserfordernis.[8]

---

[3] *Grabenwarter/Pabel*, § 22 Rn. 9; vgl. bereits ausführlich unter B. I. 4. c).

[4] EGMR, Urteil vom 17.02.2011 – 12884/03, NvWZ 2011, 1503, 1506; *Grabenwarter/Pabel*, § 22 Rn. 10; BeckOKInfoMedienR/*Gersdorf*, Art. 8 EMRK Rn. 29; *Tinnefeld/Conrad*, ZD 2018, 391, 392.

[5] *Grabenwarter/Pabel*, § 22 Rn. 11.

[6] *Grabenwarter/Pabel*, § 22 Rn. 9 ff.; BeckOKInfoMedienR/*Gersdorf*, Art. 8 EMRK Rn. 29.

[7] Siehe nur: Simitis/Hornung/Spiecker gen. Döhmann/*Klement*, Art. 7 DSGVO Rn. 18 ff.; dazu mehr unter C. I. 1. b).

[8] *Radlanski*, Einwilligung, S. 37. Vgl. bereits unter B. I. 4. c).

bb) Datenschutz-Konvention

Die Bestrebungen des Europarats, die personenbezogenen Daten des Einzelnen in Anbetracht des Technologiewandels zu schützen, führten ab 1968 zu Diskussionen um den besseren Schutz personenbezogener Daten.[9] Dies mündete in die Datenschutz-Konvention vom 28.01.1981, die am 01.10.1985 in Kraft trat.[10] Die Datenschutz-Konvention enthält dabei Verarbeitungsgrundsätze, äußert sich jedoch nicht explizit zu einem Einwilligungserfordernis.[11] Aus der Präambel wird jedoch der Zweck ersichtlich, der darin besteht „den Schutz der Rechte und Grundfreiheiten jedes Menschen, vor allem das Recht auf Achtung des Persönlichkeitsbereichs, zu erweitern". Art. 1 der Datenschutz-Konvention hebt dies hervor und normiert, dass der Zweck der Datenschutz-Konvention darin bestehe, sicherzustellen, dass die Rechte und Grundfreiheiten, und dabei insbesondere der Persönlichkeitsbereiche bei der automatischen Verarbeitung personenbezogener Daten, geschützt werden. Durch die Positionierung als Artikel 1 wird deutlich, dass die Persönlichkeitsrechte des oder der Einzelnen im Vordergrund stehen.

cc) OECD-Richtlinien

Auch die OECD erkannte die Wichtigkeit personenbezogener Daten. Mit den OECD-Richtlinien aus dem Jahr 1980 wurde ebenfalls der Schutz von und Umgang mit personenbezogenen Daten in der Wirtschaft thematisiert.[12] Im Unterschied zu Konventionen des Europarats handelt es sich dabei nicht um verbindliche völkerrechtliche Vorschriften.[13] Bei der Umsetzung der in den OECD-Richtlinien genannten Grundsätze in Landesrecht sollen die Mitgliedstaaten den Schutz der Privatsphäre und die Freiheit von Personen beachten.[14] Es handelt sich somit um unverbindliche Vorschläge.[15] Bei diesen „Grundsätzen" genannten Vorschlägen

---

[9] Simitis/Hornung/Spiecker gen. Döhmann/*Simitis/Hornung/Spiecker gen. Döhmann*, Einleitung Rn. 92; Kühling/Buchner/*Kühling/Raab*, Einführung Rn. 45.

[10] European Treaty Series No. 108, EU DS, EuRAT-Conv, vgl. dazu auch: Simitis/Hornung/Spiecker gen. Döhmann/*Simitis/Hornung/Spiecker gen. Döhmann*, Einleitung Rn. 92; Kühling/Buchner/*Kühling/Raab*, Einführung Rn. 45.

[11] Vgl. Art. 5 ff. Datenschutz-Konvention.

[12] Deutschsprachige Zusammenfassung der OECD-Richtlinien abrufbar unter https://www.oecd-ilibrary.org/docserver/9789264196391-sum-de.pdf?expires=1720961114&id=id&accname=ocid195660&checksum=4F8CD69CB241FCD1112713C473DB002C (zuletzt besucht am 11.08.2024) und englischsprachiger Originaltext abrufbar unter https://www.oecd.org/sti/ieconomy/privacy-guidelines.htm (zuletzt besucht am 11.08.2024); vgl. dazu auch: Wolff/Brink/*Schneider*, Syst B. Rn. 1 f.; *Veil*, NVwZ 2018, 686, 691; Kühling/Buchner/*Kühling/Raab*, Einführung Rn. 43; Taeger/Gabel/*Taeger/Schmidt*, Einführung Rn. 9.

[13] Simitis/Hornung/Spiecker gen. Döhmann/*Simitis/Hornung/Spiecker gen. Döhmann*, Einleitung Rn. 119.

[14] Ziff. 19 der Kurzfassung der OECD-Richtlinien.

[15] Kühling/Buchner/*Kühling/Raab*, Einführung Rn. 43.

der OECD findet sich in den OECD-Richtlinien bereits der Grundsatz der begrenzten Datenerhebung sowie der Grundsatz der Nutzungsbegrenzung. Diese besagen zum einen, dass der Erhebung und Offenlegung personenbezogener Daten Grenzen zu setzen seien und die Erhebung solcher Daten „nur mit rechtmäßigen, lauteren Mitteln und gegebenenfalls mit Wissen bzw. Einwilligung des Datensubjekts" erfolgen dürfe.[16] Die Wichtigkeit von Daten für die Wirtschaft wurde bereits zu diesem Zeitpunkt erkannt.

dd) UN-Richtlinien

Die Richtlinien zur Verarbeitung personenbezogener Daten in automatisieren Dateien wurden am 14.12.1990 von der Generalversammlung der UN verabschiedet.[17] Auch dabei handelt es sich lediglich um Empfehlungen.[18] Gemäß Punkt A. 3. (b) der UN-Richtlinien wurde auch dabei die Einwilligung der betroffenen Person („*except with the consent of the person concerned*") für die Benutzung oder Bekanntmachung der Daten empfohlen. Allerdings darf nach Ansicht der UN von diesen Grundsätzen zum Schutz der Menschenrechte und Grundfreiheiten sowie der humanitären Hilfe abgewichen werden, Punkt B. Abs. 3 der UN-Richtlinien. Die expliziten Voraussetzungen für die Nichtanwendung der Grundsätze werden jedoch nicht genannt.[19] Dies ist zudem nach Ansicht der UN nicht die einzige Abweichung vom Einwilligungserfordernis. Innerhalb der Organisation der UN existiert daneben der Verhaltenskodex der Internationalen Arbeitsorganisation.[20] Der Kodex sieht sich als Ergänzung bestehender gesetzlicher Bestimmungen oder als Vorstufe einer gesetzlichen Regelung.[21] Der Verhaltenskodex sieht Abweichungen vom Einwilligungserfordernis in die Bekanntmachung personenbezogener Daten vor, wenn dies für die Vermeidung von Gesundheitsgefährdungen, durch das Gesetz erlaubt oder für das Arbeitsverhältnis oder die Strafverfolgung notwendig ist.[22]

---

[16] Ziff. 7 und Ziff. 9 der Kurzfassung der OECD-Richtlinien.

[17] Simitis/Hornung/Spiecker gen. Döhmann/*Simitis/Hornung/Spiecker gen. Döhmann*, Einleitung Rn. 126; Kühling/Buchner/*Kühling/Raab*, Einführung Rn. 44; Taeger/Gabel/*Taeger/Schmidt*, Einführung Rn. 10.

[18] UN, Guidelines on the Use of Computerized Personal Data Flow. Resolution 44/132, 14.12.1990, UN-Doc. E7CN. 4/Sub.2/1988/22; vgl. dazu auch: Simitis/Hornung/Spiecker gen. Döhmann/*Simitis/Hornung/Spiecker gen. Döhmann*, Einleitung Rn. 127.

[19] Simitis/Hornung/Spiecker gen. Döhmann/*Simitis/Hornung/Spiecker gen. Döhmann*, Einleitung Rn. 128.

[20] Protection of worker's personal data. An ILO Code of practice (1997).

[21] Simitis/Hornung/Spiecker gen. Döhmann/*Simitis/Hornung/Spiecker gen. Döhmann*, Einleitung Rn. 132.

[22] 10.1 des Verhaltenskodex.

ee) Zusammenfassung

Es zeigt sich an dieser Stelle, dass der Datenschutz auch völkerrechtlich an das Persönlichkeitsrecht und insbesondere die informationelle Selbstbestimmung anknüpft. Stets wird auch die Möglichkeit einer Einwilligung in Betracht gezogen, um hier explizit der Selbstbestimmung des oder der Einzelnen Geltung zu verschaffen.[23] Aus dem Völkerrecht ergibt sich somit, dass der Zweck und die Schutzrichtung des Datenschutzes zuvorderst persönlichkeitsrechtlich determiniert sind. Dennoch wurde der wirtschaftliche Wert der Daten bereits erkannt.

b) Grund- und Menschenrechte

Die Grundrechte der Grundrechtecharta und des Grundgesetzes sind von einem Menschenbild eines selbstbestimmten Individuums geprägt und schützen dieses.[24]

Auf europäischer und nationaler Ebene wird der Schutz personenbezogener Daten bereits grundrechtlich geschützt. Auf europäischer Ebene lässt sich dies aus Art. 7 GrCh, dem Recht auf Achtung des Privat- und Familienlebens, ableiten sowie wörtlich aus Art. 8 GrCh, dem Schutz personenbezogener Daten, lesen.[25] National manifestiert sich der Datenschutz zunächst grundrechtlich durch das Recht auf informationelle Selbstbestimmung, abgeleitet aus dem Allgemeinen Persönlichkeitsrecht.[26]

aa) Recht auf Achtung des Privat- und Familienlebens, Art. 7 GrCh

Art. 7 GrCh ist nahezu wortgleich mit Art. 8 EMRK und gem. Art. 52 Abs. 3 S. 1 GrCh kommt ihm auch die gleiche Bedeutung und weitestgehend der gleiche Inhalt zu.[27] Wie zu Art. 8 EMRK bereits unter C. I. 1. a) ausgeführt, umfasst auch der Schutzbereich des Art. 7 GrCh den Schutz der Privatsphäre.[28] Von den vier geschützten Teilbereichen des Schutzes der Privatsphäre (Privatleben, Familienleben,

---

[23] Vertieft zur Einwilligung unter C.

[24] *Tinnefeld/Conrad*, ZD 2018, 391, 392; BVerfG, Urteil vom 15.12.1983 – 1 BvR 209/83 u. a., NJW 1984, 419, 421.

[25] Vertiefend *Marsch*, Das europäische Datenschutzgrundrecht.

[26] BVerfG, Beschluss vom 06.11.2019 – 1 BvR 16/13, NJW 2020, 300, 307; BVerfG, Urteil vom 15.12.1983 – 1 BvR 209/83 u. a., NJW 1984, 419.

[27] Jarass/*Jarass*, Art. 7 GrCh Rn. 1; Kühling/Buchner/*Kühling/Raab*, Einführung Rn. 24; Simitis/Hornung/Spiecker gen. Döhmann/*Schiedermair*, Einleitung Rn. 168; EuGH, Urteil vom 09.11.2010 – C-92/09, EuZW, 2010, 939 Rn. 52.

[28] Jarass/*Jarass*, Art. 7 GrCh Rn. 13; Kühling/Buchner/*Kühling/Raab*, Einführung Rn. 24; Schantz/Wolff/*Schantz*, A. Verfassungs- und unionsrechtliche Grundlagen Rn. 30.

Wohnung und Kommunikation) sind insbesondere die Bereiche des Privatlebens und der Kommunikation für das Datenschutzrecht relevant.[29]

bb) Schutz personenbezogener Daten, Art. 8 GrCh

Der Schutzbereich des Art. 8 GrCh umfasst den Schutz personenbezogener Daten. Personenbezogene Daten sind alle Informationen über eine bestimmte oder bestimmbare natürliche Person.[30] Art. 8 GrCh bildet (gemeinsam mit Art. 16 Abs. 1 AEUV) den normativen Rahmen aus dem das sekundärrechtliche Datenschutzrecht zu entwickeln ist.[31] Die grundrechtliche Normierung des Datenschutzes erfolgte jedoch erst mit Inkrafttreten des Vertrages von Lissabon am 01.12.2009 und der darin niedergelegten Anerkennung der Grundrechtecharta in Art. 6 EUV.[32]

cc) Verhältnis von Art. 7 GrCh und Art. 8 GRCH

Die beiden dargestellten Grundrechte stehen in engem Zusammenhang und haben einen sich weit überschneidenden Schutzbereich.[33] Ob Art. 8 GrCh *lex specialis* zu Art. 7 GrCh ist, wird in Rechtsprechung und Lehre nicht einheitlich beantwortet.

(1) Ansicht des EuGH

Der EuGH sieht zwischen den Grundrechten kein *lex specialis*-Verhältnis und prüft beide Grundrechte gemeinsam.[34] Er führt aus, die Achtung des Privatlebens

---

[29] Jarass/*Jarass*, Art. 7 GrCh Rn. 3 ff.; Schantz/Wolff/*Wolff*, A. Verfassungs- und unionsrechtliche Grundlagen Rn. 30 f.; Roßnagel/*Johannes*, § 2 Rn. 60.

[30] Vgl. bereits B. I. 4. b) cc).

[31] Gola/Heckmann/*Gola/Heckmann*, Einleitung Rn. 17; Kühling/Buchner/*Kühling/Raab*, Einführung Rn. 26.

[32] Simitis/Hornung/Spiecker gen. Döhmann/*Schiedermair*, Einleitung Rn. 167. Mithin trat die grundrechtliche Normierung erst in Kraft, als der Datenschutz bereits durch einfachgesetzliche Regelungen wie der Datenschutz-RL und der DSRL-EK ausführlich normiert wurde, vgl. Simitis/Hornung/Spiecker gen. Döhmann/*Schiedermair*, Einleitung Rn. 167; Kühling/Buchner/*Kühling/Raab*, Einführung Rn. 26.

[33] EuGH, Urteil vom 09.11.2010 – C92, 93/09, EuZW 2010, 939, 941 Rn. 47; Jarass/*Jarass*, Art. 8 GrCh Rn. 4; Simitis/Hornung/Spiecker gen. Döhmann/*Schiedermair*, Einleitung Rn. 167; Meyer/Hölscheidt/*Bernsdorff*, Art. 7 GrCh Rn. 10. Für ein echtes Kombinationsgrundrecht: *Marsch*, Das Europäische Datenschutzgrundrecht, S. 203 ff.

[34] EuGH, Urteil vom 09.11.2010 – C92, 93/09, EuZW 2010, 939, 941 Rn. 47; EuGH, Urteil vom 17.10.2013 – C-291/12, NVwZ 2014, 435, 436 Rn. 24 f.; EuGH, Urteil vom 13.05.2014 – C-131/12, NJW 2014, 2257, 2261, Rn. 68 f.; *Heißl*, EuR 2017, 561, 569; Simitis/Hornung/Spiecker gen. Döhmann/*Schiedermair*, Einleitung Rn. 167; Calliess/Ruffert/*Kingreen*, Art. 8 GrCh Rn. 1. Kingreen widerspricht sich jedoch, da er in der darauffolgenden Rn. 1a ausführt: „Art. 8 ist lex specialis zu Art. 7“.

hinsichtlich der Verarbeitung personenbezogener Daten sei in Art. 7 und Art. 8 GrCh anerkannt.[35] Zudem bestätigte der EuGH die Anwendbarkeit der Art. 7 und Art. 8 GrCh auf private Datenverarbeitungen.[36]

(2) Ansichten in der Lehre

In der Lehre wird ein *lex specialis*-Verhältnis aufgrund des besonderen Fokus des Art. 8 GrCh auf die personenbezogenen Daten angenommen.[37] Teile der Literatur differenzieren dabei zwischen personenbezogenen Daten mit Bezug zum Privatleben, bei welchen dann Art. 7 GrCh und Art. 8 GrCh einschlägig sein sollen und „anderen" personenbezogenen Daten, wo allein Art. 8 GrCh zur Anwendung komme.[38] Diese These lässt sich durch die dort jeweils zitierten Quellen allerdings nicht belegen.[39] Der EuGH hat diese Abgrenzung so bisher jedenfalls nicht vorgenommen. In der von Roßnagel zitierten Entscheidung des EuGH heißt es vielmehr, dass „die Erhebung personenbezogener Daten über die beruflichen Einkünfte Einzelner zur Weitergabe an Dritte in den Anwendungsbereich von Artikel 8 EMRK fällt" und „der Begriff Privatleben nicht eng ausgelegt werden darf".[40] Art. 8 EMRK liegt Art. 7 und Art. 8 GrCh als Vorbild zugrunde, so dass hieraus nicht geschlossen werden kann, dass Art. 8 GrCh für „andere" personenbezogene Daten *lex specialis* sei. Der EuGH hat ferner festgehalten, dass sich aus den Schutzbereichen der beiden Grundrechte ergebe, „dass jede Verarbeitung personenbezogener Daten durch Dritte grds. einen Eingriff in diese Rechte darstellen kann".[41] Auch wenn die nationalen Grundrechte auf informationelle Selbstbestimmung und das Fernmeldegeheimnis einen umfassenderen Schutz personenbezogener Daten bilden, biete die gemeinsame Anwendung von Art. 7 und Art. 8 GrCh ein zumindest vergleichbares Schutzniveau.[42] Möglicherweise führt Roßnagel trotz seiner oben geschilderten Differenzierung daher aus, der eigentliche gemeinsamen Schutzgehalt von Art. 7 und Art. 8 GrCh bestünde darin, selbst darüber bestimmen zu

---

[35] EuGH, Urteil vom 24.11.2011 – C-468, 469/10, EuZW 2012, 37, 40 Rn. 41 f.

[36] EuGH, Urteil vom 13.05.2014 – C-131/12, GRUR 2014, 895 ff.; *Streinz*, JuS 2014, 1140, 1143.

[37] Calliess/Ruffert/*Kingreen*, Art. 8 GrCh Rn. 1; Kühling/Buchner/*Kühling/Raab*, Einführung Rn. 26; Schantz-Wolff/*Wolff*, A. Verfassungs- und unionsrechtliche Grundlage Rn. 34; von der Groeben/Schwarze/Hatje/*Augsberg*, Art. 8 GrCh Rn. 1; Meyer/Hölscheidt/*Bernsdorff*, Art. 8 GrCh Rn. 13; Roßnagel/*Johannes*, § 2 Rn. 63.

[38] Jarass/*Jarass*, Art. 8 GrCh Rn. 4; *Roßnagel*, NJW 2019, 1, 2.

[39] Jarass hat für diese Aussage keine Belege und die Verweise in Fn. 16 in NJW 2019, 1, 2, Roßnagel belegt diese Aussage auch nicht.

[40] EuGH, Urteil vom 20.05.2003 – verb. Rs. C-465/00, C-138/01 und C-139/01, EuR 2004, 276, 285, Rn. 73; Fn. 16 in *Roßnagel*, NJW 2019, 1 ff.

[41] EuGH, Urteil vom 17.10.2013 – C-291/12, ZD 2013, 608, 609 Rn. 25.

[42] Roßnagel/*Johannes*, § 2 Rn. 69 f.

können, „welche Daten und welche Verarbeitungszwecke für die betroffene Person schützenwert sind“[43] und „was die betroffene Person als ihre Privatheit versteht“[44].

Ferner wird angenommen, Art. 7 und Art. 8 GrCh stünden sich in Idealkonkurrenz gegenüber.[45] Idealkonkurrenz liegt vor, wenn mehrere Rechte auf einen Sachverhalt anwendbar sind, ohne dass ein spezielleres Grundrecht ein generelleres Grundrecht verdrängt.[46] Die Idealkonkurrenz bietet dabei den Vorteil, beide Grundrechte zur Geltung kommen zu lassen und so den Schutz der Grundrechte zu verstärken.[47] Diese verstärkende Wirkung wird etwa deutlich, indem abstrakte datenschutzrechtliche Leitlinien zur Verfügung gestellt werden, die im Rahmen der Verhältnismäßigkeit unter Gewichtung der jeweiligen Schutzgüter zu gewährleistungsspezifischen Vorgaben fortentwickelt werden können.[48] Art. 7 und 8 GrCh können daher als „Kombinationsgrundrecht“, das eine gelungene Verbindung von Kontinuität und Entwicklungsoffenheit darstellt, bezeichnet werden.[49]

(3) Stellungnahme

Die Ansicht des EuGH bezüglich des Verhältnisses von Art. 7 und Art. 8 GrCh, die auch Teile der Literatur vertreten, überzeugt. Beide Grundrechte entwickelten sich aus Art. 8 EMRK und eine Aufspaltung erscheint konstruiert. Sie sollten daher gemeinsam herangezogen werden, wenn es um den Schutz personenbezogener Daten geht, um diesen Schutz zu verstärken.

dd) Einschränkungen der Ausübung der Grundrechte aus Art. 7 und Art. 8 GrCh

Auf europäischer Ebene müssen Grundrechtseinschränkungen neben der gesetzlichen Legitimation den Wesensgehalt der eingeschränkten Rechte achten, verhältnismäßig sein und den von der Union anerkannten Zielen des Gemeinwohls oder dem Erfordernis des Schutzes der Rechte und Freiheiten Anderer tatsächlich entsprechen.[50] Dies wurde mittlerweile durch Art. 52 Abs. 1 GrCh auch normiert.

---

43 *Roßnagel*, ZD 2020, 296, 297.

44 *Roßnagel*, NJW 2019, 1, 2.

45 So dennoch Jarass/*Jarass*, Art. 8 GrCh Rn. 4; *Roßnagel*, NJW 2019, 1, 2; Roßnagel/*Johannes*, § 2 Rn. 63.

46 *Pischel*, JA 2006, 357, 358.

47 *Drechsler*, EuR 2016, 691, 699; Jarass/*Jarass*, Art. 8 GrCh Rn. 4; *Roßnagel*, NJW 2019, 1, 2; *Marsch*, Das europäische Datenschutzgrundrecht, S. 205.

48 *Marsch*, Das europäische Datenschutzgrundrecht, S. 205.

49 *Marsch*, Das europäische Datenschutzgrundrecht, S. 217 f.

50 EuGH, Urteil vom 11.07.1989 – C-265/87, Rn. 15; EuGH, Urteil vom 17.10.2013 – C-291/12, ZD 2013, 608, 609 Rn. 34.

Einschränkungen der Grundrechte der Grundrechtecharta sind demnach an Art. 52 Abs. 1 GrCh zu messen.[51]

Somit sind auch Einschränkungen der Grundrechte des Art. 7 GrCh und des Art. 8 GrCh anhand dieser Kriterien zu messen.[52] Gem. Art. 52 Abs. 3 S. 1 GrCh sind für beide Grundrechte zusätzlich die Vorgaben des Art. 8 Abs. 2 EMRK zu beachten.[53] Demzufolge sind die Grundrechte zu Zwecken einschränkbar, die für die nationale oder öffentliche Sicherheit, für das wirtschaftliche Wohl des Landes, zur Aufrechterhaltung der Ordnung, zur Verhütung von Straftaten, zum Schutz der Gesundheit oder der Moral oder zum Schutz der Rechte und Freiheiten Anderer notwendig sind.[54] Dies entspricht dem oben erarbeiteten Allgemeininteresse als Grenze der Einwilligungsmöglichkeiten.

ee) Recht auf informationelle Selbstbestimmung

Das Recht auf informationelle Selbstbestimmung ist eines der zentralen Grundrechte für den Datenschutz und dieser ist auch dadurch eng mit dem Persönlichkeitsrecht und der Menschenwürde verknüpft.[55] Die Sensibilität der persönlichen Daten, also bspw. ob sie die Privatsphäre oder gar die Intimsphäre betreffen, ist für den Schutzbereich unerheblich.[56] „Persönliche Daten" umfassen dabei alle Einzelangaben über persönliche oder sachliche Verhältnisse einer bestimmten oder bestimmbaren Person.[57] Das BVerfG hat festgestellt, dass es unter den Bedingungen der elektronischen Datenverarbeitung kein schlechthin belangloses personenbezogenes Datum mehr gebe.[58]

Das Recht auf informationelle Selbstbestimmung wurde zunächst als Schutz gegenüber der staatlichen und behördlichen Datenerhebung und -verarbeitung entwickelt.[59] Mit dem Urteil *Recht auf Vergessen I* hat das BVerfG klargestellt, dass das Recht auf informationelle Selbstbestimmung im Verhältnis zwischen Privaten

---

[51] EuGH, Urteil vom 17.10.2013 – C-291/12, ZD 2013, 608, 609 Rn. 34; Jarass/*Jarass*, Art. 7 GrCh Rn. 34; von der Groeben/Schwarze/Hatje/*Augsberg*, Art. 7 GrCh Rn. 13.

[52] Jarass/*Jarass*, Art. 7 GrCh Rn. 34 und Art. 8 GrCh Rn. 11; von der Groeben/Schwarze/Hatje/*Augsberg*, Art. 7 GrCh Rn. 13 und Art. 8 GrCh Rn. 13. Zum Wesensgehalt von Art. 7 GrCh und Art. 8 GrCh vgl. etwa EuGH, Urteil vom 08.04.2014 – C-293/12, C-594/1, NJW 2014, 2169, 2171 Rn. 39f.

[53] Jarass/*Jarass*, Art. 7 GrCh Rn. 34 und Art. 8 GrCh Rn. 11; von der Groeben/Schwarze/Hatje/*Augsberg*, Art. 7 GrCh Rn. 13 und Art. 8 GrCh Rn. 13.

[54] Jarass/*Jarass*, Art. 7 GrCh Rn. 36; Kritisch betreffend die korrekte Anwendung dieser Normen bei der Prüfung: von der Groeben/Schwarze/Hatje/*Augsberg*, Art. 8 GrCh Rn. 13.

[55] Vgl. dazu bereits unter B. I. 3. c) dd).

[56] Dürig/Herzog/Scholz/*Di Fabio*, Art. 2 Abs. 1 GG Rn. 174; Epping/Hillgruber/*Lang*, Art. 2 GG Rn. 119.

[57] Dürig/Herzog/Scholz/*Di Fabio*, Art. 2 Abs. 1 GG Rn. 175.

[58] Vgl. dazu oben unter B. I. 3. c) dd).

[59] BVerfG, Beschluss vom 06.11.2019 – 1 BvR 16/13, NJW 2020, 300, 307; *Kutscha/Thomé*, Grundrechtsschutz im Internet, S. 26.

zu berücksichtigen ist.[60] Aufgrund der stetig wachsenden Bedeutung der Datenverarbeitung und der immer fortschreitenden technischen Möglichkeiten soll das Recht auf informationelle Selbstbestimmung den durch diese Möglichkeiten bestehenden Gefährdungen der Persönlichkeitsentfaltung entgegenwirken.[61]

Darüber hinaus wird vertreten, das Recht auf informationelle Selbstbestimmung enthalte auch eine Schutzpflicht des Staates gegenüber (mächtigen) Privaten.[62] Dies erscheint im Hinblick auf staatsübergreifend agierende private Unternehmen wie Google, Facebook, Amazon etc. für das Datenschutzrecht zunächst zeitgemäß. So erfolgten die bereits angeführten Ausführungen des BVerfG, dass es Aufgabe des Rechts – und somit des Staates – ist, „auf die Wahrung der Grundrechtspositionen beider Vertragspartner hinzuwirken, um zu verhindern, dass sich für einen Vertragsteil die Selbstbestimmung in eine Fremdbestimmung verkehrt" im Hinblick auf das Recht auf informationelle Selbstbestimmung.[63] Es darf dennoch nicht zu einer Bevormundung durch den Staat kommen.[64]

ff) Weitere Grundrechte

Die hier dargestellten Grundrechte stellen den wesentlichen grundrechtlichen Rahmen des Datenschutzrechts im Hinblick auf die Einwilligung dar. Es gibt verschiedene spezielle Kategorien von personenbezogenen Daten, wie bspw. Daten zur Konfession, zu Ehe und Familie oder auch in der Presse und in der Forschung, bei deren Verarbeitung es zu einer Einschränkung bzw. Ausübung weiterer Grundrechte kommen kann.[65] Dies betrifft auch das Fernmeldegeheimnis aus Art. 10

---

[60] BVerfG, Beschluss vom 06.11.2019 – 1 BvR 16/13, NJW 2020, 300, 307; Dürig/Herzog/Scholz/*Di Fabio*, Art. 2 Abs. 1 GG Rn. 191; kritisch *Neuner*, NJW 2020, 1851, 1854.

[61] BVerfG, Beschluss vom 06.11.2019 – 1 BvR 16/13, NJW 2020, 300, 307.

[62] *Kutscha/Thomé*, Grundrechtsschutz im Internet, S. 46; Epping/Hillgruber/*Lang*, Art. 2 GG Rn. 117; *Roßnagel/Schnabel*, NJW 2008, 3534, 3535. Vgl. dazu bereits B. I. 3. c) dd) (2).

[63] BVerfG, Beschluss vom 23.10.2006 – 1 BvR 2027/02, MMR 2007, 93; dazu auch *Kutscha/Thomé*, Grundrechtsschutz im Internet, S. 47 f.; zur Privatautonomie, die auf dem Prinzip der Selbstbestimmung beruht, hat das BVerfG dies bereits in einem Beschluss am 07.02.1990 ähnlich formuliert, vgl. BVerfG, Beschluss vom 07.02.1990 – 1 BvR 26/84, NJW 1990, 1469, 1470. Ebenso hat Ohly grundsätzlich für Grundrechte eine staatliche Schutzpflicht aus der objektiven Garantie der Grundrechte abgeleitet, vgl. *Ohly*, Einwilligung, S. 86.

[64] *Kutscha/Thomé*, Grundrechtsschutz im Internet, S. 47. Vgl. dazu auch bereits oben unter B. I. 3. c) aa) (3) (c).

[65] Taeger/Pohle/*Polenz*, Teil 13, 130 Verfassungsrechtliche Grundlagen des Datenschutzes Rn. 43 ff. Es handelt sich dabei insbesondere um die Religionsfreiheit gem. Art. 4 GG, die Pressefreiheit gem. Art. 5 Abs. 1 S. 2 GG, die Forschungsfreiheit gem. Art. 5 Abs. 3 GG, den Schutz von Ehe und Familie gem. Art. 6 GG, die politischen Freiheitsrecht gem. Art. 8 und Art. 9 GG, das Fernmeldegeheimnis gem. Art. 10 GG, der Unverletzlichkeit der Wohnung gem. Art. 13 GG aber auch das Grundrecht auf Asyl gem. Art. 16a GG. Ein ausführliches Eingehen ist an dieser Stelle fehl am Platz. Wird eines der Grundrechte im Verlaufe der Arbeit relevant, wird an der entsprechenden Stelle darauf eingegangen. Vgl. dazu überblicksartig Taeger/Pohle/*Polenz*, Teil 13, 130 Verfassungsrechtliche Grundlagen des Datenschutzes Rn. 43 ff.

Abs. 1 GG und die Gewährleistung der Integrität und Vertraulichkeit informationstechnischer Systeme, welche hier ausgeklammert werden, da diese zwar für das Datenschutzrecht relevant sind, jedoch gerade den Fall betreffen, dass unbefugt auf die Kommunikation bzw. das informationstechnische System zugegriffen wird. Für die Frage der Einwilligung ist dies nicht von entscheidender Bedeutung.[66]

gg) Zusammenfassung

Dieser Überblick macht deutlich, dass der Datenschutz aus Sicht der Grundrechte von den Persönlichkeitsrechten und der Selbstbestimmung geprägt ist. Die genannten grundrechtlichen Normen sind die Basis des Datenschutzrechts. Es ist mithin grundrechtlich verankert, dass der Datenschutz der Person die selbstbestimmte Entscheidung über ihre Daten im größtmöglichen Umfang belassen soll, so dass sie ihre Persönlichkeit zur Entfaltung kommen lassen kann.

c) AEUV und EUV

In AEUV und EUV hat der Datenschutz keine eigenständige Bedeutung. In Art. 16 AEUV ist der Schutz personenbezogener Daten zwar normiert und mit Art. 16 Abs. 2 AEUV verfügt die Union über eine umfassende Kompetenz zur Verabschiedung von Vorschriften über den Schutz natürlicher Personen bei der Verarbeitung personenbezogener Daten.[67] Art. 16 Abs. 1 AEUV enthält neben Art. 8 Abs. 1 GrCh allerdings keine eigenständige Bedeutung als Datenschutzgrundrecht.[68] Die Normierung des Art. 16 AEUV hebt dennoch die Wichtigkeit des Schutzes personenbezogener Daten hervor. Der EUV erkennt zunächst über Art. 6 Abs. 3 EUV die Grundrechte der EMRK und somit auch Art. 8 EMRK als allgemeine Grundsätze des Unionsrechts an. Zudem wird durch Art. 6 Abs. 1 EUV die GrCh und somit insbesondere auch Art. 7 und 8 GrCh rechtlich gleichrangig anerkannt. Art. 39 EUV enthält zudem eine eigene Rechtsgrundlage für den Bereich der Gemeinsamen Außen- und Sicherheitspolitik (nachfolgend „GASP") für Handeln durch die Mitgliedstaaten.[69] Bislang wurden keine Beschlüsse basierend

---

[66] Grundlegend zur Gewährleistung der Integrität und Vertraulichkeit informationstechnischer Systeme BVerfG, Urteil vom 27.02.2008 – 1 BvR 370/07, 1 BvR 595/07, NJW 2008, 822, 824 Rn. 166 ff.

[67] Simitis/Hornung/Spiecker gen. Döhmann/*Hornung/Spiecker gen. Döhmann*, Einleitung Rn. 157.

[68] EuGH, Gutachten vom 26.07.2017 – C-1/15, BeckEuRS 2017, 513522 Rn. 120; Simitis/Hornung/Spiecker gen. Döhmann/*Hornung/Spiecker gen. Döhmann*, Einleitung Rn. 178; Wolff/Brink/*Schneider*, Syst. B. Rn. 30. Zur Diskussion um eine etwaige Sperrwirkung für die Schrankenvorbehalte in Art. 8 und Art. 52 Abs. 2 GrCh siehe etwa Wolff/Brink/*Schneider*, Syst. B. Rn. 30 f.

[69] Von der Groeben/Schwarze/*Brühann*, Art. 39 EUV Rn. 6. Dabei handelt es sich um Datenschutz im intragouvernalen und damit völkerrechtlich strukturierten Bereich des GASP,

auf Art. 39 EUV erlassen, so dass die allgemeinen Regeln, die aufgrund von Art. 16 AEUV erlassen wurden, auch für den Bereich der GASP gelten.[70] Von Art. 16 AEUV grundlegend unterschiedliche Regelungen sind nicht erlaubt.[71]

d) Europäisches Sekundärrecht

aa) Verordnungen

(1) DSGVO

Für die DSGVO maßgeblich sind die Art. 16 AEUV als deren primärrechtliche Rechtsgrundlage, sowie die Art. 7 und 8 GrCh.[72] Vor diesem Hintergrund wurde hinsichtlich des Zwecks der DSGVO deren grundrechtliche Verankerung in Art. 1 Abs. 2 DSGVO festgehalten. Die DSGVO soll die „Grundrechte und Grundfreiheiten natürlicher Personen und insbesondere deren Recht auf Schutz personenbezogener Daten“ schützen.[73] Ferner soll die Verarbeitung gemäß Erwägungsgrund 4 S. 1 DSGVO „im Dienste der Menschheit“ stehen und gemäß Erwägungsgrund 7 S. 2 DSGVO sollen natürlichen Personen die Kontrolle über ihre eigenen Daten sichern.

Sehr präsent sind auch wettbewerbsbezogene Schutzzwecke und Ziele, wodurch die Bedeutung der personenbezogenen Daten in der heutigen Wirtschaftswelt deutlich wird. So schützt die DSGVO neben den personenbezogenen Daten gem. Art. 1 Abs. 1–3 DSGVO gleichwertig den freien Verkehr personenbezogener Daten. Dadurch sollen insbesondere gleiche Wettbewerbsbedingungen der Teilnehmer am Binnenmarkt geschaffen werden.[74] Zudem wird die Ermöglichung eines einheitlichen Wettbewerbs in Erwägungsgrund 9 und 10 DSGVO als Zweck von der DSGVO genannt, wozu auch die Vollendung eines Raums der Freiheit, der Sicherheit, des Rechts, einer Wirtschaftsunion, zum Fortschritt, zum Binnenmarkt und zum Wohlergehen natürlicher Personen beitragen kann.[75] Erwägungsgrund 9 DSGVO betont ferner, dass die Unterschiede beim Schutzniveau abgebaut werden sollen, um so u. a. Hemmnisse für die unionsweite Ausübung von Wirtschaftstätigkeiten zu beseitigen und den Wettbewerb nicht zu verzerren. Erwägungsgrund 9

---

so dass das Europäische Parlament hier nicht beteiligt ist, vgl. Simitis/Hornung/Spiecker gen. Döhmann/*Hornung/Spiecker gen. Döhmann*, Einleitung Rn. 179.

[70] Grabitz/Hilf/Nettesheim/*Kaufmann-Bühler*, Art. 39 EUV Rn. 5.

[71] Grabitz/Hilf/Nettesheim/*Kaufmann-Bühler*, Art. 39 EUV Rn. 8. Vertiefend Grabitz/Hilf/Nettesheim/*Kaufmann-Bühler*, Art. 39 EUV Rn. 6 ff.

[72] Ehmann/Selmayr/*Selmayr/Ehmann*, Einleitung Rn. 7; Wolff/Brink/*Schantz*, Art. 1 DSGVO Rn. 5.

[73] Art. 1 Abs. 2 DSGVO.

[74] Kühling/Buchner/*Buchner*, Art. 1 DSGVO Rn. 19; Wolff/Brink/*Schantz*, Art. 1 DSGVO Rn. 3; *Schreiber*, GRUR-Prax 2018, 371, 372.

[75] *Veil*, NJW 2018, 686, 691 f.

DSGVO zeigt, dass die DSGVO auch den unionsweiten Wettbewerb im Blick hat und nicht nur den von Erwägungsgrund 10 hervorgehobenen Schutz der Grundrechte und Grundfreiheiten von natürlichen Personen bei der Verarbeitung personenbezogener Daten.

Dies zeigt die verschiedenen Schutzrichtungen der DSGVO, die es gilt, in Einklang zu bringen. Gerade die Normierung der grundrechtlichen Verankerung in Art. 1 Abs. 2 DSGVO zeigt, dass die grund- und primärrechtlichen Grundsätze für die Auslegung und Anwendung der DSGVO in der Praxis von großer Bedeutung sind. Zudem macht die DSGVO insbesondere durch ihre Ausführungen in den Erwägungsgründen und der Garantie des freien Verkehrs personenbezogener Daten in Art. 1 Abs. 1 DSGVO deutlich, dass Datenschutzrecht Wirtschaftsregulierungsrecht ist und Daten im heutigen Zeitalter einen sehr wettbewerbsrelevanten Wert haben.[76]

(2) Ausblick auf die ePrivacy-VO

Eine Verordnung über die Achtung des Privatlebens und den Schutz personenbezogener Daten in der elektronischen Kommunikation und zur Aufhebung der Richtlinie 2002/58/EG (nachfolgend „ePrivacy-VO") befindet sich zurzeit in den Trilogverhandlungen.[77] Diesen liegt der Vorschlag des Ministerrats für eine solche Verordnung vom 10.02.2021 (nachfolgend „ePrivacy-VOE") zugrunde. Demzufolge soll sich die Einwilligung allerdings weiterhin nach der DSGVO richten, vgl. Art. 4 Abs. 1 lit. a) ePrivacy-VOE i. V. m. Art. 4a Abs. 1 ePrivacy-VOE und Erwägungsgrund 18 ePrivacy-VOE.[78] Zudem wird die Selbstbestimmung gestärkt, da gem. Art. 4a Abs. 2aa ePrivacy-VOE und Erwägungsgrund 20a die Einwilligung den Softwareeinstellungen vorgeht. Es sind von der ePrivacy-VO mithin keine weitreichenden Änderungen im Hinblick auf die Einwilligung zu erwarten. Eine tiefgehende Auseinandersetzung mit der ePrivacy-VO oder dem konkreten ePrivacy-VOE ist daher nicht angezeigt.

bb) Richtlinien

Zahlreiche EU-Richtlinien haben zumindest auch den Schutz personenbezogener Daten zum Gegenstand. Die relevantesten Richtlinien für diese Untersuchung werden nachfolgend kurz dargestellt.

---

[76] *Schreiber*, GRUR-Prax 2018, 371, 372; Gloy/Loschelder/Danckwerts/*Hasselblatt/Gregor*, § 48 Rn. 95; *Wolff*, ZD 2018, 248. 250 f. Vgl. zum Schutzzweck der DSGVO bereits C. I. 1. d) aa) (1).

[77] https://eur-lex.europa.eu/procedure/DE/2017_3 (zuletzt besucht am 11.08.2024). Das zugehörige Aktenzeichen lautet 2017/0003/COD.

[78] Erwägungsgrund 18 lautet „For the purposes of this Regulation, consent of an end-user, regardless of whether the latter is a natural or a legal person, should have the same meaning and be subject to the same conditions as the data subject's consent under Regulation (EU) 2016/679".

(1) Datenschutzrichtlinie

Die Datenschutz-RL wurde gem. Art. 94 Abs. 1 DSGVO durch die DSGVO aufgehoben. Ausweislich Art. 1 I Datenschutz-RL bestand der primäre Schutzzweck im Schutz der Grundrechte und Grundfreiheiten und insbesondere dem Schutz der Privatsphäre natürlicher Personen bei der Verarbeitung personenbezogener Daten. Die Datenschutz-RL verfolgte zudem wettbewerbliche Aspekte, denn gem. Erwägungsgrund 7 Datenschutz-RL stelle das unterschiedliche Schutzniveau ein potenzielles Hemmnis für die Ausübung einer Reihe von Wirtschaftstätigkeiten auf Gemeinschaftsebene dar, das so den Wettbewerb verfälschen könne. Durch die Datenschutz-RL sollte gem. Erwägungsgrund 8 Datenschutz-RL zur Beseitigung dieser Hemmnisse für den Verkehr personenbezogener Daten ein gleichwertiges Datenschutzniveau geschaffen werden. Bereits zur Datenschutz-RL führte das KG Berlin in einem Urteil daher richtigerweise aus, dass zwar, wie in Erwägungsgrund 9 Datenschutz-RL festgehalten, „insbesondere" die Privatsphäre durch die Datenschutz-RL geschützt werde, jedoch nicht ausschließlich.[79] Auch bei einer Erhebung und weiteren Verarbeitung von Daten im wirtschaftlichen Interesse des Unternehmens sei der Verbraucher geschützt.[80]

(2) Datenschutzrichtlinie für elektronische Kommunikation

Wichtig ist ferner die DSRL-EK. Der Schutzzweck der DSRL-EK ist in Art. 1 Abs. 1 DSRL-EK normiert. Mithin ist durch die DSRL-EK der „gleichwertige[n] Schutz der Grundrechte und Grundfreiheiten, insbesondere des Rechts auf Privatsphäre und Vertraulichkeit, in Bezug auf die Verarbeitung personenbezogener Daten im Bereich der elektronischen Kommunikation zu gewährleisten".[81] Für den Einwilligungsbegriff verweist die DSRL-EK in Art. 2 S. 2 lit. f) DSRL-EK auf die Datenschutz-RL, was gem. Art. 94 Abs. 2 S. 1 DSGVO als Verweis auf die DSGVO gilt, so dass sich der Begriff, die Voraussetzungen und die Ziele der Einwilligung nach der DSGVO richten.[82]

---

[79] KG Berlin, Urteil von 24.01.2014 – 5 U 42/12, ZD 2014, 412, 416.

[80] KG Berlin, Urteil von 24.01.2014 – 5 U 42/12, ZD 2014, 412, 416f. Der BGH hat sich in der Revision nicht explizit eingelassen, er hat die Revision jedoch als unbegründet angesehen, vgl. BGH, Urteil vom 14.01.2016 – I ZR 65/14, GRUR 2016, 946ff.

[81] EuGH, Urteil vom 25.11.2021 – C-102/20, GRUR 2022, 87, 88 Rn. 33. Dies dient gemäß den Erwägungsgründen 1, 12 und 40 DSRL-EK vor allem dem Schutz der Privatsphäre vor unerbetenen Nachrichten für Zwecke der Direktwerbung (EuGH, Urteil vom 25.11.2021 – C-102/20, GRUR 2022, 87, 88 Rn. 34; BGH, Urteil vom 10.07.2018 – VI ZR 225/17, GRUR 2018, 1178, 1179 Rn. 15) und dem Schutz der Privatsphäre als solcher (*David*, ZVertriebsR 2017, 207, 210; Fezer/Büscher/Obergfell/*Mankowski*, § 7 UWG Rn. 4a). Die DSRL-EK wirkt damit weiter als die UGP-RL, welche die Privatsphäre als solche nicht schützt, was insbesondere das Merkmal „hartnäckig" in Nr. 26 S. 1 Anhang I UGP-RL deutlich macht, *Glöckner*, GRUR 2013, 224, 235.

[82] Vertiefend zum Verhältnis von DSGVO und DSRL-EK unter D. II. 1.

(3) Digitale-Inhalte-Richtlinie

Aspekte der Einwilligung in die Verarbeitung personenbezogener Daten werden auch mit der Richtlinie 2019/770 vom 20. Mai 2019 über bestimmte vertragsrechtliche Aspekte der Bereitstellung digitaler Inhalte und digitaler Dienstleistungen (nachfolgend „DIRL“) adressiert.

So soll die DIRL gem. Erwägungsgrund 24 Anwendung finden, wenn der Verbraucher seine Einwilligung in die Verarbeitung personenbezogener Daten durch einen Unternehmer zu Marketingzwecken erteilt. Erwägungsgrund 37 DIRL stellt klar, dass die DSGVO und die DSRL-EK unberührt bleiben und im Falle des Widerspruchs Vorrang genießen. Die Voraussetzungen einer Einwilligung, insbesondere, ob sie freiwillig erteilt wurde, richten sich daher nach der DSGVO, vgl. Erwägungsgrund 38 DIRL.

(4) Zusammenfassung

Der Rechtsrahmen des europäische Sekundärrechts macht deutlich, dass der Schutzzweck des unionalen Datenschutzrechts primär aus zwei Komponenten besteht. Zum einen sollen das grundrechtlich geschützte Persönlichkeitsrecht und das Selbstbestimmungsrecht des Einzelnen geschützt werden. Zum anderen sollen durch ein gleiches Datenschutzniveau gleiche Wettbewerbsbedingungen geschaffen werden. Dies wird insbesondere durch Art. 1 Abs. 1, 2 DSGVO deutlich, jedoch bereits durch die Datenschutz-RL angestrebt.

e) Nationale Vorschriften

Aufgrund der unmittelbaren Geltung der DSGVO verbleibt hier nicht mehr viel Raum in der Praxis der Einwilligung in der Verarbeitung personenbezogener Daten, so dass dies nur ein kurzer Überblick sein soll.

Seit jeher wurde das Persönlichkeitsrecht als das hauptsächliche Schutzgut des Datenschutzrechts angesehen.[83] Maßgeblich dazu beigetragen hat dazu das sog. Volkszählungsurteil.[84] Dieser Schutzzweck wurde auch direkt in § 1 Abs. 1 BDSG a. F. festgehalten, wo ausgeführt wurde, das BDSG solle den Einzelnen vor Beeinträchtigungen seines Persönlichkeitsrechts beim Umgang mit seinen personenbezogenen Daten schützen. Es wurde bereits damals erkannt, dass die Ziele des Datenschutzes auch auf das Austarieren wirtschaftlicher Interessen gerichtet sind.[85]

---

[83] *Veil*, NVwZ 2018, 686, 690.

[84] Vgl. dazu bereits ausführlich oben B. I. 3. c) dd) (1).

[85] FS Köhler/*Buchner*, Facebook zwischen BDSG und UWG, 51, 59.

Zu Recht wurde auch im nationalen Datenschutzrecht die Vertragsfreiheit berücksichtigt.[86] Dem wurde durch die Möglichkeit der Einwilligung in die Erhebung, Verarbeitung und Nutzung personenbezogener Daten des Betroffenen gem. § 4 BDSG a. F. und § 12 TMG a. F. Rechnung getragen.[87] Die Regelung des § 4 Abs. 1 BDSG a. F. wurde dabei als Verbot mit Erlaubnisvorbehalt verstanden.[88] Nach § 4 Abs. 1 BDSG a. F. galt der Grundsatz, dass eine Datenverarbeitung nur zulässig sei, wenn eine Einwilligung oder ein gesetzlicher Erlaubnistatbestand vorliege.[89] Die Vorschrift des § 51 BDSG beruht ausweislich der Gesetzesbegründung auf Elementen des Art. 7 DSGVO und § 4a BDSG a. F.[90] Eine nähere Betrachtung kann daher unterbleiben.

Von Relevanz ist zudem das Telekommunikation-Telemedien-Datenschutz-Gesetz (nachfolgend „TTDSG"), wodurch die DSRL-EK in nationales Recht umgesetzt wurde und die im TKG a. F. und TMG a. F. enthaltenen Vorschriften über die Verarbeitung personenbezogener Daten zusammengeführt wurden.[91] Vorschriften des TTDSG, die auf der DSRL-EK beruhen, werden durch die geplante ePrivacy-VO ersetzt werden.[92] Vorschriften, die auf Öffnungsklauseln der DSGVO beruhen, jedoch nicht. Hinsichtlich der Einwilligung ist die DSGVO maßgeblich, so dass das TTDSG an dieser Stelle nicht weiter vertieft werden muss.[93]

f) Zusammenfassung

Das Datenschutzrecht verfolgt zunächst persönlichkeitsrechtliche Ziele. Es hat – wie gezeigt – allerdings eine gleichwertige wettbewerbsrechtliche Prägung, die sich vor allem aus dem Unionsrecht ergibt.[94] Wie die Ausführungen zu den übrigen Normen gezeigt haben, war diese Bedeutung des Datenschutzrechts bereits vor Inkrafttreten der DSGVO bekannt.

Dass dies auch mit dem grundrechtlichen Schutz der Persönlichkeit und der Selbstbestimmung im Einklang steht, verdeutlicht ein Vergleich mit dem Allgemeinen Persönlichkeitsrecht. Auch das Allgemeine Persönlichkeitsrecht schützte zu-

---

[86] *Kutscha/Thomé*, Grundrechtsschutz im Internet, S. 43.

[87] *Kutscha/Thomé*, Grundrechtsschutz im Internet, S. 43.

[88] *Eckhard/Rheingans*, ZD 2013, 318, 319; FS Köhler/*Buchner*, Facebook zwischen BDSG und UWG, 51, 61.

[89] Roßnagel/*Nebel*, § 3 Rn. 106.

[90] RegBegr, BT-Drs. 18/11325, S. 112; Gola/Heckmann/*Heckmann/Paschke*, § 51 BDSG Rn. 11; Wolff/Brink/*Stemmer/Wolff*, § 51 BDSG Rn. 6 f.

[91] Wolff/Brink/*Stemmer*, Art. 7 DSGVO Rn. 22; Taeger/Gabel/*Ettig*, Einleitung TTDSG Rn. 8 ff.

[92] Taeger/Gabel/*Ettig*, Einleitung TTDSG Rn. 13.

[93] Vertiefend zum TTDSG etwa Taeger/Gabel/*Ettig*, § 1 TTDSG Rn. 1 ff.

[94] *Heßmann*, Die Bekämpfung von Datenschutzverstößen mit Mitteln des Unlauterkeitsrechts, S. 40; *Buchner*, WRP 2019, 1243, 1245; *Podszun/de Toma*, NJW 2016, 2987, 2990 f.; *Ernst*, WRP 2004, 1133, 1137.

nächst ideelle Werte und entwickelte sich zu einem Recht, das auch wirtschaftliche Interessen schützt.[95] Vom BGH wurde dessen vermögensrechtlicher Charakter früh anerkannt.[96] So sollen die Persönlichkeitsrechte die freie Entscheidung schützen, ob und unter welchen Voraussetzungen seine kennzeichnenden Persönlichkeitsmerkmale den Geschäftsinteressen Dritter dienstbar gemacht werden.[97] Dies umfasst – wie gezeigt – auch die personenbezogenen Daten und den Umgang mit diesen.

2. Begriff der datenschutzrechtlichen Einwilligung und konkrete Voraussetzungen

Mit Hilfe dieses Rechtsrahmens kann der datenschutzrechtliche Einwilligungsbegriff und seine Wirkungen beleuchtet werden. Eine Legaldefinition der Einwilligung gab es bereits in der Datenschutz-RL und in Art. 4 Nr. 11 DSGVO. In der Datenschutz-RL wurde eine Einwilligung in Art. 2 lit. h. Datenschutz-RL als „jede Willensbekundung, die ohne Zwang, für den konkreten Fall und in Kenntnis der Sachlage erfolgt und mit der die betroffene Person akzeptiert, daß personenbezogene Daten, die sie betreffen, verarbeitet werden" legaldefiniert. Die Definitionen der Datenschutz-RL und der DSGVO enthalten beide die Wirksamkeitsvoraussetzungen, wenn auch in anderen Worten. Bei der Datenschutz-RL fehlte es lediglich an der „Unmissverständlichkeit der Einwilligung".[98]

Unabhängig von der konkreten Unterteilung der Anforderungen,[99] hat die datenschutzrechtliche Einwilligung mehrere Voraussetzungen, die in weitere Unterpunkte aufgeteilt werden können. Aus Art. 4 Nr. 11 DSGVO ergeben sich als elementare Wirksamkeitsvoraussetzungen die Freiwilligkeit, die Bestimmtheit, die Informiertheit und das Einwilligungsbewusstsein.[100] Weitere Wirksamkeitsvoraussetzungen bzw. Konkretisierungen ergeben sich aus Art. 5 lit. b) und Art. 6 Abs. 1

---

[95] FS Köhler/*Buchner*, Facebook zwischen BDSG und UWG, 51, 59; *Heßmann*, Die Bekämpfung von Datenschutzverstößen mit Mitteln des Unlauterkeitsrechts, S. 39. Vertiefend *Götting*, Persönlichkeitsrechte als Vermögensrechte, S. 4 ff.; Götting/Schertz/Seitz/*Götting*, § 10 Rn. 1 ff.

[96] BGH, Urteil vom 01.12.1999 – I ZR 49/97, NJW 2000, 2195 ff.; BGH, Urteil vom 01.12.1999 – I ZR 226/97, NJW 2000, 2201 ff.; FS Köhler/*Buchner*, Facebook zwischen BDSG und UWG, 51, 59; *Buchner*, WRP 2019, 1243, 1245; *Heßmann*, Die Bekämpfung von Datenschutzverstößen mit Mitteln des Unlauterkeitsrechts, S. 39.

[97] FS Köhler/*Buchner*, Facebook zwischen BDSG und UWG, 51, 59. Ähnlich auch *Denga*, ZfDR 2022, 229, 237.

[98] Kühling/Buchner/*Buchner/Kühling*, Art. 4 Nr. 11 DSGVO Rn. 3. A. A. wohl Taeger/Gabel/*Arning/Rothkegel*, Art. 4 DSGVO Rn. 292.

[99] Arning/Rothkegel unterteilen den Begriff in formelle (Erteilung von der betroffenen Person, Eindeutigkeit der Erklärung und Einwilligungsfähigkeit) und materielle (Freiwilligkeit, Bestimmtheit und Informiertheit) Voraussetzungen, vgl. Taeger/Gabel/*Arning/Rothkegel*, Art. 4 DSGVO Rn. 298 f.

[100] Kühling/Buchner/*Buchner/Kühling*, Art. 4 Nr. 11 DSGVO Rn. 1.

lit. a) DSGVO für die Bestimmtheit der Einwilligung, aus Art. 8 DSGVO für die Einwilligungsfähigkeit und aus Erwägungsgrund 32f. und 42f. hinsichtlich der Transparenz und der Beweislast. Die Voraussetzungen können in formelle und inhaltliche Voraussetzungen aufgeteilt werden.

Vor diesem Hintergrund soll die datenschutzrechtliche Einwilligung der DSGVO untersucht werden, da diese für die Praxis maßgeblich ist. Dabei wird der zuvor skizzierte Rechtsrahmen der Einwilligung überprüfend herangezogen und ermittelt, ob die Einwilligung in der aktuellen Gestalt tatsächlich Ausdruck der grundrechtlich geschützten Selbstbestimmung ist.[101]

a) Formelle Voraussetzungen

aa) Form der Einwilligung und Einwilligungsbewusstsein

Die Erteilung der Einwilligung ist grundsätzlich formfrei, so dass sie auch elektronisch und mündlich erklärt werden kann.[102] Wichtig ist jedoch das Einwilligungsbewusstsein, das in der Literatur oftmals unter dem Begriff der Form diskutiert wird. Darunter wird verstanden, dass sich der oder die Erteilende bewusst sein muss, etwas rechtlich Erhebliches zu äußern.[103]

Dies wird auch von Art. 4 Nr. 11 DSGVO und Erwägungsgrund 32 DSGVO untermauert, wonach eine Erklärung oder sonstige bestätigende Handlung, mit der das Einverständnis erklärt wird, tatsächlich eine Handlung voraussetzt.[104] Erwägungsgrund 32 DSGVO konkretisiert die Anforderungen an eine Handlung in Satz 3 und führt mit Stillschweigen, bereits angekreuzten Kästchen oder Untätig-

---

[101] Buchner/Petri führen etwa aus, die Einwilligung sei „genuiner Ausdruck informationeller Selbstbestimmung, weil sie die betroffene Person in die Lage versetzt, privatautonom über das ‚Ob' und das ‚Wie' der Verarbeitung ‚ihrer' personenbezogenen Daten zu bestimmen", Kühling/Buchner/*Buchner/Petri*, Art. 6 DSGVO Rn. 17.

[102] Simitis/Hornung/Spiecker gen. Döhmann/*Klement*, Art. 7 DSGVO Rn. 39; Kühling/Buchner/*Buchner/Kühling*, Art. 7 DSGVO Rn. 27; Wolff/Brink/*Stemmer*, Art. 7 DSGVO Rn. 83; Ehmann/Selmayr/*Heckmann/Paschke*, Art. 7 DSGVO Rn. 38. Sofern die Einwilligungserklärung schriftlich erfolgt, ist zusätzlich Art. 7 Abs. 2 DSGVO zu beachten. Das Ersuchen nach Einwilligung muss in „verständlicher und leicht zugänglicher Form" erfolgen und in „klarer und verständlicher Sprache" formuliert sein und von ggf. vorliegenden „anderen Sachverhalten klar zu unterscheiden" sein, Art. 7 Abs. 2 S. 1 DSGVO. Vgl. auch Erwägungsgrund 42 S. 3 DSGVO.

[103] Kühling/Buchner/*Buchner/Kühling*, Art. 7 DSGVO Rn. 56; Simitis/Hornung/Spiecker gen. Döhmann/*Klement*, Art. 7 DSGVO Rn. 35; Ehmann/Selmayr/*Heckmann/Paschke*, Art. 7 DSGVO Rn. 35.

[104] Taeger/Gabel/*Arning/Rothkegel*, Art. 4 DSGVO Rn. 299; Simitis/Hornung/Spiecker gen. Döhmann/*Klement*, Art. 7 DSGVO Rn. 35; Kühling/Buchner/*Buchner/Kühling*, Art. 7 DSGVO Rn. 56ff.

keit der betroffenen Person Beispiele dafür an, wann keine Einwilligung vorliegt.[105] Dies ist auch folgerichtig, denn in diesen Situationen kann ein Einwilligungsbewusstsein nicht vorausgesetzt werden.

Eine Erteilung der Einwilligung durch einen Boten ist bei Vorliegen der übrigen Voraussetzungen zulässig.[106] Hinsichtlich der Möglichkeiten einer Stellvertretung ist die Literatur gespalten. So sieht eine Ansicht lediglich die gesetzliche Vertretung als zulässig an, lehnt eine rechtsgeschäftliche Vertretung jedoch ab.[107] Ferner wird die Ansicht vertreten, eine Stellvertretung sei weder gesetzlich noch rechtsgeschäftlich möglich.[108] Beide Ansichten führen die Höchstpersönlichkeit der Erteilung als Hauptargument an.[109] Demgegenüber wird vertreten, dass eine Stellvertretung als rechtsgeschäftlicher oder gesetzlicher Vertreter möglich ist.[110] Bei Erteilung der rechtsgeschäftlichen Vollmacht müssen die gleichen Voraussetzungen erfüllt sein wie für die Einwilligung selbst.[111]

Richtigerweise ist unter Beachtung der oben festgestellten grundrechtlichen Wertung eine Stellvertretung zulässig, sofern bei Erteilung die Voraussetzungen der Einwilligung beim Betroffenen vorliegen. Die Höchstpersönlichkeit steht dem nur in den bereits im Grundgesetz als höchstpersönlich normierten Rechten entgegen.[112] Die Einwilligung soll Mittel und Ausdruck der Selbstbestimmung sein. Dies kann

---

[105] Diese beispielhafte Aufzählung hat der EuGH für den Fall des bereits angekreuzten Kästchens („opt-out") bestätigt, vgl. EuGH, Urteil vom 01.10.2019 – C-673/17, NJW 2019, 3433, 3436. Der EuGH hat diese Rechtsprechung bestätigt und mit Urteil vom 11.11.2020 – C-61/19, NJW 20201, 841, 844 weitere Fälle der unwirksamen Einwilligung angeführt, etwa wenn „das Kästchen, das sich auf diese Klausel bezieht, von dem für die Verarbeitung der Daten Verantwortlichen vor Unterzeichnung dieses Vertrags angekreuzt worden ist; oder wenn die Vertragsbestimmungen dieses Vertrags die betroffene Person über die Möglichkeit, den Vertrag abzuschließen, auch wenn sie sich weigert, in die Verarbeitung ihrer Daten einzuwilligen, irreführen können; oder wenn die freie Entscheidung, sich dieser Sammlung und Aufbewahrung zu widersetzen, von diesem Verantwortlichen ungebührlich beeinträchtigt wird, indem verlangt wird, dass die betroffene Person zur Verweigerung ihrer Einwilligung ein zusätzliches Formular unterzeichnet, in dem diese Weigerung zum Ausdruck kommt."

[106] Taeger/Gabel/*Arning/Rothkegel*, Art. 4 DSGVO Rn. 348; Kühling/Buchner/*Buchner/Kühling*, Art. 7 DSGVO Rn. 31; Simitis/Hornung/Spiecker gen. Döhmann/*Klement*, Art. 7 DSGVO Rn. 37; Wolff/Brink/*Stemmer*, Art. 7 DSGVO Rn. 33.

[107] Etwa Simitis/Hornung/Spiecker gen. Döhmann/*Klement*, Art. 7 DSGVO Rn. 37.

[108] *Ernst*, ZD 2017, 110, 111. Etwas unklar bleiben Heckmann/Paschke, die zwar Ernst zitieren, die Stellvertretung jedoch nicht wörtlich ausschließen, sondern vielmehr ausführen, der Betroffene könne sich „für die Einwilligungserklärung auch einer anderen Person bedienen. Jedoch muss hierfür die andere Person derart instruiert sein, dass für den Betroffenen der Grundsatz der Freiwilligkeit und Informiertheit gewahrt ist. Es handelt sich somit um eine botenähnliche Überbringung der Einwilligungserklärung.", Ehrmann/Selmayer/*Heckmann/Paschke*, Art. 7 DSGVO Rn. 34. Ebenfalls „eher ablehnend" Taeger/Gabel/*Taeger*, Art. 7 DSGVO Rn. 15.

[109] Ehmann/Selmayr/*Heckmann/Paschke*, Art. 7 DSGVO Rn. 36; *Ernst*, ZD 2017, 110, 111; Taeger/Gabel/*Taeger*, Art. 7 DSGVO Rn. 15.

[110] Kühling/Buchner/*Buchner/Kühling*, Art. 7 DSGVO Rn. 31.

[111] Kühling/Buchner/*Buchner/Kühling*, Art. 7 DSGVO Rn. 31.

[112] Vgl. dazu etwa bereits B. I. 3. c) dd) (2) und B. II. 2. a).

auch durch Ausübung der Einwilligung durch einen Dritten erfolgen, sofern dies den Willen des Betroffenen wiedergibt, was der Fall ist, wenn alle Voraussetzungen wie bei der Erteilung der Einwilligung durch ihn selbst vorliegen. Sieht man dies anders, verkürzt man das Selbstbestimmungsrecht des oder der Einzelnen, wenn dieser höchstpersönlich die Einwilligung sonst nicht erteilen kann, dies jedoch möchte. Zwar stellen die Erwägungsgründe 32 und 42 nur auf das Wissen der betroffenen Person ab. Die betroffene Person hat jedoch auch bei der Stellvertretung das nötige Wissen, wenn bei Erteilung der Vollmacht die Voraussetzungen erfüllt sind.[113] Gegen die Ansicht, dass auch die gesetzliche Vertretung ausgeschlossen sein soll, sprechen auch systematische Erwägungen. So ist die gesetzliche Vertretung Minderjähriger gem. Art. 8 Abs. 1 DSGVO gerade für eine besonders schutzbedürftige Gruppe explizit zugelassen ist.[114]

bb) Einwilligungsfähigkeit

Unter dem Begriff der Einwilligungsfähigkeit wird verstanden, dass die Person eine rechtliche wirksame Einwilligung abgeben darf.[115] Entscheidend dafür ist grundsätzlich die einzelfallbezogene Einsichtsfähigkeit der einwilligenden Person und nicht die Geschäftsfähigkeit.[116] Dies entspricht zunächst den oben getroffenen Vorgaben der Einwilligungsfähigkeit, insbesondere aus der GrCh und der EMRK.[117]

Mit Art. 8 DSGVO hat der Gesetzgeber allerdings eine starre Altersgrenze für die Einwilligung gegenüber einem Dienst der Informationsgesellschaft normiert. Diese liegt gem. Art. 8 Abs. 1 DSGVO bei 16 Jahren, mit der Möglichkeit, diese auf 13 Jahre zu senken, vgl. Art. 8 Abs. 2 DSGVO. Solch starre Altersgrenzen waren dem europäischen und nationalen Datenschutzrecht bislang fremd.[118]

Es ist zwar richtig, dass Kinder und Jugendliche zu schützen sind, da sie sich oftmals der Risiken, Folgen und ihrer Garantien und Rechte im Hinblick auf die Verarbeitung ihrer Daten noch nicht bewusst sind[119] und sie sich stärker beeinflussen lassen, unerfahrener sind und in der Regel über wenig bis keine geschäftliche

---

[113] Ebenso Sydow/Marsch/*Ingold*, Art. 7 DSGVO Rn. 19.

[114] Sydow/Marsch/*Ingold*, Art. 7 DSGVO Rn. 19.

[115] Taeger/Gabel/*Arning/Rothkegel*, Art. 4 DSGVO Rn. 299; Kühling/Buchner/*Buchner/Kühling*, Art. 7 DSGVO Rn. 67 ff.; Wolff/Brink/*Stemmer*, Art. 7 DSGVO Rn. 35; Ehrmann/Selmayr/*Heckmann/Paschke*, Art. 7 DSGVO Rn. 32. Vertiefend *Funke*, Datenschutzrechtliche Einwilligung, S. 118 ff.

[116] Kühling/Buchner/*Buchner/Kühling*, Art. 7 DSGVO Rn. 67; Ehmann/Selmayr/*Heckmann/Paschke*, Art. 7 DSGVO Rn. 34; Simitis/Hornung/Spiecker gen. Döhmann/*Klement*, Art. 7 DSGVO Rn. 49; *Tinnefeld/Conrad*, ZD 2018, 391, 393.

[117] Vgl. dazu B. II. 1. a).

[118] Taeger/Gabel/*Taeger*, Art. 8 DSGVO Rn. 3; Wolff/Brink/*Karg*, Art. 8 DSGVO Rn. 1.

[119] Vgl. Erwägungsgrund 38 DSGVO.

Erfahrung verfügen.[120] Die starre Altersgrenze für das Alter von 16 Jahren ist unter Berücksichtigung der Einwilligung als Ausübung der Selbstbestimmungsrechte dennoch abzulehnen.[121] Die unterschiedlichen Entwicklungsstufen von Jugendlichen werden so nicht ausreichend berücksichtigt und die Jugendlichen damit pauschal in ihren Grundrechten eingeschränkt. Dies widerspricht der oben festgestellten Ablehnung der Grundrechtsmündigkeit anhand von starren Altersgrenzen. Die Einwilligungsfähigkeit sollte weiterhin von den „geistig-physischen Eigenschaften“[122] abhängen. Eine starre Altersgrenze sollte im Sinne der Rechtssicherheit erst dann für ein Alter angenommen werden, indem mit an Sicherheit grenzender Wahrscheinlichkeit die überwiegende Mehrzahl der Kinder und Jugendlichen die geistig physischen Eigenschaften nicht besitzen. Eine solche könnte das Selbstbestimmungsrecht aufgrund des Allgemeininteresses an der Entwicklung der Kinder rechtmäßig einschränken. In Zeiten, in denen mit 16 Jahren bereits gewählt werden darf,[123] sollte eine selbstbestimmte Einwilligung, die weniger Tragweite und Verbindlichkeit hat, auch in jüngeren Jahren nicht per se ausgeschlossen sein. Ab welchem Alter eine starre Altersgrenze rechtmäßig wäre, müsste psychologisch untersucht werden. Die Öffnungsklausel für das Alter von 13 Jahren erscheint dahingehend angemessener.

b) Inhaltliche Voraussetzungen

Nachdem die formellen Voraussetzungen der datenschutzrechtlichen Einwilligung dargestellt wurden, sollen nun die inhaltlichen Anforderungen an die datenschutzrechtliche Einwilligung erörtert werden.

aa) Bestimmtheit und Zweckbindung

Die Einwilligung muss gem. Art. 4 Nr. 11 DSGVO „für den bestimmten Fall“ erteilt werden. Ein solcher bestimmter Fall liegt vor, wenn aus Sicht eines objektiven Empfängers der Einwilligung erkennbar ist, ob eine bestimmte Verarbeitung der Daten von der Einwilligung gedeckt ist.[124] Es ist schlichtweg nicht möglich, über seine Daten selbstbestimmt zu entscheiden, wenn man nicht weiß, für welchen Fall die Einwilligung abgegeben wird. Bloße Pauschal- und Blankoeinwilligungen

---

[120] Wolff/Brink/*Karg*, Art. 8 DSGVO Rn. 7; Simitis/Hornung/Spiecker gen. Döhmann/*Klement*, Art. 8 DSGVO Rn. 4.

[121] Kritisch auch *Tinnefeld/Conrad*, ZD 2018, 391, 393 f.; a. A. Simitis/Hornung/Spiecker gen. Döhmann/*Klement*, Art. 8 DSGVO Rn. 6 ff.

[122] *Stern*, Staatsrecht – Band III/1, S. 1066.

[123] https://www.zeit.de/politik/ausland/2022-11/wahlrecht-europawahl-bundestag-wahlalter-16-jahre?utm_referrer=https%3A%2F%2Fwww.google.com%2F (zuletzt besucht am 11.08.2024).

[124] Simitis/Hornung/Spiecker gen. Döhmann/*Klement*, Art. 7 DSGVO Rn. 68.

sind daher ausgeschlossen.[125] Dieser Gedanke entspricht auch der Unzulässigkeit eines Totalverzichts und ist mithin grundrechtlich verankert.

Von dieser Bestimmtheit umfasst ist ferner das Erfordernis, der einwilligenden Person den Zweck der Verarbeitung mitzuteilen.[126] Dies entspricht dem in Art. 5 Abs. 1 lit. b) DSGVO festgehaltenen Zweckbindungsgrundsatz, wonach personenbezogene Daten stets nur für festgelegte, eindeutige und legitime Zwecke erhoben werden dürfen. Es widerspräche der Selbstbestimmung, wenn die einwilligende Person dies nicht wüsste.

bb) Informiertheit und Transparenzgebot

Es gibt keine zentrale Vorschrift, welche die Anforderungen an die Informiertheit generell festlegt.[127] Erwägungsgrund 42 S. 4 der DSGVO nennt als erforderliche Umstände, über die informiert werden sollte, zumindest die Kenntnis davon, wer der Verantwortliche ist und für welche Zwecke die personenbezogenen Daten verarbeitet werden sollen. Die Verwirklichung des Selbstbestimmungsrechts gebietet es, den Umfang der darüberhinausgehenden Umstände, über die informiert werden muss, je nach Einzelfall zu bewerten.[128]

Nach einer Ansicht erfolgt die Einwilligung auf „informierte Weise" i. S. d. Art. 4 Nr. 11 DSGVO, wenn die Einwilligung auf der Kenntnis aller erforderlichen Umstände beruht.[129]

Nach anderer Ansicht erfolgt die Entscheidung in informierter Weise, wenn die einwilligende Person über die zumutbare Möglichkeit verfügt, sich die bereitgehaltenen Informationen über alle die beabsichtigende Datenverarbeitung kennzeichnenden Merkmale anzueignen.[130] Ob die einwilligende Person tatsächlich Kenntnis davon genommen hat, sei irrelevant, so dass die „Chance auf Informiertheit" genügen müsse.[131]

---

[125] Simitis/Hornung/Spiecker gen. Döhmann/*Klement*, Art. 7 DSGVO Rn. 69; Wolff/Brink/*Stemmer*, Art. 7 DSGVO Rn. 79.

[126] Simitis/Hornung/Spiecker gen. Döhmann/*Klement*, Art. 7 DSGVO Rn. 70; Kühling/Buchner/*Buchner/Kühling*, Art. 7 DSGVO Rn. 61.

[127] Wolff/Brink/*Stemmer*, Art. 7 DSGVO Rn. 56.

[128] In der Literatur werden viele Szenarien erläutert und differenziert betrachtet, die in dieser Arbeit an dieser Stelle nicht in allen Einzelheiten aufgeführt werden müssen. Eine vertiefende Übersicht und verschiedene Fallgruppen finden sich etwa bei Wolff/Brink/*Stemmer*, Artikel 7 DSGVO Rn. 55 ff. Kritisch gegenüber der Möglichkeit in der Praxis überhaupt informiert zu sein etwa *Hermstrüwer*, Selbstgefährdung, S. 77 ff.

[129] Ehmann/Selmayr/*Heckmann/Paschke*, Art. 7 DSGVO Rn. 63.

[130] Simitis/Hornung/Spiecker gen. Döhmann/*Klement*, Art. 7 DSGVO Rn. 72; auch Stemmer vertritt wohl diese Ansicht, wenn er ausführt, dass die tatsächliche Kenntnisnahme nicht erzwungen werden könne, Wolff/Brink/*Stemmer*, Art. 7 DSGVO Rn. 73. Er sieht das „möglicherweise" anders, wenn es um Datenverarbeitungen von erheblicher Bedeutung für die Person geht.

[131] Simitis/Hornung/Spiecker gen. Döhmann/*Klement*, Art. 7 DSGVO Rn. 23.

Die letztgenannte Ansicht ist in der Praxis besser umzusetzen. Zunächst ist ihr zugutezuhalten, dass die Möglichkeit der Kenntnisnahme leichter objektiv zu bewerten ist, als die tatsächliche Kenntnis. Es ist praktisch schwer nachweisbar, ob die einwilligende Person die Informationen tatsächlich alle zur Kenntnis genommen hat oder möglicherweise nur überflogen hat, ohne den Text tatsächlich zu lesen. Es wäre für die Sicherheit des Rechtsverkehrs im Hinblick auf das Vertrauen in eine Einwilligung schädlich, wenn sich die einwilligende Person ggf. sehr einfach darauf berufen könnte, nicht informiert gewesen zu sein und so die Einwilligung unwirksam sein zu lassen. Als Empfänger der Einwilligung ist es ferner nur schwer möglich, die tatsächliche Kenntnisnahme zu erzwingen, insbesondere bei elektronischen Einwilligungserklärungen.

Das Ziel der Voraussetzungen der datenschutzrechtlichen Einwilligung ist, die einwilligende Person in die Lage zu versetzen, eine tatsächlich selbstbestimmte Entscheidung zu treffen.[132] Dies ist ausreichend gewährleistet, wenn die „Chance auf Informiertheit" gewahrt ist und die übrigen Voraussetzungen erfüllt sind. Beruft sich die einwilligende Person in einem solchen Fall dennoch auf fehlende Kenntnis, kann ihr entgegengehalten werden, sie habe sich selbstbestimmt dagegen entschieden, diese Informationen zur Kenntnis zu nehmen. Es wäre unbillig, wenn sich die einwilligende Person trotz ausreichender Möglichkeit der Informiertheit darauf berufen könnte, sie sei nicht informiert worden. Eine Schutzpflicht des Staates vor sich selbst ist hier weder praktikabel noch grundrechtlich angezeigt.[133] Dies wird ferner durch den engen Zusammenhang mit dem inhaltlichen Transparenzgebot[134] gewährleistet, das besagt, dass die Informationen so aufbereitet sein müssen, dass sie auch für einen durchschnittlichen Verbraucher ohne besondere juristische Kenntnisse leicht zugänglich und verständlich sind.[135] Es muss somit gewährleistet sein, dass tatsächlich die Chance auf Informiertheit besteht.

cc) Widerruflichkeit

Die datenschutzrechtliche Einwilligung ist gem. Art. 7 Abs. 3 S. 1 DSGVO frei widerruflich. Ein Ausschluss des Widerrufsrechts für bestimmte Konstellationen ist nicht vorgesehen. Ob ein solches für manche Fallkonstellationen, etwa im Rahmen von Vertragsverhältnissen, zulässig sein sollte, ist umstritten.[136] Grundsätzlich

---

[132] Ehmann/Selmayr/*Heckmann/Paschke*, Art. 7 DSGVO Rn. 62.

[133] Vgl. dazu B. I. 3. c) aa) (3) (c).

[134] Grundlegend zum datenschutzrechtlichen Transparenzgebot *Manthey*, Datenschutzrechtliches Transparenzgebot.

[135] Kühling/Buchner/*Buchner/Kühling*, Art. 7 DSGVO Rn. 60. Vertiefend zur Informiertheit im Übrigen Wolff/Brink/*Stemmer*, Art. 7 DSGVO Rn. 55 ff.; Simitis/Hornung/Spiecker gen. Döhmann/*Klement*, Art. 7 DSGVO Rn. 72 ff.; Ehmann/Selmayr/*Heckmann/Paschke*, Art. 7 DSGVO Rn. 62 ff.

[136] Kühling/Buchner/*Buchner/Kühling*, Art. 7 DSGVO Rn. 38 ff.; Wolff/Brink/*Stemmer*, Art. 7 DSGVO Rn. 93.

ist festzuhalten, dass die Möglichkeit des Widerrufs einer einmal erteilten Einwilligung ganz im Sinne effektiver Ausübung des Rechts auf informationelle Selbstbestimmung steht.[137] Dieser Widerruf ist erneuter Ausdruck der Selbstbestimmung über personenbezogene Daten.

(1) Ausschluss des Widerrufsrechts

Dem gegenüber steht jedoch das Interesse des Einwilligungsempfängers und dessen Vertrauen auf die Einwilligung.[138] Klement vertritt daher die Ansicht, ein Widerruf müsse etwa dann ausgeschlossen sein, wenn die Einwilligung aufgrund einer wirksamen vertraglichen Verpflichtung sofort wieder erteilt werden müsste.[139] Taeger plädiert dafür, einen Widerruf dann auszuschließen, wenn zwingende schutzwürdige Gründe für die Verarbeitung vorliegen und nachgewiesen werden können.[140] Voraussetzung wäre die Durchführung einer Interessenabwägung und die Sicherstellung, dass die Fortsetzung der Verarbeitung aus Sicht des Betroffenen keine schwerwiegenden Verletzungen der Persönlichkeitsrechte des Widerrufenden mit sich bringt.[141] Auch Schulz möchte die Ausübung des Widerrufs in bestimmten Fällen ausschließen, wenn diese gegen das Prinzip von Treu und Glauben verstoßen.[142] Ohly weist im Hinblick auf die Einwilligung im Privatrecht darauf hin, dass es schwer wäre, einen Einwilligungsempfänger zu finden, der das Risiko einer widerruflichen Einwilligung übernehmen würde.[143] Der Einwilligung wird so das Potential zur Kommerzialisierung genommen. Ohly vertritt daher die Ansicht, es gebe eine widerrufliche Einwilligung, wenn das betreffende Persönlichkeitsrecht eine bindende Gestattung nicht zulasse oder wenn sie nicht dem Willen des Einwilligenden entspreche und eine unwiderrufliche Einwilligung, die lediglich ein Oberbegriff für verschiedenartige rechtliche Dispositionen sei, die dennoch im Ausnahmefall analog § 42 UrhG zurückgerufen werden könne bzw. aus wichtigem Grund gekündigt werden könne.[144] Dann werde jedoch ein Vertrauensschaden analog § 122 Abs. 1 BGB fällig.[145]

Sattler vertritt die Ansicht, dass die Unwirksamkeit von Dispositionen über die Widerruflichkeit der Einwilligung einem Datenschuldrecht die Grundlage entzieht.[146]

---

[137] Kühling/Buchner/*Buchner/Kühling*, Art. 7 DSGVO Rn. 34.
[138] So auch Simitis/Hornung/Spiecker gen. Döhmann/*Klement*, Art. 7 DSGVO Rn. 86.
[139] Simitis/Hornung/Spiecker gen. Döhmann/*Klement*, Art. 7 DSGVO Rn. 92.
[140] Taeger/Gabel/*Taeger*, Art. 7 DSGVO Rn. 83.
[141] Taeger/Gabel/*Taeger*, Art. 7 DSGVO Rn. 83.
[142] Gola/Heckmann/*Schulz*, Art. 7 DSGVO Rn. 60.
[143] *Ohly*, Einwilligung, S. 160. Er differenziert jedoch zwischen den verschiedenen Arten der Einwilligung entsprechend der Stufenleiter der Gestattung, vgl. *Ohly*, Einwilligung, S. 348 ff. und S. 473.
[144] *Ohly*, Einwilligung, S. 473. Vertiefend *Ohly*, Einwilligung, S. 348 ff.
[145] *Ohly*, Einwilligung, S. 473. Vertiefend *Ohly*, Einwilligung, S. 353 ff.
[146] *Sattler*, JZ 2017, 1036, 1046.

Für ihn etabliert Art. 4 Nr. 11 DSGVO lediglich das grundrechtlich zu gewährleistende Untermaß datenschutzrechtlicher Einwilligungen.[147] Dieses Verständnis ermögliche es, schuldrechtliche Gestattungen über die Verarbeitung personenbezogener Daten anzuerkennen und so die Widerruflichkeit grundsätzlich zur Disposition des Datensubjekts zu stellen.[148]

(2) Kein Ausschluss des Widerrufsrechts

In der Literatur wird ferner die Ansicht vertreten, ein Widerruf könne nicht ausgeschlossen werden, selbst dann nicht, wenn die Einwilligung im Rahmen eines Vertragsverhältnisses Teil der Gegenleistung ist.[149] Die Wertung und der Wortlaut der DSGVO seien eindeutig, so dass kein Raum für eine Auslegung gegen den Wortlaut verbleibe.[150] Im Übrigen sei auch der Widerruf Ausübung der grundrechtlich geschützten informationellen Selbstbestimmung.[151] Zudem sei diese Auslegung nicht nötig. Das Vertrauen des Einwilligungsempfängers ist zumindest für Fälle, in denen die Datenverarbeitung für die Vertragserfüllung erforderlich ist, durch Art. 6 Abs. 1 lit. b) DSGVO ausreichend geschützt.[152] Sofern er die Verarbeitung von Beginn an auch darauf gestützt hat, darf er die Daten im zulässigen Rahmen weiter benutzen, auch wenn die Einwilligung widerrufen werde.[153] Zudem handle es sich bei digitalen Geschäftsmodellen oftmals um eine Dauerschuld, so dass die Gegenleistung von der Aufrechterhaltung der Einwilligung abhängig gemacht werden könne.[154] Ferner sei ein allein vom Willen eines Vertragspartners abhängender Widerruf dem deutschen Recht nicht fremd.[155]

---

[147] *Sattler*, JZ 2017, 1036, 1046.

[148] *Sattler*, JZ 2017, 1036, 1046.

[149] Ehmann/Selmayr/*Heckmann/Paschke*, Art. 7 DSGVO Rn. 98; Sydow/Marsch/*Ingold*, Art. 7 DSGVO Rn. 46; Kühling/Buchner/*Buchner/Kühling*, Art. 7 DSGVO Rn. 39a; Wolff/Brink/*Stemmer*, Art. 7 DSGVO Rn. 93.

[150] Kühling/Buchner/*Buchner/Kühling*, Art. 7 DSGVO Rn. 39.

[151] *Buchner*, Informationelle Selbstbestimmung, S. 233 f.

[152] Vgl. Kühling/Buchner/*Buchner/Kühling*, Art. 7 DSGVO Rn. 39b.

[153] EuGH, Urteil vom 04.07.2023 – C252/21, Rn. 92; Kühling/Buchner/*Buchner/Kühling*, Art. 7 DSGVO Rn. 39a; Wolff/Brink/*Stemmer*, Art. 7 DSGVO Rn. 93; so auch Taeger/Gabel/*Taeger*, Art. 7 DSGVO Rn. 81; *Bunnenberg*, Privates Datenschutzrecht, S. 39.

[154] *Bunnenberg*, Privates Datenschutzrecht, S. 39.

[155] *Langhanke*, Daten als Leistung, S. 119. Sie verweist dabei in Fn. 154 beispielhaft auf die Vorschriften zum Widerrufsrecht bei Verbraucherverträgen in den §§ 355 ff. BGB. Dem muss jedoch entgegengehalten werden, dass der dortige Widerruf befristet ist und somit keine dauerhafte Widerruflichkeit besteht.

(3) Stellungnahme

Unter Berücksichtigung des eindeutigen Wortlauts der Einwilligung, der Möglichkeit des Art. 6 Abs. 1 lit. b) DSGVO und der grundrechtlichen Wichtigkeit der Selbstbestimmung ist der letztgenannten Ansicht zuzustimmen. Auch das Gebot von Treu und Glauben und die Pflicht zur gegenseitigen Rücksichtnahme gem. § 241 Abs. 2 BGB können keine Einschränkung des Widerrufsrechts rechtfertigen.[156] Vielfach gehen die Vertreter der ersten Ansicht auf die Möglichkeit der alternativen Legitimationsgrundlage nicht ein, so dass der Eindruck entsteht, dies sei nicht in die Überlegungen eingeflossen. Wenn es der Vertragspartei des Austauschverhältnisses auf die Unwiderruflichkeit ankommt, dann kann diesem Interesse durch die Möglichkeit des Art. 6 Abs. 1 lit. b) DSGVO gerecht werden. Wenn er jedoch bei der Frage „Daten gegen Leistung" mittels der etwas schneller und einfacher einzuholenden Einwilligung arbeiten möchte, muss ihm diese freie Widerruflichkeit bewusst sein.[157] Damit ist der Wichtigkeit des Selbstbestimmungsrechts der einwilligenden Person in dem von den Grundrechten gebotenen Maße Rechnung getragen. Es ist auch kein Argument ersichtlich, weshalb dem Datensubjekt die Möglichkeit wichtig wäre, die Einwilligung unwiderruflich zu erteilen und so sein Selbstbestimmungsrecht ohne Vorteil zu beschneiden.[158] Dies steht auch im Einklang mit den bereits erörterten generellen Überlegungen zur Einwilligung aus den Grundrechten und deren Wichtigkeit.[159]

dd) Freiwilligkeit

Zur Verwirklichung der Selbstbestimmung muss die Freiwilligkeit der datenschutzrechtlichen Einwilligung gewährleistet sein. Eine Legal-definition der Freiwilligkeit enthält die DSGVO nicht. Die Freiwilligkeit der datenschutzrechtlichen

---

[156] Kühling/Buchner/*Buchner/Kühling*, Art. 7 DSGVO Rn. 39a; Wolff/Brink/*Stemmer*, Art. 7 DSGVO Rn. 93. So wohl auch Ohly, der etwa den Widerruf grundlosen Widerruf eines Kreditnehmers hinsichtlich einer Schufa-Klausel nicht als treuwidriges Verhalten ansieht, vgl. *Ohly*, Einwilligung, S. 352 und S. 473. Ferner verstoße der Widerruf zur Unzeit nicht selbst gegen Treu und Glauben, sondern die Art der Ausübung, vgl. *Ohly*, Einwilligung, S. 352.

[157] Wenngleich die Interessen des datenverarbeitenden Unternehmens an der Weiterverarbeitung der widerrufenen Daten möglicherweise dann u.U, auf eine andere Ermächtigungsgrundlage gestützt werden kann, wie etwa bei bereits verarbeiteten Trainingsdaten für künstliche Intelligenz. Darauf sollte die einwilligende Person jedoch zuvor nach zu bevorzugender Auffassung ebenfalls hingewiesen werden. Vgl. vertiefend Wolff/Brink/*Stemmer*, Art. 7 DSGVO Rn. 96 ff.

[158] Wenngleich dies eine scheinbare Erweiterung des Selbstbestimmungsrechts im Moment der Erteilung der Einwilligung bedeutet, da dies eine weitere Möglichkeit der Einwilligungserteilung darstellt.

[159] Auch hinsichtlich eines Grundrechtsverzichts besteht hier Unklarheit, so dass auch daraus keine einheitliche Leitlinie gezogen werden kann, vgl. nur *Malacrida*, Grundrechtsverzicht, S. 207; *Ahammer*, Grundrechtsverzicht, S. 75 f.

Einwilligung wird daher ebenfalls negativ und durch verschiedene Fallgruppen beschrieben, um so darzustellen, wann die Einwilligung nicht auf einem freien Willensentschluss der einwilligenden Person beruht.[160] Vereinzelte Aspekte der Freiwilligkeit sind allerdings in der DSGVO verankert. So liege Freiwilligkeit nach Erwägungsgrund 42 S. 5 DSGVO nur dann vor, wenn die einwilligende Person „eine echte oder freie Wahl hat und somit in der Lage ist, die Einwilligung zu verweigern oder zurückzuziehen, ohne Nachteile zu erleiden".[161] Zudem muss das sog. Koppelungsverbot gem. Art. 7 Abs. 4 DSGVO bei der Beurteilung, ob die Einwilligung freiwillig erteilt wurde, beachtet werden. Diese und andere Aspekte sollen nun näher dargestellt werden. Die genannten Fallgruppen stellen Fälle dar, in denen aufgrund der genannten Umstände typischerweise keine Wahlfreiheit besteht.

(1) Drohung und Zwang

Die datenschutzrechtliche Einwilligung wird nicht freiwillig erteilt, wenn sie unter Einwirkung von Drohung und Zwang erklärt wurde.[162] Dabei hebt nicht jeder für den Fall der Verweigerung der Einwilligung in Aussicht gestellte Nachteil die Freiwilligkeit auf.[163]

Diese Wertung steht auf den ersten Blick im Widerspruch zu Erwägungsgrund 42 S. 5 der DSGVO, wo ausgeführt wird: „Es sollte nur dann davon ausgegangen werden, dass sie ihre Einwilligung freiwillig gegeben hat, wenn sie eine echte oder freie Wahl hat und somit in der Lage ist, die Einwilligung zu verweigern oder zurückzuziehen, ohne Nachteile zu erleiden." Entscheidend für die Ausübung von Selbstbestimmung ist hierbei die Wahlmöglichkeit. Das bloße Aufzeigen von ggf. nachteiligen Konsequenzen oder dem Entgehen eines Vorteils bei der Verweigerung der Einwilligung kann nicht stets zur Unwirksamkeit der Einwilligung führen. Zu denken ist etwa an den Hinweis, dass bei Verweigerung der Einwilligung eine Webseite oder ein bestimmter Dienst nicht genutzt werden kann. Wird hier nun dennoch die Einwilligung erteilt, dann erscheint es unbillig, wenn diese nur aufgrund dieses aufklärenden Hinweises unwirksam sein soll. Zudem ist die Frage, ob etwas ein Vor- oder ein Nachteil ist, oftmals eine sehr subjektive Entscheidung. Erwägungsgrund 42 S. 5 der DSGVO ist daher so zu verstehen, dass der einwilligenden Person kein Nachteil aufgezeigt werden darf, der nicht mit der Einwilligung und dem ihr zugrundeliegenden Sachverhalt zusammenhängt.

---

[160] Vgl. dazu bereits generell B. II. 1. b). Drexl führte dahingehend aus, die Grundrechte schützen gegen Zwang im Privatrecht, so dass die wichtigste Frage laute, nach welchen Kriterien sich beurteile, ob eine privatrechtliche Verpflichtung freiwillig bzw. selbstbestimmt eingegangen wurde, *Drexl*, Selbstbestimmung, S. 232.

[161] Vgl. dazu auch F. III.

[162] Wolff/Brink/*Stemmer*, Art. 7 DSGVO Rn. 41; Ehmann/Selmayr/*Heckmann/Paschke*, Art. 7 DSGVO Rn. 54; Simitis/Hornung/Spiecker gen. Döhmann/*Klement*, Art. 7 DSGVO Rn. 48; *Bunnenberg*, Privates Datenschutzrecht, S. 44.

[163] Simitis/Hornung/Spiecker gen. Döhmann/*Klement*, Art. 7 DSGVO Rn. 48.

Es kommt somit auf eine Einzelfallabwägung an, bei der je nach konkreter Fallgestaltung eine angemessene Zweck-Mittel-Relation erarbeitet werden muss.[164]

(2) Das sog. Koppelungsverbot

In Art. 7 Abs. 4 DSGVO ist eine weitere Einschränkung der Freiwilligkeit verankert. Demzufolge ist bei der Beurteilung der Freiwilligkeit dem Umstand, dass die Erfüllung eines Vertrages von der Erteilung der Einwilligung abhängig gemacht wird, obwohl die Einwilligung nicht zur Erfüllung des Vertrages erforderlich ist, „größtmöglich Rechnung zu tragen".[165] Die Rechtsfolge und Reichweite dieser Vorschrift ist umstritten.[166]

(a) Reichweite der Vorschrift

Die Reichweite der Vorschrift ist unklar. Es ist umstritten, wie die Regelung des Art. 7 Abs. 4 DSGVO wirkt und ob sie ausnahmslos gilt.

Oftmals wird die Regelung des Art. 7 Abs. 4 DSGVO als Koppelungsverbot bezeichnet.[167] Dies legt nahe, dass jegliche Koppelung der Einwilligung an eine vertragliche Gegenleistung verboten wäre und es auch nicht möglich wäre, dies zu widerlegen, so dass die Vorschrift im Ergebnis ein striktes Koppelungsverbot formuliere.[168] Von der Art. 29-Gruppe wurde das Fehlen der Freiwilligkeit bei Vorliegen einer Koppelung hingegen als widerlegbare Vermutung verstanden, da gem. Er-

---

[164] Simitis/Hornung/Spiecker gen. Döhmann/*Klement*, Art. 7 DSGVO Rn. 48; Spindler/Schuster/*Spindler/Dalby*, Art. 7 DSGVO Rn. 14; Sydow/Marsch/*Ingold*, Art. 7 DSGVO Rn. 28. Dies deckt sich auch mit den philosophischen Grundlagen, nach denen es ebenfalls für die Freiwilligkeit entscheidend auf die Wahlfreiheit ankommt, vgl. vertiefend *Gutmann*, Freiwilligkeit, S. 203 f.

[165] Bei der Formulierung „Erfüllung des Vertrages" handelt es sich wohl um einen redaktionellen Fehler, bei dem das deutsche Abstraktions- und Trennungsprinzip nicht beachtet wurde, so dass auch das Verpflichtungsgeschäft von der Norm erfasst werden soll, vgl. dazu näher etwa *Scheurer*, Rechtskonforme Einwilligungserklärungen, S. 325. Ebenso Taeger/Gabel/*Taeger*, Art. 6 DSGVO Rn. 98.

[166] Vertiefend zum Koppelungsverbot etwa *Bunnenberg*, Privates Datenschutzrecht und *Voigt*, Einwilligung, S. 136 ff. und 346 ff.

[167] Siehe nur *Funke*, Datenschutzrechtliche Einwilligung, S. 268 f.; *Dammann*, ZD 2016, 307, 311.

[168] Wolff/Brink/*Stemmer*, Art. 7 DSGVO Rn. 42; *Funke*, Datenschutzrechtliche Einwilligung, S. 268 f.; *Dammann*, ZD 2016, 307, 311. Dies wurde so auch vom Europäischen Parlament für einen Art. 7 Abs. 4 S. 2 DSGVO vorgeschlagen, vgl. Legislative Entschließung des Europäischen Parlaments vom 12. März 2014 zu dem Vorschlag für eine Verordnung des Europäischen Parlaments und des Rates zum Schutz natürlicher Personen bei der Verarbeitung personenbezogener Daten und zum freien Datenverkehr (allgemeine Datenschutzverordnung) (COM(2012)0011 – C7–0025/2012 – 2012/0011(COD), abrufbar unter https://www.europarl.europa.eu/doceo/document/TA-7-2014-0212_DE.html (zuletzt abgerufen am 14.07.2024).

wägungsgrund 43 S. 2 DSGVO die Einwilligung als nicht freiwillig erteilt gelte.[169] Dies spricht im Grunde ebenfalls für eine Gesamtbetrachtung und Einzelfallabwägung, um die Einzelfälle zu finden, in denen die Vermutung widerlegt werden kann.

Eine weit verbreitete Ansicht vertritt die Meinung, Art. 7 Abs. 4 DSGVO sei einzelfallabhängig und als relatives Koppelungsverbot zu betrachten.[170] So führt Klement an, weder eine widerlegbare noch eine unwiderlegbare Vermutung der Unfreiwilligkeit bei Vorliegen der Koppelung sei vom konkreten Normtext oder der Systematik der DSGVO gedeckt.[171] Der Wortlaut sei eindeutig, denn der Koppelung sei lediglich in „größtmöglichem Umfang" bei der Beurteilung der Freiwilligkeit Rechnung zu tragen. Der Umfang ist dabei von den oben dargestellten Grundrechten des Einwilligenden und auch des Verantwortlichen begrenzt, da die Versagung der Freiwilligkeit ein Eingriff in diese Grundrechte sei und der Einzelne gem. Art. 8 Abs. 1, 2 GrCh frei über seine personenbezogenen Daten verfügen können muss.[172] Der Einzelne müsse selbst entscheiden können, was er in der konkreten Situation für sinnvoll erachte.[173] Dabei darf die Einwilligung auch Nachteile mit sich bringen und so ggf. das zu entrichtende Entgelt mindern.[174] Art. 7 Abs. 4 DSGVO sei daher restriktiv zu handhaben, so dass nur bei bestimmten Fallgruppen die Freiwilligkeit aufgrund der Koppelung verneint werden muss.[175]

Der letztgenannten Ansicht ist zu folgen. Ein striktes und jede Koppelung umfassendes Verbot wird schon nicht vom Wortlaut der Norm getragen und wird auch den der Verordnung zugrunde liegenden Grundrechten nicht gerecht. Der Sinn und Zweck des DSGVO zugrunde liegenden Grund- und Primärrechts ist die größtmögliche Selbstbestimmung der Person über ihre Daten. Ein generelles Koppelungsverbot würde dem diametral zuwiderlaufen. Es stellt einen Eingriff in

---

[169] So etwa Art. 29 Gruppe, WP 259, S. 9.

[170] Generalanwalt beim EuGH *Szpunar*, Schlussantrag vom 21.03.2019 – C-673/17, BeckRS 2019, 3909 Rn. 98; Simitis/Hornung/Spiecker gen. Döhmann/*Klement*, Art. 7 DSGVO Rn. 59; Ehmann/Selmayr/*Heckmann/Paschke*, Art. 7 DSGVO Rn. 100 f.; Kühling/Buchner/*Buchner/Kühling*, Art. 7 DSGVO Rn. 41; Wolff/Brink/*Stemmer*, Art. 7 DSGVO Rn. 45; Gola/Heckmann/*Schulz*, Art. 7 DSGVO Rn. 23; Spindler/Schuster/*Spindler/Dalby*, Art. 7 DSGVO Rn. 14; *Voigt*, Einwilligung, S. 369 f.; *Knüppel*, Datenfinanzierte Apps, S. 266 ff.; *Engeler*, ZD 2018, 55, 58; *Hacker*, ZfPW 2019, 148, 182; *Spindler*, MMR 2016, 147,150. Stemmer formuliert etwas unglücklich zunächst in Wolff/Brink/*Stemmer*, Art. 7 DSGVO Rn. 42 ein „allgemeines Koppelungsverbot", da die einwilligende Person nicht freiwillig handle, wenn sie „faktisch keine Wahl" habe, als der Datenverarbeitung zuzustimmen.

[171] Simitis/Hornung/Spiecker gen. Döhmann/*Klement*, Art. 7 DSGVO Rn. 58.

[172] Simitis/Hornung/Spiecker gen. Döhmann/*Klement*, Art. 7 DSGVO Rn. 59; *Jöns*, Daten als Handelsware, S. 121 und S. 278; Ehmann/Selmayr/*Heckmann/Paschke*, Art. 7 DSGVO Rn. 105.

[173] Simitis/Hornung/Spiecker gen. Döhmann/*Klement*, Art. 7 DSGVO Rn. 59. Im Ergebnis wohl auch grundlegen Unseld, der ausführt, es gebe keinen Grund den Einzelnen vor einer Disposition zu schützen, wen er deren Umfang kennt und sie in freier Selbstbestimmung treffe, vgl. *Unseld*, Kommerzialisierung personenbezogener Daten, S. 127.

[174] Simitis/Hornung/Spiecker gen. Döhmann/*Klement*, Art. 7 DSGVO Rn. 60; Taeger/Gabel/*Taeger*, Art. 7 DSGVO Rn. 99.

[175] Zu den Fallgruppen nachfolgend unter C. I. 2. b) dd).

die Privatautonomie und die oben dargestellten und durch die Einwilligung ausgeübten Selbstbestimmungsrechte dar, der nicht in dieser Form zu rechtfertigen ist und nicht verhältnismäßig ist.

Für die Verwirklichung der Selbstbestimmung einer Person ist entscheidend, dass sie im Fall der nicht erforderlichen Datenverarbeitung eine Wahlfreiheit hat. Die Wahlfreiheit wird bei einem umfassenden Verbot allerdings nicht hergestellt, denn dem oder der Einzelnen wird die Möglichkeit genommen, einzuwilligen, so dass überhaupt keine Wahl mehr besteht. Das Mittel ist mithin bereits ungeeignet, diese Wahlfreiheit zu erreichen. Die Wahlfreiheit kann auch bei einer Koppelung gegeben sein, wenn die Datenverarbeitung nicht erforderlich ist. Wann dies der Fall ist, muss anhand von Fallgruppen bestimmt werden. Innerhalb der zweiten Ansicht gibt es hierfür verschiedene Lösungsvorschläge, die es zu untersuchen gilt. Vor diesem Hintergrund stellt sich im Anschluss die Frage, wann die Erforderlichkeit überhaupt gegeben ist und wann bei nicht erforderlicher Koppelung die Freiwilligkeit dennoch nicht beeinträchtigt ist. Dafür sollen ebenfalls Kriterien gefunden werden.

(b) Kriterien für die Erforderlichkeit

Die Koppelung ist für die Freiwilligkeit größtmöglich zu beachten, wenn die Datenverarbeitung gem. Art. 7 Abs. 4 DSGVO nicht erforderlich ist. In der Literatur wird meist zu Art. 7 Abs. 4 DSGVO ausgeführt – ohne die notwendige Differenzierung zwischen der Stufe der Erforderlichkeit und der nachfolgenden Beurteilung vorzunehmen – ob die Koppelung trotz fehlender Erforderlichkeit zulässig sein könnte.[176] Nachfolgend sollen die verschiedenen Ansichten in der Literatur entsprechend einsortiert werden.

(aa) Objektiver Erforderlichkeitsmaßstab

So wird vertreten, dass die Datenverarbeitung rein objektiv in tatsächlicher Hinsicht zwingend zur Leistungserbringung nötig sein muss, so dass die Erforderlichkeit nicht von den Vertragsparteien – etwa durch eine Leistungsbeschreibung – festgelegt werden könne.[177] Nach Buchner/Kühling ist die vertragscharakteristische Leistung objektiv zu ermitteln.[178] Sie verstehen darunter das spezifische Charakteristikum des vom Anbieter erbrachten Dienstes und die Gründe, weshalb die betroffene Person überhaupt eine vertragliche Bindung mit dem Anbieter ein-

---

[176] Etwa Simitis/Hornung/Spiecker gen. Döhmann/*Klement*, Art. 7 DSGVO Rn. 56ff.

[177] Wolff/Brink/*Stemmer*, Art. 7 DSGVO Rn. 43; im Ergebnis ähnlich Kühling/Buchner/*Buchner/Kühling*, Art. 7 DSGVO Rn. 49ff.

[178] Kühling/Buchner/*Buchner/Kühling*, Art. 7 DSGVO Rn. 51. Diesbezüglich werden Buchner/Kühling häufig falsch zitiert, etwa bei Ehrmann/Selmayr/*Heckmann/Paschke*, Art. 7 Fn. 172.

gehe.[179] Dazu zähle auch, wenn die Datenverarbeitung die notwendige Entscheidungs- und Kalkulationsgrundlage für das konkrete Rechtsgeschäft darstelle – wie etwa Versicherer, welche die Konditionen einer Versicherung typischerweise vom Risikoprofil des Versicherungsinteressenten abhängig machen.[180] Als weiteres Beispiel führen sie Gewinnspiele an, bei denen die personenbezogenen Daten dann selbst Gegenstand der vertragscharakteristischen Hauptleistungspflicht sind, da der Gewinner anders über den Gewinn nicht benachrichtigt werden kann.[181] Davon abzugrenzen seien jedoch etwa scheinbar kostenlose Suchmaschinen oder soziale Netzwerke, bei denen die Datenverarbeitung auch für Zwecke der maßgeschneiderten Werbung oder der Weitergabe an Dritte erfolgt. Objektiv liegt die vertragscharakteristische Leistung in der Suche oder den üblichen Handlungsmöglichkeiten in einem sozialen Netzwerk und nicht in dem Anbieten maßgeschneiderter Werbung oder einem schlichten Datenhandel.[182] Diese Datenverarbeitungen seien nach dieser Ansicht nicht mehr erforderlich i. S. d. Art. 7 Abs. 4 DSGVO.[183] Unzulässig wäre nach dieser Ansicht etwa eine Taschenlampen-App, die zugleich die Standortdaten abfragen möchte, um personalisierte Werbung anzubieten.

Golland grenzt die Erforderlichkeit ebenfalls anhand der vertragscharakteristischen Leistung ab, legt dabei jedoch einen anderen Maßstab an. Darunter fallen für ihn solche Leistungen, die auch dem oder der Einwilligenden dienen.[184] Dem ist entgegenzuhalten, dass nicht jeder für die Vertragsdurchführung erforderliche Teil eines Vertrages immer auch den Interessen des anderen Vertragspartners dient und dies im Rahmen der Privatautonomie auch nicht zu fordern ist. Es können auch bewusst Nachteile in Kauf genommen werden. Als Beispiel kann ein Gewinnspiel angeführt werden, bei dem etwa Namens- und Adressdaten zu Werbezwecken überlassen werden. In einem solchen Fall ist die Überlassung der Daten die vertragscharakteristische Hauptpflicht. Die nachfolgende Werbung liegt jedoch meistens nicht im Interesse des Teilnehmenden und wird eher als notwendiges Übel gesehen.[185] Zudem bietet eine solche Abgrenzung keine Rechtssicherheit, da die vertragscharakteristische Leistung, je nach Interesse des Vertragspartners an der Werbung, anders zu bewerten ist.[186]

---

[179] Kühling/Buchner/*Buchner/Kühling*, Art. 7 DSGVO Rn. 49. Dies gelte auch für „*take it or leave it*"-Situationen.

[180] Kühling/Buchner/*Buchner/Kühling*, Art. 7 DSGVO Rn. 47. Diese Fallgruppe sei in der Praxis allerdings nicht relevant, da diese Datenverarbeitung regelmäßig bereits durch Art. 6 Abs. 1 lit. b) DSGVO erlaubt ist.

[181] Kühling/Buchner/*Buchner/Kühling*, Art. 7 DSGVO Rn. 48. Ebenso Taeger/Gabel/*Taeger*, Art. 7 DSGVO Rn. 96.

[182] Dies bedeutet nicht, dass dies nicht mehr möglich ist, wie unter C. I. 2. b) dd) (2) (c) zu zeigen ist.

[183] Kühling/Buchner/*Buchner/Kühling*, Art. 7 DSGVO Rn. 51.

[184] *Golland*, MMR 2018, 130, 132. In diese Richtung auch Radlanski, der dies allerdings bereits bei der Einwilligung als Kriterium fordert, vgl. vertiefend *Radlanski*, Einwilligung, S. 215 ff.

[185] Anders ist dies dann, wenn die Daten lediglich zum Versenden des Gewinns verwendet werden.

[186] Ebenso *Bender*, Freiwilligkeit bei unentgeltlichen Dienstleistungen im Internet, S. 47.

(bb) Ökonomischer Erforderlichkeitsmaßstab

Eine weitere Ansicht plädiert für einen ökonomischen Maßstab, wonach eine Datenverarbeitung in dem Umfang erforderlich sein soll, der für die kostendeckende Erbringung des Angebots am Markt nötig ist.[187] Auch diese Ansicht vermag keine Rechtssicherheit zu gewährleisten, da für die Beurteilung der Kostendeckung eine Vielzahl von Faktoren eine Rolle spielen. Diese einzusortieren und zu überblicken erscheint nicht als praxistaugliches Modell. Es gibt eine Vielzahl von Möglichkeiten, Produkte und Dienstleistungen kostendeckend anzubieten. Es ist für die einwilligende Person nur schwer durchschaubar, ob dieses Modell nun nur aufgrund der der Einwilligung zugrunde liegenden Datenverarbeitung kostendeckend ist.[188]

(cc) Datenschutzrechtlicher Erforderlichkeitsmaßstab

Bunnenberg vertritt eine sog. datenschutzrechtliche Lösung.[189] Dabei zieht er die vertragliche Vereinbarung heran, diese müsse jedoch angesichts des inneren Zwecks der Kooperation zwischen betroffener und verantwortlicher Person und der jeweils involvierten, schützenswerten Interessen objektiv angemessen erscheinen.[190] Die Erforderlichkeit richte sich nach dem Verhältnis zwischen Verarbeitungszweck und Verarbeitungsintensität.[191] Sie sei bei Art. 7 Abs. 4 DSGVO weniger streng zu bewerten als bei Art. 6 Abs. 1 lit. b) DSGVO, da eine Einwilligung auf den Willen des Betroffenen zurückgehe und es etwa durch den jederzeitigen Widerruf besondere Schutzvorkehrungen gebe.[192] So stehe Art. 7 Abs. 4 DSGVO nach dieser Ansicht mangels Erforderlichkeit einer Einwilligung entgegen, die Unternehmen erlauben soll, Kundenlisten an die Betreiber sozialer Netzwerke zu übermitteln, um ihre Kunden gezielt im sozialen Netzwerk und den Werbenetzwerken der Betreiber zu bewerben.[193] Selbiges gelte für Tracking-Tools von Social-Media-Anbietern, selbst wenn diese einen datensparsamen, aber kostenpflichtigen Alternativzugang bereithalten.[194]

---

[187] Gola/Heckmann/*Schulz*, Art. 7 DSGVO Rn. 30; *Krohm/Müller-Peltzer*, ZD 2017, 551, 554.

[188] So wird auch nicht personalisierte Werbung vergütet. Es ist schwer nachvollziehbar, wann die personalisierte Werbung zur Kostendeckung nötig ist bzw. wann es noch Alternativen gibt. Ebenso *Hacker*, Datenprivatrecht, S. 184.

[189] Er grenzt diese von einer sog. schuldrechtlichen Lösung ab. Diese entspricht im Grundsatz der Ansicht von Engeler, Hacker und Bender und stellt mithin auf die konkreten Vertragsinhalte ab, dazu sogleich unter C. I. 2. b) dd) (2) (b) (dd).

[190] *Bunnenberg*, Privates Datenschutzrecht, S. 83.

[191] *Bunnenberg*, Privates Datenschutzrecht, S. 81.

[192] *Bunnenberg*, Privates Datenschutzrecht, S. 79. A. A. in Fn. 311 bei Bunnenberg, wohl EU-Parlament, *Engeler*, ZD 2019, 55, 56.

[193] *Bunnenberg*, Privates Datenschutzrecht, S. 316 und vertiefend dazu S. 283 ff.

[194] *Bunnenberg*, Privates Datenschutzrecht, S. 316 und vertiefend dazu S. 283 ff.

(dd) Subjektiv-konkreter Erforderlichkeitsmaßstab

Demgegenüber vertreten insbesondere Engeler, Hacker und Bender die Ansicht, es komme auf die konkrete Bestimmung der Erforderlichkeit an, die sich nach den im Einzelfall vereinbarten Vertragsinhalten richte.[195] So lasse sich durch bewusste Gestaltung der Vertragsinhalte die Erforderlichkeit der Datenverarbeitung steuern.[196] Dabei sei notwendig, dass die jeweiligen Rechte und Pflichten in konkreten Klauseln festgehalten worden sind. Solche Klauseln seien dann an der zivilrechtlichen Wirksamkeitskontrolle zu messen, worunter insbesondere die §§ 305 ff. BGB und auch die Normen zur Sittenwidrigkeit und zu Treu und Glauben fallen.[197] Ein mögliche Konsequenz hiervon sei, dass ein Friseursalon einen Haarschnitt zulässigerweise von einer vorherigen Social-Media-Interaktion abhängig machen könne.[198] Auch die oben genannte Taschenlampen-App wäre hiernach zulässig. Die einwilligende Person hat so in den Grenzen des Zivilrechts die größtmögliche Wahlfreiheit, auf ein Rechtsgeschäft mit dem Datenverarbeiter einzugehen, ohne dass diese aufgrund objektiver datenschutzrechtlicher Bedenken eingeschränkt wird. So wird der Privatautonomie und dem Selbstbestimmungsrecht eine große Rolle beigemessen.

(ee) Stellungnahme

Der objektive Erforderlichkeitsmaßstab ist abzulehnen, denn er wird den zugrunde liegenden Grundrechten nicht gerecht. Der Einwilligung als Ausdruck der Selbstbestimmung wird nicht ausreichend Rechnung getragen und sie wird zu pauschal eingeschränkt. Charakteristisch für die Selbstbestimmung ist eine Wahlfreiheit, die bei einem rein objektiven Erforderlichkeitsmaßstab nicht gewährleistet, sondern eingeschränkt wird. Zudem gibt es aufgrund der Vertragsfreiheit unzählige Vertragstypen, da es gerade keinen Numerus clausus des Vertragsrechts gibt. Die Ermittlung einer objektiv vertragscharakteristischen Leistung fällt daher schwer und sorgt nicht für die nötige Rechtssicherheit.

Gegen die Ansicht Gollands spricht, dass sie ebenfalls nicht für Rechtssicherheit sorgt. Das Kriterium, ob die Leistung auch im Interesse des Einwilligenden steht

---

[195] *Bender*, Freiwilligkeit bei unentgeltlichen Dienstleistungen im Internet, S. 47; *Hacker*, Datenprivatrecht, S. 185 f.; *Engeler*, ZD 2018, 55, 57; *Hacker*, ZfPW 2019, 148, 183. Ebenso wohl *Funke*, Einwilligung, S. 271. Engeler nennt den anzulegenden Erforderlichkeitsmaßstab allerdings „konkret-objektiv", *Engeler*, ZD 2018, 55, 57.

[196] *Engeler*, ZD 2018, 55, 57. Für Engeler ist der Erforderlichkeitsmaßstab bei Art. 6 Abs. 1 lit. a) und lit. b) DSGVO identisch, vgl. *Engeler*, ZD 2018, 55, 58.

[197] Dazu ausführlich *Hacker*, Datenprivatrecht, S. 186 und S. 397 ff.; *Hacker*, ZfPW 2019, 148, 186 ff.; *Engeler*, ZD 2018, 55, 57, 60 f.

[198] *Hacker*, Datenprivatrecht, S. 186; *Engeler*, ZD 2018, 55, 58.

oder ihm dient, kann in der Abwägung, ob die Koppelung bei fehlender Erforderlichkeit dennoch zulässig ist, ebenfalls Berücksichtigung finden.

Auch die Ansicht Bunnenbergs ist abzulehnen, da sie praktisch auf ein striktes Koppelungsverbot hinausläuft, sofern die Datenverarbeitung nicht erforderlich ist.[199] Dies entspricht jedoch einer Auslegung gegen den Wortlaut, denn in diesem Fall ist der Koppelung lediglich in größtmöglichem Umfang Rechnung zu tragen. Es bleibt fraglich, in welchem Kontext diese Koppelung dann bewertet werden soll, wenn dies bereits auf der Ebene der Erforderlichkeit geschieht.[200]

Vorzugswürdig erscheint der subjektive Erforderlichkeitsmaßstab. Dieser räumt der einwilligenden Person in größtmöglichem Umfang die Möglichkeit ein, über ihre Daten selbstbestimmt zu entscheiden und verwirklicht damit die dem Datenschutzrecht zugrunde liegenden unionalen und nationalen Grundrechte am besten. Die einwilligende Person muss selbst entscheiden dürfen, ob sie diese Verarbeitung für erforderlich hält und ob sie die möglichen Nachteile in Kauf nimmt.[201] So hat auch das OLG Frankfurt am Main zutreffend hinsichtlich einer mit einem Gewinnspiel verknüpften Einwilligungserklärung ausgeführt: „Der Verbraucher kann und muss selbst entscheiden, ob ihm die Teilnahme die Preisgabe seiner Daten ‚wert‘ ist“.[202]

Art. 7 Abs. 4 DSGVO ist dann aufgrund der Regelung des Art. 6 Abs. 1 lit. b) DSGVO nicht ohne Funktion. Es gibt insbesondere die Fälle des Art. 9 DSGVO, in denen man sich nicht auf Art. 6 Abs. 1 lit. b) DSGVO berufen kann.[203]

Die Einwilligungsmöglichkeiten sind so dennoch nicht grenzenlos. Die Privatrechtsordnung bietet der einwilligenden Person seit langem bewährte Schutzmechanismen wie etwa §§ 134, 138 und 242 BGB. Auch das AGB-Recht der §§ 305 ff. BGB schützt die einwilligende Person hier, etwa vor überraschenden Datenverarbeitungen gem. § 305c Abs. 1 BGB.[204] Die Prüfung anhand des AGB-Rechts entspricht auch den unionsrechtlichen Wertungskriterien, wie insbesondere Erwägungsgrund 42 S. 3 der DSGVO zeigt, der auf die Richtlinie 93/13/EWG vom 05. April 1993 über mißbräuchliche [sic] Klauseln in Verbraucherverträgen (nach-

---

[199] So führt Bunnenberg aus, dass für nicht erforderliche Datenverarbeitungen i. S. d. Art. 7 Abs. 4 DSGVO lediglich nicht gekoppelte Einwilligungen in Betracht kommen, vgl. *Bunnenberg*, Privates Datenschutzrecht, S. 315.

[200] Bunnenberg führt dazu aus, dass „alle relevanten Wertungen bereits im Rahmen von Art. 7 Abs. 4 DSGVO zum Tragen kommen“, vgl. *Bunnenberg*, Privates Datenschutzrecht, S. 316.

[201] Ebenso wohl Simits/Hornung/Spiecker gen. Döhmann/*Klement*, Art. 7 DSGVO Rn. 59 f.

[202] OLG Frankfurt/M., Urteil vom 27.06.2019 – 6 U 6/19, ZD 2019, 507.

[203] Vgl. dazu *Engler*, ZD 2018, 55, 58; *Hacker*, Datenprivatrecht, S. 182. Ausführlicher dazu unter C. I. 2. b) dd) (2) (b) (ff).

[204] So auch *Becker*, JZ 2017, 170, 173. Hacker sieht für den Fall überraschender Klauseln etwa keine Regelungslücke und beruft sich insoweit auf Art. 12 Abs. 2 DSGVO, vgl. zum Ganzen *Hacker*, Datenprivatrecht, S. 424.

folgend „Klausel-RL“) verweist.[205] Zwar handelt es sich bei den Rechtsbegriffen, die den Normen der zivilrechtlichen Wirksamkeitskontrolle zugrunde liegen, um vermeintlich unbestimmte Rechtsbegriffe, allerdings werden sie bereits seit Jahrzenten von der Rechtsprechung und Gesetzgebung ausgearbeitet und mit konkretem Inhalt gefüllt. Anstatt eine neue datenschutzrechtliche Erforderlichkeit zu konstruieren, die noch keine langjährige Ausarbeitung erfahren hat und viel Ungewissheit mit sich bringt, ist es sinnvoller, sich auf die bereits bestehenden Rechtsbegriffe zu stützen.[206] Dies sorgt für Rechtssicherheit im Hinblick auf die Voraussetzungen der Erteilung einer wirksamen Einwilligung. Es sind im zudem keine Gründe ersichtlich, die einwilligende Person bei einer widerruflichen Einwilligung stärker zu schützen als im sonstigen Vertragsrecht, das vielfach von Verbindlichkeit und Vertragstreue lebt.

Im Übrigen bevormunden diese Schranken den Einwilligenden auch nicht zu stark, denn die fehlende Erforderlichkeit führt lediglich zu einem relativen Koppelungsverbot, so dass auch zulässige Koppelungen bei nicht erforderlichen Datenverarbeitungen in Betracht kommen. Es kommt so auch nicht zu einer unzulässigen Verlagerung ins nationale Recht, denn viele der Normen, die als Schranken in Betracht kommen, wie etwa das AGB-Recht oder das Kartellrecht, haben unionsrechtliche Wurzeln.[207]

Auch systematisch überzeugt diese Ansicht, denn der so verstandene Begriff der Erforderlichkeit führt bei identischem Verständnis in Art. 6 Abs. 1 lit. a) DSGVO und Art. 6 Abs. 1 lit. b) DSGVO zu überzeugenden Ergebnissen.[208]

Diese Ansicht steht auch nicht dem Gebot der Datenminimierung des Art. 5 Abs. 1 lit. c) DSGVO entgegen, wonach die personenbezogenen Daten dem Zweck angemessen, erheblich sowie auf das für die Zwecke der Verarbeitung notwendige Maß beschränkt sein müssen. Das Gebot der Datenminimierung soll die Tiefe des Eingriffs in die Grundrechte der einwilligenden Person so gering wie möglich halten.[209] Um das Gebot einzuhalten, muss die Datenverarbeitung nicht auf ein absolutes Minimum reduziert werden, sondern im Hinblick auf den Verarbeitungszweck ein angemessenes Niveau aufweisen.[210] In anderen Worten legt das Gebot

---

[205] Insoweit sind die BGH-Entscheidungen in den Sachen *Payback* und *Happy Digits* überholt, in denen der BGH ausführt, dass die Vorschriften des BDSG den alleinigen Prüfungsmaßstab für die Frage, ob durch eine Einwilligung Regelungen vereinbart worden sind, die i. S. v. § 307 Abs. 3 S. 1 BGB von Rechtsvorschriften abweichen oder diese ergänzen, darstellen, vgl. BGH, Urteil vom 16.07.2008 – VIII ZR 348/06, NJW 2008, 3055 f.; BGH, Urteil vom Urteil vom 11.11.2009 – VIII ZR 12/08, NJW 2010, 864, 865. Ebenso *Hacker*, ZfPW, 148, 186.

[206] Ähnlich auch *Denga*, ZfDR 2022, 229, 243 f., 257.

[207] Entgegen *Golland*, MMR 2018, 130, 132.

[208] Dass ein identisches Verständnis angezeigt ist, wird nachfolgend unter C. I. 2. b) dd) (2) (b) (ff). Ähnlich auch *Funke*, Einwilligung, S. 271. A.A. EuGH, Urteil vom 04.07.2023 – C252/21, Rn. 99, der bei Art. 6 Abs. 1 lit. b) DSGVO ein objektives Verständnis heranzieht.

[209] Simitis/Hornung/Spiecker gen. Döhmann/*Roßnagel*, Art. 5 DSGVO Rn. 125.

[210] Taeger/Gabel/*Voigt*, Art. 5 DSGVO Rn. 27; Kühling/Buchner/*Herbst*, Art. 5 DSGVO Rn. 56; *Hacker*, Datenprivatrecht, S. 156.

der Datenminimierung fest, dass die Datenverarbeitung personenbezogener Daten nicht über den von den Parteien wirksam vereinbarten Vertragszweck hinausgehen darf. Es wird damit nicht gesagt, dass die Parteien in den Fällen des Art. 6 Abs. 1 lit. a) und lit. b) DSGVO zwangsläufig die Datenverarbeitung vereinbaren müssen, bei der am wenigsten personenbezogene Daten verarbeitet werden.[211] Nach der hier vertretenen Ansicht wird insbesondere die Einwilligung als Grundrechtsausübung verstanden, wonach es bereits nicht um die Tiefe des Eingriffs geht. Dasselbe gilt bei der Ausgestaltung durch einen Vertrag. Sinnvoll ist eine restriktive Befolgung des Gebots der Datenminimierung immer in den Fällen des Art. 6 Abs. 1 lit. c)–f) DSGVO, da die Rechtmäßigkeit der Verarbeitung dann nicht aufgrund der Ausübung der Grundrechte der einwilligenden Person vorliegt. In diesen Fällen hat die einwilligende Person keine Möglichkeiten, auf die Rechtmäßigkeit der Datenverarbeitung Einfluss zu nehmen. Daher ist der Eingriff tatsächlich auf ein Minimum zu reduzieren.

(ff) Anwendungsbereich und Begriff der Erforderlichkeit nach Art. 6 Abs. 1 lit. b) DSGVO

Diese Auslegung führt insbesondere systematisch unter Heranziehung des Art. 6 Abs. 1 lit. b) DSGVO zu widerspruchsfreien Ergebnissen. Nach der hier vertretenen Ansicht muss der Begriff der Vertragserforderlichkeit aufgrund des Wortlauts sowie des sachlichen und systematischen Zusammenhangs identisch beurteilt werden.[212]

So führen Hacker und Schulz aus, dass die Erforderlichkeit gem. Art. 6 Abs. 1 lit. b) DSGVO aus dem Vertragsinhalt und dem Vertragszweck folge, den die Vertragsparteien aufgrund der Privatautonomie weitestgehend selbst bestimmen können.[213] Die geplante Datenverarbeitung müsse mit dem konkreten Zweck des Vertragsverhältnisses in unmittelbarem Zusammenhang stehen, wobei das nicht auf solche Verarbeitungen zu beschränken sei, ohne welche die Vertragsdurchführung unmöglich wäre.[214] Es ist darauf abzustellen, ob sich die Datenverarbeitung bei

---

[211] A.A. wohl Simitis/Hornung/Spiecker gen. Döhmann/*Roßnagel*, Art. 5 DSGVO Rn. 121; Wolff/Brink/*Schantz*, Art. 5 DSGVO Rn. 26.

[212] *Hacker*, Datenprivatrecht, S. 182. Im Ergebnis auch *Engeler*, ZD 2018, 55, 58. Der Begriff der Erforderlichkeit in den übrigen Fällen des Art. 6 DSGVO soll im Rahmen dieser Arbeit nicht erörtert werden. Zu Art. 6 Abs. 1 lit. f) DSGVO etwa EuGH, Urteil vom 04.07.2023 – C252/21, Rn. 105 ff.; *Bunnenberg*, Privates Datenschutzrecht, S. 61 ff.; *Kuchenbauer*, ZfDR 2022, 135, 138 ff. Zum Verhältnis von Art. 6 Abs. 1 lit. f) DSGVO zum UWG etwa OVG Saarlouis, Beschluss vom 16.02.2021 – 2 A 355/19, NJW 2021, 2225, 2227, Rn. 26 und Fritzsche/Münker/Stollwerck/*Fritzsche*, § 7 UWG Rn. 13.

[213] Gola/Heckmann/*Schulz*, Art. 6 DSGVO Rn. 39; *Hacker*, ZfPW 2019, 148, 183. Dem stimmt grundsätzlich auch Bunnenberg zu, vgl. *Bunnenberg*, Privates Datenschutzrecht, S. 49.

[214] Gola/Heckmann/*Schulz*, Art. 6 DSGVO Rn. 39. So auch Taeger/Gabel/*Taeger*, Art. 6 DSGVO Rn. 57.

vernünftiger Würdigung noch als objektiv sinnvoll im Kontext des Vertragszwecks erweise.[215]

Einwilligung und Vertrag sind gleichermaßen grundsätzlich Ausdruck der Selbstbestimmung und der Privatautonomie. Der relevanteste Unterschied ist die Verbindlichkeit, da die Einwilligung jederzeit widerruflich ist und der Vertrag gerade von seiner Verbindlichkeit lebt.[216] Die Gleichbehandlung ist auch trotz dieses bestehenden Unterschieds konsequent, denn dem wird durch die Relativität des Koppelungsverbots Rechnung getragen.[217] Aufgrund der Widerruflichkeit der Einwilligung ist es nicht unvertretbar, wenn die einwilligende Person wirksam einwilligt, obwohl die Datenverarbeitung nach Art. 6 Abs. 1 lit. b) DSGVO nicht erforderlich ist. Es bedarf zur Deutlichmachung dieses Unterschieds nicht eines anderen Verständnisses der Erforderlichkeit. Die subjektive Ansicht mit den privatrechtlichen Grenzen gewährleistet auch dabei den grundrechtlichen Schutzumfang. Ein rein objektives Verständnis entspricht auch hier nicht dem grundrechtlich gewährleisteten Selbstbestimmungsrecht und der Privatautonomie, da es sie zu pauschal einschränkt.[218]

Ein gleichlaufendes Verständnis führt auch nicht dazu, dass Art. 6 Abs. 1 lit. a) DSGVO keinen Anwendungsbereich mehr hat. So greift Art. 6 Abs. 1 lit. a) DSGVO etwa in den Fällen des Art. 9 DSGVO, da dann auch bei Erforderlichkeit der Datenverarbeitung Art. 6 Abs. 1 lit. b) DSGVO nicht einschlägig ist.[219] Ferner verbleibt aufgrund der relativen Wirkung des Koppelungsverbots ein Anwendungsbereich, wenn es sich um eine nicht erforderliche Datenverarbeitung handelt. Die Erforderlichkeit ist bei Art. 6 Abs. 1 lit. b) DSGVO als strikte Voraussetzung zu sehen.[220]

---

[215] Gola/Heckmann/*Schulz*, Art. 6 DSGVO Rn. 38. Der EuGH führte diesbezüglich aus, die Verarbeitung müsse „objektiv unerlässlich sein" um einen Zweck zu verwirklichen, der notwendiger Bestandteil der für die betroffene Person bestimmte Vertragsleistung ist, so dass der Hauptgegenstand des Vertrags ohne die betreffende Verarbeitung nicht erfüllt werden könnte, vgl. EuGH, Urteil vom 04.07.2023 – C252/21, Rn. 98. Auf die Erwähnung im Vertrag komme es nicht an, vgl. EuGH, Urteil vom 04.07.2023 – C252/21, Rn. 99. Entscheidend sei, dass die Verarbeitung personenbezogener Daten für die ordnungsgemäße Erfüllung des Vertrages wesentlich sei und keine praktikablen und weniger einschneidenden Alternativen bestehen, vgl. EuGH, Urteil vom 04.07.2023 – C252/21, Rn. 99.

[216] Frei nach dem Grundsatz „*pacta sunt servanda*" (lat.), vgl. https://www.bpb.de/kurz-knapp/lexika/recht-a-z/323814/pacta-sunt-servanda/ (zuletzt besucht am 11.08.2024).

[217] A. A. Wolff/Brink/*Stemmer*, Art. 6 DSGVO Rn. 44 und *Bunnenberg*, Privates Datenschutzrecht, S. 79 ff. Bunnenberg vertritt die Ansicht, der Maßstab der Erforderlichkeit bei Art. 7 Abs. 4 DSGVO sei weniger streng als bei Art. 6 Abs. 1 lit. b) DSGVO, da die Einwilligung auf den Willen des Einwilligenden zurückgehe und die Einwilligung frei widerruflich sei. Dem ist jedoch entgegenzuhalten, dass auch ein wirksamer Vertrag auf den Willen des Vertragsschließenden zurückgeht und der freien Widerruflichkeit bereits durch die Relativität des Koppelungsverbots Rechnung getragen wird.

[218] A. A. EuGH, Urteil vom 04.07.2023 – C252/21, Rn. 99.

[219] *Hacker*, Datenprivatrecht, S. 182; *Engeler*, ZD 2018, 55, 58.

[220] Ebenso *Hacker*, Datenprivatrecht, S. 182.

(c) Zulässige Koppelung nicht erforderlicher Datenverarbeitung bei bestehender Wahlfreiheit am Beispiel des gleichwertigen Alternativzugangs

Die Koppelung mit einer nicht erforderlichen Datenverarbeitung führt – wie aufgezeigt – nicht zwangsläufig zu einer Unwirksamkeit der Koppelung. Entscheidend für die Wirksamkeit einer solchen Koppelung ist das Kriterium der Wahlfreiheit, die auch bestehen kann, wenn die Datenverarbeitung nicht erforderlich ist.[221] Als Beispiel wird hierfür die Möglichkeit eines gleichwertigen Alternativzugangs dargestellt.[222]

Um die Wahlfreiheit herzustellen, könnte derselbe Vertragspartner ein alternatives Gegenleistungsmodell anbieten, bei dem auf die Datenverarbeitung verzichtet wird, dafür jedoch eine Geldzahlung geleistet werden muss.[223] In diesem Fall gibt es eine zumutbare Alternative, sofern der Preis angemessen ist, so dass keine unzulässige Koppelung vorliegt.[224] Ein solches alternatives Gegenleistungsmodell hat die Datenschutzbehörde Österreich in einem konkreten Fall für zulässig erklärt, bei dem es um ein Nachrichtenportal ging, das anstelle der kostenlosen Version ein Abo zu einem Preis von 6 EUR angeboten hat, das ohne Werbung, Daten-Tracking und der Setzung von Fremdcookies auskommt.[225] Zudem erscheint das alternative Gegenleistungsmodell gerade bei marktdominanten Unternehmen mit Netzwerkeffekten – zu denken ist dabei typischerweise an soziale Netzwerke wie Facebook und Instagram – eine praktikable Möglichkeit zu sein, um die Wahlfreiheit trotz Marktbeherrschung herzustellen.

Davon abzugrenzen ist die Frage, ob auch eine gleichwertige Alternative am Markt, welche die Datenverarbeitung nicht zur Bedingung der Leistungserbringung macht, der Wahlfreiheit dient. Dies lässt sich nicht beantworten, ohne zuvor zu klären, ob eine marktbeherrschende Stellung Voraussetzung einer unzulässigen Koppelung ist. Richtigerweise scheidet die marktbeherrschende Stellung als Voraussetzung aus, denn es kommt bereits aufgrund des Wortlauts des Art. 7 Abs. 4 DSGVO

---

[221] Dies wird insbesondere auch durch Erwägungsgrund 42 Satz 5 DSGVO deutlich: „Es sollte nur dann davon ausgegangen werden, dass sie ihre Einwilligung freiwillig gegeben hat, wenn sie eine echte oder freie Wahl hat und somit in der Lage ist, die Einwilligung zu verweigern oder zurückzuziehen, ohne Nachteile zu erleiden."

[222] Vertiefend hierzu etwa *Bender*, Freiwilligkeit bei unentgeltlichen Leistungen im Internet; *Becker*, CR 2021, 230ff.

[223] Kühling/Buchner/*Buchner/Kühling*, Art. 7 DSGVO Rn. 51, 53a; Sydow/Marsch/*Ingold*, Art. 7 DSGVO Rn. 33; Spindler/Schuster/*Spindler/Dalby*, Art. 7 DSGVO Rn. 15; *Bunnenberg*, Privates Datenschutzrecht, S. 272; *Hacker*, Datenprivatrecht, S. 189f.; *Golland*, MMR 2018, 130, 134f.

[224] So auch *Becker*, CR 2021, 230, 237, mit Verweis darauf, dass dies auch schon unter Geltung des § 28 Abs. 3 BDSG a. F. so war.

[225] Datenschutzbehörde Österreich, Bescheid vom 30.11.2018, Az. DSB-D122.931/0003-DSB/2018, ZD-Aktuell 2019, 06436.

nicht auf andere Angebote am Markt an.[226] Ferner bezieht sich Art. 7 Abs. 4 DSGVO im Gegensatz zu § 28 Abs. 3b BDSG a. F., § 95 Abs. 5 TKG nur auf die „Erfüllung *eines* Vertrages" und die „Erfüllung *des* Vertrages" und nicht auf alle „gleichwertigen vertraglichen Leistungen".[227] Zudem wurde eine marktbeherrschende Stellung nicht als Voraussetzung normiert, obwohl eine derart bedeutende Einschränkung wohl Niederschlag gefunden haben müsste.[228] Im Übrigen sollte es auch systematisch auf das konkrete Geschäft ankommen. Die einwilligende Person soll bei der konkreten Entscheidung Wahlfreiheit hinsichtlich dieser konkreten Entscheidung haben. Dabei ist die Marktmacht zwar ein wichtiger Punkt bei der Beurteilung der Freiwilligkeit, dennoch kann selbst bei vorliegender Marktmacht Wahlfreiheit vorliegen, etwa dank eines alternativen Gegenleistungsmodells. Ebenso ist es denkbar, dass trotz nicht vorhandener Marktmacht eine unzulässige Koppelung vorliegt, etwa bei Verstößen gegen die Privatrechtsordnung, die die freie Willensentschließung stark beeinträchtigen. Nicht marktbeherrschende Unternehmen könnten ansonsten wirksame Einwilligungen einholen, die aufgrund der privatrechtlichen Grenzen nicht erforderlich sind. So ist auch das BKartA zu verstehen, wenn es ausführt, dass „vergleichbare Verhaltensweisen bei einem Unternehmen ohne Marktmacht anders zu beurteilen" seien.[229]

Aus denselben Gründen ist ein gleichwertiger Alternativzugang bei einem Dritten zwar zu berücksichtigen, jedoch keine strikte Voraussetzung für oder gegen die Zulässigkeit einer Koppelung.[230] Es mag vielfältige Gründe geben, weshalb die einwilligende Person gerade mit diesem Vertragspartner einen Vertrag schließen möchte und nicht mit möglichen Alternativen. Es muss daher der konkrete Fall betrachtet werden, da die Privatautonomie es gebietet, den Willen der einwilligenden Person dahingehend zu berücksichtigen und sie nicht auf andere potenzielle Vertragspartner zu verweisen, mit denen sie ggf. nicht kontrahieren will. Gleichzeitig muss sie genau in diesem konkreten Fall durch das Koppelungsverbot geschützt werden. Die Nichtanwendung des Koppelungsverbots aufgrund einer potenziell gleichwertigen Alternative kann die einwilligende Person nicht schützen. Wenn sie keine Kenntnis von der Alternative hat, erhält sie dadurch auch keine Wahlfrei-

---

[226] Wolff/Brink/*Stemmer*, Art. 7 DSGVO Rn. 47 f.; Simitis/Hornung/Spiecker gen. Döhmann/*Klement*, Art. 7 DSGVO Rn. 62; *Hacker*, Datenprivatrecht, S. 188 f.

[227] *Hacker*, Datenprivatrecht, S. 189.

[228] Wolff/Brink/*Stemmer*, Art. 7 DSGVO Rn. 47.

[229] BKartA, Beschluss vom 06.02.2019 – B6–22/16, BeckRS 2019, 4895 Rn. 879. Das Bundeskartellamt belässt durch diese Formulierung einen Beurteilungsspielraum. Andernfalls hätte es ausführen können, dass es bei Fehlen einer marktbeherrschenden Stellung an einer Voraussetzung des Art. 7 Abs. 4 DSGVO fehle. Das Bundeskartellamt machte zuvor dennoch klar, dass Marktmacht ein gewichtiger Faktor für die Bewertung der Freiwilligkeit einer Einwilligung ist, vgl. BKartA, Beschluss vom 06.02.2019 – B6-22/16, BeckRS 2019, 4895 Rn. 646.

[230] Taeger/Gabel/*Taeger*, Art. 7 DSGVO Rn. 102; Kühling/Buchner/*Buchner/Kühling*, Art. 7 DSGVO Rn. 52 ff.; Wolff/Brink/*Stemmer*, Art. 7 DSGVO Rn. 48; Sydow/Marsch/*Ingold*, Art. 7 DSGVO Rn. 33; *Hacker*, Datenprivatrecht, S. 188 f.; *Golland*, MMR 2018, 130, 132 f.

heit und übt mithin ihre Selbstbestimmung nicht aus. Die Alternative kann mithin nur bei Kenntnis der einwilligenden Person einen Unterschied machen, aber nicht pauschal.[231]

(d) Bezahlen mit Daten im Kontext des Koppelungsverbots

Auch das „Bezahlen mit Daten" wird als eine mögliche zulässige Koppelung diskutiert.[232] Gemeint ist dabei ein Modell, bei dem die Leistung „unentgeltlich" erfolgt und die Gegenleistung des Betroffenen in der Zurverfügungstellung seiner Daten besteht. Dieses Modell ist nur scheinbar kostenlos, denn die zur Verfügung gestellten Daten haben ebenfalls einen Wert, auch wenn sich dieser konkret oft schwer bestimmen lässt.[233] Es ist dabei umstritten, ob dies überhaupt eine unzulässige Koppelung i. S. d. Art. 7 Abs. 4 DSGVO darstellt. Die Diskussion bezieht sich dabei im Wesentlichen darauf, ob die Koppelung aufgrund des „Bezahlens" erforderlich für die Vertragserfüllung ist.

(aa) Datenverarbeitung sei in diesem Modell nicht für die Vertragserfüllung erforderlich

Teile der Literatur sehen die Datenverarbeitung in diesen Fällen nicht als erforderlich an.[234] Dies gelte auch unter Berücksichtigung der DIRL, da der Europäische Gesetzgeber gem. Erwägungsgrund 24 DIRL zwar erkannt habe, dass personenbezogene Daten zum Gegenstand des vertraglichen Austauschverhältnisses gemacht werden können und die Rechtsgrundlage dafür die Einwilligung des Verbrauchers

---

[231] Es kann auch nicht gefordert werden, dass der datenverarbeitende Vertragspartner dazu verpflichtet wird, auf seine Mitbewerber aufmerksam zu machen und so ggf. seinen potenziellen Vertragspartner an den Mitbewerber verliert.

[232] Taeger/Gabel/*Taeger*, Art. 7 DSGVO Rn. 96; Simitis/Hornung/Spiecker gen. Döhmann/*Klement*, Art. 7 DSGVO Rn. 60; Ehmann/Selmayr/*Heckmann/Paschke*, Art. 7 DSGVO Rn. 101; Paal/Pauly/*Frenzel*, Art. 7 DSGVO Rn. 21; Gola/Heckmann/*Schulz*, Art. 7 DSGVO Rn. 30. Generell dazu vertiefend etwa *Jöns*, Daten als Handelsware; *Langhanke*, Daten als Leistung; *Bender*, Freiwilligkeit bei unentgeltlichen Dienstleistungen im Internet.

[233] In der DIRL ist bewusst nicht festgelegt worden, ob personenbezogene Daten eine Gegenleistung sein können, damit personenbezogene Daten als grundrechtlich geschütztes Rechtsgut nicht als Handelsware betrachtet werden sollen, vgl. Leupold/Wiebe/Glossner/*Heller*, Teil 6.4. Rn. 3 und *Mischau*, ZEuP 2020, 335, 339. Der Wortlaut des Erwägungsgrund 24 ist daher dahingehend offen. Dennoch soll hier der Begriff der Gegenleistung verwendet werden, denn auch wenn der Begriff in Erwägungsgrund 24 nicht fällt, ändert dies nichts an der faktischen Behandlung von Daten als Zahlungsmittel und der Realität in der Praxis. Auch die Einordnung dieses Rechtsgeschäfts zu einem Vertragstyp ist dem nationalen Recht vorbehalten. Vgl. zur zivilrechtlichen Einordnung etwa *Voigt*, Einwilligung, S. 382 ff. und zum Wert von Daten etwa Leupold/Wiebe/Glossner/*Heller*, Teil 6.4. Rn. 9.

[234] Wolff/Brink/*Stemmer*, Art. 7 DSGVO Rn. 44 ff.; *Bunnenberg*, Privates Datenschutzrecht, S. 269; *Voigt*, Einwilligung, S. 394.

sein könne.[235] Dies sei jedoch nicht so zu verstehen, dass die Datenverarbeitung im Sinne des Art. 7 Abs. 4 DSGVO stets erforderlich sei, weil sie Vertragsbestandteil geworden ist.[236] Insbesondere Stemmer weist darauf hin, dass so das Koppelungsverbot leicht umgangen werden könne, indem die Datenverarbeitung durchweg zu einer Leistungspflicht erhoben werde.[237] Dies widerspräche Art. 3 Abs. 8 DIRL, der normiert, dass die DSGVO der DIRL vorgehen soll, da Art. 7 Abs. 4 DSGVO so umgangen werde.[238] Die Datenverarbeitung müsse demzufolge den üblichen Anforderungen des Art. 7 Abs. 4 DSGVO genügen, sofern die Datenverarbeitung auf die Einwilligung gestützt werde.[239]

Bunnenberg begründet diese Ansicht damit, dass die Annahme der Erforderlichkeit bei diesem Modell eine Angemessenheitskontrolle ausschließen würde.[240] Wenn die Datenverarbeitung Hauptleistungspflicht werde und aus diesem Grund als erforderlich anzusehen sein soll, sei zudem auch nach der schuldrechtlichen Lösung die Angemessenheitskontrolle ausgeschlossen, da AGB-Kontrollen gem. § 307 Abs. 3 S. 1 BGB auf Hauptleistungspflichten nicht anwendbar seien.[241] Dies fuße auf der Überlegung, dass bei Vertragsschluss über die Hauptleistungspflichten und deren Umfang Klarheit herrsche, was bei den typischen Datenverarbeitungsmodalitäten des Modells „Bezahlen mit Daten" nicht der Fall sei.[242] Eine solche Angemessenheitskontrolle sei aus Schutzzwecksgesichtspunkten geboten und müsse stattfinden.[243]

Voigt differenziert nicht eindeutig zwischen Abhängigkeit der Einwilligung, Erforderlichkeit der Einwilligung und den übrigen Kriterien, wie etwa dem Machtungleichgewicht, die eine Freiwilligkeit unabhängig vom Koppelungsverbot entfallen lassen.[244] Aufgrund dieser fehlenden Differenzierung kommt sie im Ergebnis zu dem Schluss, dass dem Koppelungsverbot in der Praxis kein „Prüfungssubstrat" neben der Freiwilligkeitsprüfung aus Art. 4 Nr. 11 DSGVO mehr verbleibe.[245]

---

[235] Wolff/Brink/*Stemmer*, Art. 7 DSGVO Rn. 44.

[236] Wolff/Brink/*Stemmer*, Art. 7 DSGVO Rn. 44.

[237] Wolff/Brink/*Stemmer*, Art. 7 DSGVO Rn. 44.

[238] Wolff/Brink/*Stemmer*, Art. 7 DSGVO Rn. 44.

[239] Wolff/Brink/*Stemmer*, Art. 7 DSGVO Rn. 44. Er geht gleichzeitig allerdings davon aus, dass die Datenverarbeitung, wenn sie zur Vertragserfüllung notwendig ist oder sie von den Parteien zum Gegenstand des Vertrags gemacht werde, wie etwa bei Art. 3 Abs. 1 UAbs. 2 DIRL, auf Art. 6 Abs. 1 lit. b) DSGVO zu stützen sei. Für den Fall, dass Art. 6 Abs. 1 lit. b) DSGVO nicht einschlägig ist oder die Verarbeitung dennoch auf die Einwilligung gestützt werden soll, greife das Koppelungsverbot jedoch.

[240] *Bunnenberg*, Privates Datenschutzrecht, S. 269. Bunnenberg vertritt dabei wie ausgeführt die sog. datenschutzrechtliche Lösung, bei der er alle Wertungskriterien bereits beim Begriff der Erforderlichkeit einfließen lässt.

[241] *Bunnenberg*, Privates Datenschutzrecht, S. 269.

[242] *Bunnenberg*, Privates Datenschutzrecht, S. 269.

[243] *Bunnenberg*, Privates Datenschutzrecht, S. 269.

[244] *Voigt*, Einwilligung, S. 394 f. Wohlwissend, dass sie zuvor differenziert hat und die Erforderlichkeit in diesem Fall abgelehnt hat, vgl. *Voigt*, Einwilligung, S. 371 f.

[245] *Voigt*, Einwilligung, S. 396.

(bb) Art. 7 Abs. 4 DSGVO sei beim Bezahlen mit Daten nicht anwendbar

Die Anwendung des Art. 7 Abs. 4 DSGVO für dieses Modell wird in der Literatur aus verschiedenen Gründen vielfach verneint. Schulz sieht bei einem solchen Modell bereits keine einwilligungsbasierte Datenverarbeitung, sondern ein vertragliches Austauschverhältnis, so dass Art. 7 Abs. 4 DSGVO nicht greife.[246] Ingold legt hinsichtlich des Bezahlens mit Daten den Fokus auf die Voraussetzung des „abhängig machen" der Einwilligung von der Vertragserfüllung gem. Art. 7 Abs. 4 DSGVO. Dies sei für Fälle kommerzialisierter Einwilligung nicht gegeben, wenn die Datenverarbeitungsbefugnis quasi abgekauft werde, da es sich um eine Erweiterung der Handlungsmöglichkeiten und nicht um eine Abhängigkeit handle.[247] Heckmann/Paschke stimmen Ingold grundsätzlich zu und sehen Daten als Gegenleistung nicht vom Koppelungsverbot erfasst, begründen dies jedoch nicht vertiefend.[248] Auch Taeger führt ohne nähere Begründung aus, dem Bezahlen mit Daten stehe Art. 7 Abs. 4 DSGVO nicht entgegen.[249] Ferner wird angeführt, die Einwilligung sei als „Bezahlung des Preises" und mithin die Datenverarbeitung erforderlich im Sinne des Art. 7 Abs. 4 DSGVO.[250] Jöns verweist auf die verfassungsrechtlich gewährleistete Privatautonomie, die einer generellen Koppelung in diesen Fällen entgegensteht.[251]

GA Szpunar ist ebenfalls der Ansicht, dass die Verarbeitung personenbezogener Daten für die Teilnahme an einem Gewinnspiel erforderlich sei, wenn die Haupt-

---

[246] Gola/Heckmann/*Schulz*, Art. 7 DSGVO Rn. 30. A.A. Bender, die eine generelle Unanwendbarkeit von Art. 7 Abs. 4 DSGVO ablehnt und eine Datenverarbeitung, die der Finanzierung des Geschäftsmodells dient, als nicht erforderlich ansieht, vgl. *Bender*, Freiwilligkeit bei unentgeltlichen Dienstleistungen im Internet, S. 52 f. Gleichzeitig sieht sie jedoch die Einwilligung als vorzugswürdige Rechtsgrundlage für die Monetarisierung der eigenen Daten und geht nicht weiter auf die Erforderlichkeit im Kontext der Einwilligung ein, vgl. *Bender*, Freiwilligkeit bei unentgeltlichen Dienstleistungen im Internet, S. 53. Sie vertritt hinsichtlich der Erforderlichkeit ebenfalls die subjektiv-konkrete Bestimmung der Erforderlichkeit (vgl. oben unter C. I. 2. b) dd) (2) (b) (dd)), so dass Ausführungen dazu, ob die Datenverarbeitung im Rahmen des Art. 7 Abs. 4 DSGVO erforderlich sein kann, angebracht gewesen wären.

[247] Sydow/Marsch/*Ingold*, Art. 7 DSGVO Rn. 33.

[248] Ehrmann/Selmayr/*Heckmann/Paschke*, Art. 7 DSGVO Rn. 96.

[249] Taeger/Gabel/*Taeger*, Art. 7 DSGVO Rn. 96.

[250] Spindler/Schuster/*Spindler/Dalby*, Art. 7 DSGVO Rn. 15; *Krohm/Müller-Peltzer*, ZD 2017, 551, 554. Auch Frenzel spricht sich gegen eine Anwendung des Art. 7 Abs. 4 DSGVO in solchen Fällen aus. Frenzel möchte Fälle des Bezahlens mit Daten nicht an Art. 7 Abs. 4 DSGVO messen, sondern den Vertrag insgesamt anhand Art. 102 AEUV bzw. § 19 GWB, wenn es keine Alternative am Markt gibt und der Datenverarbeiter eine marktbeherrschende Stellung innehat, da sich die Freiwilligkeit auf den Vertrag im Gesamten beziehe und nicht bloß auf die Einwilligung. Dies ist der richtige Ansatz, der bei der hier vertretenen Ansicht grundsätzlich auch erreicht wird. Art. 102 AEUV und § 19 GWB sind bei der Prüfung der Einwilligung im Rahmen der Grenzen der Privatrechtsordnung zu berücksichtigen. Frenzel geht dabei davon aus, dass die Einwilligung in einem solchen Fall nicht für die Erfüllung des Vertrages erforderlich war. Vgl. zu allem Paal/Pauly/*Frenzel*, Art. 7 DSGVO Rn. 21.

[251] *Jöns*, Daten als Handelsware, S. 121 und S. 278.

pflicht des Nutzers darin bestehe, seine personenbezogenen Daten zur Verfügung zu stellen und hinter dem Gewinnspiel der Zweck des Verkaufs der Daten steht.[252]

(cc) Stellungnahme

Durch die Verknüpfung der Datenverarbeitung mit der Gegenleistung unter konsequenter Heranziehung der subjektiv-konkreten Erforderlichkeit wird deutlich, dass die Parteien die Datenverarbeitung für dieses Rechtsgeschäft als erforderlich ansehen. Art. 7 Abs. 4 DSGVO kommt somit grundsätzlich zur Anwendung, hat jedoch richtigerweise bei rechtmäßiger Erteilung der Einwilligung keine einschränkende Wirkung.[253] Der Ansicht von Stemmer ist aus mehreren Gründen zu widersprechen, insbesondere aufgrund der hier vertretenen Ansicht zur Bestimmung der Erforderlichkeit. Zum einen beruft sich Stemmer hinsichtlich Art. 6 Abs. 1 lit. b) DSGV auf die Privatautonomie, lässt dabei jedoch vermissen, weshalb die Privatautonomie bei Art. 6 Abs. 1 lit. a) DSGVO keine Rolle spielen soll.[254] Zum anderen erwähnt Erwägungsgrund 24 DIRL ausdrücklich die Einwilligung als Rechtsgrundlage für einen Vertrag „Daten gegen Leistung". Damit geht die Richtlinie auch nicht unzulässigerweise der DSGVO vor, denn Art. 7 Abs. 4 DSGVO bleibt anwendbar und Erwägungsgrund 24 DIRL stellt ein weiteres Argument für die Erforderlichkeit der Datenverarbeitung im Sinne von Art. 7 Abs. 4 DSGVO. Erwägungsgrund 24 DIRL liefert daher einen wertvollen Beitrag zum unionsrechtlichen Verständnis der Einwilligung, der nicht unberücksichtigt bleiben darf, gerade weil er aufgrund der Unklarheit der DSGVO nicht im Widerspruch zur DSGVO steht, sondern mehr Klarheit schafft. Zudem führt die Ansicht Stemmers nicht zu widerspruchsfreien Ergebnissen, wenn er selbst ausführt, dass im Falle des Ausscheidens der Einwilligung aufgrund von Art. 7 Abs. 4 DSGVO im gleichen Zuge eine Datenverarbeitung aufgrund der Privatautonomie gem. Art. 6 Abs. 1 lit. b) DSGVO möglich sei.[255] Der Ansicht Voigts ist entgegenzuhalten, dass sie, wie von ihr selbst festgestellt, keinen Mehrwert des Art. 7 Abs. 4 DSGVO bietet

[252] GA *Szpunar*, Schlussanträge vom 21.03.2019 – C-673/17, BeckRS 2019, 3909 Rn. 99. Hacker diskutiert in diesem Zusammenhang, ob damit auch gemeint ist, dass die Erforderlichkeit sich auf die Vertragserfüllung des Nutzers beziehe und nicht wie meist auf die Erforderlichkeit für die Datenverarbeitung des Verantwortlichen, *Hacker*, Datenprivatrecht, S. 197 ff. Aus teleologischer Sicht sei dies jedoch abzulehnen, da das Koppelungsverbot dann in diesem zentralen Bereich der digitalen Wirtschaft leerlaufen würde, *Hacker*, Datenprivatrecht, S. 199. Vertiefend *Hacker*, Datenprivatrecht, S. 197 ff.

[253] Art. 7 Abs. 4 DSGVO ist jedoch grundsätzlich anwendbar und nicht per se ausgeschlossen, da es sich um die Gegenleistung handelt. Denn auch dann handelt es sich um eine gekoppelte Einwilligung. Die bürgerlich-rechtlichen Vorschriften, die im Rahmen des subjektiv-konkreten Erforderlichkeitsmaßstabs zu prüfen sind, müssen dabei eingehalten werde. Ebenso *Langhanke*, Daten als Leistung, S. 136 f.; Leupold/Wiebe/Glossner/*Heller*, Teil 6.4. Rn. 26; a.A. Gola/Heckmann/*Schulz*, Art. 7 DSGVO Rn. 30.

[254] Wolff/Brink/*Stemmer*, Art. 7 DSGVO Rn. 44.1.

[255] Wolff/Brink/*Stemmer*, Art. 7 DSGVO Rn. 44.1.

und von der generellen Freiwilligkeitsprüfung kaum zu unterscheiden ist.[256] Dies zeigt zudem, dass der von ihr vertretene objektive Erforderlichkeitsmaßstab[257] nicht zu widerspruchsfreien Lösungen führt. Es ist auch Bunnenberg zu widersprechen, sofern er annimmt, man dürfe in diesen Fällen nicht von einer Erforderlichkeit ausgehen. Er setzt dabei voraus, dass die Annahme von Erforderlichkeit damit einhergehe, dass nach dem AGB-Recht keine Angemessenheitskontrolle mehr stattfinde, was aufgrund potenzieller Informationsasymmetrien und damit zusammenhängenden Wettbewerbsausfällen nicht vorliegen dürfe.[258] Ihm ist insoweit zuzustimmen, dass eine Angemessenheitskontrolle im Sinne des AGB-Rechts auch dann stattfinden muss. Ihm ist jedoch zu widersprechen, wenn er behauptet, dies sei bei Annahme einer erforderlichen Datenverarbeitung nicht möglich. Zunächst ist die Annahme, dass vertragliche Hauptleistungen von der Inhaltskontrolle ausgenommen sind, nicht ohne Weiteres so darstellbar.[259] Es ist richtig, dass im AGB-Recht nicht geprüft werden darf, ob Leistung und Gegenleistung in einem gerechten Austauschverhältnis stehen.[260] Die Leistungsbestimmung ist jedoch darauf überprüfbar, ob zutreffend und hinreichend klar über den Leistungsumfang informiert wurde, damit der Kunde seine Entscheidung ausreichend informiert treffen kann.[261] Selbst Wurmnest, der von Bunnenberg maßgeblich in dieser Hinsicht zitiert wird, führt aus, dass die Bestimmung, wann eine kontrollfreie Hauptleistungspflicht bzw. Leistungsbeschreibung vorliege, „außerordentlich schwierig" ist.[262] Ferner führt er aus, dass „Klauseln, die das Hauptleistungsversprechen abweichend vom Gesetz oder der nach Treu und Glauben und nach der Verkehrssitte geschuldeten Leistung verändern, ausgestalten oder modifizieren" nicht zu den Leistungsbeschreibungen gehören und der Inhaltskontrolle unterliegen.[263] Für das Modell „Bezahlen mit Daten" bedeutet dies, dass der Umfang und die Transparenz der Datenverarbeitung sehr wohl der AGB-Kontrolle unterfallen und gerade der von Bunnenberg genannte Fall der Informationsasymmetrie der Kontrolle unterliegt.[264] Dadurch wird den Schutzanliegen des AGB-Rechts und der *ratio legis*

---

[256] Dies zeigt zudem, dass der von ihr vertretene objektive Erforderlichkeitsbegriff (*Voigt*, Einwilligung, S. 371 f.) nicht zu widerspruchsfreien Lösungen führt und abzulehnen ist.

[257] *Voigt*, Einwilligung, S. 371 f.

[258] *Bunnenberg*, Privates Datenschutzrecht, S. 269.

[259] So aber *Bunnenberg*, Privates Datenschutzrecht, S. 269.

[260] BeckOKBGB/*H. Schmidt*, § 307 BGB Rn. 71.

[261] BeckOKBGB/*H. Schmidt*, § 307 BGB Rn. 71.

[262] MüKoBGB/*Wurmnest*, § 307 BGB Rn. 13.

[263] MüKoBGB/*Wurmnest*, § 307 BGB Rn. 13. Ebenso Kollmann, der ausführt, die Judikatur zu den Abgrenzungskriterien sei „unüberschaubar", Dauner-Lieb/Langen/*Kollmann*, § 307 BGB Rn. 66.

[264] Dauner-Lieb/Langen/*Kollmann*, § 307 BGB Rn. 64; Ulmer/Brandner/Hensen/*Fuchs*, § 307 BGB Rn. 22. Auch das LG Berlin prüfte und verneinte viele Facebook-Klauseln, mit denen der Nutzer in Datenverarbeitungen eingewilligt hat, aufgrund einer AGB-rechtlichen Prüfung gem. §§ 307 ff. BGB, vgl. LG Berlin Urteil vom 16.01.2018 – 16 O 341/15, BeckRS 2018, 1060. Die Berufungen wurden vom KG Berlin zurückgewiesen, vgl. KG, Urteil vom 20.12.2019 – 5 U 9/18, BeckRS 2019, 35233.

des § 307 Abs. 3 BGB Rechnung getragen.[265] Das „ob" der Datenverarbeitung als Gegenleistung steht nicht in Frage.[266] Der Leistungsumfang muss jedoch hinreichend klar formuliert sein.

Dies hat auch der BGH bestätigt, wenn er ausführt, dass es sich bei vorformulierten Einwilligungserklärungen um Allgemeine Geschäftsbedingungen i. S. d. § 305 Abs. 1 S. 1 BGB handle und die Einwilligungserklärung grundsätzlich auch in AGB wirksam erteilt werden könne.[267] Zur Transparenzkontrolle einer vorformulierten Einwilligungserklärung führt er aus, dass es dieser nicht entgegenstehe, wenn es sich um eine Leistungsbeschreibung handeln könnte, sofern man davon ausgehe, dass zwischen den Parteien ein entgeltlicher Vertrag zustande gekommen sei, bei dem die Leistung in der Gewährung des Herunterladens und der Nutzung von Software und die Gegenleistung in dem Einverständnis mit dem Empfang von Werbung des Plattformbetreibers und der Weitergabe der E-Mail-Adresse an andere Unternehmen mit dem Einverständnis bestehe, von diesen Werbung zu erhalten, also in der Zurverfügungstellung von personenbezogenen Daten für Werbezwecke im Sinne eines „Bezahlen mit Daten"[268]. § 307 Abs. 1 S. 2 BGB findet somit nach Ansicht des BGH auf Leistungsbeschreibungen Anwendung.[269]

Im Übrigen spricht auch die richtlinienkonforme Auslegung des AGB-Rechts für eine Anwendbarkeit der Angemessenheitskontrolle. § 307 Abs. 3 S. 1 BGB basiert auf Art. 4 Abs. 2 Klausel-RL, der die mangelnde Kontrollfähigkeit des Hauptgegenstands des Vertrags sowie die Angemessenheit des Verhältnisses von Leistung und Gegenleistung regelt. Der Hauptgegenstand ist dabei laut EuGH eng auszulegen, so dass nur Klauseln umfasst werden, welche die Hauptleistungspflichten des Vertrags festlegen, nicht hingegen akzessorische Klauseln.[270] Die konkreten Modalitäten der Datenverarbeitung sind gegenüber der Festlegung der Leistungspflicht als solcher als akzessorische Klauseln zu sehen, so dass sie nach dem EuGH unter die Kontrollpflicht fallen.[271]

---

[265] Dies zur Abgrenzung fordernd Ulmer/Brandner/Hensen/*Fuchs*, § 307 BGB Rn. 38.

[266] Seit Einführung des § 312 Abs. 1a S. 1 BGB handelt es sich dabei auch um eine Klausel, die lediglich eine normative Regelung wiedergibt und mithin der AGB-Kontrolle hinsichtlich des Obs entzogen ist. Vgl. grundsätzlich zu deklaratorischen Klauseln etwa Dauner-Lieb/Langen/*Kollmann*, § 307 BGB Rn. 58; Ulmer/Brandner/Hensen/*Fuchs*, § 307 BGB Rn. 14, 17.

[267] BGH, Urteil vom 14.03.2017 – VI ZR 721/15, NJW 2017, 2119, 2120 Rn. 21.

[268] BGH, Urteil vom 14.03.2017 – VI ZR 721/15, NJW 2017, 2119 20 ff. Hinsichtlich der Einwilligung in Werbeanrufe und die dortige Anwendbarkeit der §§ 305 ff. BGB siehe etwa auch BGH, Urteil vom 25.10.2012 – I ZR 169/10, GRUR 2013, 531 ff.

[269] BGH, Urteil vom 14.03.2017 – VI ZR 721/15, NJW 2017, 2119 22.

[270] EuGH, Urteil vom 30.04.2014 – C-26/13, EuZW 2014, 506, 507; *Hacker*, ZfPW 2019, 148, 187.

[271] So etwa auch *Hacker*, Datenprivatrecht, S. 474; *Hacker*, ZfPW 2019, 148, 188 f. Hacker nimmt ferner an, das Verhältnis zwischen Leistung und Gegenleistung sei gem. § 138 BGB anhand einer Gesamtabwägung auf ein auffälliges Missverhältnis zu prüfen, vgl. *Hacker*, Datenprivatrecht, S. 474 ff.; *Hacker*, ZfPW 2019, 148, 188. Vertiefend zur Inhaltskontrolle im weiteren Sinne *Hacker*, Datenprivatrecht, S. 417 ff.

Kollmann führt zudem aus, dass der Beschluss des BKartA vom 06.02.2019 in Sachen B6-22/16[272] die Regelungen zwar unter datenschutzrechtlichen Aspekten für „unangemessen" hielt, dies jedoch auch unabhängig von einer marktbeherrschenden Stellung zu einer Unzulässigkeit aus AGB-Gesichtspunkten führen könnte.[273] Ob dies zu einer Unzulässigkeit führt, kann an dieser Stelle dahinstehen. Kollmann geht damit jedoch zumindest nicht von einer Kontrollfreiheit dieser Klauseln aus, die einem Bezahlen mit Daten sehr nahekommen.

Folglich führt die Annahme, dass im Modell „Bezahlen mit Daten" die Datenverarbeitung erforderlich oder eine Hauptleistungspflicht ist, nicht dazu, dass die zugrunde liegende Datenverarbeitung ohne Angemessenheitskontrolle stets gem. Art. 6 Abs. 1 lit. a) DSGVO (oder über Art. 6 Abs. 1 lit. b) DSGVO) zulässig ist. Auch dann unterfällt der Vertragsschluss der schuldrechtlichen AGB-Kontrolle.

Dem steht auch nicht der Wortlaut des Art. 7 Abs. 4 DSGVO entgegen, wo es „Erfüllung des Vertrages" heißt, entgegen. Dabei ist klarzustellen, dass die Bezahlung des Kaufpreises normalerweise für die Vertragserfüllung nicht erforderlich ist.[274] Das Verfügungsgeschäft kann aufgrund des Abstraktionsprinzips auch unabhängig vom Verpflichtungsgeschäft erfüllt werden.[275] Da der Wortlaut des Art. 7 Abs. 4 DSGVO hier jedoch aufgrund des im sonstigen Unionsrecht unbekannten Prinzips unglücklich formuliert ist, sind Verpflichtungsgeschäft und Verfügungsgeschäft gleichermaßen gemeint. Die Frage der Erforderlichkeit kann somit nicht anhand des Abstraktionsprinzips beantwortet werden.

Das Bezahlen mit Daten kann somit eine zulässige Koppelung sein, da es sich nach dem subjektiv-konkreten Erforderlichkeitsmaßstab um eine erforderliche Datenverarbeitung handelt. Mit dieser Lösung kann auch den vielfach geäußerten Bedenken hinsichtlich des Koppelungsverbots und seiner den Datenhandel einschränkenden Wirkung begegnet werden, da es so nicht *per se* einschränkend relevant wird und das Bezahlen mit Daten weiterhin praxistauglich bleibt.[276]

(e) Ergebnis

Vorstehend wurde das sog. Koppelungsverbot gem. Art. 7 Abs. 4 DSGVO aus datenschutzrechtlicher Sicht umfassend erörtert. Dabei konnten die bestehenden

---

[272] BKartA, Beschluss vom 06.02.2019 – B6-22/16, BeckRS 2019, 4895. Das Bundeskartellamt ging davon aus, die Einwilligung sei aufgrund einer unzulässigen Koppelung nach Art. 7 Abs. 4 DSGVO nicht freiwillig erteilt worden und somit unwirksam, da mangels Alternativangebot ein klares Ungleichgewicht vorliege. Dazu ausführlich unter E. II. 1. a).

[273] Dauner-Lieb/Langen/*Kollmann*, § 307 BGB Rn. 103.

[274] Auch wenn die Erbringung der Gegenleistung de facto von der Einwilligung abhängig gemacht wird und es sich somit einen gegenseitigen Austauschvertrag handelt, vgl. etwa *Voigt*, Einwilligung, S. 385 f.

[275] Vgl. statt aller nur Jauernig/*Berger*, Vor 854 BGB Rn. 13.

[276] Selbstverständlich könnte die Freiwilligkeit aus anderen Gründen fehlen.

Diskussionen so aufgelöst werden, dass die der Einwilligung zugrunde liegenden Grundrechte im notwendigen Umfang zur Geltung kommen.

Art. 7 Abs. 4 DSGVO ist einzelfallabhängig und als relatives Koppelungsverbot zu betrachten. Anders als beim Vorliegen von Drohung und Zwang ist eine Wahlmöglichkeit nicht per se ausgeschlossen, so dass selbst eine Koppelung nicht unmittelbar zu einer unwirksamen Einwilligung führt. So kann eine Koppelung nicht erforderlicher Datenverarbeitungen mit der Vertragserfüllung zulässig sein, wenn etwa ein gleichwertiger Alternativzugang vorliegt. So verstanden ist das Koppelungsverbot ein Aspekt von vielen, der in die Gesamtbetrachtung hinsichtlich der Freiwilligkeit einzufließen hat.

Das Koppelungsverbot steht ferner dem Modell „Bezahlen mit Daten" bzw. „Daten als Gegenleistung" nicht entgegen, da in diesem Fall die Datenverarbeitung nach dem subjektiv-konkreten Erforderlichkeitsmaßstab für die Vertragserfüllung erforderlich sein kann. Die Umstände des Vertrages können anhand des bestehenden Vertragsrechts, etwa mit der AGB-Kontrolle, europarechtskonform und ausreichend überprüft werden, so dass keine Schutzlücke entsteht. In Verbindung mit dieser nötigen Gesamtabwägung zur Bewertung der Freiwilligkeit der datenschutzrechtlichen Einwilligung kann den mit der Einwilligung ausgeübten Selbstbestimmungsrechten entsprechend Rechnung getragen werden. Das Koppelungsverbot steht der Einwilligung als Ausübung der Selbstbestimmungsrechte im Datenschutzrecht nicht entgegen.

Daran wird sich auch durch die geplante ePrivacy-VO nichts ändern. Zu einem Koppelungsverbot findet sich in der ePrivacy-VOE nichts Konkretes. Insoweit wurde der Vorschlag zu einem Art. 8 Abs. 1a des Parlaments vom 20.10.2017 verworfen.[277] Da für die Einwilligung die Voraussetzungen der DSGVO gelten sollen, wird auch Art. 7 Abs. 4 DSGVO zu berücksichtigen bleiben.[278]

(3) Machtungleichgewicht

Eine weitere Fallgruppe für fehlende Freiwilligkeit ist das Vorliegen eines klaren Machtungleichgewichts zwischen der betroffenen Person und dem Verantwortlichen.[279] Dies ergibt sich aus dem Wortlaut des Erwägungsgrunds 43 S. 1

---

[277] „No user shall be denied access to any information society service or functionality, regardless of whether this service is remunerated or not, on grounds that he or she has not given his or her consent under Article 8(1)(b) to the processing of personal information and/or the use of processing or storage capabilities of his or her terminal equipment that is not necessary for the provision of that service or functionality", Amendment 92 – Proposal for a regulation – Article 8 – paragraph 1 a (new) COM(2017)0010 – C8-0009/2017 – 2017/0003(COD). Dazu *Engeler*, ZD 2018, 55, 60f.

[278] Vgl. bereits C. I. 1. d) aa) (2).

[279] Roßnagel/*Nebel*, § 3 En. 95; *Hermstrüwer*, Selbstgefährdung, S. 84.

DSGVO.[280] Diese umstrittene Frage hat der EuGH mittlerweile entschieden und ausgeführt, dass auch gegenüber einem marktbeherrschenden Unternehmen wie Facebook Ireland eine wirksame, insbesondere nach Art. 4 Nr. 11 DSGVO freiwillige, Einwilligung i. S. d. Art. 6 I Buchst. a, 9 II Buchst. a DSGVO nicht bereits allein aufgrund der marktbeherrschenden Stellung ausgeschlossen werden könne.[281] Es geht dabei um die Zustimmung zu den Nutzungsbedingungen von Facebook, welche ausführen, dass die Nutzerdaten auch über die anderen Facebook-Unternehmen und -Produkte hinweg verarbeitet und nutzer- und gerätebezogene Daten auch von den anderen konzerneigenen Diensten wie WhatsApp und Instagram erfasst werden.[282] Die Nutzung von Facebook erfordert dabei die Zustimmung zu den Nutzungsbedingungen von Facebook. Als Rechtsgrundlage für diese Datenverarbeitung beruft sich Facebook insbesondere auf die mit der Zustimmung erteilten Einwilligung der Nutzer, auf die Erforderlichkeit der Datenverarbeitung für die Erbringung des Dienstes und auf die Erforderlichkeit der Datenverarbeitung zur Erfüllung von Facebooks berechtigten Interessen.[283] Aufgrund der Verzahnung mit dem Wettbewerbsrecht wird dies an späterer Stelle ausgeführt.[284]

(4) Weitere Fallgruppen

Neben den bereits genannten Fallgruppen werden vielfach weitere Konstellationen angeführt, die zu einer unfreiwilligen Einwilligung führen sollen. Oftmals werden diese innerhalb des Koppelungsverbots behandelt,[285] obwohl sie nach hier vertretener Ansicht auch bei einer nicht gekoppelten Einwilligung zu einer Unwirksamkeit der Einwilligung führen sollten.[286]

---

[280] „Um sicherzustellen, dass die Einwilligung freiwillig erfolgt ist, sollte diese in besonderen Fällen, wenn zwischen der betroffenen Person und dem Verantwortlichen ein klares Ungleichgewicht besteht, insbesondere wenn es sich bei dem Verantwortlichen um eine Behörde handelt, und es deshalb in Anbetracht aller Umstände in dem speziellen Fall unwahrscheinlich ist, dass die Einwilligung freiwillig gegeben wurde, keine gültige Rechtsgrundlage liefern." – Erwägungsgrund 43 S. 1 DSGVO.

[281] EuGH, Urteil vom 04.07.2023 – C252/21, Rn. 154. Zur Vorlagefrage: OLG Düsseldorf, Vorlagebeschluss vom 24.03.2021 – Kart 2/19 (V), EuZW 2021, 680, 681. Wie der EuGH bereits zuvor *Schmidt-Samek*, EuR 2022, 586, 609. Zudem entschied der EuGH, dass die Datenverarbeitung im streitgegenständlichen Fall nicht gem. Art. 6 Abs. 1 lit. b) DSGVO zur Vertragserfüllung erforderlich oder aufgrund der Wahrnehmung berechtigter Interessen gem. Art. 6 Abs. 1 lit. f) DSGVO rechtmäßig sei, vgl. EuGH, Urteil vom 04.07.2023 – C 252/21 Rn. 125 f.

[282] BKartA, Beschluss vom 06.02.2019 – B6–22/16, BeckRS 2019, 4895 Rn. 102 ff.; NZKart 2019, 178, 180.

[283] BKartA, Beschluss vom 06.02.2019 – B6–22/16, BeckRS 2019, 4895 Rn. 158; NZKart 2019, 178, 180.

[284] Vgl. ausführlich zur Frage der Freiwilligkeit bei marktbeherrschender Stellung F. III. und zur Frage der Geltendmachung von Datenschutzverstößen über das GWB F. IV. 2.

[285] So etwa *Bunnenberg*, Privates Datenschutzrecht, S. 262 ff. Auch wenn er nachfolgend ebenfalls zu Konstellationen ohne Koppelung ausführt, vgl. *Bunnenberg*, Privates Datenschutzrecht, S. 273.

[286] So richtigerweise auch bei *Bender*, Freiwilligkeit bei unentgeltlichen Dienstleistungen im Internet, S. 42 ff.

Die Freiwilligkeit ist etwa auch dann unzulässig beeinträchtigt, wenn der Verbraucher auf die angebotene Leistung in besonderer Weise angewiesen ist, wie bspw. bei einem Girokonto, und er über keinen Zugang zu einer gleichwertigen vertraglichen Leistung ohne eine solche Einwilligung verfügt.[287] Wenn der Verbraucher auf die Leistung nicht angewiesen ist, könne allerdings bereits der Nichtabschluss eine tragbare Alternative zur Kopplung sein und mithin die Wahlfreiheit gewährleistet sein.[288] Es gibt hier unzählige Kriterien und Fallbeispiele, die hier und aufgrund der stetigen Entwicklung nicht abschließend dargestellt werden können. An dieser Stelle ist dem Grunde nach Bunnenberg zuzustimmen, der ausführt, es bedürfe „einer abwägenden Gesamtbetrachtung der Verarbeitungssituation, in die alle involvierten und grundrechtlich geschützten Interessen einzustellen sind".[289] Er stellt diese Gesamtbetrachtung bei der Beurteilung der Erforderlichkeit nach Art. 7 Abs. 4 DSGVO an. Wie bereits erörtert, wird vorliegend hinsichtlich des Erforderlichkeitsbegriffs vor allem aus dogmatischen Gründen eine andere Ansicht vertreten.[290] Die von Bunnenberg erarbeiteten Wertungskriterien für eine Inhaltskontrolle nach Art. 7 Abs. 4 DSGVO sind den gängigen Wertungskriterien der AGB-Kontrolle, die nach der hier vertretenen Ansicht Anwendung finden soll, jedoch sehr ähnlich,[291] so dass beide Ansichten wohl zu ähnlichen Ergebnissen führen.[292] So wendet Bunnenberg die AGB-Kontrolle bei nicht gekoppelten Einwilligungen ebenfalls an.[293]

Die Freiwilligkeit kann auch dann beeinträchtigt sein, wenn eine Einwilligung für verschiedene Datenverarbeitungen gebündelt wurde, obwohl die gesonderte Ertei-

---

[287] Simitis/Hornung/Spiecker gen. Döhmann/*Klement*, Art. 7 DSGVO Rn. 61; Ehmann/Selmayr/*Heckmann/Paschke*, Art. 7 DSGVO Rn. 101; *Voigt*, Einwilligung, S. 394.

[288] *Becker*, CR 2021, 230, 237. So sei der an eine Einwilligung gekoppelte Zugriff auf eine Rezept-Webseite etwa zulässig, sofern die übrigen Voraussetzungen einer Einwilligung, insbesondere die Transparenz, gewahrt sind, *Becker*, CR 2021, 230, 237.

[289] *Bunnenberg*, Privates Datenschutzrecht, S. 261.

[290] Vgl. C. I. 2. b) dd) (2) (b) (ee).

[291] Er verweist im Einzelnen auf das Verbot überraschender Datenverarbeitungen, *Bunnenberg*, Privates Datenschutzrecht, S. 262 f.

[292] So auch Bunnenberg, wenn er zur von ihm „schuldrechtliche" Lösung genannten Ansicht ausführt (die der hier gefolgten Ansicht hinsichtlich der AGB-Kontrolle ähnelt), dabei komme „§ 307 Abs. 2 Nr. 1 i. V. m. Art. 5 Abs. 1 lit. c DS-GVO jene grundrechtlich herausragende Bedeutung zu, die im Rahmen des hiesigen (‚datenschutzrechtlichen') Interpretationsvorschlags Art. 7 Abs. 4 DSGVO zukommt", *Bunnenberg*, Privates Datenschutzrecht, S. 280. So komme, wenn seiner „datenschutzrechtlichen Lösung" gefolgt werde, der AGB-Kontrolle keine eigenständige Bedeutung zu, denn „diese inhaltliche Angemessenheitskontrolle basiert auf den gleichen grundrechtlichen Schutzgeboten wie die Inhaltskontrolle nach Art. 7 Abs. 4 DSGVO. Entsprechend kommen in ihr identische Wertungsgesichtspunkte zum Tragen. Soweit daher Einwilligungen bereits der Inhaltskontrolle nach Art. 7 Abs. 4 DSGVO unterliegen, kommt der AGB-rechtlichen Angemessenheitskontrolle keine eigenständige Bedeutung zu", *Bunnenberg*, Privates Datenschutzrecht, S. 279 f. Vertiefend zur Beurteilung der Erforderlichkeit nach Art. 7 Abs. 4 DSGVO nach Bunnenberg bei *Bunnenberg*, Privates Datenschutzrecht, S. 260 ff. und zur AGB-rechtlichen Angemessenheitskontrolle von Einwilligungserklärungen, *Bunnenberg*, Privates Datenschutzrecht, S. 279 ff.

[293] Vgl. *Bunnenberg*, Privates Datenschutzrecht, S. 280 ff.

lung der Einwilligung angebracht war.[294] Dabei ist jedoch auch zu berücksichtigen, dass gem. Erwägungsgrund 32 S. 4 und S. 5 DSGVO[295] mehrere Verarbeitungsvorgänge in einer Einwilligungserklärung gebündelt werden sollen, wenn sie demselben Zweck dienen.[296] Diesbezüglich ist Bender zuzustimmen, wenn sie zusammenfassend ausführt, dass sich eine Einwilligung zwar auf mehrere Datenverarbeitungen beziehen könne, dabei aber nicht gänzlich verschiedenen Zwecken dienen dürfe und der jeweilige Zweck der Datenverarbeitung zum Zeitpunkt der Erklärung eindeutig bestimmt sein müsse, damit er für den Nutzer transparent und verständlich sei, da nur so sichergestellt sei, dass der Nutzer eine freie Entscheidung fälle und damit die Kontrolle über seine Daten behalte.[297]

Im Übrigen wird in der Literatur diskutiert, ob eine Einwilligung noch als freiwillig gelten kann, wenn sie in Erfüllung einer vertraglichen Pflicht erteilt wurde.[298] Dieses Problem wird in der Praxis jedoch wohl häufig nicht relevant sein, da es sich oftmals um Dauerschuldverhältnisse handelt, bei denen keine aufwändigen Rückabwicklungen nötig und die Interessen der Datenverarbeiter ausreichend gewahrt sind und soll daher an dieser Stelle nicht weiter vertieft werden.[299]

(5) Zusammenfassung zur Freiwilligkeit

Es hat sich gezeigt, dass für die Freiwilligkeit eine Gesamtabwägung erforderlich ist. Alle Fallgruppen sollten dabei dem Grunde nach mit dem Entscheidungsdruck von äußerem physischem und rechtlichem Zwang gleichzusetzen sein.[300] Dabei muss dem Nutzer eine Wahlfreiheit verbleiben, um die Freiwilligkeit sicherzustellen, was anhand vieler Kriterien und Merkmale zu ermitteln ist. Die Ausführungen zum gleichwertigen Alternativzugang gelten dabei universell unabhängig von einer Koppelung.[301] Allerdings fehlt es weiterhin an eindeutigen Leitlinien, wann die Freiwilligkeit einer Einwilligung zu bejahen ist, so dass es dabei stets auf eine differenzierte Prüfung der Freiwilligkeit im Einzelfall ankommt.[302]

---

294 Erwägungsgrund 43 S. 2 Hs. 1 der DSGVO: „Die Einwilligung gilt nicht als freiwillig erteilt, wenn zu verschiedenen Verarbeitungsvorgängen von personenbezogenen Daten nicht gesondert eine Einwilligung erteilt werden kann, obwohl dies im Einzelfall angebracht ist […]."

295 „Die Einwilligung sollte sich auf alle zu demselben Zweck oder denselben Zwecken vorgenommenen Verarbeitungsvorgänge beziehen. Wenn die Verarbeitung mehreren Zwecken dient, sollte für alle diese Verarbeitungszwecke eine Einwilligung gegeben werden", Erwägungsgrund 32 S. 4 und S. 5 DSGVO.

296 *Bender*, Freiwilligkeit bei unentgeltlichen Dienstleistungen, S. 58.

297 *Bender*, Freiwilligkeit bei unentgeltlichen Dienstleistungen, S. 59.

298 Dazu *Bunnenberg*, Privates Datenschutzrecht, S. 257 ff.

299 Vertiefend dazu etwa *Hacker*, Datenprivatrecht, S. 223; *Bunnenberg*, Privates Datenschutzrecht, S. 257 ff.

300 In diese Richtung auch Simitis/Hornung/Spiecker gen. Döhmann/*Klement*, Art. 7 DSGVO Rn. 61.

301 Vgl. C. I. 2. b) dd) (2) (c).

302 *Bender*, Freiwilligkeit bei unentgeltlichen Dienstleistungen im Internet, S. 60.

3. Zusammenfassung zur datenschutzrechtlichen Einwilligung

Es wurde aufgezeigt, dass die datenschutzrechtliche Einwilligung formelle und materielle Voraussetzungen erfüllen muss, um Ausdruck der grundrechtlich geschützten Selbstbestimmung zu sein.

Die datenschutzrechtliche Einwilligung kann formfrei erteilt und dabei auch das Mittel der Stellvertretung genutzt werden.[303] Die Einwilligungsfähigkeit sollte abweichend von der bestehenden Regelung und im Einklang mit den Grundrechten von den geistig-psychischen Eigenschaften der einzelnen Person im Einzelfall abhängen.

Inhaltlich[304] muss die Einwilligung für den bestimmten Fall erteilt werden und der einzelnen Person der Zweck der Datenverarbeitung mitgeteilt werden. Zur Wahrung der Selbstbestimmung muss die einwilligende Person im konkreten Fall die Chance zur ausreichenden Informiertheit haben, bei der das Transparenzgebot beachtet werden muss. Eine tatsächliche Kenntnisnahme ist nicht erforderlich. Ferner ist die Einwilligung wie auch bei den Grundrechten frei widerruflich. Schließlich muss die Einwilligung freiwillig erteilt werden. Dafür ist stets eine Gesamtabwägung im Einzelfall erforderlich, bei der mit der bestehenden Regelung die grundrechtlichen Vorgaben ausreichend beachtet werden können. Art. 7 Abs. 4 DSGVO ist ebenfalls einzelfallabhängig und als relatives Koppelungsverbot zu betrachten. Das Koppelungsverbot steht dabei dem Modell „Bezahlen mit Daten“ bzw. „Daten als Gegenleistung“ nicht entgegen, da in diesem Fall die Datenverarbeitung nach dem subjektiv-konkreten Erforderlichkeitsmaßstab für die Vertragserfüllung erforderlich sein kann. Auch die weiteren Fallgruppen lassen sich hinsichtlich der Freiwilligkeit mit den bewährten zivilrechtlichen Regelungen, insbesondere §§ 305 ff. BGB, lösen.

II. Ausgewählte Problematiken im Hinblick auf die Vereinbarkeit mit den Grundrechten

Die Voraussetzungen der datenschutzrechtlichen Einwilligung der DSGVO wurden nun dargestellt und mit dem grundrechtlichen Rahmen abgeglichen. Es soll nun anhand von ausgewählten Problematiken überprüft werden, ob die datenschutzrechtliche Einwilligung dem erarbeiteten grundrechtlichen Rahmen so auch in ihrer Wirkung gerecht wird. Zunächst wird die Wirkung der Einwilligung beleuchtet (1.). Im Anschluss stellt sich die Frage, wie die Wirkung mit dem Begriff des Verbotsprinzips bzw. des Verbots mit Erlaubnisvorbehalt vereinbar ist (2.). Schließlich ist zu überprüfen, welche Wirkung die datenschutzrechtliche Einwilligung entfaltet und ob dabei die zugrunde liegenden Wertungen beachtet werden (3.).

[303] Dazu ausführlich C. I. 2. a).
[304] Dazu ausführlich C. I. 2. b).

1. Wirkung der Einwilligung

Es wurde bereits erörtert, dass die Einwilligung auf Grundrechtsebene tatbestandsausschließend wirkt, wenn es sich um die Ausübung von Grundrechten handelt, bei denen der Schutzbereich durch die Selbstbestimmung mitdefiniert wird, und bei Substanzverletzungen rechtfertigend.[305] Auch auf Einwilligungen zwischen Privaten kann dies grundsätzlich übertragen werden.[306] Nachfolgend ist zu klären, wie die Einwilligung im Datenschutzrecht einzuordnen ist.

a) Rechtfertigende Wirkung?

Der datenschutzrechtlichen Einwilligung wird häufig eine rechtfertigende Wirkung zugeschrieben, ohne sich ausführlich mit der Frage auseinanderzusetzen, ob eine „Rechtfertigung" tatsächlich der richtige Begriff und die richtige Wirkung ist.[307] Es bleibt daher unklar, weshalb die jeweiligen Autoren sich für eine rechtfertigende Wirkung aussprechen. So wird etwa ausgeführt, die datenschutzrechtliche Einwilligung sei „eine von zwei Alternativen zur Rechtfertigung der Verarbeitung personenbezogener Daten".[308] Nachfolgend wird dies etwa damit begründet, dass dieses Prinzip aus Art. 8 Abs. 2 GrCh folge, und dass die datenschutzrechtliche Einwilligung Ausdruck der Selbstbestimmung der Person sei.[309] Die meisten Autoren sehen die datenschutzrechtliche Einwilligung als Rechtfertigungsgrund, obwohl sie die Einwilligung im Rahmen des Art. 8 Abs. 2 GrCh als eingriffsausschließend klassifizieren.[310]

Auch anderen Vertretern gelingt es nicht, die dogmatische Einordnung als Rechtfertigungsgrund zu begründen. So bezieht sich Wolff auf die „funktionale Parallelität von Einwilligung und Rechtsgrundlage in Art. 8 Abs. 2 S. 1 GrCh", um daraus zu schließen, es liege daher näher „die Einwilligung als Rechtfertigung zu verstehen".[311] Dabei zitiert er Kingreen, der sich allerdings an der zitierten Stelle dafür ausspricht, es liege bei wirksamer Einwilligung bereits kein Eingriff vor.[312] Es bleibt

---

[305] Dazu B. I. 3. d).

[306] Dazu B. III.

[307] Dies trifft nicht nur auf die datenschutzrechtliche Einwilligung zu. Helle stellte dies etwa für die rechtliche Bedeutung der Einwilligung gem. § 22 KUG bereits 1991 fest, vgl. *Helle*, Besondere Persönlichkeitsrechte im Privatrecht, S. 101 ff.

[308] Taeger/Gabel/*Arning/Rothkegel*, Art. 4 DSGVO Rn. 291. Auch Funke führt lediglich aus, es handle sich um einen Rechtfertigungsgrund, ohne weiter dazu Stellung zu nehmen, *Funke*, Einwilligung, S. 105.

[309] Taeger/Gabel/*Arning/Rothkegel*, Art. 4 DSGVO Rn. 291.

[310] So auch *Funke*, Einwilligung, S. 33 und S. 105 und wohl auch *Scheurer*, Einwilligung, S. 24 und S. 93.

[311] Schantz/Wolff/*Wolff*, Rn. 52.

[312] Calliess/Ruffert/*Kingreen*, Art. 8 GrCh Rn. 14. Dies gilt sowohl für die aktuelle als auch für die von Wolff zitierte 4. Auflage aus 2011.

somit unklar, welche funktionale Parallelität gemeint ist, wenn die Einwilligung gem. Art. 8 Abs. 2 S. 1 GrCh nahezu einhellig als eingriffsausschließend verstanden wird.[313] Es bleibt auch unklar, ob Wolff dabei die dogmatische Einordnung der sekundärrechtlichen Einwilligung oder der Einwilligung gem. Art. 8 Abs. 2 GrCh vornimmt. Eine funktionale Parallelität als Begründung ergibt nur dann Sinn, wenn die dogmatische Einordnung einer der beiden Einwilligungen geklärt ist. Zudem liegt es dann stets näher, vom höherrangigen Recht auf das niederrangige Recht zu schließen. Zumindest müsste nach der hier vertretenen Ansicht auch Wolff davon ausgehen, dass aufgrund funktionaler Parallelität die Annahme, die datenschutzrechtliche Einwilligung wirke eingriffs- bzw. tatbestandsausschließend, zu bevorzugen ist. Das von ihm angeführte Argument führt mithin in diesem Kontext zur Annahme einer tatbestandsausschließenden Wirkung der datenschutzrechtlichen Einwilligung.[314]

Rogosch schreibt der datenschutzrechtlichen Einwilligung sogar „die klassische Funktion des persönlichkeitsrechtlichen Rechtfertigungsinstruments" zu und führt aus, dass mit ihr die „Rechtswidrigkeit eines Eingriffs in das Recht auf informationelle Selbstbestimmung" ausgeschlossen werde.[315] Sie betrachtet in ihren Ausführungen allerdings nicht weiter die grundrechtlichen Grundlagen der Einwilligung und liefert keine weitere Erklärung für ihre Ausführungen. Auch die Grundrechtecharta lässt sie unberücksichtigt. Ferner ist es in Anbetracht der Diskussionen um die Wirkung der Einwilligung nicht haltbar,[316] im Rahmen des § 22 KUG von einer klassischen Funktion des persönlichkeitsrechtlichen Rechtfertigungsinstruments zu sprechen. Aus diesen Ausführungen folgt mithin kein Erkenntnisgewinn für die Beurteilung der Einwilligung als Rechtfertigung.

Einige Autoren vermeiden den Begriff der rechtfertigenden oder tatbestandsausschließenden Wirkungen und nennen die Einwilligung etwa „zentrale Legitimation"[317], „Rechtmäßigkeitstatbestand"[318], „qualifizierte Form des Einverständnisses"[319] oder „Erlaubnistatbestand"[320]. Dies wirkt vielfach wie das bewusste Umschiffen der zugrunde liegenden Diskussion, zeigt dabei allerdings, dass es sich

---

[313] Siehe dazu bereits unter B. I. 4. d) aa) und B. I. 4. d) bb).

[314] Zudem führt Wolff aus, dass für ihn keine der beiden Alternativen vollständig überzeugt, vgl. Schantz/Wolff/*Wolff*, Rn. 52. Dies zeigt ebenfalls, dass es nicht überzeugend ist, ohne weitere Begründung davon auszugehen, die datenschutzrechtliche Einwilligung sei ein Rechtfertigungsgrund.

[315] *Rogosch*, Einwilligung, S. 37.

[316] Vgl. dazu bereits C. II. 1. Etwa auch bei Dreier/Schulze/*Specht-Riemenschneider*, § 22 KUG Rn. 16.

[317] Paal/Pauly/*Ernst*, Art. 4 DSGVO Rn. 61.

[318] Wolff/Brink/*Albers/Veit*, Art. 6 DSGVO Rn. 10.

[319] *Hacker*, Datenprivatrecht, S. 165.

[320] Gola/Heckmann/*Schulz*, Art. 7 DSGVO Rn. 1; Simitis/Hornung/Spiecker gen. Döhmann/*Roßnagel*, Art. 6 DSGVO Rn. 1; Kühling/Buchner/*Buchner/Kühling*, Art. 4 Nr. 11 DSGVO Rn. 5 und Art. 6 DSGVO Rn. 17; *Buchner*, Informationelle Selbstbestimmung, S. 232; *Knappertsbusch*, Die datenschutzrechtliche Einwilligung im Beschäftigungsverhältnis, S. 7.

bei der Einwilligung nicht um das klassische Rechtfertigungsinstrument handeln kann, so dass man ohne weitere Begründung davon ausgehen könnte, es handle sich um einen Rechtfertigungsgrund.

Es ergibt sich aus der bestehenden Literatur kein klares Bild, weshalb die datenschutzrechtliche Einwilligung einen Rechtfertigungsgrund darstellen soll. Insbesondere die Übertragung der grundrechtlichen Wertungen wird nicht oder unzutreffend vorgenommen. Daher wird nun nachfolgend aufgezeigt, wieso es näher liegt, der Einwilligung eine tatbestandsausschließende Wirkung zuzuschreiben.

b) Tatbestandsausschließende Wirkung

Es ist vorzugswürdig, der datenschutzrechtlichen Einwilligung nach der DSGVO eine tatbestandsausschließende Wirkung zuzuschreiben.[321] Nur so kann die datenschutzrechtliche Einwilligung das auf Grundrechtsebene verankerte Selbstbestimmungsrecht, insbesondere das informationelle Selbstbestimmungsrecht, widerspruchsfrei ausüben.

Die datenschutzrechtliche Einwilligung stellt insbesondere die sekundärrechtliche Umsetzung des Art. 8 Abs. 2 S. 1 GrCh dar.[322] Es liegt nahe, der datenschutzrechtlichen Einwilligung daher die gleiche Wirkung zuzuschreiben wie der Einwilligung nach Art. 8 Abs. 2 S. 1 GrCh. Dort wirkt die Einwilligung nach der überwiegenden und auch hier vertretenen Ansicht tatbestandsausschließend.[323] So basiert die Datenverarbeitung bei wirksamer datenschutzrechtlicher Einwilligung nach Art. 6 Abs. 1 lit. a) DSGVO ebenso auf dem Willen des Einzelnen wie auch bei Art. 8 Abs. 2 GrCh. Die datenschutzrechtliche Einwilligung diene dazu, die Datenverarbeitung aus dem Schutzbereich des Art. 8 GrCh herauszunehmen.[324] Es wurden – wie gezeigt – keine Gründe dargelegt, weshalb die datenschutzrechtliche Einwilligung hier abweichend von Art. 8 Abs. 2 S. 1 GrCh rechtfertigend wirken sollte.

Dies deckt sich auch mit dem übrigen europarechtlichen und nationalen Grundrechterahmen. Es wäre widersprüchlich, im Rahmen der DSGVO von einem gerechtfertigten Eingriff und im grundrechtlichen Rahmen vom Ausschluss des Eingriffs auszugehen. Grundrechtlich wirkt die Einwilligung wie gezeigt als Ausübung der Grundrechte und bewirkt, dass keine Verletzung des Grundrechts vorliegt.[325] So

---

[321] Ebenso Knappertsbusch, die zwischen schuldvertraglicher und datenschutzrechtlicher Einwilligung unterscheidet, *Knappertsbusch*, Die datenschutzrechtliche Einwilligung im Beschäftigungsverhältnis, S. 114.

[322] Neben den anderen Selbstbestimmungsrechten, die wie gezeigt der Einwilligung zugrunde liegen. So ist hier europarechtlich insbesondere Art. 7 GrCh anzuführen. Vergleiche zur Einwilligung als Ausdruck der Selbstbestimmung im Unionsrecht B. I. 4.

[323] Vgl. dazu B. I. 4. d) bb).

[324] Auernhammer/*Kramer*, Art. 6 Rn. 25.

[325] Siehe dazu B. I. 3. d).

wurde bereits zum BDSG ausgeführt, dass die Einwilligung nach § 4 Abs. 1 BDSG a. F. ein tatbestandsausschließendes Einverständnis darstellt, da die Datenerhebung, -verarbeitung und -nutzung mit Willen des Einwilligenden stattfinde und daher tatbestandlich kein Eingriff in dessen Recht auf informationelle Selbstbestimmung liegt, das durch die Einwilligung ausgeübt wird.[326]

Auch im Hinblick auf die Erlaubnistatbestände Art. 6 Abs. 1 lit. c)–lit. f) DSGVO führt dies zu einem zutreffenden Ergebnis, denn dort kann differenziert werden. Diese sind durchaus als Rechtfertigungsgründe zu klassifizieren, da sie nicht auf den Willen der einzelnen Person zurückzuführen sind und mithin auch nicht den Schutzbereich der zugrunde liegenden Grundrechte entfallen lassen.[327] In Anbetracht des persönlichkeitsgestützten Datenschutzrechts und der Einwilligung als Ausdruck des Selbstbestimmungsrechts ist es auch systematisch nicht unvertretbar hier zu differenzieren.[328]

Betrachtet man andere Rechtsgebiete, überzeugt diese Ansicht ebenfalls. Zunächst bestehen unter Betrachtung des nationalen zivilrechtlichen Kontexts erhebliche Zweifel an der Einordnung der Einwilligung als Rechtfertigungsgrund zwischen Privaten.[329] Die datenschutzrechtliche Einwilligung unterscheidet sich von den zivilrechtlichen Rechtfertigungsgründen wie der Notwehr und dem Notstand dahingehend, dass diese auf einer objektiven Abwägung zwischen dem Schutz des Rechteinhabers und dem Eingriffsinteresse des Handelnden beruhen und meist Ausnahmefälle darstellen.[330] Die datenschutzrechtliche Einwilligung beruht hingegen auf dem Willen der einwilligenden Person. Zudem ist sie in der datenschutzrechtlichen Realität keine Ausnahme, sondern der Regelfall. Auch im Hinblick auf die Einwilligung gem. § 22 KUG ergibt sich ein widerspruchsfreies Bild, da die Einwilligung dort als negatives Tatbestandsmerkmal verstanden wird.[331] Die Ein-

---

[326] *Riesenhuber*, RdA 2011, 257, 259. Es ist unschädlich, dass er sich dabei nur auf die Einwilligung in Form der vorherigen Zustimmung bezieht, da dies auch dem Verständnis der DSGVO entspricht, vgl. nur Sydow/Marsch/*Ingold*, Art. 7 DSGVO Rn. 17.

[327] Auch bei Art. 6 Abs. 1 lit. b) DSGVO hat die Selbstbestimmung und die Privatautonomie durch die Erforderlichkeit der Datenverarbeitung und dem dabei oben gefolgten subjektiv-konkreten Ansatz die Tendenz zu dieser Wirkung. In diese Richtung argumentiert auch Radlanski, wenn er ausführt, der Betroffene könne „unter Ausnutzung seiner Privatautonomie seine Rechtsbeziehungen gestalten, indem er vertragliche Beziehungen eingeht", *Radlanski*, Einwilligung, S. 207. Eine gemäß Art. 6 Abs. 1 lit. b) DSGVO rechtmäßige Datenverarbeitung kann somit auch als Tatbestandsausschluss betrachtet werden.

[328] Hinsichtlich der Gleichrangigkeit der Erlaubnistatbestände vertritt Radlanski so auch die Ansicht, dass die datenschutzrechtliche Einwilligung subsidiär zu den übrigen Erlaubnistatbeständen sein sollte, vgl. dazu ausführlich *Radlanski*, Einwilligung, S. 205 ff. Zusammenfassend zur Gleichrangigkeit und zum Verhältnis der Rechtsgrundlagen etwa *Kusche*, ZD 2020, 232 ff.

[329] *Ohly*, Einwilligung, S. 137; *Ohly*, GRUR 2012, 983, 983.

[330] *Ohly*, Einwilligung, S. 137; *Ohly*, GRUR 2012, 983, 984.

[331] *Götting*, Persönlichkeitsrechte als Vermögensrechte, S. 146; *Helle*, Besondere Persönlichkeitsrechte im Privatrecht, S. 110; *Helle*, AfP 1985, 93, 95 f.

willigung bringt den wesentlichen Gehalt des Rechts am eigenen Bild zum Ausdruck; somit wird durch die Einwilligung das Schutzgut des Rechts am eigenen Bild mitbestimmt.[332] Konsequent ist dies ebenfalls im Hinblick auf das deutsche Strafrecht. So wirkt etwa die Einwilligung gem. Art. 9 Abs. 2 lit. a) DSGVO als tatbestandsausschließendes Einverständnis im Rahmen des § 203 Abs. 1 StGB.[333]

Auch der Sinn und Zweck spricht dafür, dass die datenschutzrechtliche Einwilligung den Tatbestand ausschließt. Die datenschutzrechtliche Einwilligung erfasst, wie auch nach dem BDSG, nur die vorherige Zustimmung.[334] Die Datenverarbeitung erfolgte jedoch nur dann gem. Art. 6 Abs. 1 lit. a) DSGVO rechtmäßig, wenn sie zum Zeitpunkt der Verarbeitung zur Verwirklichung der Selbstbestimmung erfolgte.[335] Die Datenverarbeitung kann somit nicht nachträglich von der betroffenen Person erlaubt werden, denn für diese Datenverarbeitung besteht zum Zeitpunkt der Verarbeitung keine autonomievermittelte Legitimation, so dass es sich zwangsläufig um eine Rechtsgutsverletzung handelt.[336] Dies bedeutet jedoch auch, dass eine auf einer Einwilligung basierende Datenverarbeitung stets mit Willen der einwilligenden Person erfolgt. Es wird bei der Datenverarbeitung das getan, was die einwilligende Person mitbestimmt hat. Eine Datenverarbeitung, die dem Willen der einwilligenden Person entspricht, kann keine Verletzung deren Selbstbestimmung darstellen. Dies spricht konsequenterweise für eine tatbestandsausschließende Wirkung.

2. Prinzip der Erlaubnistatbestände im Datenschutzrecht

Es wird vielfach angenommen, die Regelungen des Datenschutzrechts unterlägen einem Verbotsprinzip und es handle sich bei Datenverarbeitungen um grundsätzlich verbotene Handlungen mit Erlaubnisvorbehalten. Ob dies vor dem Hintergrund der Relevanz der grundrechtlich geschützten Selbstbestimmung gerade im Hinblick auf die Einwilligung zutreffend ist, ist fraglich. Ob dies eine rein dogmatische Streitfrage der Bezeichnung ist oder sich hieraus tatsächlich Konsequenzen für das bestehende Recht ergeben, wird anschließend erörtert.[337]

---

[332] *Helle*, Besondere Persönlichkeitsrechte im Privatrecht, S. 102.

[333] Gola/Heckmann/*Schulz*, Art. 9 DSGVO Rn. 25; *Heimhalt/Rehmann*, MPR 2014, 197, 204 f.

[334] Sydow/Marsch/*Ingold*, Art. 7 DSGVO Rn. 17; Kühling/Buchner/*Buchner/Kühling*, Art. 7 DSGVO Rn. 30; Wolff/Brink/*Stemmer*, Art. 7 DSGVO Rn. 88. Auch wenn dies wie gezeigt nicht bereits aus dem Wortlaut folgte, siehe B. I. 2.

[335] Die Voraussetzungen der Rechtfertigungsgründe müssen auch zum Zeitpunkt der Handlung vorliegen, dabei gehen sie etwa bei der Notwehr gem. § 227 BGB nicht auf den Willen des Angreifers zurück.

[336] Sydow/Marsch/*Ingold*, Art. 7 DSGVO Rn. 17.

[337] Vgl. dazu C. II. 3.

a) Verbot mit Erlaubnisvorbehalt

Zahlreiche Stimmen in der Literatur sind der Ansicht, es handle sich bei den Regelungen des Art. 6 Abs. 1 lit. a)–lit. f) DSGVO um Erlaubnistatbestände für Datenverarbeitungen, um diese entsprechend einem dem Datenschutz zugrunde liegenden Verbot mit Erlaubnisvorbehalt (auch Verbotsprinzip genannt) ausnahmsweise zu erlauben.[338] Dabei wird vielfach angenommen, dies gelte auch für die Einwilligung, da sie Ausdruck und Ausübung des Selbstbestimmungsrechts ist und mit Art. 6 Abs. 1 lit. a) DSGVO der Art. 8 Abs. 2 GrCh verwirklicht werde und somit eine Grundrechtsausübung vorliege.[339] Da das Verbotsprinzip aus Art. 8 Abs. 2 GrCh folge, sei es verfassungsrechtlich determiniert und stehe nicht zu Disposition.[340] Der einzelnen Person die Verfügungsmacht über ihre Daten zu belassen, so wie es Art. 8 GrCh normiert, gelänge nur, wenn man zunächst von einem Verarbeitungsverbot ausgehe und der Person etwa durch die Einwilligung aktiv die Möglichkeit gebe, die Datenverarbeitung zu erlauben.[341]

Da zur Herstellung eines fairen Ausgleichs zwischen Privaten ein allgemeines Verbot mit Erlaubnisvorbehalt nötig sei, sprechen sich Teile der Literatur explizit gegen eine unterschiedliche Bewertung von Datenverarbeitungen öffentlicher Stellen und Datenverarbeitungen Privater aus.[342] Andere erkennen zwar an, dass die Einwilligung Datenverarbeitungen aus dem Schutzbereich des Art. 8 GrCh herausnimmt und Ausdruck der Selbstbestimmungsrechte der einwilligenden Person sowie deren Verfügungsmacht über ihr Datenschutzgrundrecht sei.[343] Die Einwilligung habe dennoch keinen anderen Rang als die übrigen Zulässigkeitsnormen, da die gesetzlichen Erlaubnistatbestände bei Widerruf der Einwilligung bestehen bleiben.[344]

---

[338] Taeger/Gabel/*Taeger*, Art. 6 DSGVO Rn. 4, 6 f.; Auernhammer/*Kramer*, Art. 6 DSGVO Rn. 1 f.; Ehmann/Selmayr/*Heberlein*, Art. 6 DSGVO Rn. 1; Gola/Heckmann/*Schulz*, Art. 6 DSGVO Rn. 2; Sydow/Marsch/*Reimer*, Art. 6 DSGVO Rn. 2; *Funke*, Einwilligung, S. 105 f.; *Buchner*, DuD 2016, 154, 158; *Hornung*, ZD 2012, 99, 101; *Weichert*, DuD 2013, 246; *Radlanski*, Einwilligung, S. 193. Auch Paal/Pauly/*Frenzel*, Art. 6 DSGVO Rn. 1, wobei er dem Verbotsprinzip nichts abgewinnen kann: „die Bezeichnung ‚Verbotsprinzip' verspricht mehr, als das differenzierte Regelungssystem hält".

[339] Taeger/Gabel/*Taeger*, Art. 6 DSGVO Rn. 27, Art. 7 DSGVO Rn. 1; Auernhammer/*Kramer*, Art. 6 DSGVO Rn. 17 und 25.

[340] Taeger/Gabel/*Taeger*, Art. 6 DSGVO Rn. 7; *Weichert*, DuD 2013, 246; Paal/Pauly/*Frenzel*, Art. 6 DSGVO Rn. 1; Simitis/Hornung/Spiecker gen. Döhmann/*Albrecht*, Art. 6 DSGVO Einführung Rn. 1.

[341] *Buchner*, DuD 2016, 154, 158.

[342] Taeger/Gabel/*Taeger*, Art. 6 DSGVO Rn. 4, 6 f. Ebenso *Weichert*, DuD 2013, 246. Reimer führt zwar aus, diese Annahme sei „grundrechtlich problematisch", geht darauf jedoch nicht weiter ein, Sydow/Marsch/*Reimer*, Art. 6 DSGVO Rn. 2.

[343] Auernhammer/*Kramer*, Art. 6 DSGVO Rn. 17 und 25.

[344] Auernhammer/*Kramer*, Art. 6 DSGVO Rn. 23, 25. Dieser zitiert als andere Ansicht Paal/Pauly/*Frenzel*, Art. 7 DSGVO Rn. 1: „Die Einwilligung vermittelt der Datenverarbeitung in hervorgehobener Weise Legitimität […]." Frenzel geht jedoch ausdrücklich nicht von einem Stufenverhältnis aus, vgl. Paal/Pauly/*Frenzel*, Art. 6 DSGVO Rn. 7.

Der BGH spricht im Zusammenhang mit Art. 6 Abs. 1 lit. a) DSGVO und auch bereits zu Art. 7 lit. a) Datenschutz-RL ebenfalls von einem „Verbot mit Erlaubnisvorbehalt“.[345] Er führt zudem aus, dass eine Offenlegung im Rahmen einer Auskunft nach Art. 15 DSGVO durch Übermittlung ebenfalls eine Verarbeitung von personenbezogenen Daten gem. Art. 4 Nr. 2 DSGVO wäre, die nur unter den Voraussetzungen des Art. 6 Abs. 1 UAbs. 1 DSGVO rechtmäßig wäre.[346] Anhand dieser Formulierungen lässt sich also erkennen, dass der BGH wohl zum Verbotsprinzip tendiert.[347]

b) Kritik am Verbot mit Erlaubnisvorbehalt

Am Verbot mit Erlaubnisvorbehalt bzw. dem Verbotsprinzip gibt es seit jeher Kritik.[348] Zunächst handle es sich im rechtlichen Sinne um ein Verbot mit Erlaubnisvorbehalt, wenn eine Regelung in einem Gesetz eine bestimmte Handlung verbiete, bis diese im Einzelfall von einer Verwaltungsbehörde in einem Genehmigungsverfahren überprüft und zugelassen worden sei.[349] Dies liege hier nicht vor. Zudem seien die Erlaubnisvorbehalte bei Verboten meist eng auszulegen, was in der DSGVO hinsichtlich der Erlaubnistatbestände nicht der Fall sei.[350] Es gebe viele Erlaubnisse, die geregelt wurden, so dass man eher von einem Erlaubnisprinzip sprechen sollte.[351]

Auch die Folgerung, es handle sich um ein Verbotsprinzip, weil Art. 8 Abs. 2 GrCh einen Gesetzesvorbehalt formuliere, sei nicht zutreffend, da auch bei anderen Grundrechten der Gesetzesvorbehalt gelte und nicht jedem zugrunde liegenden Rechtsbereich deshalb ein Verbotsprinzip zugeschrieben werde.[352]

Überdies gewähre das Verbotsprinzip einen überschießenden Schutz, da es persönlichkeitsverletzende, persönlichkeitsgefährdende und belanglose Datenverarbeitungen gleichermaßen zunächst untersage.[353] Zudem werde die Marktmacht bei

345 BGH, Urteil vom 22.02.2022 – VI ZR 14/21, ZD 2022, 326, 327 Rn. 19; BGH, Beschluss vom 05.10.2017 – I ZR 7/16, ZD 2018, 79, 80 Rn. 22.

346 BGH, Urteil vom 22.02.2022 – VI ZR 14/21, ZD 2022, 326, 327 Rn. 19.

347 Auch das OLG Köln bezeichnete die entsprechenden Normen der DSGVO als Verbot mit Erlaubnisvorbehalt, vgl. OLG Köln, Beschluss vom 18.07.2019 – 15 W 21/19, NJW-RR 2020, 30, 33 Rn. 29.

348 Wolff/Brink/*Albers/Veit*, Art. 6 DSGVO Rn. 2 und 11; *Bull*, Netzpolitik, S. 136 ff.; *Masing*, NJW 2012, 2305, 2307; *Roßnagel*, NJW 2019, 1, 5; *Kramer*, DuD 2013, 380 ff.; *Schneider/Härting*, ZD 2012, 199 ff.; *Schneider/Härting*, ZD 2011, 63 ff.; *Veil*, ZD 2015, 347 ff.

349 *Roßnagel*, NJW 2019, 1, 5. Hier noch viele weitere Nachweise in Fußnote 58. In diese Richtung auch Simitis/Hornung/Spiecker gen. Döhmann/*Albrecht*, Art. 6 DSGVO Einführung Rn. 4.

350 Wolff/Brink/*Albers/Veit*, Art. 6 DSGVO Rn. 11.

351 *Roßnagel*, NJW 2019, 1, 5.

352 *Roßnagel*, NJW 2019, 1, 4 f.

353 *von Lewinski*, Matrix des Datenschutzes, S. 84.

Geltung des Verbotsprinzips nicht berücksichtigt, wodurch Wettbewerb behindert und so die Marktauswahl und die Verwirklichung von Autonomie erschwert werde, da das geltende Datenschutzrecht eine daten- und damit marktstarke Position von Anbietern zementiere.[354] Wie aufgezeigt, kann jedoch auch mit der bestehenden Rechtslage die Marktmacht ausreichend berücksichtigt werden.[355]

Ferner spreche gegen das Verbotsprinzip, dass dadurch einseitig Partei für den von der Verarbeitung Betroffenen ergriffen und das „Grundrecht des Verantwortlichen auf freie Verarbeitung" ausgeblendet werde.[356] Bei der Annahme, es gebe dieses Grundrecht, handelt es sich – soweit ersichtlich – um eine Einzelmeinung dieses Autors. Selbst wenn es ein solches Grundrecht (etwa aus Art. 2 Abs. 1 GG) gäbe und der Datenverarbeiter sich darauf berufen könne, erschließt sich nicht, wie dies gegen das Verbotsprinzip spreche. Einer eingehenden Untersuchung, ob es dieses Grundrecht gibt, bedarf es an dieser Stelle nicht. Auch unter Geltung des Verbotsprinzips, kann diesem Grundrecht u. a. mit Art. 6 Abs. 1 lit. a)–f) DSGVO Rechnung getragen werden. Insbesondere, da der Autor ausführt, es sei unmöglich, „für alle Situationen angemessene Spezialvorschriften zu machen".[357] Dies ist kein Argument gegen oder für das Verbotsprinzip. In beiden Fällen müssen durch angemessene Spezialvorschriften entweder Datenverarbeitungen erlaubt oder verboten werden. Wenn dies unmöglich wäre, gäbe es wohl keine Normen, die unser Leben regeln. Es müssen dazu jedoch nicht für alle Situationen angemessene Spezialvorschriften gefunden werden, sondern entwicklungsoffene Normen.

Roßnagel führt schließlich aus, Art. 9 Abs. 1 DSGVO, der das Verarbeitungsverbot sensibler Daten[358] normiere, sei überflüssig, wenn man das Verbotsprinzip annehme, so dass man wohl nicht von einem solchen Verbotsprinzip ausgehen könne.[359] Er stellt jedoch sodann selbst klar, dass Art. 9 Abs. 1 DSGVO kein konstitutives Verbot darstellt.[360] Es ist daher richtig, dass es Art. 9 Abs. 1 DSGVO nicht zwingend gebraucht hätte. Vielmehr ist Art. 9 Abs. 1 DSGVO rein deklaratorisch zu verstehen. Es handelt sich dabei um eine systematische Unsauberkeit, die bereits in der Datenschutz-RL vorhanden war und die wohl als Hervorhebung des risikobasierten Ansatzes der DSGVO zu werten ist.[361]

---

354 *von Lewinski*, Matrix des Datenschutzes, S. 85.

355 Vgl. dazu etwa C. I. 2. b) dd) (3).

356 *Giesen*, NVwZ 2019, 1711, 1713. Zu diesem Grundrecht ausführlich, *Giesen*, JZ 2007, 918 ff.

357 *Giesen*, NVwZ 2007, 918, 928.

358 Der Begriff „sensible Daten" ist aufgrund Erwägungsgrund 10 S. 5 DSGVO („Diese Verordnung bietet den Mitgliedstaaten zudem einen Spielraum für die Spezifizierung ihrer Vorschriften, auch für die Verarbeitung besonderer Kategorien von personenbezogenen Daten (im Folgenden ‚sensible Daten')") gegenüber der Bezeichnung „sensitive Daten" vorzugswürdig, auch wenn beide Begriffe meist Synonym verwendet werden, ebenso Wolff/Brink/*Albers/Veit*, Art. 9 DSGVO Rn. 2.

359 *Roßnagel*, NJW 2019, 1, 4 f.

360 *Roßnagel*, NJW 2019, 1, 5.

361 Gola/Heckmann/*Schulz*, Art. 9 DSGVO Rn. 2.

c) Stellungnahme

Es handelt sich bei dieser Differenzierung um einen dogmatischen Streit über die Benennung des Prinzips. Praktische Auswirkungen hat die Diskussion unter der gegenwärtigen Rechtslage nicht. Eine Änderung der Rechtslage ist aufgrund von Art. 8 Abs. 2 GrCh auch nicht angezeigt.

Aufgrund des existierenden Rechtsbegriffs des Verbots mit Erlaubnisvorbehalt in anderen Rechtsgebieten und dem damit verknüpften Verständnis, ist dieser Begriff abzulehnen.[362] Aufgrund der zahlreichen Erlaubnistatbestandsalternativen und Fallgruppen ist der Begriff des „Erlaubnisprinzips" wohl passender.[363] Viele Kritiker des Verbots mit Erlaubnisvorbehalts stören sich an dem verwaltungsrechtlich geprägten Begriff des Verbots mit Erlaubnisvorbehalts und nicht an den methodischen Gegebenheiten. So wollen manche Autoren gar darauf hinaus, eine andere Art von Datenschutzrecht zu etablieren.[364] Letztlich geht es in dieser Diskussion bei vielen Autoren jedoch lediglich darum, einen anderen Begriff zu finden. Die Bezeichnung als Verbot mit Erlaubnisvorbehalt hilft im datenschutzrechtlichen Kontext nicht weiter und bringt keinen Mehrwert, so dass man ihn nicht zwingend verwenden muss und so Diskussionen vermeidet. Nach der hier vertretenen Ansicht beruht die „Erlaubnis" auch meist nicht rein auf dem Gesetz, sondern wird durch die Beteiligten konkretisiert, was neben den bereits unter C. II. 2. b) genannten Kritikpunkten ebenfalls gegen die Verwendung dieses Begriffs spricht.[365]

Methodisch ist es weiterhin vorzugswürdig, die Datenverarbeitung grundsätzlich als nicht zulässig anzusehen und durch eine Einwilligung oder eine rechtmäßige Rechtsgrundlage zu legitimieren. Nur so ist gewährleistet, dass gem. Art. 8 GrCh die einzelne Person die Selbstbestimmung über ihre Daten hat. Wenn die Datenverarbeitung vom Grundsatz erlaubt wäre und nur aufgrund einer rechtmäßigen Rechtsgrundlage oder einem nachträglichen Widerruf verboten werden kann, wird der Selbstbestimmung nicht genüge getan, denn die einzelne Person muss dann noch aktiv werden. Gestützt wird dieses Verständnis auch von Erwägungsgrund 32 der DSGVO, der ausführt, dass „Stillschweigen, bereits angekreuzte Kästchen oder Untätigkeit der betroffenen Person […] keine Einwilligung darstellen". Auch dabei müsste die einwilligende Person nochmals tätig werden, was vom Gesetzgeber

[362] So auch Simitis/Hornung/Spiecker gen. Döhmann/*Albrecht*, Art. 6 DSGVO Einführung Fn. 1. Er spricht von „Erlaubnistatbestandsnorm", folgt jedoch methodisch dem von anderen „Verbot mit Erlaubnisvorbehalt" oder „Verbtosprinzip" genannten Prinzip.

[363] So *Roßnagel*, NJW 2019, 1, 5; BeckOGK/*Brinkmann*, § 307 Datenschutzklausel Rn. 7.

[364] So etwa *Bull*, Netzpolitik, S. 136 ff. Kritisch dazu *Weichert*, DuD 2013, 246 ff. und dazu wiederum kritisch *Kramer*, DuD 2013, 380 ff. Bull plädiert für eine Abkehr vom Verbotsprinzip. Er bevorzuge das Prinzip „Alles, was nicht verboten ist, ist erlaubt" und spricht sich so für Einzelnormen aus, die Datenverarbeitungen verbieten, *Bull*, Netzpolitik, S. 136 ff.

[365] So auch Wolff/Brink/*Albers/Veit*, Art. 6 DSGVO Rn. 11.

offensichtlich und zu Recht nicht als genügender Ausdruck der Selbstbestimmung angesehen wird.

Vor allem die Einwilligung gem. Art. 6 Abs. 1 lit. a) DSGVO ist dabei Ausdruck der Selbstbestimmung. Ähnlich wie beim Diebstahl, wird damit privatautonom die Datenverarbeitung bereits aus dem Schutzbereich der Norm genommen.[366] Die Datenverarbeitung ist rechtmäßig, weil die einwilligende Person es so will.[367] Auch die erforderliche Datenverarbeitung gem. Art. 6 Abs. 1 lit. b) DSGVO stellt aufgrund der Vertragsbeziehung und der hier vertretenen Ansicht der Erforderlichkeit einen Ausdruck der Selbstbestimmung dar. Auch dort ist die Datenverarbeitung zulässig, weil die betroffene Person es so will, da sie privatautonom den Vertrag schließt. Hierbei unterscheiden sich Art. 6 Abs. 1 lit. a) und lit. b) DSGVO von den übrigen Erlaubnistatbeständen. Dies ist für das Verständnis, Datenverarbeitungen grundsätzlich als verboten anzusehen, jedoch unschädlich. Die ePrivacy-VOE, die den Trilog-Verhandlungen mit dem Europäischen Parlament zugrunde liegt, möchte daran nichts ändern.[368]

Im Verhältnis zu Privaten wird deren Grundrechtsausübung durch die Datenverarbeitung bei Zugrundelegung dieses Prinzips zwar zunächst eingeschränkt. Mit dem oben aufgezeigten Verständnis des Koppelungsverbots und den damit zusammenhängenden Regelungen, finden die Grundrechte der Datenverarbeiter über die diversen Gestaltungsmöglichkeiten des Art. 6 Abs. 1 lit. a)–lit. f) DSGVO dennoch ausreichend Berücksichtigung.[369] Dass die Selbstbestimmung und der Schutz der Daten der betroffenen Person bei diesem Verständnis zunächst mehr Gewicht haben, ist der grundrechtlichen Verankerung des Selbstbestimmungsrechts und des Datenschutzrechts geschuldet, insbesondere da sie auf der Menschenwürde fußen.[370] Die abzuwägenden Interessen des Datenverarbeiters oder auch Dritter finden dabei über die Art. 6 Abs. 1 lit. a)–lit. f) DSGVO je nach Fallgruppe auch über die zivilrechtliche Wirksamkeitskontrolle Einfluss. So ist Buchner und Petri zuzustimmen, wenn sie ausführen, die DSGVO und das bisherige Datenschutzrecht seien bereits risikobasiert ausgestaltet, so dass dies nicht gegen die Annahme dieses Verständnisses spreche.[371]

---

366 Vgl. dazu soeben C. II. 1.

367 *Ohly*, GRUR 2012, 983, 984.

368 Dort heißt es in Art. 5 ePrivacy-VOE: „Confidentiality of electronic communications data Electronic communications data shall be confidential. Any interference with electronic communications data, including listening, tapping, storing, monitoring, scanning or other kinds of interception, surveillance and processing of electronic communications data, by anyone other than the end-users concerned, shall be prohibited, except when permitted by this Regulation."

369 Ebenso Wolff/Brink/*Albers/Veit*, Art. 6 DSGVO Rn. 12.

370 Vgl. dazu insbesondere B. I. 3. c) aa).

371 *Buchner*, DuD 2016, 154, 157 f.; Kühling/Buchner/*Buchner/Petri*, Art. 6 DSGVO Rn. 14.

Methodisch ist es mithin nicht notwendig – und aufgrund von Art. 8 Abs. 2 GrCh auch grundrechtswidrig – vom Prinzip abzuweichen, Datenverarbeitungen zunächst als verboten anzusehen. Aufgrund der zahlreichen Erlaubnistatbestandsalternativen ist es dennoch treffender im Datenschutzrecht bei diesem Prinzip von einem „Erlaubnisprinzip" zu sprechen. Aufgrund des existierenden Rechtsbegriffs des Verbots mit Erlaubnisvorbehalt in anderen Rechtsgebieten und dem damit verknüpften Verständnis, ist dieser Begriff mithin abzulehnen.

d) Unterscheidung zwischen privater und staatlicher Datenverarbeitung

Vielfach wird hinsichtlich dieses Prinzips eine Unterscheidung vorgenommen, ob die Datenverarbeitung von privater oder staatlicher Stelle vorgenommen wird.[372] Dabei wird meist angeführt, dass Regelungen zur Datenverarbeitung Privater einen anderen Charakter haben als Regelungen zur Datenverarbeitung staatlicher Stellen und daher nicht generell verboten werden sollten. Begründet wird die Unterscheidung etwa damit, dass staatliche Stellen aufgrund des Vorbehalts des Gesetzes gesetzliche Eingriffsgrundlagen erfordern.[373] Zwischen Privaten stehe dagegen der Ausgleich von Freiheit im Vordergrund und ihnen müsse soweit wie möglich selbst die Bestimmung ihrer berechtigten Interessen überlassen werden.[374] Ein pauschales Verbot beeinträchtige die Datenverarbeiter bei privater Datenverarbeitung unzulässig in ihren Grundrechten zur Datenverarbeitung.[375] Dies gelte auch in Fällen, in denen es wenig rationale Gründe für die Geheimhaltung von Daten gibt, so dass gefordert wird, dass bestimmte Formen des Datenaustauschs vom Gesetzgeber allgemein erlaubt, als normal definiert und hingenommen werden können.[376] Zudem wird vertreten, das Schutzbedürfnis des Einzelnen gegenüber dem Staat sei größer als gegenüber Privaten, insbesondere da der Staat „vielfältige tatsächliche Möglichkeiten der Datenvernetzung und -ausspähung habe", die „hunderttausende[r] Private[r]" nicht hätten.[377] Dies kann in Anbetracht der Möglichkeiten großer Tech-Unternehmen in Zweifel gezogen werden.

Die meisten Autoren sind im Ergebnis dennoch der Ansicht, man komme mit den bestehenden Normen der DSGVO, insbesondere mit Art. 6 DSGVO, zu vertret-

---

[372] Wolff/Brink/*Albers/Veit*, Art. 6 DSGVO Rn. 12; *Giesen*, NVwZ 2019, 1711, 1713; *Masing*, NJW 2012, 2305, 2307; *Veil*, NVwZ 2018, 686, 689; *Bäcker*, Der Staat 2012, 91, 98 ff.

[373] *Masing*, NJW 2012, 2305, 2307.

[374] *Masing*, NJW 2012, 2305, 2307.

[375] *Veil*, NVwZ 2018, 686, 689; *Giesen*, NVwZ 2019, 1711, 1713.

[376] *Masing*, NJW 2012, 2305, 2309; *Veil*, NVwZ 2018, 686, 695.

[377] Merten/Papier/*Rudolf*, Band IV § 90 Rn. 29. Dieser Schluss überzeugt in der heutigen Informationsgesellschaft nicht. Es mag richtig sein, dass einzelne Privatpersonen diese Möglichkeiten der Datenvernetzung nicht haben. Dabei werden allerdings die großen Tech-Unternehmen ausgeblendet, die diese Möglichkeiten durchaus haben. Dabei kann dahin gestellt bleiben, ob nun der Staat oder die großen Tech-Unternehmen bessere Möglichkeiten zur Datenvernetzung und -ausspähung haben.

baren Ergebnissen.[378] Der risikobasierte Ansatz sei in der DSGVO verankert und müsse handhabbar gemacht werden.[379] Im Ergebnis wird somit nicht zwischen der Datenverarbeitung privater und staatlicher Stellen unterschieden.

3. Praktische Auswirkungen der Wirkung der Einwilligung

In der Praxis geht es in diesem Zusammenhang häufig darum, ob eine Einwilligung in die Datenverarbeitung gem. Art. 6 Abs. 1 lit. a) DSGVO wirksam erteilt wurde. Eine Datenverarbeitung ohne wirksame Einwilligung kann, sofern kein anderer Erlaubnistatbestand vorliegt, zu einem Schadensersatzanspruch gegen den Datenverarbeiter gem. Art. 82 Abs. 1 DSGVO oder zu einer Geldbuße gem. Art. 83 DSGVO führen. Insbesondere ob die Wirkung der Einwilligung dabei praktische Auswirkungen hat, wird in der Literatur nicht einheitlich beantwortet und oftmals vermengt.[380] Nachfolgend soll eine Einordnung erfolgen.

a) Auswirkungen hinsichtlich der Beweislast

Zunächst könnten sich Auswirkungen auf die Beweislast für das Vorliegen der Einwilligung ergeben.

aa) Beweislast im deutschen und unionalen Prozessrecht

Im deutschen Prozessrecht muss grundsätzlich derjenige, der einen Anspruch geltend macht, die anspruchsbegründenden Tatsachen darlegen und beweisen und der in Anspruch genommene diejenigen Umstände, die dem Anspruch als rechtshindernde, rechtsvernichtende oder rechtshemmende Tatsache entgegenstehen.[381] Im Unionsrecht sind keine ausdrücklichen Bestimmungen zur Darlegungs- und Be-

---

[378] *Masing*, NJW 2012, 2305, 2310; *Veil*, NVwZ 2018, 686, 696; Wolff/Brink/*Albers/Veit*, Art. 6 DSGVO Rn. 13.

[379] *Veil*, NVwZ 2018, 686, 696; Kühling/Buchner/*Buchner/Petri*, Art. 6 DSGVO Rn. 14. Ausführlich zum in der DSGVO angelegten risikobasierten Ansatz *Veil*, ZD 2015, 347 ff. Ein Beispiel für den risikobasierten Ansatz ist auch die Differenzierung zwischen sensitiven und nicht-sensitiven Daten bei Art. 6 und Art. 9 DSGVO, Kühling/Buchner/*Weichert*, Art. 9 DSGVO Rn. 4; Gola/Heckmann/*Schulz*, Art. 9 DSGVO Rn. 2; *Veil*, ZD 2015, 347, 349.

[380] Gegen praktische Auswirkung im Zivilrecht etwa *Ohly*, GRUR 2012, 983, 984 und ausführlich *Ohly*, Einwilligung, S. 132 ff. Für eine generelle Relevanz der Unterscheidung zwischen Rechtfertigungsgrund und negativem Tatbestandsmerkmal etwa *Schlechtriem*, DRIZ 1975, 65, 67.

[381] BGH, Urteil vom 25.01.1989 – IVb ZR 44/88, NJW 1989, 1728, 729; BGH, Urteil vom 19.10.2011 – I ZR 140/10, GRUR 2012, 602, 604; BGH, Beschluss vom 27.10.2016 – V ZB 47/15, NJW-RR 2017, 58, 59; Wolff/Brink/*Quaas*, Art. 82 DSGVO Rn. 51; *Wybitul/Leibold*, ZD 2022, 207, 208; *Stein*, JuS 2016, 896, 897.

weislast enthalten.[382] Der EGMR wendet auch die aus dem nationalen Prozessrecht bekannten Regeln an.[383] Dies ist auch für die GrCh anzunehmen.[384]

bb) Anwendung dieser Regel auf Art. 82 DSGVO

Grundsätzlich gelten im europäischen Datenschutzrecht die nationalen Darlegungs- und Beweislastregeln, da es in der DSGVO kein eigenständiges Beweisrecht gibt.[385]

Die für diese Arbeit typische Konstellation des Art. 82 DSGVO liegt im Hinblick auf die datenschutzrechtliche Einwilligung dann vor, wenn eine betroffene Person vom Datenverarbeiter den Ersatz eines Schadens verlangen möchte, der aufgrund einer Datenverarbeitung ohne Einwilligung erfolgte. Legt man den soeben dargestellten Grundsatz des deutschen Prozessrechts zugrunde, muss die betroffene Person somit die Rechtsgutverletzung durch die Datenverarbeitung, den Schaden und die Kausalität beweisen.[386] Das Vorliegen einer wirksamen datenschutzrechtlichen Einwilligung ist eine für den in Anspruch genommenen Datenverarbeiter günstige Tatsache.[387] Diese müsste der Datenverarbeiter somit darlegen und bewei-

---

[382] EuGH, Urteil vom 17.07.1997 – C-242/95, BeckRS 2004, 75377, Rn. 24; OGH Österreich, Urteil vom 27.11.2019 – 6 Ob 217/19h, BeckRS 2019, 36677 Rn. 29; OLG Stuttgart Urteil vom 31.03.2021 – 9 U 34/21, BeckRS 2021, 6282 Rn. 41.

[383] Zuletzt etwa EGMR, Urteil vom 08.03.2022 – 12736/10, BeckRS 2022, 3608 Rn. 36. So auch *Hense*, ZD 2022, 413.

[384] Jarass/*Jarass*, Art. 52 GrCh Rn. 39.

[385] OLG Stuttgart Urteil vom 31.03.2021 – 9 U 34/21, BeckRS 2021, 6282 Rn. 43; OVG Saarlouis, Beschluss vom 16.02.2021 – 2 A 355/19, NJW 2021, 2225, 2226 Rn. 24; Kühling/Buchner/*Bergt*, Art. 82 DSGVO Rn. 46; Simitis/Hornung/Spiecker gen. Döhmann/*Boehm*, Art. 82 DSGVO Rn. 31; Taeger/Gabel/*Moos/Schefzig*, Art. 82 DSGVO Rn. 50; Schantz/Wolff/*Schantz*, Rn. 1250. Dabei muss ggf. im Einzelfall beachtet werden, dass nationale Verfahrensregeln dem Unionsrecht nicht seine Wirkung nehmen dürfen, so dass keine überzogenen Forderungen an die Darlegungs- und Beweislast zu stellen sind, vgl. Schantz/Wolff/*Schantz*, Rn. 1250 und in diese Richtung auch Kühling/Buchner/*Bergt*, Art. 82 DSGVO Rn. 46a und *Hense*, ZD 2022, 413. Kritisch generell zu dieser Aussage *Hense*, ZD 2022, 413 ff.

[386] Ebenso: OGH Österreich, Urteil vom 27.11.2019 – 6 Ob 217/19h, BeckRS 2019, 36677 Rn. 29; OLG Brandenburg, Beschluss vom 11.08.2021 – 1 U 69/20, BeckRS 2021, 24733 Rn. 3 f.; OLG Bremen, Beschluss vom 16.07.2021 – 1 W 18/21, BeckRS 2021, 19934 Rn. 2; OLG Stuttgart, Urteil vom 31.03.2021 – 9 U 34/21, ZD 2021, 375, 376; LG München I, Urteil vom 09.12.2021 – 31 O 16606/20, GRUR-RS 2021, 41707 Rn. 28; *Wybitul/Leibold*, ZD 2022, 207 ff. Der Beschluss des BVerfG vom 14.01.2021 – 1 BvR 2853/19, BeckRS 2021, 1962 verhält sich nicht zur Frage der Beweislast.

[387] So auch OVG Saarlouis, Beschluss vom 16.02.2021 – 2 A 355/19, NJW 2021, 2225, 2226 Rn. 24; Kühling/Buchner/*Bergt*, Art. 82 DSGVO Rn. 46; Wolff/Brink/*Stemmer*, Art. 7 DSGVO Rn. 89; Taeger/Gabel/*Taeger*, Art. 7 DSGVO Rn. 5; Simitis/Hornung/Spiecker gen. Döhmann/*Klement*, Art. 7 DSGVO Rn. 46; *Veil*, ZD 2018, 9, 13. Man könnte auch behaupten, das Nichtvorliegen der datenschutzrechtlichen Einwilligung wäre für die betroffene Person anspruchsbegründend. Es ist jedoch prozessual schwer, dass Nichtvorliegen einer Tatsache zu beweisen und entspricht auch nicht dem Sinn und Zweck. In diesem Sinne auch BGH, Urteil vom 13.01.2022 – I ZR 25/19, GRUR 2022, 995, 998, Rn. 39.

sen.[388] Gestützt wird diese Ansicht von Art. 7 Abs. 1 DSGVO, wonach der Datenverarbeiter nachweisen muss, dass die betroffene Person eingewilligt hat.[389] Auch aus dem Prinzip des Verbots mit Erlaubnisvorbehalt ergibt sich, dass die Einwilligung eine für den Datenverarbeiter günstige Tatsache ist, die er zu beweisen hat. Ob die datenschutzrechtliche Einwilligung dabei nun tatbestandsausschließend oder rechtfertigend wirkt, ist nach den allgemeinen Grundsätzen somit nicht von Relevanz.[390]

Die aktuell bestehende Diskussion, ob aus Art. 5 Abs. 2, Art. 24 Abs. 1 und Art. 82 Abs. 3 DSGVO eine generelle Beweislastumkehr für alle anspruchsbegründenden Tatbestandsmerkmale des Anspruchs aus Art. 82 DSGVO folgen, kann an dieser Stelle daher unbeantwortet bleiben.[391]

---

[388] Diese Ansicht kann, zumindest im übertragenen Sinne, da es um eine Rechtfertigung geht, als vom BGH vertreten angesehen werden, denn der BGH führt im Hinblick auf eine Einwilligung zur Eigentumsverletzung in einem Werkvertrag aus: „Es ist, wovon auch das BerGer. ausgegangen ist, seit langem anerkannt, dass denjenigen, der das Eigentum eines anderen verletzt hat, die Beweislast trifft, wenn er ein Recht zur Verletzung behauptet (z. B. BGH, NJW 1953, 1347 = LM § 823 BGB Nr. 1). Wird dieses Recht aus dem Abschluss eines den Eingriff in das Eigentum betreffenden Werkvertrags hergeleitet, verlangt das deliktsrechtliche Anspruchssystem deshalb, dass der Unternehmer das Zustandekommen eines Werkvertrags mit diesem Inhalt beweist. […] Sowohl die Beweislast des Anspruchstellers für die anspruchsbegründenden Voraussetzungen des vertraglichen Schadensersatzanspruchs als auch die Beweislast des Verletzers für den seinen Eingriff in das Recht desanderen rechtfertigenden Grund folgen vielmehr dem Grundsatz, wonach derjenige, der an einen bestimmten Sachverhalt eine für ihn günstige Rechtsfolge anknüpft, für deren Voraussetzungen einzustehen hat“, BGH, Urteil vom 19.10.2004 – X ZR 142/03, NJW-RR 2005, 172. So nun auch der EuGH, Urteil vom 04.07.2023 – C-252/21 Rn. 95, 152 und 154.

[389] EuGH, Urteil vom 11.11.2020 – C-61/19 – *Orange România*, NJW 2021, 841, 843 Rn. 42; Wolff/Brink/*Stemmer*, Art. 7 DSGVO Rn. 89; Taeger/Gabel/*Taeger*, Art. 7 DSGVO Rn. 5; Kühling/Buchner/*Buchner/Kühling*, Art. 7 DSGVO Rn. 23; a. A. Simitis/Hornung/Spiecker gen. Döhmann/*Klement*, Art. 7 DSGVO Rn. 46, der jedoch im Ergebnis aufgrund der allgemeinen Beweislastregel zum gleichen Ergebnis kommt.

[390] Ebenso generell für die Einwilligung im Zivilrecht *Ohly*, Einwilligung, S. 134.

[391] Für eine Beweislastumkehr etwa ArbG Dresden, Urteil vom 26.08.2020 – 13 Ca 1046/20, ZD 2021, 54, 55; *Buchner/Wessels*, ZD 2022, 251, 253 f.; wohl auch Kühling/Buchner/*Bergt*, Art. 82 DSGVO Rn. 46 und *Paal*, MMR 2020, 14, 17. Buchner/Wessels begründen ihre Ansicht damit, dass der EuGH im Kartellrecht den Kausalitätsnachweis ebenso führe und zudem eine Verteilung der Beweislast nach Verantwortungssphären angezeigt ist, da die betroffene Person keine Ahnung von den internen Vorgängen beim Datenverarbeiter haben könne, vgl. *Buchner/Wessels*, ZD 2022, 251, 253 f. Gegen eine Beweislastumkehr etwa OGH Österreich, Urteil vom 27.11.2019 – 6 Ob 217/19h, BeckRS 2019, 36677 Rn. 29; OLG Brandenburg, Beschluss vom 11.08.2021 – 1 U 69/20, BeckRS 2021, 24733 Rn. 3 f.; OLG Bremen, Beschluss vom 16.07.2021 – 1 W 18/21, BeckRS 2021, 19934 Rn. 2; OLG Stuttgart, Urteil vom 31.03.2021 – 9 U 34/21, BeckRS 2021, 6282, Rn. 42 ff. und 61 (Revision beim BGH unter Az. VI ZR 111/21); LG München I, Urteil vom 09.12.2021 – 31 O 16606/20, GRUR-RS 2021, 41707 Rn. 28; LG Köln, Urteil vom 03.08.2021 – 5 O 84/21, ZD 2022, 52, 53; Taeger/Gabel/*Moos/Schefzig*, Art. 82 DSGVO Rn. 53; Gola/Heckmann/*Gola/Piltz*, Art. 82 DSGVO Rn. 24 ff.; Spindler/Schuster/*Spindler/Horváth*, Art. 82 DSGVO Rn. 11; *Wybitul/Leibold*, ZD 2022, 207 ff.; *Tribess*, GWR 2020, 140. Dabei wird etwa angeführt, Art. 82 Abs. 3 DSGVO gelte nur für das Verschulden, vgl. etwa LG Köln, Urteil vom 03.08.2021 – 5 O 84/21, ZD 2022, 52, 53; Spindler/Schuster/*Spindler/Horváth*, Art. 82 DSGVO Rn. 11, und dass Art. 5 Abs. 2 DSGVO nur gegenüber

cc) Anwendung dieser Regel auf Art. 83 DSGVO

Die Einordnung als Rechtfertigungsgrund oder Tatbestandsausschluss hat nur geringe bis keine Auswirkungen auf Art. 83 DSGVO. In diesem Zusammenhang geht es nur mittelbar um die Einwilligung als Ausdruck der Selbstbestimmung, da entscheidend ist, ob der Datenverarbeiter einen Verstoß begangen hat. Die Aufsichtsbehörde bezieht sich also etwa auf eine Datenverarbeitung und behauptet, es gebe dazu keine wirksame Einwilligung. Die Diskussion hinsichtlich der Darlegungs- und Beweislast in diesem Fall bezieht sich sodann darauf, ob der Datenverarbeiter eine Einwilligung wirksam eingeholt hat und wer das Vorliegen bzw. Nichtvorliegen der Einwilligung beweisen muss.[392] Die einwilligende Person ist dabei nicht unmittelbar Teil des Verfahrens. Ob für sie die Einwilligung rechtfertigend oder tatbestandsausschließend wirkt, ist an dieser Stelle erneut nicht relevant, denn dies ist in beiden Fällen eine für den Datenverarbeiter günstige Sache. Entscheidender ist die generelle Wirkung der Rechenschaftspflicht der DSGVO in Verbindung und im Zusammenspiel mit Art. 6 Abs. 1 EMRK, den Art. 47–50 GrCh und Unschuldsvermutung. Ferner folgt auch für diesen Fall aus dem Erlaubnisprinzip, dass der Datenverarbeiter nicht die generelle Erlaubnis zur Datenverarbeitung hat, sondern eben die Erlaubnis zu dieser nachweisen muss.

Behörden gelte, vgl. LG München I, Urteil vom 09.12.2021 – 31 O 16606/20, GRUR-RS 2021, 41707 Rn. 28. Ferner führt das OLG Stuttgart an, Art. 5 Abs. 2 DSGVO entspreche den nationalen Beweislastregeln und ergebe keine Änderung OLG Stuttgart, Urteil vom 18.05.2021 – 12 U 296/20, ZD 2022, 105, 106 Rn. 24 f. Quaas nimmt einzelfallbezogene Beweiserleichterungen an, vgl. Wolff/Brink/*Quaas*, Art. 82 DSGVO Rn. 16. Hinsichtlich anderer Beweislastfragen im Rahmen des Art. 82 DSGVO, etwa für die Einhaltung von Art. 32 DSGVO, hat das Bulgarische Oberste Verwaltungsgericht dem EuGH mittlerweile umfassende Fragen vorgelegt, vgl. EuGH Az. C-240/21 – VB v Natsionalna agentsia za prihodite, Vorabentscheidungsersuchen des Varhoven administrativen sad (Bulgarien). Dazu auch *Wybitul/Leibold*, ZD 2022, 207, 209 und *Schöning*, CR 2022, 152 ff. Der EuGH hat mit Urteil vom 24.02.2022 in Sachen C-175/20 beiläufig geäußert, dass „der für die Verarbeitung Verantwortliche nach dem in Art. 5 Abs. 2 DS-GVO verankerten Grundsatz der Rechenschaftspflicht nachweisen können muss, dass er die in Absatz 1 dieses Artikels festgelegten Grundsätze für die Verarbeitung personenbezogener Daten einhält" (Rn. 77 des Urteils) und daher die Beweislast trage (Rn. 81 des Urteils), EuGH, Urteil vom 24.02.2022 – C-175/20, ZD 2022, 271 ff. Hense und Zerdick schließen daraus eine Beweislastumkehr zulasten des Datenverarbeiters, vgl. *Hense*, ZD 2022, 413, 414 und *Zerdick*, EuZW 2022, 527, 533. Daraus könnte jedoch auch nur zu schließen sein, wie vor der Entscheidung von der anderen Ansicht vertreten, dass dies für Behörden gelte.

[392] Dazu wird vertreten, der Datenverarbeiter trage aufgrund der Rechenschaftspflicht der Art. 5 Abs. 2 und Art. 24 Abs. 1 DSGVO die Beweislast für die Einhaltung der Vorschriften, vgl. etwa Kühling/Buchner/*Bergt*, Art. 83 DSGVO Rn. 111. Dem wird entgegengehalten, dass dies dem Konzept der Unschuldsvermutung nach Art. 6 Abs. 2 EMRK und Art. 48 Abs. 1 GrCh widerspreche, so dass zumindest ein Indizienbeweis wie im Kartellrecht zu fordern sei bzw. aufgrund fehlender Regelungen in Art. 83 DSGVO zur Beweislast das nationale Bußgeldverfahrensrecht Anwendung finde, so dass gem. § 46 Abs. 2 OWiG i. V. m. § 160 Abs. 1 StPO die Unschuldsvermutung und der Amtsermittlungsgrundsatz gelte, vgl. Taeger/Gabel/*Moos/Schefzig*, Art. 83 DSGVO Rn. 152; Wolff/Brink/*Holländer*, Art. 83 DSGVO Rn. 18.

dd) Zusammenfassung

Ob die Einwilligung rechtfertigend oder tatbestandsausschließend wirkt, ist hinsichtlich der datenschutzrechtlich in der Praxis maßgeblichen Anspruchs- und Ermächtigungsgrundlagen der Art. 82 und Art. 83 DSGVO nicht von Relevanz. Bei Art. 82 DSGVO muss der Datenverarbeiter darlegen, dass eine wirksame Einwilligung erteilt wurde. Denn unabhängig von der Wirkung der Einwilligung liegt ohne das Vorliegen der Einwilligung eine Verletzung der Rechte der Person vor, deren Daten verarbeitet werden. Es handelt sich mithin in beiden Fällen um eine für den Datenverarbeiter günstige Tatsache. Aufgrund des Erlaubnisprinzips muss derjenige, der sich auf die Erlaubnis beruft, diese darlegen.

b) Schärfung des Begriffs

Es wird ferner ausgeführt, es sei neben der Beweis- und Behauptungslast wichtig für die Rechtssicherheit, die Konturen zwischen einem Rechtfertigungsgrund und einem negativen Tatbestandsmerkmal zu schärfen.[393] Ansonsten blieben die Verhaltensgebote für den Rechtsanwender gefährlich unscharf. Unter Zugrundelegung des soeben Ausgeführten bleibt jedoch unklar, welche Gefahr für den Rechtsanwender drohen soll. Eine praktische Auswirkung der Unterscheidung ist nicht erkennbar.

c) Zusammenfassung

Es wurde aufgezeigt, dass die tatbestandsausschließende Wirkung der Einwilligung und das Erlaubnisprinzip nur wenige praktische Auswirkungen haben. Sie stellen jedoch klar, dass die Einwilligung Ausübung der Selbstbestimmung ist. Dieses Verständnis hebt die Wirkung der Einwilligung als gestalterisches Element hervor und macht deutlich, dass die Einwilligung etwas Positives ist und nicht bloß eine bestehende Verletzung relativiert. Es verändert damit den Charakter und die Wahrnehmung der Einwilligung in der Praxis und macht sie praxistauglicher. Mit dem dadurch begrifflich verstärkten Bewusstsein, durch die Einwilligung seine Grundrechte auszuüben, wird die Wichtigkeit der Einwilligung gestärkt.

III. Ergebnis

Die datenschutzrechtliche Einwilligung muss formelle und materielle Voraussetzungen erfüllen, um Ausdruck der grundrechtlich geschützten Selbstbestimmung zu sein. Formell unterliegt sie dabei keiner Formvorschrift, die einwilli-

[393] *Schlechtriem*, DRiZ 1975, 65, 66 f.

gende Person muss jedoch abhängig von ihren geistig-psychischen Eigenschaften einwilligungsfähig sein, was sich nach dem Einzelfall richtet und nicht pauschal beantwortet werden kann.

Inhaltlich[394] muss die Einwilligung für den bestimmten Fall erteilt werden und es muss der jeweiligen Person der Zweck der Datenverarbeitung mitgeteilt werden. Dabei muss die einwilligende Person im konkreten Fall die Chance zur ausreichenden Informiertheit haben, bei der das Transparenzgebot beachtet werden muss. Eine tatsächliche Kenntnisnahme ist nicht erforderlich. Ferner ist die Einwilligung wie auch bei den Grundrechten richtigerweise frei widerruflich. Schließlich muss die Einwilligung freiwillig erteilt werden, wofür stets eine Gesamtabwägung im Einzelfall erforderlich ist, bei der mit der bestehenden Regelung die grundrechtlichen Vorgaben ausreichend beachtet werden können. Art. 7 Abs. 4 DSGVO ist ebenfalls einzelfallabhängig und als relatives Koppelungsverbot zu betrachten. Das Koppelungsverbot steht dabei dem Modell „Bezahlen mit Daten" bzw. „Daten als Gegenleistung" nicht entgegen, da in diesem Fall die Datenverarbeitung nach dem subjektiv-konkreten Erforderlichkeitsmaßstab für die Vertragserfüllung erforderlich sein kann. Auch die weiteren Fallgruppen lassen sich hinsichtlich der Freiwilligkeit mit den bewährten zivilrechtlichen Regelungen, insbesondere §§ 305 ff. BGB, lösen.

Die Einwilligung wirkt zudem auch im Datenschutzrecht tatbestandsausschließend, da eine Datenverarbeitung, die dem Willen der einwilligenden Person entspricht, keine Verletzung ihrer Selbstbestimmung darstellt. Auch wenn dies wenig praktische Auswirkungen hat, hebt dieses Verständnis die Wirkung der Einwilligung als gestalterisches Element hervor und macht deutlich, dass die Einwilligung etwas Positives ist und nicht bloß eine bestehende Verletzung relativiert. Der Charakter und die Wahrnehmung der Einwilligung in der Praxis wird dadurch verändert und macht sie praxistauglicher. Mit dem dadurch begrifflich verstärkten Bewusstsein, durch die Einwilligung seine Grundrechte auszuüben, wird die Wichtigkeit der Einwilligung gestärkt.

Abschließend wurde aufgezeigt, dass es aufgrund der zahlreichen Erlaubnistatbestandsalternativen im Datenschutzrecht treffender ist, von einem „Erlaubnisprinzip" zu sprechen. Aufgrund des existierenden Rechtsbegriffs des Verbots mit Erlaubnisvorbehalt in anderen Rechtsgebieten und dem damit verknüpften Verständnis, ist dieser Begriff mithin abzulehnen.

---

394 Dazu ausführlich C. I. 2. b).

D. Die Einwilligung als Ausdruck der Selbstbestimmung im Wettbewerbsrecht

In den vorstehenden Abschnitten wurde deutlich gemacht, dass die Einwilligung zwischen Privaten und die datenschutzrechtliche Einwilligung mit den bestehenden Regelungen Ausdruck der Selbstbestimmung sein kann, sofern die dort getroffenen Annahmen im Einzelfall beachtet und angewandt werden. Auch im Wettbewerbsrecht ist die Einwilligung bei der Beurteilung, ob eine unzumutbare Belästigung gem. § 7 Abs. 1 UWG vorliegt, in den Fällen des § 7 Abs. 2 Nr. 1 und Nr. 2 UWG entscheidend. Eine unzumutbare Belästigung ist ausgeschlossen, wenn eine vorherige ausdrückliche Einwilligung vorliegt.[1] Was unter einer solchen wirksamen Einwilligung zu verstehen ist, richtet sich seit Inkrafttreten der DSGVO nach einer weit verbreiteten Ansicht in Rechtsprechung und Literatur nach Art. 4 Nr. 11 DSGVO und den weiteren datenschutzrechtlichen Normen zur Einwilligung.[2] Diese geht zurück auf Art. 13 Abs. 1, Abs. 2, S. 2 lit. f) DSRL-EK, womit auf die Datenschutz-RL verwiesen wird, die jedoch von der DSGVO abgelöst wurde, so dass der dortige Begriff nun entscheidend ist.[3] Die oben festgehaltenen Voraussetzungen der datenschutzrechtlichen Einwilligung gelten somit grundsätzlich auch hier.[4] Ob dies unter Geltung der Richtlinie 2005/29/EG vom 11. Mai 2005 über unlautere Geschäftspraktiken im binnenmarktinternen Geschäftsverkehr zwischen Unternehmen und Verbrauchern und zur Änderung der Richtlinie 84/450/ EWG des Rates, der Richtlinien 97/7/EG, 98/27/EG und 2002/65/EG des Europäischen Parlaments und des Rates sowie der Verordnung (EG) Nr. 2006/2004 des Europäischen Parlaments und des Rates (nachfolgend „UGP-RL"), insbesondere

---

[1] Im Falle des § 7 Abs. 2 Nr. 2 UWG genügt gegenüber einem sonstigen Marktteilnehmer, der kein Verbraucher ist, auch eine mutmaßliche Einwilligung.

[2] BGH, Urteil vom 28.05.2020 – I ZR 7/16, NJW 2020, 2540, 2543 Rn. 28 ff.; Fritzsche/ Münker/Stollwerck/*Fritzsche*, § 7 UWG Rn. 79; Harte-Bavendamm/Henning-Bodewig/*Schöler*, § 7 UWG Rn. 238; Köhler/Bornkamm/Feddersen/*Köhler*, § 7 UWG Rn. 189; *Buchner*, WRP 2018, 1283, 1284. Zur DSRL-EK vgl. BGH, Urteil vom 01.02.2018 – III ZR 196/17, NJW-RR 2018, 486, 487; *David*, Telefonwerbung in Deutschland, S. 245.

[3] BGH, Urteil vom 28.05.2020 – I ZR 7/16, NJW 2020, 2540, 2543 Rn. 28 ff.; Fritzsche/ Münker/Stollwerck/*Fritzsche*, § 7 UWG Rn. 79; Harte-Bavendamm/Henning-Bodewig/*Schöler*, § 7 UWG Rn. 238; *Buchner*, WRP 2018, 1283, 1284. Zur DSRL-EK vgl. BGH, Urteil vom 01.02.2018 – III ZR 196/17, NJW-RR 2018, 486, 487.

[4] Köhler/Bornkamm/Feddersen/*Köhler*, § 7 UWG Rn. 189; Harte-Bavendamm/Henning-Bodewig/*Schöler*, § 7 UWG Rn. 176. Kritisch *Buchner*, WRP 2018, 1283, 1284 ff. Noch zur Datenschutz-RL für einen Gleichlauf wohl auch BGH, Urteil vom 25.10.2012 – I ZR 169/10, MMR 2013, 380, 381 Rn. 23 ff.; *Eckhardt/Rheingans*, ZD 2013, 318, 323. Siehe zu den Voraussetzungen unter C. I. 2.

Nr. 26 Anhang I UGP-RL, zutreffend ist, ist weiterhin umstritten. Das Verhältnis der UGP-RL zur DSGVO bedarf daher der Darstellung und Einordnung, ebenso wie die Frage nach der zutreffenden Umsetzung durch den deutschen Gesetzgeber und dem Verhältnis der DSRL-EK zur DSGVO und zur UGP-RL.[5]

I. Schutzzwecke und Ziele des Wettbewerbsrechts

Zur Einordnung müssen zunächst die Schutzzwecke und die Ziele des Wettbewerbsrechts dargestellt werden. Auf die historische Entwicklung des Wettbewerbsrechts wird nur vereinzelt eingegangen.[6] Dem Wettbewerbsrecht liegen eine Vielzahl von Gesetzen, Verordnungen, Richtlinien, Normen etc. zugrunde, deren Aufzählung den Umfang dieser Arbeit sprengen würde und auch nicht zielführend wäre, so dass darauf verzichtet wird.[7] Die Zwecke und Ziele der jeweiligen Rechtsgrundlagen sollen im Vordergrund stehen und anhand der Normenhierarchie untersucht werden. Dabei liegt der Schwerpunkt erneut auf der Selbstbestimmung des Einzelnen im Wettbewerbsrecht und deren Grundlage in den jeweiligen Vorschriften.

Lauterkeitsrecht und Kartellrecht gewährleisten zusammen die Funktionsfähigkeit des Wettbewerbs auf Märkten und lassen sich so als Marktordnungsrecht klassifizieren.[8] Sie dienen mithin dem gemeinsamen Zweck, den wirtschaftlichen Wettbewerb zu sichern und zu ordnen, auch wenn die Formulierungen der Schutzrichtungen im Einzelnen einen Unterschied suggerieren.[9] Das Kartellrecht schützt im Allgemeininteresse die Freiheit des Wettbewerbs gegen Beschränkungen und schützt so den Wettbewerb als Institution und dessen Funktionsfähigkeit, dient

---

[5] Dazu D. II.

[6] Ausführlich zur geschichtlichen Entwicklung des Kartellrechts siehe etwa *Glöckner*, Kartellrecht, Rn. 8 ff. und Loewenheim/Meessen/Riesenkampff/Kersting/Meyer-Lindemann/*Meessen/Kersting*, Einführung Rn. 67 und 75 ff. sowie zur geschichtlichen Entwicklung des Lauterkeitsrechts etwa Köhler/Bornkamm/Feddersen/*Köhler*, Einl. UWG Rn. 2.1 ff.; Harte-Bavendamm/Henning-Bodewig/*Keller*, Einleitung Rn. 1 ff.; Harte-Bavendamm/Hennings-Bodewig/*Glöckner*, Einleitung Rn. 77 ff.; Fritzsche/Münker/Stollwerck/*Stollwerck*, Einf. UWG Rn. 1 ff. Zur historischen Entwicklung des Normenverhältnisses etwa *Grewe*, Missbrauchsverbot als Durchsetzungsinstrument, S. 169 ff.

[7] Ausführlich dazu die Einleitung A–G in Harte-Bavendamm/Henning-Bodewig oder auch Fritzsche/Münker/Stollwerck/*Stollwerck/Münker/Haun/Reck*, Einleitung Rn. 43 ff.

[8] Fritzsche/Münker/Stollwerck/*Alexander*, § 1 UWG Rn. 74; Harte-Bavendamm/Hennings-Bodewig/*Podszun*, § 1 UWG Rn. 73; Gloy/Loschelder/Danckwerts/*Erdmann/Loschelder*, § 1 Rn. 1.

[9] Harte-Bavendamm/Henning-Bodewig/*Ahrens*, Einleitung Rn. 1077; Gloy/Loschelder/Danckwerts/*Holtorf*, § 16 Rn. 1; Gloy/Loschelder/Danckwerts/*Erdmann/Loschelder*, § 1 Rn. 58; *Glöckner*, Europäisches Lauterkeitsrecht, S. 204; *Glöckner*, WRP 2020, 143, 145; *Grewe*, Missbrauchsverbot als Durchsetzungsinstrument, S. 169.

zugleich jedoch dem Schutz der wettbewerblichen Handlungsfreiheit des einzelnen Wirtschaftsteilnehmers, wie insbesondere § 33 GWB zeigt.[10]

Das Lauterkeitsrecht schützt kollektiv die Entscheidungsfreiheit der Verbraucher und sonstigen Abnehmer gegen Beeinträchtigungen mit täuschenden und aggressiven Mitteln, hat jedoch auch den Schutz individuell und kollektiv beschriebener Wettbewerber gegen bestimmte Formen der Leistungsübernahme, gezielte Behinderung und die Verschaffung eines Wettbewerbsvorsprungs durch Verletzung von Marktverhaltensregeln und den Schutz der Allgemeinheit im Blick.[11]

Die verschiedenen Rechtsgrundlagen werden nachfolgend skizziert. In Bezug auf eine unwirksam erteilte Einwilligung können diese verschiedenen Schutzziele, die jedoch dasselbe Ziel verfolgen, an der entsprechenden Stelle gut dargestellt werden.[12]

1. Völkerrechtliche Vorschriften

Im europäischen und deutschen Kartellrecht spielen völkerrechtliche Abkommen eine untergeordnete Rolle, so dass dazu hier nicht vertieft ausgeführt werden muss.[13] Völkerrechtliche Vorschriften wie etwa die Pariser Verbandsübereinkunft (nachfolgend „PVÜ"), die WIPO Model Provisions und das Abkommen über handelsbezogene Aspekte des geistigen Eigentums (nachfolgend „TRIPs") stellen internationale lauterkeitsrechtliche Regeln auf.[14] Aus der PVÜ wird so etwa ersichtlich, dass Handlungen mit Hervorrufung von Verwechslungsgefahr (Art. 10bis Abs. 3 Nr. 1 PVÜ), die Behauptung falscher Tatsachen (Art. 10bis Abs. 3 Nr. 2 PVÜ) sowie die Irreführung (Art. 10bis Abs. 3 Nr. 3 PVÜ) im geschäftlichen Verkehr unlautere Wettbewerbshandlungen darstellen, die zu untersagen sind.[15] Geschützt werden sollten dadurch lediglich die Unternehmerinteressen, auch wenn oftmals gleichzeitig die Verbraucher durch diese Wettbewerbshandlungen geschä-

---

[10] Harte-Bavendamm/Henning-Bodewig/*Ahrens*, Einleitung Rn. 1077; *Glöckner*, Kartellrecht, Rn. 56.

[11] Harte-Bavendamm/Henning-Bodewig/*Ahrens*, Einleitung Rn. 1079; Gloy/Loschelder/Danckwerts/*Holtorf*, § 16 Rn. 1; *Glöckner*, Europäisches Lauterkeitsrecht, S. 506 f.

[12] Vgl. dazu vertiefend unter F. IV.

[13] Vgl. dazu vertiefend Loewenheim/Meessen/Riesenkampff/Kersting/Meyer-Lindemann/*Meessen/Kersting*, Einführung Rn. 84 ff. Zu völkerrechtlichen Schranken und dem Gebot der Völkercourtoisie Immenga/Mestmäcker/*Rehbinder*, Band 1, IntWbR Rn. 13 ff.

[14] Dazu ausführliche etwa Fritzsche/Münker/Stollwerck/*Stollwerck*, Einf. UWG Rn. 145 ff.; Harte-Bavendamm/Henning-Bodewig/*Glöckner*, Einleitung Rn. 786 ff.; Köhler/Bornkamm/Feddersen/*Köhler*, Einl. UWG Rn. 5.1 ff.

[15] Vertiefend zu Art. 10bis PVÜ *Henning-Bodewig*, GRUR Int. 2013, 1, 2 ff. In Staaten, in denen ein gut ausgearbeitete Lauterkeitsrecht besteht, wie etwa Deutschland, kommt der PVÜ kaum eigenständige Bedeutung zu, vgl. Harte-Bavendamm/Henning-Bodewig/*Glöckner*, Einl. E Rn. 787. Insbesondere bei Inkrafttreten der PVÜ gab es jedoch eine Anschubs- und Harmonisierungswelle in vielen Staaten, vgl. *Henning-Bodewig*, GRUR Int 2013, 1, 8.

digt und mithin durch Art. 10bis PVÜ geschützt werden.[16] Erst in den WIPO Model Provisions wurde in Note 1.06 und 1.10. der Konsumentenschutz international explizit als Zweck mit aufgenommen.[17]

In der EMRK wird mit Art. 1 des Zusatzprotokolls der EMRK das geistige Eigentum geschützt.[18] Ferner gehört die EMRK nach ständiger Rechtsprechung zu den allgemeinen Rechtsgrundsätzen, die auch im Wettbewerbsrecht grundsätzlich zu beachten sind.[19] Die bereits oben getroffenen Feststellungen zum Selbstbestimmungsrecht des Einzelnen müssen auch im Wettbewerbsrecht Beachtung finden und entsprechend abgewogen werden.

Aus dem Völkerrecht ergeben sich für die Praxis nur wenige übergeordnete Ziele und Zwecke des Wettbewerbsrechts. Insbesondere im Hinblick auf die Selbstbestimmung ergeben sich keine spezielleren Vorschriften als die bereits genannten.[20] Zudem ist deren Rang und Verhältnis sowohl zum europäischen als auch nationalen Wettbewerbsrecht teilweise umstritten und unklar.[21] Für die vorliegende Arbeit ist dies jedoch nicht entscheidend und kann daher hintenangestellt werden.

2. Wettbewerbsrecht und die Grundrechte

Auf nationaler Grundrechtsebene gibt es keine normative Festlegung auf ein am Wettbewerb ausgerichtetes Wirtschaftssystem, was nach der Rechtsprechung des BVerfG eine bewusste Entscheidung war, „um eine freie Auseinandersetzung, Entscheidung und Gestaltung der wirtschaftlichen Rahmenbedingungen zu ermöglichen".[22]

Das Wettbewerbsrecht hat dennoch sowohl national als auch unionsrechtlich eine grundrechtliche Verankerung. So hat das Bundesverfassungsgericht zu Recht bereits früh ausgeführt, dass die bestehende Wirtschaftsverfassung den grundsätz-

[16] Zum Ganzen *Henning-Bodewig*, GRUR Int. 2013, 1, 4 f., 8.

[17] Harte-Bavendamm/Henning-Bodewig/*Glöckner*, Einleitung Rn. 789.

[18] EGMR, Urteil vom 10.01.2013 – 36769/08, GRUR 2013, 859, 861 Rn. 40; EGMR, Urteil vom 11.01.2007 – 73049/01, GRUR 2007, 696 ff.; Harte-Bavendamm/Henning-Bodewig/*Ahrens*, Einleitung Rn. 1015.

[19] Vgl. etwa EuGH, Urteil vom 21.09.1989 – Rs. 46/87 und 227/88, NJW 1989, 3080, 3081 Rn. 13; Immenga/Mestmäcker/*Biermann*, Band 1, Vor Art. 23 VO 1/2003 Rn. 38; *Glöckner*, Kartellrecht, Rn. 152. Vertiefend mit ausführlicher Darstellung zu Lauterkeitsrechtlichen Einzelkonstellationen Fritzsche/Münker/Stollwerck/*Stollwerck*, Einf. UWG Rn. 167 ff.

[20] Vgl. dazu etwa B. I. 4. c).

[21] Siehe etwa vertiefend zur EMRK im Europäischen Kartellrecht Immenga/Mestmäcker/*Biermann*, Band 1, Vor Art. 23 VO 1/2003 Rn. 38, zum europäischen und nationalen Kartellrecht Loewenheim/Meessen/Riesenkampff/Kersting/Meyer-Lindemann/*Meessen/Kersting*, Einführung Rn. 84 ff. und zum Lauterkeitsrecht Harte-Bavendamm/Henning-Bodewig/*Glöckner*, Einleitung Rn. 786 ff.

[22] Fritzsche/Münker/Stollwerck/*Stollwerck*, Einf. UWG Rn. 41; Harte-Bavendamm/Henning-Bodewig/*Ahrens*, Einleitung Rn. 1001. Kritisch Sachs/*Mann*, Art. 12 GG Rn. 22.

lich freien Wettbewerb der als Anbieter und Nachfrager auf dem Markt auftretenden Unternehmer als eines ihrer Grundprinzipien enthalte.[23] So gewährleisten etwa Art. 2 Abs. 1 GG, Art. 6 GrCh das wirtschaftliche Persönlichkeitsrecht auf Marktzutritt und Wahrnehmung von Wettbewerbschancen.[24] Auch das Recht auf informationelle Selbstbestimmung ist auf das Austarieren wirtschaftlicher Interessen gerichtet.[25]

Weitere im Kontext des Wettbewerbsrechts zu berücksichtigende Grundrechte aus Grundgesetz und Grundrechtecharta sind etwa die Meinungsfreiheit aus Art. 11 GrCh, Art. 5 Abs. 1 GG, die Berufsfreiheit aus Art. 15 Abs. 1 GrCh, Art. 12 GG, die unternehmerische Freiheit aus Art 16 GrCh, der Schutz des geistigen Eigentums aus Art. 17 Abs. 2 GrCh sowie die Kunstfreiheit aus Art. 13 GrCh, Art. 5 Abs. 3 GG.[26] Diese Verankerung in den Grundrechten hat jedoch nicht zur Folge, dass die erworbenen Positionen um jeden Preis im Wettbewerb geschützt sind, so dass rechtskonformer Wettbewerb hinzunehmen ist, auch wenn er die wirtschaftliche Existenz kostet.[27] Art. 2 Abs. 1, 12 und 14 GG sowie Art. 16, 17 und 15 GrCh schützen das Unternehmen, das wettbewerbliche Aktivitäten entfaltet.[28] Insbesondere Art. 2 Abs. 1 GG soll dabei die Wettbewerbsfreiheit durch Gewährleistung gleicher Wettbewerbschancen schützen.[29] Art. 38 GrCh normiert das Bestreben nach einem hohen Verbraucherschutzniveau. So kann aus der Gesamtschau der Grundrechte festgehalten werden, es gebe für den Verbraucher ein Grundrecht auf wirtschaftliche Selbstbestimmung.[30]

Bei all diesen den Wettbewerb schützenden Grundrechten geht es mithin um den Schutz der Teilhabe am Wettbewerb und die Entfaltung der wirtschaftlichen Freiheit. Für die Ausübung der Selbstbestimmung im Wettbewerbsrecht spielen diese Grundrechte eine Rolle bei der Abwägung und der Bewertung, ob die Einwilligung, die – wie gezeigt – auf der Selbstbestimmung beruht, aufgrund dieser Grundrechte eingeschränkt werden kann und ob der Wettbewerb bei der Einwilligung ausreichend Berücksichtigung findet.

---

[23] BVerfG, Beschluss vom 08.02.1972 – 1 BvR 170/71, GRUR 1972, 358, 360 Rn. 4.

[24] Harte-Bavendamm/Henning-Bodewig/*Ahrens*, Einl. G Rn. 1004; Bunte/*Nothdurft*, § 19 GWB Rn. 2; *Glöckner*, Kartellrecht, Rn. 59.

[25] FS Köhler/*Buchner*, Facebook zwischen BDSG und UWG, 51, 59.

[26] Vertiefend dazu etwa Harte-Bavendamm/Henning-Bodewig/*Ahrens*, Einleitung Rn. 1004 ff. Auf diese Rechte kann man sich im Einzelfall berufen, wenn es um Streitigkeiten im Wettbewerbsrecht geht. Es ist allerdings nicht zielführend an dieser Stelle jeden Einzelfall aufzuzählen.

[27] *Glöckner*, Kartellrecht, Rn. 60.

[28] Harte-Bavendamm/Hennings-Bodewig/*Podszun*, § 1 UWG Rn. 40; Bunte/*Nothdurft*, § 19 GWB Rn. 2.

[29] Harte-Bavendamm/Henning-Bodewig/*Ahrens*, Einleitung Rn. 1004.

[30] *Drexl*, Selbstbestimmung, S. 253.

3. Primäres Unionsrecht

Die maßgeblichen Ziele des europäischen Wettbewerbsrechts sind in AEUV und EUV verankert. So hält Art. 3 Abs. 3 EUV fest, dass die Union einen Binnenmarkt errichtet und auf die nachhaltige Entwicklung einer wettbewerbsfähigen sozialen Marktwirtschaft hinwirkt, deren Grundlagen ein ausgewogenes Wirtschaftswachstum und Preisstabilität sein sollen.[31] Protokoll Nr. 27 über den Binnenmarkt und den Wettbewerb vom 13. Dezember 2007[32] (nachfolgend „Protokoll Nr. 27") normiert, dass der Binnenmarkt ein System umfasst, das den Wettbewerb vor Verfälschung schützt.[33] Das Protokoll Nr. 27 gilt für beide Verträge und hat dieselbe Verbindlichkeit.[34] Die Präambel des AEUV verweist bereits auf das Ziel, „einen redlichen Wettbewerb zu gewährleisten". Art. 119 AEUV normiert den Grundsatz, dass die Wirtschaftspolitik der Union und deren Mitgliedstaaten der offenen Marktwirtschaft und dem freien Wettbewerb verpflichtet ist.[35]

Die Ziele werden kartellrechtlich durch die Art. 101 ff. AEUV konkretisiert.[36] Sinn und Zweck der Art. 101 ff. AEUV ist zudem, dass die durch die Grundfreiheiten gewonnene Verkehrsfreiheit nicht durch private Initiative eingeschränkt wird.[37] Im Hinblick auf die Einwilligung ist daher der Missbrauch der marktbeherrschenden Stellung gem. Art. 102 AEUV hervorzuheben. Durch die fehlerhafte Einholung einer Einwilligung könnte ein Missbrauch einer marktbeherrschenden Stellung gem. Art. 102 AEUV vorliegen. Art. 102 AEUV gehört zu den Wettbewerbsregeln des Art. 3 Abs. 1 lit. b) AEUV, die für das Funktionieren des Binnenmarktes erforderlich sind und verhindern sollen, dass der Wettbewerb entgegen dem öffentlichen Interesse und zum Schaden der einzelnen Unternehmer und Verbraucher verfälscht wird.[38]

Auch Art. 114 AEUV hat die Rechtsangleichung im Binnenmarkt zum Ziel. Er dient als Kompetenznorm für die UGP-RL, die erlassen wurde, um einen Binnenmarkt zu errichten und funktionsfähig zu gestalten.[39] Nähere Regelungen zum Lauterkeitsrecht wurden daher in der UGP-RL festgehalten.[40] Sofern es sich bei den die Einwilligung erteilenden Personen um Verbraucher handelt, sind in diesem Zusammenhang die Art. 169 Abs. 1 AEUV und Art. 114 Abs. 3 S. 1 AEUV hervor-

---

[31] MüKoWettbR/*Säcker*, Band 1 Grdl. Rn. 13.

[32] Protokoll Nr. 27 über den Binnenmarkt und den Wettbewerb vom 13. Dezember 2007, ABl. 2007 C 306, 156.

[33] Das Ziel, ein System unverfälschten Wettbewerbs zu errichten, bestand gem. Art. 3 lit. d) EWGV bereits seit 1958, Immenga/Mestmäcker/*Immenga/Mestmäcker*, Band 1 Einl EU A Rn. 17.

[34] Immenga/Mestmäcker/*Immenga/Mestmäcker*, Band 1 Einl EU A Rn. 20.

[35] MüKoWettbR/*Säcker*, Band 1, Grdl. Rn. 13.

[36] MüKoWettbR/*Säcker*, Band 1, Grdl. Rn. 13.

[37] Grabitz/Hilf/Nettesheim/*Terhechte*, Art. 3 EUV Rn. 41.

[38] MüKoWettbR/*Wolf*, Band 2, § 19 GWB Rn. 2.

[39] Harte-Bavendamm/Henning-Bodewig/*Podszun*, § 1 UWG Rn. 24.

[40] Dazu D. I. 4.

zuheben, die einen hohen Verbraucherschutz normieren. Insbesondere Art. 169 Abs. 1 AEUV weist auf die wirtschaftlichen Interessen der Verbraucher hin.

Weitere wesentlichen Grundlagen für das Funktionieren des Binnenmarktes sind die Grundfreiheiten des AEUV, namentlich die Freiheiten des Waren-, Personen-, Dienstleistungs- und Kapitalverkehrs.[41] Die Grundfreiheiten setzen dem nationalen Recht Schranken und die nationalen Bestimmungen des UWG müssen sich an diesen Vorschriften messen lassen und sind im Licht der Grundfreiheiten auszulegen.[42]

Das Wettbewerbsrecht ist somit in AEUV und EUV als Ziel des Unionsrechts verankert. Detaillierte Regelungen werden mittels des sekundären Unionsrechts getroffen. Der Zweck der Wettbewerbsregeln in der Union kann zusammengefasst werden als Gewährleistung eines freien, redlichen, unverfälschten und gleichzeitig wirksamen Wettbewerbs auf dem Binnenmarkt.[43]

4. Sekundäres Unionsrecht

Die soeben dargestellten wesentlichen Ziele des unionalen Wettbewerbsrechts werden mittels zahlreicher Verordnungen und Richtlinien konkretisiert.[44] Es wird an dieser Stelle auf eine ausführliche Darstellung verzichtet und lediglich ein kurzer Überblick über die für diese Arbeit relevanteste Richtlinie, die UGP-RL, dargestellt.[45]

Die UGP-RL soll gem. Erwägungsgrund 1 UGP-RL im Sinne der Art. 169 und 114 AEUV ein hohes Verbraucherschutzniveau schaffen. Ausweislich des Erwägungsgrundes 8 S. 1, 2 UGP-RL sollen die Verbraucher vor Beeinträchtigung ihrer wirtschaftlichen Interessen geschützt werden und damit mittelbar auch rechtmäßig handelnde Unternehmen vor Mitbewerbern, die sich nicht an die Regeln halten. Der EuGH führte aus, das mit der UGP-RL verfolgte Ziel bestehe ferner darin, Verbraucher vor unlauteren Geschäftspraktiken zu schützen, da „sich ein Verbraucher im Vergleich zu einem Gewerbetreibenden in einer unterlegenen Position be-

[41] Gloy/Loschelder/Danckwerts/*Schulte-Beckhausen*, § 8 Rn. 2; MüKoWettbR/*Calliess*, Band 1, Grdl. Rn. 717; Harte-Bavendamm/Henning-Bodewig/*Glöckner*, Einleitung Rn. 89 ff.

[42] Gloy/Loschelder/Danckwerts/*Schulte-Beckhausen*, § 8 Rn. 1; MüKoWettbR/*Calliess*, Band 1, Grdl. Rn. 1026.

[43] *Glöckner*, Kartellrecht, Rn. 93.

[44] Ein Überblick über wettbewerblich relevante Bestimmung insbesondere in Bezug auf die Werbung findet sich bei Gloy/Loschelder/Danckwerts/*Schulte-Beckhausen*, § 7 Rn. 3 ff.

[45] Vertiefend zum Europäischen Lauterkeitsrecht Harte-Bavendamm/Henning-Bodewig/*Glöckner*, Einleitung Rn. 77 ff.; *Glöckner*, Europäisches Lauterkeitsrecht. Zum sekundären Gemeinschaftsrecht und Lauterkeitsrecht Gloy/Loschelder/Danckwerts/*Schulte-Beckhausen*, § 9 Rn. 1 ff.; Harte-Bavendamm/Henning-Bodewig/*Glöckner*, Einleitung Rn. 120 ff. Für das Kartellrecht sind im Hinblick auf die Forschungsfrage keine Verordnungen und Richtlinien hervorzuheben.

findet, da er als wirtschaftlich schwächer und rechtlich weniger erfahren als sein Vertragspartner angesehen werden muss".[46] Die UGP-RL soll dadurch zu einem lauteren Wettbewerb und einem reibungslosen Funktionieren des Binnenmarktes beitragen.[47]

5. Nationales Recht

Im nationalen Recht stellen das UWG und das GWB die zwei zentralen Gesetze des Wettbewerbsrechts dar. Beide haben eine starke europarechtliche Prägung.

a) UWG

Im UWG gibt es mit § 1 Abs. 1 UWG eine Schutzzweckbestimmung. So soll das UWG dem „Schutz der Mitbewerber, der Verbraucher sowie der sonstigen Marktteilnehmer vor unlauteren geschäftlichen Handlungen" dienen und „das Interesse der Allgemeinheit an einem unverfälschten Wettbewerb" schützen. Es wird dabei allerdings nicht festgehalten, welche Interessen der Mitbewerber, der Verbraucher und der sonstigen Marktteilnehmer konkret geschützt werden und in welchem Verhältnis diese zum Allgemeininteresse stehen.[48] Dies ist durch Auslegung zu ermitteln, wobei auch die zahlreichen unionsrechtlichen Richtlinien wie etwa die UGP-RL und die DSRL-EK heranzuziehen sind.[49]

Das Interesse der Mitbewerber ist auf den Schutz ihrer wettbewerblichen Entfaltungsfreiheit gerichtet.[50] Dies betrifft das Horizontalverhältnis zwischen den Mitbewerbern.[51]

Das Interesse der Verbraucher betrifft das Vertikalverhältnis zu Unternehmern.[52] Dabei sollen insbesondere die UGP-RL und damit u. a. der Art. 169 AEUV

[46] EuGH, Urteil vom 03.10.2013 – C-59/12, GRUR 2013, 1159, 1160 Rn. 35.

[47] Fritzsche/Münker/Stollwerck/*Alexander*, § 1 UWG Rn. 13.

[48] Köhler/Bornkamm/Feddersen/*Köhler*, § 1 UWG Rn. 8; Fritzsche/Münker/Stollwerck/*Alexander*, § 1 UWG Rn. 23; Harte-Bavendamm/Henning-Bodewig/*Podszun*, § 1 UWG Rn. 71 ff.

[49] Köhler/Bornkamm/Feddersen/*Köhler*, § 1 UWG Rn. 8.

[50] Köhler/Bornkamm/Feddersen/*Köhler*, § 1 UWG Rn. 10; Fritzsche/Münker/Stollwerck/*Alexander*, § 1 UWG Rn. 28 ff.; Harte-Bavendamm/Henning-Bodewig/*Podszun*, § 1 UWG Rn. 47 ff. Darunter fallen „alle Handlungsmöglichkeiten eines Unternehmers, das eigene Unternehmen und seine unternehmerischen Leistungen ungehindert am Markt zur Geltung zu bringen, mit Marktakteuren zu kommunizieren und zu interagieren, sowie geschäftliche Transaktionen vorzunehmen", Fritzsche/Münker/Stollwerck/*Alexander*, § 1 UWG Rn. 28.

[51] Köhler/Bornkamm/Feddersen/*Köhler*, § 1 UWG Rn. 9; Fritzsche/Münker/Stollwerck/*Alexander*, § 1 UWG Rn. 26.

[52] Köhler/Bornkamm/Feddersen/*Köhler*, § 1 UWG Rn. 14; Fritzsche/Münker/Stollwerck/*Alexander*, § 1 UWG Rn. 42.

umgesetzt werden und so ein hohes Verbraucherschutzniveau gewährleisten.[53] Dabei ist das Verbraucherleitbild des Durchschnittsverbrauchers, der „angemessen gut unterrichtet und angemessen aufmerksam und kritisch ist, unter Berücksichtigung sozialer, kultureller und sprachlicher Faktoren“[54], maßgebend.[55] Zudem sollen die Verbraucher eigenverantwortlich und selbstständig als aktive Marktteilnehmer Entscheidungen treffen.[56] Voraussetzung dafür ist, dass die Entscheidungen tatsächlich frei getroffen werden können. Von besonderer Bedeutung ist daher der Schutz der geschäftlichen Entscheidungsfreiheit, worunter zu verstehen ist, dass die geschäftliche Entscheidung frei und informiert getroffen wird.[57] Wettbewerb ohne Einflussnahme ist nicht möglich, doch die Grenze wird überschritten, wenn der Verbraucher aufgrund des Verhaltens des Unternehmers zu einer informierten Entscheidung außerstande ist oder unmittelbar seine Entscheidungsfreiheit beeinträchtigt wurde.[58] Zudem werden durch die Fälle der Belästigung im Sinne des § 7 UWG u. a. auch das allgemeine Persönlichkeitsrecht und die Freiheit geschützt.[59] Denga spricht zu Recht davon, dass mithin auch die digitale Selbstbestimmung durch das UWG geschützt wird.[60]

Die Schutzzwecke des UWG umfassen mithin die Selbstbestimmung des Einzelnen und ähneln in vielfacher Hinsicht den Schutzzwecken des Datenschutzrechts.

---

[53] Köhler/Bornkamm/Feddersen/*Köhler*, § 1 UWG Rn. 15; zum Verhältnis der UGP-RL zur DSRL-EK vgl. ausführlich D. II. 2.

[54] Erwägungsgrund 18 S. 2 UGP-RL.

[55] Fritzsche/Münker/Stollwerck/*Stollwerck*, Einf. UWG Rn. 72; Köhler/Bornkamm/Feddersen/*Köhler*, § 1 UWG Rn. 22 f.; Harte-Bavendamm/Hennings-Bodewig/*Podszun*, § 1 UWG Rn. 54. Vertiefend mit Fallgruppen zum Durchschnittsverbraucher etwa Köhler/Bornkamm/Feddersen/*Köhler*, § 1 UWG Rn. 21 ff.

[56] Fritzsche/Münker/Stollwerck/*Alexander*, § 1 UWG Rn. 50. Kritisch dazu mit weiteren Nachweisen etwa Harte-Bavendamm/Hennings-Bodewig/*Podszun*, § 1 UWG Rn. 55 ff., der eine Stärkung der empirischen Prüfung im UWG fordert und das Verbraucherleitbild in Frage stellt.

[57] Köhler/Bornkamm/Feddersen/*Köhler*, § 1 UWG Rn. 16 Fritzsche/Münker/Stollwerck/*Alexander*, § 1 UWG Rn. 48 ff.

[58] Köhler/Bornkamm/Feddersen/*Köhler*, § 1 UWG Rn. 17.

[59] Köhler/Bornkamm/Feddersen/*Köhler*, § 1 UWG Rn. 20; Fritzsche/Münker/Stollwerck/*Alexander*, § 1 UWG Rn. 57. So besteht der Schutzzweck des § 7 UWG nach den Ausführungen des BGH etwa in der „Verhinderung des Eindringens des Werbenden in die Privatsphäre des Verbrauchers und die geschäftliche Sphäre, insbesondere die Ungestörtheit der Betriebsabläufe des sonstigen Marktteilnehmers; es soll verhindert werden, dass dem Verbraucher und sonstigen Marktteilnehmer Werbemaßnahmen gegen seinen erkennbaren oder mutmaßlichen Willen aufgedrängt werden“, BGH, Urteil vom 21.04.2016, GRUR 2016, 831, 832 Rn. 16.

[60] *Denga*, ZfDR 2022, 229, 253.

b) GWB

Das deutsche Kartellrecht wird im Wesentlichen im GWB normiert. Das GWB bezweckt mit seinen Vorschriften sowohl den Schutz des Wettbewerbs als Institution als auch Individualinteressen.[61] Diese Schutzzwecke sind schwerlich isoliert zu betrachten. Die Gewährung individueller Ansprüche dient dem Allgemeininteresse an funktionsfähigem Wettbewerb, wodurch zugleich die Individualinteressen aller Marktteilnehmer gefördert werden.[62] Wie auch das EU-Kartellrecht enthält das GWB daher Vorschriften zum Verbot wettbewerbsbeschränkender Abreden in den §§ 1–3 GWB, der Kontrolle einseitigen Verhaltens in den §§ 18–21 GWB und der Zusammenschlusskontrolle in den §§ 35–43 GWB.[63] Die Missbrauchsverbote sollen dabei die Grundrechtspositionen der Akteure am Markt ausgleichen und so auch verhindern, dass sich für einen Beteiligten die Selbstbestimmung in eine Fremdbestimmung verkehrt.[64] Dabei sind die kollidierenden Grundrechtspositionen aller beteiligten Marktakteure zur Herstellung praktischer Konkordanz in einen verhältnismäßigen Ausgleich zu bringen, so dass die Grundrechte für alle Beteiligten möglichst weitgehend wirksam werden.[65] Im Hinblick auf eine fehlerhaft eingeholte Einwilligung ist daher wie im AEUV der Missbrauch der marktbeherrschenden Stellung gem. § 19 GWB hervorzuheben.

§ 19 GWB statuiert ein Verbot einer bestimmten im Einzelfall als missbräuchlich zu qualifizierenden Verhaltensweise.[66] Der Vorschrift liegt dabei keine generelle Ausrichtung an einem hypothetischen Als-ob-Wettbewerbsmaßstab[67] zugrunde, dennoch kann dieser im Einzelfall, etwa bei § 19 Abs. 2 Nr. 2 GWB heranzuziehen sein.[68] Stattdessen dient sie dabei dem individuellen Schutz der vom Missbrauch betroffenen Unternehmen und Endverbraucher sowie dem Allgemeininteresse an der Aufrechterhaltung eines Systems freien Wettbewerbs.[69] Auch § 19 GWB hat demnach u. a. zum Ziel, die Selbstbestimmung der Marktteilnehmer zu gewährleisten. Marktverhalten, das Ausübung der Selbstbestimmung durch eine Einwilligung behindert, könnte demnach vom Schutzzweck des Verbots des § 19 GWB

---

[61] *Glöckner*, Kartellrecht, Rn. 56.

[62] *Glöckner*, Kartellrecht, Rn. 59.

[63] *Glöckner*, Kartellrecht, Rn. 42.

[64] BGH, Urteil vom 07.06.2016 – KZR 6/15, NJW 2016, 2266, 2271, 57; RegBgr, BT-Drs. 19/23492, S. 71; Bunte/*Nothdurft*, § 19 GWB Rn. 2.

[65] BGH, Urteil vom 07.06.2016 – KZR 6/15, NJW 2016, 2266, 2271, 57; Bunte/*Nothdurft*, § 19 GWB Rn. 2.

[66] Immenga/Mestmäcker/*Fuchs*, Band 2 § 19 GWB Rn. 15; MüKoWettbR/*Wolf*, § 19 GWB Rn. 3 f.

[67] Damit ist der Vergleich mit den Bedingungen, die bei einem wirksamen Wettbewerb mit hoher Wahrscheinlichkeit vorliegen würden, gemeint, vgl. *Schönberger*, Struktur und Grenzen des Missbrauchsbegriffs, S. 47; Immenga/Mestmäcker/*Fuchs*, Band 2 § 19 GWB Rn. 216.

[68] Immenga/Mestmäcker/*Fuchs*, Band 2 § 19 GWB Rn. 15; MüKoWettbR/*Wolf*, § 19 GWB Rn. 4.

[69] MüKoWettbR/*Wolf*, § 19 GWB Rn. 1; Bunte/*Nothdurft*, § 19 GWB Rn. 11.

erfasst werden. Ob davon auch Verstöße gegen die DSGVO erfasst werden, gilt es nachfolgend zu untersuchen.[70]

6. Zusammenfassung

Es wurde skizziert, dass die Schutzzwecke und Ziele des Wettbewerbsrechts in den Grundrechten verankert sind und einfachgesetzlich konkretisiert werden. So schützen die Grundrechte den Schutz der Teilhabe am Wettbewerb und die Entfaltung der wirtschaftlichen Freiheit. Für die Ausübung der Selbstbestimmung im Wettbewerbsrecht spielen diese Grundrechte eine Rolle bei der Abwägung und der Bewertung, ob die Einwilligung, die – wie gezeigt – auf der Selbstbestimmung beruht, aufgrund dieser Grundrechte eingeschränkt werden kann und ob der Wettbewerb bei der Einwilligung ausreichend Berücksichtigung findet. Dies wird im Grundsatz von den Wettbewerbsregeln in der Union erfasst, die einen freien, redlichen, unverfälschten und gleichzeitig wirksamen Wettbewerb auf dem Binnenmarkt gewährleisten möchten.[71] Detaillierte Regelungen werden mittels des sekundären Unionsrechts getroffen. So soll die UGP-RL gem. der Erwägungsgründe 1 und 8 S. 1, 2 UGP-RL im Sinne der Art. 169 und 114 AEUV ein hohes Verbraucherschutzniveau schaffen und insbesondere die Verbraucher vor Beeinträchtigung ihrer wirtschaftlichen Interessen schützen, zu denen auch die wirtschaftliche Selbstbestimmung gehört. Die UGP-RL soll dadurch zu einem lauteren Wettbewerb und einem reibungslosen Funktionieren des Binnenmarktes beitragen.[72] Dieser Schutz der Selbstbestimmung spiegelt sich auch in den nationalen Regelungen des UWG und GWB wider.

II. Das Verhältnis der verschiedenen Rechtsgrundlagen der Einwilligung und ihre Umsetzung im UWG

Die Einwilligung gem. § 7 Abs. 2 Nr. 1 und Nr. 2 UWG richtet sich – wie bereits angedeutet – grundsätzlich nach Art. 4 Nr. 11 DSGVO.[73] Die oben festgehaltenen Voraussetzungen der datenschutzrechtlichen Einwilligung gelten somit grundsätzlich auch hier, so dass das Verhältnis der zugrunde liegenden Normen, deren Bedeutung für den Einwilligungsbegriff in § 7 Abs. 2 Nr. 1, Nr. 2 UWG und die

[70] Dazu ausführlich unter F. IV. 2.

[71] *Glöckner*, Kartellrecht, Rn. 93.

[72] Fritzsche/Münker/Stollwerck/*Alexander*, § 1 UWG Rn. 13.

[73] BGH, Urteil vom 28.05.2020 – I ZR 7/16, NJW 2020, 2540, 2543 Rn. 28 ff.; Fritzsche/Münker/Stollwerck/*Fritzsche*, § 7 UWG Rn. 79; Harte-Bavendamm/Henning-Bodewig/*Schöler*, § 7 UWG Rn. 238; Köhler/Bornkamm/Feddersen/*Köhler*, § 7 UWG Rn. 189; *Buchner*, WRP 2018, 1283, 1284. Zur DSRL-EK vgl. BGH, Urteil vom 01.02.2018 – III ZR 196/17, NJW-RR 2018, 486, 487; *David*, Telefonwerbung in Deutschland, S. 245.

Umsetzung des deutschen Gesetzgebers vor diesem Hintergrund einer Einordnung bedürfen.

1. Verhältnis DSGVO zu DSRL-EK

Die DSRL-EK verweist in Art. 13 Abs. 1, Abs. 2, 2 S. 2 lit. f) DSRL-EK auf die Datenschutz-RL, welche durch die DSGVO abgelöst wurde. Das Verhältnis der DSGVO zur DSRL-EK wurde in Art. 95 DSGVO festgehalten und ist dennoch in der Literatur umstritten.[74] Anhand des generellen Verhältnisses der Rechtsvorschriften ist zu überprüfen, ob der Verweis auf die Datenschutz-RL nun als Verweis auf die DSGVO zu verstehen sein kann.

a) Generelles Verhältnis

Gem. Art. 95 DSGVO und dem Erwägungsgrund 173 der DSGVO soll die DSGVO gegenüber der DSRL-EK keine weiteren Pflichten auferlegen und auch nicht der DSRL-EK vorgehen.[75] Überzeugend erscheint daher die Annahme, dass die Vorschriften im Rahmen ihres Regelungsgehalts nebeneinander zur Anwendung kommen und kein grundsätzliches Spezialitätsverhältnis besteht.[76] Wie nachfolgend aufgezeigt wird, wird dies auch von den jeweiligen Schutzzwecken getragen.

Der Schutzzweck der DSRL-EK besteht – wie bereits erläutert – vor allem im Schutz der Privatsphäre vor unerbetenen Nachrichten für Zwecke der Direktwerbung, allerdings auch im Schutz der Privatsphäre als solcher.[77] Die DSRL-EK geht damit etwa bei Art. 5 Abs. 3 DSRL-EK über den Anwendungsbereich der DSGVO hinaus.[78] Insbesondere soll mit der DSRL-EK gewährleistet werden, dass Art. 7

[74] Vgl. ausführlicher *David*, Telefonwerbung in Deutschland, S. 176 ff.; Taeger/Gabel/*Golland*, Art. 95 DSGVO Rn. 4 ff.; Sydow/Marsch/*Sydow*, Art. 95 DSGVO Rn. 2 ff.; Gola/Heckmann/*Piltz*, Art. 95 DSGVO Rn. 5 ff.

[75] Ebenso OLG München, Urteil vom 21.03.2019 – 6 U 3377/18, GRUR 2019, 654, 657 Rn. 59; OLG München Urteil vom 07.02.2019 – 6 U 2404/18, GRUR-RS 2019, 6825 Rn. 24; VG Saarlouis Urteil vom 29.10.2019 – 1 K 732/19, BeckRS 2019, 29899 Rn. 76 ff. und dies bestätigend OVG Saarlouis, Beschluss vom 16.02.2021 – 2 A 355/19, NJW 2021, 2225, 2227 Rn. 24.

[76] OLG München Urteil vom 07.02.2019 – 6 U 2404/18, GRUR-RS 2019, 6825 Rn. 24; Wolff/Brink/*Holländer*, Art. 95 DSGVO Rn. 5; Sydow/Marsch/*Sydow*, Art. 95 DSGVO Rn. 2 ff.; *David*, Telefonwerbung in Deutschland, S. 178 ff. Kühling/Raab gehen davon aus, die DSRL-EK sei lex specialis zur DSGVO, vgl. Kühling/Buchner/*Kühling/Raab*, Art. 95 DSGVO Rn. 1. Pauly und Piltz gehen von einem Anwendungsvorrang der DSRL-EK aus, wenn die Voraussetzungen des Art. 95 DSGVO und Erwägungsgrund 173 DSGVO erfüllt sind, vgl. Paal/Pauly/*Pauly*, Art. 95 DSGVO Rn. 2; Gola/Heckmann/*Piltz*, Art. 95 DSGVO Rn. 16.

[77] Vgl. dazu C. I. 1. d) bb) (2).

[78] BGH, Urteil vom 28.05.2020 – I ZR 7/16, NJW 2020, 2540, 2546 Rn. 60.

und 8 GrCh uneingeschränkt gewährleistet werden.[79] Dies steht in Einklang mit den Ausführungen des EuGH, wenn er ausführt, dass Art. 5 Abs. 3 DSRL-EK „den Nutzer vor jedem Eingriff in seine Privatsphäre schützen [soll], unabhängig davon, ob dabei personenbezogene Daten oder andere Daten betroffen sind".[80] Der BGH hat ferner klargestellt, dass dies auch für die Normen gilt, welche die Artikel der Richtlinie umsetzen.[81]

Dies bedeutet für das Verhältnis von DSRL-EK zu DSGVO, dass der Schutz der DSRL-EK über den Schutz der DSGVO hinausgeht, da die Privatsphäre als solche geschützt werden soll und jeder Eingriff darin unabhängig von der Personenbezogenheit der Daten geschützt wird.[82]

b) Verhältnis der Einwilligungsbegriffe

In der DSRL-EK gibt es keine eigenständige Regelung zur Einwilligung und es bestehen Unterschiede im Schutzumfang der Richtlinien. Es ergeben sich unter Heranziehung der Schutzzwecke dennoch zu Recht keine Unterschiede im Hinblick auf die Voraussetzungen der Einwilligung[83], auch wenn potenziell ein Eingriff in unterschiedliche Schutzgüter erfolgt. Mit der DSRL-EK werden auch personenbezogene Daten geschützt, so dass sich für deren Verarbeitung keine Unterschiede im Hinblick auf die Anforderungen an eine Einwilligung ergeben müssen. Dies ergibt sich auch daraus, dass beide Rechtsakte die Art. 7 und 8 GrCh verwirklichen wollen, auf welche auch die Einwilligung maßgeblich zurückgeht. Man könnte anführen, eine Einwilligung im Rahmen der DSRL-EK legitimiere potenziell auch Handlungen, die aufgrund des fehlenden Personenbezugs die Grundrechte der einwilligenden Person weniger tangieren. Die Unterscheidung ist jedoch insbesondere mangels einer eigenständigen Regelung und dem Verweis auf die Datenschutz-RL in Art. 2 lit. f) DSRL-EK abzulehnen.[84] Dieser Verweis gilt gem. Art. 94 Abs. 2 DSGVO als Verweis auf die DSGVO.[85] Ferner soll die Einwilligung in beiden Fällen die grundrechtlich aufgezeigte Selbstbestimmung gleichermaßen verwirklichen, so dass es richtig ist, die Voraussetzungen der Einwilligung identisch festzulegen. Ein Einwilligungsbegriff, der sich – so wie zuvor erarbeitet – an den Grundrechten orientiert, gewährleistet die Ausübung der Selbstbestimmung in

---

[79] Erwägungsgrund 2 DSRL-EK und auch Generalanwalt beim EuGH *Szpunar*, Schlussantrag vom 21.03.2019 – C-673/17 – Planet49, BeckRS 2019, 3909 Rn. 52.

[80] EuGH, Urteil vom 01.10.2019 – C-673/17, GRUR 2019, 1198, 1201 Rn. 69.

[81] BGH, Urteil vom 28.05.2020 – I ZR 7/16, NJW 2020, 2540, 2546 Rn. 62.

[82] In diese Richtung auch Sydow/Marsch/*Sydow*, Art. 95 DSGVO Rn. 2 ff.; Kühling/Buchner/*Kühling/Raab*, Art. 95 DSGVO Rn. 1.

[83] Ebenso *David*, Telefonwerbung in Deutschland, S. 270 ff.

[84] Ähnlich Kühling/Buchner/*Kühling/Raab*, Art. 95 DSGVO Rn. 7.

[85] Vgl. nur BGH, Urteil vom 13.01.2022 – I ZR 25/19, GRUR 2022, 995, 998, Rn. 36; Wolff/Brink/*Schild*, Art. 94 DSGVO Rn. 8.

beiden Fällen.[86] Daran ändert sich auch durch die Aufhebung der Datenschutz-RL und Ersetzung durch die DSGVO nichts.

2. Verhältnis UGP-RL zu DSRL-EK

Das Verhältnis der UGP-RL zur DSRL-EK ist insbesondere im Hinblick auf die wettbewerbsrechtliche Einwilligung unter Heranziehung des Nr. 26 Anhang I UGP-RL für das Ansprechen über Telefon, Fax, E-Mail oder sonstige für den Fernabsatz geeignete Medien umstritten.[87] Dazu gibt es im Wesentlichen drei Ansichten.

a) Verschiedene Ansichten

Vereinzelt wird angenommen, die UGP-RL habe Vorrang vor der DSRL-EK.[88] Dies ergebe sich aus der Formulierung „unbeschadet" in Nr. 26 Anhang I UGP-RL, denn dies bedeute, dass die UGP-RL durch die DSRL-EK keinen Schaden nehme und somit vorrangig gelte.[89] Die Formulierung in Erwägungsgrund 14 trage diese Ansicht, denn es handle sich „nur" um einen Erwägungsgrund, der „nur" zur Auslegung und Anwendung der Artikel heranzuziehen sei und keinen eigenständigen Regelungsgehalt entfalte.[90] Ferner sei mit der UGP-RL beabsichtigt, durch Nr. 26 Anhang I der UGP-Richtlinie auch für das Telefon- und E-Mail-Marketing ein einheitliches Rechtssystem für Wettbewerbsbedingungen im Binnenmarkt zu schaffen, von dem durch allgemeine Verbote nicht mehr abgewichen werden dürfe.[91]

Der BGH und zahlreiche Stimmen in der Literatur gehen im Anwendungsbereich von einem grundsätzlichen Nebeneinander der Richtlinien aus.[92] Innerhalb dieser Ansicht gibt es jedoch nochmals Differenzierungen.

---

[86] Ob einzelne Regelungen wie etwa Art. 7 Abs. 4 DSGVO den jeweiligen Anforderungen gleichermaßen gerecht werden, wird unter F. II. eingehend untersucht.

[87] Vertiefend Harte-Bavendamm/Henning-Bodewig/*Glöckner*, Einleitung Rn. 375 f.; *David*, Telefonwerbung in Deutschland, S. 175 ff.; *Funke*, Einwilligung, S. 289 ff.; *Apetz*, Das Verbot aggressiver Geschäftspraktiken, S. 272 ff.

[88] *Engels/Brunn*, GRUR 2010, 886, 888 f.

[89] *Engels/Brunn*, GRUR 2010, 886, 888.

[90] *Engels/Brunn*, GRUR 2010, 886, 889.

[91] *Engels/Brunn*, GRUR 2010, 886, 889 f.

[92] BGH, Urteil vom 10.02.2011 – I ZR 164/09, GRUR 2011, 936, 938 Rn. 23 ff.; Köhler/Bornkamm/Feddersen/*Köhler*, § 7 UWG Rn. 137; *Köhler*, WRP 2013, 567, 568; Ohly/Sosnitza/*Ohly*, § 7 UWG Rn. 11; *Funke*, Einwilligung, S. 291 ff.; *David*, Telefonwerbung in Deutschland, S. 181; *Apetz*, Das Verbot aggressiver Geschäftspraktiken, S. 182 f. Leible geht von einem Vorrang im Kollisionsfall aus, ohne sich hinsichtlich der Begründung auf Art. 3 Abs. 4 UGP-RL oder den Regelungsbereich als Begründung festzulegen, MüKoUWG/*Leible*, § 7 UWG Rn. 5.

Der BGH und ein großer Teil der Literatur nehmen einen Vorrang des Art. 13 DSRL-EK an, wenn ein Mitgliedstaat eine von mehreren möglichen Regelungsoptionen für den Verbraucherschutz gewählt habe, da diese gewählte Regelung gem. Erwägungsgrund 14 S. 9 UGP-RL unberührt gelassen werden soll.[93] Die Formulierung „unbeschadet“ in Nr. 26 S. 2 Anhang I UGP-RL weise nicht auf ein Rangverhältnis hin, sondern zeige, dass die DSRL-EK weiterhin Gültigkeit besitze.[94] Somit gelten die Richtlinien grundsätzlich nebeneinander, sofern die Mitgliedstaaten jedoch bereits die *opt-in*-Lösung gem. Art. 13 Abs. 3 DSRL-EK gewählt haben, sei die Umsetzung der Nr. 26 Anhang I UGP-RL nicht erforderlich.[95] Für diesen Kollisionsfall bei der Kommunikation mittels Telefon, Fax, E-Mail oder sonstige für den Fernabsatz geeignete Medien kann durchaus auch von einem Vorrang der DSRL-EK gesprochen werden.[96] Diese Ansicht teilte auch der Gesetzgeber.[97] Die Einführung des Nr. 26 Anhang I UGP-RL sei bei diesem Verständnis auch nicht unnötig, denn nur so werde gesichert, dass für diejenigen Mitgliedstaaten, die gem. Art. 13 Abs. 2, 3 DSRL-EK dem *opt-out*-Prinzip gefolgt sind, nun mit Nr. 26 Anhang I UGP-RL ein Mindestverbot begründet wurde.[98] In diesen Fällen sei von einer Ergänzung des Verbraucherschutzes durch die UGP-RL auszugehen.[99]

---

[93] BGH, Urteil vom 10.02.2011 – I ZR 164/09, GRUR 2011, 936, 938 Rn. 26; Harte-Bavendamm/Henning-Bodewig/*Glöckner*, Einleitung Rn. 375; Gloy/Loschelder/Danckwerts/*Hasselblatt/Zam*, § 61 Rn. 5; *Waßmuß*, Wettbewerbsrecht und Verbraucherschutz in England, S. 192 f.; Ohly/Sosnitza/*Ohly*, § 7 UWG Rn. 11; *Seichter*, WRP 2005, 1087, 1094. Bittner geht davon aus, die DSRL-EK regle besondere Aspekte unlauterer Geschäftspraktiken im Sinne des Art. 3 Abs. 4 UGP-RL und gehe daher im Kollisionsfall vor; dennoch seien beide Richtlinien bei Aspekten, die nicht Gegenstand des lex specialis sind, nebeneinander anwendbar, *Bittner*, WRP 2019, 1529, 1531 f.

[94] BGH, Urteil vom 10.02.2011 – I ZR 164/09, GRUR 2011, 936, 938 Rn. 26.

[95] BGH, Urteil vom 10.02.2011 – I ZR 164/09, GRUR 2011, 936, 938 Rn. 26 f.; *Glöckner*, GRUR 2013, 224, 236; *Holzmayr-Schrenk*, Die Richtlinie über unlautere Geschäftspraktiken, S. 65; *Westermann*, Harmonisierung des Lauterkeitsrechts, S. 153 f.

[96] Die dargestellte Ansicht von Mankowski weicht in diesem Punkt nicht von dieser Ansicht ab. Lediglich die Begründung weicht ab. Die Verortung der unterschiedlichen Ansichten ist hier in der Literatur nicht immer zutreffend. So geht David davon aus, der BGH gehe von einem Nebeneinander der Vorschriften aus, wonach Köhler dem BGH die Ansicht eines Vorrangs der DSRL-EK im Fall der Art. 13 DSRL-EK vorschreibt. Waßmuß und auch Holzmayr-Schrenk berufen sich auf Art. 3 Abs. 4 UGP-RL und auf die Wahlmöglichkeit des Erwägungsgrundes 14 S. 9 UGP-RL, *Waßmuß*, Wettbewerbsrecht und Verbraucherschutz in England, S. 192 f. und *Holzmayr-Schrenk*, Die Richtlinie über unlautere Geschäftspraktiken, S. 65.

[97] Begründung RegE, BT-Drs. 16/10145, S. 29. Der deutsche Gesetzgeber ist bei der Umsetzung der UGP-RL davon ausgegangen, dass insbesondere aufgrund Erwägungsgrund 14 keine Vollharmonisierung gegenüber der DSRL-EK stattfinde, so dass die strengere Regelung des § 7 Abs. 2 Nr. 2 UWG im Vergleich zu Nr. 26 Anhang I UGP-RL zulässig sei, vgl. Begründung RegE, BT-Drs. 16/10145, S. 29.

[98] BGH, Urteil vom 10.02.2011 – I ZR 164/09, GRUR 2011, 936 Rn. 27; Harte-Bavendamm/Henning-Bodewig/*Glöckner*, Einleitung Rn. 376; *Glöckner*, GRUR 2013, 224, 236.

[99] Harte-Bavendamm/Henning-Bodewig/*Glöckner*, Einleitung Rn. 459.

Auch Mankowski geht von einem Vorrang der DSRL-EK aus, da Art. 13 DSRL-EK besondere lauterkeitsrechtliche Aspekte im Sinne des Art. 3 Abs. 4 UGP-RL regele.[100] Ferner werde dies von Erwägungsgrund 14 S. 8 und S. 9 der UGP-RL getragen, wonach Art. 13 Abs. 3 DSRL-EK unberührt bleiben soll.[101] Er beruft sich mithin nicht auf die Wahloption, sondern räumt der DSRL-EK grundsätzlich Vorrang ein.[102]

Einige der Stimmen in der Literatur gehen demgegenüber auch von einem Nebeneinander der Nr. 26 Anhang I UGP-RL im Verhältnis zu Art. 13 DSRL-EK aus, so dass beide umzusetzen seien.[103] Die Bestimmungen unterscheiden sich nach den geschützten Personen, dem Schutzzweck und der Rechtsdurchsetzung.[104] Die UGP-RL gewähre im Gegensatz zur DSRL-EK ferner den Mitbewerbern und Verbraucherschutzverbänden das Recht, gegen diese Formen unlauterer Geschäftspraktiken vorzugehen.[105] Dies zeige, dass die DSRL-EK dem Individualschutz natürlicher und juristischer Personen vor einer Beeinträchtigung ihrer Privatsphäre bzw. ihrer berechtigten Interessen durch unerbetene Nachrichten diene und die UGP-RL dem kollektiven Schutz der Verbraucher vor einer Beeinträchtigung ihrer Entscheidungsfreiheit.[106] Die DSRL-EK schütze somit generell Individualinteressen und erfasse nicht den rollenbezogenen Verbraucherschutz.[107] Zudem wird unter Bezugnahme auf den EuGH angeführt, dass die Mitgliedstaaten keine strengeren Vorschriften als diejenigen in der UGP-RL erlassen dürften, selbst wenn dies einem höheren Verbraucherschutz diene.[108] Ein Nebeneinander der Vorschriften sei mithin auch in diesem Falle sinnvoll.[109]

---

[100] Fezer/Büscher/Obergfell/*Mankowski*, § 7 UWG Rn. 4. A.A. *Veelken*, WRP 2004, 1, 25. Art. 3 Abs. 4 UGP-RL: „Kollidieren die Bestimmungen dieser Richtlinie mit anderen Rechtsvorschriften der Gemeinschaft, die besondere Aspekte unlauterer Geschäftspraktiken regeln, so gehen die Letzteren vor und sind für diese besonderen Aspekte maßgebend."

[101] „Die vorliegende Richtlinie sollte insbesondere Artikel 13 Absatz 3 der Richtlinie 2002/58/EG des Europäischen Parlaments und des Rates vom 12. Juli 2002 über die Verarbeitung personenbezogener Daten und den Schutz der Privatsphäre in der elektronischen Kommunikation unberührt lassen."

[102] So wohl auch Nippe der sich allerdings nicht auf Art. 3 Abs. 4 UGP-RL beruft, *Nippe*, WRP 2007, 19, 23.

[103] Köhler/Bornkamm/Feddersen/*Köhler*, § 7 UWG Rn. 137 f.; *Zech*, WRP 2013, 1434, 1436 Rn. 16; *Funke*, Einwilligung, S. 291 ff.; *David*, Telefonwerbung in Deutschland, S. 178 ff.; *David*, ZVertriebsR 2017, 207, 210.

[104] Köhler/Bornkamm/Feddersen/*Köhler*, § 7 UWG Rn. 137 f.

[105] *Apetz*, Das Verbot aggressiver Geschäftspraktiken, S. 279. Anders die DSRL-EK, die den Verbrauchern einen Individualanspruch gewährt, ebenso *Apetz*, Das Verbot aggressiver Geschäftspraktiken, S. 279 f.

[106] Köhler/Bornkamm/Feddersen/*Köhler*, § 7 UWG Rn. 137; *Zech*, WRP 2013, 1434, 1436 Rn. 16. Ebenso *David*, ZVertriebsR 2017, 207, 210.

[107] *Köhler*, WRP 2013, 567, 568; Fezer/Büscher/Obergfell/*Mankowski*, § 7 UWG Rn. 4a.

[108] Köhler/Bornkamm/Feddersen/*Köhler*, § 7 UWG Rn. 138 unter Bezugnahme auf EuGH, Urteil vom 26.10.2016 – C-611/14, WRP 2017, 31, 33 Rn. 24.

[109] Ob die Umsetzung in das UWG gelungen ist, wird nachfolgend betrachtet, vgl. D. II. 4.

b) Stellungnahme

Zunächst ist die Ansicht, die UGP-RL genieße Vorrang, abzulehnen. Der Wortlaut des Erwägungsgrundes 14 der UGP-RL und auch der Nr. 26 Anhang I UGP-RL ist dahingehend eindeutig.[110] Einen Vorrang der UGP-RL hätte man eindeutiger formulieren können, wenn man dies gewollt hätte, etwa mit „geht vor" oder einer ähnlichen Wortwahl. Mittlerweile wurde mit dem durch die Richtlinie 2019/2161/EU vom 27. November 2019 zur Änderung der Richtlinie 93/13/EWG des Rates und der Richtlinien 98/6/EG, 2005/29/EG und 2011/83/EU des Europäischen Parlaments und des Rates zur besseren Durchsetzung und Modernisierung der Verbraucherschutzvorschriften der Union (nachfolgend „VerbraucherschutzRL") eingeführten Art. 3 Abs. 5 UGP-RL klargestellt, dass der Schutz der Privatsphäre der Verbraucher außerhalb des Anwendungsbereichs der UGP-RL liege.[111]

Zur Beurteilung, ob es sich bei Art. 13 Abs. 3 DSRL-EK um einen besonderen lauterkeitsrechtlichen Aspekt im Sinne des Art. 3 Abs. 4 UGP-RL handelt, sind die Schutzzwecke und die Erwägungsgründe der UGP-RL und der DSRL-EK heranzuziehen.

Art. 1 UGP-RL hebt die Gewährleistung der wirtschaftlichen Interessen der Verbraucher, das Funktionieren des Binnenmarktes und das Erreichen eines hohen Verbraucherschutzniveaus hervor. In Erwägungsgrund 7 S. 1 UGP-RL ist festgehalten, dass die Beeinflussung der geschäftlichen Entscheidung der Verbraucher geregelt werden soll.[112] Erwägungsgrund 8 S. 1 UGP-RL ergänzt ferner, dass die wirtschaftlichen Interessen der Verbraucher im Geschäftsverkehr zwischen Unternehmen und Verbrauchern geschützt werden sollen.[113] Die UGP-RL soll mithin die Entscheidungsfreiheit der Verbraucher im wirtschaftlichen Kontext gewährleisten, die so einen Teilaspekt der Selbstbestimmung darstellt.[114]

Demgegenüber steht der Schutzzweck der DSRL-RK, der insbesondere im Schutz der Privatsphäre als solcher besteht.[115] Die DSRL-EK schützt mit Art. 13 DSRL-EK die Privatsphäre in Abweichung von Nr. 26 Anhang I UGP-RL bereits beim erstmaligen Anruf ohne vorherige Einwilligung. Ein die Entscheidungsfreiheit betreffender Aspekt muss nicht hinzukommen.[116] Es handelt sich somit um zwei unterschiedliche Schutzgüter, von denen das eine nicht spezieller ist als das andere. Nur weil mit der Regelung des Art. 13 DSRL-EL reflexartig die Entschei-

---

[110] So etwa auch *David*, Telefonwerbung in Deutschland, S. 180f.; *Funke*, Einwilligung, S. 290f.

[111] Fritzsche/Münker/Stollwerck/*Fritzsche*, §7 UWG Rn. 9.

[112] „Diese Richtlinie bezieht sich auf Geschäftspraktiken, die in unmittelbarem Zusammenhang mit der Beeinflussung der geschäftlichen Entscheidungen des Verbrauchers in Bezug auf Produkte stehen."

[113] „Diese Richtlinie schützt unmittelbar die wirtschaftlichen Interessen der Verbraucher vor unlauteren Geschäftspraktiken im Geschäftsverkehr zwischen Unternehmen und Verbrauchern."

[114] Vgl. bereits D. I. 4.

[115] Vgl. dazu D. II. 1. a).

[116] MüKoUWG/*Leible*, §7 UWG Rn. 27.

dungsfreiheit des Verbrauchers geschützt werde, könne kein Spezialitätsverhältnis begründet werden.[117] Daher sprechen die besseren Gründe dafür, dass die Regelungen des Art. 13 DSRL-EK keinen besonderen Aspekt unlauterer Geschäftspraktiken im Sinne des Art. 3 Abs. 4 UGP-RL darstellen, auch wenn es ein äußerlich ähnlicher Sachverhalt ist.[118] Es ist somit nicht wegen Art. 3 Abs. 4 UGP-RL von einem generellen Vorrang des Art. 13 DSRL-EK auszugehen.

Es ergibt sich jedoch ein Vorrang aufgrund der verwirklichten Regelungsmöglichkeit im Sinne des Erwägungsgrunds 14 S. 8f. UGP-RL. Dabei ist zunächst zu berücksichtigen, dass der Unionsgesetzgeber darin explizit den Fall des Art. 13 DSRL-EK erwähnt und diesen unberührt lassen möchte.

Zudem ist es unzutreffend, dass die DSRL-EK den rollenbezogenen Verbraucherschutz nicht erfasse und somit eine Schutzlücke bestehe.[119] Dies zeigt sich insbesondere an Art. 18 S. 1 DSRL-EK.[120] Dieser hält fest, dass gerade in Bezug auf unerbetene Nachrichten die Auswirkungen auf die Verbraucher evaluiert werden sollen.[121] Daraus folgt, dass der Gesetzgeber insbesondere bei Art. 13 DSRL-EK die Auswirkungen auf die Verbraucher und deren Schutz im Blick hatte. So führt auch das OLG Köln zutreffend aus, die Wahl der *opt-in*-Lösung sowie die Klagebefugnis der Verbraucherverbände entsprechend den im Wettbewerbsrecht bestehenden Regelungen trage zur Verwirklichung des im gesamten Gemeinschaftsrecht angestrebten hohen Verbraucherschutzniveaus bei.[122] Dem steht auch nicht entgegen, dass Art. 13 DSRL-EK keinen lückenlosen Verbraucherschutz gewährleistet, denn dies ist auch nicht durch eine einzelne Norm zu normieren und kann durch ergänzende Vorschriften erfolgen.[123]

---

[117] *David*, Telefonwerbung in Deutschland, S. 179; *Apetz*, Das Verbot aggressiver Geschäftspraktiken, S. 276.

[118] Ebenso Harte-Bavendamm/Henning-Bodewig/*Glöckner*, Einleitung Rn. 459.

[119] A.A. Köhler/Bornkamm/Feddersen/*Köhler*, § 7 UWG Rn. 137f.; *Köhler*, WRP 2013, 567, 568; Fezer/Büscher/Obergfell/*Mankowski*, § 7 UWG Rn. 4a.

[120] „Die Kommission unterbreitet dem Europäischen Parlament und dem Rat spätestens drei Jahre nach dem in Artikel 17 Absatz 1 genannten Zeitpunkt einen Bericht über die Durchführung dieser Richtlinie und ihre Auswirkungen auf die Wirtschaftsteilnehmer und Verbraucher, insbesondere in Bezug auf die Bestimmungen über unerbetene Nachrichten, unter Berücksichtigung des internationalen Umfelds."

[121] Es ist mithin nicht zutreffend, wenn Köhler ausführt, die DSRL-EK benutze den Begriff des Verbrauchers nicht, *Köhler*, WRP 2013, 567, 568.

[122] OLG Köln, Urteil vom 07.12.2012 – 6 U 69/12, GRUR-RR 2013, 219, 220. Köhler entnimmt den zitierten Ausführungen des OLG Köln, dass der Schutz der Privatsphäre generell unter den Verbraucherschutz fällt. Dies führt das OLG Köln dort so wie gezeigt nicht aus. Ob der Schutz der Privatsphäre generell unter den Verbraucherschutz (dagegen insbesondere Köhler und Mankowski da es beim Verbraucherschutz im Sinne der Art. 38 GrCh sowie Art. 114, 169 AEUV nicht um ein Grundrecht der Menschen gehe, sondern um den Schutz von Kollektivinteressen der Verbraucher und dies an die Rolle des Verbrauchers geknüpft ist, *Köhler*, WRP 2013, 567, 568; Fezer/Büscher/Obergfell/*Mankowski*, § 7 UWG Rn. 4a) kann an dieser Stelle offenbleiben.

[123] Entgegen *David*, Telefonwerbung in Deutschland, S. 179.

Die EuGH-Rechtsprechung lässt sich ebenfalls nicht für die Begründung eines Nebeneinanders der Vorschriften heranziehen.[124] Der EuGH führt darin zwar aus, dass die UGP-RL die Regeln zu unlauteren Geschäftspraktiken auf Unionsebene vollständig harmonisieren möchte und die Mitgliedstaaten daher keine strengeren als die in der Richtlinie festgelegten Maßnahmen erlassen dürfen, auch nicht, um ein höheres Verbraucherschutzniveau zu erreichen.[125] In den zugrunde liegenden Sachverhalten ging es jedoch nicht um das Verhältnis der DSRL-EK zur UGP-RL. In diesem Verhältnis wurde explizit in Erwägungsgrund 14 S. 9 UGP-RL festgehalten, dass Art. 13 DSRL-EK unberührt bleiben solle. Ferner widerspricht die Regelung des Art. 3 Abs. 4 UGP-RL einer so verstandenen Vollharmonisierung. Die Ausführungen des EuGH sind daher so zu verstehen, dass die durch die UGP-RL erlassenen Regelungen in ihrem Anwendungsbereich eine Vollharmonisierung darstellen sollen, von denen auch nicht für einen höheren Verbraucherschutz abgewichen werden darf. Im Hinblick auf Regelungen, die explizit vom Anwendungsbereich der UGP-RL ausgenommen wurden, dürfen die bereits vorhandenen Regelungen in anderen Rechtsvorschriften unberührt bestehen bleiben.[126] Die UGP-RL soll einen Mindestschutzstandard sichern und so ein „horizontal wirkendes Auffangnetz“[127] schaffen.

Auch das Argument, die DSRL-EK schütze bewusst „natürliche und juristische Personen“ und Nr. 26 Anhang I UGP-RL „Verbraucher“, so dass hier ein Unterschied vorliege, ist nicht zielführend.[128] Köhler selbst erkennt, dass jeder Verbraucher auch eine „natürliche oder juristische Person“ ist.[129] Die DSRL-EK schützt mithin auch Verbraucher, wenn auch nicht ausschließlich.

Im Übrigen verfängt das Argument nicht, dass die DSRL-EK im Unterschied zur UGP-RL die kollektiven Verbraucherinteressen nicht schütze. Verbraucher umfassen stets auch natürliche Personen, deren Grundfreiheiten und Grundrechte durch die DSRL-EK geschützt werden sollen. Dass deren Interessen kollektiv wahrgenommen werden müssen, lässt sich der UGP-RL nicht entnehmen.[130] Vielmehr ordnet Art. 11 Abs. 1 S. 2 UGP-RL an, dass es auch „Personen“ gestattet sein soll, gegen unlautere Geschäftspraktiken vorzugehen.

---

[124] So jedoch Köhler unter Bezugnahme auf EuGH, Urteil vom 26.10.2016 – C-611/14, WRP 2017, 31, 33 Rn. 24; EuGH vom 23.04.2009 – C-261/07, C-299/07, C-261/07, C-299/07, WRP 2009, 722, 727; Köhler/Bornkamm/Feddersen/*Köhler*, § 7 UWG Rn. 138.

[125] EuGH, Urteil vom 26.10.2016 – C-611/14, WRP 2017, 31, 33 Rn. 25 f.; EuGH vom 23.04.2009 – C-261/07, C-299/07, C-261/07, C-299/07, WRP 2009, 722, 727.

[126] Dies zeigt sich auch an Art. 3 Abs. 4 UGP-RL oder Erwägungsgrund 7 der UGP-RL, der den Mitgliedstaaten erlaubt „im Einklang mit dem Gemeinschaftsrecht in ihrem Hoheitsgebiet weiterhin Geschäftspraktiken aus Gründen der guten Sitten und des Anstands verbieten können, auch wenn diese Praktiken die Wahlfreiheit des Verbrauchers nicht beeinträchtigen“.

[127] Harte-Bavendamm/Henning-Bodewig/*Glöckner*, Einleitung Rn. 456.

[128] So jedoch *Funke*, Einwilligung, S. 292; *Köhler*, GRUR 2012, 1073, 1080; *Köhler*, WRP 2012, 1329, 1331.

[129] *Köhler*, GRUR 2012, 1073, 1080.

[130] Entgegen Köhler/Bornkamm/Feddersen/*Köhler*, § 7 UWG Rn. 137.

Es ist somit festzuhalten, dass insbesondere der Wortlaut des Erwägungsgrunds 14 S. 8 und S. 9 UGP-RL für einen Vorrang der DSRL-EK im Kollisionsfall spricht. Dies wird ebenfalls vom Wortlaut der Nr. 26 S. 2 Anhang I UGP-RL getragen. Wie aufgezeigt, gibt es keine systematischen Gründe oder Schutzzweckgedanken, die eine Umsetzung beider Normen für den gleichen Fall erforderlich machen, wenn Art. 13 DSRL-EK von einem Mitgliedstaat umgesetzt wurde.

c) Verhältnis der Einwilligungsbegriffe

Nachfolgend soll die Auswirkung des soeben festgestellten Verhältnisses auf den Einwilligungsbegriff in der UGP-RL und der DSRL-EK untersucht werden. Zunächst ist festzuhalten, dass es in der UGP-RL keine Definition der Einwilligung gibt und wörtlich nichts zu einer Einwilligung ausgeführt wird. In Nr. 26 S. 1 Anhang I UGP-RL heißt es lediglich „unerwünschtes Ansprechen".[131] Durch eine Einwilligung wird grundsätzlich zum Ausdruck gebracht, dass ein Ansprechen nicht unerwünscht ist, so dass der Tatbestand der Nr. 26 Anhang I UGP-RL nicht erfüllt sein kann.[132] Somit kann hier ein gewisser Bezug zur Einwilligung hergestellt werden, was auch von Nr. 26 S. 2 Anhang I UGP-RL getragen wird, der ausführt Art. 10 Richtlinie 97/7/EG vom 20. Mai 1997 über den Verbraucherschutz bei Vertragsabschlüssen im Fernabsatz bleibe unberührt.[133] Ob im Umkehrschluss bei jedem Fall einer fehlenden Einwilligung von einem unerwünschten Ansprechen auszugehen ist, ist für den Begriff der Einwilligung nicht relevant.[134]

Vor diesem Hintergrund stellt sich die Frage, wonach sich ein solcher Begriff der Einwilligung und seine Voraussetzungen in der UGP-RL zu richten haben. Dabei ist zunächst der Zweck der Einwilligung im Sinne der Nr. 26 Anhang I UGP-RL

---

[131] Auch andere Sprachfassungen sprechen hier nicht vom Fehlen einer Einwilligung, sondern benutzen vergleichbare Formulierungen (engl. „*unwanted*", span. „*no solicitado*" und franz. „*non souhaitées*").

[132] So ist auch der EuGH zu verstehen, wenn er ausführt: „Zum anderen ist hinsichtlich des ‚Unerwünschtseins' einer solchen Werbemaßnahme im Sinne der genannten Nr. 26 zu prüfen, ob die Einblendung einer Werbenachricht wie der im Ausgangsverfahren in Rede stehenden diese Voraussetzung erfüllt, wobei das Vorliegen oder Fehlen einer von diesem Nutzer vor der Einblendung erteilten Einwilligung und der von ihm etwa geäußerte Widerspruch gegen ein solches werbliches Vorgehen zu berücksichtigen sind", EuGH, Urteil vom 25.11.2021 – C-102/20, GRUR 2022, 87, 91 Rn. 74.

[133] „(1) Die Verwendung folgender Techniken durch den Lieferer bedarf der vorherigen Zustimmung des Verbrauchers: – Kommunikation mit Automaten als Gesprächspartner (Voice-Mail-System); – Fernkopie (Telefax). (2) Die Mitgliedstaaten tragen dafür Sorge, daß Fernkommunikationstechniken, die eine individuelle Kommunikation erlauben, mit Ausnahme der in Absatz 1 genannten Techniken, nur dann verwendet werden dürfen, wenn der Verbraucher ihre Verwendung nicht offenkundig abgelehnt hat."

[134] Vgl. dazu Fritzsche/Münker/Stollwerck/*Fritzsche*, Anhang zu § 3 Abs. 3 Nr. 26 UWG Rn. 14; Köhler/Bornkamm/Feddersen/*Köhler*, Anh. § 3 Abs. 3 UWG Rn. 26.14; *Köhler*, WRP 2017, 253, 258 Rn. 38.

zu betrachten. Die Einwilligung in eine Kontaktaufnahme mittels Telefon, Fax, E-Mail oder sonstigen für den Fernabsatz geeignete Medien stellt die Gestattung eines potenziellen Eingriffs in die Privatsphäre des Einzelnen dar. Unionsrechtlich stellt sich eine Einwilligung in solche Handlungen Dritter als Ausübung der Art. 7 und Art. 8 GrCh dar.[135] Sekundärrechtlich wird dies grundsätzlich mit der datenschutzrechtlichen Einwilligung nach der DSGVO ausgestaltet. Auch das Ansprechen, also die Nutzung der Kontaktdaten der betroffenen Person zur Kontaktaufnahme im Sinne des Nr. 26 Anhang I UGGP-RL, stellt eine Verwendung im Sinne des Art. 4 Nr. 2 DSGVO und mithin eine Verarbeitung personenbezogener Daten im Sinne des Art. 4 Nr. 2 und Nr. 11 DSGVO dar.[136] Dies deckt sich mit den Ausführungen in Nr. 26 S. 2 Anhang I UGP-RL, der ausführt, dass die Datenschutz-RL, die durch die DSGVO abgelöst wurde, und die DSRL-EK unbeschadet gelten.[137] Das Verständnis und die Voraussetzung der datenschutzrechtlichen Einwilligung können mithin auch in diesem Kontext herangezogen werden.

Da mithin in beiden Fällen die Voraussetzungen der datenschutzrechtlichen Einwilligung der DSGVO zu beachten sind, hat das Verhältnis der DSRL-EK zur UGP-RL im Hinblick auf die einzelnen Voraussetzungen einer Einwilligung keinen wesentlichen Unterschied zur Folge. Im Einzelfall sind die jeweiligen Voraussetzungen aber an die zugrundeliegende RL anzupassen, so etwa im Hinblick auf den konkreten Gegenstand der Aufklärung.

3. Verhältnis DSGVO zu UGP-RL

Die DSGVO und die UGP-RL gelten nebeneinander. Nr. 26 S. 2 Anhang I UGP-RL führt an, dass die Regelung aus S. 1 unbeschadet der Datenschutz-RL gilt. Die Datenschutz-RL wurde durch die DSGVO abgelöst, so dass auch hier davon ausgegangen werden kann, dass dies nun auch im Verhältnis zur DSGVO gilt. Ebenso wie zur DSRL-EK festgestellt, folgt aus der Klarstellung in Nr. 26 S. 2 Anhang UGP-RL, dass die Vorschriften nebeneinander gelten.[138] Bestätigt wird dies auch vom EuGH, wenn er ausführt, dass „die Verbände zur Wahrung von Verbraucherinteressen befugt sind, gegen Verletzungen der in der DS-GVO vorgesehenen Rechte gegebenenfalls über Vorschriften zum Schutz der Verbraucher oder zur Bekämpfung unlauterer Geschäftspraktiken vorzugehen, wie sie in der RL 2005/29 und der RL 2009/22 vorgesehen sind."[139]

---

135 Vgl. dazu bereits B. I. 4.

136 Die Verwendung im Sinne des Art. 4 Nr. 2 DSGVO stellt insofern einen Auffangtatbestand der, vgl. Wolff/Brink/*Schild*, Art. 4 DSGVO Rn. 48, Paal/Pauly/*Ernst*, Art. 4 DSGVO Rn. 29.

137 Siehe dazu nachfolgend D. II. 3.

138 Vgl. dazu bereits D. II. 2.

139 EuGH, Urteil vom 28.04.2022 – C-319/20, GRUR 2022, 920, 924 Rn. 79.

4. Umsetzung der Nr. 26 Anhang I UGP-RL und des Art. 13 DSRL-EK in das UWG

Ob die UGP-RL im Gesamten vom deutschen Gesetzgeber richtig umgesetzt wurde, ist seit jeher umstritten.[140] Der für diese Arbeit relevanteste Streit drehte sich darum, dass der deutsche Gesetzgeber ursprünglich von der separaten Umsetzung der Nr. 26 Anhang I UGP-RL für den Fall der Werbung mittels Telefon, Fax, E-Mail oder sonstigen für den Fernabsatz geeigneten Medien abgesehen hatte, da er davon ausging, dass es durch die Umsetzung des Art. 13 DSRL-EK in Art. 7 Abs. 2 Nr. 2–4 UWG gem. Erwägungsgrund 14 S. 8 f. der UGP-RL einer solchen separaten Umsetzung nicht mehr bedarf.[141] Mit Inkrafttreten der VerbraucherschutzRL hat der deutsche Gesetzgeber die Nr. 26 Anhang I UGP-RL nun in Nr. 26 des Anhangs zu § 3 Abs. 3 UWG umgesetzt. Auf den Streitstand ist somit nicht weiter einzugehen.[142]

a) Voraussetzungen der Einwilligung in der UGP-RL

Wie bereits dargestellt, richtet sich die Einwilligung gem. § 7 Abs. 2 Nr. 1 und Nr. 2 UWG nach Art. 4 Nr. 11 DSGVO.[143] Da die DSRL-EK und insbesondere Art. 13 Abs. 3 DSRL-EK gem. Nr. 26 S. 2 Anhang I UGP-RL weiterhin ohne Einschränkung gültig bleibt,[144] ist § 7 Abs. 2 Nr. 1 UWG,[145] der auf Art. 13 Abs. 3 DSRL-EK zurückgeht, mit der UGP-RL und der DSRL-EK im Einklang.[146] Durch die nun erfolgte separate Umsetzung der Nr. 26 Anhang I UGP-RL ergibt sich aus

[140] Etwa *Glöckner*, GRUR 2013, 224 ff.; *Westermann*, Harmonisierung des Lauterkeitsrechts; *Holzmayr-Schrenk*, Die Richtlinie über unlautere Geschäftspraktiken; *Köhler*, GRUR 2012, 1073 ff.; *Seichter*, WRP 2005, 1087 ff.

[141] BT-Drs. 16/10145, S. 29; Köhler/Bornkamm/Feddersen/*Köhler*, Anhang zu § 3 Abs. 3 UWG Rn. 26.1; Fritzsche/Münker/Stollwerck/*Fritzsche*, Anhang zu § 3 Abs. 3 Nr. 26 UWG Rn. 1.1 ff. Vgl. bereits ausführlich D. II. 2.

[142] Zum Ganzen etwa Ohly/Sosnitza/*Ohly*, § 7 UWG Rn. 11; MüKoUWG/*Leible*, § 7 UWG Rn. 5; Köhler/Bornkamm/Feddersen/*Köhler*, § 7 UWG Rn. 136 ff.; *David*, Telefonwerbung in Deutschland, S. 191 ff.; *Zech*, WRP 2013, 1434, 1436 Rn. 16.

[143] BGH, Urteil vom 28.05.2020 – I ZR 7/16, NJW 2020, 2540, 2543 Rn. 28 ff.; Fritzsche/Münker/Stollwerck/*Fritzsche*, § 7 UWG Rn. 79; Harte-Bavendamm/Henning-Bodewig/*Schöler*, § 7 UWG Rn. 238; Köhler/Bornkamm/Feddersen/*Köhler*, § 7 UWG Rn. 189; *Buchner*, WRP 2018, 1283, 1284; *David*, Telefonwerbung in Deutschland, S. 245.

[144] BGH, Urteil vom 28.05.2020 – I ZR 7/16, NJW 2020, 2540, 2543 Rn. 28; BGH, Urteil vom 14.01.2016 – I ZR 65/14, GRUR 2016, 946, 949 Rn. 24; BGH, Urteil vom 10.02.2011 – I ZR 164/09, GRUR 2011, 936, 938 Rn. 23 ff.

[145] § 7 Abs. 2 Nr. 2 UWG a. F.

[146] BGH, Urteil vom 14.01.2016 – I ZR 65/14, GRUR 2016, 946, 949 Rn. 24; BGH, Urteil vom 10.02.2011 – I ZR 164/09, GRUR 2011, 936, 938 Rn. 23 ff.; OLG München, Urteil vom 21.03.2019 – 6 U 3377/18, GRUR 2019, 654, 656 Rn. 53 f.; OLG München Urteil vom 07.02.2019 – 6 U 2404/18, GRUR-RS 2019, 6825 Rn. 22; Harte-Bavendamm/Henning-Bodewig/*Schöler*, § 7 UWG Rn. 165.

der UGP-RL kein Anlass für Modifikationen des Begriffs der Einwilligung. Das Merkmal der Unerwünschtheit der Nr. 26 S. 1 Anhang I UGP-RL ist bei Vorliegen einer Einwilligung nicht erfüllt, lässt sich jedoch ansonsten mit einer fehlenden Einwilligung nicht gleichsetzen.[147] Für die Voraussetzungen der Einwilligung in der UGP-RL gelten dennoch – wie dargestellt – die gleichen Voraussetzungen.[148]

b) Gleichlauf der Voraussetzungen im Datenschutz- und Wettbewerbsrecht

Mithin hat die Einwilligung datenschutzrechtlich und wettbewerbsrechtlich die gleichen Voraussetzungen und muss unionsrechtskonform und einheitlich ausgelegt werden.[149] Dies hat zur Folge, dass alle Voraussetzungen und Anforderungen einer wirksamen datenschutzrechtlichen Einwilligung auch im wettbewerbsrechtlichen Kontext zu erfüllen sind.[150]

Der Gleichlauf der datenschutzrechtlichen und wettbewerbsrechtlichen Einwilligung war nicht immer selbstverständlich. So der hat BGH in der *Payback*-Entscheidung noch unterschiedliche Wirksamkeitsvoraussetzungen für die datenschutzrechtliche Einwilligung nach § 4a Abs. 1 S. 4 BDSG a. F.[151] und die wettbewerbsrechtliche Einwilligung nach § 7 Abs. 2 Nr. 2 UWG a. F.[152] angenommen

---

[147] Vgl. dazu bereits D. I. 4. Zum Merkmal der Unerwünschtheit Köhler/Bornkamm/Feddersen/*Köhler*, Anhang zu § 3 Abs. 3 UWG Rn. 26.14 f.; Fritzsche/Münker/Stollwerck/*Fritzsche*, Anhang zu § 3 Abs. 3 Nr. 26 UWG Rn. 14.

[148] Vgl. dazu bereits D. I. 4.

[149] Fritzsche/Münker/Stollwerck/*Fritzsche*, § 7 UWG Rn. 79; Köhler/Bornkamm/Feddersen/*Köhler*, § 7 UWG Rn. 189 ff., 211; MüKoUWG/*Leible*, § 7 UWG Rn. 118; Harte-Bavendamm/Henning-Bodewig/*Schöler*, § 7 UWG Rn. 238 ff. Gloy/Loschelder/Danckwerts/*Hasselblatt/Zarn*, § 61 Rn. 123a ff.; *David*, Telefonwerbung in Deutschland, S. 257 ff.; *Funke*, Einwilligung, S. 105; *Rogosch*, Einwilligung, S. 121; *van Raay/Meyer-van Raay*, VuR 2009, 103, 108; *Hanloser*, CR 2008, 713, 718.

[150] Fritzsche/Münker/Stollwerck/*Fritzsche*, § 7 UWG Rn. 81; Köhler/Bornkamm/Feddersen/*Köhler*, § 7 UWG Rn. 189. Nach diesen Autoren gelte etwa auch Art. 7 Abs. 4 DSGVO im Wettbewerbsrecht, vgl. etwa Köhler/Bornkamm/Feddersen/*Köhler*, § 7 UWG Rn. 190. Dies gilt auch für § 7 Abs. 2 Nr. 1 2. Alt UWG bei dem sich die Voraussetzungen einer tatsächlichen Einwilligung nach den datenschutzrechtlichen Voraussetzungen zu richten hat, vgl. auch die Verweise bei Köhler/Bornkamm/Feddersen/*Köhler*, § 7 UWG Rn. 217 und bei Fritzsche/Münker/Stollwerck/*Fritzsche*, § 7 UWG Rn. 116. Die mutmaßliche Einwilligung ist nicht Thema dieser Arbeit, vgl. zu den Voraussetzungen einer mutmaßlichen Einwilligung etwa Köhler/Bornkamm/Feddersen/*Köhler*, § 7 UWG Rn. 218 ff. § 7 Abs. 2 Nr. 2 UWG setzt Art. 13 Abs. 1 DSRL-EK um, so dass für den Begriff der Einwilligung daher die gleichen Vorgaben wie bereits zuvor festgestellt gelten, vgl. etwa Fritzsche/Münker/Stollwerck/*Fritzsche*, § 7 UWG Rn. 147.

[151] „Soll die Einwilligung zusammen mit anderen Erklärungen schriftlich erteilt werden, ist sie besonders hervorzuheben."

[152] „Eine unzumutbare Belästigung ist insbesondere anzunehmen [...] 2. bei einer Werbung mit Telefonanrufen gegenüber Verbrauchern ohne deren Einwilligung oder gegenüber sonstigen Marktteilnehmern ohne deren zumindest mutmaßliche Einwilligung."

und dies mit „spezifischen Schutzzweckanforderungen auf dem Gebiet der elektronischen Kommunikation" begründet.[153] Dies stieß jedoch auf Kritik.[154] Mittlerweile nimmt der BGH allerdings ebenfalls keine Unterscheidung mehr vor und bestimmt den Begriff der Einwilligung richtlinienkonform.[155]

Buchner führte dennoch zur DSGVO aus, dass es Unterschiede gebe, da „beide Rechtsgebiete jeweils unterschiedliche Zielsetzungen verfolgen und sich gerade bei der Einwilligung die Frage stellt, ob die strengen rechtlichen Anforderungen, wie sie das Datenschutzrecht aufstellt, auch für das Wettbewerbsrecht passen".[156] Nichtsdestotrotz nimmt er grundsätzlich an, dass sich die Einwilligung in § 7 Abs. 2 Nr. 2 und Nr. 3 UWG a. F. nach der DSGVO zu richten habe.[157] Bei § 7 UWG und Art. 13 DSRL-EK gehe es etwa darum, in Ruhe gelassen zu werden und nicht um die komplexe Verarbeitung von Daten.[158] Er plädiert daher dafür, die Umsetzung des Art. 13 DSRL-EK aus dem UWG herauszunehmen und die wettbewerbsrechtliche Beurteilung allein nach Nr. 26 Anhang I UGP-RL zu richten.[159] Bei der Informiertheit der Einwilligung sollten ferner mildere Maßstäbe angelegt werden, da die Ansprache mit Werbung nicht im Verborgenen stattfinde und die einzelne Person unschwer merke, dass sie angerufen werde oder E-Mails erhalte.[160] Die Maßgaben der Bestimmtheit und der Einsichtsfähigkeit seien übertragbar.[161]

Es ist aus mehreren Gründen nicht angezeigt, unterschiedliche Maßstäbe anzulegen. Zunächst geht die Einwilligung im Sinne des § 7 Abs. 1 Nr. 1 UWG und die datenschutzrechtliche Einwilligung auf dieselben unionsrechtlichen Vorschriften wie etwa Art. 7 und Art. 8 GrCh zurück. Es handelt sich in beiden Fällen um Aus-

---

[153] BGH, Urteil vom 16.07.2008 – VIII ZR 348/06, GRUR 2008, 1010, 1012 Rn. 30; BGH, Beschluss vom 14.04.2011 – I ZR 38/10, MMR 2011, 458. Dabei ging es vor allem um unterschiedliche Wirksamkeitsvoraussetzungen aufgrund der Möglichkeiten eine opt-in und eine opt-out Lösung im Datenschutzrecht, was im Wettbewerbsrecht nicht möglich sein sollte, vgl. zum Ganzen ausführlich *David*, Telefonwerbung in Deutschland, S. 253 ff.; *Rogosch*, Einwilligung, S. 120; *Hanloser*, CR 2008, 713, 716 f. Mittlerweile ist die opt-out Lösung mit Einführung der DSGVO auch im Datenschutzrecht nicht mehr zulässig, EuGH, Urteil vom 01.10.2019 – C-673/17, GRUR 2019, 1198, 1201 Rn. 65.

[154] *Hanloser*, CR 2008, 713 ff.; *van Raay/Meyer-van Raay*, VuR 2009, 103, 108; *Buchner*, DuD 2010, 39, 42 f.; *David*, Telefonwerbung in Deutschland, S. 257 ff.; *Rogosch*, Einwilligung, S. 121 ff.; *Funke*, Einwilligung, S. 101 ff.

[155] BGH, Urteil vom 25.10.2012 – I ZR 169/10, MMR 2013, 380, 381 f. Rn. 22 ff.; *Eckhardt*, MMR 2013, 380, 383; *Eckhardt/Rheingans*, ZD 2013, 318, 323.

[156] *Buchner*, WRP 2018, 1283, 1284.

[157] *Buchner*, WRP 2018, 1283, 1284.

[158] *Buchner*, WRP 2018, 1283, 1284.

[159] *Buchner*, WRP 2018, 1283, 1284.

[160] *Buchner*, WRP 2018, 1283, 1287.

[161] *Buchner*, WRP 2018, 1283, 1287. Nach Buchner sei auch die Übertragung des Art. 7 Abs. 4 DSGVO nur im Einzelfall denkbar, da Werbemaßnahmen typischerweise nicht für die Vertragserfüllung erforderlich sind, *Buchner*, WRP 2018, 1283, 1286 f. Zur Beurteilung des Art. 7 Abs. 4 DSGVO im Wettbewerbsrecht ausführlich unter F. II.

übung der Selbstbestimmung. Zudem besteht zwischen Privatsphäre und informationeller Selbstbestimmung als geschützten Rechtsgütern kein Rangverhältnis.[162]

Bestätigt wird dies auch vom EuGH, der ausführt, dass sowohl aufgrund der einheitlichen Anwendung des Unionsrechts als auch aufgrund des Gleichheitsgrundsatzes die Begriffe einer Vorschrift des Unionsrechts in der Regel in der gesamten Union eine autonome und einheitliche Auslegung erhalten müssen.[163] Zudem seien nach ständiger Rechtsprechung des EuGH bei der Auslegung einer Vorschrift des Unionsrechts nicht nur ihr Wortlaut und die mit ihr verfolgten Ziele zu berücksichtigen, sondern etwa deshalb auch ihr Kontext und das gesamte Unionsrecht.[164]

Dafür spricht mittlerweile auch die Verordnung (EU) 2022/1925 des Europäischen Parlaments und des Rates vom 14. September 2022 über bestreitbare und faire Märkte im digitalen Sektor und zur Änderung der Richtlinien (EU) 2019/1937 und (EU) 2020/1828 (Gesetz über digitale Märkte; nachfolgend „DMA"). Der DMA regelt etwa, dass sog. „Torwächter", also in der Regel Unternehmen, die gem. Art. 3 Abs. 1 DMA erheblichen Einfluss auf den Binnenmarkt haben, einen zentralen Plattformdienst bereitstellen, der gewerblichen Nutzern als wichtiges Zugangstor zu Endnutzern dient und eine gefestigte und dauerhafte Position innehat oder absehbar ist, dass es eine solche in naher Zukunft erlangt, gem. Art. 5 Abs. 2 DMA personenbezogene Daten in den in Art. 5 Abs. 2 DMA genannten Fällen nur bei Wahlfreiheit und nach vorheriger Einwilligung verwenden darf. In Art. 2 Nr. 32 DMA wird für die Einwilligung sodann auf die Definition in Art. 4 Nr. 11 DSGVO verwiesen. Dies stützt das Verständnis eines einheitlichen Einwilligungsbegriffs im Unionsrecht auch bei neueren Rechtsakten.

Es ist daher angezeigt, der Einwilligung für gleiche Zwecke im Unionsrecht auch die gleichen Voraussetzungen zuzuschreiben und so der Einheit der Rechtsordnung zu dienen.[165]

III. Zusammenfassung und Bedeutung für die Einwilligung gem. § 7 Abs. 2 Nr. 1 UWG

Die dargestellten europarechtlichen und nationalen Verknüpfungen haben aufgezeigt, dass zwischen Wettbewerbsrecht und Datenschutzrecht zahlreiche Überschneidungen bestehen. Für die konkreten Voraussetzungen der Einwilligung im UWG hat sich ergeben, dass sich diese nach der datenschutzrechtlichen Einwilligung richten. Dies ist richtlinienkonform und entspricht den unionsrechtlichen Vorgaben der DSRL-EK, UGP-RL und der DSGVO. Durch die Voraussetzungen

[162] *Rogosch*, Einwilligung, S. 122 und S. 129.
[163] EuGH, Urteil vom 01.10.2019 – C-673/17, GRUR 2019, 1198, 1200 Rn. 47.
[164] EuGH, Urteil vom 01.10.2019 – C-673/17, GRUR 2019, 1198, 1200 Rn. 48.
[165] MüKoUWG/*Leible*, § 7 UWG Rn. 118.

der datenschutzrechtlichen Einwilligung wird die Ausübung der Selbstbestimmung im UWG, insbesondere in § 7 UWG, gewährleistet. Die praxisrelevanten Verflechtungen zwischen Datenschutz- und Wettbewerbsrecht, etwa ob die Vorschriften der DSGVO Marktverhaltensregelungen gem. § 3a UWG darstellen,[166] werden nun nachfolgend erörtert.

[166] Dazu unter E. III.

E. Praxisrelevante Verflechtungen der Einwilligung im Datenschutz- und Wettbewerbsrecht

Wie ersichtlich wurde, überschneiden sich die Ziele des Datenschutzrechts mit denen des Wettbewerbsrechts insbesondere bei der Einholung einer Einwilligung. So schützen etwa beide Rechtsgebiete die Entscheidungsfreiheit der Verbraucher und haben somit auch verbraucherschützenden Charakter.[1] Zudem bezwecken beide Ziele den Missbrauchsschutz.[2] Diese Verflechtungen des Datenschutz- und Wettbewerbsrechts sind insbesondere bei der Einwilligung bedeutsam. Die Einwilligung wird so etwa als Bindeglied zwischen Datenschutzrecht und Kartellrecht angesehen.[3] Ferner muss das Lauterkeitsrecht gewährleisten, dass die Einwilligung nicht mit unlauteren Mitteln verschafft wird.[4]

Wie bereits kurz skizziert, war die Einwilligung in diesem Kontext bereits Gegenstand mehrerer Rechtsstreitigkeiten, bei denen jedoch noch Fragen offengeblieben sind.[5] Es soll nun unter Heranziehung dieser Fälle überprüft werden, ob die für das Datenschutzrecht getroffenen Annahmen auch den zuvor dargestellten Zielen und Schutzzwecken des Wettbewerbsrechts in der Praxis gerecht werden und zugleich auch das Wettbewerbsrecht derart ausgestaltet ist, dass die Einwilligung dort Ausdruck der Selbstbestimmung der einwilligenden Person ist. Schließlich sollen die noch verbliebenen offenen Fragen geklärt werden.

I. Inbox-Marketing

In einem dieser Sachverhalte geht es um das sog. Inbox-Marketing. Wie bereits ausgeführt, handelt es sich beim Inbox-Marketing um Werbung mittels einer Werbeeinblendung in E-Mail-Postfächern, wobei die Werbung dergestalt umgesetzt wird, dass im privaten Postfach eines Nutzers des E-Mail-Dienstes in dem Bereich,

---

[1] So etwa auch *Heßmann*, Die Bekämpfung von Datenschutzverstößen mit Mitteln des Unlauterkeitsrechts, S. 34.

[2] So etwa auch OVG Saarlouis, Beschluss vom 16.02.2021 – 2 A 355/19 NJW 2021, 2225, 2227 Rn. 24.

[3] *Buchner*, WRP 2019, 1243, 1245; *Stoffel*, EuZW 2019, 177, 178.

[4] FS Köhler/*Buchner*, Facebook zwischen BDSG und UWG, 51, 59.

[5] EuGH, Urteil vom 04.07.2023 – C-252/21, GRUR 2023, 1131, 1143 Rn. 154; EuGH, Urteil vom 25.11.2021 – C-102/20, GRUR 2022, 87 ff.; BGH, Urteil vom 13.01.2022 – I ZR 25/19, GRUR 2022, 995 ff.; BGH, Beschluss vom 30.01.2020 – I ZR 25/19, GRUR 2020, 420 ff. Vorinstanz OLG Nürnberg, Urteil vom 15.01.2019 – 3 U 724/18, GRUR-RR 2019, 170 ff. Vgl. dort jeweils ausführlich zum detaillierten Sachverhalt.

in dem die eingegangenen E-Mails aufgelistet werden, auch die Werbung in ähnlicher Form wie eine eingegangene E-Mail angezeigt wird.[6]

Das OLG Nürnberg führte dazu aus, dass eine wirksame Einwilligung nicht eingeholt werden müsse, da die Werbeeinblendung verschiedener Unternehmen nach dem Zufallsprinzip bei unterschiedlichen Kunden angezeigt werden und es so an einem konkreten Adressaten für eine Einwilligung fehle, so dass u. a. aus systematischer Hinsicht keine Werbung mittels elektronischer Post vorliegen könne.[7] Der BGH stellte dies in Frage, indem er prüfte, ob es zutreffend sein könne, dass aus Art. 13 Abs. 1 Datenschutz-RL folge, dass alle Formen der Direktwerbung über Kommunikationsnetze ohne Einwilligung zulässig seien, bei denen die Einwilligung der Nutzer aufgrund der vom Werbenden benutzten technischen Abläufe nicht vor Verwendung einer konkreten Werbung eingeholt werden könne.[8] Damit hängt die Frage zusammen, die dem EuGH vom BGH vorgelegt wurde, ob dies Werbung mittels „elektronischer Post" im Sinne des Art. 2 S. 2 lit. h) DSRL-EK darstelle.[9] Anders als das OLG Nürnberg hat der EuGH dies nach ausführlicher Begründung bejaht und somit auch angenommen, dass für diesen Fall der Werbung eine Einwilligung „für den konkreten Fall und in voller Kenntnis der Sachlage" nötig sei.[10] Ob die Einwilligung im konkreten Fall und in voller Kenntnis der Sachlage erteilt worden war, hatte der BGH als vorlegendes Gericht zu klären.[11] Für die vorliegende Arbeit bedarf es keiner ausführlichen Auseinandersetzung mit der Frage, ob es sich bei dieser Werbeeinblendung um elektronische Post im Sinne des Art. 2 S. 2 lit. h) DSRL-EK handelt.[12] Relevanter sind die Ausführungen zur Einwilligung

---

[6] BGH, Urteil vom 13.01.2022 – I ZR 25/19, GRUR 2022, 995. Beschreibung der Werbeeinblendung durch das OLG Nürnberg: „Die streitgegenständliche Werbeanzeige ist – anders als die ‚normalen' E-Mails im Postfach – grau unterlegt und mit dem Hinweis ‚Anzeige' versehen, die durch die daneben enthaltene Einblendung ‚x' weggeklickt werden kann. Sie enthält keine Datumsanzeige, keinen Absender und keine Optionen zur Bearbeitung, wie zum Beispiel die Archivierung, oder zur Beantwortung oder Weiterleitung. Auch wird sie nicht in die Anzahl der ungelesenen E-Mails des jeweiligen Kunden eingerechnet", OLG Nürnberg, Urteil vom 15.01.2019 – 3 U 724/18, GRUR-RR 2019, 170, 174 Rn. 65.

[7] OLG Nürnberg, Urteil vom 15.01.2019 – 3 U 724/18, GRUR-RR 2019, 170, 175 Rn. 82. Das OLG Nürnberg hat das Vorliegen von „elektronischer Post" in diesem Sinne insbesondere mit der Begründung verneint, dass die Werbeeinblendung aufgrund des Erscheinungsbildes nicht mit einer E-Mail vergleichbar ist, da die Werbeeinblendung durch ein „x" weggeklickt werden konnte und zudem weder ein Datum noch ein Absender ersichtlich waren, OLG Nürnberg, Urteil vom 15.01.2019 – 3 U 724/18, GRUR-RR 2019, 170, 175 Rn. 73 ff.

[8] BGH, Beschluss vom 30.01.2020 – I ZR 25/19, GRUR 2020, 420, 424.

[9] EuGH, Urteil vom 25.11.2021 – C-102/20, GRUR 2022, 87, 88 ff.; BGH, Urteil vom 13.01.2022 – I ZR 25/19, GRUR 2022, 995, 997; BGH, Beschluss vom 30.01.2020 – I ZR 25/19, GRUR 2020, 420, 422 ff.; OLG Nürnberg, Urteil vom 15.01.2019 – 3 U 724/18, GRUR-RR 2019, 170, 173 ff.

[10] EuGH, Urteil vom 25.11.2021 – C-102/20, GRUR 2022, 87, 90 Rn. 63.

[11] EuGH, Urteil vom 25.11.2021 – C-102/20, GRUR 2022, 87, 90 Rn. 59.

[12] Dazu etwa *Rennert*, IWRZ 2022, 180 ff.; *Schoene*, GRUR-Prax 2021, 720; *Gesmann/Nuissl*, InTer 2022, 28, 29.

in den Entscheidungen, insbesondere die Frage, wann eine Einwilligung „für den konkreten Fall und in voller Kenntnis der Sachlage“ vorliegt.

Zu einer Einwilligung im Kontext der UGP-RL äußerte sich der EuGH lediglich dahingehend, dass bei der Beurteilung des „Unerwünschtseins“ i. S. d. Nr. 26 S. 1 Anhang I UGP-RL „das Vorliegen oder Fehlen einer von diesem Nutzer vor der Einblendung erteilten Einwilligung und der von ihm etwa geäußerte Widerspruch gegen ein solches werbliches Vorgehen zu berücksichtigen“ seien.[13] Der EuGH beantwortet die fünfte Frage des BGH nachfolgend jedoch damit, dass die streitgegenständliche Werbung „bei Fehlen einer von diesem Nutzer vor der Einblendung erteilten Einwilligung als ‚unerwünschtes Ansprechen‘ eingestuft werden“ könne.[14] Daraus folgt, dass er eine fehlende Einwilligung in diesem Fall als ausreichend erachtet, um ein unerwünschtes Ansprechen zu bejahen. Welche Voraussetzungen eine hierfür wirksame Einwilligung erfüllen muss, äußert der EuGH nicht. So ließ der EuGH offen, inwieweit Art. 7 Abs. 4 DSGVO bei kostenlosen Angeboten gilt und mithin die Einwilligung an die Nutzung gekoppelt werden darf, so dass diese Frage weiterhin nicht höchstrichterlich geklärt wurde.[15] Die Relevanz dieser Frage wird deutlich, wenn man die potenziellen Folgen eines Verstoßes gegen § 7 Abs. 2 UWG betrachtet. Ein solcher Verstoß könnte einen unmittelbaren Verstoß gegen die DSGVO darstellen, so dass auch das dortige Sanktionsregime greifen würde.[16]

II. Wirksamkeit der Datenverarbeitung eines sozialen Netzwerks für ein „personalisiertes Erlebnis“

Wie bereits erwähnt, beschäftigte das Verhältnis des Wettbewerbsrechts zum Datenschutzrecht (und insbesondere zur datenschutzrechtlichen Einwilligung) das Bundeskartellamt, das OLG Düsseldorf, den BGH und letztlich den EuGH.[17] Dabei geht es um die Zulässigkeit der Kombination von „Nutzer- und Gerätedaten, die Facebook bei der Nutzung anderer konzerneigener Dienste bzw. der Nutzung von Webseiten und Apps dritter Anbieter sammelt“[18] mit den Nutzerdaten von Facebook. Die Nutzung von Facebook erfordert dabei die Zustimmung zu den

[13] EuGH, Urteil vom 25.11.2021 – C-102/20, GRUR 2022, 87, 91 Rn. 74.

[14] EuGH, Urteil vom 25.11.2021 – C-102/20, GRUR 2022, 87, 91 Rn. 75.

[15] So auch Spittka in Anmerkung zu EuGH, Urteil vom 25.11.2021 – C-102/20, GRUR 2022, 87, 93.

[16] Spittka in Anmerkung zu EuGH, Urteil vom 25.11.2021 – C-102/20, GRUR 2022, 87, 93; OVG Saarlouis, Beschluss vom 16.02.2021 – 2 A 355/19, NJW 2021, 2225, 2226 Rn. 24.

[17] BKartA Beschluss vom 06.02.2019 – B6–22/16, BeckRS 2019, 4895; OLG Düsseldorf Beschluss vom 26.08.2019 – Kart 1/19, BeckRS 2019, 18837; BGH, Beschluss vom 23.06.2020 – KVR 69/19, GRUR 2020, 1318 ff.; OLG Düsseldorf, Vorlagebeschluss vom 24.03.2021 – Kart 2/19, EuZW 2021, 680 ff.; EuGH, Urteil vom 04.07.2023 – C-252/21, GRUR 2023, 1131 ff.

[18] BKartA, Fallbericht vom 15.02.2019 – Bk-22/16, S. 1, NZKart 2019, 178, 179.

Facebook-Nutzungsbedingungen, welche diese Datenverarbeitung regeln und legitimieren sollen. Dabei ist fraglich, ob die Nutzer von Facebook in dieses Vorgehen wirksam eingewilligt haben oder ob ein anderer datenschutzrechtlicher Erlaubnistatbestand vorlag und falls nicht, ob dieser Datenschutzverstoß dann kartellrechtlich bei § 19 GWB zu berücksichtigen sei. Dies war bereits Thema verschiedener kartellrechtlicher Abhandlungen und Beiträge, so dass hier der Schwerpunkt auf das Verhältnis von Datenschutzrecht und Wettbewerbsrecht in Bezug auf die Einwilligung gelegt werden soll.[19] Die übrigen Rechtsfragen – wie etwa nach der der marktbeherrschenden Stellung Facebooks – sollen nur kurz angerissen werden.

1. Gang des Verfahrens

a) BKartA, Beschluss vom 06.02.2019 in Sachen B6-22/16

Das Bundeskartellamt ging davon aus, die Einwilligung sei aufgrund einer unzulässigen Koppelung nach Art. 7 Abs. 4 DSGVO nicht freiwillig erteilt worden und somit unwirksam, da mangels Alternativangebot eine klares Ungleichgewicht vorliege.[20] Die direkten Netzwerkeffekte verhindern bei sozialen Netzwerken das Ausweichen auf andere Dienste und mithin eine Wahlfreiheit des Nutzers.[21] Das BKartA stützte sich dabei im Wesentlichen auf die Rechtsprechung i. S. *VBL-Gegenwert* und Pechstein.[22] Da auch kein gesetzlicher Erlaubnistatbestand für die Datenverarbeitung greife, liege ein Datenschutzverstoß vor.[23] Darin sei ein Fall des

---

[19] *Endler*, Verbraucher im Kartellrecht; *Grewe*, Missbrauchsverbot als Durchsetzungsinstrument; *Schönberger*, Struktur und Grenzen des Missbrauchsbegriffs; *Uebele*, Datenschutz und Kartellrecht; Bunte/*Nothdurft*, § 19 GWB Rn. 206 ff.; BeckOKInfoMedienR/*Paal*, Art. 102 AEUV Rn. 80a ff.; Endler beschränkt seine Untersuchung auf die Grundsatzfrage, ob ein Verbraucherinteresse am Schutz personenbezogener Daten kartellrechtlich berücksichtigt werden kann und ob die ungerechtfertigte Verarbeitung personenbezogener Daten ein Ausbeutungsmissbrauch zulasten der Verbraucher gem. § 19 Abs. 1 GWB liegen könnte; die Frage nach der Behinderung von Wettbewerb klammert er aus, vgl. *Endler*, Verbraucher im Kartellrecht, S. 285, 293.

[20] BKartA Beschluss vom 06.02.2019 – B6-22/16, BeckRS 2019, 4895 Rn. 645 f. Dabei hat das BKartA explizit offengelassen, „ob eine Einwilligung bei Koppelung mit dem Vertragsschluss generell nicht mehr als freiwillig angesehen werden kann", BKartA Beschluss vom 06.02.2019 – B6–22/16, BeckRS 2019, 4895 Rn. 646. Dem BKartA in der Bewertung als „klares Ungleichgewicht" zustimmend etwa *Endler*, Verbraucher im Kartellrecht, S. 289 f. Kritisch *Körber*, NZKart 2019, 187, 191; *Lohse*, NZKart 2020, 292, 294 f.

[21] BKartA, Beschluss vom 06.02.2019 – B6–22/16, BeckRS 2019, 4895 Rn. 646. So auch *Golland*, MMR 2018, 130 f.

[22] BKartA, Fallbericht vom 15.02.2019 – Bk-22/16, S. 1, NZKart 2019, 178, 181 ff.; BGH, Urteil vom 06.11.2013 – KZR 58/11 – *VBL-Gegenwert*, NVwZ-RR 2014, 515 ff., dazu etwa *Bunte*, EWiR 2013, 777 f.; BGH, Urteil vom 07.06.2016 – KZR 6/15 – *Pechstein*, NJW 2016, 2266 ff., dazu etwa *Bunte*, EWiR 2016, 415 f.; *Heermann*, NJW 2016, 2224 ff.

[23] BKartA Beschluss vom 06.02.2019 – B6-22/16, BeckRS 2019, 4895 Rn. 688 ff. und Rn. 727 ff.; *Endler*, Verbraucher im Kartellrecht, S. 292 f.

Konditionenmissbrauchs gem. § 19 Abs. 1 GWB zu sehen.[24] Eine trennscharfe Abgrenzung zwischen Koppelung und Machtungleichgewicht hat das BKartA dabei nicht vorgenommen.[25]

b) OLG Düsseldorf, Beschluss vom 26.08.2019 in Sachen Kart 1/19

Gegen diese Entscheidung legte Facebook Beschwerde beim OLG Düsseldorf ein und beantragte die Anordnung der aufschiebenden Wirkung.[26] Das OLG Düsseldorf führte aus, es bestünden ernstliche Zweifel an der Rechtmäßigkeit der Entscheidung des Bundeskartellamts und ordnete die aufschiebende Wirkung an, da die beanstandete Datenverarbeitung keinen relevanten Wettbewerbsschaden und auch keine wettbewerbliche Fehlentwicklung zur Folge habe.[27] Im Hinblick auf Art. 7 Abs. 4 DSGVO war das OLG Düsseldorf der Ansicht, dass damit kein Kontrollverlust des Nutzers über seine Daten einhergehe, da die Datenverarbeitung mit seinem Wissen und Wollen erfolge und damit sehr wohl unter seiner Kontrolle läge und er auch davon absehen könne, Facebook zu nutzen und somit eine Wahl habe.[28] Das OLG Düsseldorf war überdies der Ansicht, ein Datenschutzverstoß verwirkliche nicht *per se* den § 19 Abs. 1 GWB a. F., da dieser ein wettbewerbsschädliches Verhalten voraussetze, wovon bei einem reinem Datenschutzverstoß nicht ausgegangen werden könne.[29] Zudem erschließe es sich nicht, weshalb ein

[24] BKartA, Fallbericht vom 15.02.2019 – Bk-22/16, S. 1, NZKart 2019, 178, 181 ff. Zusammenfassung der Begründung: „Facebook sei auf dem Markt für soziale Netzwerke für private Nutzer in Deutschland ein marktbeherrschendes Unternehmen und damit Normadressat des kartellrechtlichen Missbrauchsverbots. Das Unternehmen verstoße jedenfalls insoweit gegen das kartellrechtliche Missbrauchsverbot (§ 19 Abs. 1 GWB), als es den privaten Nutzern bei der Registrierung für sein Netzwerk die Zustimmung zu Vertragskonditionen abverlange, die mit Blick auf Wertungen des Datenschutzrechts nach der Datenschutzgrundverordnung (DSGVO) unangemessen seien und mit denen Facebook die Erfassung, Verknüpfung und Verwendung von außerhalb des Netzwerks generierten Mehrdaten eingeräumt werde. In diesem Zusammenhang sei Facebook ein Konditionenmissbrauch zum Nachteil der privaten Netzwerknutzer vorzuwerfen, die einen Schaden in Gestalt eines Kontrollverlustes erlitten, da sie im Hinblick auf die Datenkonditionen nicht mehr selbstbestimmt über ihre persönlichen Daten verfügen könnten. Darüber hinaus zeitige der Missbrauch Behinderungswirkungen zum Nachteil von Wettbewerbern auf dem Markt für soziale Netzwerke und auf Drittmärkten", OLG Düsseldorf Beschluss vom 26.08.2019 – Kart 1/19, BeckRS 2019, 18837 Rn. 9. Kritisch etwa *Körber*, NZKart 2019, 187 ff. Zustimmend etwa *Buchner*, WRP 2019, 1243 ff. Differenzierend *Künstner*, K&R 2019, 605, 609.

[25] Auch eine Rechtfertigung aufgrund der Erforderlichkeit der Datenverarbeitung für die Vertragserfüllung nach Art. 6 Abs. 1 b) DSGVO hat das Bundeskartellamt abgelehnt, BKartA, Beschluss vom 06.02.2019 – B6–22/16, BeckRS 2019, 4895 Rn. 666 ff.

[26] OLG Düsseldorf Beschluss vom 26.08.2019 – Kart 1/19, BeckRS 2019, 18837 Rn. 10 f. Zustimmend *Thiede*, EuZW 2019, 779, 791 f. Ablehnend *Bunte*, EWiR 2019, 575, 576; *Bergmann/Modest*, NZKart 2019, 531 ff.; *Buchner*, WRP 2019, 1243 ff. Differenzierend *Künstner*, K&R 2019, 605, 610 f.

[27] OLG Düsseldorf Beschluss vom 26.08.2019 – Kart 1/19, BeckRS 2019, 18837 Rn. 18.

[28] OLG Düsseldorf Beschluss vom 26.08.2019 – Kart 1/19, BeckRS 2019, 18837 Rn. 28 und Rn. 63.

[29] OLG Düsseldorf Beschluss vom 26.08.2019 – Kart 1/19, BeckRS 2019, 18837 Rn. 34 ff.

Datenschutzverstoß marktbeherrschender Unternehmen einen Kartellrechtsverstoß darstelle, während dies bei Verwendung von einem nicht marktbeherrschenden Unternehmen oder einem privaten Dritten nicht kartellrechtlich sanktioniert werde.[30] Ohne die Prüfung des wettbewerbsrechtlichen Schadens werde die Norm der auf die Freiheit des Wettbewerbs gerichteten Zielsetzung des Kartellgesetzes nicht gerecht.[31] Überdies verneint das OLG Düsseldorf die gem. § 19 Abs. 1 GWB a. F. erforderliche Kausalität, da die Ausbeutung eines Verbrauchers nicht deshalb zu einem für den Verbraucher ungünstigen Marktergebnis führe, weil das missbräuchliche Verhalten durch ein marktbeherrschendes Unternehmen praktiziert werde, sondern weil die vereinbarten Konditionen für den Verbraucher wegen ihres Inhalts nachteilig seien.[32] Nach Ansicht des OLG Düsseldorf können reine Datenschutzverstöße über das Kartellrecht nicht geltend gemacht werden, da es an einem kausalen wettbewerbsschädlichen Verhalten fehle. Im Hinblick auf die Datenverarbeitung verfolgt das OLG Düsseldorf den Ansatz, dass die Nutzer durch die Einwilligung durchaus die Kontrolle über ihre Daten hätten und Art. 7 Abs. 4 DSGVO nicht erfüllt sei.

c) BGH, Beschluss vom 23.06.2020 in Sachen KVR 69/19

Gegen die Entscheidung des OLG Düsseldorf hat wiederum das Bundeskartellamt Rechtsbeschwerde eingelegt. Der BGH lehnte Facebooks Antrag auf aufschiebende Wirkung der Beschwerde ab und hob die vom OLG Düsseldorf angeordnete aufschiebende Wirkung wegen fehlender ernstlicher Zweifel an der Rechtmäßigkeit der Verfügung auf.[33] Der BGH nahm zunächst an, Facebook habe eine marktbeherrschende Stellung im Sinne des § 19 Abs. 1 GWB auf dem relevanten nationalen Markt für soziale Netzwerke.[34] Er führte zum Kausalitätserfordernis des § 19 Abs. 1 GWB aus, dass eine Ergebniskausalität genügen solle, wonach „die Verhaltensweise zwar grundsätzlich jedem Unternehmen möglich ist, sich aber nur bei marktbeherrschenden Unternehmen schädliche Auswirkungen auf den Wettbewerb einstellen".[35] Die Annahme eines Missbrauchs gem. § 19 Abs. 1 GWB stützte er auf eine „aufgedrängte Leistungserweiterung" und entzog sich so weitestgehend der Diskussion um den DSGVO-Verstoß.[36] Der BGH führte jedoch

---

[30] OLG Düsseldorf Beschluss vom 26.08.2019 – Kart 1/19, BeckRS 2019, 18837 Rn. 40.

[31] OLG Düsseldorf Beschluss vom 26.08.2019 – Kart 1/19, BeckRS 2019, 18837 Rn. 44

[32] OLG Düsseldorf Beschluss vom 26.08.2019 – Kart 1/19, BeckRS 2019, 18837 Rn. 52.

[33] BGH, Beschluss vom 23.06.2020 – KVR 69/19, GRUR 2020, 1318.

[34] BGH, Beschluss vom 23.06.2020 – KVR 69/19, GRUR 2020, 1318, 1320 Rn. 14. Dies erfuhr weitestgehend Zustimmung in der Literatur, etwa *Lettl*, WRP 2020, 1391, 1394; *Podszun*, GRUR 2020, 1268, 1269 f.

[35] BGH, Beschluss vom 23.06.2020 – KVR 69/19, GRUR 2020, 1318, 1325 Rn. 71. Ausführlich dazu ab Rn. 66 ff.

[36] BeckOKInfoMedienR/*Paal*, Art. 102 AEUV Rn. 80c; *Podszun*, GRUR 2020, 1268, 1270; *Bechthold*, NZKart 2021, 3, 4.

aus, dass „die Rechtswidrigkeit des zur Beurteilung stehenden Verhaltens, insbesondere die Rechtswidrigkeit von Konditionen nach den allgemeinen Maßstäben der Rechtsordnung, […] dabei nur einen – gegebenenfalls ausschlaggebenden – Faktor bei der Interessenabwägung [bildet], weil Interessen, deren Durchsetzung rechtlich missbilligt wird, nicht berücksichtigt werden dürfen".[37] Der BGH führt die datenschutzrechtlichen Erwägungen daher bei der Abwägung an und führt aus, die Zurverfügungstellung personenbezogener Daten stelle einen wesentlichen Wettbewerbsparameter für die weitere Marktseite dar.[38] Dies stützt er insbesondere darauf, dass das Recht auf informationelle Selbstbestimmung „dem Einzelnen die Möglichkeit, in differenzierter Weise darauf Einfluss zu nehmen, in welchem Kontext und auf welche Weise die eigenen Daten anderen zugänglich gemacht und von ihnen genutzt werden" gebe und dem Einzelnen damit gewährleiste, „über der eigenen Person geltende Zuschreibungen selbst substanziell mitzuentscheiden".[39] Diese grundrechtliche Gewährleistung sei auch bei der Auslegung zivilrechtlicher Generalklauseln, wozu auch § 19 GWB zu zählen ist, heranzuziehen, da sie nach ständiger Rechtsprechung des Bundesverfassungsgerichts auch auf privatrechtliche Rechtsbeziehungen ausstrahlt.[40] Dabei hat der BGH die Normen der DSGVO zuvörderst als potenziellen Erlaubnistatbestand für Facebook herangezogen und nicht als verletzte Normen, die zu einem Missbrauch führen.[41]

d) OLG Düsseldorf, Vorlagebeschluss vom 24.03.2021 in Sachen Kart 2/19

Das OLG Düsseldorf setzte das Verfahren aus und legte dem EuGH verschiedene Vorlagefragen gem. Art. 276 AEUV vor. Dabei hat das OLG Düsseldorf dem EuGH u. a. die Frage vorgelegt, ob „gegenüber einem marktbeherrschenden Unternehmen wie Facebook Ireland eine wirksame, insbesondere nach Art. 4 Nr. 11 DSGVO freiwillige, Einwilligung i. S. d. Art. 6 I Buchst. a, 9 II Buchst. a DSGVO erklärt werden" könne.[42]

---

[37] BGH, Beschluss vom 23.06.2020 – KVR 69/19, GRUR 2020, 1318, 1327 Rn. 99.

[38] BGH, Beschluss vom 23.06.2020 – KVR 69/19, GRUR 2020, 1318, 1325 Rn. 59 und 1328, Rn. 103 ff.; Bunte/*Nothdurft*, § 19 GWB Rn. 213. Kritisch in dieser Hinsicht Schönberger, der das Datenschutzrecht (und auch das AGB-Recht) als abstrakte Wettbewerbsparameter anerkennt, sie jedoch nicht als konkreten Wettbewerbsparameter sieht, da die Konditionen und ihre Rechtmäßigkeit bei der Auswahlentscheidung keine Rolle spielen würden, *Schönberger*, Struktur und Grenzen des Missbrauchsbegriffs, S. 101.

[39] BGH, Beschluss vom 23.06.2020 – KVR 69/19, GRUR 2020, 1318, 1328 Rn. 104.

[40] BGH, Beschluss vom 23.06.2020 – KVR 69/19, GRUR 2020, 1318, 1328 Rn. 105.

[41] BGH, Beschluss vom 23.06.2020 – KVR 69/19, GRUR 2020, 1318, 1328 Rn. 106 ff.; *Podszun*, GRUR 2020, 1268, 1275.

[42] BKartA Beschluss vom 06.02.2019 – B6-22/16, BeckRS 2019, 4895 Rn. 645 f OLG Düsseldorf Beschluss vom 26.08.2019 – Kart 1/19, BeckRS 2019, 18837 BGH, Beschluss vom 23.06.2020 – KVR 69/19, GRUR 2020, 1318; OLG Düsseldorf, Vorlagebeschluss vom 24.03.2021 – Kart 2/19, EuZW 2021, 680, 681. Diese Frage verneinend *Schmidt-Samek*, EuR 2022, 586, 609. Zudem legte das OLG Düsseldorf dem EuGH die Frage vor, ob die Datenverarbeitung im streitgegenständlichen Fall aufgrund der Erforderlichkeit zur Vertragserfüllung

e) EuGH, Urteil vom 04.07.2023 – C-252/21

Der EuGH entschied ohne nähere Begründung, dass eine marktbeherrschende Stellung für sich genommen nicht ausschließt, dass die Nutzer eines solchen Netzwerks im Sinne von Art. 4 Nr. 11 DSGVO wirksam in die Verarbeitung ihrer personenbezogenen Daten durch diesen Betreiber einwilligen können.[43] Gleichwohl sei dieser Umstand ein wichtiger Aspekt für die Prüfung, ob die Einwilligung tatsächlich wirksam, insbesondere freiwillig, erteilt wurde, wofür der betreffende Betreiber die Beweislast trage.[44] Ob diese Entscheidung so richtig ist, soll nachfolgend kurz erörtert werden.

2. Geklärte und ungeklärte Fragen

Durch die Entscheidung des BGH scheint somit geklärt, dass das Datenschutzrecht und dessen Wertungen im Kartellrecht grundsätzlich Beachtung finden müssen. Dies ist berechtigt, da beide Rechtsgebiete den Schutz privater Grundrechtspositionen bezwecken und das Datenschutzrecht gerade durch Art. 7 Abs. 4 DSGVO Situationen mit bestehendem Machtungleichgewicht (etwa „*take it or leave it*-Konstellationen“) bei der Freiwilligkeit der Einwilligung berücksichtigt und marktmächtige Unternehmen adressiert.[45] Ob aus der Entscheidung gefolgert werden kann, dass ein reiner Datenschutzverstoß ebenfalls zur Anwendung von § 19 Abs. 1 GWB führt, ist umstritten und bedarf der Klärung.[46] Diese Fragestellung ist auch für Art. 102 AEUV und andere nationale Kartellrechtsordnungen relevant.[47] Eine Entscheidung in der Hauptsache steht noch aus.[48]

Der EuGH hat zwar ausgeführt, dass eine Einwilligung gegenüber marktbeherrschenden Unternehmen nicht per se ausgeschlossen ist.[49] Es soll untersucht wer-

---

gem. Art. 6 Abs. 1 lit. b). DSGVO oder der Wahrnehmung berechtigter Interessen gem. Art. 6 Abs. 1 lit. f) DSGVO rechtmäßig sein könne, vgl. dazu Fn. 217 und 281 in Abschnitt C.

[43] EuGH, Urteil vom 04.07.2023 – C-252/21, GRUR 2023, 1131, 1143 Rn. 154.

[44] EuGH, Urteil vom 04.07.2023 – C-252/21, GRUR 2023, 1131, 1143 Rn. 154.

[45] Bunte/*Nothdurft*, § 19 GWB Rn. 213; *Buchner*, WRP 2019, 1243, 1245. Dennoch ist das Verhältnis „von Datenschutzrecht zu Kartellrecht weiter auszutarieren“, BeckOKInfoMedienR/*Paal*, Art. 102 AEUV Rn. 80e.

[46] Dazu unter F. IV. 2.

[47] *Schmidt-Samek*, EuR 2022, 586, 587. Schmidt-Samek betrachtet insbesondere auch das österreichische Kartellrecht. Eine Betrachtung nach Europäischem Recht nehmen Weck/Reinhold vor, *Weck/Reinhold*, WuW 2021, 70 ff.

[48] Es folgte eine für diese Arbeit nicht relevante verfahrensrechtliche Auseinandersetzung über die aufschiebende Wirkung eines weiteren Antrags auf aufschiebende Wirkung beim OLG Düsseldorf durch Facebook, siehe unter OLG Düsseldorf, Beschluss vom OLG Düsseldorf, 30.11.2020 – Kart 13/20 (V), NZKart 2021, 59 f.; BGH, Beschluss vom 15.12.2020 – KVZ 90/20, NZKart 2021, 115 ff.; BGH, Beschluss vom 08.03.2021 – KVR 96/20, NZKart 2021, 305 f. Eine Übersicht findet sich etwa bei *Thiede*, EuZW 2021, 680, 688 f.

[49] EuGH, Urteil vom 04.07.2023 – C-252/21, GRUR 2023, 1131, 1143 Rn. 154.

den, ob diese Entscheidung mit den grundrechtlichen Wertungen zu vereinbaren ist. Offen ist ferner, ob in der streitgegenständlichen Konstellation eine Einwilligung freiwillig erteilt wurde. Der BGH führte dazu aus, dass der Schutz durch das Recht auf informationelle Selbstbestimmung (sowie durch Art. 6 Abs. 1 lit. b) DSGVO) erheblich beeinträchtigt werden würde, wenn ein marktbeherrschendes Unternehmen wie Facebook „die Bedeutung des Zugangs zu seinem sozialen Netzwerk uneingeschränkt dazu ausnutzen könnte, durch die Definition seines Leistungsangebots den Umfang der zulässigen Datenverarbeitung unter Hintanstellung der Nutzerinteressen allein an seinem Interesse an der Vermarktung eines durch die Internetnutzung innerhalb und außerhalb von Facebook generierten Bestandes personenbezogener Daten seiner Nutzer auszurichten und über das für die Benutzung des sozialen Netzwerks erforderliche Maß auszuweiten."[50] Die Bestimmung der vertragscharakteristischen Leistung sei jedoch eine den datenschutzrechtlichen Tatbeständen vorgelagerte Frage.[51] Mit diesen Ausführungen vermied der BGH, sich datenschutzrechtlich klar zu positionieren, denn auf die datenschutzrechtliche Lage kam es für ihn so nicht an.[52] Er führte zwar aus, das Recht auf informationelle Selbstbestimmung könne durch eine einseitige Festlegung der vertragscharakteristischen Leistung beeinträchtigt werden, legte allerdings darüber hinaus keine Kriterien fest, die hier eine Abgrenzung möglich machen. Ob eine datenschutzrechtliche Einwilligung unter diesen konkreten Umständen wirksam ist, hat der BGH mithin nicht entschieden. Es spricht jedoch vieles dafür, dass nach dem BGH eine einseitige Festlegung der vertragscharakteristischen Leistung, insbesondere bei einem klaren Ungleichgewicht zwischen den Parteien, zu einer Unwirksamkeit der Einwilligung führen soll. Unter Einbeziehung der grundrechtlichen Wertungen ist zu klären, ob dies richtig ist.

III. Marktbezogene Auswirkungen von Datenschutzverstößen

Schließlich gibt es wie bereits erwähnt noch weitere Verfahren, in denen die marktbezogenen Auswirkungen von Datenschutzverstößen relevant sind, die nun nochmals ausführlicher dargestellt werden sollen.

Zunächst geht es dabei um ein sog. „App-Zentrum" bei Facebook, in dem den Nutzern kostenlose Spiele von Drittanbietern zugänglich gemacht werden.[53] Ruft der Nutzer solche Spiele auf, erscheint ein Hinweis dass die Nutzung des Spiels es dem Drittanbieter ermöglicht, eine Reihe von personenbezogenen Daten zu erheben.[54] Mit der Nutzung stimme der Nutzer den Allgemeinen Geschäftsbedin-

---

[50] BGH, Beschluss vom 23.06.2020 – KVR 69/19, GRUR-RS 2020, 20737 Rn. 110.
[51] BGH, Beschluss vom 23.06.2020 – KVR 69/19, GRUR-RS 2020, 20737 Rn. 111.
[52] So auch *Bechtold*, NZKart 2021, 3, 4; BeckOkInfoMedienR/*Paal*, Art. 102 AEUV Rn. 80c.
[53] EuGH, Urteil vom 28.04.2022 – C-319/20, GRUR 2022, 920 f.
[54] EuGH, Urteil vom 28.04.2022 – C-319/20, GRUR 2022, 920, 921.

gungen der Anwendung und der Datenschutzpolitik der Spielegesellschaft zu, was die Veröffentlichung von Statusmeldungen, Fotos und weiterer Informationen durch die Spielegesellschaft im Namen des Nutzers beinhaltet.[55]

Die Verbraucherzentrale, die eine qualifizierte Einrichtung i. S. v. § 4 UKlaG ist, bemängelt diesen „Hinweis“ da dieser die gesetzlichen Anforderungen an die Einholung einer wirksamen datenschutzrechtlichen Einwilligung des Nutzers nicht einhielten und hält dies daher gem. § 3a UWG i. V. m. §§ 28 Abs. 3 S. 1, 4, 4a Abs. 1 S. 1, S. 2 BDSG sowie § 13 Abs. 1 S. 1, 2 TMG für unlauter.[56] Ferner stelle die Berechtigung zur Veröffentlichung im Namen des Nutzers eine unangemessene benachteiligende Allgemeine Geschäftsbedingung dar.[57]

Der BGH hat dem EuGH dazu die Frage vorgelegt, ob insbesondere die Art. 80 Abs. 1 und 2 DSGVO sowie Art. 84 Abs. 1 DSGVO nationalen Regelungen entgegenstehen, die Mitbewerbern und nach dem nationalen Recht berechtigten Verbänden, Einrichtungen und Kammern die Befugnis einräumen, wegen Verstößen gegen die DSGVO Klage vor den Zivilgerichten zu erheben unter den Gesichtspunkten des Verbots der Vornahme unlauterer Geschäftspraktiken, des Verstoßes gegen ein Verbraucherschutzgesetz oder des Verbots der Verwendung unwirksamer AGB.[58] Da im Ausgangsverfahren die Verbraucherzentrale geklagt hatte und keine Mitbewerber involviert waren, antwortete der EuGH richtigerweise nur, dass Art. 80 Abs. 2 DSGVO der Klagebefugnis vor Zivilgerichten von nach dem nationalen Recht berechtigten Verbänden, Einrichtungen und Kammern die Befugnis nicht entgegenstehe, sofern die betreffende Datenverarbeitung die Rechte identifizierter oder identifizierbarer natürlicher Personen aus dieser Verordnung beeinträchtigen kann.[59] Er ließ damit die Frage nach der Klagebefugnis eines Mitbewerbers offen.[60] Der BGH beließ es in dieser Sache zum Gesichtspunkt der Klagebefugnis der Mitbewerbern dabei.[61] Da es sich bei Art. 80 Abs. 2 DSGVO um eine Öff-

---

[55] EuGH, Urteil vom 28.04.2022 – C-319/20, GRUR 2022, 920, 921.

[56] EuGH, Urteil vom 28.04.2022 – C-319/20, GRUR 2022, 920, 921. Das Verfahren begann bereits vor Inkrafttreten der DSGVO.

[57] EuGH, Urteil vom 28.04.2022 – C-319/20, GRUR 2022, 920, 921.

[58] BGH, Beschluss vom 28.05.2020 – I ZR 186/17, GRUR 2020, 896.

[59] EuGH, Urteil vom 28.04.2022 – C-319/20, GRUR 2022, 920.

[60] EuGH, Urteil vom 28.04.2022 – C-319/20, GRUR 2022, 920, 921 f., Rn. 49 f.

[61] Der BGH legte jedoch nachfolgend dem EuGH in gleicher Sache eine andere Frage vor, und zwar, ob „eine Rechtsverletzung ‚in Folge einer Verarbeitung‘ im Sinne von Art. 80 II DS-GVO geltend gemacht [wird], wenn ein Verband zur Wahrung von Verbraucherinteressen seine Klage darauf stützt, die Rechte einer betroffenen Person seien verletzt, weil die Informationspflichten gemäß Art. 12 I 1 DS-GVO in Verbindung mit Art. 13 I lit. c und e DS-GVO über den Zweck der Datenverarbeitung und den Empfänger der personenbezogenen Daten nicht erfüllt worden seien“, BGH, Beschluss vom 10.11.2022 – I ZR 186/17, GRUR 2023, 193. Diese Frage soll nicht Gegenstand dieser Arbeit sein und wurde mittlerweile sowohl vom EuGH und BGH entschieden, vgl. EuGH, Urteil vom 11.07.2024 – C-757/22, GRUR 2024, 1357 ff. und BGH, Urteil vom 27.03.2025 – I ZR 186/17, NJW 2025, 1958 ff.

nungsklausel handelt[62], ist die Frage nach der generellen Abgeschlossenheit der DSGVO nicht beantwortet.

In einer anderen Sache hatte der BGH nachfolgend die Möglichkeit, die Frage nach der Klagebefugnis der Mitbewerber dem EuGH erneut vorzulegen. Der Kläger beanstandete den Vertrieb apothekenpflichtiger Medikamente über Amazon.de als unlauter unter dem Gesichtspunkt des Rechtsbruchs wegen Verstoß gegen gesetzliche Anforderungen an die Einholung einer datenschutzrechtlichen Einwilligung des Kunden.[63] Der BGH legte nun dem EuGH die Frage vor, ob die Regelungen des achten Kapitels der DSGVO nationalen Regelungen entgegenstehen, die Mitbewerbern die Befugnis einräumen, wegen DSGVO-Verstößen gegen den Verletzer im Wege einer Klage vor den Zivilgerichten unter dem Gesichtspunkt des Verbots der Vornahme unlauterer Geschäftspraktiken vorzugehen.[64] In dieser Konstellation hatte der EuGH diese Frage nun zu beantworten.[65]

Wie diese Antwort auszufallen hat, war in der Literatur umstritten.[66] Entscheidend ist dabei, ob die Art. 77–84 DSGVO abschließende Regelungen darstellen und ob die Vorschriften der DSGVO Marktverhaltensregelungen gem. § 3a UWG darstellen. Der EuGH hat mittlerweile entschieden, dass die Bestimmungen der Art. 77 ff. DSGVO nationalen Regelungen, die Mitbewerbern einräumt, wegen Verstößen gegen die DSGVO gegen den Verletzer im Wege einer Klage unter dem Gesichtspunkt des Verbots der Vornahme unlauterer Geschäftspraktiken vorzugehen, nicht entgegenstehen.[67] Anhand der grundrechtlichen Wertungen wird ist zu überprüfen, ob diese Entscheidung zutreffend ist.

IV. Zusammenfassung der offenen Fragen

Zwar scheint geklärt, dass sich die Voraussetzungen einer Einwilligung im Datenschutzrecht und im Wettbewerbsrecht nach der DSGVO richten.[68] Bei detaillierter Betrachtung verbleiben jedoch viele offene Fragen im Verhältnis des Daten-

---

[62] EuGH, Urteil vom 28.04.2022 – C-319/20, GRUR 2022, 920, 923 Rn. 63.
[63] BGH, Beschluss vom 12.01.2023 – I ZR 223/19, GRUR 2023, 264.
[64] BGH, Beschluss vom 12.01.2023 – I ZR 223/19, GRUR 2023, 264.
[65] Anhängig beim EuGH als Rechtssache C-21/23.
[66] Dazu ausführlich unten F. IV.
[67] EuGH, Urteil vom 04.10.2024 – C-21/23, GRUR 2024, 1721, 1726 Rn. 73.
[68] EuGH, Urteil vom 25.11.2021 – C-102/20, GRUR 2022, 53 ff.; BGH, Urteil vom 13.01.2022 – I ZR 25/19, GRUR 2022, 995, 998, Rn. 35 ff.; BGH, Urteil vom 28.05.2020 – I ZR 7/16, NJW 2020, 2540, 2543 Rn. 28 ff.; OVG Saarlouis, Beschluss vom 16.02.2021 – 2 A 355/19 NJW 2021, 2225, 2227 Rn. 24; Fritzsche/Münker/Stollwerck/*Fritzsche*, § 7 UWG Rn. 79; Harte-Bavendamm/Henning-Bodewig/*Schöler*, § 7 UWG Rn. 238; Köhler/Bornkamm/Feddersen/*Köhler*, § 7 UWG Rn. 170; etwas kritischer *Buchner*, WRP 2018, 1283, 1284. Vgl. dazu bereits die Ausführungen unter D. II.

schutzrechts zum Wettbewerbsrecht und *vice versa*, sowie bei den Durchsetzungsmöglichkeiten beim Vorliegen einer unwirksamen Einwilligung. Ausgewählte Fragen sollen insbesondere unter Betrachtung der Einwilligung als Ausdruck der Selbstbestimmung und der unterschiedlichen Stoßrichtung der Sanktionierung über das Lauterkeitsrecht und das Kartellrecht nachfolgend dargestellt werden.

1. Einwilligung „für den konkreten Fall und in voller Kenntnis der Sachlage“

Es ist weiterhin unklar, was unter den Ausführungen des EuGH für die Einholung der Einwilligung „für den konkreten Fall und in voller Kenntnis der Sachlage“ zu verstehen ist. Die Ausführungen werden unterschiedlich interpretiert.[69]

2. Freiwilligkeit der Einwilligung

Bezüglich der Freiwilligkeit der Einwilligung sind zunächst die Anwendbarkeit und die Voraussetzungen des Art. 7 Abs. 4 DSGVO auf die Fälle des § 7 UWG unklar. Bei dem Fall zum Inbox-Marketing bestand keine Wahlmöglichkeit zwischen einem kostenlosen Dienst, bei dem in solche Werbeeinblendungen eingewilligt wird und einer anderen datensparsamen Alternative, so dass diese Frage durchaus hätte thematisiert werden können. Da „eine wirksame Einwilligung des Nutzers weder substanziiert behauptet noch nachgewiesen worden sei“[70], kam es auf Art. 7 Abs. 4 DSGVO nicht an, so dass eine Auseinandersetzung nicht angezeigt war. Dass eine marktbeherrschende Stellung für sich genommen nicht ausschließt, dass eine Einwilligung freiwillig erteilt wurde, scheint durch den EuGH geklärt.[71] Es soll untersucht werden, ob diese Entscheidung aufgrund der grundrechtlichen Wertungen richtig ist.

3. Marktbezogene Auswirkungen von Datenschutzverstößen

Im Übrigen soll geklärt werden, ob es richtig ist, dass Verstöße gegen die DSGVO als Verstöße gegen das UWG verfolgt werden können. Dies ist im Hinblick auf Art. 7 Abs. 4 DSGVO und die damit zusammenhängenden Fragestellungen zur Erteilung der Einwilligung in AGB oder des „Bezahlens mit Daten“ sehr praxisrelevant und erörterungsbedürftig. Eine vergleichbare Frage stellt sich zum Kartellrecht. Datenschutzverstöße und Verstöße in AGB sind bei den Wertungen

[69] EuGH, Urteil vom 25.11.2021 – C-102/20, GRUR 2022, 87, 90 Rn. 63.
[70] BGH, Urteil vom 13.01.2022 – I ZR 25/19, GRUR 2022, 995, 998, Rn. 40.
[71] EuGH, Urteil vom 04.07.2023 – C252/21, GRUR 2023, 1131, 1143 Rn. 154.

der Abwägung im Rahmen des § 19 Abs. 1 GWB zu berücksichtigen.[72] Ob jeder (reine) Datenschutzverstoß zu einem Anspruch aus § 19 Abs. 1 GWB führt, ist jedoch umstritten und bedarf der Klärung.[73]

4. Sonstige Fragen

Ein kurzer Überblick soll auch über die übrigen beim Datenschutzrecht aufgeworfenen Fragen gegeben werden und geklärt werden, ob diese auch im Wettbewerbsrecht von Relevanz sind. Dies betrifft insbesondere die Frage danach, ob das Wettbewerbsrecht ebenfalls einem Erlaubnisprinzip folgt,[74] ob die Einwilligung im Wettbewerbsrecht ebenfalls tatbestandsausschließend wirkt,[75] und welche Auswirkung die Wirkung der Einwilligung im Wettbewerbsrecht hat.[76]

---

[72] Dazu ausführlich F. II. 2.

[73] Die Frage, ob Datenschutzverstöße über das UKlaG aufgrund rechtswidriger AGB verfolgt werden können, scheint nach der Entscheidung des EuGH vom 28.04.2022 in Sachen C-319/20 geklärt. Wie bereits ausgeführt, hat der EuGH dem BGH auf die entsprechende Vorlagefrage geantwortet, dass Art. 80 Abs. 2 DSGVO „einer nationalen Regelung, nach der ein Verband zur Wahrung von Verbraucherinteressen gegen den mutmaßlichen Verletzer des Schutzes personenbezogener Daten ohne entsprechenden Auftrag und unabhängig von der Verletzung konkreter Rechte betroffener Personen Klage mit der Begründung erheben kann, dass gegen das Verbot der Vornahme unlauterer Geschäftspraktiken, ein Verbraucherschutzgesetz oder das Verbot der Verwendung unwirksamer Allgemeiner Geschäftsbedingungen verstoßen worden sei, nicht entgegensteht, sofern die betreffende Datenverarbeitung die Rechte identifizierter oder identifizierbarer natürlicher Personen aus dieser Verordnung beeinträchtigen kann“, EuGH, Urteil vom 28.04.2022 – C-319/20, GRUR 2022, 920, 923 Rn. 83. Diese Fragestellung wird daher im Rahmen dieser Arbeit nicht weiter beleuchtet und wurde mittlerweile sowohl vom EuGH und BGH entschieden, vgl. EuGH, Urteil vom 11.07.2024 – C-757/22, GRUR 2024, 1357 ff. und BGH, Urteil vom 27.03.2025 – I ZR 186/17, NJW 2025, 1958 ff.

[74] Dazu F. V. 2.

[75] Dazu F. V. 1.

[76] Dazu F. V. 3.

F. Lösungsvorschläge zu den offenen Fragen

Die offenen Fragen sollen nachfolgend untersucht und unter Heranziehung der Erkenntnisse dieser Arbeit beantwortet werden.

I. Einwilligung „für den konkreten Fall und in voller Kenntnis der Sachlage"

Die Ausführungen des EuGH zur Einwilligung „für den konkreten Fall und in voller Kenntnis der Sachlage"[1] werden unterschiedlich interpretiert.

1. Bewertung der Entscheidung des EuGH zum Inbox-Marketing in der Literatur

Vereinzelt wird darunter unter Bezugnahme auf den Wortlaut der Entscheidung zum Inbox-Marketing („für den konkreten Fall und in voller Kenntnis der Sachlage") das Erfordernis einer Einwilligung für jede einzelne Werbeeinblendung in der Inbox verstanden.[2] Eine weitergehende Begründung fehlt dabei. Ferner wird dem Urteil des EuGH entnommen, dass sich die Nutzer lediglich generell die Einwilligung für Werbeeinblendungen, die wie E-Mails aussehen, einholen müssen und nicht für jede Art dieser Werbung gesondert.[3] Dies wird ebenfalls mit dem Wortlaut begründet, nach dem die einwilligende Person in „Werbenachrichten wie die im Ausgangsverfahren in Rede stehenden"[4] einwilligen muss.[5] Dabei wird angeführt, der EuGH hätte die Formulierung „die im Ausgangsverfahren in Rede stehenden Werbenachrichten" gewählt, wenn eine Einwilligung für jede einzelne Werbeeinblendung konkretisiert sein müsste.[6]

---

[1] EuGH, Urteil vom 25.11.2021 – C-102/20, GRUR 2022, 87, 90 Rn. 63.

[2] *Spittka*, GRUR 2022, 87, 93; *Gesmann-Nuissl*, InTer 2022, 28, 30.

[3] *Schoene*, GRUR-Prax 2021, 720; *Rennert*, IWRZ 2022, 180, 183. Etwas unklar bleibt Kaufmann die jedoch unter Bezugnahme auf das nachfolgende Urteil des BGH vom 13.01.2022 in Sachen I ZR 25/19 ausführt, dass der Nutzer „seine Einwilligung in die konkrete Art der Werbedarstellung, also als Werbeanzeige eingebettet zwischen eingegangene E-Mails in der Inbox, erteilen" müsse und daher wohl dieser Ansicht zuzuordnen ist, *Kaufmann*, EWiR 2022, 539, 540.

[4] EuGH, Urteil vom 25.11.2021 – C-102/20, GRUR 2022, 87, 90 Rn. 59.

[5] *Rennert*, IWRZ 2022, 180, 183. Schoene bezieht sich ohne weitergehende Begründung ebenfalls auf Rn. 59 des Urteils, *Schoene*, GRUR-Prax 2021, 720.

[6] *Rennert*, IWRZ 2022, 180, 183.

2. Ausführungen des BGH im Urteil vom 13.01.2022 in Sachen I ZR 25/19

Der BGH urteilte, dass eine unlautere geschäftliche Handlung gem. § 7 Abs. 2 Nr. 3 UWG vorliege, da es an einer wirksamen Einwilligung fehle.[7] Im streitgegenständlichen Fall wurde die Einwilligung lediglich generell für den Erhalt von Werbung erteilt und nicht explizit für die Werbung in Form von Inbox-Marketing. Die Einwilligung wurde mithin weder für die konkrete streitgegenständliche Werbeeinblendung noch allgemeine für solche Werbeeinblendungen erteilt, so dass sie den Anforderungen an eine wirksame Einwilligung bereits deshalb nicht genüge.[8] Explizit musste sich der BGH daher nicht mehr mit der Frage nach dem konkreten Fall und der vollen Kenntnis der Sachlage beschäftigen.

Dennoch lassen sich aus den Ausführungen des BGH Rückschlüsse für die streitgegenständliche Frage nach dem konkreten Fall und der vollen Kenntnis der Sachlage ziehen. Nach Ansicht des BGH hätte über die „genauen Modalitäten der Verbreitung einer solchen Werbung" informiert werden müssen, so dass tatsächlich in die Zusendung von „Werbenachrichten, wie sie im Streitfall in Rede stehen" eingewilligt werden könne.[9] Der Nutzer müsse klar und präzise u. a. darüber informiert werden, dass die Werbeeinblendungen in der Liste der empfangenen privaten E-Mails angezeigt werden.[10] Zudem wiederholt der BGH die Worte des EuGH dahingehend, dass es erforderlich sei, „dass der Nutzer seine Einwilligung, solche Werbenachrichten zu erhalten, für den konkreten Fall und in voller Kenntnis der Sachlage bekundet" habe.[11] Bis zu dieser Stelle des Urteils spricht vieles dafür, dass der BGH durch seine Wortwahl („Werbenachrichten, wie sie im Streitfall in Rede stehen"; „solche Werbenachrichten zu erhalten") das Urteil des EuGH wie die Vertreter der letztgenannten Ansicht interpretiert.[12]

Allerdings ergänzte der BGH, dass „eine lediglich allgemeine, nicht auf die konkret beanstandete Werbung bezogene Einwilligung in den Erhalt von Werbeeinblendungen, um kein Entgelt für die Nutzung des E-Mail-Dienstes zahlen zu müssen" die Voraussetzungen einer Einwilligung gem. Art. 13 I DSRL-EK nicht

---

[7] BGH, Urteil vom 13.01.2022 – I ZR 25/19, GRUR 2022, 995, 998, Rn. 33. Er bestätigte ferner, dass sich die Voraussetzungen einer Einwilligung i. S. d. § 7 UWG zunächst nach der Datenschutz-RL und nun nach der DSGVO zu richten haben und dass der bzw. die Werbende die Darlegungs- und Beweislast für das Vorliegen der Einwilligung trage, vgl. BGH, Urteil vom 13.01.2022 – I ZR 25/19, GRUR 2022, 995, 998, Rn. 35 ff., 39.

[8] BGH, Urteil vom 13.01.2022 – I ZR 25/19, GRUR 2022, 995, 998, Rn. 39.

[9] BGH, Urteil vom 13.01.2022 – I ZR 25/19, GRUR 2022, 995, 998, Rn. 37.

[10] BGH, Urteil vom 13.01.2022 – I ZR 25/19, GRUR 2022, 995, 998, Rn. 37.

[11] BGH, Urteil vom 13.01.2022 – I ZR 25/19, GRUR 2022, 995, 998, Rn. 37. Dabei zitiert der BGH die Ausführungen des EuGH, ohne sie zu konkretisieren.

[12] Ebenso, jedoch ohne eingehende Begründung, wieso dem so ist Fritzsche/Münker/Stollwerck/*Fritzsche*, § 7 UWG Rn. 149; *Martel*, GRUR-Prax 2022, 417; *Kaufmann*, EWiR 2022, 539, 540. Die BGH-Entscheidung zusammenfassend, ohne die in Rede stehenden Frage zu diskutieren Köhler/Bornkamm/Feddersen/*Köhler*, § 7 UWG Rn. 269.

erfüllt.[13] Hier bleibt der BGH unklar. Er bezieht sich zum einen auf „die konkret beanstandete Werbung" und gleichsam auf die „Einwilligung in den Erhalt von Werbeeinblendungen". Der Satzbau lässt darauf schließen, dass der BGH davon ausgeht, dass die „Einwilligung in den Erhalt von Werbeeinblendungen" für die „konkret beanstandete Werbung" ausreichend wäre, da er ausführt, diese Einwilligung bezöge sich auf die „konkret beanstandete Werbung". Somit ist davon auszugehen, dass es nach dem BGH ausreichend ist, eine Einwilligung in den Erhalt von Werbeeinblendungen einzufordern und nicht in jede einzelne Werbeeinblendung unterschiedlicher Anbieter zu unterschiedlichen Zeiten.

3. Stellungnahme und Zusammenfassung

Der Ansicht des BGH und der letztgenannten Ansicht in der Literatur ist zuzustimmen.

Bei dieser Form der Werbung ist der äußere Eindruck als E-Mail bei fehlender Einwilligung der entscheidende Eingriff in die Privatsphäre und nicht der Inhalt der Werbeeinblendung. Mit der Einwilligung in den Erhalt solcher Werbeeinblendungen drückt die einwilligende Person selbstbestimmt aus, dass sie mit dieser Art der Werbeeinblendungen einverstanden ist. Da sie dann auch damit rechnet, diese Werbeeinblendungen zu sehen, liegt unabhängig vom Inhalt der Werbebotschaft keine Verletzung der Privatsphäre vor. Sie muss jedoch über die Art und Weise der Werbeeinblendung und die möglichen Inhalte generell informiert werden, um die Selbstbestimmung wahren und ausüben zu können. Die Inhalte der Werbeeinblendungen müssen sich stets im Rahmen der Einwilligung bewegen.

Zudem ist eine Einwilligung in jede einzelne Werbeeinblendung nicht praxistauglich, denn sie würde die Privatsphäre mehr stören als die generelle Einwilligung in solche Werbeeinblendungen, sowie die Nutzbarkeit einschränken. Wie gezeigt, ist bei wirksamer Einwilligung in diese Art der Werbung dem Selbstbestimmungsrecht und der Privatsphäre ausreichend Rechnung getragen.

II. Anwendung des Art. 7 Abs. 4 DSGVO im Wettbewerbsrecht

1. Einführung

Die Voraussetzungen der wettbewerbsrechtlichen Einwilligung richten sich – wie gezeigt – nach der datenschutzrechtlichen Einwilligung. Eine konsequente Übertragung der datenschutzrechtlichen Voraussetzungen einer Einwilligung auf die wettbewerbsrechtliche Einwilligung hätte zur Folge, dass auch Art. 7 Abs. 4 DSGVO bei der Beurteilung der Freiwilligkeit heranzuziehen wäre. Die Schutz-

[13] BGH, Urteil vom 13.01.2022 – I ZR 25/19, GRUR 2022, 995, 998, Rn. 39.

zwecke des Datenschutzrechts und des Wettbewerbsrechts sind trotz einiger Überschneidungen allerdings nicht identisch.[14] Es wird daher vertreten, manche Voraussetzungen der datenschutzrechtlichen Einwilligung an die Schutzzwecke des Wettbewerbsrechts anzupassen.[15] Nachfolgend zeigt sich, welcher Weg für die Einwilligung als Ausdruck der Selbstbestimmung der bessere ist.

2. Wirkung des Koppelungsverbots am Beispiel der Einwilligung in Werbeanrufe in AGB

Ob Art. 7 Abs. 4 DSGVO sinnvollerweise bei der wettbewerbsrechtlichen Einwilligung zur Anwendung kommt, lässt sich anhand der Einwilligung in Werbeanrufe in AGB darstellen.

a) Art. 7 Abs. 4 DSGVO grundsätzlich übertragbar

Dafür ist zunächst aufzuzeigen, ob Art. 7 Abs. 4 DSGVO grundsätzlich nach den oben festgestellten Kriterien auf § 7 UWG übertragbar ist. Dem Kriterium der Erforderlichkeit, das nach vorzugwürdiger Ansicht subjektiv-konkret zu bestimmen ist, kommt dabei erneut entscheidende Bedeutung zu.[16] Dies ist auch aus wettbewerbsrechtlicher Sicht zutreffend.

Teile der Literatur sind der Ansicht, Art. 7 Abs. 4 DSGVO komme bei der Einwilligung im Rahmen des § 7 UWG nicht zur Anwendung.[17] Eine solche Koppelung sei mithin bei Werbeeinwilligungen zulässig.[18] Gestützt wird diese Ansicht u. a. auf den Erwägungsgrund 25 der DSRL-EK, nachdem der Zugriff auf eine Webseite zulässigerweise von einer in Kenntnis der Sachlage abgegebenen Einwilligung in die Setzung eines Cookies abhängig gemacht werden könne.[19] Dies bedeutet jedoch nicht, dass Art. 7 Abs. 4 DSGVO nicht anwendbar wäre. Die DSRL-EK verweist – wie dargestellt – auf den Einwilligungsbegriff in der DSGVO und dessen Voraussetzungen.[20] Die Einwilligung, die in Erwägungsgrund 25 DSRL-EK in Bezug genommen wird, muss mithin nach der DSGVO zulässig sein und daher

---

[14] Zu den Schutzzwecken und Zielen des Datenschutzrechts siehe C. I. 1. und zu den Schutzzwecken und Zielen des Wettbewerbsrechts siehe D. I.

[15] *Buchner*, WRP 2018, 1283, 1284 ff.

[16] Siehe dazu bereits ausführlich unter C. I. 2. b) dd) (2) (b).

[17] *Spindler*, NJW 2020, 2513, 2513; *Engeler/Marosi*, CR 2019, 707, 708.

[18] *Spindler*, NJW 2020, 2513, 2513; *Engeler/Marosi*, CR 2019, 707, 708.

[19] „Der Zugriff auf spezifische Website-Inhalte kann nach wie vor davon abhängig gemacht werden, dass ein Cookie oder ein ähnliches Instrument von einer in Kenntnis der Sachlage gegebenen Einwilligung abhängig gemacht wird, wenn der Einsatz zu einem rechtmäßigen Zweck erfolgt“, Erwägungsgrund 25 DSRL-EK. *Spindler*, NJW 2020, 2513, 2513; *Engeler/Marosi*, CR 2019, 707, 708.

[20] Siehe dazu D. II. 1.

auch freiwillig i. S. d. Art. 7 Abs. 4 DSGVO erteilt sein. Erwägungsgrund 25 DSRL-EK ist dahingehend zu verstehen, dass Art. 7 Abs. 4 DSGVO kein striktes Koppelungsverbot normiert und begründet vielmehr die Ansicht, dass die Erforderlichkeit subjektiv-konkret zu bestimmen ist.

Diese Ansicht ist auch unter wettbewerbsrechtlichen Gesichtspunkten vorzugswürdig. Der EuGH hat bereits mehrfach entschieden, dass ein generelles und präventives Koppelungsverbot, das nicht anhand der Kriterien der Art. 5 bis 9 der UGP-RL im Einzelfall geprüft werde, nicht richtlinienkonform sei.[21] Dies gelte selbst dann, wenn durch Art und Inhalt solcher Maßnahmen ein höheres Verbraucherschutzniveau erreicht werden soll.[22] Die oben gefolgte Ansicht, wonach es sich bei Art. 7 Abs. 4 DSGVO nicht um ein striktes Koppelungsverbot handelt, wird hierdurch bestätigt.

Ferner ist die Erforderlichkeit auch nach wettbewerbsrechtlichen Maßstäben subjektiv-konkret zu bestimmen. Verstünde man die Erforderlichkeit in Art. 7 Abs. 4 DSGVO nach dem objektiven Erforderlichkeitsmaßstab so, dass die Erforderlichkeit lediglich dann gegeben sei, wenn die Handlung, in die eingewilligt wird – hier also die Werbemaßnahme – objektiv für die Vertragserfüllung erforderlich sein müsse, schließe Art. 7 Abs. 4 DSGVO im Werbekontext sehr häufig die Freiwilligkeit aus.[23] Denn im Unterschied zur Einwilligung in die Datenverarbeitung in der DSGVO, wo dies etwa bei Versicherern oftmals für die Risikokalkulation relevant ist, ist die Einwilligung in die Werbemaßnahmen für die Vertragserfüllung im Werbekontext im Regelfall nicht objektiv erforderlich.[24] Daher kommt wohl das Bestreben einiger Vertreter in der Literatur, Art. 7 Abs. 4 DSGVO nicht anzuwenden.

Diese Intention haben wohl auch die nationalen Aufsichtsbehörden, wenn sie in ihrer Orientierungshilfe ausführen, es handle sich bei dem sog. Koppelungsverbot zwar rechtlich nicht um ein echtes Verbot, es fehle bei solcherart eingeholten Einwilligungen aber regelmäßig an der Freiwilligkeit, so dass diese unwirksam seien.[25] Zu den Voraussetzungen einer wirksamen Einwilligung verweisen sie auf die Leitlinien 05/2020 zur Einwilligung gemäß Verordnung 2016/679 des Europäischen Datenschutzausschusses (EDSA). Darin führte der Europäische Datenschutzausschuss aus, Art. 7 Abs. 4 DSGVO solle sicherstellen, dass die Verarbeitung personenbezogener Daten, um deren Einwilligung ersucht werde, nicht direkt

---

[21] EuGH, Urteil vom 23.04.2009 – C-261/07, C-299/07, GRUR 2009, 599, 603 Rn. 62; EuGH, Urteil vom 14.1.2010 – C-304/08, GRUR 2010, 244, 247 Rn. 49 ff. Zustimmend etwa *Sosnitza*, LMK 2010, 298886; *Leible*, EuZW 2010, 183, 186.

[22] EuGH, Urteil vom 23.04.2009 – C-261/07, C-299/07, GRUR 2009, 599, 603 Rn. 63; EuGH, Urteil vom 14.1.2010 – C-304/08, GRUR 2010, 244, 247 Rn. 50.

[23] *Buchner*, WRP 2018, 1283, 1286 und wohl auch Ohly/Sosnitza/*Ohly*, § 7 UWG Rn. 70. Hierzu ausführlich unter C. I. 2. b) dd) (2) (b).

[24] *Buchner*, WRP 2018, 1283, 1286.

[25] Orientierungshilfe der Aufsichtsbehörden zur Verarbeitung von personenbezogenen Daten für Zwecke der Direktwerbung unter Geltung der Datenschutz-Grundverordnung (DS-GVO) aus Februar 2022, S. 12. Kritisch zur Ansicht der Aufsichtsbehörden *Eckhardt*, ZD 2022, 307, 310 f.

oder indirekt zur Gegenleistung für einen Vertrag werden könne.[26] Diese Ansicht ist spätestens mit Erlass der DIRL nicht mehr tragbar.[27] Zum einen wird mit Art. 3 Abs. 1 UAbs. 2 DIRL das Bezahlen mit Daten als zulässig erachtet. Zum anderen wird den Mitgliedstaaten ein Weg eröffnet, eine Möglichkeit zu schaffen, dass Einwilligungen in den Erhalt von Werbung ausschließlich zur Erlangung des Zugangs zu digitalen Inhalten oder digitalen Dienstleistungen möglich zu machen, ohne dass ein Vertrag besteht, auch wenn die DIRL nicht unmittelbar für diesen Fall gilt.[28]

Mit dem subjektiv-konkreten Erforderlichkeitsmaßstab ist das Modell „Bezahlen mit Daten" auch aus wettbewerbsrechtlicher Sicht praxistauglich. Im Werbekontext geht es dabei etwa um die Einwilligung zur Direktwerbung als Gegenleistung.[29] Der Vergleich mit Nr. 26 S. 1 Anhang I UGP-RL zeigt, dass dies konsequent und zutreffend ist. Denn dort wird der Fall der Erforderlichkeit zur Vertragsdurchsetzung ebenfalls vom Anwendungsbereich ausgenommen, was mit der Erforderlichkeit des Art. 7 Abs. 4 DSGVO gleichgesetzt werden kann und somit den Wertungen des Art. 7 Abs. 4 DSGVO entspricht.[30] Es ist nicht notwendig, Art. 7 Abs. 4 DSGVO zu modifizieren oder von seiner Anwendung abzusehen.

Es ist mithin zutreffend, Art. 7 Abs. 4 DSGVO bei der Beurteilung der Freiwilligkeit im Wettbewerbsrecht mit den gleichen Maßstäben wie im Datenschutzrecht anzuwenden.[31] Art. 7 Abs. 4 DSGVO ist auf das Wettbewerbsrecht übertragbar.

---

[26] Leitlinien 05/2020 zur Einwilligung gemäß Verordnung 2016/679 des Europäischen Datenschutzausschusses, S. 11.

[27] Ebenso *Steinrötter*, GPR 2020, 106, 110; *Eckhardt*, ZD 2022, 307, 311.

[28] „Ebenso wenig sollte sie in Fällen gelten, in denen der Verbraucher ausschließlich zwecks Erlangung des Zugangs zu digitalen Inhalten oder digitalen Dienstleistungen Werbung ausgesetzt ist, ohne mit dem Unternehmer einen Vertrag abgeschlossen zu haben. Allerdings sollte es den Mitgliedstaaten freistehen, die Anwendung dieser Richtlinie auf derartige Fälle auszudehnen oder derartige Fälle, die vom Anwendungsbereich dieser Richtlinie ausgenommen sind, auf andere Weise zu regeln", Erwägungsgrund 25 der DIRL.

[29] *Buchner*, WRP 2018, 1283, 1286 f.

[30] Vgl. dazu C. I. 2. b) dd) (2) (b).

[31] *Eckhardt*, ZD 2022, 307, 311. Zustimmend, ohne dies zu diskutieren Fritzsche/Münker/Stollwerck/*Fritzsche*, § 7 UWG Rn. 81. Zustimmend ohne Nennung von Art. 7 Abs. 4 DSGVO *David*, Einwilligung in Telefonwerbung, S. 305. Zustimmend wohl auch Köhler/Bornkamm/Feddersen/*Köhler*, § 7 UWG Rn. 190 („Zur Beurteilung der Freiwilligkeit [...] trifft Art. 7 IV DSGVO eine Regelung"). Unklar im Hinblick auf den Erforderlichkeitsmaßstab bleibt Ohly, der Art. 7 Abs. 4 DSGVO für anwendbar hält, jedoch davon ausgeht, „dass eine Koppelung zwischen dem Vertragsschluss und einer Einwilligung in Arten der Direktwerbung, die zur Durchführung des Vertrags nicht erforderlich sind, in aller Regel unwirksam sind", Ohly/Sosnitza/*Ohly*, § 7 UWG Rn. 70. Harte-Bavendamm/Henning-Bodewig/*Schöler*, § 7 UWG Rn. 244 verweist auf Datenschutz-RL, ohne zu den einzelnen Voraussetzungen der Einwilligung Stellung zu nehmen, so dass wohl auch von einer Übernahme der datenschutzrechtlichen Voraussetzungen ausgegangen werden kann. Wohl auch zustimmend OLG Frankfurt, da der dortige Senat, wenn auch nicht explizit zu Art. 7 Abs. 4 DSGVO, ausführt, es stehe der Freiwilligkeit nicht entgegen, „dass die Einwilligungserklärung mit der Teilnahme an einem Gewinnspiel verknüpft ist", da der Verbraucher selbst entscheiden könne und müsse, „ob ihm die Teilnahme

b) Einwilligung mittels vorformulierter Erklärungen in AGB bzw. Datenschutzbestimmungen

Einwilligungen werden gerade im digitalen Kontext nahezu ausschließlich mittels vorformulierter Erklärungen abgegeben. Denkbar ist etwa die Abgabe der Einwilligung in einer Klausel als Teil Allgemeiner Geschäftsbedingungen oder als Teil von reinen Datenschutzbestimmungen. Für wettbewerbsrechtliche und datenschutzrechtliche Einwilligungen als Teil von AGB ist die Anwendung der §§ 305 ff. BGB nach ständiger Rechtsprechung grundsätzlich eröffnet.[32] Nach Inkrafttreten der DSGVO hat sich daran nichts geändert.[33] Auch bei Einwilligungen in reinen Datenschutzbestimmungen ist die Anwendung der §§ 305 ff. BGB grundsätzlich eröffnet, da es sich bei solchen Datenschutzbestimmungen um eine Art Allgemeine Geschäftsbedingungen handelt.[34]

Die Werbeeinwilligung in AGB muss mithin die Voraussetzungen der datenschutzrechtlichen Einwilligung erfüllen und sich grundsätzlich an den §§ 305 ff. BGB messen lassen. Die Voraussetzungen der datenschutzrechtlichen Einwilligung

---

die Preisgabe seiner Daten ‚wert' ist", OLG Frankfurt, Urteil vom 27.06.2019 – 6 U 6/19, ZD 2019, 507 Rn. 12. Diese Entscheidung des OLG Frankfurt wird in der Literatur grds. begrüßt, dabei jedoch kritisiert, dass auf Art. 7 Abs. 4 DSGVO nicht eingegangen wurde, *Schröder*, K & R 2019, 666, 668 f.; *Eckhardt*, ZD 2019, 507, 508 ff. Zustimmend noch zum BDSG *Specht*, Ökonomisierung informationeller Selbstbestimmung, S. 50.

[32] BGH, Urteil vom 28.05.2020 – I ZR 7/16, NJW 2020, 2540, 2543; BGH, Urteil vom 01.02.2018 – III ZR 196/17, GRUR 2018, 545 ff.; BGH, Urteil vom 14.03.2017 – VI ZR 721/15, GRUR 2017, 748 ff.; BGH, Urteil vom 25.10.2012 – I ZR 169/10, GRUR 2013, 531 ff.; Ohly/Sosnitza/*Ohly*, § 7 UWG Rn. 73 f.; *Rogosch*, Einwilligung, S. 110. Vertiefend *David*, Einwilligung in Telefonwerbung, S. 297 ff.; *Funke*, Einwilligung, S. 307 ff.; *Knüppel*, Datenfinanzierte Apps, S. 290 ff.; *Rogosch*, Einwilligung, S. 109 ff.; *Ohly*, Einwilligung, S. 436 ff.; *Specht*, Ökonomisierung informationeller Selbstbestimmung, S. 45 ff.; *Langhanke*, Daten als Leistung, S. 183 ff. Für das Datenschutzrecht bereits ausführlich unter dem Aspekt „Bezahlen mit Daten" unter C. I. 2. b) dd) (2) (d). Zur Diskussion, ob die §§ 305 ff. BGB auch bei Einwilligungen als einseitige Rechtsgeschäfte greifen vertiefend *David*, Einwilligung in Telefonwerbung, S. 295 ff.; *Funke*, Einwilligung, S. 304 ff. Dies muss hier nicht erörtert werden, da in Fällen, bei denen es um Art. 7 Abs. 4 DSGVO geht, es sich stets um „Erklärungen, die im Zusammenhang mit einem Vertragsverhältnis" stehen, handelt. Nach Köhler handelt es sich in diesen Fällen um einen atypischen gegenseitigen Vertrag, bei dem die §§ 305 ff. BGB auch bereits deshalb anzuwenden seien, Köhler/Bornkamm/Feddersen/*Köhler*, § 7 UWG Rn. 197; Ohly/Sosnitza/*Ohly*, § 7 UWG Rn. 73.

[33] BGH, Urteil vom 28.05.2020 – I ZR 7/16, NJW 2020, 2540, 2543; KG Berlin, Urteil vom 21.03.2019 – 23 U 268/13, ZD 2020, 310 ff.; Specht/Mantz/*Specht*, § 9 Rn. 79; Köhler/Bornkamm/Feddersen/*Köhler*, § 7 UWG Rn. 196 ff.; Ohly/Sosnitza/*Ohly*, § 7 UWG Rn. 73; MüKoBGB/*Wurmnest*, BGB vor § 307 Rn. 14; *Bender*, Freiwilligkeit bei unentgeltlichen Dienstleistungen im Internet, S. 162.

[34] *Knüppel*, Datenfinanzierte Apps, S. 290 f.; *Wendehorst/Graf von Westphalen*, NJW 2016, 3745, 3750. Bejahend in einem Fall, bei dem in den Nutzungsbedingungen, zur Erläuterung, wie mit personenbezogenen Daten verfahren werde, wenn die Dienste genutzt würden, auf die Datenschutzbestimmungen verwiesen wurde KG Berlin, Urteil vom 21.03.2019 – 23 U 268/13, ZD 2020, 310 Rn. 39.

umfassen – wie gezeigt – die Freiwilligkeit und Art. 7 Abs. 4 DSGVO. Hierbei ist die Erforderlichkeit für den Vertrag anhand der Leistungsbeschreibung subjektiv-konkret zu überprüfen, was nach den oben festgelegten Kriterien ohnehin an den §§ 305 ff. BGB zu messen ist.[35] Somit findet bereits eine AGB-rechtliche Prüfung statt, welche den üblichen Umfang hat.[36] Eine darüber hinausgehende AGB-rechtliche Prüfung ist mithin für die Erteilung von Werbeeinwilligungen nicht notwendig.[37] Dies ist mit dem Unionsrecht vereinbar, denn die §§ 305 ff. BGB gehen maßgeblich auf die Klausel-RL zurück, so dass die Widerspruchsfreiheit der Rechtsordnung gewahrt wird. Gleichzeitig wird der Selbstbestimmung und der Privatautonomie der größtmögliche Raum gegeben, was ganz im Sinne der grundrechtlichen Verankerung der Einwilligung ist. Es zeigt sich somit, dass das Modell „Bezahlen mit Daten" auch mit dem Wettbewerbsrecht vereinbar ist.

3. Ergebnis für den Fall Facebook

Vor diesem Hintergrund ist Art. 7 Abs. 4 DSGVO sowohl für die Werbeeinwilligung als auch für die Einwilligung zur Datenverarbeitung beachtlich. Für den Facebook-Fall bedeutet dies, dass die dort vorliegenden Einwilligungen den Vorgaben der DSGVO und darin bei der Prüfung der Erforderlichkeit den Anforderungen des AGB-Rechts genügen müssen.[38] Entscheidend ist die Gewährleistung von Wahlfreiheit, etwa durch ein Alternativangebot, um die Selbstbestimmung des Einzelnen zu gewährleisten. Durch die Vorschriften der DSGVO und des AGB-Rechts kann im Hinblick auf Art. 7 Abs. 4 DSGVO auch wettbewerbsrechtlich sichergestellt werden, dass die Selbstbestimmung gewahrt bleibt.

III. Freiwilligkeit der Einwilligung bei marktbeherrschender Stellung des Datenverarbeiters

Von Art. 7 Abs. 4 DSGVO abzugrenzen ist die Frage nach der Freiwilligkeit bei Vorliegen eines Machtungleichgewichts – wie etwa bei einer Einwilligung gegenüber einem Unternehmen mit marktbeherrschender Stellung.[39] Dies war Gegen-

---

[35] Vgl. C. I. 2. b) dd) (2) (d). Zustimmend etwa *Knüppel*, Datenfinanzierte Apps, S. 293 f.; *Rogosch*, Einwilligung, S. 113 f. Dies umfasst eine Inhaltskontrolle nach den §§ 307 bis 309 BGB.

[36] Vertiefend *David*, Einwilligung in Telefonwerbung, S. 301 ff.; BeckOGK/*Brinkmann*, § 307 Datenschutzklausel Rn. 35 ff.

[37] Ebenso *Knüppel*, Datenfinanzierte Apps, S. 291 f. Ähnlich *Bender*, Freiwilligkeit bei unentgeltlichen Dienstleistungen im Internet, S. 169.

[38] A. A. *Glöckner*, Kartellrecht, Rn. 641, der die Frage, ob die Einverständnisverklärung gegen die Klausel-RL verstoße, als vorgelagerte Frage zur Prüfung der datenschutzrechtlichen Voraussetzung der Einwilligung sieht. Folgt man dem hier vertretenen subjektiv-konkreten Erforderlichkeitsbegriff ist die separate Prüfung allerdings obsolet.

[39] Siehe dazu bereits C. I. 2. b) dd) (3).

stand der sechsten Vorlagefrage des OLG Düsseldorf an den EuGH.[40] Der EuGH hat dahingehend ausgeführt, dass eine marktbeherrschende Stellung für sich genommen nicht ausschließt, dass eine Einwilligung freiwillig erteilt wurde, dieser Aspekt jedoch ein wichtiger Aspekt für die Prüfung der Freiwilligkeit ist.[41] Es soll untersucht werden, ob diese Entscheidung richtig ist.

Das OLG Düsseldorf bezog sich explizit auf Erwägungsgrund 43 S. 1 DSGVO.[42] Dieser führt aus, dass es bei einem klaren Ungleichgewicht zwischen einwilligender Person und dem Verantwortlichen „in besonderen Fällen" und „in Anbetracht aller Umstände in dem speziellen Fall", unwahrscheinlich sei, dass die Einwilligung freiwillig erteilt wurde. Es geht dabei unabhängig von einer Koppelung um die Frage, ob die Freiwilligkeit allein aufgrund eines Machtungleichgewichts in Form einer marktbeherrschenden Stellung bereits ausgeschlossen ist. Die marktbeherrschende Stellung müsste somit einen besonderen bzw. in Anbetracht aller Umstände speziellen Fall im Sinne des Erwägungsgrunds 43 S. 1 DSGVO darstellen.

1. Vorliegen eines klaren Ungleichgewichts im speziellen Fall

Zunächst ist die Freiwilligkeit in besonderen Fällen eines klaren Ungleichgewichts zu verneinen. Hinzukommt jedoch, dass es selbst „in dem speziellen Fall", also wenn ein klares Ungleichgewicht vorliegen sollte, auf alle Umstände ankommt. So erscheint eine zweistufige Prüfung sinnvoll, bei der zunächst festgestellt wird, ob ein klares Ungleichgewicht vorliegt und dann geprüft wird, ob die Wahlfreiheit eingeschränkt ist.[43] Daraus folgt, dass eine Einwilligung im Einzelfall auch bei einem gewissen Machtungleichgewicht wirksam sein kann, sofern sich dieses im konkreten Fall nicht auf die Wahlfreiheit auswirkt.[44]

Auf der ersten Stufe muss zunächst geprüft werden, ob ein klares Ungleichgewicht vorliegt. Für die Beurteilung, ob ein solch klares Ungleichgewicht vorliegt, sollte das in Erwägungsgrund 43 S. 1 DSGVO genannte Beispiel der Verarbeitung durch eine Behörde herangezogen werden. Dies ist aufgrund der expliziten Nennung als Maßstab für das Vorliegen eines klaren Ungleichgewichts zu sehen. Daran wird deutlich, dass ein klares Ungleichgewicht wohl erst dann vorliegt, wenn der

---

[40] OLG Düsseldorf, Vorlagebeschluss vom 24.03.2021 – Kart 2/19 (V), EuZW 2021, 680ff. Vgl. dazu bereits C. I. 2. b) dd) (3).

[41] EuGH, Urteil vom 04.07.2023 – C252/21, GRUR 2023, 1131, 1143 Rn. 154.

[42] OLG Düsseldorf, Vorlagebeschluss vom 24.03.2021 – Kart 2/19 (V), EuZW 2021, 680, 687 Rn. 55.

[43] Ehrmann/Selmayr/*Heckmann/Paschke*, Art. 7 DSGVO Rn. 51.

[44] So nun auch der EuGH, Urteil vom 04.07.2023 – C252/21, GRUR 2023, 1131, 1143 Rn. 151; Wolff/Brink/*Stemmer*, Art. 7 DSGVO Rn. 53; Kühling/Buchner/*Buchner/Kühling*, Art. 7 DSGVO Rn. 44; Paal/Pauly/*Frenzel*, Art. 7 DSGVO Rn. 18; *Bender*, Freiwilligkeit der Einwilligung bei unentgeltlichen Dienstleistungen im Internet, S. 55; *Hacker*, Datenprivatrecht, S. 188 f.; *Scheurer*, Einwilligung, S. 324.

Betroffene auf die Leistung angewiesen ist, wie etwa auch eine denkbare Monopolstellung bei der Energie- oder Wasserversorgung oder im Öffentlichen Personenverkehr.[45] Dies zeigt, dass es hinsichtlich der Angewiesenheit um Güter und Dienste gehe, die auf einem Level mit der Daseinsvorsorge sind und mithin nicht bereits ein bloßer Zugang zu einem gerade angesagten sozialen Netzwerk.

Erst im Anschluss ist zu prüfen, ob wegen dieses klaren Ungleichgewichts in Anbetracht aller Umstände des speziellen Falls die Freiwilligkeit tatsächlich zu verneinen ist.[46] Dabei ist weiterhin nach Erwägungsgrund 42 S. 5 DSGVO die Wahlfreiheit das entscheidende Kriterium für die Freiwilligkeit.[47] Verglichen mit dem in Erwägungsgrund 43 S. 1 DSGVO genannten Beispiel der Behörde, ist festzuhalten, dass im Regelfall keine Alternative zu einer Behörde besteht und Interaktionen mit einer Behörde oftmals zwingend notwendig sind.[48] Die einwilligende Person hat mithin aus diesen Gründen in diesem besonderen Fall meist keine Wahl, so dass die Einwilligung in solchen Fällen zu Recht mit hoher Wahrscheinlichkeit nicht als freiwillig angesehen werden kann, da so die Einwilligung nicht im Sinn der grundrechtlich geschützten Selbstbestimmung ausgeübt werden kann. Selbst gegenüber Behörden ist jedoch eine Gesamtabwägung in Anbetracht aller Umstände vorzunehmen, so dass die Wirksamkeit einer Einwilligung auch gegenüber Behörden nicht kategorisch ausgeschlossen werden kann.[49]

Auch im Verhältnis zwischen Privaten ist eine solche Gesamtabwägung vorzunehmen. Bei der Gesamtabwägung zu berücksichtigende Umstände des Einzelfalls sind etwa eine Monopol- oder marktbeherrschende Stellung des Datenverarbeiters, das Interesse des Betroffenen an der Verarbeitung, etwaige Nachteile des Betroffenen bei Verweigerung der Einwilligung, ob der Betroffene auf die Dienstleistung oder das Produkt angewiesen ist und die konkrete Ausgestaltung der Einwilligung.[50] Eine Grenzziehung ist zwischen Privaten aufgrund der beidseitig grundrechtsgeprägten Abwägung sehr schwierig und einzelfallabhängig.[51] Insbesondere wegen der Gewährleistung der Privatautonomie der einwilligenden Person ist die

---

[45] Gola/Heckmann/*Schulz*, Art. 7 DSGVO Rn. 27; Sydow/Marsch/*Reimer*, Art. 6 DSGVO Rn. 18.

[46] Ebenso Ehrmann/Selmayr/*Heckmann/Paschke*, Art. 7 DSGVO Rn. 53; Wolff/Brink/*Stemmer*, Art. 7 DSGVO Rn. 52.

[47] EDSA, Leitlinien 05/2020 zur Einwilligung gemäß Verordnung 2016/679 vom 04.05.2020, Rn. 24; Ehrmann/Selmayr/*Heckmann/Paschke*, Art. 7 DSGVO Rn. 53.

[48] So etwa bei einem Wohnsitzwechsel oder der Beantragung eines Personalausweises.

[49] Paal/Pauly/*Frenzel*, Art. 7 DSGVO Rn. 19; Gola/Heckmann/*Schulz*, Art. 7 DSGVO Rn. 6.

[50] EuGH, Urteil vom 04.07.2023 – C252/21, GRUR 2023, 1131, 1143 Rn. 151; Wolff/Brink/*Stemmer*, Art. 7 DSGVO Rn. 53; Kühling/Buchner/*Buchner/Kühling*, Art. 7 DSGVO Rn. 44 f.; Simitis/Hornung/Spiecker gen. Döhmann/*Klement*, Art. 7 DSGVO Rn. 61 ff.; Ehrmann/Selmayr/*Heckmann/Paschke*, Art. 7 DSGVO Rn. 52; *Bender*, Freiwilligkeit der Einwilligung bei unentgeltlichen Dienstleistungen im Internet, S. 55; *Bunnenberg*, Privates Datenschutzrecht, S. 270.

[51] Gola/Heckmann/*Schulz*, Art. 7 DSGVO Rn. 21; *Voigt*, Einwilligung, S. 147. In diese Richtung auch *Hermstrüwer*, S. 62.

Grenze der Wahlfreiheit in einer freiheitlich-demokratischen Gesellschaft erst dort erreicht ist, wo das Selbstbestimmungsrecht des Betroffenen objektiv gefährdet ist und sich in Fremdbestimmung wandelt.[52] Die Freiwilligkeit darf aufgrund der grundrechtlichen Verankerung der Einwilligung nicht vorschnell abgelehnt werden. Der bereits oben herangezogene Vergleich mit den Leistungen der Daseinsvorsorge zeigen auch hier, dass ein bloßer subjektiver sozialer Druck, wie etwa der Zugang zu einem aktuell angesagten sozialen Netzwerk noch nicht ausreichen dürfte, um die Freiwilligkeit auszuschließen.[53]

2. Vorliegen eines klaren Ungleichgewichts im speziellen Fall bei marktbeherrschender Stellung

Nun ist diese zweistufige Prüfung für ein marktbeherrschendes Unternehmen vorzunehmen. Je nach Umfang der Marktbeherrschung ist das Ungleichgewicht anders zu beurteilen. Bei einem Monopol wird, gerade im Vergleich mit der Behörde, von einem klaren Ungleichgewicht auszugehen sein, da es keine Ausweichmöglichkeit gibt. Für die weiteren Fälle der Marktbeherrschung gem. § 18 Abs. 1 Nr. 2 und Nr. 3 GWB ist dies bereits fraglich, da es potenziell noch andere Anbieter gäbe. § 18 GWB normiert allerdings ausdifferenzierte Kriterien, nach denen eine marktbeherrschende Stellung ein besonderer Fall und nicht der Regelfall ist. Ein klares Ungleichgewicht kann daher nach diesen Maßstäben angenommen werden.

Auf zweiter Stufe ist dann die Gesamtbetrachtung hinsichtlich der Wahlfreiheit der einwilligenden Person vorzunehmen. Allein der Umstand, dass man gegenüber einem marktbeherrschenden Unternehmen einwilligt, kann bereits aufgrund dieses Erfordernisses nicht zur Unfreiwilligkeit führen.[54] Dies zeigt schon der Wortlaut des Erwägungsgrundes 43 S. 1 DSGVO. Auch der Sinn und Zweck spricht für diese Annahme. Es ist nicht praktikabel, die Einwilligungsmöglichkeit pauschal gegenüber jedem marktbeherrschenden Unternehmen auszuschließen. Dies war ausweislich des Erwägungsgrundes 43 S. 1 DSGVO auch nicht die Intention des Gesetzgebers, der eine differenzierende Formulierung wählte. Im Hinblick auf die zu schützende Wahlfreiheit und Selbstbestimmung ist dies konsequent. Auch gegenüber einem marktbeherrschenden Unternehmen hat man zunächst die Wahl, ob man einwilligen will oder nicht. Erst weitere Umstände können zu einem Ausschluss der Wahlfreiheit führen. Im Übrigen ist eine Einwilligung nicht allein dadurch unwirksam, dass der Einwilligende nur durch sie in den Genuss einer Leistung kommt.[55] Es ist Ausdruck der Privatautonomie, dass man im Regelfall nicht zu einem Vertragsschluss gezwungen werden kann und man sich die Vertragspart-

---

[52] Gola/Heckmann/*Schulz*, Art. 7 DSGVO Rn. 19, 21.

[53] So auch Gola/Heckmann/*Schulz*, Art. 7 DSGVO Rn. 21.

[54] So nun auch der EuGH, Urteil vom 04.07.2023 – C252/21, GRUR 2023, 1131, 1143 Rn. 154.

[55] Taeger/Gabel/*Taeger*, Art. 7 DSGVO Rn. 96.

ner frei wählen kann. Kommen andere der genannten Kriterien hinzu, ist die Situation gegebenenfalls anders zu bewerten. So kann es in gewissen Branchen – wie etwa der Energieversorgung gem. § 36 Abs. 1 S. 1 EnWG – zu einem Kontrahierungszwang kommen.[56] Auch vor der Liberalisierung der Energiemärkte wurde dieser Zwang nicht allein mit der Monopolstellung begründet, sondern auch damit, dass es sich um die Daseinsvorsorge und somit um ein Gemeinschaftsgut höchsten Ranges handelt. So hält das BVerfG einen Kontrahierungszwang dann für rechtmäßig, wenn dadurch Gemeinschaftsgüter höchsten Ranges geschützt werden, die sonst ernsthafter Gefährdung ausgesetzt wären.[57] Eine marktbeherrschende Stellung allein genügt mithin nicht für die pauschale Annahme der Unfreiwilligkeit.[58]

3. Praxisbeispiel soziales Netzwerk mit marktbeherrschender Stellung

Es ist umstritten, ob diese Annahme auch bei marktbeherrschenden Unternehmen im Internet, insbesondere im Bereich sozialer Netzwerke gilt.[59]

a) Verschiedene Ansichten und Stellungnahme

So wird angenommen, bei sozialen Netzwerken liege keine freie Entscheidung mehr vor, da der Nutzer meist keine freie Wahl zum Wechseln des sozialen Netzwerks habe, da er mit seinen vorhandenen sozialen Kontakten interagieren möchte, die gerade bei diesem sozialen Netzwerk seien.[60] Daher liege faktische Unfreiwilligkeit und ein faktischer sozialer Zwang zur Mitgliedschaft vor.[61]

Dem wird entgegengehalten, man könne von selbstverantwortlich handelnden Grundrechtsträgern erwarten, einem „Gruppenzwang" widerstehen zu können, solange und so weit elementare Kommunikationsinteressen auch auf anderem Wege befriedigt werden können, so dass eine Einwilligung im Rahmen von sozialen Netzwerken nicht *per se* unwirksam sei.[62] Dieser Ansicht hat sich auch der EuGH ohne nähere Begründung zu diesem Punkt angeschlossen.[63]

---

[56] Dazu vertiefend etwa Theobald/Kühling/*Heinlein/Weitenberg*, § 36 EnWG Rn. 6 ff.

[57] BVerfG, Beschluss vom 18.12.1968 – 1 BvL 5, 14/64, 5, 11, 12/65, NJW 1969, 499, 500; BVerfG, Beschluss vom 16.03.1971 – 1 BvR 52, 665, 667, 754/66, NJW 1971, 1255, 1258. Neuner spricht ferner von fehlenden Ausweichmöglichkeiten, *Neuner*, NJW 2020, 1851, 1852 f.

[58] So nun auch der EuGH, Urteil vom 04.07.2023 – C252/21, GRUR 2023, 1131, 1143 Rn. 154.

[59] Im Kartellrecht spricht sich Podszun für Anpassungen des Verbraucherleitbildes bei geschäftlichen Handlungen auf digitalen Plattformen und in Netzwerken aus, Harte-Bavendamm/Henning-Bodewig/*Podszun*, § 1 UWG Rn. 56a.

[60] *Golland*, MMR 2018, 130 f.

[61] *Golland*, MMR 2018, 130 f.; *Kutscha/Thomé*, Grundrechtsschutz im Internet, S. 44.

[62] Simitis/Hornung/Spiecker gen. Döhmann/*Klement*, Art. 7 DSGVO Rn. 63; Gola/Heckmann/*Schulz*, Art. 7 DSGVO Rn. 21; Sydow/Marsch/*Reimer*, Art. 6 DSGVO Rn. 18.

[63] EuGH, Urteil vom 04.07.2023 – C252/21, GRUR 2023, 1131, 1143 Rn. 147.

Die erstgenannte Ansicht verkennt die Selbstbestimmung und spricht der einwilligenden Person *per se* ihre Grundrechte diesbezüglich ab.[64] Es bedarf vielmehr einer Abwägung, wie sie mithilfe des AGB-Rechts und den übrigen oben dargestellten Voraussetzungen vorgenommen werden kann. Es ist im Einzelfall zu prüfen, ob man in diesem besonderen Fall die Wahl hatte, diese Einwilligung abzugeben.[65]

Ein soziales Netzwerk, selbst wenn es marktbeherrschend ist, ist nicht unverzichtbar und alternativlos. Es ist dahingehend nicht mit einer Behörde oder dem Grundversorger vergleichbar. Gerade der Vergleich mit den Fällen des zulässigen Kontrahierungszwangs bestätigt diese Einschätzung, denn beim Zugang zu sozialen Netzwerken handelt es sich nicht um ein Gemeinschaftsgut höchsten Ranges. Daran ändert auch die Einordnung eines sozialen Netzwerks als Torwächter i. S. d. DMA zunächst nichts. Vielmehr wird diese Ansicht dadurch bestätigt, denn sofern die Wahlfreiheit garantiert ist, kann ausweislich Art. 5 Abs. 2 S. 1 DMA auch gegenüber einem Torwächter grundsätzlich wirksam eingewilligt werden.

Dass dies konsequent ist, zeigt auch der Vergleich mit anderen Situationen, wie etwa dem Arbeitsverhältnis, bei dem es typischerweise ein Über-Unterordnungsverhältnis gibt. Dennoch kann dem Arbeitnehmer nicht abgesprochen werden, wirksam gegenüber seinem Arbeitgeber einzuwilligen.[66] Es bedarf auch im Arbeitsverhältnis weiterer konkreter Anhaltspunkte, dass der Arbeitnehmer seine Einwilligung im Einzelfall nicht frei, also nicht ohne Zwang, erteilte.[67] Dies steht mit der grundsätzlichen Ansicht des BGH im Einklang, dass in Vertragsbeziehungen grundsätzlich zunächst von Freiwilligkeit auszugehen ist.[68]

b) Übertragung auf den Fall Facebook

Für den Fall in Sachen Facebook bedeutet dies, dass die marktbeherrschende Stellung Facebooks allein zu Recht nicht zur Unfreiwilligkeit der Einwilligung führt.[69] Die Wirksamkeit der Einwilligung in diesem Fall ist mithin anhand der

---

64 In diese Richtung auch Simitis/Hornung/Spiecker gen. Döhmann/*Klement*, Art. 7 DSGVO Rn. 65; Kühling/Buchner/*Buchner/Kühling*, Art. 7 DSGVO Rn. 44.

65 In diese Richtung wohl auch *Engeler*, ZD 2018, 55, 59.

66 Erwägungsgrund 155 DSGVO führt daher richtigerweise aus, dass Mitgliedstaaten Vorschriften für die Verarbeitung personenbezogener Beschäftigtendaten im Beschäftigungskontext mit der Einwilligung als Grundlage vorsehen können. Ausführlich zur datenschutzrechtlichen Einwilligung im Beschäftigungsverhältnis *Knappertsbusch*, Die datenschutzrechtliche Einwilligung im Beschäftigungsverhältnis.

67 Taeger/Gabel/*Taeger*, Art. 7 DSGVO Rn. 112; Kühling/Buchner/*Buchner/Kühling*, Art. 7 DSGVO Rn. 44; Ehrmann/Selmayr/*Heckmann/Paschke*, Art. 7 DSGVO Rn. 54; *Voigt*, Einwilligung, S. 147. Vertiefend *Funke*, Einwilligung, S. 249 ff.; Taeger/Gabel/*Taeger*, Art. 7 DSGVO Rn. 105 ff.

68 BGH, Urteil vom 07.06.2016 – KZR 6/15, NJW 2016, 2266, 2271 Rn. 54.

69 EuGH, Urteil vom 04.07.2023 – C252/21, GRUR 2023, 1131, 1143 Rn. 154.

wertenden Gesamtbetrachtung vorzunehmen, die jedoch an dieser Stelle mangels Akten und Eingrenzung der Forschungsfrage nicht abschließend stattfinden kann.[70]

IV. Marktbezogene Auswirkungen von Datenschutzverstößen – Können Datenschutzverstöße über Normen des Wettbewerbsrecht geltend gemacht werden?

Unklar ist ferner, ob Datenschutzverstöße über das UWG oder das GWB verfolgbar sind. Trotz der in Teilen gemeinsamen Schutzobjekte, wie etwa der Wettbewerbsordnung,[71] muss dabei die unterschiedliche Stoßrichtung von lauterkeits- und kartellrechtlicher Sanktionierung beachtet werden. Dem Lauterkeitsrecht geht es im Kern um die Fehlsteuerung des Marktes, die von unzureichenden Einwilligungen bzw. unzureichenden Aufklärungen über die Verwendung bewirkt wird, während das Kartellrecht eine Handhabung gegen die vermachtete Entscheidung über die Erteilung der Einwilligung gibt.

1. Über das UWG

Nach der Entscheidung des EuGH vom 28.04.2022 in Sachen C-319/20 scheint geklärt, dass Verstöße gegen die DSGVO von nach nationalem Recht dazu berechtigten Verbänden auch über das UWG verfolgt werden können.[72] Es ist zu überprüfen, ob es richtig ist, dass Mitbewerber solche Verstöße nach dem EuGH ebenfalls verfolgen dürfen.[73]

a) Handelt es sich bei den Art. 77–84 DSGVO um abschließende Regelungen?

Dazu ist zunächst zu klären, ob die DSGVO die Rechtsdurchsetzung durch Mitbewerber bei Verstößen abschließend regelt. Dies ist in Lehre und Rechtsprechung umstritten.[74]

---

[70] Dies ist nun Aufgabe des OLG Düsseldorf, vgl. auch EuGH, Urteil vom 04.07.2023 – C252/21, GRUR 2023, 1131, 1143 Rn. 153.

[71] *Glöckner*, Kartellrecht, Rn. 11.

[72] EuGH, Urteil vom 28.04.2022 – C-319/20, GRUR 2022, 920 ff.

[73] EuGH, Urteil vom 04.10.2024 – C-21/23, GRUR 2024, 1721, 1726 Rn. 73.

[74] Es soll an dieser Stelle lediglich ein Überblick verschafft werden. Vertiefend etwa *Heßmann*, Die Bekämpfung von Datenschutzverstößen mit Mitteln des Unlauterkeitsrechts, S. 143 ff.; *Laoutoumai*, Privacy Litigation, S. 134 ff. Der BGH hat den Streitstand ebenfalls sehr schön zusammengefasst in BGH, Beschluss vom 12.01.2023 – I ZR 223/19, GRUR 2023, 264 Rn. 12 ff.

aa) DSGVO sei abschließend geregelt

In Literatur und Rechtsprechung wird zunächst vertreten, die Regelungen der DSGVO seien eine Maßnahme der vollständigen Angleichung der Voraussetzungen und der Rechtsfolgen des Datenschutzes, so dass sie, sofern es keine Öffnungsklausel gebe, als abschließend einzustufen seien und keine darüber hinausgehende Klagebefugnis von Mitbewerbern bestehe.[75] Die Gerichte haben sich dabei den Argumenten der Literatur angeschlossen, so dass sie meist auf die detaillierten Regelungen des anspruchsberechtigten Personenkreises verwiesen haben und daher von einer abschließenden Regelung ausgehen.[76]

Angeführt wird zunächst der Harmonisierungszweck, der in den Erwägungsgründen angelegt sein soll.[77] In Erwägungsgrund 11 DSGVO heißt es, dass den Mitgliedstaaten, die „gleichen Befugnisse bei der Überwachung […] und gleiche Sanktionen im Falle ihrer Verletzung“ zustehen sollen. Diese Ansicht beruft sich ferner darauf, dass die in Art. 80 Abs. 2 und Art. 84 DSGVO geregelten Öffnungsklauseln bei einer generellen Zulässigkeit von mitgliedstaatlichen Sanktionsmöglichkeiten überflüssig wären.[78] Dabei beziehe sich die Öffnungsklausel des Art. 80 Abs. 2 DSGVO nur auf Stellen im Sinne des Art. 80 Abs. 1 DSGVO und nicht generell auf Dritte.[79]

Des Weiteren werde die Klagebefugnis von Mitbewerbern in der ganzen DSGVO nicht in Bezug genommen. Dies sei in der UGP-RL anders, da dort u. a. in Art. 11 Abs. 1 UGP-RL die Mitbewerber ausdrücklich erwähnt werden.[80] Die DSGVO sei vielmehr von den Aufsichtsbehörden, etwa gem. Art. 57 Abs. 1 lit. a) DSGVO, und den ausdrücklich in den Öffnungsklauseln dazu ermächtigten Verbänden durchzusetzen.[81] Auch aus Art. 82 DSGVO ergebe sich keine Klagebefugnis für Mitbewerber, denn dort sei zwar geregelt, dass „jede Person“ einen Anspruch auf

[75] LG Stuttgart, Urteil vom 20.05.2019 – 35 O 68/18, ZD 2019, 366 f.; LG Magdeburg, Urteil vom 18.01.2019 – 36 O 48/18, MMR 2019, 402 ff.; LG Wiesbaden, Urteil vom 05.11.2018 – 5 O 214/18, ZD 2019, 367 f.; LG Bochum, Urteil vom 07.08.2018 – I-12 O 85/18, ZD 2019, 39 f.; Köhler/Bornkamm/Feddersen/*Köhler*, 40. Aufl. 2022 § 3a UWG Rn. 1.40k; MüKoUWG/*Schaffert*, § 3a UWG Rn. 84; *Ohly*, GRUR 2019, 686, 688. Ausführlich dazu Köhler/Bornkamm/Feddersen/*Köhler*, 40. Aufl. 2022, § 3a UWG Rn. 1.40a ff.

[76] LG Stuttgart, Urteil vom 20.05.2019 – 35 O 68/18, ZD 2019, 366, 367; LG Magdeburg, Urteil vom 18.01.2019 – 36 O 48/18, MMR 2019, 402, 403; LG Wiesbaden, Urteil vom 05.11.2018 – 5 O 214/18, ZD 2019, 367, 368; LG Bochum, Urteil vom 07.08.2018 – I-12 O 85/18, ZD 2019, 39, 40.

[77] Köhler/Bornkamm/Feddersen/*Köhler*, 40. Aufl. 2022, § 3a UWG Rn. 1.40k; *Ohly*, GRUR 2019, 686, 688.

[78] *Ohly*, GRUR 2019, 686, 688.

[79] *Ohly*, GRUR 2019, 686, 688. In der Vorauflage noch Köhler/Bornkamm/Feddersen/*Köhler*, 40. Aufl. 2022, § 3a UWG Rn. 1.40d.

[80] Köhler/Bornkamm/Feddersen/*Köhler*, 40. Aufl. 2022, § 3a UWG Rn. 1.40k; *Ohly*, GRUR 2019, 686, 691.

[81] Köhler/Bornkamm/Feddersen/*Köhler*, 40. Aufl. 2022, § 3a UWG Rn. 1.40i; *Ohly*, GRUR 2019, 686, 691.

Schadenersatz bei Verstoß gegen die DSGVO habe. Damit sei aber unter Heranziehung des Art. 80 Abs. 1 DSGVO und des Erwägungsgrundes 146 der DSGVO auch nur die „betroffene Person" gemeint und nicht die Mitbewerber.[82] Ferner folge aus Art. 84 DSGVO keine Klagebefugnis für Mitbewerber. Dieser überlasse den Mitgliedstaaten zwar Freiheit bei der Festlegung der Sanktionen. Es seien hierbei jedoch lediglich die straf- und verwaltungsrechtlichen Sanktionen gemeint, da die DSGVO zwischen „Sanktionen" und „Rechtsbehelfen" unterscheide. Dies soll sich auch aus der englischen Sprachfassung ergeben, da es dort „*remedies*" und „*penalties*" heißt und man einen Unterlassungsanspruch nicht unter den Begriff „*penalty*" subsumieren könne.[83]

bb) DSGVO sei nicht abschließend geregelt

Demgegenüber steht eine ebenfalls weit verbreitete Ansicht, die die Regelungen der Art. 77 ff. DSGVO nicht als abschließend betrachtet.[84] Eine Klagebefugnis der Mitbewerber vor Zivilgerichten soll also grundsätzlich möglich sein. So haben bereits frühzeitig drei Oberlandesgerichte entschieden, dass die DSGVO nicht abschließend die Rechtsbehelfe bei Verstößen regelt und haben jeweils die Revision zugelassen.[85] Der EuGH und der BGH haben dies mittlerweile bestätigt.[86]

Das OLG Stuttgart beruft sich zunächst darauf, dass Bestimmungen einer EU-Verordnung nicht *per se* abschließend seien. Mitgliedstaaten könnten nationale Normen anwenden, wenn diese die Anwendung und Durchsetzung der EU-Verordnung nicht vereiteln, deren gemeinschaftliche Natur nicht verbergen und die Ausübung des durch die betreffende Verordnung verliehenen Ermessens innerhalb

---

[82] Köhler/Bornkamm/Feddersen/*Köhler*, 40. Aufl. 2022, § 3a UWG Rn. 1.40f; *Ohly*, GRUR 2019, 686, 689.

[83] Köhler/Bornkamm/Feddersen/*Köhler*, 40. Aufl. 2022, § 3a UWG Rn. 1.40f; *Ohly*, GRUR 2019, 686, 689 f.

[84] OLG Stuttgart, Urteil vom 27.02.2020 – 2 U 257/19, WRP 2020, 509 ff.; LG Würzburg, Urteil vom 13.09.2018 – 11 O 1741/18, GRUR-RS 2018, 22735 Rn. 3; OLG Naumburg, Urteil vom 07.11.2019 – 9 U 6/19, ZD 2020, 154 ff.; OLG Hamburg, Urteil vom 25.10.2018 – 3 U 66/17, GRUR 2019, 86 ff.; Gloy/Loschelder/Danckwerts/*Hasselblatt/Gregor*, § 48 Rn. 96; *Heßmann*, Die Bekämpfung von Datenschutzverstößen mit Mitteln des Unlauterkeitsrechts, S. 153 ff.; *Wolff*, ZD 2018, 248 ff.; *Laoutoumai/Hoppe*, K&R 2018, 533 ff.; *Schreiber*, GRUR-Prax 2018, 371 ff.; *Fröhlisch/Löwer*, VuR 2019, 37 ff.; *Uebele*, GRUR 2019, 694 ff.; *Uebele*, RDV 2022, 215, 216 f.; *Aßhoff*, CR 2018, 720, 727.

[85] OLG Stuttgart, Urteil vom 27.02.2020 – 2 U 257/19, WRP 2020, 509 ff.; OLG Naumburg, Urteil vom 07.11.2019 – 9 U 6/19, WRP 2020, 110 ff.; OLG Hamburg, Urteil vom 25.10.2018 – 3 U 66/17, GRUR 2019, 86 ff. Davon weicht lediglich das OLG Hamburg ab, das sich in einem Hinweisbeschluss lediglich darauf beschränkt, zu sagen, dass in der Literatur „mit gewichtigen Argumenten" vertreten wird, dass die Regelungen der DSGVO ein geschlossenes Sanktionensystem etabliert haben und dies nach anderer Ansicht nicht generell ausgeschlossen wäre, vgl. OLG Hamburg, Hinweisbeschluss vom 10.12.2019 – 15 U 90/19, MIR 2020, Dok. 015.

[86] EuGH, Urteil vom 04.10.2024 – C-21/23, GRUR 2024, 1721, 1726 Rn. 73; BGH, Urteil vom 27.03.2025 – I ZR 186/17, GRUR-RS 2025, 5867 Rn. 29 ff.

der Grenzen konkretisieren.[87] Jede Maßnahme eines Mitgliedstaates, welche die effektive Durchsetzung einer EU-Verordnung erleichtere, müsse daher als zulässig angesehen werden.[88] Durch die DSGVO sei auch keine Einschränkung der bestehenden Rechtsdurchsetzung gewollt gewesen. Es sollte vielmehr ein Mindeststandard für den Rechtsschutz betroffener Personen festgelegt werden, der gem. Art. 77 Abs. 1 DSGVO „unbeschadet eines anderweitigen verwaltungsgerichtlichen oder gerichtlichen Rechtsbehelfs" gelte.[89] Dass die Regelungen einen abschließenden Charakter haben sollten, ergebe sich auch nicht aus den Beratungen in der Ratsarbeitsgruppe.[90] Das OLG Stuttgart widerspricht explizit der Ansicht, dass sich der abschließende Charakter aus den Erwägungsgründen 11 und 13 ergebe. Sanktionen in diesem Sinne seien die von den Aufsichtsbehörden zu ergreifenden Maßnahmen gem. Art. 58 Abs. 2 DSGVO und nicht die zivilrechtliche Verfolgung von Ansprüchen durch Private.[91] Daher sei in den Erwägungsgründen die Rede von Sanktionen und in der Überschrift zu Kapitel VIII von Rechtsbehelfen, Haftung und Sanktionen.[92]

Das OLG Naumburg und das LG Würzburg haben eine Aktivlegitimation der Mitbewerber angenommen, ohne dies konkret zu begründen und zu dem möglicherweise abschließenden Charakter der Regelungen der DSGVO Stellung zu beziehen.[93] Auch das OLG Hamburg entschied, dass weder die Datenschutz-RL noch die DSGVO ein abschließendes Sanktionensystem enthalten.[94] Die einzelnen Gründe ähneln der obigen Entscheidung des OLG Stuttgart.[95]

In der Literatur wird ferner darauf verwiesen, dass die DSGVO die Regelungen für Sanktionen zwar detailliert regle, allerdings keinesfalls abschließend.[96] Dies werde durch die Formulierung „unbeschadet" anderweitiger Rechtsbehelfe in Art. 77 Abs. 1, Art. 78 Abs. 1, Abs. 2 und Art. 79 Abs. 1 DSGVO deutlich.[97]

---

[87] OLG Stuttgart, Urteil vom 27.02.2020 – 2 U 257/19, WRP 2020, 509, 511 Rn. 31.

[88] OLG Stuttgart, Urteil vom 27.02.2020 – 2 U 257/19, WRP 2020, 509, 512 Rn. 35.

[89] OLG Stuttgart, Urteil vom 27.02.2020 – 2 U 257/19, WRP 2020, 509, 512, Rn. 39 f.

[90] OLG Stuttgart, Urteil vom 27.02.2020 – 2 U 257/19, WRP 2020, 509, 512 Rn. 43 ff.

[91] OLG Stuttgart, Urteil vom 27.02.2020 – 2 U 257/19, WRP 2020, 509, 513 Rn. 48 f. So auch *Uebele*, GRUR 2019, 694, 696.

[92] OLG Stuttgart, Urteil vom 27.02.2020 – 2 U 257/19, WRP 2020, 509, 513 Rn. 49.

[93] LG Würzburg, Urteil vom 13.09.2018 – 11 O 1741/18, GRUR-RS 2018, 22735 Rn. 3; OLG Naumburg, Urteil vom 07.11.2019 – 9 U 6/19, ZD 2020, 154 ff. Die Revision des Urteils vom 07.11.2019 des OLG Naumburg in Sachen 9 U 6/19 ist beim BGH unter dem Aktenzeichen I ZR 222/19 anhängig. Die Frage nach der Klagebefugnis von Mitbewerbern wurde dem EuGH gemeinsam mit der Sache I ZR 223/19 vorgelegt, vgl. MMR-Aktuell 2023, 45519. Zum Vorlagebeschluss des BGH in Sachen I ZR 223/19 vgl. BGH, Beschluss vom 12.01.2023 – I ZR 223/19, GRUR 2023, 264 ff.

[94] Vgl. Leitsatz 1 des OLG Hamburg, Urteil vom 25.10.2018 – 3 U 66/17, GRUR 2019, 86 ff.

[95] OLG Hamburg, Urteil vom 25.10.2018 – 3 U 66/17, GRUR 2019, 86, 88 f.

[96] *Laoutoumai/Hoppe*, K&R 2018, 533, 535.

[97] *Wolff*, ZD 2018, 248, 251; *Laoutoumai/Hoppe*, K&R 2018, 533, 535; *Heßmann*, Die Bekämpfung von Datenschutzverstößen mit Mitteln des Unlauterkeitsrechts, S. 151.

Es wird weiter angeführt, die DSGVO wolle etwa mit der Regelung des Art. 80 Abs. 2 S. 2 DSGVO lediglich die Durchsetzung der datenschutzrechtlichen Interessen des Betroffenen durch Dritte abschließend regeln, nicht aber die Vertretung der Interessen der Mitbewerber bei (auch) wettbewerbsrechtlich relevanten Datenschutzverstößen, da es dabei nicht nur um das Verfolgen fremder Datenschutzrechte gehe.[98] Zudem diene Art. 80 Abs. 2 DSGVO nur der Ausgestaltung der Verbandsklage und nicht der Geltendmachung jeglicher Rechte jedes Betroffenen oder nicht betroffener Personen.[99]

Des Weiteren gebe Art. 84 DSGVO den Mitgliedstaaten einen weiten Spielraum bei der Festlegung der Sanktionen, so dass nicht ersichtlich sei, weshalb eine zivilrechtliche Durchsetzung bspw. über § 3a UWG nicht dazugehören solle.[100] Art. 84 Abs. 1 DSGVO etabliere zwar Mindeststandards der Rechtsdurchsetzung, dabei belässt er den Mitgliedstaaten dennoch ihre zentrale Rolle bei der Durchsetzung des Datenschutzes.[101] Selbst im Rahmen der Regelungen zu öffentlich-rechtlichen Sanktionen, die gemäß Erwägungsgrund 11 DSGVO einen einheitlichen Charakter haben sollen, wird mithin keine vollständige Harmonisierung vorgenommen, so dass eine Vollharmonisierung erst Recht nicht für eine zivilrechtliche Rechtsdurchsetzung angenommen werden könne.[102]

Ferner soll ein hohes Datenschutzniveau erreicht werden, was mit der Verfolgung von Datenschutzverstößen durch Mitbewerber besser gewährleistet werden könne.[103] So können mögliche Defizite bei der Rechtsdurchsetzung durch die Aufsichtsbehörden durch die Verfolgung durch Mitbewerber ausgeglichen werden.[104]

Schließlich hat dies wohl auch der deutsche Gesetzgeber angenommen, denn § 13 Abs. 4 Nr. 2 UWG schließt den Aufwendungsersatzanspruch der Mitbewerber gem. § 8 Abs. 1 Nr. 1 UWG wegen der Abmahnung von Verstößen gegen die DSGVO durch Unternehmen sowie gewerblich tätige Vereine mit in der Regel weniger als 250 Mitarbeitern aus und unterstellt damit, dass Mitbewerber insoweit anspruchsberechtigt sind.[105]

---

[98] *Schreiber*, GRUR-Prax 2018, 371, 373; *Fröhlisch/Löwer*, VuR 2019, 37, 38: *Laoutoumai/Hoppe*, K&R 2018, 533, 535.

[99] Gloy/Loschelder/Danckwerts/*Hasselblatt/Gregor*, § 48 Rn. 96; *Fröhlisch/Löwer*, VuR 2019, 37, 38; *Wolff*, ZD 2018, 248, 251; *Aßhoff*, CR 2018, 720, 727.

[100] Gloy/Loschelder/Danckwerts/*Hasselblatt/Gregor*, § 48 Rn. 96; *Wolff*, ZD 2018, 248, 251; *Laoutoumai/Hoppe*, K&R 2018, 533, 535.

[101] *Wolff*, ZD 2018, 248, 251.

[102] *Heßmann*, Die Bekämpfung von Datenschutzverstößen mit Mitteln des Unlauterkeitsrechts, S. 151.

[103] *Laoutoumai/Hoppe*, K&R 2018, 533, 535; *Wolff*, ZD 2018, 248, 252.

[104] OLG Stuttgart, Urteil vom 27.02.2020 – 2 U 257/19, WRP 2020, 509, 513 Rn. 51; *Heßmann*, Die Bekämpfung von Datenschutzverstößen mit Mitteln des Unlauterkeitsrechts, S. 154; *Aßhoff*, CR 2018, 720, 726 f.

[105] Köhler/Bornkamm/Feddersen/*Bornkamm/Feddersen*, § 13 UWG Rn. 105 f.

cc) Folgerungen aus dem EuGH-Urteil vom 28.04.2022 in Sachen C-319/20

Wie bereits ausgeführt, klammerte der EuGH in dieser Sache die Frage nach der Klagebefugnis der Mitbewerber richtigerweise zunächst aus. Dennoch wurde bereits diese Entscheidung auch für diese Frage rege interpretiert und die übrigen Ausführungen des EuGH unter dem Gesichtspunkt der Klagebefugnis der Mitbewerber einsortiert. So wird in der Lehre einerseits aus den Ausführungen des EuGH zur abschließenden Natur der DSGVO aufgrund der Erwägungsgründe 9, 10 und 13 gefolgert, es gebe mangels Öffnungsklausel keine Klagebefugnis der Mitbewerber.[106] Demgegenüber wird aufgrund der „deutlichen Worte" des EuGH und des Generalanwalts angenommen, es sprächen viele gute Argumente für die Annahme der Klagebefugnis der Mitbewerber.[107] Verwiesen wird diesbezüglich ferner auf den vom EuGH betonten effektiven Schutz personenbezogener Daten.[108] Der BGH verweist in der Vorlagefrage mit Beschluss vom 12.01.2023 in Sachen I ZR 223/19 allerdings darauf, dass der EuGH diese Frage explizit offengelassen habe.[109]

dd) EuGH-Urteil vom 04.10.2024 in Sachen C-21/23

Wie bereits ausgeführt, hat der EuGH mittlerweile entschieden, dass die Bestimmungen der Art. 77 ff. DSGVO nationalen Regelungen, die Mitbewerbern einräumt, wegen Verstößen gegen die DSGVO gegen den Verletzer im Wege einer Klage unter dem Gesichtspunkt des Verbots der Vornahme unlauterer Geschäftspraktiken vorzugehen, nicht entgegenstehen.[110]

Der EuGH berief sich dabei insbesondere auf die bereits unter F. IV. 1. a) bb) ausführlich dargestellten Argumente, dass die Art. 77 ff. DSGVO „unbeschadet" anderer Rechtsbehelfe bestehen, Datenschutzvorschriften sowie die Verwertung personenbezogener Daten wirtschaftlich und damit auch wettbewerbsrechtlich sehr relevant sind.[111] Schließlich wird so auch im Einklang mit Art. 16 Abs. 1 AEUV

---

[106] Köhler/Bornkamm/Feddersen/*Köhler*, 40. Aufl. 2022, § 3a UWG Rn. 1.40k; Ohly/Sosnitza/*Ohly*, § 3a UWG Rn. 79a; *Ohly*, GRUR 2022, 920, 925; *Spittka*, GRUR-Prax 2022, 323. Für vertretbar („kann") hält diese Ansicht *von Walter*, WRP 2022, 937, 941. A.A. zu diesem Argument *Fervers*, RDi 2022, 363, 364 f.

[107] So etwa *Hense*, ZD 2022, 384, 388. Ebenfalls pro Klagebefugnis von Mitbewerbern *Rieländer*, NVwZ 2022, 945, 950; *Ruttmann/Rott*, VuR 2022, 392, 397 f.; *Uebele*, RDV 2022, 215, 216 f.

[108] EuGH, Urteil vom 28.04.2022 – C-319/20, GRUR 2022, 920, 923 Rn. 73; *Rieländer*, NVwZ 2022, 945, 950; *Ruttmann/Rott*, VuR 2022, 392, 397 f.

[109] BGH, Beschluss vom 12.01.2023 – I ZR 223/19, GRUR 2023, 264 Rn. 26. Ebenso etwa *Lühmann/Stegemann*, NJW 2022, 1715, 1718; *Auer-Reinsdorff*, EWiR 2022, 447, 448. Differenzierend dargestellt *Fervers*, RDi 2022, 363, 364 f.

[110] EuGH, Urteil vom 04.10.2024 – C-21/23, GRUR 2024, 1721, 1726 Rn. 73.

[111] EuGH, Urteil vom 04.10.2024 – C-21/23, GRUR 2024, 1721, 1723 Rn. 53 ff.

und Art. 8 GrCh und den Zielen der DSGVO erreicht, dass ein hohes Schutzniveau für das Recht jeder Person auf Schutz der sie betreffenden personenbezogenen Daten gewährleistet wird.[112]

ee) Streitentscheid

Entscheidend für die Bewertung sind die Ziele der DSGVO.[113] Dabei sind zunächst die Erwägungsgründe hervorzuheben, auf die sich auch der EuGH schon in seiner Entscheidung zur Verbandsklage berufen hat. Wie bereits ausgeführt, betont Erwägungsgrund 9 DSGVO, dass die Unterschiede beim Schutzniveau abgebaut werden sollen, um so u. a. Hemmnisse für die unionsweite Ausübung von Wirtschaftstätigkeiten zu beseitigen, den Wettbewerb nicht zu verzerren und die Behörden bei der Erfüllung der ihnen nach dem Unionsrecht obliegenden Pflichten zu entlasten. Erwägungsgrund 9 DSGVO zeigt somit, dass die DSGVO auch den unionsweiten Wettbewerb im Blick hat und nicht nur den von Erwägungsgrund 10 hervorgehobenen Schutz der Grundrechte und Grundfreiheiten von natürlichen Personen bei der Verarbeitung personenbezogener Daten. Dies hat der EuGH richtigerweise in der jüngsten Entscheidung nochmals hervorgehoben.[114]

Die Verfolgung von Datenschutzverstößen durch Mitbewerber steht der gleichmäßigen und einheitlichen Anwendung der Grundrechte und Grundfreiheiten von natürlichen Personen bei der Verarbeitung personenbezogener Daten nicht entgegen. Das Schutzniveau wird durch die harmonisierten materiell-rechtlichen Vorschriften der DSGVO eingehalten und nicht durch die Möglichkeit der Rechtsdurchsetzung durch weitere Stellen oder die Mitbewerber.[115] Vielmehr bestünde diese Möglichkeit ebenfalls in anderen Ländern und nicht in Deutschland exklusiv. Zudem wird das Ziel, die Behörden bei der Erfüllung der ihnen nach dem Unionsrecht obliegenden Pflichten zu entlasten, hiermit unterstützt.

Dieser Folgerung steht auch nicht entgegen, dass es keine Öffnungsklausel für Mitbewerber gibt. Mangels Nennung und Regelung zur Klagebefugnis von Mitbewerbern wurde dieser Bereich gerade nicht vollharmonisiert und bleibt für nationale Regelungen offen.[116] Gestützt wird dies vom Wortlaut der Erwägungsgründe 11 und 13 S. 1 DSGVO, in denen lediglich von „Sanktionen“ und „gleichen durchsetzbaren Rechten natürlicher Personen“ gesprochen wird.[117] Es ist daher überzeugender, dass sich die in Erwägungsgrund 11 angestrebten gleichen Befugnisse bei der Überwachung und Gewährleistung der Einhaltung der Vorschriften

[112] EuGH, Urteil vom 04.10.2024 – C-21/23, GRUR 2024, 1721, 1724 Rn. 69ff.
[113] Vgl. dazu bereits C. I. 1. d) aa) (1).
[114] EuGH, Urteil vom 04.10.2024 – C-21/23, GRUR 2024, 1721, 1724 Rn. 69ff.
[115] Ähnlich auch *Uebele*, GRUR 2019, 694, 698.
[116] So nun auch EuGH, Urteil vom 04.10.2024 – C-21/23, GRUR 2024, 1721, 1724 Rn. 60.
[117] Dem steht auch nicht die Wahl als Verordnung entgegen, vgl. etwa *Heßmann*, Die Bekämpfung von Datenschutzverstößen mit Mitteln des Unlauterkeitsrechts, S. 146.

zum Schutz personenbezogener Daten und die in Erwägungsgrund 13 formulierten Ziel der gleichmäßigen Kontrolle der Verarbeitung personenbezogener Daten auf die Befugnisse der Aufsichtsbehörden beziehen.

Dies hat auch GA de la Tour in seinem Schlussantrag vom 02.12.2021 in Sachen C-319/20 zutreffend zusammengefasst.[118] Er führt darin unter Bezugnahme des Erwägungsgrunds 13 DSGVO und der darin genannten Ziele der Vereinheitlichung aus, dass „diese Verordnung auf den ersten Blick eine umfassende Harmonisierung anzustreben“ scheint.[119] Er relativiert diesen Eindruck, indem er fortführt, dass sich die Realität als „komplexer“ erweist; und Art. 16 AEUV, als Rechtsgrundlage der DSGVO, gegen die Annahme spreche, die Union habe „alle möglichen Verästelungen des Schutzes personenbezogener Daten in anderen Bereichen, insbesondere im Arbeits-, Wettbewerbs- oder Verbraucherschutzrecht, vorweggenommen“.[120] Die vorweggenommene Harmonisierung der DSGVO beschränke sich daher auf die in diesem Bereich abgedeckten Gesichtspunkte, so dass es den Mitgliedstaaten weiterhin freistehe, Regelungen zu erlassen, die nicht gegen den Inhalt und die Ziele dieser Verordnung verstoßen.[121]

Überzeugend ist ferner, dass Art. 77 Abs. 1, Art. 78 Abs. 1, 2 und Art. 79 Abs. 1 DSGVO jeweils einen „anderweitigen Rechtsbehelf“ anführen. Bei Annahme einer abschließenden Vollharmonisierung durch die DSGVO gäbe es keine etwaigen anderweitigen Rechtsbehelfe.[122]

Systematisch wird diese Ansicht von Art. 80 Abs. 2 DSGVO unterstützt. Anders als bei Art. 80 Abs. 1 DSGVO geht die Verbandsklage mangels Erfordernisses des Auftrags durch die betroffene Person nicht auf den direkten Willen der betroffenen Person zurück. Die Durchsetzung der Grundrechte und Grundfreiheiten natürlicher Personen bei der Verarbeitung personenbezogener Daten ist mithin im Sinne der DSGVO nicht an die betroffene Person gekoppelt. Der primäre Schutzzweck des Art. 80 Abs. 2 DSGVO ist die informationelle Selbstbestimmung der betroffenen Person. Wettbewerbliche Schutzzwecke werden damit nicht geregelt, so dass in Art. 80 Abs. 2 DSGVO keine abschließende Regelung für anderweitige Rechtsbehelfe gesehen werden kann.[123]

---

[118] So nun auch EuGH, Urteil vom 04.10.2024 – C-21/23, GRUR 2024, 1721, 1726 Rn. 61; zuvor bereits Generalanwalt beim EuGH *de la Tour*, Schlussantrag vom 02.12.2021 – C-319/20, GRUR-RS 2021, 36943.

[119] Generalanwalt beim EuGH *de la Tour*, Schlussantrag vom 02.12.2021 – C-319/20, GRUR-RS 2021, 36943 Rn. 50.

[120] Generalanwalt beim EuGH *de la Tour*, Schlussantrag vom 02.12.2021 – C-319/20, GRUR-RS 2021, 36943 Rn. 51.

[121] Generalanwalt beim EuGH *de la Tour*, Schlussantrag vom 02.12.2021 – C-319/20, GRUR-RS 2021, 36943 Rn. 51.

[122] So nun auch explizit EuGH, Urteil vom 04.10.2024 – C-21/23, GRUR 2024, 1721, 1724 Rn. 53.

[123] *Heßmann*, Die Bekämpfung von Datenschutzverstößen mit Mitteln des Unlauterkeitsrechts, S. 149 f.; *Laoutoumai/Hoppe*, K&R 2018, 533, 535.

Dieses Verständnis macht auch Öffnungsklauseln wie Art. 80 Abs. 2 DSGVO oder Art. 84 DSGVO nicht überflüssig. So soll Art. 80 Abs. 2 DSGVO etwa klarstellen, dass Verbandsklagen zulässig sind, da dies in der Datenschutz-RL noch umstritten war.[124] Art. 84 DSGVO regelt, dass die Mitgliedstaaten auch über Art. 83 DSGVO hinaus Sanktionen festlegen können und definiert so gemeinsam mit Art. 83 DSGVO lediglich einen Mindeststandard.[125]

Ein weiteres Indiz für den nicht abschließenden Charakter der DSGVO in Bezug auf die Klagebefugnis der Mitbewerber lässt sich auch bereits dem Urteil des EuGH vom 29.07.2019 in Sachen C-40/17 entnehmen.[126] Die Ausführungen des EuGH in diesem Urteil betreffen zwar die Datenschutz-RL und damit einen anderen Rechtsakt i. S. d. Art. 288 AEUV, der Grundgedanke ist aber übertragbar.[127] Es ging darin um die Frage der Zulässigkeit von Verbandsklagen in der Datenschutz-RL. Der EuGH führt dazu aus, dass zwar keine Bestimmung der Datenschutz-RL die Mietgliedstaaten dazu verpflichtet oder ermächtigt, diese Möglichkeit vorzusehen, dies jedoch nicht bedeutet, dass die Datenschutz-RL einer solchen nationalen Regelung entgegensteht.[128] Diese Formulierung entkräftet das Argument, dass die DSGVO auch im Hinblick auf Mitbewerber abschließend sei, da dort die Mitbewerber im Gegensatz zu Art. 11 Abs. 1 UGP-RL nicht in Bezug genommen werden. Das kann auch schlichtweg bedeuten, dass dies nicht harmonisiert wurde. Das Erreichen eines hohen Datenschutzniveaus war das Ziel der Datenschutz-RL[129] und ist auch weiterhin das Ziel der DSGVO. Die Zulässigkeit von Verbandsklagen im Rahmen der Datenschutz-RL hat der EuGH auch deshalb bejaht, weil sie zur Erreichung der Ziele der Datenschutz-RL beitragen.[130] Wie gezeigt, trägt auch die Klagebefugnis der Mitbewerber zur Erreichung der Ziele der DSGVO bei. Die Zulässigkeit dieser Möglichkeit steht mithin im Einklang mit der Auslegung des EuGH zur Datenschutz-RL, die durch die DSGVO ersetzt wurde.

Nach alledem ist festzuhalten, dass die DSGVO hinsichtlich der Rechtsdurchsetzung nicht abschließend geregelt ist.[131] Zunächst steht der Wortlaut der DSGVO einer Klagebefugnis der Mitbewerber nicht entgegen, da dies von der DSGVO nicht

---

[124] OLG Düsseldorf, Beschluss vom 19.01.2017 – I-20 U 40/16, ZD 2017, 334 ff.; *Wolff*, ZD 2018, 248, 251. Der EuGH sprach sich für eine Zulassung der Verbandsklage unter Geltung der Datenschutz-RL aus, EuGH, Urteil vom 29.07.2019 – C-40/17, GRUR 2019, 977 ff.

[125] OLG Hamburg, GRUR 2019, 86, 88 Rn. 37; *Heßmann*, Die Bekämpfung von Datenschutzverstößen mit Mitteln des Unlauterkeitsrechts, S. 149 f.; *Wolff*, ZD 2018, 248, 251; *Laoutoumai/Hoppe*, K&R 2018, 533, 535.

[126] EuGH, Urteil vom 29.07.2019 – C-40/17, GRUR 2019, 977 ff.

[127] So nimmt der Generalanwalt beim EuGH de la Tour an, die DSGVO rücke aufgrund ihrer zahlreichen Öffnungsklauseln in die Nähe einer Richtlinie, Generalanwalt beim EuGH *de la Tour*, Schlussantrag vom 02.12.2021 – C-319/20, GRUR-RS 2021, 36943 Rn. 55.

[128] EuGH, Urteil vom 29.07.2019 – C-40/17, GRUR 2019, 977, 978 Rn. 47 f.

[129] EuGH, Urteil vom 29.07.2019 – C-40/17, GRUR 2019, 977, 979 Rn. 50.

[130] EuGH, Urteil vom 29.07.2019 – C-40/17, GRUR 2019, 977, 979 Rn. 51.

[131] Ebenso Generalanwalt beim EuGH *Szpunar*, Schlussantrag v. 25.4.2024 – C-21/23, GRUR-RS 2024, 8646 Rn. 107

geregelt wird. Systematisch widerspräche eine Klagebefugnis der Mitbewerber nicht dem Regelungsgefüge der DSGVO, sondern unterstützt vielmehr die aus den Erwägungsgründen ersichtlichen Zielsetzungen der DSGVO. Die Wahl des Rechtsaktes der Verordnung bewirkt ferner nicht die Vollharmonisierung für diesen Bereich. Nationale Regelungen wie die der §§ 3a, 8 Abs. 3 lit. a) UWG werden somit durch die DSGVO nicht verdrängt.

Spannt man den Bogen zur datenschutzrechtlichen Einwilligung, ist diese Folge konsequent und richtig. Die Einwilligung als Ausdruck der Selbstbestimmung und Ausübung der Menschenwürde muss größtmöglichen Schutz erfahren. Legt man auch dies der Auslegung der DSGVO zugrunde, ist es wünschenswert, dass die Selbstbestimmung des Einzelnen durch die Mitbewerber gewahrt werden kann, wenn eine fehlerhafte Einwilligung – und somit eine fehlerhafte Ausübung der Selbstbestimmung des Einzelnen – vorliegt, selbst wenn dies nicht das primäre Ziel der Mitbewerber sein wird. Die Entscheidungsfreiheit des oder der Einzelnen ist ebenfalls ein Schutzzweck der DSGVO, den es zu beachten gilt. Der grundrechtliche Rahmen der Einwilligung wird so konsequent in beiden Rechtsgebieten umgesetzt.

b) Geltendmachung eines Verstoßes gegen die Einwilligungsvorschriften der DSGVO über § 3a UWG

Vor diesem Hintergrund ist nun zu klären, ob ein Verstoß gegen die Einwilligungsvoraussetzungen der DSGVO denn überhaupt potenziell über § 3a UWG verfolgbar ist.[132]

Problematisch ist dabei vor allem, ob die Vorschriften der DSGVO Marktverhaltensregelungen i. S. v. § 3a UWG darstellen und somit ein Verstoß eine unlautere Handlung gem. § 3 UWG ist. Zur Eingrenzung der Untersuchung werden hierbei lediglich die Einwilligungsvorschriften vertieft betrachtet.[133]

aa) Tatbestand der §§ 3a Abs. 1, 3 Abs. 1 UWG unter dem Gesichtspunkt der datenschutzrechtlichen Einwilligung

Die Einholung einer Einwilligung als Gegenleistung muss grundsätzlich vom Tatbestand der §§ 3a Abs. 1, 3 Abs. 1 UWG erfüllt sein.

---

[132] §§ 4, 4a, 5, 5a und 7 UWG haben keinen Datenschutzverstoß als Voraussetzung, so dass dies bei der Betrachtung unberücksichtigt bleiben kann, *Uebele*, Datenschutz und Kartellrecht, S. 56; *Ohly*, GRUR 2019, 686, 691 ff.

[133] Zur Geschichte der Vorschrift etwa Fritzsche/Münker/Stollwerck/*Niebel/Kerl*, § 3a UWG Rn. 11 f.; Ohly/Sosnitza/*Ohly*, § 3a UWG Rn. 3 ff.; *Heßmann*, Die Bekämpfung von Datenschutzverstößen mit Mitteln des Unlauterkeitsrechts, S. 41 ff.

(1) *Geschäftliche Handlung*

Der Begriff der geschäftlichen Handlung ist in § 2 Abs. 1 Nr. 2 UWG legaldefiniert.[134] Bei der Einholung einer datenschutzrechtlichen Einwilligung als Gegenleistung handelt es sich nach dieser Definition um eine geschäftliche Handlung.

(2) *Gesetzliche Vorschrift*

Eine gesetzliche Vorschrift i. S. d. § 3a UWG ist jede Rechtsnorm die in Deutschland Geltung besitzt, so dass auch das primäre und sekundäre Unionsrecht dazuzählt, also auch Verordnungen.[135] Bei den Vorschriften zur datenschutzrechtlichen Einwilligung handelt es sich mithin um gesetzliche Vorschriften gem. § 3a UWG.

(3) *Regelung des Marktverhaltens auch im Interesse der Marktteilnehmer*

Bei der gesetzlichen Vorschrift, gegen die eine Zuwiderhandlung vorliegt, muss es sich gem. § 3a UWG um eine solche handeln, die Marktverhalten auch im Interesse der Marktteilnehmer regelt.[136] Unter Marktverhalten fällt jede Tätigkeit auf einem Markt, die objektiv der Förderung des Absatzes oder Bezugs dient und durch die ein Unternehmen auf Mitbewerber, Verbraucher oder sonstige Marktteilnehmer einwirkt.[137] Dazu gehören das Angebot von und die Nachfrage nach Waren und Dienstleistungen, das Anbahnen von Geschäften durch Werbung sowie der Abschluss und die Durchführung von Absatzverträgen.[138]

Die Vorschrift muss das Marktverhalten auch im Interesse der Markteilnehmer regeln, wobei der Wortlaut verdeutlicht, dass dies nicht der einzige und auch nicht der primäre Zweck sein muss.[139] Ein lediglich reflexartiger Schutz der Markt-

[134] „Jedes Verhalten einer Person zugunsten des eigenen oder eines fremden Unternehmens vor, bei oder nach einem Geschäftsabschluss, das mit der Förderung des Absatzes oder des Bezugs von Waren oder Dienstleistungen oder mit dem Abschluss oder der Durchführung eines Vertrags über Waren oder Dienstleistungen unmittelbar und objektiv zusammenhängt; als Waren gelten auch Grundstücke und digitale Inhalte, Dienstleistungen sind auch digitale Dienstleistungen, als Dienstleistungen gelten auch Rechte und Verpflichtungen“.

[135] Köhler/Bornkamm/Feddersen/*Köhler*, § 3a UWG Rn. 1.52; Fritzsche/Münker/Stollwerck/*Niebel/Kerl*, § 3a UWG Rn. 16 ff.; Ohly/Sosnitza/*Ohly*, § 3a UWG Rn. 12.

[136] Marktteilnehmer sind gem. § 2 Abs. 1 Nr. 3 UWG Mitbewerber, Verbraucher und jede weitere Person, die als Anbieter oder Nachfrager von Waren oder Dienstleistungen tätig ist (nachfolgend „sonstige Marktteilnehmer“).

[137] Köhler/Bornkamm/Feddersen/*Köhler*, § 3a UWG Rn. 1.62; Fritzsche/Münker/Stollwerck/*Niebel/Kerl*, § 3a UWG Rn. 21.

[138] Köhler/Bornkamm/Feddersen/*Köhler*, § 3a UWG Rn. 1.62; Fritzsche/Münker/Stollwerck/*Niebel/Kerl*, § 3a UWG Rn. 21; Ohly/Sosnitza/*Ohly*, § 3a UWG Rn. 15.

[139] Köhler/Bornkamm/Feddersen/*Köhler*, § 3a UWG Rn. 1.61; Fritzsche/Münker/Stollwerck/*Niebel/Kerl*, § 3a UWG Rn. 28; Ohly/Sosnitza/*Ohly*, § 3a UWG Rn. 21; Harte-Bavendamm/Henning-Bodewig/*von Jagow*, 5. § 3a UWG Rn. 22; MüKoUWG/*Schaffert*, § 3a UW Rn. 65.

teilnehmer ist jedoch nach ständiger Rechtsprechung nicht ausreichend.[140] Eine Norm regelt Marktverhalten im Interesse der Marktteilnehmer, wenn sie einen Wettbewerbsbezug in der Form aufweist, dass sie die wettbewerblichen Belange der Marktteilnehmer gewährleisten soll.[141] Dazu zählt, dass die verletzte Norm jedenfalls auch die Funktion hat, gleiche Voraussetzungen für die auf einem Markt tätigen Wettbewerber zu schaffen.[142] Für die verschiedenen Formen der Marktteilnehmer gem. § 2 Abs. 1 Nr. 3 UWG sind jeweils unterschiedliche Belange festzustellen. Das Interesse der Mitbewerber wird etwa geschützt, wenn die Vorschrift deren wettbewerbliche Entfaltungsfreiheit schützt.[143] Eine Vorschrift schützt die Interessen der Verbraucher und sonstigen Marktteilnehmer, wenn sie deren Entscheidungsfreiheit gewährleisten soll, also etwa deren Interesse an zutreffender Information und an Freiheit vor unsachlichem Einfluss im Blick hat,[144] oder dem Schutz von Interessen, Rechten und Rechtsgütern dient, die durch die Marktteilnahme berührt werden.[145] Der Schutzzweck ist durch Auslegung zu ermitteln und es bedarf einer Einzelfallbetrachtung.[146] Diese wird hinsichtlich des Datenschutzrechtes in Rechtsprechung und Literatur unterschiedlich vorgenommen.

(a) Meinung vor Inkrafttreten der DSGVO

Vor Inkrafttreten der DSGVO gab es keine einheitliche Meinung in Rechtsprechung und Lehre.[147] Eine vereinzelte Ansicht sah alle Datenschutznormen aufgrund ihrer verbraucherschützenden Wirkung als Marktverhaltensregelung im Interesse der Marktteilnehmer an.[148] Eine etwas stärker vertretene Ansicht sah keine Datenschutznormen als Marktverhaltensregelung im Interesse der Marktteilnehmer an,

---

[140] BGH, Urteil vom 18.11.2021 – I ZR 106/20, GRUR 2022, 175, 178 Rn. 25; BGH, Urteil vom 08.10.2015 – I ZR 225/13, GRUR 2016, 513, 515 Rn. 21; BGH, Urteil vom 27.04.2017 – I ZR 215/15, GRUR 2017, 819, 821 Rn. 20; Ohly/Sosnitza/*Ohly*, § 3a UWG Rn. 21; MüKoUWG/*Schaffert*, § 3a UW Rn. 65.

[141] BGH, Urteil vom 27.04.2017 – I ZR 215/15 GRUR 2017, 819, 821 Rn. 20; MüKoUWG/*Schaffert*, § 3a UWG Rn. 65; Harte-Bavendamm/Henning-Bodewig/*von Jagow*, 5. § 3a UWG Rn. 22.

[142] BGH, Urteil vom 02.12.2009 – I ZR 152/07GRUR 2010, 654, 656 Rn. 18; BGH, Urteil vom 11.05.2000 – I ZR 28/98, GRUR 2000, 1076, 1079.

[143] BGH, Urteil vom 02.12.2009 – I ZR 152/07, GRUR 2010, 654, 656 Rn. 18; Köhler/Bornkamm/Feddersen/*Köhler*, § 3a UWG Rn. 1.66; MüKoUWG/*Schaffert*, § 3a UW Rn. 67.

[144] Köhler/Bornkamm/Feddersen/*Köhler*, § 3a UWG Rn. 1.66; Ohly/Sosnitza/*Ohly*, § 3a UWG Rn. 23.

[145] BGH, Urteil vom 06.02.2020 – I ZR 93/18, GRUR 2020, 654, 657 Rn. 40; Köhler/Bornkamm/Feddersen/*Köhler*, § 3a UWG Rn. 1.67; a. A. Ohly/Sosnitza/*Ohly*, § 3a UWG Rn. 25.

[146] OLG Hamburg, Urteil vom 25.10.2018 – 3 U 66/17, GRUR 2019, 86, 89 Rn. 53; Harte-Bavendamm/Henning-Bodewig/*von Jagow*, 5. § 3a UWG Rn. 29.

[147] Vertiefend *Heßmann*, Die Bekämpfung von Datenschutzverstößen mit Mitteln des Unlauterkeitsrechts, S. 105 ff.; *Wolff*, ZD 2018, 248 f.; Köhler/Bornkamm/Feddersen/*Köhler*, 40. Aufl. 2022, § 3a UWG Rn. 1.74a.

[148] *Ernst*, WRP 2004, 1133, 1137.

insbesondere, da das Datenschutzrecht Ausfluss des Persönlichkeitsrechts bzw. des Rechts auf informationelle Selbstbestimmung sei und ganz allgemein diese Individualrechtsposition schütze und nicht konkret die Rolle als Marktteilnehmer.[149] So wurde ausgeführt, dass Vorschriften, die lediglich das innerbetriebliche Speichern von Daten betreffen, der Marktbezug fehle, wohingegen er bei der Verwendung von Daten zu kommerziellen Zwecken vorliege, wie etwa bei §§ 28, 29 BDSG a. F.[150] Ferner stehe die Geltendmachung der subjektiven absoluten Rechte, auf denen das Datenschutzrecht fußt, nur der betroffenen Person in seiner Funktion als Mensch und nicht als Verbraucher zu, so dass eine Anwendung des § 3a UWG ausscheide.[151] Sie berufen sich also primär darauf, dass die Regelung des Marktverhaltens nicht „im Interesse" der Marktteilnehmer erfolgt.[152] Die wohl überwiegend vertretene Meinung hält die datenschutzrechtlichen Vorschriften potenziell für Marktverhaltensregelungen und betrachtet stets den Einzelfall, wobei es entscheidend auf den Schutzzweck der jeweiligen datenschutzrechtlichen Norm ankomme.[153] So wurden nach letztgenannter Ansicht etwa die Informationspflichten nach § 13 Abs. 1 TMG als Marktverhaltensregelung im Interesse der Marktteilnehmer eingestuft.[154] Diese soll „ausweislich der genannten Erwägungsgründe der DS-RL jedenfalls auch die wettbewerbliche Entfaltung des Mitbewerbers schützen, indem gleiche Wettbewerbsbedingungen geschaffen werden".[155] Auch §§ 4, 28 Abs. 3 BDSG a. F.[156] wurden als Marktverhaltensregeln im Interesse der Marktteilnehmer eingestuft, insbesondere, da sie den Umgang mit personenbezogenen Daten für eigene Geschäftszwecke regeln und somit jedenfalls auch dem Schutz von Rechtsgütern der Kunden im Zusammenhang mit ihrer Marktteilnahme dienen.[157]

---

[149] OLG München, Urteil vom 12.01.2012 – 29 U 3926/11, MMR 2012, 317 f. Zu § 4 BDSG a. F. OLG Frankfurt am Main, Urteil vom 30.06.2005 – 6 U 168/04, MMR 2005, 696 ff.; FS Köhler/*von Walter*, Datenschutz-Rechtsbruch als unlauteres Marktverhalten? – Zum Verhältnis des Lauterkeitsrechts zum Datenschutz, 771, 778 ff.

[150] Ohly/Sosnitza/*Ohly*, § 3a UWG Rn. 79; MüKoUWG/*Schaffert*, § 3a UWG Rn. 81.

[151] Ohly/Sosnitza/*Ohly*, § 3a UWG Rn. 79; MüKoUWG/*Schaffert*, § 3a UWG Rn. 81.

[152] Ohly verweist darauf, dass diese Prüfung meist verkürzt vorgenommen werde und sobald eine Marktverhaltensregelung vorliege, nicht mehr danach gefragt werde, ob sie im Interesse der Marktteilnehmer das Marktverhalten regle, *Ohly*, GRUR 2019, 686, 691.

[153] KG Berlin, Urteil vom 20.12.2019 – 5 U 9/18, BeckRS 2019, 35233 Rn. 36; OLG Köln, Urteil vom 14.08.2009 – 6 U 70/09, MMR 2009, 845 ff.; OLG Stuttgart, Urteil vom 22.02.2007 – 2 U 132/06, MMR 2007, 437 f.; OLG Naumburg, Urteil vom 10.10.2003 – 1 U 17/03, NJW 2003, 3566. S. Ohly/Sosnitza/*Ohly*, § 3a UWG Rn. 79. Einen Überblick über die damalige Rechtslage liefern auch *Wolff*, ZD 2018, 248 f.; *Schreiber*, GRUR-Prax 2018, 371, 372; GRUR 2019, 694, 695 f.; Gloy/Loschelder/Danckwerts/*Hasselblatt/Gregor*, § 48 Rechtsbruch (§ 3a UWG) Rn. 93.

[154] OLG Hamburg, Urteil vom 27.06.2013 – 3 U 26/12, ZD 2013, 511, 512; *Schreiber*, GRUR-Prax 2018, 371, 372.

[155] OLG Hamburg, Urteil vom 27.06.2013 – 3 U 26/12, ZD 2013, 511, 512.

[156] Diese regelten das Einwilligungserfordernis hinsichtlich der Nutzung personenbezogener Daten zum Zwecke des Adresshandels oder der Werbung.

[157] Etwa OLG Köln, Urteil vom 17.01.2014 – 6 U 167/13, NJW 2014, 1820, 1821; OLG Karlsruhe, Urteil vom 09.05.2012 – 6 U 38/11, GRUR-RR 2012, 396, 398; Fezer/Büscher/Obergfell/*Götting/Hetmank*, § 3a UWG Rn. 81; *Laoutoumai/Hoppe*, K&R 2018, 533, 534; *Uebele*, GRUR 2019, 694, 695 f.; *Schreiber*, GRUR-Prax 2018, 371, 372.

(b) Streitstand nach Inkrafttreten der DSGVO

Wie bereits dargestellt, macht die DSGVO insbesondere durch ihre Ausführungen in den Erwägungsgründen und der Garantie des freien Verkehrs personenbezogener Daten in Art. 1 Abs. 1 DSGVO deutlich, dass Datenschutzrecht Wirtschaftsregulierungsrecht ist und Daten im heutigen Zeitalter einen sehr wettbewerbsrelevanten Wert haben.[158] Dies spiegelt sich auch im Meinungsspektrum in Rechtsprechung und Literatur wider, wo vermehrt vertreten wird, dass es sich bei den Vorschriften der DSGVO im Einzelfall um Marktverhaltensregelungen im Interesse der Marktteilnehmer i. S. d. § 3a UWG handeln kann.[159]

Der BGH stellte zunächst mehrfach ohne Begründung fest, dass Art. 9 Abs. 1 DSGVO[160] eine Marktverhaltensregelung i. S. v. § 3a UWG sei, also auch eine solche im Interesse der Marktteilnehmer.[161] Er bestätigte damit u. a. die Ausführungen des OLG Naumburg.[162] Das OLG Naumburg schloss sich dabei dem OLG Hamburg an, dass die jeweilige datenschutzrechtliche Norm konkret daraufhin überprüft werden muss, ob sie eine Regelung des Marktverhaltens zum Gegenstand hat, auch wenn das OLG Hamburg noch die Rechtslage nach dem BDSG geprüft hatte.[163]

Der BGH hat sodann jedoch auch mit Begründung entschieden, dass zumindest Art. 9 DSGVO eine Marktverhaltensregelung ist. Begründet hat er dies insbesondere damit, dass die DSRL und auch die DSGVO den freien Verkehr personenbezogener Daten im Blick haben und personenbezogene Daten ein Wirtschaftsfaktor sind.[164] Ausgehend von der wirtschaftlichen Bedeutung der Verarbeitung von personenbezogenen Daten für internetbasierte Geschäftsmodelle, bei deren Nutzung

---

[158] *Schreiber*, GRUR-Prax 2018, 371, 372; Gloy/Loschelder/Danckwerts/*Hasselblatt/Gregor*, § 48 Rn. 95; *Wolff*, ZD 2018, 248. 250 f. Vgl. zum Schutzzweck der DSGVO bereits C. I. 1. d) aa) (1).

[159] A. A. wohl der Freistaat Bayern, der mit einer Gesetzesinitiative vom 28.06.2018 das Datenschutzrecht ausdrücklich und generell aus dem Anwendungsbereich des UWG herausnehmen wollte und die Verbände, die nach dem UKlaG ein Verbandsklagerecht haben, europarechtskonform auf solche beschränken, welche die Vorgaben der DSGVO erfüllen, Bundesrat Drs. 304/18 vom 26.06.2018, S. 2. Die stieß u. a. bei der Wettbewerbszentrale auf Kritik, vgl. Stellungnahme der Wettbewerbszentrale vom 05.11.2018 zur Frage einer ergänzenden Sonderregelung für die Abmahnung datenschutzrechtlicher Verstöße, S. 4 f. Die Gesetzesinitiative des Freistaats Bayern wurde seit 06.07.2018 nicht vorangetrieben.

[160] Also der Schutz der Verarbeitung personenbezogener Daten, aus denen die rassische und ethnische Herkunft, politische Meinungen, religiöse oder weltanschauliche Überzeugungen oder die Gewerkschaftszugehörigkeit hervorgehen, sowie die Verarbeitung von genetischen Daten, biometrischen Daten zur eindeutigen Identifizierung einer natürlichen Person, Gesundheitsdaten oder Daten zum Sexualleben oder der sexuellen Orientierung einer natürlichen Person.

[161] BGH, Beschluss vom 12.01.2023, GRUR 2023, 264, 268 Rn. 41; BGH, Urteil vom 27.03.2025 – I ZR 222/19, GRUR-RS 2025, 5877 Rn. 70.

[162] OLG Naumburg, Urteil vom 07.11.2019 – 9 U 6/19, ZD 2020, 154 Rn. 49 ff.

[163] Insofern unzutreffend: OLG Naumburg, Urteil vom 07.11.2019 – 9 U 6/19, ZD 2020, 154 Rn. 53.

[164] BGH, Urteil vom 27.03.2025 – I ZR 223/19, GRUR-RS 2025, 5886 Rn. 72 ff.

sich für den Verbraucher nach der Lebenserfahrung nicht selten die Frage stellt, erwünschte Dienstleistungen nicht durch Zahlung eines Entgelts, sondern mit der Preisgabe personenbezogener Daten zu vergüten, kommt dem Erfordernis der Einwilligung des Verbrauchers, die mit seiner Nachfrageentscheidung verknüpfte Preisgabe personenbezogener Daten betrifft, eine zentrale Bedeutung zu, so dass Verbraucher gerade durch die Möglichkeit, über die Preisgabe seiner Daten zu entscheiden, in die Lage versetzt werden soll, frei zu entscheiden, ob, wie und in welchem Umfang er am Markt teilnimmt und Verträge abschließt.[165]

Einige Gerichte haben zudem ausgeführt, dass es sich bei den Art. 13 Abs. 1 lit. a), c) und Abs. 2 lit. a), b), d) und e) DSGVO um Marktverhaltensregelungen im Sinne von § 3a UWG handle.[166] Hinsichtlich dieser Informationspflichten liege jeweils der nötige Marktbezug im Interesse der Marktteilnehmer vor, da auch der Schutz der wettbewerblichen Interessen der Marktteilnehmer bezweckt werde.[167]

In der Literatur wird vielfach weiterhin davon ausgegangen, dass die Vorschriften der DSGVO Marktverhaltensregelungen i. S. v. § 3a UWG sein können.[168] Dies wird nun auch durch die Regelungen der Datenportabilität gem. Art. 20 DSGVO deutlich, der auch darauf abzielt, einen leichteren Wechsel zwischen Online-Diensten und Versicherung zu ermöglichen und so marktbezogene Interessen der Mitbewerber adressiert.[169] Ferner ergebe sich der Wettbewerbsbezug aus den bereits erörterten Erwägungsgründen der DSGVO und des neu eingeführten Marktortprinzips nach Art. 3 Abs. 2 DSGVO.[170]

Selbst zuvor kritische Vertreter sehen mittlerweile einen Wettbewerbsbezug einiger Vorschriften. So ist Köhler mittlerweile der Ansicht, dass die Informationspflichten nach Art. 12 DSGVO i. V. m. Art. 13 und 14 DSGVO Marktverhaltensregelungen im Interesse der Marktteilnehmer sind und im Übrigen der Einzelfall durch Auslegung zu klären sei.[171] In der Vorauflage aus dem Jahr 2022 war er noch der Ansicht, die Vorschriften der DSGVO seien keine solchen Marktverhaltens-

---

[165] BGH, Urteil vom 27.03.2025 – I ZR 223/19, GRUR-RS 2025, 5886 Rn. 75.

[166] OLG Stuttgart, Urteil vom 27.02.2020 – 2 U 257/19, WRP 2020, 509, 514 Rn. 55 und Rn. 60 ff.; LG Würzburg, Urteil vom 13.09.2018 – 11 O 1741/18, GRUR-RS 2018, 22735 Rn. 2.

[167] OLG Stuttgart, Urteil vom 27.02.2020 – 2 U 257/19, WRP 2020, 509, 514 Rn. 63 ff.; LG Würzburg, Urteil vom 13.09.2018 – 11 O 1741/18, GRUR-RS 2018, 22735 Rn. 2.

[168] Gloy/Loschelder/Danckwerts/*Hasselblatt/Gregor*, § 48 Rn. 95; *Uebele*, Datenschutz und Kartellrecht, S. 57; *Laoutoumai/Hoppe*, K&R 2018, 533, 534; *Uebele*, GRUR 2019, 694, 695 f.; *Schreiber*, GRUR-Prax 2018, 371, 372; *Wolff*, ZD 2018, 248. 252. Ohly und Schaffert etwa sind auch bezüglich der DSGVO der Ansicht, dass es sich bei den Regelungen der DSGVO um Marktverhaltensregelungen halten kann, § 3a UWG jedoch überhaupt nicht eröffnet ist, vgl. MüKoUWG/*Schaffert*, § 3a UWG Rn. 81 ff.; Ohly/Sosnitza/*Ohly*, § 3a UWG Rn. 79a.

[169] *Heßmann*, Die Bekämpfung von Datenschutzverstößen mit Mitteln des Unlauterkeitsrechts, S. 130 f.; Paal/Pauly/*Paal*, Art. 20 DSGVO Rn. 4; Gola/Heckmann/*Piltz*, Art. 20 DSGVO Rn. 3; *Wolff*, ZD 2018, 248, 250; *Uebele*, 2019, 694, 696.

[170] Etwa *Laoutoumai*, Privacy Litigation, S. 137; *Uebele*, 2019, 694, 696; *Schreiber*, GRUR-Prax 2018, 371, 372; *Laoutoumai/Hoppe*, K&R 2018, 533, 534; *Wolff*, ZD 2018, 248. 250 f.

[171] Köhler/Bornkamm/Feddersen/*Köhler*, § 3a UWG Rn. 1.74a.

regelungen, da der Schutz natürlicher Personen durch die DSGVO in ihrer Funktion als Marktteilnehmer zwar Folge aber nicht Zweck der Vorschriften sei.[172]

(c) Streitentscheid

Hinsichtlich der Klassifizierung der Vorschriften datenschutzrechtlicher Einwilligung als Marktverhaltensregelung im Interesse der Marktteilnehmer ist somit der Schutzzweck der DSGVO und insbesondere der Einwilligungsvorschriften der DSGVO heranzuziehen. Wie bereits oben festgestellt,[173] schützt die DSGVO zwar primär die informationelle Selbstbestimmung des Einzelnen, jedoch gem. Art. 1 Abs. 1–3 DSGVO gleichwertig den freien Verkehr personenbezogener Daten. Ergänzend zeigen vor allem die Erwägungsgründe der DSGVO, insbesondere Erwägungsgrund 9 DSGVO, dass mit der DSGVO Hemmnisse der unionsweiten Ausübung von Wirtschaftstätigkeiten und Verzerrung des Wettbewerbs beseitigt werden sollen. Es handelt sich dabei mithin nicht nur um einen reflexartigen Schutz, sondern er wird von der DSGVO bewusst forciert. Die Ansicht, dass die DSGVO insgesamt keine Marktverhaltensregelung darstellen kann, ist somit abzulehnen. Richtigerweise nimmt daher nun auch der BGH an, dass DSGVO-Vorschriften grundsätzlich Marktverhaltensregeln i. S. v. § 3a UWG sein können.[174]

Ob alle Vorschriften der DSGVO als solche Marktverhaltensregelung angesehen werden können, kann an dieser Stelle dahinstehen. Es sollen lediglich die Einwilligungsvorschriften betrachtet werden. Bezüglich Art. 9 Abs. 1 DSGVO nahm der BGH dies erst kürzlich ohne nähere Begründung an.[175] Die Einwilligung ist dabei gem. Art. 9 Abs. 2 Nr. 1 DSGVO ein möglicher Erlaubnistatbestand. Diese Einschätzung könnte man mithin auf die Einwilligung gem. Art. 6 DSGVO übertragen.

Die Einwilligung stellt generell und auch in der DSGVO primär die Ausübung der Selbstbestimmung dar. Dabei zeigte sich, dass die vorzugswürdige subjektiv-konkrete Auslegung des Koppelungsverbots in Verbindung mit der Kontrolle anhand der AGB dazu führt, dass die Einwilligung als Mittel zum Bezahlen mit Daten möglich und gewünscht ist, dabei jedoch auch die wirtschaftliche Selbstbestimmung gewahrt wird. Richtigerweise führt der BGH in einem Urteil zu Art. 9 Abs. 2 der Verordnung (EU) Nr. 260/2012 zur Festlegung der technischen Vorschriften und der Geschäftsanforderungen für Überweisungen und Lastschriften in Euro und zur Änderung der VO (EG) Nr. 924/2009 (nachfolgend „SEPA-VO") daher aus, dass es sich dabei um eine Marktverhaltensreglung handle, da der erforderliche Wettbewerbsbezug der Norm gegeben sei, da „die Möglichkeit, Waren

---

[172] Köhler/Bornkamm/Feddersen/*Köhler*, 40. Aufl. 2022, § 3a UWG Rn. 1.74a.
[173] Vgl. bereits C. I. 1. d) aa) (1).
[174] BGH, Urteil vom 27.03.2025 – I ZR 223/19, GRUR-RS 2025, 5886 Rn. 72 ff.; BGH, Beschluss vom 12.01.2023, GRUR 2023, 264, 268 Rn. 41.
[175] BGH, Beschluss vom 12.01.2023, GRUR 2023, 264, 268 Rn. 41.

oder Dienstleistungen bezahlen zu können, eine grundlegende Voraussetzung für die Marktteilnahme" sei.[176] Legt man diese Annahme der Möglichkeit des Bezahlens mit Daten durch Erteilung der Einwilligung zugrunde, so haben auch deren Voraussetzungen den nötigen wettbewerblichen Bezug.

Im Zusammenhang mit der Erteilung der Einwilligung ist ferner auf Art. 12 DSGVO i.V.m. Art. 13 und 14 DSGVO einzugehen.[177] Diese sollen einheitliche Voraussetzungen für die Verarbeitung personenbezogener Daten gewährleisten und regeln so die wettbewerblichen Belange der Marktteilnehmer dergestalt, dass bei Verarbeitung der personenbezogenen Daten alle die gleichen Voraussetzungen einhalten müssen. Solche Voraussetzungen, die bei Erteilung der Einwilligung vorliegen müssen, tragen wesentlich zu einer selbstbestimmten Entscheidung bei und gewährleisten insbesondere die Entscheidungsfreiheit zwischen verschiedenen Anbietern. Es ist denkbar, dass ein Anbieter gegen die Informationspflichten verstößt und die einwilligende Person von einer weniger invasiven Datenverarbeitung ausgeht und aus diesem Grund diesen Anbieter bevorzugt. Dies zeigt, dass dies unmittelbare Auswirkungen auf die wirtschaftliche Entscheidungsfreiheit der einwilligenden Person hat und die Mitbewerber vor dadurch entstehenden Verzerrungen des Wettbewerbs schützen soll. Dies steht auch im Einklang mit der bisherigen Ansicht, dass § 13 Abs. 1 TMG eine Marktverhaltensregelung darstellt. Der Gesetzgeber wollte den Charakter dieser Vorschrift, die auf die Datenschutz-RL zurückgeht, durch die DSGVO ausweislich der Erwägungsgründe nicht ändern. Art. 12 DSGVO i.V.m. Art. 13 und 14 DSGVO stellen mithin auch Marktverhaltensregeln dar.[178]

Die datenschutzrechtlichen Vorschriften der Einwilligung schaffen somit gleiche rechtliche Voraussetzungen für die auf diesem Markt tätigen Wettbewerber und bezwecken damit ausweislich der Erwägungsgründe der DSGVO den Schutz der wettbewerblichen Entfaltungsfreiheit.[179] Die Voraussetzungen der datenschutzrechtlichen Einwilligung haben – wie dargestellt – den nötigen Marktbezug und stellen somit jeweils Marktverhaltensregelungen im Interesse der Marktteilnehmer i.S.v. § 3a UWG dar.[180]

---

[176] BGH, Urteil vom 06.02.2020 – I ZR 93/18, GRUR 2020, 654, 657 Rn. 40.

[177] Köhler/Bornkamm/Feddersen/*Köhler*, § 3a UWG Rn. 1.74a.

[178] Ebenso Köhler/Bornkamm/Feddersen/*Köhler*, § 3a UWG Rn. 1.74a.

[179] Sie sind somit auch nach den vom BGH aufgestellten Kriterien als Marktverhaltensregelungen im Interesse der Marktteilnehmer anzusehen, vgl. BGH, Urteil vom 02.12.2009 – I ZR 152/07, GRUR 2010, 654, 657 Rn. 18; BGH, Urteil vom 11.05.2000 – I ZR 28/98, GRUR 2000, 1076, 1079.

[180] Die Vorschriften zur Einwilligung in der DSGVO haben somit neben ihrer Grundlage im Unionsrecht eine sekundäre wettbewerbliche Schutzfunktion, so dass die Diskussion um die Bedeutung dieses Kriteriums hier nicht dargestellt werden muss. Vgl. dazu etwa *Glöckner*, GRUR 2013, 568, 571; Ohly/Sosnitza/*Ohly*, § 3a UWG Rn. 24 f.; *Heßmann*, Die Bekämpfung von Datenschutzverstößen mit Mitteln des Unlauterkeitsrechts, S. 62 ff.

(4) *Spürbarkeit*

Der Gesetzesverstoß muss gem. § 3a UWG zudem dazu geeignet sein, die Marktteilnehmer spürbar zu beeinträchtigen. Dabei ist nach den jeweiligen Marktteilnehmern zu unterscheiden. Hinsichtlich der Mitbewerber geht es um die Eignung zur Beeinträchtigung ihre wettbewerblichen Entfaltungsmöglichkeit und der Frage, ob sich der Verletzer einen nicht unerheblichen Wettbewerbsvorsprung verschaffen könnte.[181] Bei Verbrauchern und sonstigen Marktteilnehmern ist zu fragen, ob die Verletzung geeignet ist, ihre Entscheidungsfreiheit zu beeinträchtigen.[182] Es sollte daher im Einzelfall geprüft werden, ob der Verstoß geeignet ist, den Verbraucher zu einer geschäftlichen Entscheidung zu veranlassen, die er andernfalls nicht getroffen hätte.[183] Der BGH hat hinsichtlich des Vorenthaltens wesentlicher Informationen festgehalten, dass ein spürbarer Verstoß gegen eine Marktverhaltensregelung i. S. v. § 3a UWG nur dann vorliege, wenn „wenn er die ihm vorenthaltene wesentliche Information je nach den Umständen benötigt, um eine informierte Entscheidung zu treffen, und deren Vorenthalten geeignet ist, den Verbraucher zu einer geschäftlichen Entscheidung zu veranlassen, die er andernfalls nicht getroffen hätte".[184]

Die Voraussetzungen der datenschutzrechtlichen Einwilligung sollen gerade die Selbstbestimmung und mithin die Entscheidungsfreiheit der einwilligenden Person schützen. Verstöße gegen die datenschutzrechtlichen Voraussetzungen der Einwilligung sind mithin für die Verbraucher stets spürbar, da sie dazu geeignet sind, deren Entscheidungsfreiheit zu beeinträchtigen.[185] Da die Voraussetzungen der datenschutzrechtlichen Einwilligung die wettbewerbliche Entfaltungsfreiheit durch einen möglichen Wettbewerbsvorsprung der anderen Anbieter beeinträchtigen kann, sind Verstöße gegen die datenschutzrechtlichen Einwilligungsvorschriften spürbar i. S. v. § 3a UWG. Zu denken ist etwa an mangelnde Transparenz bei Einholung der Einwilligung, um dadurch den Eindruck weniger dateninvasiver Verarbeitungen zu erwecken.

---

[181] Köhler/Bornkamm/Feddersen/*Köhler*, § 3a UWG Rn. 1.98 und 1.100; Harte-Bavendamm/Henning-Bodewig/*von Jagow*, § 3a UWG Rn. 38; Ohly/Sosnitza/*Ohly*, § 3a UWG Rn. 30g.

[182] Köhler/Bornkamm/Feddersen/*Köhler*, § 3a UWG Rn. 1.98; Harte-Bavendamm/Henning-Bodewig/*von Jagow*, § 3a UWG Rn. 38.

[183] Harte-Bavendamm/Henning-Bodewig/*von Jagow*, § 3a UWG Rn. 38.

[184] BGH, Urteil vom 31.10.2018 – I ZR 73/17, GRUR 2019, 82, 85 Rn. 31. Damit bestätigte der BGH die Rechtsprechungsändern in BGH, Urteil vom 13.09.2018 – I ZR 117/15, GRUR 2018, 1258, 1261 Rn. 44. Zuvor war das Erfordernis der Spürbarkeit „ohne weiteres erfüllt, wenn dem Verbraucher Informationen vorenthalten werden, die das Unionsrecht als wesentlich einstuft", BGH, Urteil vom 13.09.2018 – I ZR 117/15, GRUR 2018, 1258, 1261 Rn. 44 unter Bezugnahme auf die vorhergehende ständige Rechtsprechung, etwa BGH, Urteil vom 07.05.2015 – I ZR 158/14, GRUR 2015, 1240 Rn. 46 m. w. N.

[185] So kürzlich auch BGH, Urteil vom 27.03.2025 – I ZR 223/19, GRUR-RS 2025, 5886 Rn. 78.

bb) Zwischenergebnis

Ein DSGVO-Verstoß durch Einholung einer fehlerhaften Einwilligung erfüllt den Tatbestand der §§ 3 Abs. 1, 3a UWG.

c) Ergebnis

Aufgrund des nichtabschließenden Charakters der DSGVO im Hinblick auf die Geltendmachung von Ansprüchen durch die Mitbewerber und der Erfüllung des Tatbestands der §§ 3 Abs. 1, 3a UWG lassen sich Datenschutzverstöße durch Mitbewerber gem. §§ 8 Abs. 1 S. 1 Var. 1, Abs. 3 Nr. 1, 3 Abs. 1, 3a UWG verfolgen.

2. Über das GWB

Da die DSGVO hinsichtlich der Rechtsdurchsetzung Privater nicht abschließend geregelt ist,[186] soll an dieser Stelle soll darauf eingegangen werden, ob Datenschutzverstöße über § 19 Abs. 1 GWB geltend gemacht werden können.[187] Diese Frage wurde vom BGH nicht abschließend geklärt.

a) Überblick

Insbesondere nach den oben skizzierten Entscheidungen des Bundeskartellamts, des OLG Düsseldorfs und des BGH in Sachen Facebook entbrannte der Streit um den notwendigen spezifischen Zusammenhang zwischen Missbrauch und Marktmacht gem. § 19 Abs. 1 GWB.[188] Es wurde zunächst vertreten, es bedürfe einer sog. strikten Kausalität.[189] Danach sollten solche Verhaltensweisen tatbestandsmäßig gem. § 19 GWB sein, die der Normadressat allein aufgrund seiner marktbeherrschenden Stellung durchsetzen konnte.[190] Demgegenüber wurde vertreten, es genüge eine sog. normative Kausalität.[191]. Diese sei erfüllt, wenn die Verhaltensweise zwar grundsätzlich jedem Unternehmen möglich sei, sich aber nur bei marktbeherrschenden Unternehmen schädliche Auswirkungen auf den Wettbewerb

---

[186] Vgl. dazu F. IV. 1. a).

[187] Diese Ausführungen gelten im Wesentlichen auch für Art. 102 AEUV, da § 19 GWB an Art. 102 AEUV angelehnt ist und es materiell zu einem Gleichlauf der Wertungen kommt, vgl. etwa Bunte/*Nothdurft*, § 19 GWB Rn. 46; Loewenheim/Meessen/Riesenkampff/Kersting/Meyer-Lindemann/*Loewenheim*, § 19 GWB Rn. 4; *Glöckner*, Kartellrecht, Rn. 652. Art. 102 AEUV wird daher im Rahmen dieser Arbeit nicht gesondert betrachtet.

[188] Immenga/Mestmäcker/*Fuchs*, Band 2 § 19 GWB Rn. 211 f.

[189] Diese wird auch Verhaltenskausalität bezeichnet.

[190] Statt aller RegBgr zur 10. GWB-Novelle, BT-Drs. 19/23492, S. 71.

[191] Diese wird auch Ergebniskausalität bezeichnet.

einstellen.[192] Der BGH erteilte der Annahme der strikten Kausalität eine Absage, in dem er ausführte, eine solche sei zwar hinreichend für die Erfüllung des Tatbestandes, aber nicht notwendig.[193] Diese Ausführungen des BGH konnten noch im Rahmen der 10. GWB-Novelle berücksichtigt werden und führten zur Änderung des § 19 Abs. 1 GWB vom Erfordernis der „missbräuchlichen Ausnutzung" einer marktbeherrschenden Stellung hin zu einem „Missbrauch". Dies sollte klarstellen, dass eine strikte Kausalität im gesamten Tatbestand des § 19 GWB nicht erforderlich sei und es auf eine normative Kausalität ankomme.[194] In den Fällen des Behinderungsmissbrauchs ergebe sich dies aus den schädlichen potenziellen Auswirkungen eines missbräuchlichen Verhaltens eines marktbeherrschenden Unternehmens auf die anderen Wettbewerber im Markt.[195] In den Fällen des Ausbeutungsmissbrauchs ergebe sich dies aus dem Gesetzeszweck des Schutzes der Marktgegenseite, einschließlich der Verbraucher, vor Machtausübung, Übervorteilung, Schutz der Wahlfreiheit und Schutz vor machtbedingter Fremdbestimmung angesichts der durch die Marktbeherrschung eingeschränkten Möglichkeit der Marktgegenseite, sich dem Verhalten des Normadressaten durch Ausweichen auf andere Unternehmen zu entziehen oder sich dagegen zur Wehr zu setzen, und den damit verbundenen marktmachtspezifischen Wirkungen zum Nachteil der Marktgegenseite.[196]

Trotz dieser klaren Worte gibt es Kritik an dieser Änderung. Es wird angeführt, dass sich der Gesetzgeber so vom Wortlaut des Art. 102 AEUV entferne, der in der deutschen Fassung weiterhin von einer „missbräuchlichen Ausnutzung" spreche.[197] Zudem wird die Änderung abgelehnt, weil ein bloßer wettbewerblicher Bezug nicht ausreichen sollte, sondern es einer wettbewerbsbeschränkenden Wirkung durch den Rechtsverstoß bedürfe bzw. sich ein Vorsprung im Wettbewerb gegenüber anderen Wettbewerbern ergeben sollte und zu einer Behinderung oder Verfälschung des Wettbewerbs kommen sollte.[198] Die neuen anzulegenden Kriterien führten aufgrund des großen Interpretationsspielraums außerdem zu Rechtsunsicherheit.[199] Zudem werde die Funktion des Missbrauchsverbots systemwidrig zu einem Durchsetzungsinstrument außerkartellrechtlichen Rechts erweitert.[200]

---

[192] BGH, Beschluss vom 23.06.2020 – KVR 69/19, GRUR 2020, 1318, 1325 Rn. 71; RegBgr zur 10. GWB-Novelle, BT-Drs. 19/23492, S. 71.

[193] BGH, Beschluss vom 23.06.2020 – KVR 69/19, GRUR 2020, 1318, 1325 Rn. 72.

[194] RegBgr zur 10. GWB-Novelle, BT-Drs. 19/23492, S. 70 f.; *Glöckner*, WRP 2020, 143, 145; a. A. *Schönberger*, Struktur und Grenzen des Missbrauchsbegriffs, S. 186 f.

[195] RegBgr zur 10. GWB-Novelle, BT-Drs. 19/23492, S. 71.

[196] RegBgr zur 10. GWB-Novelle, BT-Drs. 19/23492, S. 71.

[197] *Paal/Kumkar*, NJW 2021, 809, 815; *Körber*, MMR 2020, 290, 291; *Kredel/Kresken*, NZKart 2020, 502, 504.

[198] *Lindenberg*, WRP 2021, 302, 309 f.

[199] *Kredel/Kresken*, NZKart 2020, 502, 504; *Körber*, MMR 2020, 290, 291; *Paal/Kumkar*, NJW 2021, 809, 815, Monopolkommission, Policy Brief Ausgabe 4 aus Januar 2020, S. 5.

[200] *Uebele*, Datenschutz und Kartellrecht, S. 290.

Demgegenüber wird die Änderung vielfach begrüßt und geschlossen, dass der gesamte Tatbestand des § 19 GWB nicht voraussetzt, dass dem Unternehmen das missbräuchliche Verhalten nur aufgrund seiner marktbeherrschenden Stellung möglich war und es somit auf eine normative Kausalität zwischen der marktbeherrschenden Stellung und dem Missbrauch ankomme.[201] Außerkartellrechtliche Verstöße und Rechtswertungen seien somit grundsätzlich zu berücksichtigen.[202]

b) Stellungnahme

Für Verstöße gegen das Datenschutzrecht kann angenommen werden, dass ein solcher Verstoß nach den neuen Kriterien aufgrund seiner determinierenden Bedeutung für die Interessenabwägung regelmäßig zu einem Missbrauch führt.[203] Auch AGB-Verstöße, wie etwa bei der Erteilung der Einwilligung in die Datenverarbeitung in AGB, sind zu berücksichtigen, da sie normativ begründete Entscheidungen über den Inhalt von Angebot-Nachfrage-Beziehungen treffen.[204] Insbesondere die eindeutige Begründung der 10. GWB-Novelle spricht allerdings dafür, dass nicht jeder außerkartellrechtliche Rechtsbruch zu einem Anspruch aus § 19 GWB führt.[205]

Dies führt aufgrund der Erweiterung des Missbrauchsbegriffs zu einem begrüßenswerten Gleichlauf des Kartellrechts mit dem Lauterkeitsrecht, so dass von Unternehmen gestellte unangemessene Geschäftsbedingungen und Datenschutzverstöße wegen unwirksam eingeholter Einwilligung zu Recht regelmäßig über § 19 Abs. 1 GWB erfasst werden können.[206] Überzeugend ist ferner, dass in beiden Rechtsgebieten nicht jeder Verstoß zu einem Missbrauch führt und die Kriterien zur Bestimmung der normativen Kausalität denen in § 3a UWG ähneln, wenngleich sie

---

[201] Berg/Mäsch/*Lorenz*, § 19 GWB Rn. 6 ff.; *Uebele*, Datenschutz und Kartellrecht, S. 289; Bunte/*Nothdurft*, § 19 GWB Rn. 208; *Glöckner*, Kartellrecht, Rn. 652. Bien/Käseberg/Klumpe/Körber/Ost/*Bueren*, 10. GWB-Novelle, Kap. 1 Rn. 18; *Lettl*, WRP 2020, 1391, 1399 f. Zum Streitstand vor der 10. GWB-Novelle siehe etwa Bien/Käseberg/Klumpe/Körber/Ost/*Bueren*, 10. GWB-Novelle, Kap. 1 Rn. 10 ff.; Bunte/*Nothdurft*, § 19 GWB Rn. 206 ff.; *Endler*, Verbraucher im Kartellrecht, S. 293 ff.

[202] RegBgr zur 10. GWB-Novelle, BT-Drs. 19/23492, S. 71; Bunte/*Nothdurft*, § 19 GWB Rn. 208.

[203] Bunte/*Nothdurft*, § 19 GWB Rn. 215, 228; Bien/Käseberg/Klumpe/Körber/Ost/*Bueren*, 10. GWB-Novelle, Kap. 1 Rn. 18; *Glöckner*, Kartellrecht, Rn. 652. Bereits vor der 10. GWB-Novelle für einen Missbrauch gem. Art. 102 AEUV bei Verstoß gegen die Datenschutz-RL oder die Klausel-RL etwa *Lettl*, WuW 2016, 214, 219. A. A. *Endler*, Verbraucher im Kartellrecht, S. 300.

[204] Bunte/*Nothdurft*, § 19 GWB Rn. 227; *Lettl*, WRP 2020, 1391, 1400 Rn. 44.

[205] Vgl. Bunte/*Nothdurft*, § 19 GWB Rn. 226. Vertiefend dazu auch Bien/Käseberg/Klumpe/Körber/Ost/*Bueren*, 10. GWB-Novelle, Kap. 1 Rn. 56 ff.; *Schönberger*, Struktur und Grenzen des Missbrauchsbegriffs; vertiefend auch Uebele, der nach eingehender Untersuchung keine einheitliche Antwort zur Berücksichtigungsfähigkeit von Datenschutzbelangen und Datenschutzrecht in allen Feldern des Kartellrechts geben konnte, *Uebele*, Datenschutz und Kartellrecht, S. 293.

[206] *Glöckner*, Kartellrecht, Rn. 653.

nicht in Gänze übertragbar sind.[207] So sollen nur Verstöße gegen Rechtsnormen, welche den Inhalt von Marktbeziehungen zum Gegenstand haben und sie ausgestalten bzw. marktteilnehmerschützenden Charakter haben, zur Begründung eines Verstoßes herangezogen werden können.[208] Diese Einschränkung verhindert zugleich die vielfach geäußerte Sorge, das Missbrauchsverbot werde zum Durchsetzungsinstrument außerkartellrechtlichen Rechts.[209]

Auch der EuGH ist dem Erfordernis einer strikten Kausalität beim Missbrauch einer marktbeherrschenden Stellung gem. Art. 102 AEUV im Falle des Behinderungsmissbrauchs bereits vor langer Zeit entgegengetreten.[210] Nach allgemeiner Auffassung entspreche es der besonderen Verantwortung des Marktbeherrschers, dafür Sorge zu tragen, dass er durch sein Verhalten einen wirksamen und unverfälschten Wettbewerb nicht beeinträchtige.[211] Die normative Kausalität entspreche dem Verständnis der besonderen Verantwortung im EU-Kartellrecht.[212] Der ersten Ansicht kann somit entgegengehalten werden, dass mit der Abkehr von der strikten Verhaltenskausalität sogar eine Annäherung an das Europäische Recht erfolgt. Zwar weicht der Wortlaut des § 19 GWB nun von Art. 102 AEUV ab, dem ist jedoch die englische und die niederländische Fassung des Art. 102 AEUV entgegenzuhalten, wo in der jeweiligen Sprache von „Missbrauch“ die Rede ist. In der französischen, italienischen und spanischen Fassung heißt es in der jeweiligen Sprache „missbräuchliche Ausnutzung“. Aus dem Wortlaut des Art. 102 AEUV lässt sich also nicht schließen, dass „Missbrauch“ fehlleitend sei.[213] Es erscheint vielmehr so, dass die Bedeutung im europäischen Sinne gleich zu verstehen ist und die Änderung der Klarstellung dient. Auf die Übereinstimmung mit dem Unionsrecht hinsichtlich der Behandlung des Behinderungsmissbrauchs wurde auch in der 10. GWB-Novelle erneut explizit hingewiesen.[214]

---

[207] Bunte/*Nothdurft*, § 19 GWB Rn. 225; Bien/Käseberg/Klumpe/Körber/Ost/*Bueren*, 10. GWB-Novelle, Kap. 1 Rn. 24. Ablehnend bei Rechtslage vor der 10. GWB-Novelle; *Körber*, NZKart 2016, 348, 354; *Grewe*, Missbrauchsverbot als Durchsetzungsinstrument, S. 308 ff. Stärker in Richtung Übertragbarkeit tendierend *Lettl*, WRP 2020, 1391, 1399 Rn. 33 zur Rechtslage vor der 10. GWB-Novelle, der jedoch in Rn. 48 ausführt, dass die 10. GWB-Novelle „ganz auf der Linie“ des von ihm vertretenen Ansatzes liegen. Zu den Kriterien RegBgr zur 10. GWB-Novelle, BT-Drs. 19/23492, S. 71.

[208] Bunte/*Nothdurft*, § 19 GWB Rn. 226; Bien/Käseberg/Klumpe/Körber/Ost/*Bueren*, 10. GWB-Novelle, Kap. 1 Rn. 24; Berg/Mäsch/*Lorenz*, § 19 GWB Rn. 8.

[209] So etwa *Uebele*, Datenschutz und Kartellrecht, S. 290.

[210] EuGH, Urteil vom 12.02.1973 – C-6/72, BeckRS 1973, 106883 Rn. 27; BeckOKInfoMedienR/*Paal*, Art. 102 AEUV, Rn. 28; *Glöckner*, Kartellrecht, Rn. 573.

[211] *Glöckner*, Kartellrecht, Rn. 573; EuGH, Urteil vom 09.11.1983 – Rs. 322/81, BeckRS 2004, 70794 Rn. 57; EuGH, Urteil vom 16.03.2000 – C-396/96 P, C-395/96 P, BeckRS 2004, 77003 Rn. 37; EuGH, Urteil vom 17.02.2011 – C-52/09, BeckRS 2011, 80128 Rn. 24; EuGH, Urteil vom 25.03.2021 – C-152/19 P, BeckRS 2021, 5296 Rn. 40; EuGH, Urteil vom 12.01.2023 – C-42/21 P, BeckRS 2023, 87 Rn. 76.

[212] *Glöckner*, Kartellrecht, Rn. 652 f.

[213] Dennoch könnte man ggf. zur Angleichung in Erwägung ziehen, den Art. 102 AEUV in der deutschen Fassung ebenfalls anders zu formulieren und „*Missbrauch*“ zu verwenden.

[214] RegBgr zur 10. GWB-Novelle, BT-Drs. 19/23492, S. 70; *Glöckner*, Kartellrecht, Rn. 652.

In der Regierungsbegründung wurde ferner explizit die ungerechtfertigte Preisgabe personenbezogener Daten als ein Beispiel der Ausbeutung der Marktgegenseite angeführt.[215] Dies ist zutreffend, da das Datenschutzrecht – wie gezeigt – eine einfachrechtliche Konkretisierung der Grundrechte ist,[216] so dass etwa die Verletzung von Zuweisungsregelungen des Datenschutzrechts stets einen Konditionenmissbrauch begründet.[217] Das Datenschutzrecht folgt dabei einem eigenen Abwägungssystem und ist deshalb innerhalb von Marktbeziehungen zu berücksichtigen und gestaltet diese aus.[218] Ferner soll das Datenschutzrecht – wie gezeigt – auch den Wettbewerb und dessen Teilnehmer schützen.[219] Dieser Schutz besteht nicht nur hinsichtlich der Schutzzwecke des Lauterkeitsrechts, sondern auch im Hinblick auf die Schutzzwecke des Kartellrechts, die ebenfalls die Entscheidungsfreiheit zugunsten des Wettbewerbs schützen. Dies zeigt insbesondere Art. 7 Abs. 4 DSGVO. Gerade der Beziehung „Daten gegen Leistung" kommt eine zentrale wettbewerbliche Bedeutung zu, da das Erfordernis der Einwilligung in die Datenverarbeitung sicherstellt, dass die „wirtschaftliche Komponente des Rechts auf informationelle Selbstbestimmung nicht ‚unter Wert verkauft' wird".[220]

V. Darüberhinausgehende Einzelfragen zur Übertragung der datenschutzrechtlichen Einwilligung

Um ein widerspruchsfreies Bild der Einwilligung herzustellen, sollen die nachfolgenden, oben für das Datenschutzrecht getroffenen Annahmen, im Hinblick auf ihre Vereinbarkeit mit dem Wettbewerbsrecht kurz überprüft werden.

1. Wirkung der Einwilligung im Wettbewerbsrecht

Für das Datenschutzrecht wurde festgestellt, dass die Einwilligung als Erlaubnistatbestand eine tatbestandsausschließende Wirkung hat.[221] Im Wettbewerbsrecht kommt eine vergleichbare Frage lediglich für die Einwilligung gem. § 7 UWG

---

[215] RegBgr zur 10. GWB-Novelle, BT-Drs. 19/23492, S. 71.

[216] Und gerade die Grundrechte waren bereits vor der 10. GWB-Novelle im Rahmen von § 19 Abs. 1 GWB zu berücksichtigen, wenn auch sie schwer greifbar sind, vgl. Bunte/*Nothdurft*, § 19 GWB Rn. 228. Insbesondere die Einwilligung ist wie aufgezeigt die Konkretisierung der grundrechtlich verankerten Selbstbestimmung, so dass die Berücksichtigung einer fehlerhaften Einwilligung konsequent ist, vgl. Bunte/*Nothdurft*, § 19 GWB Rn. 228.

[217] Bunte/*Nothdurft*, § 19 GWB Rn. 228; Bien/Käseberg/Klumpe/Körber/Ost/*Bueren*, 10. GWB-Novelle, Kap. 1 Rn. 25; a. A. noch zum alten Recht etwa *Körber*, NZKart 2016, 348, 352 ff.

[218] Bunte/*Nothdurft*, § 19 GWB Rn. 228.

[219] Vgl. dazu etwa *Buchner*, WRP 2019, 1243, 1245 und bereits unter C. I. 1. f).

[220] *Endler*, VuR 2021, 3, 10.

[221] Siehe dazu C. II. 1.

in Betracht. Im Kartellrecht spielt die Einwilligung als Erlaubnistatbestand keine Rolle.

In § 7 Abs. 1 S. 2 UWG wird das Unerwünschtsein vom Wortlaut her in den Tatbestand aufgenommen. Dies zeigt, dass dort ein erwünschtes Ansprechen bereits nicht den Tatbestand erfüllt. Die tatbestandsausschließende Wirkung der datenschutzrechtlichen Einwilligung ist mithin mit § 7 Abs. 1 UWG vereinbar. Der Wortlaut in § 7 Abs. 2 Nr. 1 und 2 UWG weist ebenfalls darauf hin, dass es sich um eine tatbestandsausschließende Wirkung handeln sollte. Dort liegt eine unzumutbare Belästigung stets vor, wenn die Handlung „ohne Einwilligung" erfolgte. Das spricht ebenfalls dafür, dass diese Handlung mit Einwilligung bereits nicht tatbestandsmäßig ist. Dies ist konsequent, da § 7 Abs. 2 Nr. 1–3 UWG ihre Grundlage in der DSRL-EK haben, die insbesondere die Privatsphäre schützen soll.[222] Die grundsätzliche Entscheidung für eine tatbestandssauschließende Wirkung kann somit mit denselben Gründen wie bei der Einwilligung zwischen Privaten und im Datenschutzrecht begründet werden.[223]

Es kann also auch im Wettbewerbsrecht angenommen werden, dass die ausdrückliche vorherige Einwilligung bereits den Tatbestand der unzumutbaren Belästigung gem. § 7 UWG ausschließt.[224] Dies entspricht – wie gezeigt – sowohl den grundrechtlichen als auch den datenschutzrechtlichen Rahmenbedingungen und führt so zu einem widerspruchsfreien Recht. Es sind keine Gründe ersichtlich, die eine andere Behandlung im Wettbewerbsrecht nötig machen. Die Übertragung der datenschutzrechtlichen Grundsätze ist mithin auch aus diesem Aspekt widerspruchsfrei möglich.

2. Wettbewerbsrecht auch als Erlaubnisprinzip

Für das Datenschutzrecht wurde der Begriff des Verbotsprinzips abgelehnt und stattdessen der Begriff Erlaubnisprinzip verwendet.[225] Danach wird eine Datenverarbeitung grundsätzlich als unzulässig angesehen, kann jedoch durch eine Einwilligung oder eine rechtmäßige Rechtsgrundlage legitimiert werden. Die Verbotsnormen des Kartellrechts und des Datenschutzrechts sind in dieser Hinsicht grundsätzlich ähnlich ausgestaltet, denn auch das Kartellrecht verbietet wettbewerbsschädliches Verhalten grundsätzlich.[226]

---

[222] Siehe dazu C. I. 1. d) bb) (2).

[223] Vgl. dazu B. III. und C. II. 1.

[224] Ebenso Ohly/Sosnitza/*Ohly*, § 7 UWG Rn. 26. A. A. ohne nähere Begründung: Fezer/Büscher/Obergfell/*Mankowski*, § 7 UWG Rn. 300. Dieses Thema wird von den meisten Vertretern nicht vertieft.

[225] Dazu C. II. 2.

[226] *Kamann/Miller*, NZKart 2016, 405, 408.

Für das Lauterkeitsrecht ist zu differenzieren.[227] In § 7 UWG spiegle sich wieder, dass personalisierte Werbung auch wettbewerbsrechtlich diesem Grundsatz unterliege, sofern spezifische Werbeformen – z. B. per Mail – gewählt werden, da bei Nichtvorliegen einer Erlaubnis eine unzumutbare Belästigung vorliege.[228] Ferner setze Art. 5 Abs. 1, Abs. 2 UGP-RL europaweit dieses Prinzip im Sinne einer Generalklausel fest.[229] Eine Untersuchung aller Normen des Lauterkeitsrechts würde im Kontext dieser Arbeit zu weit gehen. Es kann jedoch angenommen werden, dass die Verbote, die mithilfe einer Einwilligung erlaubt werden können, dem gleichen Prinzip wie im Datenschutzrecht unterliegen. Somit führt auch diese Annahme, die nicht direkt mit der Einwilligung zusammenhängt, zu kongruenten und widerspruchsfreien Ergebnissen.

3. Auswirkungen der tatbestandsausschließenden Wirkung der Einwilligung auf die Einwilligung im Wettbewerbsrecht

Im Datenschutzrecht wurde festgehalten, dass die tatbestandsausschließende Wirkung der Einwilligung für die Beweislast keine Auswirkungen hat, da sich nach nationalem und europäischem Recht unabhängig von der Wirkung derjenige, der sich auf eine für ihn günstige Tatsache beruft, diese beweisen muss.[230] Auch im Wettbewerbsrecht gilt dieses Prinzip.[231] Für die Einwilligung im UWG trägt der Werbende die Beweislast.[232] Gegenüber Verbrauchern verdeutlicht dies der § 7a UWG. Im Kartellrecht spielt die Einwilligung als Erlaubnistatbestand dahingehend keine Rolle.

---

[227] Ohly/Sosnitza/*Ohly*, § 7 UWG Rn. 26. So gibt es hinsichtlich der Werbe-RL Diskussionen, vgl. Harte-Bavendamm/Henning-Bodewig/*Sack*, § 6 UWG Rn. 18 ff.; Harte-Bavendamm/Henning-Bodewig/*Glöckner*, Einleitung B Rn. 217.

[228] Specht/Mantz/*Specht*, § 9 Rn. 41. Für § 7 Abs. 2 Nr. 1 Alt. 1 und Nr. 2 UWG so ebenfalls ausdrücklich Ohly/Sosnitza/*Ohly*, § 7 UWG Rn. 26.

[229] Fezer/Büscher/Obergfell/*Peifer/Obergfell*, § 5 UWG Rn. 96.

[230] Dazu C. II. 3. a).

[231] Jarass/*Jarass*, Art. 48 GrCh Rn. 28; Loewenheim/Meessen/Riesenkampff/Kersting/Meyer-Lindemann/*Grave/Nyberg*, Vor §§ 1–3 GWB Rn. 38.

[232] BGH, Urteil vom 10.02.2011 – I ZR 164/09 – Double-opt-in-Verfahren, GRUR 2011, 936 Rn. 30; Köhler/Bornkamm/Feddersen/*Köhler*, § 7 UWG Rn. 203; Fritzsche/Münker/Stollwerck/*Fritzsche*, § 7 UWG Rn. 123; Harte-Bavendamm/Henning-Bodewig/*Schöler*, § 7 UWG Rn. 245; Ohly/Sosnitza/*Ohly*, § 7 UWG Rn. 75.

G. Ergebnis und zusammenfassende Thesen

Im Rahmen dieser Arbeit wurde dargestellt, dass die Einwilligung ein Rechtsinstitut ist, mit dem die einzelne Person ihr grundrechtlich in verschiedenen Normen geschütztes Selbstbestimmungsrecht ausübt. Die Einwilligung zwischen Privaten in die Datenverarbeitung personenbezogener Daten ist dabei ein immer wichtiger werdendes Instrument, um vermeintlich kostenlose Dienste zu nutzen. Es wurde aufgezeigt, dass die bestehenden Regelungen des Privatrechts, des Datenschutzrechts und des Wettbewerbsrechts bei richtiger Anwendung und Auslegung der grundrechtlich fundierten Selbstbestimmungsfunktion der Einwilligung gerecht werden.

Angelehnt an die klassischen Auslegungsmethoden wurde aus den Grundrechten ein Grundgerüst an Voraussetzungen konstruiert, das bei der Einwilligung in anderen Rechtsgebieten gewahrt sein muss, damit die Selbstbestimmung der einwilligenden Person ausgeübt werden kann. Liegen diese Voraussetzungen vor, gibt es keine vorgeschriebene Schutzpflicht, die den oder die Einzelne vor etwaigen Nachteilen schützen muss. Vor diesem Hintergrund muss der Staat dafür Sorge tragen, dass die einzelne Person ihr Selbstbestimmungsrecht stets zulässig ausüben kann, darf sie jedoch nicht bevormunden und muss die Allgemeinheit und Dritte hinreichend schützen.

Es wurde aufgezeigt, dass die sich überschneidenden Ziele und Schutzzwecke des Datenschutz- und Wettbewerbsrechts insbesondere bei Konstellationen der Einwilligung als Gegenleistung bedeutsam sind. So wurde gezeigt, dass die Einwilligung zu Recht als Bindeglied zwischen Datenschutzrecht und Kartellrecht angesehen wird und das Lauterkeitsrecht gewährleisten muss, dass die Einwilligung nicht mit unlauteren Mitteln erlangt wurde.

Für die Voraussetzungen der Einwilligung im Datenschutz- und Wettbewerbsrecht hat sich ergeben, dass diese Voraussetzungen einfachgesetzlich unter Beachtung der grundrechtlichen Vorgaben ausgestaltet wurden. Die Einwilligung im UWG richtet sich dabei nach der datenschutzrechtlichen Einwilligung. Dies ist richtlinienkonform und entspricht den unionsrechtlichen Vorgaben der DSRL-EK, UGP-RL und der DSGVO.

Dem Modell des Bezahlens mit Daten mittels Einwilligung steht dabei insbesondere Art. 7 Abs. 4 DSGVO – entgegen zahlreichen Bedenken – nicht grundsätzlich im Wege. Art. 7 Abs. 4 DSGVO ist mit den grundrechtlichen Wertungen mit der hier vertretenen Ansicht zur Erforderlichkeit vereinbar. Auch gegenüber marktbeherrschenden Unternehmen ist dieses Modell nicht *per se* unzulässig, sondern unterliegt einer Gesamtbetrachtung, da Einwilligungen gegenüber marktbeherrschenden Unternehmen nicht *grundsätzlich* als unfreiwillig zu bewerten sind.

Aus dem Grundgerüst hat sich ferner ergeben, dass die Einwilligung im Datenschutzrecht und im Wettbewerbsrecht tatbestandsausschließend wirkt. Direkte Folgen für die Praxis haben sich daraus nicht ergeben, dennoch dient dies dem besseren Verständnis und dem Ausdruck, dass die Einwilligung Ausübung der Selbstbestimmung und kein Verzicht darauf ist. Dadurch wird die Wichtigkeit der Einwilligung als gestalterisches Element der Selbstbestimmung hervorgehoben.

Es hat sich gezeigt, dass die wirksame Einholung der Einwilligung sehr praxisrelevant ist, da Datenschutzverstöße auch mit den Mitteln des Lauterkeitsrechts und das Kartellrecht verfolgt werden können. Dies ist zum einen zum Schutze der Selbstbestimmung erforderlich, zum anderen dient dies dem Wettbewerb. Beides ist jeweils vom Datenschutzrecht und Wettbewerbsrecht geschützt, so dass eine Verzahnung zum angemessenen Schutz geboten und erforderlich ist.

Die wesentlichen Ergebnisse der Arbeit werden in den folgenden Thesen zusammengefasst:

1. Eine Einwilligung ist die Ausübung von Grundrechten.

2. Bereits aus den Grundrechten ergeben sich die wesentlichen Voraussetzungen für die Einwilligung zwischen Privaten. Dieses Grundgerüst beinhaltet formelle und materielle Voraussetzungen. Formell muss die Person einwilligungsfähig sein sowie ausreichend informiert und freiwillig handeln. Materiell muss es sich um ein disponibles Rechtsgut handeln, auf das nicht im Sinne eines Totalverzichts verzichtet werden darf. Ferner dürfen keine Rechte Dritter oder der Allgemeinheit betroffen sein.

3. Eine starre Altersgrenze für die Einwilligungsfähigkeit ergibt sich aus den Grundrechten nicht. Die Einwilligungsfähigkeit orientiert sich stattdessen an den geistig-physischen Eigenschaften bzw. der natürlichen Einsichtsfähigkeit des oder der Einzelnen.

4. Das Koppelungsverbot des Art. 7 Abs. 4 DSGVO hat keine strikte Verbotswirkung. Dem persönlichkeits- und damit selbstbestimmungsgestützten Datenschutzrecht kann auch mit Art. 7 Abs. 4 DSGVO in gebotenem Umfang Rechnung getragen werden, da eine Gesamtabwägung bei der Bewertung der Freiwilligkeit der datenschutzrechtlichen Einwilligung möglich bleibt. Die Ausübung der Grundrechte der einwilligenden Person wird so gewährleistet und gleichzeitig werden die Grundrechte der Datenverarbeiter berücksichtigt.

5. Die Einwilligung wirkt im Datenschutzrecht und im Wettbewerbsrecht tatbestandsausschließend.

6. Das Datenschutzrecht unterliegt einem Erlaubnisprinzip. Der Begriff „Verbotsprinzip“ oder „Verbot mit Erlaubnisvorbehalt“ ist im Datenschutzrecht abzulehnen. Stattdessen sollte der Begriff des „Erlaubnisprinzips“ verwendet werden. Dies ist auch mit dem Wettbewerbsrecht vereinbar.

7. Die Wirkung der Einwilligung steht nicht im Widerspruch zu dem Regelungszwecke, dass Datenverarbeitungen, die ohne Erlaubnis erfolgen, verboten sind.

8. Art. 7 Abs. 4 DSGVO steht der Einwilligung als Gegenleistung nicht entgegen.

9. Im Rahmen von Art. 7 Abs. 4 DSGVO ist die Erforderlichkeit subjektiv-konkret zu bestimmen. Sie richtet sich dabei nach den im Einzelfall vereinbarten Vertragsinhalten. Die Privatrechtsordnung schützt die einwilligende Person mit bewährten Schutzmechanismen, wie etwa §§ 134, 138 und 242 BGB oder auch das AGB-Recht der §§ 305 ff. BGB.

10. Es ist richtig, dass sich die datenschutzrechtliche und die wettbewerbsrechtliche Einwilligung nach denselben Grundsätzen richtet. Dies gilt insbesondere für das Koppelungsverbot aus Art. 7 Abs. 4 DSGVO, das auch im Wettbewerbsrecht zur Anwendung kommt.

11. Die Rechtsprechung des EuGH, nach der eine Einwilligung auch gegenüber einem marktbeherrschenden Unternehmen freiwillig erteilt werden kann, ist richtig. Dies ist nicht von vornherein ausgeschlossen, da dies der Selbstbestimmung der einzelnen Person entgegenlaufen würde. Hier ist stets eine Gesamtabwägung im Einzelfall vorzunehmen.

12. Fehlerhafte Einwilligungen können über das UWG und das GWB verfolgt werden, da die Bestimmungen der DSGVO hinsichtlich der Rechtsdurchsetzung nicht abschließend geregelt sind.

13. Die Voraussetzungen der datenschutzrechtlichen Einwilligung haben den nötigen Marktbezug und stellen somit jeweils Marktverhaltensregelungen im Interesse der Marktteilnehmer i. S. v. § 3a UWG dar.

14. Für Verstöße gegen das Datenschutzrecht kann angenommen werden, dass ein solcher Rechtsbruch nach den neuen Kriterien aufgrund seiner determinierenden Bedeutung für die Interessenabwägung stets zu einem Missbrauch führt, so dass fehlerhafte Einwilligungen gem. § 19 GWB verfolgt werden können.

Literaturverzeichnis

Adam, Simon: Das absolute Recht im Zivilrecht – Der Begriff und seine Relevanz in Prüfung und Praxis, JuS 2021, 109 ff.

Ahammer, Rauni: Der Grundrechtsverzicht als dogmatische Kategorie, 1. Auflage 2017 (zitiert: *Ahammer*, Grundrechtsverzicht)

Aicher, Julian: Subjektive Voraussetzungen in zivilrechtlichen Rechtfertigungsgründen, 1. Auflage 2022 (zitiert: *Aicher*, Zivilrechtliche Rechtfertigungsgründe)

Alexander, Christian/*Bornkamm*, Joachim/*Buchner*, Benedikt/*Fritzsche*, Jörg/*Lettl*, Tobias: Festschrift für Helmut Köhler zum 70. Geburtstag, 1. Auflage 2014 (zitiert: FS Köhler/*Bearbeiter*, Titel des Beitrags)

Alexy, Robert: Theorie der Grundrechte, 1. Auflage 1985 (zitiert: *Alexy*, Theorie der Grundrechte)

Amelung, Knut: Die Einwilligung in die Beeinträchtigung eines Grundrechtsgutes – Eine Untersuchung im Grenzbereich von Grundrechts- und Strafrechtsdogmatik, 1. Auflage 1981 (zitiert: *Amelung*, Einwilligung)

Apetz, Martin: Das Verbot aggressiver Geschäftspraktiken – Herkunft Inhalt, Umsetzung und Zukunftsperspektiven eines neuen Verbotskonzepts des europäischen Lauterkeitsrechts, 1. Auflage 2011 (zitiert: *Apetz*, Das Verbot aggressiver Geschäftspraktiken)

Aßhoff, Guido: Mysterium Abmahnwelle – Der Referentenentwurf zum Schutz vor rechtsmissbräuchlicher Abmahnung und seine Wirksamkeit in der Praxis – Gerät durch das Vorhaben, Kleinunternehmen vor rechtsmissbräuchlichen Abmahnungen zu schützen, das Wettbewerbsrecht aus den Fugen?, CR 2018, 720 ff.

Auer-Reinsdorff, Astrid: Abstrakte Klagebefugnis eines Verbandes bei Verstoß gegen DSGVO („*Meta Platforms Ireland*"), EWiR 2022, 447 ff.

Bäcker, Matthias: Grundrechtlicher Informationsschutz gegen Private, Der Staat 2012, S. 91 ff.

Badura, Peter: Staatsrecht – Systematische Erläuterung des Grundgesetzes, 7. Auflage 2018 (zitiert: *Badura*, Staatsrecht)

Bähr, Yannick: Fremdpersonaleinsatz im Rahmen agiler Projektarbeit – Erscheinungsformen und deren rechtliche Qualifikation, 1. Auflage 2022 (zitiert: *Bähr*, Fremdpersonaleinsatz im Rahmen agiler Projektarbeit)

Bechtold, Rainer: Facebook im Eilverfahren, NZKart 2021, 3 f.

Becker, Maximilian: Ein Recht auf datenerhebungsfreie Produkte, JZ 2017, 170 ff.

Becker, Maximilian: Eine Materialisierung des datenschutzrechtlichen Koppelungsverbots – Zur Regulierung des vertragslosen Tauschs von Daten gegen Leistungen, CR 2021, 230 ff.

Becker, Ulrich/*Hatje*, Armin/*Schoo*, Johann/*Schwarze*, Jürgen: EU-Kommentar, 4. Auflage 2019 (zitiert: Schwarze/Becker/Hatje/Schoo/*Bearbeiter*)

Bender, Anouk Marie: Die Freiwilligkeit der datenschutzrechtlichen Einwilligung bei unentgeltlichen Dienstleistungen im Internet, 1. Auflage 2021 (zitiert: *Bender*, Freiwilligkeit bei unentgeltlichen Dienstleistungen im Internet)

Bergmann, Michael/*Modest*, Johannes: Vom Umschreiben der Gesichtsbücher – Anmerkungen zu OLG Düsseldorf in Sachen Facebook, NZKart 2019, 531 ff.

Bergmann, Robert Leo: Der ungerechte Austauschvertrag, 1. Auflage 2020 (zitiert: *Bergmann*, Austauschvertrag)

Beuthien, Volker/*Schmölz*, Anton S.: Persönlichkeitsschutz durch Persönlichkeitsgüterrecht, 1. Auflage 1999 (zitiert: *Beuthien/Schmölz*, Persönlichkeitsgüterrechte)

Bien, Florian/*Käseberg*, Thorsten/*Klumpe*, Gerhard/*Körber*, Torsten/*Ost*, Konrad: Die 10. GWB-Novelle – Das neue Kartellrecht, 1. Auflage 2021 (zitiert: Bien/Käseberg/Klumpe/Körber/Ost/*Bearbeiter*, 10. GWB-Novelle)

Bittner, Silke: Vereinbarkeit eines wettbewerbsrechtlichen Verbots des unbestellten Vertreterbesuchs mit der Richtlinie über unlautere Geschäftspraktiken, WRP 2019, 1529 ff.

Buchner, Benedikt: Datenschutz und Kartellrecht, WRP 2019, 1243 ff.

Buchner, Benedikt: Die Einwilligung im Datenschutzrecht – Vom Rechtfertigungsgrund zum Kommerzialisierungsinstrument, DuD 2010, 39 ff.

Buchner, Benedikt: Die Einwilligung in Werbung, WRP 2018, 1283 ff.

Buchner, Benedikt: Grundsätze und Rechtmäßigkeit der Datenverarbeitung unter der DS-GVO, DuD 2016, 154 ff.

Buchner, Benedikt: Informationelle Selbstbestimmung im Privatrecht, 1. Auflage 2006 (zitiert: *Buchner*, Informationelle Selbstbestimmung,)

Buchner, Benedikt/*Wessels*, Michael: Art. 82 DS-GVO – scharfes Schwert oder zahnloser Tiger? – Auslegung des Art. 82 DS-GVO in Rechtsprechung und Literatur, ZD 2022, 251 ff.

Brosius-Gersdorf, Frauke: Dreier – Grundgesetz Kommentar – Band I: Artikel 1–19, 4. Auflage 2023 (zitiert: Dreier/*Bearbeiter*, Band I)

Bull, Hans Peter: Netzpolitik: Freiheit und Rechtsschutz im Internet, 2013, 1. Auflage (zitiert: *Bull*, Netzpolitik)

Bumke, Christian: Ausgestaltung von Grundrechten, 1. Auflage 2009 (zitiert: *Bumke*, Grundrechtsgestaltung)

Bumke, Christian: Der Grundrechtsvorbehalt – Untersuchungen über die Begrenzung und Ausgestaltung der Grundrechte, 1. Auflage 1998 (zitiert: *Bumke*, Grundrechtsvorbehalt)

Bunnenberg, Jan Niklas: Privates Datenschutzrecht – Über Privatautonomie im Datenschutzrecht – unter besonderer Berücksichtigung der Einwilligung und ihrer vertraglichen Kopplung nach Art. 7 Abs. 4 DS-GVO, 1. Auflage 2020 (zitiert: *Bunnenberg*, Privates Datenschutzrecht)

Bunte, Hermann-Josef: Aufhebung einer Anordnung des Bundeskartellamts gegen Facebook und Anordnung der aufschiebenden Wirkung der Beschwerden, EWiR 2019, 575 f.

Bunte, Hermann-Josef: Kartellrecht – Kommentar, Band 1 – deutsches Kartellrecht, 14. Auflage 2021 (zitiert: Bunte/*Bearbeiter*)

Bunte, Hermann-Josef: Schiedsgerichtsvereinbarung eines Sportlers mit marktbeherrschendem Sportverband („*Claudia Pechstein*“), EWiR 2016, 415 f.

Bunte, Hermann-Josef: Unternehmenseigenschaft der VBL i. S. d. Kartellrechts („*VBL-Gegenwert*“), EWiR 2013, 777 f.

Bydlinski, Franz: Privatautonomie und objektive Grundlagen des Rechtsgeschäfts, 1. Auflage 1967 (zitiert: *Bydlinski*, Privatautonomie)

Calliess, Christian/*Ruffert*, Matthias: EUV/AEUV – Das Verfassungsrecht der Europäischen Union mit Europäischer Grundrechtecharta, 6. Auflage 2022 (zitiert: Calliess/Ruffert/*Bearbeiter*)

Canaris, Claus-Wilhelm: Grundrechte und Privatrecht – eine Zwischenbilanz – stark erweiterte Fassung des Vortrags gehalten vor der Juristischen Gesellschaft zu Berlin am 10. Juni 1998, 1. Auflage (zitiert: *Canaris*, Grundrechte und Privatrecht)

Dammann, Ulrich: Erfolge und Defizite der EU-Datenschutzgrundverordnung – Erwarteter Fortschritt, Schwächen und überraschende Innovationen, ZD 2016, 307 ff.

Dauner-Lieb, Barbara/*Langen*, Werner: Kommentar BGB – Schuldrecht – Band 2/1: §§ 241–387, 4. Auflage 2021 (zitiert: Dauner-Lieb/Langen/*Bearbeiter*)

Dauses, Manfred A./*Ludwigs*, Markus: Handbuch des EU-Wirtschaftsrechts, 60. Ergänzungslieferung Stand Februar 2024 (zitiert: Dauses/Ludwigs/*Bearbeiter*)

David, Anca: Die lauterkeitsrechtliche und die datenschutzrechtliche Zulässigkeit der Telefonwerbung – Entwicklungsbedarf, ZVertriebsR 2017, 207 ff.

David, Anca: Telefonwerbung in Deutschland – Eine rechtliche Untersuchung unter besonderer Berücksichtigung unionsrechtlicher Vorschriften sowie der Rechtslage in Frankreich und Großbritannien, 1. Auflage 2018 (zitiert: *David*, Telefonwerbung in Deutschland)

Denga, Michael: Digitale Manipulation und Privatautonomie – Provozierte Erklärungen im Privatrecht, ZfDR 2022, 229 ff.

Dietrich, Nils: Der Bundesgerichtshof und das sog. abgestufte Schutzkonzept im Rahmen der §§ 22 und 23 Abs. 1 Nr. 1 KUG – Bei besonderer Behandlung des öffentlichen Informationsinteresses an Bildberichterstattungen (zitiert: *Dietrich*, Das abgestufte Schutzkonzept)

Dietz, Sara/*Streinz*, Thomas: Das Marktzugangskriterium in der Dogmatik der Grundfreiheiten, EuR 2015, 50 ff.

Dörr, Oliver/*Grote*, Rainer/*Marauhn*, Thilo: EMRK/GG – Konkordanzkommentar zum europäischen und deutschen Grundrechtsschutz – Band 1, Kapitel 1–19, 3. Auflage 2022 (Dörr/Grote/Marauhn/*Bearbeiter*)

Drechsler, Stefan: Der EuGH auf dem Weg zu einer Dogmatik der Wirtschaftsgrundrechte? – Anmerkung zum Urteil des EuGH vom 30. Juni 2016 in der Rechtssache Lidl (C-134/15), EuR 2016, 691 ff.

Dreier, Horst: Dimensionen der Grundrechte – Von der Wertordnungsjudikatur, Schriftenreihe der Juristischen Studiengesellschaft Hannover Heft 23 (zitiert: *Dreier*, Dimensionen der Grundrechte)

Dreier, Thomas/*Schulze*, Gernot: Urheberrechtsgesetz – Kommentar, 7. Auflage 2022 (zitiert: Dreier/Schulze/*Bearbeiter*)

Drexl, Josef: Neue Regeln für die Europäische Datenwirtschaft?, NZKart 2017, 339ff.

Dürig, Günter: Die Menschenauffassung des Grundgesetzes, JR 1952, 259ff.

Eckhardt, Jens: Anmerkung zu BGH, Einwilligung in Werbeanrufe II, MMR 2013, 380ff.

Eckhardt, Jens: DSK: Orientierungshilfe Direktwerbung – mehr als nur eine aktuelle Fortsetzung?! – Eine erste Analyse, ZD 2022, 307ff.

Eckhardt, Jens: Wirksamkeit der Einwilligung in E-Mail-Werbung bei Teilnahme an einem Gewinnspiel, ZD 2019, 507ff.

Eckhardt, Jens/*Rheingans*, Helke: Direktmarketing bei Bestandskunden ohne Einwilligung? – Bewertung der Wechselwirkung von Datenschutz- und Wettbewerbsrecht, ZD 2013, 318ff.

Ehlers, Dirk: Europäische Grundrechte und Grundfreiheiten, 4. Auflage 2014 (zitiert: Ehlers/*Bearbeiter*, Grundrechte und Grundfreiheiten)

Ehmann, Eugen/*Selmayr*, Martin: Datenschutz-Grundverordnung, 3. Auflage 2024 (zitiert: Ehmann/Selmayr/*Bearbeiter*)

Endler, Robert: Die Interessen der Verbraucher im Kartellrecht am Beispiel der Facebook-Entscheidung des BGH, VuR 2021, 3ff.

Endler, Robert: Verbraucher im Kartellrecht, 1. Auflage 2021 (zitiert: *Endler*, Verbraucher im Kartellrecht)

Engeler, Malte: Das überschätzte Kopplungsverbot – Die Bedeutung der Art. 7 Abs. 4 DSGVO in Vertragsverhältnisse, ZD 2018, 55ff.

Engeler, Malte/*Marosi*, Johannes: Planet49: Neues vom EuGH zu Cookies, Tracking und ePrivacy – Starke Einwilligung, schwacher Datenschutz?, CR 2019, 707ff.

Engels, Stefan/*Brunn*, Beatrice: Ist § 7 II Nr. 2 UWG europarechtswidrig?, GRUR 2010, 886ff.

Engisch, Karl: Einführung in das juristische Denken, 11. Auflage 2010 (zitiert: *Engisch*, Juristisches Denken)

Epping, Volker/*Hillgruber*, Christian: BeckOK Grundgesetz, 57. Edition Stand 15.01.2024 (zitiert: Epping/Hillgruber/*Bearbeiter*)

Epping, Volker/*Hillgruber*, Christian: Grundrechte, 10. Auflage 2024 (zitiert: *Epping/Lenz/Leydecker*, Grundrechte)

Ernst, Stefan: Abmahnungen auf Grund von Normen außerhalb des UWG – Die Rechtslage nach jüngerer Rechtsprechung und Gesetzesnovelle, WRP 2004, 1133ff.

Ernst, Stefan: Die Einwilligung nach der Datenschutzgrundverordnung – Anmerkungen zur Definition nach Art. 4 Nr. 11 DSGVO, ZD 2017, 110ff.

Eßer, Martin/*Kramer*, Philipp/*von Lewinski*, Kai: (Auernhammer) DSGVO – BDSG – Kommentar, 8. Auflage 2024 (zitiert: Auernhammer/*Bearbeiter*)

Fervers, Matthias: Verbandsklagebefugnis bei Verstößen gegen die DS-GVO, RDi 2022, 363ff.

Fezer, Karl-Heinz: Teilhabe und Verantwortung – Die personale Funktionsweise des subjektiven Privatrechts, 1. Auflage 1986 (zitiert: *Fezer*, Teilhabe und Verantwortung)

Fezer, Karl-Heinz/*Büscher*, Wolfgang/*Obergfell*, Eva Inés: Lauterkeitsrecht – Kommentar zum Gesetz gegen den unlauteren Wettbewerb (UWG) – Band 1, 3. Auflage 2016 (zitiert: Fezer/Büscher/Obergfell/*Bearbeiter*)

Fikentscher, Wolfgang/*Möllers*, Thomas M. J.: Die (negative) Informationsfreiheit als Grenze von Werbung und Kunstdarbietung, NJW 1998, 1337 ff.

Fischinger, Philipp S.: Der Grundrechtsverzicht, JuS 2007, 808 ff.

Flume, Werner: Allgemeiner Teil des Bürgerlichen Rechts – Das Rechtsgeschäft, 4. Auflage 1992 (zitiert: *Flume*, Rechtsgeschäft)

Franzen, Martin/*Gallner*, Inken/*Oetker*, Hartmut: Kommentar zum europäischen Arbeitsrecht, 5. Auflage 2024 (zitiert: Franzen/Gallner/Oetker/*Bearbeiter*)

Frenz, Walter: Handbuch Europarecht – Band 1: Europäische Grundfreiheiten, 2. Auflage 2012 (zitiert: *Frenz*, Handbuch Europarecht – Band 1)

Frenz, Walter: Handbuch Europarecht – Band 4: Europäische Grundrechte, 2. Auflage 2024 (zitiert: *Frenz*, Handbuch Europarecht – Band 4)

Frenz, Walter: Klimaschutz und Menschenwürde, UPR 2020, S. 1 ff.

Fries, Knut: Der Verzicht auf Grundrechte, 1. Auflage 1968 (zitiert: *Fries*, Verzicht auf Grundrechte)

Fritzsche, Jörg/*Münker*, Reiner/*Stollwerck*, Christoph: Gesetz gegen den unlauteren Wettbewerb – Kommentar, 1. Auflage 2022 (zitiert: Fritzsche/Münker/Stollwerck/*Bearbeiter*)

Fröhlisch, Carsten/*Löwer*, Daniel: DSGVO und Lauterkeitsrecht, VuR 2019, 37 ff.

Funke, Michael: Dogmatik und Voraussetzung der datenschutzrechtlichen Einwilligung, 2017 (zitiert: *Funke*, Einwilligung)

Gatterer, Edeltraud: „Schutz der Menschenrechte und der Würde der Todkranken und Sterbenden – Bericht des Ausschusses für Soziales, Gesundheit und Familienangelegenheiten der Parlamentarischen Versammlung“ – Doc. 8421 vom 21. Mai 1999 veröffentlicht vom Europarat in „Menschenrechte, Menschenwürde und Situationen am Lebensende – Ausgewählte angenommene Texte (2020)“, Mai 2020 (zitiert: *Gatterer*, Schutz der Menschenrechte und der Würde der Todkranken und Sterbenden)

Geiger, Andreas: Die Einwilligung in die Verarbeitung von persönlichen Daten als Ausübung des Rechts auf informationelle Selbstbestimmung, NVwZ 1989, 35 ff.

Gellermann, Martin: Grundrechte in einfachgesetzlichem Gewand – Untersuchung zur normativen Ausgestaltung von Grundrechten, 1. Auflage 2000 (zitiert: *Gellermann*, Grundrechte in einfachgesetzlichem Gewand)

Gern, Alfons: Menschenwürde und gute Sitten (Fortsetzung), NJW 1983, 1585 ff.

Gersdorf, Hubertus/*Paal*, Boris P.: BeckOK Informations- und Medienrecht, 44. Edition (zitiert: BeckOKInfoMedienR/*Bearbeiter*)

Geserich, Stephan: Auslegung und Rechtsfortbildung, DStR-Beih. 2011, 59 ff.

Gesmann-Nuissl, Dagmar: Rechtsprechungsreport „Innovations- und Technikrecht“, InTer 2022, 28 ff.

Giesen, Thomas: Das Grundrecht auf Datenverarbeitung, JZ 2007, 918

Giesen, Thomas: Totaler Datenschutz in der EU: freiheitswidrig, bürokratisch und erfolglos!, NVwZ 2019, 1711 ff.

Glöckner, Jochen: Europäisches Lauterkeitsrecht, 1. Auflage 2006 (zitiert: *Glöckner*, Europäisches Lauterkeitsrecht)

Glöckner, Jochen: Kartellrecht – Recht gegen Wettbewerbsbeschränkungen, 3. Auflage 2021 (zitiert: *Glöckner*, Kartellrecht)

Glöckner, Jochen: Rechtsbruchtatbestand oder … The Saga Continues!, GRUR 2013, 568 f.

Glöckner, Jochen: Über die Schwierigkeit, Proteus zu beschreiben – die Umsetzung der Richtlinie über unlautere Geschäftspraktiken in Deutschland, GRUR 2013, 224 ff.

Glöckner, Jochen: Werbeblocker zwischen Lauterkeits- und Kartellrecht, WRP 2020, 143 ff.

Gloy, Wolfgang/*Loschelder*, Michael/*Danckwerts*, Rolf: Handbuch des Wettbewerbsrechts, 5. Auflage 2019 (zitiert: Gloy/Loschelder/Danckwerts/*Bearbeiter*)

Gola, Peter/*Heckmann*, Dirk: Datenschutz-Grundverordnung VO (EU) 2016/679 – Bundesdatenschutzgesetz, 3. Auflage 2022 (zitiert: Gola/Heckmann/*Bearbeiter*)

Golland, Alexander: Datenverarbeitung in sozialen Netzwerken, 1. Auflage 2018 (zitiert: *Golland*, Datenverarbeitung)

Götting, Horst-Peter: Persönlichkeitsrechte als Vermögensrecht, 1. Auflage 1995 (zitiert: *Götting*, Persönlichkeitsrechte als Vermögensrechte)

Götting, Horst-Peter/*Schertz*, Christian/*Seitz*, Walter: Handbuch des Persönlichkeitsrechts – Presse- und Medienrecht, 2. Auflage 2008 (zitiert: Götting/Schertz/Seitz/*Bearbeiter*)

Grabenwarter, Christoph/*Pabel*, Katharina: Europäische Menschenrechtskonvention, 7. Auflage 2021 (zitiert: *Grabenwarter/Pabel*)

Grabitz, Eberhard/*Hilf*, Meinhard/*Nettesheim*, Martin: Das Recht der Europäischen Union – Band 1 EUV/AEUV, 81. Ergänzungslieferung, Stand Januar 2024 (zitiert: Grabitz/Hilf/Nettesheim/*Bearbeiter*)

Grewe, Max: Missbrauchsverbot als Durchsetzungsinstrument – Eine Untersuchung der Schnittstellen des Kartellrechts mit dem Datenschutz-, Lauterkeits- und AGB-Recht, 1. Auflage 2020 (zitiert: *Grewe*, Missbrauchsverbot als Durchsetzungsinstrument)

von der Groeben, Hans/*Schwarze*, Jürgen/*Hatje*, Armin: Europäisches Unionsrecht, 7. Auflage 2015 (zitiert: von der Groeben/Schwarze/Hatje/*Bearbeiter*)

Groh, Thomas: EuGH: Keine Patentierbarkeit von Erfindungen unter Verwendung von embryonalen Stammzellen, EuZW 2011, 908 ff.

Grüneberg, Christian: Bürgerliches Gesetzbuch, 82. Auflage 2023 (zitiert: Grüneberg/*Bearbeiter*)

Gsell, Beate/*Krüger*, Wolfgang/*Lorenz*, Stephan/*Reymann*, Christoph: beck-online.GROSSKOMMENTAR, Stand: 01.06.2024 (zitiert: BeckOGK/*Bearbeiter*)

Gutmann, Thomas: Freiwilligkeit als Rechtsbegriff, 1. Auflage 2001 (zitiert: *Gutmann*, Freiwilligkeit)

Gutmann, Thomas/*Quante*, Michael: Menschenwürde, Selbstbestimmung und Pluralismus: Zwischen sittlicher Vorgabe und deontologischer Konstruktion, Münster 2017/94 (zitiert: *Gutmann/Quante*, Menschenwürde)

Hacker, Philipp: Daten als Gegenleistung: Rechtsgeschäfte im Spannungsfeld von DS-GVO und allgemeinem Vertragsrecht, ZfPW 2019, 148 ff.

Hacker, Philipp: Datenprivatrecht, 1. Auflage 2020 (zitiert: *Hacker*, Datenprivatrecht)

Hähnchen, Susanne: Methodenlehre zwischen Wissenschaft und Handwerk, 1. Auflage 2019, (zitiert: Hähnchen/*Bearbeiter*, Methodenlehre)

Hanloser, Stefan: „opt-in" im Datenschutzrecht und Wettbewerbsrecht – Konvergenzüberlegungen zum Einwilligungsbegriff bei der E-Mail-Werbung, CR 2008, 713 ff.

Harte-Bavendamm, Henning/*Henning-Bodewig*, Frauke: Gesetz gegen den unlauteren Wettbewerb (UWG), 5. Auflage 2021 (zitiert: Harte-Bavendamm/Henning-Bodewig/*Bearbeiter*)

Hassemer, Winfried: Die Menschenwürde ist ein Solitär – Aber auch ihr Verständnis unterliegt dem sozialen Wandel, ZRP 2005, 101 ff.

Hatje, Armin/*Müller-Graff*, Peter-Christian: Grabenwarter (Hrsg.) – Enzyklopädie Europarecht – Band 2: Europäischer Grundrechtsschutz, 2. Auflage 2021 (zitiert: Grabenwarter/*Bearbeiter*)

Hau, Wolfgang/*Poseck*, Roman: Beck'scher Online Kommentar BGB, 70. Edition Stand 01.05.2023 (zitiert: BeckOKBGB/*Bearbeiter*)

Hechler, Jonathan: Erfüllung und Reichweite zivilrechtlicher Offenlegungsansprüche – Eine Untersuchung der Regeln über den Zugang zu Beweismitteln im europäischen und US-amerikanischen Recht, 1. Auflage 2023 (zitiert: *Hechler*, Offenlegungsansprüche)

Heermann, Peter W.: Die Sportschiedsgerichtsbarkeit nach dem Pechstein-Urteil des BGH, NJW 2016, 2224 ff.

Heermann, Peter W./*Schlingloff*, Jochen: Münchener Kommentar zum Lauterkeitsrecht Band 1, 3. Auflage 2020 (zitiert: MüKoUWG/*Bearbeiter*)

von Heintschel-Heinegg, Bernd: Beck'scher Online-Kommentar StGB, 61. Edition 01.05.2024 (zitiert: BeckOKStGB/*Bearbeiter*)

Heimhalt, Diana/*Rehmann*, Wolfgang A.: Gesundheits- und Patienteninformationen via Apps, MPR 2014, 197 ff.

Heißl, Gregor: Können juristische Personen in ihrem Grundrecht auf Datenschutz verletzt sein?, EuR 2017, 561

Helle, Jürgen: Besondere Persönlichkeitsrechte im Privatrecht, 1. Auflage 1991 (zitiert: *Helle*, Besondere Persönlichkeitsrechte im Privatrecht)

Helle, Jürgen: Das kommerzielle Persönlichkeitsgrundrecht und das Grundgesetz, AfP 2010, 531 ff.

Helle, Jürgen: Die Einwilligung beim Recht am eigenen Bild, AfP 1985, 93 ff.

Henning-Bodewig, Frauke: Internationale Standards gegen unlauteren Wettbewerb, GRUR Int 2013, 1 ff.

Hense, Peter: Beweislast by Default, ZD 2022, 413 ff.

Hense, Peter: Klagebefugnis für Verbandsklage gegen Facebook auch nach Inkrafttreten der DS-GVO, ZD 2022, 384 ff.

Hermstrüwer, Yoan: Informationelle Selbstgefährdung – zur rechtsfunktionalen, spieltheoretischen und empirischen Rationalität der datenschutzrechtlichen Einwilligung und des Rechts auf informationelle Selbstbestimmung, 1. Auflage 2016 (zitiert: *Hermstrüwer*, Selbstgefährdung)

Herresthal, Carsten: Die richtlinienkonforme und die verfassungskonforme Auslegung im Privatrecht, JuS 2014, 289 ff.

Herzberg, Rolf D.: Die ratio legis als Schlüssel zum Gesetzesverständnis? – Eine Skizze und Kritik der überkommenen Auslegungsmethodik, JuS 2005, 1 ff.

Herzberg, Rolf D.: Kritik der teleologischen Gesetzesauslegung, NJW 1990, 2525 ff.

Herzog, Roman/*Scholz*, Rupert/*Herdegen*, Matthias/*Klein*, Hans H.: Grundgesetz – Kommentar, 103. Ergänzungslieferung Januar 2024 (zitiert: Dürig/Herzog/Scholz/*Bearbeiter*)

Hermes, Georg: Grundrecht auf Schutz von Leben und Gesundheit – Schutzpflicht und Schutzanspruch aus Art. 2 Abs. 2 Satz 1 GG, 1. Auflage 1987 (zitiert: *Hermes*, Grundrecht auf Schutz von Leben und Gesundheit)

Heselhaus, P. Sebastian M./*Nowak*, Carsten: Handbuch der Europäischen Grundrechte, 2. Auflage 2020 (zitiert: Heselhaus/Nowak/*Bearbeiter*)

Heßmann, Lars: Die Bekämpfung von Datenschutzverstößen mit Mitteln des Unlauterkeitsrechts, 1. Auflage 2022 (zitiert: *Heßmann*, Die Bekämpfung von Datenschutzverstößen mit Mitteln des Unlauterkeitsrechts)

Heumann, Stefan/*Jentzsch*, Nicola: Wettbewerb um Daten – Über Datenpools zu Innovationen, April 2019, abrufbar unter https://www.stiftung-nv.de/sites/default/files/wettbewerb_um_daten.pdf (zitiert: *Heumann/Jentzsch*)

Hillgruber, Christian: Der Schutz des Menschen vor sich selbst, 1. Auflage 1992 (zitiert: *Hillgruber*, Schutz des Menschen vor sich selbst)

Hoffmann, Christian/*Luch*, Anika D./*Schulz*, Sönke E./*Borchers*, Kim Corinna: Die digitale Dimension der Grundrechte – Das Grundgesetz im digitalen Zeitalter, 1. Auflage 2015 (zitiert: *Hoffmann/Luch/Schulz/Borchers*, Grundrechte)

Höfling, Wolfram: Menschenwürde und gute Sitten, NJW 1983, 1582 ff.

Hofmann, Johanna M./*Johannes*, Paul C.: DS-GVO: Anleitung zur autonomen Auslegung des Personenbezugs – Begriffsklärung der entscheidenden Frage des sachlichen Anwendungsbereichs, ZD 2017, 221 ff.

Holzmayr-Schrenk, Thorsten: Die Richtlinie über unlautere Geschäftspraktiken – Analyse der RL 2005/29/EG und ihrer Konsequenzen für das UWG, 1. Auflage 2009 (zitiert: *Holzmayr-Schrenk*, Die Richtlinie über unlautere Geschäftspraktiken)

Höpfner, Clemens: Gesetzesbindung und verfassungskonforme Auslegung im Arbeits- und Verfassungsrecht, RdA 2018, 321 ff.

Höpfner, Clemens/*Daum*, Jan Alexander: Die Pflicht des Arbeitgebers zur Erfassung der Arbeitszeit, RdA 2019, 270ff.

Hirzel, David: Macht und Methode – Kompetenzen des Bundesverfassungsgerichts im Wandel der Zeit, 1. Auflage 2023 (zitiert: *Hirzel*, Macht und Methode)

Hornung, Gerrit: Eine Datenschutz-Grundverordnung für Europa? Licht und Schatten im Kommissionentwurf vom 25.1.2012, ZD 2012, 99ff.

Huber, Peter M./*Voßkuhle*, Andreas: Grundgesetz Band 1 – Präambel, Artikel 1–19, 8. Auflage 2024 (zitiert: Huber/Voßkuhle/*Bearbeiter*)

Hufen, Friedhelm: Die Menschenwürde, Art. 1 I GG, JuS 2010, 1ff.

Hufen, Friedhelm: Grundrechte: Kindeswohl und Elternrecht, JuS 2011, 375ff.

Ipsen, Jörn: Staatsrecht II – Grundrechte, 24. Auflage 2021 (zitiert: *Ipsen*, Grundrechte)

Isensee, Josef/*Kirchhof*, Paul: Handbuch des Staatsrechts der Bundesrepublik Deutschland – Band VII Freiheitsrechte, 3. Auflage 2009 (zitiert: Isensee/Kirchhof/*Bearbeiter*, Handbuch Staatsrecht – Band VII)

Isensee, Josef/*Kirchhof*, Paul: Handbuch des Staatsrechts der Bundesrepublik Deutschland – Band IX: Allgemeine Grundrechtslehren, 1. Auflage 2011 (zitiert: Isensee/Kirchhof/*Bearbeiter*, Handbuch Staatsrecht – Band IX)

Jaensch, Michael: Die unmittelbare Drittwirkung der Grundfreiheiten – Untersuchung der Verpflichtung von Privatpersonen durch Art. 30, 48, 52, 59, 73b EGV, 1. Auflage 1997 (zitiert: *Jaensch*, Grundfreiheiten)

Jakl, Bernhard: Das Recht der Künstlichen Intelligenz – Möglichkeiten und Grenzen zivilrechtlicher Regulierung, MMR 2019, 711ff.

Jakl, Bernhard: Handlungshoheit – Die normative Struktur der bestehenden Dogmatik und ihrer Materialisierung im deutschen und europäischen Schuldvertragsrecht, 1. Auflage 2019 (zitiert: *Jakl*, Handlungshoheit)

Jarass, Hans D.: Charta der Grundrechte der Europäischen Union, 4. Auflage 2021 (zitiert: Jarass/*Bearbeiter*)

Jarass, Hans D.: Das allgemeine Persönlichkeitsrecht im Grundgesetz, NJW 1989, 857ff.

Jarass, Hans: Die Bedeutung der Unionsgrundrechte unter Privaten, ZEuP 2017, 310ff.

Jarass, Hans D./*Kment*, Martin: EU – Grundrechte, 2. Auflage 2019 (zitiert: *Jarass/Kment*)

Jarass, Hans D./*Pieroth*, Bodo: Grundgesetz für die Bundesrepublik Deutschland, 18. Auflage 2024 (zitiert: Jarass/Pieroth/*Bearbeiter*)

Jipp, Daniel: Die Berücksichtigung des Vorverhaltens einer Person bei der Abwägung zwischen dem Allgemeinen Persönlichkeitsrecht und Artikel 5 Absatz 1 GG, 1. Auflage 2017 (zitiert: *Jipp*, Vorverhalten)

Joecks, Wolfgang/*Miebach*, Klaus: Münchener Kommentar zum StGB, Band 1, 4. Auflage 2020 (zitiert: MüKoStGB/*Bearbeiter*)

Jöns, Johanna: Daten als Handelsware – Zur verfassungskonformen Ausgestaltung des Datenrechts nach dem Vorbild des Immaterialgüterrechts, 1. Auflage (zitiert: *Jöns*, Daten als Handelsware)

Kamann, Hans-Georg/*Miller*, Robin Dominik: Kartellrecht und Datenschutzrecht – Verhältnis einer Hass-Liebe?, NZKart 2016, 405 ff.

Kant, Immanuel: „Grundlegung zur Metaphysik der Sitten" in „Kritik der reinen Vernunft", ab 1781 (zitiert: *Kant*, AA IV)

Karpenstein, Ulrich/*Mayer*, Franz C.: Konvention zum Schutz der Menschenrechte und Grundfreiheiten, 3. Auflage 2022 (zitiert: Karpenstein/Mayer/*Bearbeiter*)

Kaufmann, Julia: Erfordernis einer klaren und präzisen Information des Nutzers für wirksames Einverständnis bei automatisierter Werbeeinblendung – Inbox-Werbung II, EWiR 2022, 539 f.

Kirchberg, Christian: Zur Sittenwidrigkeit von Verwaltungsakten, NVwZ 1983, 141 ff.

Klement, Jan Henrik: Öffentliches Interesse an Privatheit, JZ 2017, 161 ff.

Klose, Martin/*Straub*, Marvin: Willensmängel bei der Einwilligung in eine ärztliche Behandlung, MedR 2019, 714 ff.

Knappertsbusch, Inka: Die datenschutzrechtliche Einwilligung im Beschäftigungsverhältnis – Verfassungsrechtliche Anforderungen und deren einfachgesetzliche Umsetzung, 1. Auflage 2022 (zitiert: *Knappertsbusch*, Die datenschutzrechtliche Einwilligung im Beschäftigungsverhältnis)

Knebel, Sophie Victoria: Die Drittwirkung der Grundrechte und -freiheiten gegenüber Privaten – Regulierungsmöglichkeiten sozialer Netzwerke, 1. Auflage 2018 (zitiert: *Knebel*, Drittwirkung)

Knüppel, Kai-Niklas: Datenfinanzierte Apps als Gegenstand des Datenschutzrechts, 1. Auflage (zitiert: *Knüppel*, Datenfinanzierte Apps)

Köhler, Helmut: Die Umsetzung der Richtlinie über unlautere Geschäftspraktiken in Deutschland – eine kritische Analyse, GRUR 2012, 1073 ff.

Köhler, Helmut: Ist die Regelung der Telefonwerbung im UWG richtlinienkonform, WRP 2012, 1329 ff.

Köhler, Helmut: Verbandsklagen gegen unerbetene Telefon-, Fax- und E-Mail-Werbung: Was sagt das Unionsrecht?, WRP 2013, 567 ff.

Köhler, Helmut: Zur Neuvermessung der Tatbestände der unzumutbaren Belästigung (§ 7 UWG) § 7 Abs. 2 Nr. 1 UWG, WRP 2017, 253 ff.

Köhler, Helmut/*Bornkamm*, Joachim/*Feddersen*, Jörn/*Alexander*, Christian: Gesetz gegen den unlauteren Wettbewerb, 40. Auflage 2022 (zitiert: Köhler/Bornkamm/Feddersen/*Bearbeiter*, 40. Aufl. 2022)

Köhler, Helmut/*Bornkamm*, Joachim/*Feddersen*, Jörn/*Alexander*, Christian: Gesetz gegen den unlauteren Wettbewerb, 42. Auflage 2024 (zitiert: Köhler/Bornkamm/Feddersen/*Bearbeiter*)

Kohte, Wolfhard: Die rechtfertigende Einwilligung, AcP 185 (1985), 105 ff.

König, Carsten: Zum Verfassungsrang der Grundfreiheiten und des europäischen Wettbewerbsrechts, EuR 2022, 48 ff.

Körber, Torsten: Die Facebook-Entscheidung des Bundeskartellamtes – Machtmissbrauch durch Verletzung des Datenschutzrechts?, NZKart 2019, 187 ff.

Körber, Torsten: „Digitalisierung" der Missbrauchsaufsicht durch die 10. GWB-Novelle – Macht im Netz IV: Maßvolle Antwort oder übertriebene Regulierung der Digitalwirtschaft?, MMR 2020, 290 ff.

Körber, Torsten: Grundfreiheiten und Privatrecht, 1. Auflage 2004 (zitiert: *Körber*, Grundfreiheiten)

Körber, Torsten: Ist Wissen Marktmacht? Überlegungen zum Verhältnis von Datenschutz, „Datenmacht" und Kartellrecht, NZKart 2016, 348 ff.

Körber, Torsten/*Schweitzer*, Heike/*Zimmer*, Daniel: Wettbewerbsrecht – Band 1 GWB – Kommentar zum Europäischen Kartellrecht, 6. Auflage 2019 (zitiert: Immenga/Mestmäcker/*Bearbeiter*, Band 1)

Körber, Torsten/*Schweitzer*, Heike/*Zimmer*, Daniel: Wettbewerbsrecht – Band 2 GWB – Kommentar zum Deutschen Kartellrecht, 7. Auflage 2024 (zitiert: Immenga/Mestmäcker/*Bearbeiter*, Band 2)

Koziol, Helmut: Fehlende Einwilligung des Patienten und Haftung in Österreich – Notwendigkeit neuer Lösungen?, MedR 2019, 105 ff.

Kramer, Philipp: Verbot mit Erlaubnisvorbehalt zeitgemäß? Anmerkungen zu Weicherts „Wider das Verbot mit Erlaubnisvorbehalt im Datenschutz?", DuD 2013, 280 ff.

Kredel, Nicolas/*Kresken*, Jan: Was lange währt…? – Eckpunkte des Gesetzentwurfs für das GWB-Digitalisierungsgesetz, NZKart 2020, 502 ff.

Krings, Günter: Grund und Grenzen grundrechtlicher Schutzansprüche – Die subjektiv-rechtliche Rekonstruktion der grundrechtlichen Schutzpflichten und ihre Auswirkungen auf die verfassungsrechtliche Fundierung des Verbrauchervertragsrechts, 1. Auflage 2003 (zitiert: *Krings*, Grundrechtliche Schutzansprüche)

Krohm, Niclas/*Müller-Peltzer*, Philipp: Auswirkungen des Kopplungsverbots auf die Praxistauglichkeit der Einwilligung – Das Aus für das Modell „Service gegen Daten"?, ZD 2017, 551 ff.

Kuchenbauer, Konstantin: Gewerblicher Adresshandel unter der Geltung der Datenschutz-Grundverordnung, ZfDR 2022, 135 ff.

Kühling, Jürgen/*Buchner*, Benedikt: Datenschutz-Grundverordnung/BDSG – Kommentar 4. Auflage 2024 (zitiert: Kühling/Buchner/*Bearbeiter*)

Kulick, Andreas: Horizontalwirkung im Vergleich – Ein Plädoyer für die Geltung der Grundrechte zwischen Privaten, 1. Auflage 2020 (zitiert: *Kulick*, Horizontalwirkung im Vergleich)

Künstner, Manuel: Facebook und die kartellrechtliche Regulierung der Datennutzungen – Bundeskartellamts Werk und OLG Düsseldorfs Beitrag?, K&R 2019, 605 ff.

Kunzendorf, Friederike Simone: Gelenkter Wille – Das Nudging-Konzept zwischen Selbstbestimmungsfreiheit und Rechtsstaatsprinzip, 1. Auflage 2021 (zitiert: *Kunzendorf*, Gelenkter Wille)

Kutscha, Martin/*Thomé*, Sarah: Grundrechtsschutz im Internet?, 1. Auflage 2013 (zitiert: *Kutscha/Thomé*, Grundrechtsschutz im Internet)

Lackner, Karl/*Kühl*, Kristian/*Heger*, Martin: Strafgesetzbuch – Kommentar, 30. Auflage 2023 (zitiert: Lackner/Kühl/Heger/*Bearbeiter*)

Langhanke, Carmen: Daten als Leistung – Eine rechtsvergleichende Untersuchung zu Deutschland, Österreich und der Schweiz, 1. Auflage 2018 (zitiert: *Langhanke*, Daten als Leistung)

Laoutoumai, Sebastian: Privacy Litigation: datenschutzrechtliche Ansprüche durchsetzen und verteidigen, 1. Auflage 2021 (zitiert: *Laoutoumai*, Privacy Litigation)

Laoutoumai, Sebastian/*Hoppe*, Adrian: Setzt die DSGVO das UWG Schachmatt? – Können Datenschutzverstöße auch weiterhin über das Recht des unlauteren Wettbewerbs verfolgt werden?, K&R 2018, 533 ff.

Larenz, Karl/*Canaris*, Claus Wilhelm: Methodenlehre der Rechtswissenschaft, 3. Auflage 1995 (zitiert: *Larenz/Canaris*, Methodenlehre)

Leible, Stefan: Gemeinschaftswidriges generelles Verbot der Kopplung von Warenabsatz und Gewinnspiel, EuZW 2010, 183 ff.

Lepsius, Oliver: Der Facebook-Beschluss des BGH aus der Sicht des Verfassungsrechts, WuW 2020, 566 ff.

Lett, Tobias: Art. 102 AEUV, § 19 GWB und Rechtsbruch, insbesondere Verstöße gegen AGB-Recht und Datenschutzrecht, WRP 2020, 1391 ff.

Lettl, Tobias: Missbräuchliche Ausnutzung einer marktbeherrschenden Stellung nach Art. 102 AEUV, § 19 GWB und Rechtsbruch, WuW 2016, 214 ff.

Leupold, Andreas/*Wiebe*, Andreas/*Glossner*, Silke: IT-Recht – Recht, Wirtschaft und Technik der digitalen Transformation, 4. Auflage 2021 (zitiert: Leupold/Wiebe/Glossner/*Bearbeiter*)

von Lewinski, Kai: Die Matrix des Datenschutzes, 1. Auflage 2014 (zitiert: *von Lewinski*, Matrix des Datenschutzes)

Liao, I-Ning: Die Grundlage der Einwilligung im Strafrecht, 1. Auflage 2020 (zitiert: *Liao*, Grundlage der Einwilligung im Strafrecht)

Lindenberg, Helen: Zeit für einen Aufbruch in eine neue Ära des Kartellrechts?, WRP 2021, 302 ff.

Linke, Tobias: Die Menschenwürde im Überblick: Konstitutionsprinzip, Grundrecht, Schutzpflicht, JuS 2016, 888 ff.

Loewenheim, Ulrich/*Meessen*, Karl M./*Riesenkampff*, Alexander/*Kersting*, Christian/*Meyer-Lindemann*, Hans-Jürgen: Kartellrecht – Kommentar zum Deutschen und Europäischen Recht, 4. Auflage 2020 (zitiert: Loewenheim/Meessen/Riesenkampff/Kersting/Meyer-Lindemann/*Bearbeiter*)

Lohse, Andreas: Facebook und die Verarbeitung der off-Facebook-Daten nach der DSGVO: Ein Fall für die kartellrechtliche Missbrauchsaufsicht?, NZKart 2020, 292 ff.

Lübbe-Wolff, Gertrude: Die Grundrechte als Eingriffsabwehrrechte: Struktur und Reichweite der Eingriffsdogmatik im Bereich staatlicher Leistungen, 1. Auflage 1988 (zitiert: *Lübbe-Wolff*, Eingriffsabwehrrechte)

Lühmann, Tobias B./*Stegemann*, Lea: Voraussetzungen für Verbandsklagen bei Verstößen gegen die Datenschutz-Grundverordnung, NJW 2022, 1715 ff.

Mager, Ute: Einrichtungsgarantien – Entstehung, Wurzeln, Wandlungen und grundgesetzmäßige Neubestimmung einer dogmatischen Figur des Verfassungsrechts, 1. Auflage 2003 (zitiert: *Mager*, Einrichtungsgarantien)

Mainzer, Claudia: Die dogmatische Figur der Einrichtungsgarantie, 1. Auflage 2003 (zitiert: *Mainzer*, Einrichtungsgarantie)

Malacrida, Ralph: Der Grundrechtsverzicht, 1. Auflage 1992 (zitiert: *Malacrida*, Grundrechtsverzicht)

Manthey, Benjamin: Das datenschutzrechtliche Transparenzgebot, 1. Auflage 2020 (zitiert: *Manthey*, Datenschutzrechtliches Transparenzgebot)

Marsch, Nikolaus: Das europäische Datenschutzgrundrecht – Grundlagen – Dimensionen – Verflechtungen, 1. Auflage 2018 (zitiert: *Marsch*, Das europäische Datenschutzgrundrecht)

Martel, Rabea: Anforderungen an wirksame Einwilligung in Inbox-Werbung, GRUR-Prax 2022, 417

Martini, Mario: Das allgemeine Persönlichkeitsrecht im Spiegel der jüngeren Rechtsprechung des Bundesverfassungsgerichts, JA 2009, 839 ff.

Masing, Johannes: Herausforderungen des Datenschutzes, NJW 2012, 2305 ff.

Merten, Detlef/*Papier*, Hans-Jürgen: Handbuch der Grundrechte in Deutschland und Europa – Band IV: Grundrechte in Deutschland: Allgemeine Lehren I, 1. Auflage 2006 (zitiert: Merten/Papier/*Bearbeiter*, Band V)

Merten, Detlef/*Papier*, Hans-Jürgen: Handbuch der Grundrechte in Deutschland und Europa – Band III: Grundrechte in Deutschland: Allgemeine Lehren II, 1. Auflage 2009 (zitiert: Merten/Papier/*Bearbeiter*, Band III)

Merten, Detlef/*Papier*, Hans-Jürgen: Handbuch der Grundrechte in Deutschland und Europa – Band II: Grundrechte in Deutschland: Einzelgrundrechte I, 1. Auflage 2011 (zitiert: Merten/Papier/*Bearbeiter*, Band II)

Meyer, Jürgen/*Hölscheidt*, Sven: Charta der Grundrechte der Europäischen Union, 5. Auflage 2019 (zitiert: Meyer/Hölscheidt/*Bearbeiter*)

Meyer-Ladewig, Jens: Menschenwürde und Europäische Menschenrechtskonvention, NJW 2004, 981 ff.

Meyer-Ladewig, Jens/*Nettesheim*, Martin/*von Raumer*, Stefan: Europäische Menschenrechtskonvention – Handkommentar, 5. Auflage 2023 (zitiert: Meyer-Ladewig/Nettesheim/von Raumer/*Bearbeiter*)

Mischau, Lena: Daten als „Gegenleistung" im neuen Verbrauchervertragsrecht, ZEuP 2020, 335 ff.

Möller, Kai: Paternalismus und Persönlichkeitsrecht, 1. Auflage 2004 (zitiert: *Möller*, Paternalismus)

Möllers, Thomas M. J.: Juristische Methodenlehre, 4. Auflage 2021 (zitiert: *Möllers*, Methodenlehre)

Moos, Flemming/*Schefzig*, Jens/*Arning*, Marian: Praxishandbuch DSGVO – einschließlich BDSG und spezifischer Anwendungsfälle, 2. Auflage 2021 (zitiert: Moos/Schefzig/Arning/*Bearbeiter*)

Mühlbert, Peter O.: Privatrecht, die EG-Grundfreiheiten und der Binnenmarkt – Zwingendes Privatrecht als Grundfreiheitenbeschränkung im EG-Binnenmarkt, ZHR 159 (1995), 2 ff.

Müller-Glöge, Rudi/*Preis*, Ulrich/*Schmidt*, Ingrid: Erfurter Kommentar zum Arbeitsrecht, 24. Auflage 2024 (zitiert: ErfKo/*Bearbeiter*)

Müller-Graff, Peter-Christian: Die horizontal Direktwirkung der Grundfreiheiten, EuR 2014, 3 ff.

Müller-Graff, Peter-Christian: Privatrecht und Europäisches Gemeinschaftsrecht, 2. Auflage 1991 (zitiert: *Müller-Graff*, Privatrecht und Europäisches Gemeinschaftsrecht)

Muthorst, Olaf: Grundlagen der Rechtswissenschaft – Methode – Begriff – System, 1. Auflage 2011 (zitiert: *Muthorst*, Grundlagen)

Nettesheim, Martin: Normenhierarchien im EU-Recht, EuR 2006, 737 ff.

Neuner, Jörg: Das BVerfG im Labyrinth der Drittwirkung, NJW 2020, 1851 ff.

Neuner, Jörg: Die Einwilligung im Deliktsrecht, JuS 2021, 617 ff.

Nippe, Wolfgang: Belästigende Wettbewerbshandlungen – Tatbestände, Rechtfertigungsgründe, Rechtsprechung, WRP 2007, 19 ff.

Ohly, Ansgar: UWG-Rechtsschutz bei Verstößen gegen die Datenschutz-Grundverordnung, GRUR 2019, 686 ff.

Ohly, Ansgar: „Volenti non fit iniuria" – Die Einwilligung im Privatrecht, 1. Auflage 2002 (zitiert: *Ohly*, Einwilligung)

Ohly, Ansgar: Zwölf Thesen zur Einwilligung im Internet, GRUR 2012, 983 ff.

Ohly, Ansgar/*Sosnitza*, Olaf: Gesetz gegen den unlauteren Wettbewerb, 8. Auflage 2023 (zitiert: Ohly/Sosnitza/*Bearbeiter*)

von Olshausen, Henning: Menschenwürde im Grundgesetz: Wertabsolutismus oder Selbstbestimmung?, NJW 1982, 2221 ff.

Oppermann, Thomas/*Classen*, Claus Dieter/*Nettesheim*, Martin: Europarecht – ein Studienbuch, 9. Auflage 2021 (zitiert: Oppermann/Classen/Nettesheim/*Bearbeiter*)

Paal, Boris P.: Schadensersatzansprüche bei Datenschutzverstößen – Voraussetzungen und Probleme des Art. 82 DS-GVO, MMR 2020, 14

Paal, Boris P./*Hennemann*, Moritz: Big Data as an asset – Daten und Kartellrecht, Abida Gutachten 2019 (zitiert: Abida-*Paal/Hennemann*)

Paal, Boris P./*Kumkar*, Lea Katharina: Wettbewerbsschutz in der Digitalwirtschaft – Die wichtigsten Neuerungen der 10. GWB-Novelle im Überblick, NJW 2021, 809 ff.

Pawlik, Michael/*Zaczyk*, Rainer: Festschrift für Günther Jakobs zum 70. Geburtstag am 26. Juli 2007, 1. Auflage 2007 (zitiert: FS Jakobs/*Bearbeiter*, Titel des Beitrags)

Pechstein, Matthias/*Nowak*, Carsten/*Häde*, Ulrich: Frankfurter Kommentar zu EUV, GRC und AEUV, 1. Auflage 2017 (zitiert: FraKo/*Bearbeiter*)

Perner, Stefan: Grundfreiheiten, Grundrechte-Charta und Privatrecht, 1. Auflage 2013 (zitiert: *Perner*, Grundfreiheiten, GrCh und Privatrecht)

Peters, Anne/*Altwicker*, Tilmann: Europäische Menschenrechtskonvention – Mit rechtsvergleichenden Bezügen zum deutschen Grundgesetz, 2. Auflage 2012 (zitiert: *Peters/Altwicker*)

Pischel, Gerhard: Konkurrenz und Kollision von Grundrechten, JA 2006, 357 ff.

Podszun, Rupprecht: Der Verbraucher als Marktakteur: Kartellrecht und Datenschutz in der „Facebook"-Entscheidung des BGH, GRUR 2020, 1268 ff.

Podszun, Rupprecht/*de Toma*, Michael: Die Durchsetzung des Datenschutzes durch Verbraucherrecht, Lauterkeitsrecht und Kartellrecht, NJW 2016, 2987 ff.

Pomana, Andrea/*Schneider*, Maren: Wettbewerbsrecht und Datenschutz: Facebook im Visier des Bundeskartellamts, BB 2018, 965 ff.

Poscher, Ralf: Grundrechte als Abwehrrechte – Reflexive Regelung rechtlich geordneter Freiheit, 1. Auflage 2003 (zitiert: *Poscher*, Grundrechte als Abwehrrechte)

Putzke, Christina/*Putzke*, Holm: Schwarzfahren als Beförderungserschleichung – Zur methodengerechten Auslegung des § 265a StGB, JuS 2012, 500 ff.

Quecke, Justus: Unantastbare Menschenwürde – Zur Dogmatik des Art. 1 Abs. 1 GG zwischen Absolutheitsanspruch und Abwägungsdenken, 1. Auflage 2018 (zitiert: *Quecke*, Menschenwürde)

Quist, Elena: Der Schutz von Persönlichkeitsrechten im Strafrecht des geistigen Eigentums, 1. Auflage 2019 (zitiert: *Quist*, Persönlichkeitsrechte)

Radlanski, Philip: Das Konzept der Einwilligung in der datenschutzrechtlichen Realität, 2016 (zitiert: *Radlanski*, Einwilligung)

Raue, Peter/*Hegemann*, Jan: Münchener Anwaltshandbuch – Urheber- und Medienrecht, 3. Auflage 2023 (zitiert: MAH-UrhR/*Bearbeiter*)

Rennert, Justin: EuGH | Inbox-Werbung bedarf einer Einwilligung des E-Mail-Dienstenutzers, IWRZ 2022, 180 ff.

Resch, Reinhard: Die Einwilligung des Geschädigten, 1. Auflage 1997 (zitiert: *Resch*, Einwilligung)

Richter, Heiko/*Slowinski*, Peter R.: The Data Sharing Economy: On The Emergence of New Intemediaries, ICC 2019, 4 ff.

Rieländer, Frederick: Klagebefugnis von Verbraucherschutzverbänden – Rüge von Datenschutzverstößen, NVwZ 2022, 945 ff.

Riesenhuber, Karl: Die Einwilligung des Arbeitnehmers im Datenschutzrecht, RdA 2011, 257 ff.

Robbers, Gerhard: Der Grundrechtsverzicht, JuS 1985, S. 925 ff.

Rogosch, Patricia Maria: Die Einwilligung im Datenschutzrecht, 2013 (zitiert: *Rogosch*, Einwilligung)

Rosener, Wolfgang: Die Einwilligung in Heileingriffe – Ein Beitrag zur Rechtsgeschäftslehre, 1. Auflage 1965 (zitiert: *Rosener*, Einwilligung)

Roßnagel, Alexander: Das neue Datenschutzrecht – Europäische Datenschutz-Grundverordnung und deutsche Datenschutzgesetze, 1. Auflage 2018 (zitiert: Roßnagel/*Bearbeiter*)

Roßnagel, Alexander: Datenschutz im E-Learning, ZD 2020, 296 ff.

Roßnagel, Alexander: Kein „Verbotsprinzip" und kein „Verbot mit Erlaubnisvorbehalt" im Datenschutzrecht – Zur Dogmatik der Datenverarbeitung als Grundrechtseingriff, NJW 2019, 1 ff.

Roßnagel, Alexander/*Schnabel*, Christoph: Das Grundrecht auf Gewährleistung der Vertraulichkeit und Integrität informationstechnischer Systeme und sein Einfluss auf das Privatrecht, NJW 2008, 3534 ff.

Ruffert, Matthias: Privatrechtswirkung der Grundrechte – Von Lüth zum Stadionverbot – und darüber hinaus?, JuS 2020, 1 ff.

Ruffert, Matthias/*Grischek*, Friedrike/*Schramm*, Moritz: Europarecht im Examen – Die Grundfreiheiten, JuS 2021, 407 ff.

Rüping, Matthias: Der mündige Bürger – Leitbild der Privatrechtsordnung?, 1. Auflage 2017 (zitiert: *Rüping*, Mündiger Bürger)

Rüthers, Bernd: Die unbegrenzte Auslegung, 3. Auflage 1988 (zitiert: *Rüthers*, Unbegrenzte Auslegung)

Rüthers, Bernd/*Fischer*, Christian/*Birk*, Axel: Rechtstheorie und Juristische Methodenlehre, 12. Auflage 2022 (zitiert: *Rüthers/Fischer/Birk*, Rechtstheorie und Juristische Methodenlehre)

Ruttmann, Christine/*Rott*, Peter: Klagebefugnis von Verbraucherverbänden, VuR 2022, 392 ff.

Sachs, Michael: Grundgesetz, 9. Auflage 2021 (zitiert: Sachs/*Bearbeiter*)

Säcker, Franz Jürgen/*Bien*, Florian/*Meier-Beck*, Peter/*Montag*, Frank: Münchener Kommentar zum Wettbewerbsrecht – Band 1 – Europäisches Wettbewerbsrecht, 4. Auflage 2023 (zitiert: MüKoWettbR/*Bearbeiter*)

Säcker, Franz Jürgen/*Rixecker*, Roland/*Oetker*, Hartmut/*Limperg*, Bettina: Münchener Kommentar zum Bürgerlichen Gesetzbuch – Band 1, 9. Auflage 2021; Band 2, 9. Auflage 2022 (zitiert: MüKoBGB/*Bearbeiter*)

Sattler, Andreas: Personenbezogene Daten als Leistungsgegenstand – Die Einwilligung als Wegbereiter des Datenschuldrechts, JZ 2017, 1036 ff.

Sauer, Heiko: Die Grundfreiheiten des Unionsrechts – Eine Handreichung für die Fallbearbeitung, JuS 2017, 310 ff.

Schäfers, Dominik: Einführung in die Methodik der Gesetzesauslegung, JuS 2015, 875 ff.

Schantz, Peter/*Wolff*, Heinrich Amadeus: Das neue Datenschutzrecht – Datenschutz-Grundverordnung und Bundesdatenschutzgesetz in der Praxis, 1. Auflage 2017 (zitiert: Schantz/Wolff/*Bearbeiter*)

Schepers, Christian: Das öffentlich-rechtliche Programm und seine Finanzierung – Reformbedürfnisse und- anstrengungen vor dem Hintergrund der gescheiterten Beitragserhöhung im Dezember 2020, 1. Auflage 2023 (zitiert: *Schepers*, Das öffentlich-rechtliche Programm und seine Finanzierung)

Scheurer, Martin: Spielerisch selbstbestimmt – Rechtskonforme Einwilligungserklärungen in Zeiten ubiquitärer Digitalisierung (zitiert: *Scheurer*, Rechtskonforme Einwilligungserklärungen, 1. Auflage 2019)

Schlechtriem, Peter: Inhalt und systematischer Standort des allgemeinen Persönlichkeitsrechts DRiZ 1975, 65–70

Schmidt, Karsten/*Ebke*, Werner F.: Münchener Kommentar zum Handelsgesetzbuch, Band 4, 5. Auflage 2024 (zitiert: MüKoHGB/*Bearbeiter*)

Schmidt-Bleibtreu, Bruno/*Klein*, Franz/*Bethge*, Herbert: Bundesverfassungsgerichtsgesetz – Kommentar, 63. Ergänzungslieferung Juni 2023 (zitiert: Schmidt-Bleibtreu/Klein/Bethge/*Bearbeiter*)

Schmidt-Rimpler, Walter: Grundfragen einer Erneuerung des Vertragsrechts, AcP 147 (1941), 133 ff.

Schmidt-Samek, Patrick: Datenbezogener Ausbeutungsmissbrauch und Grundrecht auf Eigentum Art. 17 GRC als möglicher Schlüssel im Facebook-Verfahren, EuR 2022, 586 ff.

Schneider, Jochen/*Härting*, Niko: Warum wir ein neues BDSG brauchen – Kritischer Beitrag zum BDSG und dessen Defiziten, ZD 2011, 63 ff.

Schneider, Jochen/*Härting*, Niko: Wird der Datenschutz nun endlich internettauglich? Warum der Entwurf einer Datenschutz-Grundverordnung enttäuscht, ZD 2012, 199 ff.

Schoene, Volker: Dreimal Werbung im E-Mail-Posteingang ist „hartnäckiges Ansprechen“, GRUR-Prax 2021, 720

Schönberger, Christian: Struktur und Grenzen des Missbrauchsbegriffs – Zur Frage der Heranziehung außerkartellrechtlicher Rechtsverstöße zur Begründung des Missbrauchsvorwurfs, 1. Auflage 2022 (zitiert: *Schönberger*, Struktur und Grenzen des Missbrauchsbegriffs)

Schöning, Heiko: Art. 82 DSGVO – Klärung durch EuGH steht an – Eine Einordnung der aktuell bekannten Vorabentscheidungsersuche an den EuGH, CR 2022, 152 ff.

Schönke, Adolf/*Schröder*, Horst: Strafgesetzbuch – Kommentar, 30. Auflage 2019 (zitiert: Schönke/Schröder/*Bearbeiter*)

Schreiber, Marlene: Wettbewerbsrechtliche Abmahnung von Konkurrenten wegen Verstößen gegen DS-GVO, GRUR-Prax 2018, 371 ff.

Schröder, Markus: Datenschutz als Wettbewerbsvorteil – Es ist an der Zeit, ZD 2012, 193 ff.

Schröder, Markus: K & R Kommentar zu OLG Frankfurt a. M., Urteil vom 27.6.2019, – 6 U 6/19, K & R 2019, 666 ff.

Schroeder, Werner: Das Gemeinschaftsrechtssystem, 1. Auflage 2002 (zitiert: *Schroeder*, Gemeinschaftsrechtssystem)

Schulze, Reiner: Handkommentar Bürgerliches Gesetzbuch, 12. Auflage 2024 (zitiert: HK-BGB/*Bearbeiter*)

Schwabe, Jürgen: Probleme der Grundrechtsdogmatik, 1. Auflage 1977 (zitiert: *Schwabe*, Grundrechtsdogmatik)

Schwarzburg, Katrin: Die Menschenwürde im Recht der Europäischen Union, 1. Auflage 2012

Schweitzer, Heike: „Datenzugang in der Datenökonomie: Eckpfeiler einer neuen Informationsordnung", GRUR 2019, 569 ff.

Seichter, Dirk: Der Umsetzungsbedarf der Richtlinie über unlautere Geschäftspraktiken, WRP 2005, 1087 ff.

Simitis, Spiros/*Hornung*, Gerrit/*Spiecker genannt Döhmann*, Indra: Datenschutzrecht, 1. Auflage 2019 (zitiert: Simitis/Hornung/Spiecker gen. Döhmann/*Bearbeiter*)

Sosnitza, Olaf: Wettbewerbsverstoß bei Abhängigkeit einer Gewinnspielteilnahme von Warenerwerb oder Dienstleistungsbestellung, LMK 2010, 298886

Specht, Louisa: Konsequenzen der Ökonomisierung informationeller Selbstbestimmung: Die zivilrechtliche Erfassung des Datenhandels, 1. Auflage 2012 (zitiert: *Specht*, Ökonomisierung informationeller Selbstbestimmung)

Specht, Louisa/*Mantz*, Reto: Handbuch Europäisches und deutsches Datenschutzrecht – Bereichsspezifischer Datenschutz in Privatwirtschaft und öffentlichem Sektor, 1. Auflage 2019 (zitiert: Specht/Mantz/*Bearbeiter*)

Spickhoff, Andreas: Medizinrecht, 4. Auflage 2022 (zitiert: Spickhoff/*Bearbeiter*)

Spieß, Gerhard: Der Grundrechtsverzicht, 1. Auflage 1997 (zitiert: *Spieß*, Grundrechtsverzicht)

Spindler, Gerald: Klarheit für Cookies, NJW 2020, 2513 ff.

Spindler, Gerald: Verträge über digitale Inhalte – Anwendungsbereich und Ansätze – Vorschlag der EU-Kommission zu einer Richtlinie über Verträge zur Bereitstellung digitaler Inhalte, MMR 2016, 147 ff.

Spindler, Gerald/*Schmitz*, Peter/*Liesching*, Marc: Telemediengesetz mit Netzwerkdurchsetzungsgesetz – Kommentar, 2. Auflage 2018 (zitiert: Spindler/Schmitz/*Bearbeiter*)

Spindler, Gerald/*Schuster*, Fabian: Recht der elektronischen Medien – Kommentar, 4. Auflage 2019 (zitiert: Spindler/Schuster/*Bearbeiter*)

Spittka, Jan: Weg für Verbraucherschutzklagen bei DS-GVO Verstößen frei, GRUR-Prax 2022, 323

Starke, Michael: EU-Grundrechte und Vertragsrecht, 1. Auflage 2016 (zitiert: *Starke*, EU-Grundrechte und Vertragsrecht)

Stein, Fabian: Die Darlegungs- und Beweislast im Zivilprozess – Ein Überblick, JuS 2016, 896 ff.

Steinrötter, Björn: Anforderungen an die Einwilligung des Internetnutzers beim Setzen und Auslesen von Cookies – Anmerkung zu: Urt. v. 1.10.2019 – C-673/17 – Planet49, GPR 2020, 106 ff.

Stern, Klaus: Das Staatsrecht der Bundesrepublik Deutschland – Band III/1 – Allgemeine Lehren der Grundrechte, 1. Auflage 1988 (zitiert: *Stern*, Staatsrecht – Band III/1)

Stern, Klaus/*Sachs*, Michael: Europäische Grundrechte-Charta GrCh – Kommentar, 1. Auflage 2016 (zitiert: Stern/Sachs/*Bearbeiter*)

Stern, Klaus/*Sodan*, Helge/*Möstl*, Markus: Das Staatsrecht der Bundesrepublik Deutschland im europäischen Staatenverbund – Band III – Allgemeine Lehren der Grundrechte, 2. Auflage 2022 (zitiert: Stern/Sodan/Möstl/*Bearbeiter*)

Stinner, Julia: Staatliche Schutzpflichten im Rahmen informationstechnischer Systeme, 1. Auflage 2018 (zitiert: *Stinner*, Staatliche Schutzpflichten)

Stoffel, Walter A.: Facebook, EuZW 2019, 177 ff.

Streinz, Rudolf: Europarecht: Löschungsanspruch gegen verantwortlichen Suchmaschinenbetreiber (Google) – Sog. Recht auf Vergessen, JuS 2014, 1140 ff.

Streinz, Rudolf: EUV/AEUV, 3. Auflage 2018 (zitiert: Streinz/*Bearbeiter*)

Stürner, Rolf: Jauernig – Bürgerliches Gesetzbuch mit Rom-I-VO, Rom-II-VO, Rom-III-VO, EG-UnthVO/HUntProt und EuErbVO, 19. Auflage 2023 (zitiert: Jauernig/*Bearbeiter*)

Suchomel, Jan Ulf: Partielle Disponibilität der Würde des Menschen, 1. Auflage 2010 (zitiert: *Suchomel*, Menschenwürde)

Sydow, Gernot/*Marsch*, Nikolaus: Europäische Datenschutzgrundverordnung, 3. Auflage 2022 (zitiert: Sydow/Marsch/*Bearbeiter*)

Taeger, Jürgen/*Gabel*, Detlev: DSGVO – BDSG – Kommentar, 4. Auflage 2022 (zitiert: Taeger/Gabel/*Bearbeiter*)

Taeger, Jürgen/*Pohle*, Jan: Computerrechts-Handbuch – Informationstechnologie in der Rechts- und Wirtschaftspraxis, 38. Ergänzungslieferung August 2023 (zitiert: Taeger/Pohle/*Bearbeiter*)

Theobald, Christian/*Kühling*, Jürgen: Energierecht – Band 1 – Kommentar, Stand Januar 2024, 124. Ergänzungslieferung (zitiert: Theobald/Kühling/*Bearbeiter*, Energierecht – Band 1)

Thiede, Thomas: OLG Düsseldorf: Datenschutzrecht: EuGH-Vorlage betreffend Kompetenz nationaler Kartellbehörde iRd DSGVO – Facebook Ireland, EuZW 2021, 680 ff.

Thiede, Thomas: OLG Düsseldorf: Wettbewerbsrecht: OLG Düsseldorf setzt BKartA- Anordnung gegen Facebook aus, EuZW 2019, 779 ff.

Tinnefeld, Marie-Theres/*Conrad*, Isabell: Die selbstbestimmte Einwilligung im europäischen Recht, ZD 2018, 391 ff.

Tribess, Alexander: Beweislastverteilung für Schadensersatzansprüche unter der DSGVO, GWR 2020, 140

Uebele, Fabian: Datenschutz und Kartellrecht, 1. Auflage 2022 (zitiert: *Uebele*, Datenschutz und Kartellrecht)

Uebele, Fabian: Datenschutzrecht vor Zivilgerichten – Die Durchsetzung des Datenschutzrechts über UWG und UKlaG auf dem Prüfstand von Rechtsprechung und Gesetzgeber, GRUR 2019, 694 ff.

Uebele, Fabian: Klage eines Verbands zur Wahrung von Verbraucherinteressen ohne Auftrag und unabhängig von der Verletzung konkreter Rechte einer betroffenen Person, RDV 2022, 215 ff.

Ulmer, Peter/*Brandner*, Hans Erich/*Hensen*, Horst-Diether: AGB-Recht – Kommentar zu den §§ 305–310 und zum UKlaG, 13. Auflage 2022 (zitiert: Ulmer/Brandner/Hensen/*Bearbeiter*) *von Ungern-Sternberg*, Joachim: Schlichte einseitige Einwilligung und treuwidrig widersprüchliches Verhalten des Urheberberechtigten bei Internetnutzungen, GRUR 2009, 369 ff.

Unseld, Florian: Die Kommerzialisierung personenbezogener Daten, 1. Auflage 2010 (zitiert: *Unseld*, Kommerzialisierung personenbezogener Daten)

van Raay, Anne/*Meyer-van Raay*, Oliver: Opt-in, Opt-out und (k)ein Ende der Diskussion, VuR 2009, 103 ff.

Veelken, Winfried: Kundenfang gegenüber dem Verbraucher, WRP 2004, 1 ff.

Veil, Winfried: Accountability – Wie weit reicht die Rechenschaftspflicht der DS-GVO? – Praktische Relevanz und Auslegung eines unbestimmten Begriffs, ZD 2018, 9 ff.

Veil, Winfried: Die Datenschutz-Grundverordnung: des Kaisers neue Kleider – Der gefährliche Irrweg des alten wie des neuen Datenschutzrechts, NVwZ 2018, 686 ff.

Veil, Winfried: DS-GVO: Risikobasierter Ansatz statt rigides Verbotsprinzip – Eine erste Bestandsaufnahme, ZD 2015, 347 ff.

Voigt, Marlene: Die datenschutzrechtliche Einwilligung – Zum Spannungsfeld von informationeller Selbstbestimmung und ökonomischer Verwertung von Daten, 1. Auflage 2020 (zitiert: *Voigt*, Einwilligung)

von Walter, Axel: Die Verbandsklage im Datenschutz nach Meta Platforms Ireland/Verbraucherzentrale Bundesverband – Zugleich Besprechung von EuGH, 28.04.2022 – C-319/20 – Meta Platforms Ireland/Verbraucherzentrale Bundesverband, WRP 2022, 937 ff.

Warren, Samuel D./*Brandeis* Louis D.: The Right to Privacy, Harvard Law Review, Vol. IV December 15, 1890 No. 5

Waßmuß, Lisa: Wettbewerbsrecht und Verbraucherschutz in England – Die Auswirkungen der Richtlinie gegen unlautere Geschäftspraktiken auf den Verbraucherschutz in England sowie auf die Vereinheitlichung des verbraucherschützenden Wettbewerbsrechts in der Europäischen Union, 1. Auflage 2014 (zitiert: *Waßmuß*, Wettbewerbsrecht und Verbraucherschutz in England)

Weber, Klaus: Creifelds, Rechtswörterbuch (zitiert: Creifelds/*Bearbeiter*)

Weck, Thomas/*Reinhold*, Philipp: Der Facebook-Fall nach europäischem Recht, WuW 2021, 70 ff.

Weichert, Thilo: Wider das Verbot mit Erlaubnisvorbehalt im Datenschutz? zugleich Besprechung von „Bull, Hans Peter, Netzpolitik: Freiheit und Rechtsschutz im Internet, 2013, 154 Seiten“, DuD 2013, 246 ff.

Wendehorst, Christiane/*Graf von Westphalen*, Friedrich: Das Verhältnis zwischen Datenschutz-Grundverordnung und AGB-Recht, NJW 2016, 3745 ff.

Westermann, Claas Harm: Harmonisierung des Lauterkeitsrechts in Europa: Europarechtliche Anforderungen an das deutsche Gesetz gegen den unlauteren Wettbewerb unter besonderer Berücksichtigung des Verbraucherschutzrechts, 1. Auflage 2009 (zitiert: *Westermann*, Harmonisierung des Lauterkeitsrechts)

Westermann, Harm Peter/*Grunewald*, Barbara/*Maier-Reimer*, Georg: Erman Bürgerliches Gesetzbuch – Handkommentar, 17. Auflage 2023 (zitiert: Erman/*Bearbeiter*)

Wolff, Heinrich Amadeus: UWG und DS-GVO: Zwei separate Kreise? – Qualifizierung von Datenschutzbestimmungen der DS-GVO als Marktverhaltensregelungen i. S. v. § 3a UWG, ZD 2018, 248 ff.

Wolter, Henner: Standortsicherung, Beschäftigungssicherung, Unternehmensautonomie, Tarifautonomie, RdA 2002, 218 ff.

Wybitul, Tom/*Leibold*, Kevin: Risiken für Unternehmen durch neue Rechtsprechung zum DS-GVO-Schadensersatz, ZD 2022, 207 ff.

Zech, Herbert: Durchsetzung von Datenschutz mittels Wettbewerbsrecht?, WRP 2013, 1434 ff.

Zerdick, Thomas: Datenschutzrecht: Übermittlung von Daten durch Unternehmen an Behörden, EuZW 2022, 527 ff.

Zippelius, Reinhold: Juristische Methodenlehre, 11. Auflage 2012 (zitiert: *Zippelius*, Methodenlehre)

Zitelmann, Ernst: Ausschluß der Widerrechtlichkeit, AcP 99, 1906, 1 ff.

Sachwortverzeichnis

Robert Faußner

Der datenschutzrechtliche Schadenersatzanspruch nach Art. 82 DS-GVO

Analyse der Forschung und Rechtsprechung
in der Bundesrepublik Deutschland und der Republik Österreich

Die Datenschutz-Grundverordnung (DS-GVO) ermöglicht die zivilrechtliche Geltendmachung von datenschutzrechtlichen Schadenersatzansprüchen über Art. 82 DS-GVO. In den vergangenen Jahren sind tausende Schadenersatzklagen erhoben worden. Ziel der Arbeit es, einen umfassenden systematischen Überblick zu bieten über bereits entschiedene, aber insbesondere umstrittene, offene Rechtsfragen anhand der Forschung und der deutschen, österreichischen und der EuGH-Rechtsprechung.

Neben der Frage, ob die österreichische Schadenersatznorm § 29 DSG europarechtskonform ist, befasst sich die Arbeit auch mit dem Thema, ob juristische und nicht unmittelbar Betroffene anspruchsberechtigt sind. Außerdem diskutiert sie, ob sogenannte formelle Verstöße, etwa gegen das Auskunftsrecht oder gegen die IT-Sicherheit, Verstöße im Sinne der Norm sind. Anhand der deutschen und österreichischen Rechtsprechung entwirft die Arbeit eine These, welche Arten von Verstößen einen immateriellen Schaden darstellen.

Internetrecht und Digitale Gesellschaft, Band 83
344 Seiten, 2025
ISBN 978-3-428-19637-1, geb., € 99,90
Titel auch als E-Book erhältlich.